山西省明长城资源调查报告

山西省文物局　编著

第 二 册

文物出版社

第四章　左云县长城

左云县位于山西省北部，东与大同市区、东南与大同市怀仁县相邻，南、西分别与朔州市山阴县和右玉县相接，北与内蒙古自治区凉城县交界。山西省明代长城资源调查三队从 2007 年 11 月 20 日 ~ 2008 年 7 月 5 日，调查五队从 2007 年 5 月 24 日 ~ 10 月 19 日对该县明代长城资源进行了调查。

一　长城资源调查数据

左云县共调查长城墙体 21 段，长 37489 米；关堡 10 座，其中关 1 座、堡 9 座；单体建筑共 230 座，其中敌台 87 座、烽火台 139 座、马面 5 座；相关遗存有建筑遗址 2 座；采集文物标本 10 件（地图五）。

（一）长城墙体

长城墙体从大同市新荣区分南北两线进入左云县管家堡乡，北线即大边长城，从新荣区郭家窑乡砖楼沟村进入本县，经保安堡村、黑土口村与南线相汇合；南线即二边长城，从吴施窑村进入本县，经黄土口村、黑土口村与北线相交，大边长城继之经徐达窑村、威鲁堡村、后辛庄村从东北向西南延伸，又转向西北经三屯乡八台村、宁鲁堡村、六墩沟村、十二窑村、二十边村进入右玉县李达窑乡。本县长城除南线长城以及八台长城 2 段在山西省境内外，其余均沿山西省与内蒙古自治区凉城县交界处延伸（表114）。

表114　左云县长城墙体一览表（单位：米）

长城墙体段落名称	总长	保存较好	保存一般	保存较差	保存差	消失	类型	省/县属
保安堡大边长城 1 段	2098	460	1572	0	0	66	土墙	左云县/凉城县
保安堡大边长城 2 段	1815	0	1418	0	0	397	土墙	左云县/凉城县
保安堡大边长城 3 段	1261	0	0	1111	0	150	土墙	左云县/凉城县
黑土口大边长城	1793	0	0	1793	0	0	土墙	左云县/凉城县
黄土口二边长城	1744	0	321	877	97	449	土墙	左云县
黑土口二边长城 1 段	1426	0	247	164	84	931	土墙	左云县
黑土口二边长城 2 段	1199	0	0	1199	0	0	土墙	左云县

续表

长城墙体段落名称	总长	保存较好	保存一般	保存较差	保存差	消失	类型	省/县属
徐达窑长城1段	2052	0	60	1458	0	534	土墙	左云县/凉城县
徐达窑长城2段	1912	0	1741	0	0	171	土墙	左云县/凉城县
威鲁堡长城1段	1482	0	1361	0	0	121	土墙	左云县/凉城县
威鲁堡长城2段	1588	457	1001	0	0	130	土墙	左云县/凉城县
后辛庄长城1段	1875	1514	184	0	0	177	土墙	左云县/凉城县
后辛庄长城2段	1593	0	62	1404	0	127	土墙	左云县/凉城县
八台长城1段	3216	879	1293	891	0	153	土墙	左云县/凉城县
八台长城2段	517	0	0	0	517	0	石墙	左云县
宁鲁堡长城1段	2300	347	845	696	195	217	土墙	左云县/凉城县
宁鲁堡长城2段	1100	0	0	355	692	53	石墙	左云县/凉城县
六墩沟长城	2725	0	166	2299	260	0	土墙	左云县/凉城县
十二窑长城1段	1966	0	0	1942	0	24	土墙	左云县/凉城县
十二窑长城2段	1603	0	846	744	0	13	土墙	左云县/凉城县
二十边长城	2224	0	223	1098	847	56	土墙	左云县/凉城县
合计	37489	3657	11340	16031	2692	3769		
百分比	100	9.8	30.2	42.8	7.2	10		

1. 保安堡大边长城1段

起点位于管家堡乡保安堡村北2.5千米处，高程1377米；止点位于保安堡村西北1千米处，高程1350米。大致呈东北—西南走向。全长2098米，其中保存较好460、一般1572、消失66米。墙体为土墙，黄色黏土夯筑而成，土中略含砂砾、碎石、料礓石，夯层厚0.18~0.25米，夯层约26层。现存墙体剖面大致呈不规则梯形，底宽5~6、顶宽1~2.6、残高3~5米。G0003（保安堡1号敌台）北侧一小段墙体上存垛口墙，墙上瞭望孔犹在。本段长城东北接新荣区砖楼沟大边长城，西南连保安堡大边长城2段。保安堡1~3号敌台位于墙体上，敌台间距0.681~0.733千米。保安堡1号烽火台位于墙体东侧0.132千米（图一九一）。

本段墙体共测GPS点6个（G0001~G0004、G0006、G0007），可分为5小段，分述如下。

第1小段：G0001（起点、断点）—G0002（断点），长66米，东北—西南走向，墙体消失。墙体被季节性洪水冲毁。

第2小段：G0002（断点）—G0003（保安堡1号敌台），长460米，东北—西南走向，保存较好。墙体两侧为荒坡。墙体较陡立，顶部坍塌脱落严重，壁面脱落严重，多孔洞、凹槽。多数段墙体上垛口无存，仅保安堡1号敌台北侧一小段墙体上存垛口墙，墙上瞭望孔犹存。墙体底宽6、顶宽2、残高3~5米（彩图三二九）。

第3小段：G0003（保安堡1号敌台）—G0004（保安堡2号敌台），长733米，东北—西南走向，保存一般。墙体两侧为荒坡。墙体两壁坍塌严重，顶部凹凸不平，壁面脱落严重，西壁多孔洞、凹槽，墙体上杂草丛生。墙体底宽5~6、顶宽1~2、残高3~5米（彩图三三〇）。

第4小段：G0004（保安堡2号敌台）—G0006（保安堡3号敌台），长681米，东北—西南走向，保存一般。墙体两侧为荒坡，东侧有零星小树及南北向的废弃土路。墙体两壁坍塌严重，顶部凹凸不

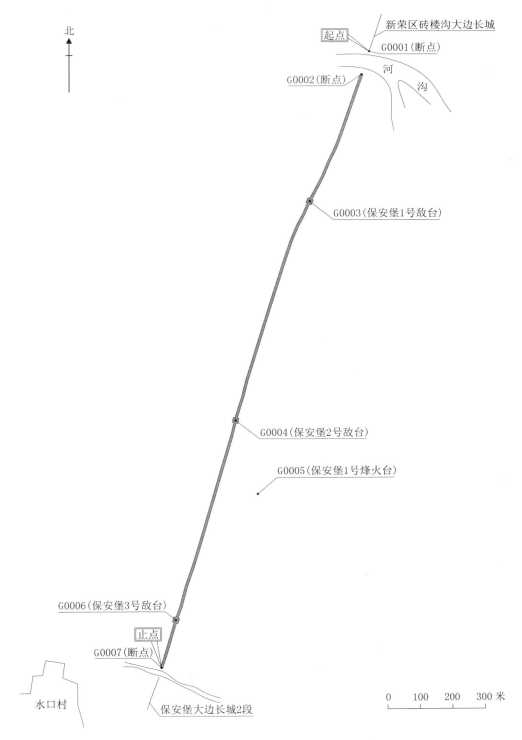

图一九一　保安堡大边长城 1 段走向示意图

平，壁面脱落严重，西壁多孔洞、凹槽，墙体上杂草丛生。墙体底宽 5~6、顶宽 1~2、残高 3~5 米。保安堡 1 号烽火台位于墙体东侧 0.132 千米处。

第 5 小段：G0006（保安堡 3 号敌台）—G0007（止点、断点），长 158 米，东北—西南走向，保存一般。墙体两侧为荒坡，东侧荒坡开垦为耕地，东侧 0.03 千米处有乡村土路，可行机动车。所在地势略起伏。墙体两壁坍塌严重，顶部凹凸不平，壁面脱落严重，西壁多孔洞、凹槽，墙体上杂草丛生。墙体底宽 5~6、顶宽 1~2.6、残高 3~5 米。

墙体整体保存一般。造成墙体损毁的自然因素有季节性洪水冲刷、风雨侵蚀、植物生长等；人为因素有紧邻墙体耕种和开辟土路、人畜踩踏等。

2. 保安堡大边长城 2 段

起点位于管家堡乡保安堡村西北 1 千米处，高程 1350 米；止点位于保安堡村西南 1.9 千米处，高程 1355 米。大致呈东北—西南走向。全长 1815 米，其中保存一般 1418、消失 397 米。墙体为土墙，黄色黏土夯筑而成，土中略含砂砾、碎石、料礓石，夯层厚 0.18~0.25 米，约 20 层。现存墙体剖面大致呈不规则梯形，底宽 4~6、顶宽 0.8~1.6、残高 2~4 米。本段长城东北接保安堡大边长城 1 段，西南连保安堡大边长城 3 段。保安堡位于墙体东侧 1 千米处，保安堡 4~6 号敌台位于墙体上，敌台间距 0.616~0.698 千米，保安堡 4 号敌台位于保安堡 3 号敌台西南 0.659 千米处。水口烽火台位于墙体西侧 1.32 千米处（内蒙古自治区境内）（图一九二）。

本段墙体共测 GPS 点 8 个（G0007~G0011、G0014~G0016），可分为 6 小段，分述如下。

第 1 小段：G0007（起点、断点）—G0008（断点），长 46 米，东北—西南走向，墙体消失。墙体被季节性洪水冲毁。

第 2 小段：G0008（断点）—G0009（断点），长 93 米，东北—西南走向，保存一般。墙体东侧为荒坡，西侧为耕地，地势略起伏。墙体坍塌呈急坡状，顶部凹凸不平，壁面脱落严重，西壁多孔洞、凹槽。墙体底宽 4~6、顶宽 0.8、残高 2~4 米。

第 3 小段：G0009（断点）—G0010（断点），长 288 米，东北—西南走向，墙体消失。墙体被季节性洪水冲毁，河沟内有连接山西省和内蒙古自治区的土路（彩图三三一）。

第 4 小段：G0010（断点）—G0014（保安堡 5 号敌台），长 690 米，东北—西南走向，保存一般。墙体两侧为荒坡，东侧有零星杨树及南北向的废弃土路。墙体多数坍塌呈急坡状，顶部陡立，凹凸不平，壁面脱落严重，西壁多孔洞、凹槽。墙体底宽 4~6、顶宽 1~1.5、残高 2~4 米。保安堡 4 号敌台位于墙体上，水口烽火台位于墙体西侧 1.32 千米（内蒙古自治区境内）。

第 5 小段：G0014（保安堡 5 号敌台）—G0015（断点），长 63 米，东北—西南走向，墙体消失。墙体被季节性洪水冲毁。

第 6 小段：G0015（断点）—G0016（止点、保安堡 6 号敌台），长 635 米，东北—西南走向，保存一般。墙体西侧为荒坡，东侧为耕地，地势略起伏。墙体多数坍塌呈急坡状，顶部陡立，凹凸不平，壁面多孔洞、凹槽。墙体底宽 4~6、顶宽 1~1.6、残高 3~4 米（彩图三三二）。

墙体整体保存一般。造成墙体损毁的自然因素有季节性洪水冲刷、风雨侵蚀、植物生长等；人为因素有紧邻墙体耕种和开辟土路、人畜踩踏等。

3. 保安堡大边长城 3 段

起点位于管家堡乡保安堡村西南 1.9 千米处，高程 1355 米；止点位于保安堡村西南 3 千米处，高程 1348 米。大致呈东北—西南走向。全长 1261 米，其中保存较差 1111、消失 150 米。墙体为土墙，黄色黏土夯筑而成，土中略含砂砾、碎石、料礓石，夯层厚 0.18~0.25 米。现存墙体剖面大致呈不规则梯形，底宽 4~6、顶宽 0.6~1.5、残高 1~4 米。本段长城东北接保安堡大边长城 2 段，西南连黑土口大边长城。保安堡 6、7 号敌台位于墙体上，敌台间距 0.66 千米。保安堡 2 号烽火台位于墙体东

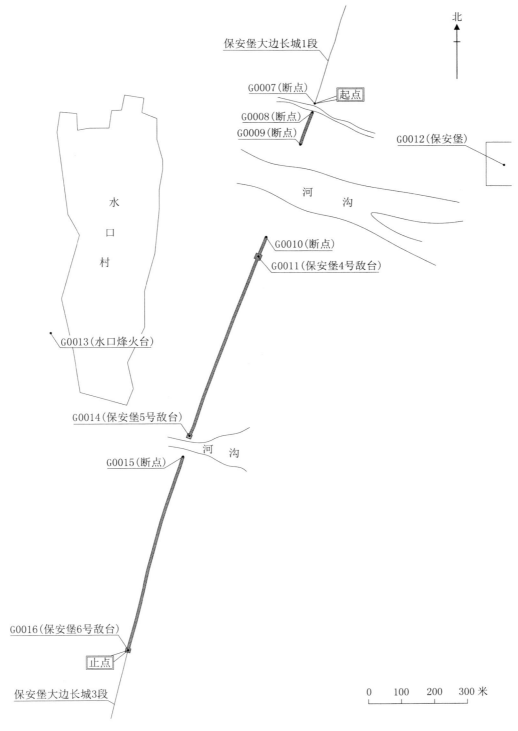

图一九二　保安堡大边长城2段走向示意图

侧 0.186 千米处（图一九三）。

本段墙体共测 GPS 点 5 个（G0016、G0017、G0019、G0020、G0268），可分为 3 小段，分述如下。

第 1 小段：G0016（起点、保安堡 6 号敌台）—G0017（保安堡 7 号敌台），长 660 米，东北—西南走向，保存较差。墙体西侧为荒坡，东侧为耕地，地势东高西低。墙体整体呈土埂状，夯层难辨。

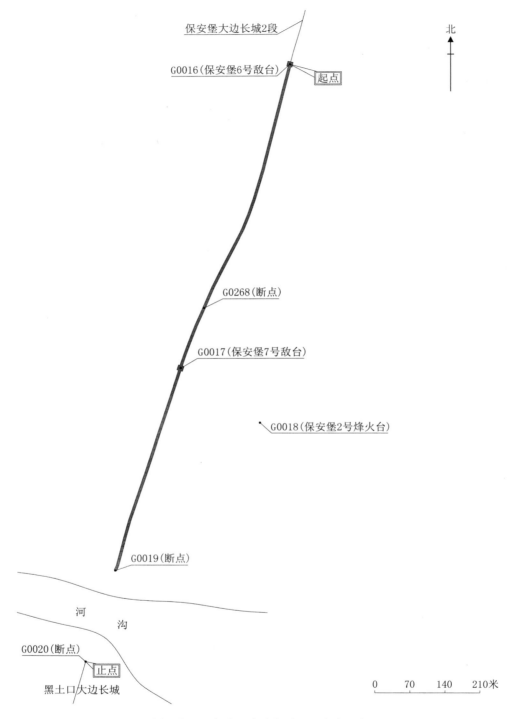

图一九三　保安堡大边长城 3 段走向示意图

墙体底宽 4～6、顶宽 0.6～1、残高 1～4 米。G0268（断点）处墙体被村民挖断，形成便道，宽 4 米。

　　第 2 小段：G0017（保安堡 7 号敌台）—G0019（断点），长 451 米，东北—西南走向，保存较差。墙体两侧或为荒坡或为耕地，东侧有零星小树及南北向的废弃土路。墙体多数坍塌呈缓坡状，顶部陡立，凹凸不平。墙体底宽 4～6、顶宽 1～1.5、残高 1～3 米。保安堡 2 号烽火台位于墙体东侧 0.186 千米处。

第3小段：G0019（断点）—G0020（止点、断点），长150米，东北—西南走向，墙体消失。墙体被季节性洪水冲毁，河沟内东侧生长杨树，西侧为耕地。

墙体整体保存较差。造成墙体损毁的自然因素有季节性洪水冲刷、风雨侵蚀、植物生长等；人为因素有修路挖断墙体、紧邻墙体耕种和开辟土路、取土挖损、人畜踩踏等。

保安堡大边长城1～3段位于保安堡村北、西侧，地处黄土高原矮山丘陵地带，地势较平缓，偶有季节性洪水沟或起伏地形。土壤为淡栗钙土性土。长城周围多荒地或耕地，附近有树木，杂草遍布，植被较好。长城周围河沟为季节性洪水沟。

保安堡村居民约1700人，居民以农业为主。墙体附近有乡村土路。

4. 黑土口大边长城

起点位于管家堡乡黑土口村北1.5千米处，高程1348米；止点位于黑土口村西1.6千米处，高程1345米。大致呈东北—西南走向。全长1793米，均保存较差。墙体为土墙，黄色黏土夯筑而成，土中略含砂砾、碎石、料礓石，夯层厚0.18～0.25米。现存墙体剖面大致呈不规则梯形，底宽4～6、顶宽0.1～2.7、残高1～6米。本段长城东北接保安堡大边长城3段，西南连徐达窑长城1段。G0024（止点、黑土口4号敌台）处与黑土口二边长城2段呈30°夹角交汇。黑土口1～4号敌台位于墙体上，敌台间距0.187～0.641千米，黑土口1号敌台位于保安堡7号敌台西南0.941千米处（图一九四）。

本段墙体共测GPS点6个（G0020～G0024、G0269），可分为4小段，分述如下。

第1小段：G0020（起点、断点）—G0269（断点），长355米，东北—西南走向，保存较差。墙体两侧为荒坡或耕地，地势略起伏。墙体坍塌呈急坡状，顶部陡立，高低不平，壁面脱落严重，多孔洞和凹槽，墙体上杂草丛生。G0269（断点）处墙体被村民挖断形成通行便道，宽5米。墙体底宽4～6、顶宽0.1～1、残高2～4米。黑土口1号敌台位于墙体上（彩图三三三）。

第2小段：G0269（断点）—G0022（黑土口2号敌台），长626米，东北—西南走向，保存较差。墙体呈土梁状，壁面呈缓坡或急坡状，坡上积土多被村民垫地取用，与黑土口2号敌台连接处破坏尤重，墙体上杂草丛生。墙体底宽4～6、顶宽0.1～2.7、残高1～4米。

第3小段：G0022（黑土口2号敌台）—G0023（黑土口3号敌台），长625米，东北—西南走向，保存较差。墙体两侧为荒坡或耕地，东侧有零星小树及南北向的废弃土路。墙体顶部陡立，高低不平，壁面多孔洞和凹槽，墙体上杂草丛生。墙体底宽4～6、顶宽1～1.5、残高2～4米（彩图三三四）。

第4小段：G0023（黑土口3号敌台）—G0024（止点、黑土口4号敌台），长187米，东北—西南走向，保存较差。墙体两侧为荒地，地势略起伏。墙体呈缓坡或急坡状，坡上积土被村民垫地取用，墙体上杂草丛生。墙体底宽4～6、顶宽0.1～2.7、残高1～6米。G0024（止点、黑土口4号敌台）处地势较低，与黑土口二边长城2段交汇，南侧邻宽阔的河沟，河沟中有20世纪70年代修建的水利工程。

墙体整体保存较差。造成墙体损毁的自然因素有风雨侵蚀、植物生长等；人为因素有修路挖断墙体、紧邻墙体耕种和开辟土路、靠近墙体种植树木、取土挖损、人畜踩踏等。

5. 黄土口二边长城

起点位于管家堡乡黄土口村东北1.2千米处，高程1337米；止点位于黄土口村北0.58千米处，高程1331米。大致呈东北—西南走向。全长1744米，其中保存一般321、较差877、差97、消失449米。墙体为土墙，黄色黏土夯筑而成，土中含砂砾、碎石、料礓石，夯层厚0.18～0.25米。现存墙体

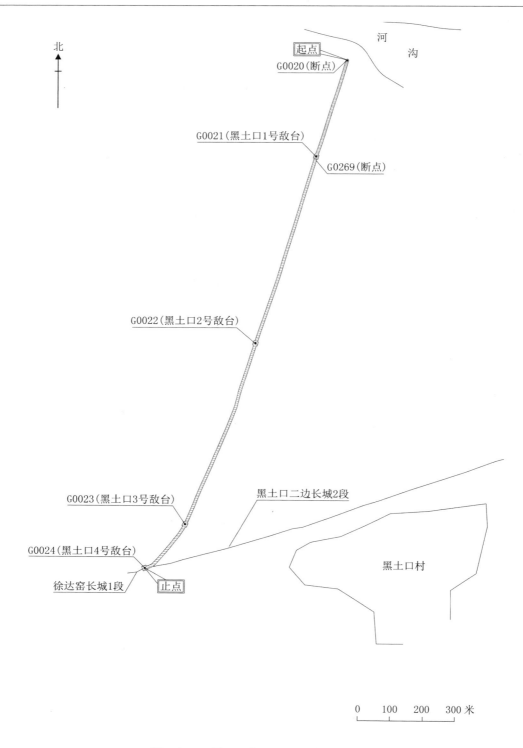

图一九四　黑土口大边长城走向示意图

剖面大致呈不规则梯形，底宽 3~7、顶宽 0.4~2.2、残高 0.8~6 米。本段长城东北接新荣区吴施窑二边长城 3 段，西南连黑土口二边长城 1 段。黄土口 1~5 号敌台位于墙体上，敌台间距0.115~0.321千米。黄土口 1、3 号烽火台位于墙体北侧 0.04、0.08 千米处，黄土口 2 号烽火台位于墙体南侧 0.03千米处（图一九五）。

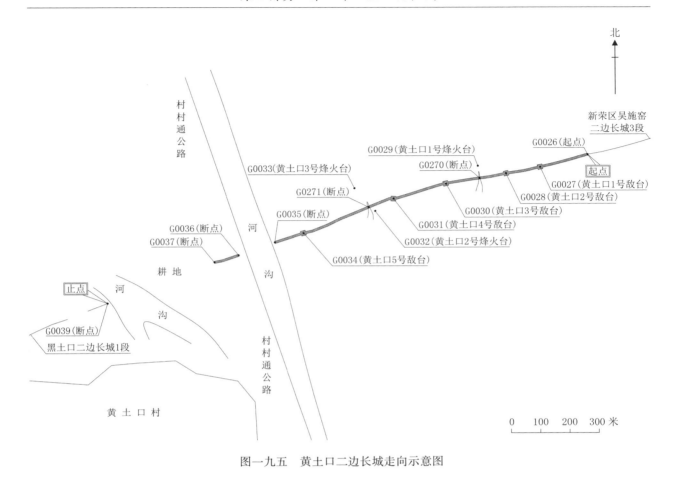

图一九五　黄土口二边长城走向示意图

本段墙体共测 GPS 点 12 个（G0026～G0028、G0270、G0030、G0031、G0271、G0034～G0037、G0039），可分为 9 小段，分述如下。

第 1 小段：G0026（起点）—G0027（黄土口 1 号敌台），长 182 米，东北—西南走向，保存较差。墙体北侧为荒坡，南侧为耕地、乡村土路。地势东低西高，逐渐爬升，墙体两侧坡上生长杂草。墙体底宽 6～7、顶宽 0.8～1.8、残高 5～5.5 米。

第 2 小段：G0027（黄土口 1 号敌台）—G0028（黄土口 2 号敌台），长 115 米，东北—西南走向，保存较差。墙体坍塌严重，呈缓坡或急坡状，坡上积土多被村民垫地取用，墙体上杂草丛生。墙体底宽 6～7、顶宽 0.8～2、残高 4～5.2 米（彩图三三五）。

第 3 小段：G0028（黄土口 2 号敌台）—G0030（黄土口 3 号敌台），长 204 米，东北—西南走向，保存较差。墙体两侧为荒坡或耕地，东南侧有零星杨树及东西向的废弃土路。墙体两壁坍塌呈陡坡状，顶部凹凸不平，墙体上杂草丛生。墙体底宽 6～7、顶宽 1～2.2、残高 5～6 米。G0270（断点）处墙体被村民挖断形成便道，宽 4 米。黄土口 1 号烽火台位于墙体北侧 0.04 千米。

第 4 小段：G0030（黄土口 3 号敌台）—G0031（黄土口 4 号敌台），东北—西南走向，长 200 米，保存较差。墙体两侧为荒坡，地势略起伏。墙体坍塌严重，呈缓坡或急坡状，坡上积土多被村民垫地取用，墙体上杂草丛生。墙体底宽 6～7、顶宽 1～2、残高 4～5 米（彩图三三六）。

第 5 小段：G0031（黄土口 4 号敌台）—G0034（黄土口 5 号敌台），长 321 米，东北—西南走向，保存一般。墙体坍塌严重，呈缓坡或急坡状。G0271（断点）处墙体被洪水冲毁，宽 5 米。墙体底宽

6~7、顶宽0.5~2、残高2.5~6米。黄土口2、3号烽火台分别位于墙体南侧0.03千米处和北侧0.08千米处。

第6小段：G0034（黄土口5号敌台）—G0035（断点），长176米，东北—西南走向，保存较差。墙体周围地势较平缓。墙体坍塌呈陡坡状，坡上积土多被村民垫地取用，与黄土口5号敌台连接处破坏尤重，墙体上杂草丛生。墙体底宽6~7、顶宽0.6~1.8、残高4.5~5.5米。

第7小段：G0035（断点）—G0036（断点），长81米，东北—西南走向，墙体消失。墙体被季节性洪水沟冲毁，河沟西侧有一条南北向的村村通公路。

第8小段：G0036（断点）—G0037（断点），长97米，东北—西南走向，保存较差。墙体上多处被取土挖损，顶部凹凸不平。墙体底宽3~4、顶宽0.4~1.1、残高0.8~1.1米。

第9小段：G0037（断点）—G0039（止点、断点），长368米，东北—西南走向，墙体消失。墙体被季节性洪水冲毁和人为扩田取土损毁。墙体地处河滩地带，周围多耕地，地势平坦。

墙体整体保存较差。造成墙体损毁的自然因素有季节性洪水冲刷、风雨侵蚀、植物生长等；人为因素有修路挖断墙体、取土挖毁或挖损墙体、紧邻墙体耕种、人畜踩踏等。

黄土口二边长城紧邻黄土口村，地处黄土高原矮山丘陵地带。长城修筑在东西走向的土梁上，梁北地势平坦，梁南地势起伏较大。土壤为淡栗钙土性土。长城周围多荒地或耕地，附近有树木，杂草遍布，植被较好。长城周围河沟为季节性洪水沟。

黄土口村居民约300人，居民以农业为主。墙体附近有乡村土路、村村通公路。

6. 黑土口二边长城1段

起点位于管家堡乡黑土口村东北1.1千米处，高程1331米；止点位于黑土口村北0.38千米处，高程1349米。大致呈东北—西南走向。全长1426米，其中保存一般247、较差164、差84、消失931米。墙体为土墙，黄色黏土夯筑而成，土中含砂砾、碎石、料礓石，夯层厚0.18~0.26米。现存墙体剖面大致呈不规则梯形，底宽4~7、顶宽0.5~1.5、残高0.3~5米。本段长城东北接黄土口二边长城，西南连黑土口二边长城2段。黑土口5号敌台位于墙体上，与黄土口5号敌台相距0.931千米，黑土口1号烽火台位于墙体G0039（起点、断点）西北0.12千米处（图一九六）。

本段墙体共测GPS点8个（G0039—G0046），可分为6小段，分述如下。

第1小段：G0039（起点、断点）—G0040（断点），长84米，东北—西南走向，保存差。墙体北侧为荒坡、耕地，南侧为村村通公路、杨树林，地势北高南低，墙体上杂草丛生。墙体底宽4~6、顶宽0.8~1.5、残高0.3~1.5米。黑土口1号烽火台位于墙体G0039（起点、断点）西北0.12千米。

第2小段：G0040（断点）—G0041（断点），长65米，东北—西南走向，墙体消失。墙体地处低而宽的河沟内，地势较低。墙体被季节性洪水冲毁（彩图三三七）。

第3小段：G0041（断点）—G0043（断点），长247米，东北—西南走向，保存一般。墙体北侧为荒坡、耕地及零星树木，南侧为村村通公路、耕地。墙体较陡立，壁面脱落严重，不见夯层，墙体上杂草丛生。墙体底宽6~7、顶宽1~1.5、残高4~5米。黑土口5号敌台位于墙体上。

第4小段：G0043（断点）—G0044（断点），长66米，东北—西南走向，墙体消失。墙体地处河滩，地势较低，河滩内树木矮草丛生。墙体被季节性洪水冲毁。

第5小段：G0044（断点）—G0045（断点），长164米，东北—西南走向，保存较差。墙体北侧为耕地，靠近墙体处种植杨树，南侧为公路、耕地。墙体呈土梁状，顶部陡立，凹凸不平，墙体上杂草丛生。墙体底宽4~5.5、顶宽0.5~1.2、残高1~3米。

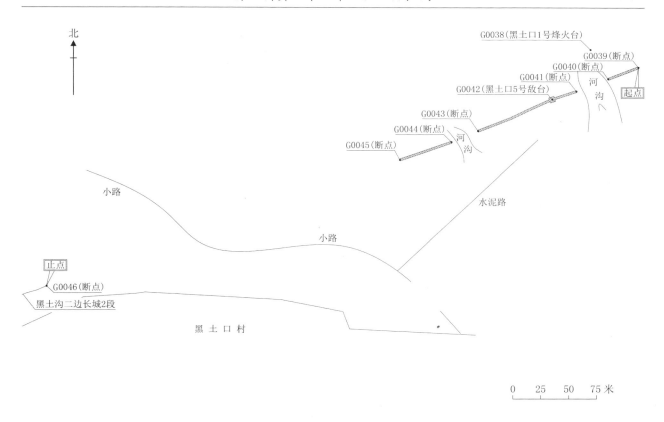

图一九六 黑土口二边长城 1 段走向示意图

第 6 小段：G0045（断点）—G0046（止点、断点），长 800 米，东北—西南走向，墙体消失。墙体周围为村庄，地势平缓。墙体被村民建房、修路或取土挖毁。

墙体整体保存差。造成墙体损毁的自然因素有季节性洪水冲刷、风雨侵蚀、植物生长等；人为因素有村民建房、修路或取土挖毁墙体、紧邻墙体耕种、靠近墙体修筑村村通公路、取土挖损、人畜踩踏等。

7. 黑土口二边长城 2 段

起点位于管家堡乡黑土口村北 0.38 千米处，高程 1349 米；止点位于黑土口村西 1.6 千米处，高程 1345 米。大致呈东北—西南走向。全长 1199 米，均保存较差。墙体为土墙，黄色黏土夯筑而成，土中含砂砾、碎石、料礓石，夯层厚 0.18～0.26 米。现存墙体剖面大致呈不规则梯形，底宽 5～7、顶宽 2～3.5、残高 2～3.5 米。本段长城东北接黑土口二边长城 1 段，西南连徐达窑长城 1 段，G0024（止点、黑土口 4 号敌台）处与北侧的黑土口大边长城交汇。黑土口 4、6～9 号敌台位于墙体上，除黑土口 5、6 号敌台相距 1.3 千米外，其余敌台间距均在 0.237～0.403 千米；黑土口 3、4 号烽火台位于墙体北侧 0.07、0.032 千米处，黑土口 2、5、6 号烽火台位于墙体南侧 0.03 千米处（图一九七）。

本段墙体共测 GPS 点 6 个（G0046、G0048、G0050、G0053、G0054、G0024），可分为 4 小段，分述如下。

第 1 小段：G0046（起点、断点）—G0050（黑土口 7 号敌台），长 486 米，东北—西南走向，保存较差。墙体两侧为荒地、耕地。墙体底部落土堆积，部分有豁口，墙体上杂草丛生。墙体底宽 5～7、顶宽 2～2.5、残高 2～3 米。黑土口 6 号敌台位于墙体上，黑土口 2 号烽火台位于 G0046（起点、

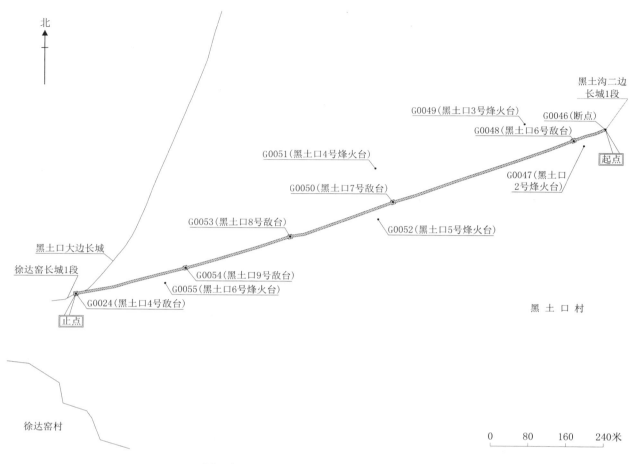

图一九七　黑土口二边长城2段走向示意图

断点）西南0.07千米处。

第2小段：G0050（黑土口7号敌台）—G0053（黑土口8号敌台），长238米，东北—西南走向，保存较差。墙体两侧种植有防风沙柠条。墙体底部落土堆积，部分有豁口，墙体上杂草丛生。墙体底宽5~7、顶宽2~2.7、残高2~3.5米。黑土口4、5号烽火台分别位于G0050（黑土口7号敌台）西北0.076、西南0.06千米处。

第3小段：G0053（黑土口8号敌台）—G0054（黑土口9号敌台），长237米，东北—西南走向，保存较差。墙体两侧种植有防风沙柠条。墙体底部落土堆积，顶部较平，墙体上杂草丛生。墙体底宽5~6.5、顶宽2~3.5、残高2米。

第4小段：G0054（黑土口9号敌台）—G0024（止点、黑土口4号敌台），长238米，东北—西南走向，保存较差。墙体南侧种植有防风沙柠条，北侧为荒地、林地。墙体底部落土堆积，部分有豁口，顶部凹凸不平，墙体上杂草丛生。墙体底宽5~7、顶宽2~3.5、残高2米。黑土口6号烽火台位于G0054（黑土口9号敌台）西南0.06千米，G0024（止点、黑土口4号敌台）处与北侧的黑土口大边长城交汇（彩图三三八、三三九）。

墙体整体保存较差。造成墙体损毁的自然因素有风雨侵蚀、植物生长等；人为因素有紧邻墙体耕种和开辟土路、取土挖损、人畜踩踏等。

黑土口大边长城和黑土口二边长城1、2段位于黑土口村北侧，地处黄土高原矮山丘陵地带，地势较平缓。土壤为淡栗钙土性土。长城周围多荒地或耕地，多种植防风沙柠条，植被较好。长城周围河沟为季节性洪水沟。

黑土口村居民约 300 人，居民以农业为主。长城附近有乡村土路。

8. 徐达窑长城 1 段

起点位于管家堡乡徐达窑村北 0.78 千米处，高程 1345 米；止点位于徐达窑村西 1.6 千米处，高程 1387 米。大致呈东北—西南走向。全长 2052 米，其中保存一般 60、较差 1458、消失 534 米。墙体为黄色黏土夯筑而成，土中含砂砾、碎石、料礓石，夯层厚 0.18 ~ 0.26 米。现存墙体剖面大致呈不规则梯形，底宽 3 ~ 7、顶宽 0.6 ~ 3、残高 2 ~ 6 米。本段长城东北接黑土口大边长城和黑土口二边长城 2 段，西南连徐达窑长城 2 段。墙体起点为黑土口 4 号敌台，徐达窑 1 ~ 6 号敌台位于墙体上，敌台间距 0.21 ~ 0.239 千米。袁方 1 ~ 3 号烽火台位于墙体北侧 0.065 ~ 0.092 千米处（内蒙古自治区境内），徐达窑 1 号烽火台位于墙体南侧 0.18 千米处（图一九八）。

图一九八　徐达窑长城 1 段走向示意图

本段墙体共测 GPS 点 13 个（G0024、G0025、G0057 ~ G0059、G0061 ~ G0064、G0066、G0067、G0069、G0071），可分为 8 小段，分述如下。

第 1 小段：G0024（起点、黑土口 4 号敌台）—G0025（断点），长 60 米，东北—西南走向，保存一般。墙体北侧为荒滩，南侧为土路，地处宽阔的河沟边。墙体底部因修路被挖掘，两侧略有立面。墙体底宽 6 ~ 7、顶宽 2 ~ 3、残高 4 ~ 5.1 米。

第 2 小段：G0025（断点）—G0057（断点），长 482 米，东北—西南走向，墙体消失。墙体地处河沟中，地势较低，河沟中有 20 世纪 70 年代修筑的水利设施。墙体被季节性洪水冲毁。袁方 1 号烽火台位于墙体北侧 0.07 千米处（内蒙古自治区境内）（彩图三四○）。

第 3 小段：G0057（断点）—G0058（徐达窑 1 号敌台），长 130 米，东北—西南走向，保存较差。墙体损毁为多个扁平状的土堆，土堆上杂草丛生。墙体底宽 6 ~ 7、顶宽 1.2 ~ 2.7、残高 3 ~ 6 米。

第 4 小段：G0058（徐达窑 1 号敌台）—G0059（断点），长 25 米，东北—西南走向，墙体消失。墙体被人为扩田造地取土损毁。

第 5 小段：G0059（断点）—G0063（断点），长 430 米，东北—西南走向，保存较差。墙体两侧有退耕还草带，多种植防风沙柠条，北侧有浅沟。墙体底部落土堆积，顶部较平，墙体上杂草丛生。墙体底宽 6 ~ 6.5、顶宽 1.5 ~ 2.5、残高 4 ~ 6 米。徐达窑 2、3 号敌台位于墙体上，相距 0.21 千米，袁方 2 号烽火台位于墙体北侧 0.065 千米处（内蒙古自治区境内）。

第 6 小段：G0063（断点）—G0064（断点），长 27 米，东北—西南走向，墙体消失。墙体被人为扩田造地取土损毁。

第 7 小段：G0064（断点）—G0067（徐达窑 5 号敌台），长 380 米，东北—西南走向，保存较差。墙体两侧有退耕还草带，多种植防风沙柠条，北侧有浅沟。墙体底部落土堆积，顶部陡立，凹凸不平，墙体上杂草丛生。墙体底宽 6 ~ 7、顶宽 1.5 ~ 2.5、残高 4 ~ 6 米。徐达窑 4 号敌台位于墙体上。

第 8 小段：G0067（徐达窑 5 号敌台）—G0071（止点、断点），长 518 米，东北—西南走向，保存较差。墙体两侧为耕地或退耕还草带，多种植防风沙柠条，北侧有浅沟。墙体底部落土堆积，顶部陡立，凹凸不平，少数地段墙体因取土变窄，墙体上杂草丛生。墙体底宽 3 ~ 7、顶宽 0.6 ~ 2.5、残高 2 ~ 6 米。徐达窑 6 号敌台位于墙体上，徐达窑 6 号敌台西北有袁方 3 号烽火台（内蒙古自治区境内）、东南有徐达窑 1 号烽火台。

墙体整体保存较差。造成墙体损毁的自然因素有季节性洪水冲刷、风雨侵蚀、植物生长等；人为因素有取土挖毁或挖损墙体、紧邻墙体耕种和开辟土路、人畜踩踏等。

9. 徐达窑长城 2 段

起点位于管家堡乡徐达窑村西 1.6 千米处，高程 1387 米；止点位于徐达窑村西南 3.4 千米处，高程 1386 米。大致呈东北—西南走向。全长 1912 米，其中保存一般 1741、消失 171 米。墙体为土墙，黄色黏土夯筑而成，土中含砂砾、碎石、料礓石，夯层厚 0.18 ~ 0.24 米。现存墙体剖面大致呈不规则梯形，底宽 6 ~ 9、顶宽 0.6 ~ 2.5、残高 2 ~ 7 米。本段长城东北接徐达窑长城 1 段，西南连威鲁堡长城 1 段。徐达窑 7 ~ 10 号敌台位于墙体上，敌台间距 0.435 ~ 0.585 千米，徐达窑 7 号敌台与 6 号敌台相距 0.35 千米，六台洼 1 ~ 4 号烽火台位于墙体北侧 0.07 ~ 0.091 千米处（内蒙古自治区境内），徐达窑 2、3 号烽火台位于墙体南侧 0.05、0.13 千米处（图一九九）。

本段墙体共测 GPS 点 9 个（G0071、G0072、G0074 ~ G0076、G0078、G0082、G0084、G0085），可分为 8 小段，分述如下。

第 1 小段：G0071（起点、断点）—G0072（徐达窑 7 号敌台），长 32 米，东北—西南走向，墙体消失。墙体被连接山西省和内蒙古自治区的南北向宽阔土路截断。

第 2 小段：G0072（徐达窑 7 号敌台）—G0074（断点），长 210 米，东北—西南走向，保存一般。墙体南侧为退耕还草带、荒滩，北侧为耕地。墙体底部较宽，被落土堆积掩埋，顶部尖凸，墙体上杂草丛生。墙体底宽 6 ~ 9 米，底宽 0.6 ~ 2.5、残高 2 ~ 4 米。六台洼 1 号烽火台位于墙体北侧 0.09 千米。

第 3 小段：G0074（断点）—G0075（断点），长 27 米，东北—西南走向，墙体消失。墙体被季节

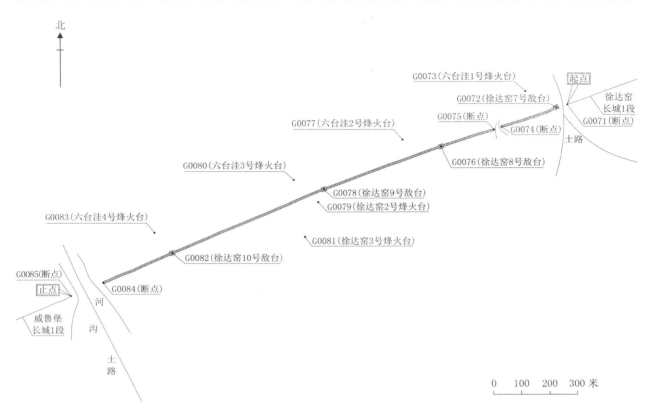

图一九九　徐达窑长城2段走向示意图

性洪水冲毁。

　　第4小段：G0075（断点）—G0076（徐达窑8号敌台），长198米，东北—西南走向，保存一般。墙体两侧有退耕还草带、荒滩、耕地。墙体呈土梁状，壁面较缓，顶部尖凸，墙体上杂草丛生。墙体底宽6~9米，底宽1.6~2.5、残高3~7米。

　　第5小段：G0076（徐达窑8号敌台）—G0078（徐达窑9号敌台），长461米，东北—西南走向，保存一般。墙体南侧为松树林，北侧为耕地，周围地势平坦。墙体两壁较缓，顶部尖凸，墙体上杂草丛生。墙体底宽6~6.5、顶宽1~2.5、残高4~6米（彩图三四一）。六台洼2号烽火台位于墙体北侧0.07千米处（内蒙古自治区境内）。

　　第6小段：G0078（徐达窑9号敌台）—G0082（徐达窑10号敌台），长585米，东北—西南走向，保存一般。墙体南侧种植有松树林、防风固沙的柠条，北侧为耕地。墙体底部落土堆积，顶部凹凸不平，壁面呈坡状，顶部较陡。墙体底宽6~7、顶宽1~2、残高5~7米（彩图三四二）。六台洼3号烽火台位于墙体北侧0.072千米处（内蒙古自治区境内），徐达窑2、3号烽火台位于墙体南侧0.05、0.13千米处。

　　第7小段：G0082（徐达窑10号敌台）—G0084（断点），长287米，东北—西南走向，保存一般。墙体南侧为杨树林及东西向土路，北侧为耕地，周围地势平坦。墙体整体呈土梁状，顶部凹凸不平，墙体上杂草丛生。墙体底宽7~9、顶宽1.2~2.5、残高5.5~6.5米。六台洼4号烽火台位于墙体北侧0.091千米处（内蒙古自治区境内）。

　　第8小段：G0084（断点）—G0085（止点、断点），长112米，东北—西南走向，墙体消失。墙体所处地势较低，被季节性洪水冲毁。

墙体整体保存一般。造成墙体损毁的自然因素有季节性洪水冲刷、风雨侵蚀、植物生长等；人为因素有修路挖断墙体、紧邻墙体耕种和开辟土路、取土挖损、人畜踩踏等。

徐达窑长城1、2段位于徐达窑村北、西侧，地处黄土高原矮山丘陵地带，地势较平缓。土壤为淡栗钙土性土。长城周围多荒地、耕地或退耕还草带，周围多种植防风沙柠条、树木，植被较好。长城周围河沟为季节性洪水沟。

徐达窑村居民约300人，居民以农业为主。徐达窑长城附近有乡村土路、村村通公路。

10. 威鲁堡长城1段

起点位于管家堡乡威鲁堡村东北2.3千米处，高程1386米；止点位于威鲁堡村北1千米处，高程1391米。大致呈东北—西南走向。全长1482米，其中保存一般1361、消失121米。墙体为土墙，黄色黏土夯筑而成，土中含砂砾、碎石、料礓石，夯层厚0.18~0.24米。现存墙体剖面大致呈不规则梯形，底宽7~8.5、顶宽0.5~1.5、残高5~6.8米。本段长城东北接徐达窑长城2段，西南连威鲁堡长城2段，威鲁口关位于墙体G0085（起点、断点）西南0.015千米处，威鲁堡1、2号敌台位于墙体上，敌台间距0.457千米，威鲁堡1号敌台位于徐达窑10号敌台西南0.922千米处，二道沟1~4号烽火台位于墙体北侧0.055~0.096千米处（内蒙古自治区境内），威鲁堡1~4号烽火台位于墙体南侧0.02、0.03、0.13、0.03千米处（图二〇〇）。

本段墙体共测GPS点6个（G0085、G0090、G0272、G0094、G0097、G0099），可分为4小段，分述如下。

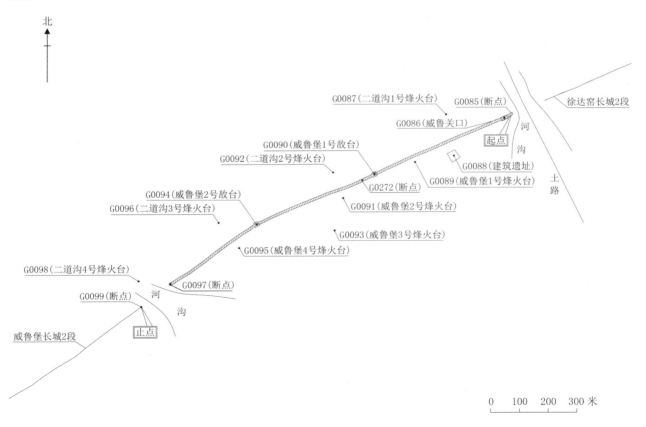

图二〇〇　威鲁堡长城1段走向示意图

第 1 小段：G0085（起点、断点）—G0090（威鲁堡 1 号敌台），长 523 米，东北—西南走向，保存一般。墙体两侧有退耕还草带、荒滩，南侧有乡村土路。墙体较陡立，顶部尖凸，高度不一，墙体上杂草丛生。墙体底宽 7~8.5、顶宽 0.8~1.5、残高 5~6.2 米。威鲁口关位于墙体 G0085（起点、断点）西南 0.015 千米处，二道沟 1 号烽火台位于墙体北侧 0.096 千米处（内蒙古自治区境内），威鲁堡 1 号烽火台位于墙体南侧 0.02 千米处，墙体南侧 0.05 千米处有一处建筑遗址。

第 2 小段：G0090（威鲁堡 1 号敌台）—G0094（威鲁堡 2 号敌台），长 457 米，东北—西南走向，保存一般。墙体北侧为退耕还草带、荒滩及耕地，南侧为苗圃，种植杨树、松树，墙体两侧有乡村土路。墙体较陡立，顶部凹凸不平，壁面脱落严重，墙体上杂草丛生。墙体底宽 7~8、顶宽 0.5~1.5、残高 5.5~6.8 米。G0272（断点）处墙体被村民挖断形成通道，宽 4.8 米。二道沟 2 号烽火台位于墙体北侧 0.055 千米处（内蒙古自治区境内），威鲁堡 2、3 号烽火台位于墙体南侧 0.03、0.13 千米处。

第 3 小段：G0094（威鲁堡 2 号敌台）—G0097（断点），长 381 米，东北—西南走向，保存一般。墙体北侧为耕地、退耕还草带，南侧为苗圃，种植杨树、松树，墙体两侧均有乡村土路。墙体底部较宽，顶部尖凸，整体呈高大土梁状，南壁陡立，北壁呈急坡状，坡上杂草丛生。墙体底宽 7~8、顶宽 0.5~1.5、残高 5.5~6.8 米。二道沟 3 号烽火台位于墙体北侧 0.084 千米处（内蒙古自治区境内），威鲁堡 4 号烽火台位于墙体南侧 0.03 千米处（彩图三四三）。

第 4 小段：G0097（断点）—G0099（止点、断点），长 121 米，东北—西南走向，墙体消失。墙体位于河沟内，地势较低，河沟内种植零星杨树。墙体被季节性洪水冲毁。二道沟 4 号烽火台位于墙体北侧 0.07 千米。

墙体整体保存一般。造成墙体损毁的自然因素有季节性洪水冲刷、风雨侵蚀、植物生长等；人为因素有靠近墙体耕种和开辟土路、人畜踩踏等，墙体南侧有左云县通往新荣区的公路。

11. 威鲁堡长城 2 段

起点位于管家堡乡威鲁堡村北 1 千米处，高程 1391 米；止点位于威鲁堡村西北 1 千米处，高程 1446 米。大致呈东北—西南走向。全长 1588 米，其中保存较好 457、一般 1001、消失 130 米。墙体为土墙，黄色黏土夯筑而成，土中含砂砾、碎石、料礓石，夯层厚 0.18~0.24 米。现存墙体剖面大致呈不规则梯形，底宽 5~8、顶宽 0.5~3、残高 5~8 米。本段长城东北接威鲁堡长城 1 段，西南连后辛庄长城 1 段。威鲁堡位于墙体南侧 0.6 千米处，月华池倚墙而建，威鲁堡 3~5 号敌台位于墙体上，敌台间距 0.567~0.702 千米，威鲁堡 3 号敌台位于威鲁堡 2 号敌台西南 0.779 千米处，威鲁口 1~3 号烽火台位于墙体北侧 0.055~0.084 千米处（内蒙古自治区境内），威鲁堡 5、6 号烽火台位于墙体南侧 0.05 千米处，威鲁堡 7 号烽火台位于墙体南侧 0.2 千米处（图二〇一）。

本段墙体共测 GPS 点 10 个（G0099、G0100、G0105、G0107、G0108、G0111、G0112、G0273、G0115、G0116），可分为 6 小段，分述如下。

第 1 小段：G0099（起点、断点）—G0100（威鲁堡 3 号敌台），长 277 米，东北—西南走向，保存一般。墙体两侧有退耕还草带、荒滩。墙体底部较宽，顶部坍塌严重，较尖凸，墙体上杂草丛生。墙体底宽 6~7.5、顶宽 0.5~1.5、残高 5~6.2 米。威鲁口 1 号烽火台位于墙体北侧 0.082 千米处（内蒙古自治区境内）。

第 2 小段：G0100（威鲁堡 3 号敌台）—G0105（断点），长 571 米，东北—西南走向，保存一般。墙体北侧为耕地、荒滩；南侧为苗圃，多种植松树、杨树。墙体底部较宽，多落土堆积，顶部尖凸，宽窄不一，两壁较陡立。墙体底宽 7~8、顶宽 0.8~2.2、残高 5.5~6.8 米。月华池位于墙体中段，

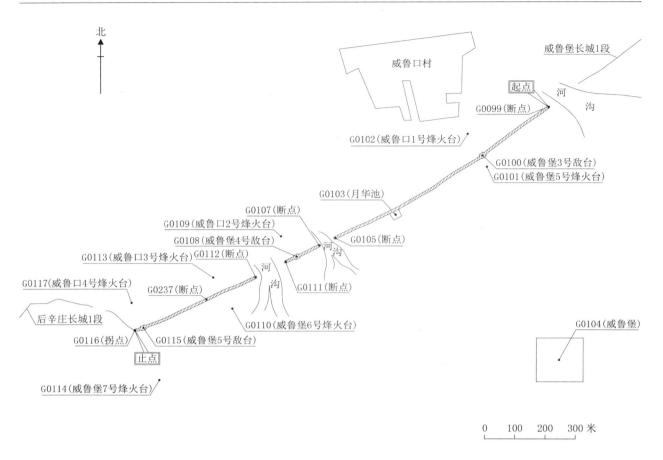

图二〇一　威鲁堡长城 2 段走向示意图

倚墙而建（彩图三四四）。威鲁堡 5 号烽火台位于墙体南侧 0.05 千米处。

　　第 3 小段：G0105（断点）—G0107（断点），长 34 米，东北—西南走向，墙体消失。墙体地处河沟内，地势较低，河沟内有连接山西省和内蒙古自治区的土路。墙体被季节性洪水冲毁。据村中老人讲，此处原有城门，被损毁。

　　第 4 小段：G0107（断点）—G0111（断点），长 153 米，东北—西南走向，保存一般。墙体北侧为荒滩、退耕还草带；南侧为苗圃，多种植松树、杨树。墙体部分较陡直，顶部宽窄不一，壁面坍塌脱落严重，夯层清晰可见。墙体底宽 5 ~ 6、顶宽 1 ~ 2.2、残高 6.8 ~ 7.7 米。威鲁堡 4 号敌台位于墙体上（彩图三四五），威鲁口 2 号烽火台位于墙体北侧 0.084 千米处（内蒙古自治区境内）。

　　第 5 小段：G0111（断点）—G0112（断点），长 96 米，东北—西南走向，墙体消失。墙体被季节性洪水冲毁，河沟内北高南低，生长有矮草。

　　第 6 小段：G0112（断点）—G0116（止点、拐点），长 457 米，东北—西南走向，保存较好。北侧为荒坡，南侧为大面积杨树林。从此段墙体开始，地势向西爬升。墙体高大陡直，顶部平整，宽窄不一，部分有较大凹口，壁面脱落严重，夯层清晰可见。G0273（断点）处墙体被季节性洪水冲毁，宽 5 米。墙体底宽 7 ~ 8、顶宽 1 ~ 3、残高 6.5 ~ 8 米。威鲁堡 5 号敌台位于墙体上，威鲁口 3 号烽火台位于墙体北侧 0.055 千米处（内蒙古自治区境内）（彩图三四六），威鲁堡 6、7 号烽火台位于墙体南侧 0.05 ~ 0.2 千米处。

　　墙体整体保存一般。造成墙体损毁的自然因素有季节性洪水冲刷、风雨侵蚀、植物生长等；人为因素有紧邻墙体耕种、取土挖损、人畜踩踏等。

威鲁堡长城 1、2 段位于威鲁堡北侧，地处黄土高原矮山丘陵地带，地势由平缓逐渐起伏。土壤为淡栗钙土性土。长城周围多荒地、耕地或退耕还草带，周围多种植树木，植被较好。长城周围河沟为季节性洪水沟。

威鲁堡村居民约 1100 人，居民以农业为主。威鲁堡长城附近有乡村土路，南侧有村村通公路。

12. 后辛庄长城 1 段

起点位于管家堡乡后辛庄村东北 3 千米处，高程 1446 米；止点位于后辛庄村北 1 千米处，高程 1446 米。大致呈东北—西南走向。全长 1875 米，其中保存较好 1514、一般 184、消失 177 米。墙体为土墙，黄色黏土夯筑而成，土中含砂砾、碎石、料礓石，夯层厚 0.18 ~ 0.24 米。现存墙体剖面大致呈不规则梯形，底宽 5.5 ~ 8、顶宽 0.8 ~ 3.5、残高 4 ~ 8 米。本段长城东北接威鲁堡长城 2 段，西南连后辛庄长城 2 段。后辛庄 1 ~ 4 号敌台位于墙体上，敌台间距 0.222 ~ 0.441 千米，后辛庄 1 号敌台位于威鲁堡 5 号敌台西南 0.645 千米处，后辛庄马面位于墙体上，威鲁口 4 ~ 7 号烽火台位于墙体北侧 0.062 ~ 0.097 千米处（内蒙古自治区境内），后辛庄 1 ~ 3 号烽火台位于墙体南侧 0.13 ~ 0.73 千米处（图二〇二）。

本段墙体共测 GPS 点 15 个（G0116、G0118 ~ G0122、G0125、G0126、G0128、G0130、G0131、G0134 ~ G0137），可分为 10 小段，分述如下。

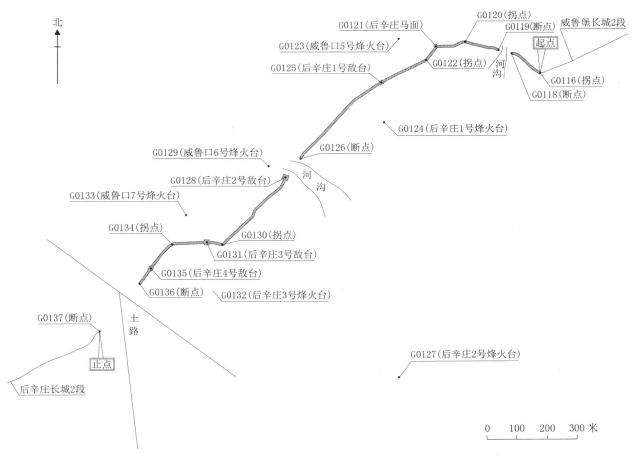

图二〇二　后辛庄长城 1 段走向示意图

第 1 小段：G0116（起点、拐点）—G0118（断点），长 113 米，东南—西北走向，保存较好。墙体北侧为季节性洪水沟及荒坡，南侧为杨树林。墙体两壁陡立，顶部平整。墙体底宽 7 ~ 8、顶宽 1 ~ 3.5、残高 6 ~ 8 米。威鲁口 4 号烽火台位于墙体北侧 0.085 千米处（内蒙古自治区境内）。

第 2 小段：G0118（断点）—G0119（断点），长 44 米，东南—西北走向，墙体消失。墙体被季节性洪水冲毁。

第 3 小段：G0119（断点）—G0121（后辛庄马面），长 206 米，先东南—西北走向，后向西行，保存较好。墙体北侧为坡地和季节性洪水沟，南侧为杨树林。墙体两壁陡立，顶部南高北低，壁面多凹槽。墙体底宽 6 ~ 8、顶宽 1 ~ 3.2、残高 4 ~ 7 米（彩图三四七）。

第 4 小段：G0121（后辛庄马面）—G0125（后辛庄 1 号敌台），长 240 米，东北—西南走向，保存较好。墙体两壁陡立，顶部平整，墙体上杂草丛生。墙体底宽 6 ~ 8、顶宽 1 ~ 3.2、残高 4 ~ 7 米（彩图三四八）。威鲁口 5 号烽火台位于墙体北侧 0.097 千米处（内蒙古自治区境内）。

第 5 小段：G0125（后辛庄 1 号敌台）—G0126（断点），长 368 米，东北—西南走向，保存较好。墙体两侧为荒坡，北侧沟壑交错，南侧有小面积杨树林。墙体两壁陡立，顶部平整，墙体上杂草丛生。墙体底宽 6.5 ~ 7、顶宽 1.5 ~ 2.8、残高 4 ~ 7 米。后辛庄 1 号烽火台位于 G0125（后辛庄 1 号敌台）南侧 0.13 千米处。

第 6 小段：G0126（断点）—G0128（后辛庄 2 号敌台），长 73 米，东北—西南走向，墙体消失。墙体被季节性洪水冲毁。

第 7 小段：G0128（后辛庄 2 号敌台）—G0131（后辛庄 3 号敌台），长 365 米，东北—西南走向，保存较好。墙体两侧为荒坡，北侧沟壑交错，南侧有小面积杨树林。墙体两壁陡立，顶部平整，墙体上杂草丛生。墙体底宽 5.5 ~ 7、顶宽 1.2 ~ 3、残高 6 ~ 7.5 米。威鲁口 6 号烽火台位于墙体北侧 0.062 千米处（内蒙古自治区境内），后辛庄 2 号烽火台位于墙体东南 0.73 千米处，后辛庄 3 号烽火台位于 G0131（后辛庄 3 号敌台）南侧 0.15 千米处。

第 8 小段：G0131（后辛庄 3 号敌台）—G0135（后辛庄 4 号敌台），长 222 米，墙体走向先由东向西，后拐向西南直行，保存较好。墙体两侧为荒坡，北侧沟壑交错，南侧有小面积杨树林。墙体两壁较平缓，顶部平整，墙体上杂草丛生。墙体底宽 6 ~ 7、顶宽 1 ~ 2.2、残高 5 ~ 6 米（彩图三四九）。威鲁口 7 号烽火台位于墙体北侧 0.09 千米处（内蒙古自治区境内）。

第 9 小段：G0135（后辛庄 4 号敌台）—G0136（断点），长 184 米，东北—西南走向，保存一般。墙体两侧为荒坡，北侧沟壑交错，南侧有小面积杨树林。墙体两壁呈坡状，顶部豁口较多，高低不平，壁面有凹槽分布，墙体上杂草丛生。墙体底宽 6 ~ 7.5、顶宽 0.8 ~ 1.9、残高 5 ~ 6.2 米。

第 10 小段：G0136（断点）—G0137（止点、断点），长 60 米，东北—西南走向，墙体消失。墙体被季节性洪水冲毁，河沟内有一条进山土路。

墙体整体保存较好。造成墙体损毁的自然因素有季节性洪水冲刷、植物生长、风雨侵蚀等；人为因素有靠近墙体种植树木、人畜踩踏等。

13. 后辛庄长城 2 段

起点位于管家堡乡后辛庄村北 1 千米处，高程 1446 米；止点位于后辛庄村西北 2.5 千米处，高程 1460 米。大致呈东北—西南走向。全长 1593 米，其中保存一般 62、较差 1404、消失 127 米。墙体为土墙，黄色黏土夯筑而成，土中含砂砾、碎石、料礓石，夯层厚 0.18 ~ 0.24 米。现存墙体剖面大致呈不规则梯形，底宽 5 ~ 7、顶宽 0.4 ~ 2.5、残高 0.8 ~ 7.5 米。本段长城东北接后辛庄长城 1 段，西南连八台长城1段。后辛庄5~8号敌台位于墙体上，敌台间距0.403~0.592千米，后辛庄5号敌台位于后辛庄4号敌台西南0.397千米处，七泉台1~3号烽火台位于墙体北侧0.048~0.168千米处（内蒙古自治区境内），后辛庄4、5号烽火台位于墙体南侧0.438、0.022千米处（图二〇三）。

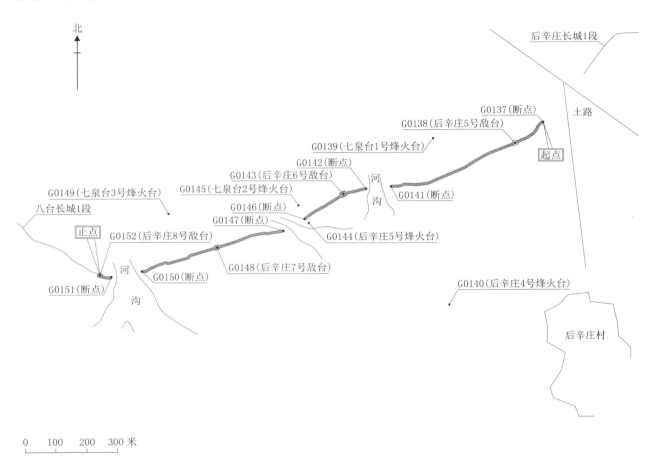

图二〇三　后辛庄长城2段走向示意图

本段墙体共测GPS点11个（G0137~G0138、G0141~G0143、G0146~G0148、G0150~G0152），可分为9小段，分述如下。

第1小段：G0137（起点、断点）—G0138（后辛庄5号敌台），长153米，东北—西南走向，保存较差。墙体起伏较大。墙体坍塌严重，高低不平，墙体上杂草丛生。墙体底宽5~6.1、顶宽0.5~1.5、残高1~3米。

第2小段：G0138（后辛庄5号敌台）—G0141（断点），长437米，东北—西南走向，保存较差。墙体沿山梁而行，两壁坍塌呈坡状，顶部参差不齐。墙体底宽6.2~7、顶宽0.8~2.5、高3~7米。

第3小段：G0141（断点）—G0142（断点），长27米，东—西走向，墙体消失。墙体被季节性洪水冲毁。

第4小段：G0142（断点）—G0146（断点），长292米，东北—西南走向，保存较差。墙体沿山南坡直行，在后辛庄6号敌台处墙体拐向西南。墙体坍塌呈坡状，顶部凹口较多，高低不平，墙体上长有榆树。墙体修筑时，北侧挖取土沟，利用北侧来泄洪。墙体底宽6~6.5、顶宽0.5~1.5、残高5~5.6米。后辛庄6号敌台位于墙体上，七泉台2、5号烽火台分别位于G0146（断点）北侧0.048千米（内蒙古自治区境内）、南侧 0.022 千米处。

第 5 小段：G0146（断点）—G0147（断点），长 34 米，东北—西南走向，墙体消失。墙体被季节性洪水冲毁。

第 6 小段：G0147（断点）—G0148（后辛庄 7 号敌台），长 247 米，东北—西南走向，保存较差。墙体位于山坡地带，地势较平缓，两侧有深沟。墙体坍塌呈坡状，顶部尖凸，高低不平，有三处 2 米宽的豁口，墙体中段有一处被季节性洪水冲毁形成的豁口，宽 5 米。墙体底宽 6 ~ 6.2、顶宽 0.4 ~ 1.5、残高 0.8 ~ 5 米。

第 7 小段：G0148（后辛庄 7 号敌台）—G0150（断点），长 275 米，东北—西南走向，保存较差。墙体两侧均有季节性洪水沟，远处有杨树林。墙体两壁坍塌呈坡状，顶部高低不平，墙体上杂草丛生。墙体底宽 5.5 ~ 6.5、顶宽 0.7 ~ 1.9、残高 3 ~ 5.5 米。七泉台 3 号烽火台位于墙体北侧 0.168 千米处（内蒙古自治区境内）。

第 8 小段：G0150（断点）—G0151（断点），长 66 米，东北—西南走向，墙体消失。墙体位于南北向、深 10 米的河沟中，地势相对较低。墙体被季节性洪水冲毁。

第 9 小段：G0151（断点）—G0152（止点、后辛庄 8 号敌台），长 62 米，东—西走向，保存一般。墙体两壁陡立。墙体底宽 6 ~ 7、顶宽 1 ~ 2.2、残高 6.5 ~ 7.5 米。G0152（止点、后辛庄 8 号敌台）处左云县境内明长城墙体开始向西北延伸（彩图三五〇、三五一）。

墙体整体保存较差。造成墙体损毁的自然因素有季节性洪水冲刷、风雨侵蚀、植物生长等；人为因素有靠近墙体种植树木、人畜踩踏等。

后辛庄长城 1、2 段位于后辛庄村北侧，地处黄土高原矮山丘陵地带向山地的过渡地带，地形复杂，山势起伏，沟壑纵横。土壤为淡栗钙土性土。长城周围为荒地，附近有树木，杂草遍布，植被较好。长城周围河沟为季节性洪水沟。

后辛庄村居民约 700 人，居民以农业为主。后辛庄长城附近有乡村土路。

14. 八台长城 1 段

起点位于三屯乡八台村东 1.4 千米处，高程 1460 米；止点位于八台村北 1.3 千米处，高程 1727 米。大致呈东南—西北走向。全长 3216 米，其中保存较好 879、一般 1293、较差 891、消失 153 米。墙体为土墙，黄色黏土夯筑而成，土中含少量砂砾、碎石、料礓石，夯层厚 0.18 ~ 0.24 米。现存墙体剖面大致呈不规则梯形，底宽 6 ~ 9、顶宽 0.3 ~ 3、残高 1 ~ 6.8 米。本段长城东接后辛庄长城 2 段、西连宁鲁堡长城 1 段，G0180（节点）处与八台长城 2 段相连接。后辛庄 8 号敌台、八台 1 ~ 7 号敌台位于墙体上，敌台间距 0.283 ~ 1.054 千米。八台马面位于墙体上，七泉台 4 ~ 10 号烽火台位于墙体北侧或东侧 0.05 ~ 0.11 千米处（内蒙古自治区境内），八台 1 ~ 4 号烽火台位于墙体南侧或西侧 0.015 ~ 0.23 千米处（图二〇四）。

本段墙体共测 GPS 点 21 个（G0152、G0154、G0155、G0158、G0161、G0163 ~ G0165、G0167、G0169、G0170、G0172、G0174 ~ G0177、G0179 ~ G0183），可分为 10 小段，分述如下。

第 1 小段：G0152（起点、后辛庄 8 号敌台）—G0155（八台 1 号敌台），长 321 米，东南—西北走向，保存较差。墙体南侧有乡村土路。墙体底部较宽，顶部尖凸，两壁为缓坡，墙体上杂草丛生。墙体底宽 6.5 ~ 7.6、顶宽 0.3 ~ 0.7、残高 6 ~ 6.5 米。七泉台 4 号烽火台位于墙体北侧 0.07 千米处（内蒙古自治区境内）。

第 2 小段：G0155（八台 1 号敌台）—G0158（八台 2 号敌台），长 287 米，东南—西北走向，保

图二○四　八台长城 1 段走向示意图

存较差。墙体两侧为荒地，杂草遍布，南侧种植有树木，并有乡村土路。墙体底部较宽，顶部尖凸，两壁为缓坡。G0155（八台 1 号敌台）西北 0.015 千米处墙体被村民挖断形成便道，宽 3 米。墙体底宽 6~7.5、顶宽 0.8~2、残高 5~6 米。八台 1 号烽火台位于墙体南侧 0.015 千米处，八台 2 号烽火台、七泉台 5 号烽火台分别位于 G0158（八台 2 号敌台）南侧 0.23 千米、北侧 0.05 千米处（内蒙古自治区境内）。

　　第 3 小段：G0158（八台 2 号敌台）—G0161（八台 3 号敌台），长 283 米，东—西走向，保存较差。墙体沿山梁爬升，周围地势起伏较大。墙体两侧为荒地或耕地。墙体底部较宽，顶部尖凸，多处有豁口，两壁为缓坡。墙体底宽 6~6.8、顶宽 1~1.8、残高 1.2~5 米。八台 3 号烽火台位于 G0161（八台 3 号敌台）南侧 0.03 千米处。

　　第 4 小段：G0161（八台 3 号敌台）—G0164（断点），长 314 米，东—西走向，保存一般。墙体两侧有浅沟或荒地，南侧有土路。墙体底部较宽，顶部尖凸，较平整，两壁陡立。墙体底宽 6.5~7.5、顶宽 1~3、残高 5~6 米。八台 4 号敌台位于墙体上，七泉台 6 号烽火台位于墙体北侧 0.056 千米处（内蒙古自治区境内）。

　　第 5 小段：G0164（断点）—G0165（断点），长 52 米，东—西走向，墙体消失。墙体被季节性洪水冲毁。

　　第 6 小段：G0165（断点）—G0167（断点），长 486 米，东南—西北走向，保存较好。墙体东侧有季节性洪水沟随行，西侧有八台村民居和进村土路。墙体存原始风貌，顶部平整，两壁陡立，部分有脱落。墙体底宽 6～7.5、顶宽 1～3、残高 6～6.8 米。七泉台 7 号烽火台位于墙体东侧 0.055 千米处（内蒙古自治区境内）。

第 7 小段：G0167（断点）—G0169（断点），长 101 米，南—北走向，墙体消失。墙体被人为取土挖损破坏，形成豁口，有东西向便道。七泉台 8 号烽火台位于墙体东侧 0.07 千米处（内蒙古自治区境内）。

第 8 小段：G0169（断点）—G0174（八台 5 号敌台），长 393 米，东南—西北走向，保存较好。墙体沿山梁曲折爬升，周围为退耕还草带。墙体存原始风貌，底部宽阔，顶部较平整，两壁仍较陡直，西壁有脱落。墙体底宽 7～9、顶宽 1～3、残高 5～6.5 米。八台马面位于墙体上。七泉台 9 号烽火台、八台 4 号烽火台分别位于 G0174（八台 5 号敌台）东侧 0.094 千米（内蒙古自治区境内）、西侧 0.04 千米处。

第 9 小段：G0174（八台 5 号敌台）—G0177（拐点），长 383 米，东南—西北走向，保存一般。墙体沿山梁曲折爬升，地势起伏较大。墙体两侧有退耕还草带，东侧有深沟。墙体底部较宽，顶部有两处较大豁口，两壁呈急坡状。墙体底宽 6.5～7.8、顶宽 1～2.8、残高 1～4.5 米。

第 10 小段：G0177（拐点）—G0183（止点、折点），长 596 米，东南—西北走向，保存一般。墙体沿陡立的山脊爬升至摩天岭山顶后，向下延伸。墙体两侧为陡坡，山势险峻。墙体两壁陡立，顶部豁口较多，参差不齐。墙体底宽 6～7.5、顶宽 0.8～2、残高 3～4.9 米（彩图三五二）。八台 6、7 号敌台位于墙体上，间距 0.303 千米。七泉台 10 号烽火台位于墙体北侧 0.11 千米处（内蒙古自治区境内），G0180（节点）处与八台长城 2 段相连接。

墙体整体保存一般。造成墙体损毁的自然因素有季节性河水冲刷、风雨侵蚀、植物生长等；人为因素有修路挖断墙体、取土挖损、人畜踩踏、靠近墙体种植树木等。

15. 八台长城 2 段

起点位于三屯乡八台村北 1.3 千米处，高程 1644 米；止点位于八台村北 1.7 千米处，高程 1652 米。大致呈东—西走向。全长 517 米，均保存差。墙体为石墙，土石混筑而成。现存墙体剖面大致呈不规则梯形，底宽 1.2～1.4、顶宽 0.3～0.9、残高 0.3～1.1 米。本段长城东接八台长城 1 段，北侧与山脊上的八台长城 1 段、宁鲁堡长城 1 段形成不规则较封闭的形状（彩图三五三）。八台 8 号敌台位于墙体上，八台 6 号敌台西侧 0.226 千米处（图二〇五）。

本段墙体共测 GPS 点 5 个（G0180、G0206～G0209），可分为 2 小段，分述如下。

第 1 小段：G0180（起点、节点）—G0206（八台 8 号敌台），长 191 米，东—西走向，保存差。墙体位于摩天岭山上，周围为退耕还草带。墙体痕迹明显，石墙基础可见，散落的石块被土掩埋，裸露的顶部形成一条脊线。墙体底宽 1.4、顶宽 0.4～0.9、残高 0.4～1.1 米。

第 2 小段：G0206（八台 8 号敌台）—G0209（止点、断点），长 326 米，东—西走向，保存差。石墙散落的石块形成断断续续的石带，墙体上杂草丛生。墙体底宽 1.2、顶宽 0.3～0.8、残高 0.3～0.9 米。

墙体整体保存差。造成墙体损毁的自然因素有风雨侵蚀、植物生长等；人为因素有拆毁石块、人畜踩踏等。

八台长城 1、2 段位于八台村北侧，地处黄土高原矮山丘陵地带向山地的过渡地带，地形复杂，山势起伏，沟壑纵横。土壤为淡栗钙土性土、山地淡栗钙土。长城周围多荒地、耕地或退耕还草带，附

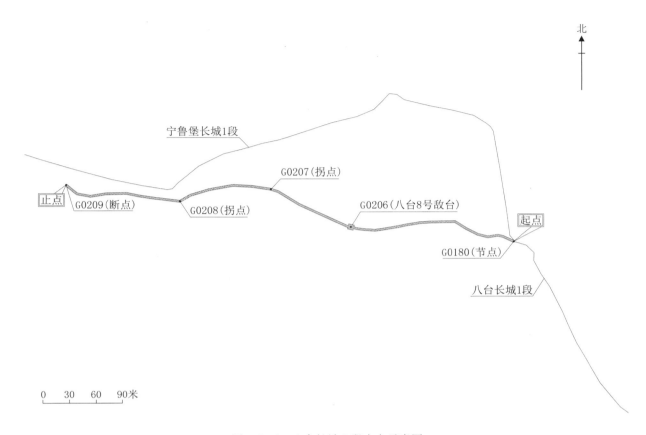

图二〇五　八台长城 2 段走向示意图

近有树木，杂草遍布，植被较好。长城周围河沟为季节性洪水沟。

八台村居民约 160 人，居民以农业、畜牧业为主。墙体附近有乡村土路，八台村村中有村村通公路。

16. 宁鲁堡长城 1 段

起点位于三屯乡宁鲁堡村东北 2.3 千米处，高程 1727 米；止点位于三屯乡宁鲁堡村西北 3.5 千米处，高程 1832 米。大致呈东南—西北走向。全长 2300 米，其中保存较好 347、一般 845、较差 696、差 195、消失 217 米。墙体为土墙，黄色黏土夯筑而成，土中含砂砾、碎石，夯层厚 0.18 ~ 0.24 米，部分段两侧有石块垒砌的护坡。现存墙体剖面大致呈不规则梯形，底宽 5 ~ 7.5、顶宽 0.5 ~ 3.2、残高 1.5 ~ 7 米。本段长城东接后八台长城 1 段，西连宁鲁堡长城 2 段。宁鲁堡位于墙体南侧。宁鲁堡马市倚墙而建，位于墙体南侧。镇宁楼敌台围墙北墙即长城墙体，宁鲁堡 1 ~ 7 号敌台位于墙体上，敌台间距 0.192 ~ 0.522 千米，宁鲁堡 1 号敌台位于八台 7 号敌台西南 0.24 千米处；宁鲁堡 1、2 号马面位于墙体上，间距 0.89 千米；马寺楼烽火台位于墙体北侧 0.9 千米处（内蒙古自治区境内），宁鲁堡 2 号烽火台位于墙体南侧 0.11 千米处（图二〇六）。

本段墙体共测 GPS 点 19 个（G0183 ~ G0185、G0187、G0188、G0190、G0192、G0194 ~ G0205），可分为 9 小段，分述如下。

第 1 小段：G0183（起点、折点）—G0184（宁鲁堡 1 号敌台），长 173 米，东北—西南走向，保存较差。墙体构筑在自然山梁上，地势起伏较大。墙体整体呈土梁状，底部较宽，两壁呈缓坡状，墙

图二〇六　宁鲁堡长城1段走向示意图

体上杂草丛生。墙体两侧有石块垒砌的护坡。墙体底宽6.2、顶宽1~3、残高2~3.5米。

　　第2小段：G0184（宁鲁堡1号敌台）—G0187（折点），长145米，先东北—西南走向，后东南—西北走向，保存较差。墙体构筑在自然山梁上，地势起伏较大。墙体整体呈土梁状，顶部较平整，两壁呈缓坡状，墙体上杂草丛生。墙体两侧有石块垒砌的护坡。墙体底宽5~6、顶宽1~2.8、残高1.5~3米。

　　第3小段：G0187（折点）—G0190（断点），长398米，东南—西北走向，保存一般。墙体沿山梁下坡而行，南北两侧为陡坡，地势险要。墙体陡立，顶部坍塌严重，凹凸不平，高低不一，两壁较陡立。墙体底宽6~7.2、顶宽1~2.6、残高4~7米。G0190（断点）处宁鲁堡马市倚墙而建，位于墙体南侧。镇宁楼敌台围墙北墙即长城墙体，东距宁鲁堡1号敌台0.522千米、西北距宁鲁堡2号敌台0.192千米。宁鲁堡1号马面位于墙体上（彩图三五四）。

　　第4小段：G0190（断点）—G0192（宁鲁堡2号敌台），长171米，东南—西北走向，墙体消失。墙体地处镇宁口山谷，地势相对较低。墙体及镇宁口设施被季节性洪水冲毁，山谷中有进山土路。

　　第5小段：G0192（宁鲁堡2号敌台）—G0196（宁鲁堡2号马面），长447米，东南—西北走向，保存一般。墙体沿山梁爬升，地势起伏较大，两侧为深沟。墙体仍较陡立，顶部基本平整，北壁有多处脱落。墙体底宽6~7、顶宽1~2.7、残高4~5.5米。宁鲁堡3号敌台位于墙体上。

　　第6小段：G0196（宁鲁堡2号马面）—G0198（断点），长347米，东南—西北走向，保存较好。

墙体沿山梁爬升，两侧为深沟，沟内种植有树木。墙体仍较陡立，顶部宽大平整，高低不一，壁面和底部有脱落痕迹。墙体底宽 6.2 ~ 7.5、顶宽 1 ~ 3.2、残高 6 ~ 7 米。宁鲁堡 4 号敌台位于墙体上（彩图三五五）。

第 7 小段：G0198（断点）—G0199（断点），长 46 米，东南—西北走向。墙体被连接山西省和内蒙古自治区的 210 省道截断消失。

第 8 小段：G0199（断点）—G0203（宁鲁堡 6 号敌台），长 378 米，东南—西北走向，保存较差。墙体沿山梁蜿蜒爬升，两侧有退耕还草带，地势起伏较大。墙体底部较宽，顶部凹凸不平，两壁呈缓坡状，墙体上杂草丛生。墙体底宽 5 ~ 6.5、顶宽 0.5 ~ 1.4、残高 3 ~ 5 米。宁鲁堡 5 号敌台位于墙体上，墙体北侧有 210 省道盘旋随行。

第 9 小段：G0203（宁鲁堡 6 号敌台）—G0205（止点、宁鲁堡 7 号敌台），长 195 米，东—西走向，保存差。墙体沿山梁蜿蜒爬升，墙体两侧有退耕还草带。墙体坍塌严重，两壁呈坡状，顶部坑洼不平。墙体底宽 4 ~ 6、顶宽 0.5 ~ 1.3、残高 2 ~ 5 米。

墙体整体保存一般。造成墙体损毁的自然因素有季节性洪水冲刷、风雨侵蚀、植物生长、动物挖掘洞穴等；人为因素有修路挖断墙体、人畜踩踏等。

17. 宁鲁堡长城 2 段

起点位于三屯乡宁鲁堡村西北 3.5 千米处，高程 1832 米；止点位于宁鲁堡村西北 4.2 千米处，高程 1894 米。大致呈东南—西北走向。全长 1100 米，其中保存较差 355、差 692、消失 53 米。墙体为石墙，土石混筑而成，两壁石块垒砌，中间土石夯筑。现存墙体剖面大致呈不规则梯形，底宽 3 ~ 5、顶宽 0.1 ~ 2、残高 0.6 ~ 3.2 米。本段长城东接宁鲁堡长城 1 段，西连六墩沟长城。宁鲁堡 7 ~ 10 号敌台位于墙体上，敌台间距 0.202 ~ 0.292 千米（图二〇七）。

本段墙体共测 GPS 点 10 个（G0205、G0210 ~ G0218），可分为 6 小段，分述如下。

第 1 小段：G0205（起点、宁鲁堡 7 号敌台）—G0213（断点），长 355 米，墙体先由东—向走西，后拐为东南—西北走向，保存较差。墙体构筑在自然山梁上，沿山脊而行，两侧为陡坡，南坡下有松树林。墙体坍塌严重，两壁石块脱落，中间夯土被雨水冲刷流失，形成凹坑，顶部参差不齐。墙体底宽 3.5 ~ 4、顶宽 1 ~ 2、残高 1 ~ 1.6 米（彩图三五六）。墙体北侧有连接山西省和内蒙古自治区的 210 省道，宁鲁堡 8 号敌台位于墙体上。

第 2 小段：G0213（断点）—G0214（断点），长 17 米，东南—西北走向。墙体被连接山西省和内蒙古自治区的 210 省道截断消失。

第 3 小段：G0214（断点）—G0215（宁鲁堡 9 号敌台），长 174 米，东南—西北走向，保存差。墙体构筑在自然山梁上，两侧为陡坡，西侧坡下有松树林。墙体坍塌严重，两壁石块脱落，中间夯土被雨水冲刷流失严重，顶部凹凸不平。墙体底宽 3 ~ 4.2、顶宽 0.7 ~ 1.5、残高 0.8 ~ 1.3 米。连接山西省和内蒙古自治区的 210 省道在墙体南侧盘山而上。

第 4 小段：G0215（宁鲁堡 9 号敌台）—G0216（宁鲁堡 10 号敌台），长 202 米，东南—西北走向，保存差。墙体构筑在自然山梁上，东侧为荒坡，西侧为深沟。墙体两壁石块脱落，中间夯土被雨水冲刷流失严重，顶部参差不齐。墙体底宽 5 ~ 6.5、顶宽 0.8 ~ 1.1、残高 1 ~ 3.2 米。

第 5 小段：G0216（宁鲁堡 10 号敌台）—G0217（断点），长 316 米，东北—西南走向，保存差。墙体北侧被削劈成陡坡，南侧自然地形在筑墙时被取平。墙体呈土埂状，墙体内夹石受雨水冲刷多裸露。墙体底宽 4 ~ 5、顶宽 0.1 ~ 1、残高 0.6 ~ 3 米。

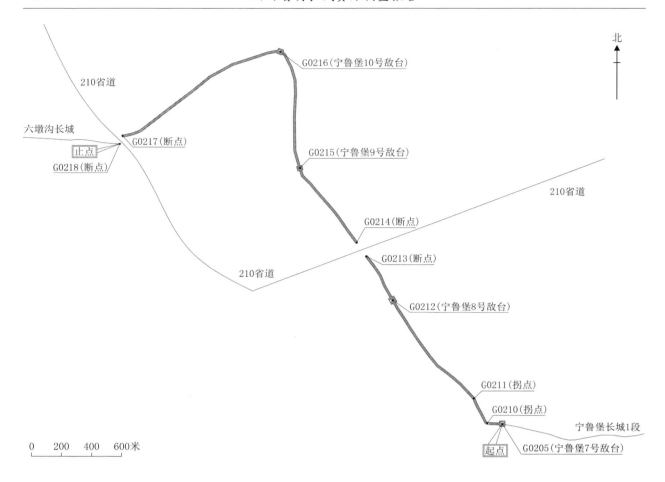

图二〇七　宁鲁堡长城 2 段走向示意图

第 6 小段：G0217（断点）—G0218（止点、断点），长 36 米，东北—西南走向。墙体被连接山西省和内蒙古自治区的 210 省道截断消失。

墙体整体保存差。造成墙体损毁的自然因素有风雨侵蚀、植物生长等；人为因素有修路挖断墙体、拆毁石块、人畜踩踏。

宁鲁堡长城 1、2 段地处黄土高原山地地带，构筑在摩天岭西侧山梁上，地形复杂，山势起伏，沟壑纵横。土壤为淡栗钙土性土、山地淡栗钙土。长城周围有荒地或退耕还草带，附近有树木，杂草遍布，植被较好。长城周围河沟为季节性洪水沟。

宁鲁堡村居民约 480 人，居民以农业、畜牧业为主。210 省道截断墙体与之随行。

18. 六墩沟长城

起点位于三屯乡六墩沟村东南 2 千米处，高程 1894 米；止点位于六墩沟村西北 1.1 千米处，高程 1923 米。大致呈东南—西北走向。全长 2725 米，其中保存一般 166、较差 2299、差 260 米。墙体为土墙，黄色黏土夯筑而成，土中含砂砾、碎石，夯层模糊，部分段有石块垒砌的护坡。现存墙体剖面呈不规则梯形，底宽 4 ~ 6.8、顶宽 0.6 ~ 2.7、残高 1.2 ~ 5.5 米。本段长城东接宁鲁堡长城 2 段，西北连十二窑长城 1 段。六墩沟 1 ~ 8 号敌台位于墙体上，敌台间距 0.26 ~ 0.573 千米，六墩沟 1 号敌台位于宁鲁堡 10 号敌台西 0.397 千米处；六墩沟马面位于墙体上；六墩沟烽火台位于 G0221（六墩沟 2 号敌

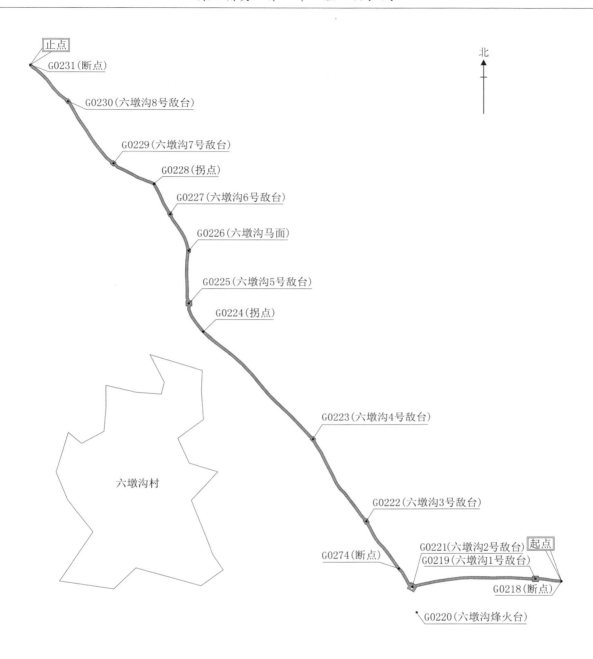

图二〇八　六墩沟长城走向示意图

台）南侧 0.075 千米处（图二〇八）。

　　本段墙体共测 GPS 点 14 个（G0218、G0219、G0221～G0231、G0274），可分为 9 小段，分述如下。

　　第 1 小段：G0218（起点、断点）—G0221（六墩沟 2 号敌台），长 426 米，东—西走向，保存较差。墙体沿海拔 1900 米的山梁爬升，落差较大。墙体北侧有位于内蒙古自治区境内的 210 省道，南侧为连绵的山脉。墙体坍塌呈土梁状，顶部参差不齐，墙体上杂草丛生。墙体底宽 5 ~ 6.5、顶宽 0.6 ~ 1.7、残高 2 ~ 5 米。六墩沟 1 号敌台位于墙体上，六墩沟烽火台位于 G0221（六墩沟 2 号敌台）南侧 0.075 千米处。

第 2 小段：G0221（六墩沟 2 号敌台）—G0222（六墩沟 3 号敌台），长 260 米，东南—西北走向，保存差。墙体沿海拔 1900 米的山梁顶部延伸，梁顶平缓，落差较小。墙体东侧有位于内蒙古自治区境内的 210 省道，西侧为连绵的山脉。墙体整体呈土梁状，顶部凹凸不平，墙体上杂草丛生。墙体底宽 4 ~ 5、顶宽 0.6 ~ 1.7、残高 1.2 ~ 2 米。G0274（断点）处墙体被土路截断，宽 4 米。

第 3 小段：G0222（六墩沟 3 号敌台）—G0223（六墩沟 4 号敌台），长 304 米，东南—西北走向，保存较差。墙体沿海拔 1900 米的山梁顶部延伸，梁顶平缓，落差较小。墙体坍塌呈土梁状，顶部尖凸，凹凸不平，两壁较平缓，墙体上杂草丛生。墙体底宽 5 ~ 6、顶宽 0.8 ~ 2.2、残高 1.3 ~ 4 米。

第 4 小段：G0223（六墩沟 4 号敌台）—G0225（六墩沟 5 号敌台），长 573 米，东南—西北走向，保存较差。墙体沿海拔 1930 米的山梁顶部延伸，梁顶平缓，落差较小。墙体坍塌呈土梁状，顶部宽窄不一，凹凸不平，两壁呈缓坡。东壁塌土被修筑 210 省道时挖掘取用，形成多处豁口，墙体上杂草丛生。墙体底宽 5.5 ~ 6.8、顶宽 1 ~ 2.7、残高 2.8 ~ 3.5 米。

第 5 小段：G0225（六墩沟 5 号敌台）—G0226（六墩沟马面），长 166 米，南—北走向，保存一般。墙体两壁呈坡状，部分稍陡立，东壁被 210 省道破坏，部分段有石块垒砌的护坡。墙体底宽 6 ~ 6.8、顶宽 1 ~ 2.7、残高 4 ~ 5.5 米。

第 6 小段：G0226（六墩沟马面）—G0227（六墩沟 6 号敌台），长 347 米，东南—西北走向，保存较差。墙体两侧有退耕还草带，东侧种植有树木。墙体坍塌呈土梁状，顶部参差不齐。墙体东壁塌土被修筑 210 省道时挖掘取用，形成多处豁口，墙体上杂草丛生。墙体底宽 5.5 ~ 6.8、顶宽 1 ~ 2.7、残高 2.8 ~ 3.5 米。

第 7 小段：G0227（六墩沟 6 号敌台）—G0229（六墩沟 7 号敌台），长 241 米，东南—西北走向，保存较差。墙体位于山梁上，地势平缓，落差较小。墙体两侧有退耕还草带。墙体坍塌严重，顶部凹凸不平，宽窄不一，墙体上杂草丛生。墙体底宽 5.5 ~ 6.8、顶宽 1 ~ 2、残高 3.5 ~ 5.5 米。

第 8 小段：G0229（六墩沟 7 号敌台）—G0230（六墩沟 8 号敌台），长 261 米，东南—西北走向，保存较差。墙体坍塌严重，两壁呈缓坡状，墙体上杂草丛生。墙体底宽 5.5 ~ 6.8、顶宽 1 ~ 2、残高 3.5 ~ 5.5 米（彩图三五七）。

第 9 小段：G0230（六墩沟 8 号敌台）—G0231（止点、断点），长 147 米，东南—西北走向，保存较差。墙体位于海拔 1930 米的山梁上，梁顶平缓，落差较小。墙体两侧有退耕还草带。墙体整体呈土梁状，顶部凹凸不平，东壁被 210 省道破坏较严重，墙体上杂草丛生。墙体底宽 5.5 ~ 6.8、顶宽 1 ~ 2、残高 3.5 ~ 5.5 米。

墙体整体保存较差。造成墙体损毁的自然因素有风雨侵蚀、植物生长等；人为因素有在墙体附近修筑道路、人畜踩踏等。

六墩沟长城地处黄土高原山地地带，位于山梁上，梁顶平缓宽阔，起伏较小。土壤为山地淡栗钙土。长城周围有荒地或退耕还草带，附近有树木，杂草遍布，植被较好。长城周围河沟为季节性洪水沟。

六墩沟村居民约 230 人，居民以农业、畜牧业为主。210 省道与长城随行。

19. 十二窑长城 1 段

起点位于三屯乡十二窑村东南 2 千米处，高程 1923 米；止点位于十二窑村北 0.85 千米处，高程 1854 米。大致呈东南—西北走向。全长 1966 米，其中保存较差 1942、消失 24 米。墙体为黄色黏土夯筑而成，土中含砂砾、碎石，夯层模糊。现存墙体剖面大致呈不规则梯形，底宽 5 ~ 7.3、顶宽 0.3 ~ 0.8、残高 1 ~ 5 米。本段长城东南接六墩沟长城，西北连十二窑长城 2 段。十二窑 1 ~ 7 号敌台位于墙体上，敌台间距 0.15 ~ 0.445 千米，十二窑 1 号敌台位于六墩沟 8 号敌台西北 0.247 千米处（图二〇九）。

本段墙体共测 GPS 点 15 个（G0231 ~ G0245），可分为 8 小段，分述如下。

第 1 小段：G0231（起点、断点）—G0232（断点），长 24 米，东南—西北走向，墙体消失。墙体东侧有位于内蒙古自治区境内的 210 省道，种植有树木。墙体消失处有数间石块垒砌的废弃房屋，房屋只存残墙。由此可见，墙体被盖房破坏。

第 2 小段：G0232（断点）—G0234（十二窑 2 号敌台），长 521 米，东南—西北走向，保存较差。墙体周围地势起伏较大，有退耕还草带，东侧种植有树林。墙体损毁严重，整体呈土梁状，顶部凹凸不平，两壁呈缓坡状，墙体上杂草丛生。墙体底宽 6.2 ~ 7.3、顶宽 0.3 ~ 0.6、东侧残高 3 ~ 4、西侧残高 1 ~ 3 米。十二窑 1 号敌台位于墙体上。

第 3 小段：G0234（十二窑 2 号敌台）—G0236（十二窑 3 号敌台），长 150 米，东南—西北走向，保存较差。墙体沿海拔 1900 米的山梁顶部弧线延伸，两侧有退耕还草带。墙体底部较宽，顶部尖凸，部分段有豁口，壁面呈缓坡状，墙体上杂草丛生。墙体底宽 6 ~ 7、顶宽 0.3 ~ 0.8、东侧残高 2 ~ 4、西侧残高 3 ~ 5 米（彩图三五八）。

第 4 小段：G0236（十二窑 3 号敌台）—G0238（十二窑 4 号敌台），长 356 米，东南—西北走向，保存较差。墙体位于海拔 1880 米的山梁顶部，损毁严重，顶部较陡立，凹凸不平，壁面呈缓坡状，墙体上杂草丛生。墙体底宽 5 ~ 6、顶宽 0.3 ~ 0.6、残高 1.2 ~ 3.5 米。

第 5 小段：G0238（十二窑 4 号敌台）—G0239（十二窑 5 号敌台），长 320 米，东南—西北走向，保存较差。墙体位于海拔 1880 米的山梁顶部，坍塌严重，整体呈土梁状，顶部呈脊状，凹凸不平，壁面呈缓坡状，墙体上杂草丛生。墙体底宽 5 ~ 6、顶宽 0.3 ~ 0.6、残高 1.2 ~ 3.5 米。

第 6 小段：G0239（十二窑 5 号敌台）—G0241（十二窑 6 号敌台），长 238 米，东南—西北走向，保存较差。墙体位于海拔 1880 米的山梁顶部，底部较宽，顶部呈脊状，参差不齐，壁面呈缓坡状，墙体上杂草丛生。墙体底宽 6 ~ 7、顶宽 0.3 ~ 0.6、残高 2 ~ 3 米。

第 7 小段：G0241（十二窑 6 号敌台）—G0244（十二窑 7 号敌台），长 207 米，东南—西北走向，保存较差。墙体位于海拔 1880 米的山梁顶部，坍塌严重，底部较宽，顶部呈脊状，参差不齐，壁面呈缓坡状，墙体上杂草丛生。墙体底宽 5 ~ 6、顶宽 0.3 ~ 0.6、残高 1.2 ~ 5 米（彩图三五九）。

第 8 小段：G0244（十二窑 7 号敌台）—G0245（止点、断点），长 150 米，东南—西北走向，保存较差。墙体位于山梁顶部，底部较宽，顶部呈脊状，参差不齐，壁面呈坡状，东壁较陡，墙体上杂草丛生。墙体底宽 5 ~ 6、顶宽 0.3 ~ 0.6、残高 2.5 ~ 4.5 米。

墙体整体保存较差。造成墙体损毁的自然因素有风雨侵蚀、植物生长、动物挖掘洞穴等；人为因素有盖房破坏、人畜踩踏等。

20. 十二窑长城 2 段

起点位于三屯乡十二窑村东北 0.85 千米处，高程 1854 米；止点位于十二窑村西北 1.6 千米处，

图二〇九　十二窑长城 1 段走向示意图

高程 1783 米。大致呈东南—西北走向。全长 1603 米，其中保存一般 846、较差 744、消失 13 米。墙体为土墙，黄色黏土夯筑而成，土中含砂砾、碎石，夯层模糊，部分段有石块垒砌的护坡。现存墙体剖面大致呈不规则梯形，底宽 4～7、顶宽 0.4～2.5、残高 1～7 米。本段长城东南接十二窑长城 1 段，西北连二十边长城。十二窑 8～11 号敌台位于墙体上，敌台间距 0.326～0.482 千米，十二窑 8 号敌台位于十二窑 7 号敌台西北 0.271 千米处。十二窑烽火台位于 G0256（拐点、十二窑 11 号敌台）西南 0.115 千米处（图二一〇）。

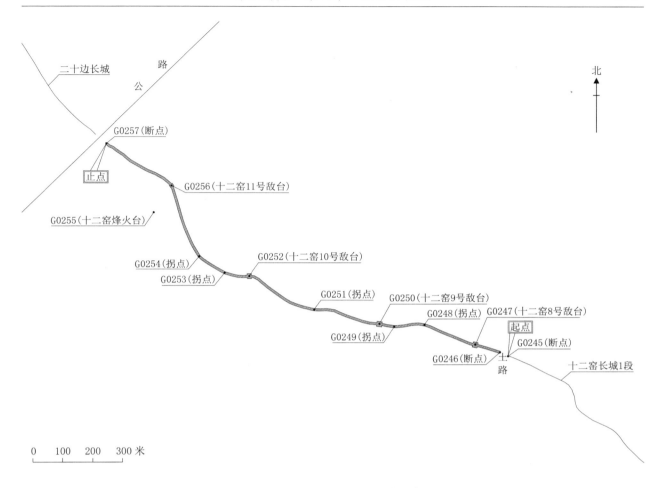

图二一〇　十二窑长城 2 段走向示意图

本段墙体共测 GPS 点 12 个（G0245～G0254、G0256、G0257），可分为 7 小段，分述如下。

第 1 小段：G0245（起点、断点）—G0246（断点），长 13 米，东南—西北走向。墙体被通往十二窑村的土路截断消失。

第 2 小段：G0246（断点）—G0248（拐点），长 284 米，东南—西北走向，保存一般。墙体位于海拔 1870 米的山梁顶部，两侧为陡坡，周围为退耕还草带，南侧有乡村土路。墙体较陡立，顶部尖凸，高低不一，壁面较陡立，墙体上杂草丛生。墙体底宽 6～6.7、顶宽 1～2.3、北侧残高 4～5.5、南侧残高 1～2 米。十二窑 8 号敌台位于墙体上。

第 3 小段：G0248（拐点）—G0250（十二窑 9 号敌台），长 150 米，东—西走向，保存一般。部分段有石块垒砌的护坡。墙体底宽 6～7、顶宽 1～2、北侧残高 5～7、南侧残高 2～3 米。

第 4 小段：G0250（十二窑 9 号敌台）—G0252（十二窑 10 号敌台），长 482 米，东南—西北走向，保存较差。墙体底宽 5～6、顶宽 0.4～1.2、北侧残高 4～5.4、南侧残高 1～2.8 米（彩图三六〇）。

第 5 小段：G0252（十二窑 10 号敌台）—G0254（拐点），长 187 米，东南—西北走向，保存一般。墙体底宽 6～6.7、顶宽 1～1.5、北侧残高 2～3、南侧残高 2～2.5 米。

第 6 小段：G0254（拐点）—G0256（十二窑 11 号敌台），长 262 米，东南—西北走向，保存较差。墙体底宽 4～5、顶宽 0.6～1.2、残高 2.5～3.5 米。

第 7 小段：G0256（十二窑 11 号敌台）—G0257（止点、断点），长 225 米，东南—西北走向，保存一般。墙体底宽 4～5.8、顶宽 0.6～2.5、残高 2～3.7 米。

墙体整体保存较差。造成墙体损毁的自然因素有风雨侵蚀、植物生长等；人为因素有修路挖断墙体、靠近墙体修路、取土挖损、人畜踩踏等。

十二窑长城 1、2 段地处黄土高原山地，位于山梁上，梁顶平缓宽阔，起伏较小。土壤为山地淡栗钙土。长城周围多退耕还草带，附近有树木，杂草遍布，植被较好；长城周围河沟为季节性洪水沟。

十二窑村整体搬迁于三屯村，村民以农业为主。210 省道在墙体北侧远处随行，墙体南侧近处有通往十二窑村的土路。

21. 二十边长城

起点位于三屯乡二十边村东 0.58 千米处，高程 1783 米；止点位于二十边村西北 1.6 千米处，高程 1723 米。大致呈东南—西北走向。全长 2224 米，其中保存一般 223、较差 1098、差 847、消失 56 米。墙体为土墙，黄色黏土夯筑而成，土中含砂砾、碎石，夯层模糊，部分段有石块垒砌的护坡。现存墙体剖面大致呈不规则梯形，底宽 2～7、顶宽 0.3～1.8、残高 0.2～5 米。本段长城东接十二窑长城 2 段，西连右玉县明长城。二十边 1～5 号敌台位于墙体上，敌台间距 0.223～0.975 千米，二十边 1 号敌台位于十二窑 11 号敌台西北 0.281 千米处。二十边烽火台位于 G0267（止点、断点）东南 0.08 千米处，王三顺烽火台位于墙体东侧 0.842 千米处（内蒙古自治区境内）（图二一一）。

本段墙体共测 GPS 点 9 个（G0257～G0260、G0262～G0265、G0267），可分为 8 小段，分述如下。

第 1 小段：G0257（起点、断点）—G0258（二十边 1 号敌台），长 56 米，东南—西北走向，墙体消失。墙体被季节性洪水冲毁。

第 2 小段：G0258（二十边 1 号敌台）—G0259（二十边 2 号敌台），长 223 米，东南—西北走向，保存一般。墙体位于海拔 1870 米的山梁顶部，地势平缓，周围有陡坡。墙体两侧有退耕还草带，南侧有通往二十边村的土路。墙体底部较宽，顶部尖凸，宽窄不一，两壁稍陡立，墙体上杂草丛生。墙体底宽 6～7、顶宽 0.5～1.1、残高 2.5～4 米（彩图三六一）。

第 3 小段：G0259（二十边 2 号敌台）—G0260（二十边 3 号敌台），长 253 米，东南—西北走向，保存较差。墙体坍塌成土梁状，顶部略平，部分凹凸不平，壁面为缓坡，墙体上杂草丛生。部分段有石块垒砌的护坡。墙体底宽 4.2～5.5、顶宽 0.6～1.5、东侧残高 1～2.5、西侧残高 0.6～1.7 米。

第 4 小段：G0260（二十边 3 号敌台）—G0262（二十边 4 号敌台），长 270 米，东南—西北走向，保存差。部分段有石块垒砌护坡。墙体底宽 3～3.6、顶宽 0.3～1、残高 0.2～1.6 米。

第 5 小段：G0262（二十边 4 号敌台）—G0263（拐点），长 398 米，东南—西北走向，保存较差。墙体底宽 4.2～5.5、顶宽 0.6～1.5、东侧残高 1～2.5、西侧残高 0.6～1.7 米。

第 6 小段：G0263（拐点）—G0264（二十边 5 号敌台），长 577 米，东南—西北走向，保存较差。墙体沿海拔 1750 米的山梁顶部蜿蜒分布，周围为陡坡。墙体两侧有退耕还草带，左云县通往右玉县的土路紧邻墙体。墙体坍塌呈土梁状，顶部略平，部分尖凸、陡立，两壁呈坡状，东壁较陡，墙体上杂草丛生。墙体底宽 2～3.5、顶宽 0.6～1.2、残高 0.2～1.5 米。

第 7 小段：G0264（二十边 5 号敌台）—G0265（拐点），长 109 米，东南—西北走向，保存较差。墙体沿海拔 1750 米的山梁顶部蜿蜒分布，周围为陡坡。墙体两侧有退耕还草带，西侧有左云县通往右玉县的土路。墙体整体呈土梁状，顶部略平，壁面较平缓，墙体上杂草丛生。墙体底宽 5～6、顶宽 0.6～1.8、东侧残高 3～5、西侧残高 1～2 米。

北

止点
G0267(断点)
G0266(二十边烽火台)
G0265(拐点)
G0264(二十边5号敌台)

G0263(拐点)

G0261(王三顺烽火台)

王三顺村

G0262(二十边4号敌台)

G0260(二十边3号敌台)

二十边村

公路

G0259(二十边2号敌台)

G0258(二十边1号敌台)
G0257(断点)
起点

十二窑长城2段

0　150　300　450 米

图二一一　二十边长城走向示意图

第8小段：G0265（拐点）—G0267（止点、断点），长338米，东南—西北走向，保存较差。墙体沿海拔1730米的山梁顶部直线延伸，东侧为陡坡。部分段有石块垒砌的护坡。墙体底宽5~6、顶宽0.5~1.1、东侧残高3~4.5、西侧残高1~2米。二十边烽火台位于G0267（止点、断点）东南0.08千米处。

墙体整体保存较差。造成墙体损毁的自然因素有风雨侵蚀、植物生长等；人为因素有修路挖断墙体、靠近墙体修路、人畜踩踏、取土挖损等。

二十边长城地处黄土高原山地，位于山梁上，梁顶平缓宽阔，起伏较小。土壤为山地淡栗钙土。长城周围多退耕还草带，附近有树木，杂草遍布，植被较好。

二十边村整体搬迁于三屯村，村民以农业为主。210 省道在墙体北侧远处随行，南侧近处有通往二十边村及通往右玉县的土路。

（二）关堡

详见下表（表 115）。

表 115　左云县关堡一览表

乡镇	关堡名称	数量（座）
管家堡乡	威鲁口关、保安堡、威鲁堡、管家堡	4
三屯乡	宁鲁堡、三屯堡	2
张家场乡	旧高山卫城、云西堡，	2
云兴镇	左云城	1
水窑乡	五峰嘴堡	1
合计		10

1. 威鲁口关

位于管家堡乡威鲁堡村东北 2.3 千米，威鲁堡长城 1 段 G0085（起点、断点）西南 0.015 千米处（彩图三六二），倚长城墙体而建，高程 1385 米。

关平面呈矩形，坐西北朝东南，东西 60、南北 25 米，周长 170 米，占地面积 1500 平方米。现存主要设施、遗迹有部分关墙、敌台 1 座、夯土台 1 座（用途不明）等（图二一二；彩图三六三）。关墙原有包石砖，现仅存内部的夯土墙。墙体底宽 8、顶宽 1.5、残高 1.5~3 米。敌台位于长城墙体上，

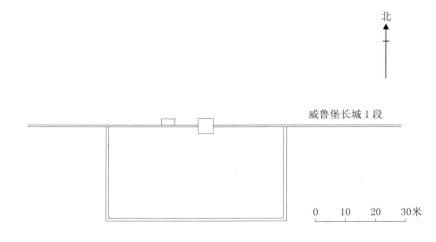

图二一二　威鲁口关平面示意图

平面呈不规则矩形，底部边长 12、顶部边长 1~3、残高 10 米，敌台两侧被挖成豁口。夯土台位于敌台西侧长城墙体上，平面呈矩形，中间有半圆形洞，台体凸出墙体 3 米，墙体上残宽 1.5、凸出墙体部分高 6 米。夯土台西侧有后人挖掘的沟槽。

关内建筑无存。整体保存较差。部分墙体残存，关门无存，敌台和夯土台均损毁严重，保存一般，台下散落明代残砖碎瓦。造成损毁的自然因素主要是风雨侵蚀、植物生长等；人为因素主要是拆毁墙体包砖石、取土挖损、人畜踩踏等。

威鲁口关位于山西省与内蒙古自治区两省区交界处，左云县北部，地处平缓的黄土高原矮山丘陵地带，地势起伏较小。威鲁口关附近的威鲁堡村为清代"军转民"形成的村落，人口 1100 人。威鲁口关南侧有乡村土路。

2. 保安堡

位于管家堡乡保安堡村中，保安堡大边长城 2 段东侧 1 千米处，高程 1331 米。

堡平面呈不规则形，坐西朝东，东西 180、南北 330 米，周长 1038 米，占地面积 57168 平方米。现存主要设施、遗迹有堡墙、角台 3 座、马面 2 座、庙宇 1 座、乐楼 1 座等（图二一三）。堡墙原有包

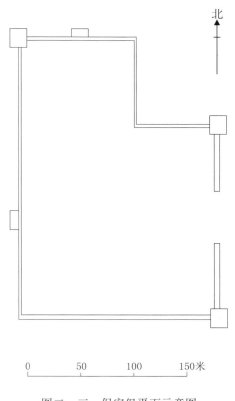

图二一三　保安堡平面示意图

砖，现仅存内部的夯土墙。现存东墙 20 米、南墙 70 米、西墙 180 米、北墙 300 米，北墙呈"Z"形。墙体底宽 3、顶宽 1~2、残高 1~8 米。东墙正中设堡门，原为砖券拱顶，外侧门额上书"云羊"二字，现为豁口。存东北、东南、西北 3 座角台，东北角台残留一角，圆而凸；东南角台被挖去大半；西北角台宽 20、凸出墙体 10、残高 8 米。西、北墙各设马面 1 座，西墙马面宽 20、凸出墙体 7 米；北墙马面宽 9、凸出墙体 8、残高 12 米。原有罗城及城门，门额上书"永泰"二字，现无存。堡内原有

玄天庙、龙王庙、马寺庙等，玄天庙内置地动仪 1 台，现无存。堡内仅存南禅寺 1 座，为清代重修，部分建筑为现代修筑，门口有 1 对石狮。堡外东侧存龙王庙乐楼 1 座，坐南朝北，砖木结构，边长 8 米，基部为条石砌筑，高 3 米，为明代建筑。

堡整体保存较差。堡东、南墙大部分消失，西、北墙基本完整，堡墙包砖被拆毁殆尽。造成损毁的自然因素主要是风雨侵蚀、植物生长等；人为因素主要是拆毁堡墙包砖、墙体上挖掘洞穴、取土挖损、人畜踩踏等。

保安堡位于左云县东北部，地处马头山东侧平缓的黄土高原矮山丘陵地带，地势平坦开阔。堡内外满布现代民居。保安堡西侧有村村通公路通往村中。

3. 威鲁堡

也称威虏堡，位于管家堡乡威鲁堡村中，威鲁堡长城 2 段南侧 0.6 千米处，高程 1394 米。

堡平面呈矩形，坐北朝南，由北侧的堡城和南侧的关城组成，总周长 1520 米，总占地面积 89700 平方米。堡城平面呈矩形，边长 240 米，周长 960 米，占地面积 57600 平方米。关城平面形制不详，东墙长 160、南墙长 240、西墙长 160、北墙长 60 米，周长 620 米，占地面积 32100 平方米。现存主要设施、遗迹有堡墙、堡城角台 3 座、马面 8 座、关城 1 座、关城角台 2 座、壕沟、庙宇 3 座等（图二一四；彩图三六四）。堡墙原有包砖，厚 1 米，现仅存内部的夯土墙，东墙 190、南墙 50、西墙 202

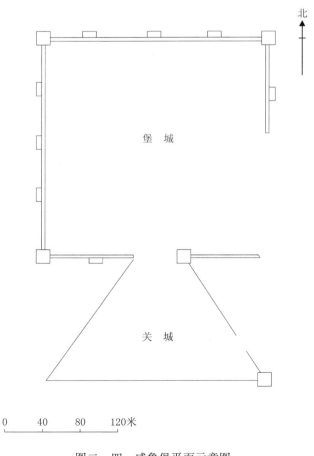

图二一四　威鲁堡平面示意图

（彩图三六五）、北墙240米。墙体底宽5、顶宽1～2、残高0.5～7米。南墙正中设堡门，原为砖券拱顶，外侧门额上书"永镇"二字，现仅存西侧夯土门墩。南门外原有瓮城，现无存。存东北、西南、西北3座角台。堡东墙和南墙各有马面1座，西墙和北墙各有马面3座，北墙正中马面较大，宽24、凸出墙体8米。关城墙体为夯土墙，现存东墙160、南墙160、西墙140、北墙长60米。墙体底宽5、顶宽0.5～2、残高0.5～7.6米。东墙靠南设有关门，现为豁口，宽6米。关城墙体现存东北、东南2座角台。威鲁堡四周有壕沟，宽3、深2、距城墙5米。堡北墙正中马面上建有玄天庙，同一轴线上还有三宫庙、老爷庙，存基址以及清代修缮碑记。堡内原有庙宇24座、乐楼2座，现均无存。关城内张姓人家院墙上镶嵌《节妇碑》，宽0.45、高0.95米，碑文335字，系威鲁堡守备张守勳撰文，崇祯十三年（1640年）刻石嵌碑。

　　堡整体保存一般。堡墙包砖石被拆毁，堡墙、关城墙体有多处消失或被盖房占用，部分段被挖掘成菜窖或地洞。堡门、瓮城、关门均无存。造成损毁的自然因素主要是风雨侵蚀、植物生长、动物挖掘洞穴等；人为因素主要是拆毁堡墙、关城墙体包砖石、盖房占用墙体、墙体上挖掘洞穴、取土挖损等。

　　威鲁堡位于左云县北部，周围地势平坦开阔，东、南侧为较开阔地带，西侧傍河槽，北侧距起伏的山地2.5千米。堡内外满布现代民居，人口1100人。威鲁堡东南有公路通往村中。

4. 管家堡

　　位于管家堡乡管家堡村中，黄土口二边长城南侧4千米处，高程1294米。

　　堡平面呈矩形，坐南朝北，边长285米，周长1140米，占地面积81225平方米。现存主要设施、遗迹有堡墙、城门1座、瓮城1座、角台3座、马面4座、庙宇1座等（图二一五）。墙体底宽2～5、

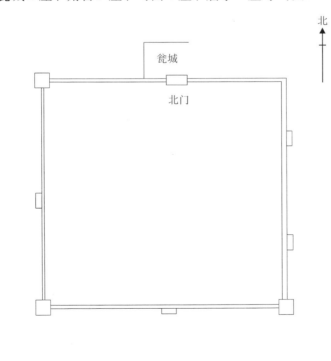

图二一五　管家堡平面示意图

顶宽0.5~2、残高1.5~10米。北墙设有城门，砖券拱顶，宽3.8、高5、进深10.3米。北门外有瓮城，瓮城东墙被修路破坏，存西墙32、北墙34米。堡墙四角设角台，存3座（东北角台无存），东南角台宽8.2、凸出墙体7.3、残高10米。东、南、西墙有马面，东墙2座，南、西墙各1座，东墙南马面宽8.6、凸出墙体6.5、残高9米。堡内有庙宇遗迹1座，据当地村民讲是玄天庙，有夯土台基，台基被道路一分为二，台基西部残长7.9、宽4.8、高6.4米，夯层厚0.15~0.2米，台基上建筑"文革"时被损毁。

堡整体保存一般。堡墙损毁严重。造成损毁的自然因素主要是风雨侵蚀、植物生长等；人为因素主要是修路挖断墙体、墙体上挖掘洞穴、取土挖损、盖房利用墙体等。

管家堡位于左云县东北部，地处黄土高原矮山丘陵地带，周围地势平坦。堡内外满布现代民居，人口600人。堡东墙外为耕地，南墙外为封山育林区，北墙外有一条东西向公路。

5. 宁鲁堡

位于三屯乡宁鲁堡村中，宁鲁堡长城1段南侧，高程1482米。

堡平面呈矩形，坐北朝南，边长300米，周长1200米，占地面积9万平方米。现存主要设施、遗迹有堡墙、城门1座、角台4座、马面7座等（图二一六）。堡墙原有包砖，现仅存内部的夯土墙，夯层厚0.18~0.25米。东、北墙保存较完整（彩图三六六），南、西墙残存约一半。墙体底宽7~9、顶宽0.3~3、残高9~10米。南墙有城门，南门外原有瓮城，现无存。堡墙四角设角台，东北、西北角台坍塌约一半；东南角台中间坍塌成缺口，两边残存；西南角台保存较好，宽16、凸出墙体11、残高9米。东、西、北墙各有马面2座，保存较好，宽15、凸出墙体8米，与墙体同高；南墙仅存西马面。

堡内建筑无存。整体保存一般。瓮城、南墙东马面无存。造成损毁的自然因素主要是风雨侵蚀、植物生长等；人为因素主要是取土挖损、盖房利用墙体等。

宁鲁堡位于左云县北部，地处黄土高原矮山丘陵地带向山地的过渡地带，地势起伏较大。堡内外满布现代民居，人口480人。堡外南侧有东西向公路，西侧0.05千米处有210省道。

6. 三屯堡

位于三屯乡三屯堡村西，八台长城1段南侧7千米处，高程1375米。

堡平面呈矩形，坐北朝南，东西80、南北81米，周长322米，面积6480平方米。现存主要设施、遗迹有堡墙、城门1座、瓮城1座、角台4座、马面3座、壕沟等（图二一七）。堡墙原有包砖，现仅存内部的夯土墙，黄色黏土夯筑而成，含砂砾，夯层厚0.18~0.22米。墙体底宽4~5、顶宽1.5~5、残高4~10米。南墙设有城门，宽4.5米。南门外有瓮城，瓮城东西（内侧）16、南北（内侧）18米，东墙有豁口，宽5.6米，应为瓮城门。堡墙四角设角台，其中东北角台宽8.7、凸出墙体5.8、残高7米。东、西、北墙设马面，其中北墙马面宽12.4、凸出墙体5.6、残高7米。堡外有壕沟，东、南侧壕沟不明显，西、北侧壕沟距墙体14米，壕沟宽7~9、深4米，沟内种有杨树。

堡内建筑无存，整体保存较好。堡墙有不同程度的坍塌，东、西、北墙底部有当地村民开挖的土洞，用作圈羊或存放柴草。造成损毁的自然因素主要是风雨侵蚀、植物生长等等；人为因素主要是取土挖损、墙体上挖掘洞穴等。

三屯堡位于左云县西北部，地处黄土高原矮山丘陵地带，周围地势较平缓。堡内有一些废弃的现

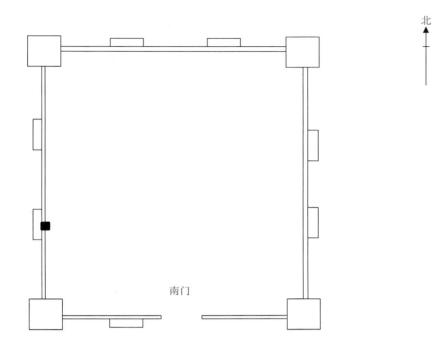

图二一六　宁鲁堡平面示意图

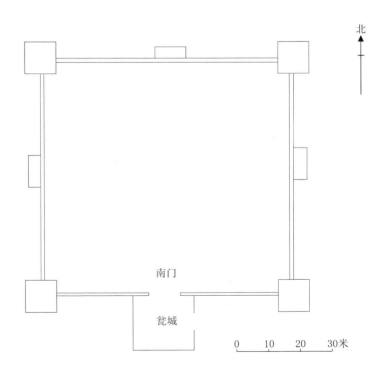

图二一七　三屯堡平面示意图

代民居，无人居住。堡东侧为三屯堡村，为三屯乡政府所在地，人口800人。堡东侧有南北向210省道，西、北侧为农田，北侧较远处有杨树林。

7. 旧高山卫城

位于张家场乡旧高山村中，徐达窑长城1段东南14.5千米处，高程1300米。

城平面呈矩形，坐北朝南，边长1400米，周长5600米，占地面积196万平方米。现存主要设施、遗迹有城墙、瓮城2座、角台4座等（图二一八）。城墙大体连续，东墙南段保存较北段好，北段有多处豁口；南墙靠西南角处墙体有挖掘的6个弧形洞穴，从西向东第4个洞穴横穿墙体，最东的洞穴口被石块垒砌封住，南墙中段墙体上立有两根电线杆；西墙南段墙体顶部架有较粗的水管，中段有连接堡内外的公路截断墙体，北段有109国道横穿墙体；北墙内侧有现代挖掘的窑洞。南、北墙设有城门，城门外均有瓮城，南、北门现为豁口。南瓮城平面呈矩形，东西39.4、南北60.8米，瓮城墙体坍塌成缓坡，墙体顶宽3.5米。北瓮城平面呈矩形，东西66、南北48米，东、西墙中段被东西向公路穿过截断，北墙内侧有现代挖掘的窑洞。南、北瓮城均设东门。

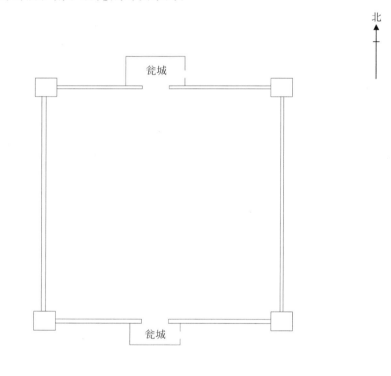

图二一八　旧高山卫城平面示意图

城内建筑无存，整体保存一般。城墙和瓮城墙均有不同程度的损毁，墙体高低不平，多处被公路截断形成豁口。造成损毁的自然因素主要是风雨侵蚀、植物生长等；人为因素主要是修路挖断墙体、墙体上挖掘洞穴、盖房利用墙体、取土挖损等。

旧高山卫城位于左云县中东部，地处河流平川地带，周围地势较平缓。城内东北角有水泥厂，中南部是大片树林，西部有一座大型煤厂，西北部为现代居民，人口1000人。城北侧0.1千米处有109国道。

8. 云西堡

位于张家场乡云西堡村北，徐达窑长城 1 段南侧 14 千米处，高程 1247 米。

堡平面呈矩形，坐南朝北，边长 150 米，周长 600 米，占地面积 22500 平方米。现存主要设施、遗迹有堡墙、城门 1 座、瓮城 1 座、角台 5 座、马面 2 座等（图二一九；彩图三六七）。堡墙为黄色黏土夯筑而成，含砂砾，夯层厚 0.1～0.2 米，东、西、北墙残存，南墙无存，墙体底宽 4、顶宽 0.5～3、残高 2～12 米。北墙正中设堡门，砖券拱顶，三伏三券，宽 4、拱高 3.5、进深 5 米（彩图三六八）。北门外有瓮城，平面呈矩形，东西 70、南北 60 米；瓮城设东门，现为豁口，宽 5 米；瓮城东北角台保存较好。堡墙四角设角台，角台与堡墙呈直角向外凸出，其中东北角台宽 12、凸出墙体 8、残高 12 米。马面存 2 座，分别位于东、西墙上，东墙马面宽 10、凸出墙体 6、残高 12 米。瓮城东门外 0.04 千米处有南北向墙体，土石混筑而成，长 30、残高 7 米。

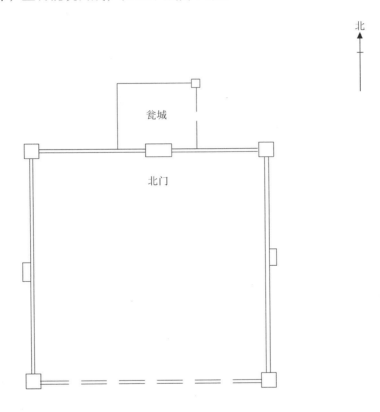

图二一九　云西堡平面示意图

堡内建筑无存，整体保存较差。造成损毁的自然因素主要是风雨侵蚀、植物生长等；人为因素主要是取土挖损、墙体上种植树木等。

云西堡位于左云县中东部，地处河流平川地带，周围河流纵横，地势较平缓。堡内外分布有现代民居，人口 700 人。堡外南侧有 109 国道。

9. 左云城

也称左卫城，位于左云县城中，属云兴镇，宁鲁堡长城1段南侧18.5千米处，高程1396米。

城平面呈向西偏斜的平行四边形，坐北朝南，周长6300米，占地面积240万平方米。现存主要设施、遗迹有城墙、城门1座、瓮城1座、角台1座、马面22座等（图二二〇）。城墙原有包砖，现仅

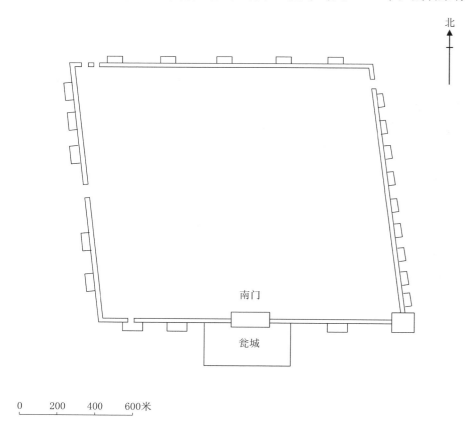

图二二〇　左云城平面示意图

存内部夯土墙，黄色黏土夯筑而成，含砂砾，夯层厚0.18米。东墙除东北角有部分损毁外，基本连续，墙体顶部偶见条形砖和方砖，中段有向内凸出部分，宽20、凸出墙体11、残高9米；南墙顶宽1～7、残高4～10米；西墙中段有豁口，宽63米，为公路和民居，豁口两侧墙体残高10米，豁口处北段墙体向外凸出36米，凸出部分墙体宽2.5～6米；北墙底宽13.9米，近西北角有两处豁口，东侧豁口宽12米，中间有民居，西侧豁口宽2.7米，有道路通过（彩图三六九）。南、西、北墙原各有城门，西、北门无存，南门包砖痕迹清晰。南门外有瓮城，残存部分瓮城墙。城墙四角原设有角台，仅存东南角台，宽9、凸出墙体11、残高10米。马面存22座，东墙有9座，间距0.108千米；南墙有3座，其中靠西南角处马面宽4.6、凸出墙体7、残高8.2米，马面中部及墙体被道路截断，形成豁口，宽3.7米，豁口两侧墙体垒砌砖，安装有铁门；西墙有5座，南段有2座，宽10、凸出墙体5.5米，北段有3座，宽8.7～10、凸出墙体5～5.3米；北墙有5座，保存较好，宽9、凸出墙体5.5、残高8米。

城内建筑无存，整体保存一般。城墙大部分保存，有不同程度损毁。造成损毁的自然因素主要是风雨侵蚀、植物生长等；人为因素主要是修路挖断墙体、盖房利用或挖毁墙体、墙体上挖掘洞穴、取

土挖损、西墙角立水泥电线杆等。

左云城位于左云县中西部，地处河流平川地带，周围地势较平缓。城内外满布现代民居，人口数万人。左云县城交通发达，109 国道和 210 省道在左云县城交汇。

10. 五峰嘴堡

也称苗堡、堡圪墩、堡子梁，位于水窑乡五峰嘴村西 0.5 千米、徐达窑长城 1 段东南 31 千米处，高程 1712 米。

堡平面呈矩形，坐西朝东，周长 125 米，占地面积 986 平方米。现存主要设施、遗迹有堡墙、角台 3 座、马面 1 座等。堡东墙残长 18.7 米、南墙残长 32 米、西墙残长 27 米、北墙残长 28.9 米。东墙内侧最高 1.5、外侧最高 5 米；南墙宽 10.2、外侧高 11.8 米；西墙底部最宽 1.8、顶宽 0.2 ~ 2、内侧残高 1 ~ 3 米；北墙底部最宽 2.3、内侧最低 1、外侧最高 6.5 米。堡墙四角有角台，东北、西南、西北角台仅存痕迹，东南角台无存。西南角台凸出墙体 1.3、残高 5.2 米。西墙中部偏南有马面，宽 4、凸出墙体 1.5 ~ 2、残高 4.6 米。

堡内建筑无存，整体保存一般。堡墙坍塌损毁，高低不平。东墙近东南角处墙体无存。南墙靠东南角处墙体外侧有洞穴，最宽 2、高 1.5、进深 1 米；南墙内侧有现代挖掘的洞穴，存放棺木；靠西南角处有一拱形洞穴，存有煤渣。造成损毁的自然因素主要是风雨侵蚀、植物生长等；人为因素主要是在墙体上挖掘洞穴、取土挖损等。

五峰嘴堡位于左云县东南部，地处高山地带，周围地势起伏较大。堡内为荒地，无人居住。堡东侧 0.5 千米为五峰嘴村，北侧 1 千米为大路坡村，堡西南 0.1 千米有煤厂，堡南墙南侧有东西向公路。

（三）单体建筑

1. 敌台

左云县长城墙体上共发现敌台 87 座（表 116，见本章末附表）。

2. 马面

左云县长城墙体上共发现马面 5 座（表 117，见本章末附表）。

3. 烽火台

左云县共发现烽火台 139 座（表 118、119，见本章末附表）。大致以距长城墙体 1000 米为界，将左云县烽火台划分为长城沿线烽火台和腹里烽火台两大类。划分时有两个前提，一是距长城墙体 1000 米为标准，1000 米内为长城沿线烽火台，其余为腹里烽火台；二是 1000 米内有两座及以上烽火台，则将距长城墙体近的一座定为长城沿线烽火台。长城沿线烽火台有 34 座，距长城墙体 0.015 ~ 0.73 千米；腹里烽火台有 105 座。

（四）相关遗存

1. 月华池

位于管家堡乡威鲁堡村西北 0.59 千米处，威鲁堡长城 2 段 G0100（威鲁堡 3 号敌台）—G0105

（断点）间墙体东南侧，倚长城墙体而建，高程1433米。北墙即长城墙体。

遗址平面呈矩形，东西88、南北80米。墙体为红土夯筑而成，夯层厚0.13~0.17米，底宽8、顶宽1、高8米。南墙底部有拱形门洞，门洞宽2、高1.6米；北墙上有敌台，平面呈矩形，底部边长12、顶部边长8、残高14米，西壁南侧有踏道可登顶，踏道宽1.5、高4米（彩图四〇七）。

遗址整体保存较好。墙体保存较好，东、西墙各有一处豁口，东墙豁口宽5、高3米，西墙豁口宽4.2、高3.2米。南墙底部有拱形门洞，因村民在门洞内埋放棺材，被封堵。北墙敌台损毁严重，表面凹凸平平，有裂缝、沟槽、孔洞。造成损毁的自然因素主要是风雨侵蚀、植物生长等；人为因素主要是人畜踩踏等。

月华池位于左云县北部，地处黄土高原矮山丘陵地带，周围地势较平缓，南侧地势平坦，西0.1千米为河床，北侧近处为村庄，远处为山峦。月华池附近的威鲁堡村，人口1100人。月华池南0.3千米有公路。据传，月华池为戍边将士圈马所用，或为关押俘虏所用。

2. 建筑遗址

位于管家堡乡威鲁堡村东北2.1千米，威鲁堡长城1段G0085（起点、断点）—G0090（威鲁堡1号敌台）间墙体南0.05千米处，高程1378米。仅存夯土台基，平面呈矩形，边长17、残高3.5米。台基上建筑无存，散落碎砖瓦，包括辽代沟纹砖、明代青砖及柱础残块。整体保存较差。台基顶部凹凸不平，长满杂草。造成损毁的自然因素主要是风雨侵蚀、植物生长等；人为因素主要是拆毁建筑等。

该建筑遗址位于左云县北部，地处黄土高原矮山丘陵地带，周围地势较平缓。四周种有零星松树。遗址附近的威鲁堡村，人口1100人。遗址附近有土路。据当地村民讲，此处原有明代关帝庙，现无存。

另外，在宁鲁堡长城1段G0187（折点）—G0190（断点）间墙体南侧有倚墙而建的宁鲁堡马市。

（五）采（征）集标本

左云县采集文物标本10件（组）（表120）。

表120　左云县采（征）集标本一览表

名称	时代	类别	质地	数量（座）	采（征）集地点	备注
板瓦（彩图四〇八）	明代	建筑构件	陶	1	威鲁堡内	泥质灰陶。残长15.5、厚2.5厘米。瓦面呈月牙形，素面。前接滴水，宽16.2厘米，滴水面模印花卉纹
筒瓦（彩图四〇九）	明代	建筑构件	陶	1	威鲁堡内	泥质灰陶。瓦径13.6厘米，瓦舌长4.7、厚1.8厘米。瓦面呈半圆形，素面，内壁饰布纹
陶盆口沿残片（彩图四一〇）	汉代	生活用具	陶	1	八台长城1段G0152（起点、后辛庄8号敌台）南0.005千米处地面	泥质灰陶。敛口，方唇，宽沿外撇，圆弧腹，腹部饰数周连续菱形格纹，器表涂黑，为有意加工所为

续表 120

名称	时代	类别	质地	数量（座）	采（征）集地点	备注
瓷碗底部残片（彩图四一一）	辽金	生活用具	瓷	1	宁鲁堡 2 号敌台东北角地面	残存矮圈足。白釉，器内壁施满釉，外壁施釉不及底，底露胎。碗内底有 3 个支钉痕迹，碗外底边饰圆形纹一周
瓷碗底部残片（彩图四一二）	辽金	生活用具	瓷	1	十二窑长城 1 段 G0245（止点、断点）南 0.005 千米处地面	残存矮圈足。釉色为青白色，器内壁施满釉，外壁施釉不及底，底露胎，釉面有细小开片。碗内底饰黑色花纹，外底边饰圆形纹一周
白釉高柄杯柄部残片	明代	生活用具	瓷	1	王家窑 2 号烽火台周围	
褐色瓷蒺藜残片	明代	武器装备	瓷	1	石墙框 2 号烽火台周围	
白釉褐花碗、青花碗残片	明清	生活用具	瓷	2	赵火色 1 号烽火台周围	
青花碗残片	明清	生活用具	瓷	1	赵火色 2 号烽火台周围	
白釉碗、酱釉碗残片	明代	生活用具	瓷	4	立石烽火台周围	

二　长城资源调查资料分析

（一）长城墙体

1. 长城墙体的材质类型及建筑方式、形制

左云县长城墙体类型有土墙和石墙两类，不见山险。以土墙为主，石墙仅 2 段（表 121）。

表 121　左云县长城墙体类型一览表

类型	段数	长度（米）	百分比（%）
土墙	19	35872	95.7
石墙	2	1617	4.3
合计	21	37489	100

（1）土墙

左云县土墙共 19 段，长 35872 米（表 122）。

表 122　左云县土墙建筑方式及形制一览表（单位：米）

长城墙体段落名称	建筑材料	夯层厚度	剖面形制	尺寸		
				底宽	顶宽	残高
保安堡大边长城1段	黄色黏土夯筑而成，略含砂砾、碎石、料礓石	0.18 ~ 0.25	不规则梯形	5 ~ 6	1 ~ 2.6	3 ~ 5
保安堡大边长城2段	黄色黏土夯筑而成，略含砂砾、碎石、料礓石	0.18 ~ 0.25	不规则梯形	4 ~ 6	0.8 ~ 1.6	2 ~ 4
保安堡大边长城3段	黄色黏土夯筑而成，略含砂砾、碎石、料礓石	0.18 ~ 0.25	不规则梯形	4 ~ 6	0.6 ~ 1.5	1 ~ 4
黑土口大边长城	黄色黏土夯筑而成，略含砂砾、碎石、料礓石	0.18 ~ 0.25	不规则梯形	4 ~ 6	0.1 ~ 2.7	1 ~ 6
黄土口二边长城	黄色黏土夯筑而成，含砂砾、碎石、料礓石	0.18 ~ 0.25	不规则梯形	3 ~ 7	0.4 ~ 2.2	0.8 ~ 6
黑土口二边长城1段	黄色黏土夯筑而成，含砂砾、碎石、料礓石	0.18 ~ 0.26	不规则梯形	4 ~ 7	0.5 ~ 1.5	0.3 ~ 5
黑土口二边长城2段	黄色黏土夯筑而成，含砂砾、碎石、料礓石	0.18 ~ 0.26	不规则梯形	5 ~ 7	2 ~ 3.5	2 ~ 3.5
徐达窑长城1段	黄色黏土夯筑而成，含砂砾、碎石、料礓石	0.18 ~ 0.26	不规则梯形	3 ~ 7	0.6 ~ 3	2 ~ 6
徐达窑长城2段	黄色黏土夯筑而成，含砂砾、碎石、料礓石	0.18 ~ 0.24	不规则梯形	6 ~ 9	0.6 ~ 2.5	2 ~ 7
威鲁堡长城1段	黄色黏土夯筑而成，含砂砾、碎石、料礓石	0.18 ~ 0.24	不规则梯形	7 ~ 8.5	0.5 ~ 1.5	5 ~ 6.8

长城墙体段落名称	建筑材料	夯层厚度	剖面形制	尺寸		
				底宽	顶宽	残高
威鲁堡长城 2 段	黄色黏土夯筑而成，含砂砾、碎石、料礓石	0.18~0.24	不规则梯形	5~8	0.5~3	5~8
后辛庄长城 1 段	黄色黏土夯筑而成，含砂砾、碎石、料礓石	0.18~0.24	不规则梯形	5.5~8	0.8~3.5	4~8
后辛庄长城 2 段	黄色黏土夯筑而成，含砂砾、碎石、料礓石	0.18~0.24	不规则梯形	5~7	0.4~2.5	0.8~7.5
八台长城 1 段	黄色黏土夯筑而成，含砂砾、碎石、料礓石	0.18~0.24	不规则梯形	6~9	0.3~3	1~6.8
宁鲁堡长城 1 段	黄色黏土夯筑而成，含砂砾、碎石，部分段有用石块垒砌的护坡	0.18~0.24	不规则梯形	5~7.5	0.5~3.2	1.5~7
六墩沟长城	黄色黏土夯筑而成，含砂砾、碎石，部分段有用石块垒砌的护坡	不详	不规则梯形	4~6.8	0.6~2.7	1.2~5.5
十二窑长城 1 段	黄色黏土夯筑而成，含砂砾、碎石	不详	不规则梯形	5~7.3	0.3~0.8	1~5
十二窑长城 2 段	黄色黏土夯筑而成，含砂砾、碎石	不详	不规则梯形	4~7	0.4~2.5	1~7
二十边长城	黄色黏土夯筑而成，含砂砾、碎石，部分段有用石块垒砌的护坡	不详	不规则梯形	2~7	0.3~1.8	0.2~5

左云县土墙的建筑材料主要是黄色黏土，含砂砾、碎石、料礓石等，夯筑而成，夯层厚 0.18 ~ 0.26 米。部分段墙体陡立处有石块垒砌的护坡。

左云县土墙剖面均大致呈不规则梯形，底宽 2 ~ 9、顶宽 0.1 ~ 3.5、残高 0.2 ~ 8 米。若以底宽而论，大多为 4 ~ 7.5 米，计 13 段，其余 6 段中有 3 段 6 ~ 9 米，3 段 2 ~ 7 米（表 123）。高度方面值得注意的是，部分段两壁的高度明显有别，其中十二窑村长城 1、2 段，二十边长城面向内蒙古自治区一侧高于面向山西省一侧 0.5 ~ 5 米。部分地段墙体修筑时，人为对墙体两侧地形进行加工，后辛庄长城 2 段墙体北侧被挖成土沟，用来泄洪；宁鲁堡长城 2 段北侧被削劈成陡坡，南侧在筑墙时被取平。说明长城系从山西省一侧防御内蒙古自治区一侧的进攻。

表 123　左云县土墙底宽长度分类统计表

	底宽（米）	段数	长度（米）	百分比（%）	备注
A 类	4~7.5	13	23242	64.8	
B 类	6~9	3	6610	18.4	不含 A 类段落
C 类	2~7	3	6020	16.8	不含 A、B 类段落
合计	2~9	19	35872	100	

墙体上有敌台，敌台之间偶有马面。保安堡大边长城 1 段 G0003（保安堡 1 号敌台）北侧一小段墙体上存垛口墙，瞭望孔犹在。部分段墙体陡立处有石块垒砌的护坡。

（2）石墙

左云县石墙共 2 段，长 1617 米，即八台长城 2 段、宁鲁堡长城 2 段，土石混筑而成，两壁石块垒砌，中间土石夯筑。现存墙体剖面均大致呈不规则梯形，八台长城 2 段底宽 1.2～1.4、顶宽 0.3～0.9、残高 0.3～1.1 米，宁鲁堡长城 2 段底宽 3～5、顶宽 0.1～2、残高 0.6～3.2 米。

2. 长城墙体的分布特点

左云县长城从大同市新荣区郭家窑乡砖楼沟村和破鲁堡乡吴施窑村分北、南两线进入本县后，北线长城（大边长城）沿山西省与内蒙古自治区交界延伸至管家堡乡黑土口村西 1.6 千米处，与南线长城（二边长城）汇合，北线长城大致呈东北—西南走向，南线长城位于管家堡乡境内，大致呈东—西走向。之后大边长城沿两省区交界先大致呈东北—西南走向，至三屯乡八台村东南 1.4 千米后，长城开始呈东南—西北走向延伸至右玉县境内，其间有一段东西向长城即八台长城 2 段，位于八台村西北、大边长城南侧，在三屯乡境内。为叙述方便，将北线和南线长城汇合后向西延伸的段称为西线长城。

从所经乡镇来说，左云县长城墙体位于左云县北部的管家堡乡和三屯乡，管家堡乡较多，有 13 段，21838 米；三屯乡有 8 段，15651 米（表 124）。

表 124　左云县长城墙体分布省域、镇域一览表

省属	段数	长度（米）	百分比（%）	乡镇属	段数	长度（米）	百分比（%）
山西省与内蒙古自治区交界	17	32603	87	管家堡乡	13	21838	58.3
山西省	4	4886	13	三屯乡	8	15651	41.7
合计	21	37489	100	合计	21	37489	100

左云县南线长城包括黄土口二边长城和黑土口二边长城 1、2 段，位于黄土高原矮山丘陵地带，墙体部分被河沟冲毁消失，距村庄较近，地势起伏较小、较平缓，墙体两侧为荒地或耕地，附近有树木，杂草遍布，植被较好。

北线长城包括保安堡大边长城 1～3 段和黑土口大边长城，位于黄土高原矮山丘陵地带，墙体部分被河沟和人为损毁消失，地势较平缓，墙体两侧为耕地或荒地，附近有树木，杂草遍布，植被较好。

北线与南线长城汇合于黑土口村西 1.6 千米后，从徐达窑长城 1 段开始，经徐达窑长城 2 段和威鲁堡长城 1、2 段，分布于黄土高原矮山丘陵和河流平川地带，地势较平缓，长城周围多荒地、耕地或退耕还草带，周围多种植树木，植被较好。继之，后辛庄长城 1、2 段和八台长城 1、2 段位于黄土高原矮山丘陵地带向山地过渡地带，地势起伏较大，长城周围多荒地、耕地或退耕还草带，附近有树木，杂草遍布，植被较好。宁鲁堡长城 1、2 段、六墩沟长城、十二窑长城 1 段和 2 段、二十边长城位于黄土高原山地，其中宁鲁堡长城 1、2 段位于摩天岭山上，地势起伏较大，周围有荒地或退耕还草带，附近有树木，杂草遍布，植被较好；六墩沟长城、十二窑长城 1 段和 2 段、二十边长城位于海拔 1700～1900 米的山梁上，梁顶平缓宽阔，起伏较小，周围有荒地或退耕还草带，附近有树木，杂草遍布，植被较好。

根据地势和地形分布情况，左云县长城可分为三类，位于矮山丘陵地带的有 11 段，18370 米；位

于矮山丘陵地带向山地过渡地带的有 4 段，7201 米；位于山地的有 6 段，11918 米。

结合左云县长城墙体材质类型和建筑材料的情况，可以看出，左云县长城是利用地处黄土高原矮山丘陵地带、黄土资源丰富的优势修筑长城墙体。土墙分布范围广，占全县长城的 95.7%，说明是就地取材建造长城。仅有的 2 段石墙位于矮山丘陵向山地过渡地带，利用山地自然岩石修建长城。

3. 长城墙体的保存状况

（1）土墙

详见下表（表125）。

表125　左云县土墙保存程度一览表（单位：米）

长城墙体段落名称	总长	保存较好	保存一般	保存较差	保存差	消失	类型	省/县属
保安堡大边长城 1 段	2098	460	1572	0	0	66	土墙	左云县
保安堡大边长城 2 段	1815	0	1418	0	0	397	土墙	左云县
保安堡大边长城 3 段	1261	0	0	1111	0	150	土墙	左云县
黑土口大边长城	1793	0	0	1793	0	0	土墙	左云县
黄土口二边长城	1744	0	321	877	97	449	土墙	左云县
黑土口二边长城 1 段	1426	0	247	164	84	931	土墙	左云县
黑土口二边长城 2 段	1199	0	0	1199	0	0	土墙	左云县
徐达窑长城 1 段	2052	0	60	1458	0	534	土墙	左云县
徐达窑长城 2 段	1912	0	1741	0	0	171	土墙	左云县
威鲁堡长城 1 段	1482	0	1361	0	0	121	土墙	左云县
威鲁堡长城 2 段	1588	457	1001	0	0	130	土墙	左云县
后辛庄长城 1 段	1875	1514	184	0	0	177	土墙	左云县
后辛庄长城 2 段	1593	0	62	1404	0	127	土墙	左云县
八台长城 1 段	3216	879	1293	891	0	153	土墙	左云县
宁鲁堡长城 1 段	2300	347	845	696	195	217	土墙	左云县
六墩沟长城	2725	0	166	2299	260	0	土墙	左云县
十二窑长城 1 段	1966	0	0	1942	0	24	土墙	左云县
十二窑长城 2 段	1603	0	846	744	0	13	土墙	左云县
二十边长城	2224	0	223	1098	847	56	土墙	左云县
合计	35872	3657	11340	15676	1483	3716	19 段	
百分比（%）	100	10.2	31.6	43.7	4.1	10.4		

左云县土墙保存较差和一般者最多，占 75.3%，其次是消失者和保存较好者，最少的是保存差者。造成墙体损毁的自然因素有季节性洪水冲刷、风雨侵蚀、植物生长、动物挖掘洞穴等；人为因素有建房及修路或取土挖毁墙体、靠近墙体修筑道路和种植树木、紧邻墙体耕种和开辟土路、取土挖损，

人畜踩踏等。

（2）石墙

详见下表（表126）。

表 126　左云县石墙保存程度一览表（单位：米）

长城墙体段落名称	总长	保存较好	保存一般	保存较差	保存差	消失	类型	省/县属
八台长城 2 段	517	0	0	0	517	0	石墙	左云县
宁鲁堡长城 2 段	1100	0	0	355	692	53	石墙	左云县
合计	1617	0	0	355	1209	53	2 段	
百分比（%）	100	0	0	21.9	74.8	3.3		

左云县石墙保存差者最多，占74.8%，其次是保存较差者，最少的是消失者，未见保存较好或一般者。造成墙体损毁的自然因素有风雨侵蚀、植物生长等，人为因素有修路挖断墙体、拆毁石块、人畜踩踏等。

（二）关堡

左云县共调查关堡10座，其中关1座、堡9座（包括旧高山卫城和左云城）。

1. 关堡的形制、残存设施和遗迹

详见下表（表127）

表 127　左云县关堡形状、尺寸、残存设施遗迹及保存状况一览表

名称	形状	朝向	边长（米）	周长（米）	面积（平方米）	残存设施遗迹	保存状况
威鲁口关	矩形	坐西北朝东南	东西60、南北25	170	1500	关墙、敌台1座、夯土台1座等	较差
保安堡	不规则形	坐西朝东	东西180、南北330	1038	57168	堡墙、角台3座、马面2座、庙宇1座、乐楼1座等	较差
威鲁堡	矩形。由堡城和关城组成，堡城平面呈矩形；关城平面形制不详	坐北朝南	堡城边长240、关城东墙长160、南墙长240、西墙长160、北墙长60	堡城周长960、关城周长620、总周长1520	堡城57600、关城32100、总面积89700	堡墙、堡城角台3座、马面8座、关城1座、关城角台2座、壕沟、庙宇3座等	一般
管家堡	矩形	坐南朝北	285	1140	81225	堡墙、城门1座、瓮城1座、角台3座、马面4座、庙宇1座等	一般
宁鲁堡	矩形	坐北朝南	300	1200	9万	堡墙、城门1座、角台4座、马面7座等	一般
三屯堡	矩形	坐北朝南	东西80、南北81	322	6480	堡墙、城门1座、瓮城1座、角台4座、马面3座、壕沟等	较好

续表 127

名称	形状	朝向	边长（米）	周长（米）	面积（平方米）	残存设施遗迹	保存状况
旧高山卫城	矩形	坐北朝南	1400	5600	196 万	城墙、瓮城 2 座、角台 4 座等	一般
云西堡	矩形	坐南朝北	150	600	22500	堡墙、城门 1 座、瓮城 1 座、角台 5 座、马面 2 座等	较差
左云城	平行四边形	坐北朝南	不详	6300	240 万	城墙、城门 1 座、瓮城 1 座、角台 1 座、马面 22 座等	一般
五峰嘴堡	矩形	坐西朝东	不详	125	986	堡墙、角台 3 座、马面 1 座等	一般

　　左云县关堡平面多呈矩形，仅保安堡平面呈不规则形，左云城平面呈向西偏斜的平行四边形。朝向有 8 座为坐北朝南或坐西北朝东南、坐西朝东，即背向内蒙古自治区一侧，有 2 座为坐南朝北，即背向山西省一侧。需要指出的是，现存关堡中，威鲁堡由北侧堡城和南侧关城组成，其余均为单独的城堡。

　　城堡的规模按周长和面积大致可区分为大、中、小三类，我们的划分以周长 1000、2000 米为界，面积以 5 万、10 万平方米为界（表 128）。

表 128　左云县城堡大小分类一览表

分类	标准	周长（米）	面积（平方米）	关堡	数量（座）
大型	周长 2000 米以上 面积 10 万平方米以上	5600 ~ 6300	196 万 ~ 240 万	旧高山卫城、左云城	2
中型	周长 1000 ~ 2000 米 面积 5 万 ~ 10 万平方米	1038 ~ 1520	57168 ~ 9 万	保安堡、威鲁堡、宁鲁堡、管家堡	4
小型	周长 1000 米以下 面积 5 万平方米以下	125 ~ 600	986 ~ 22500	威鲁口关、云西堡、五峰嘴堡、三屯堡	4

　　关堡墙体有记录者均为砖墙，仅存内部夯土墙体，夯土墙体为黄色黏土夯筑而成，含砂砾，夯层厚 0.1 ~ 0.25 米，多数为 0.18 ~ 0.25 米，这种夯筑材料和夯层厚度的特点与长城墙相符（表 129）。

表 129　左云县关堡墙体建筑方式及尺寸一览表（单位：米）

名称	墙体建筑方式	夯筑材料	夯层厚度	底宽	顶宽	残高
威鲁口关	原有包砖石，现存仅内部的夯土墙	不详	不详	8	1.5	1.5 ~ 3
保安堡	原有包砖，现仅存内部的夯土墙	不详	不详	3	1 ~ 2	1 ~ 8
威鲁堡	堡墙原有包砖，现仅存内部的夯土墙；关城墙体为夯土墙	不详	不详	堡城 5、关城 5	堡城 1 ~ 2、关城 0.5 ~ 2	堡城 0.5 ~ 7、关城 0.5 ~ 7.6

名称	墙体建筑方式	夯筑材料	夯层厚度	底宽	顶宽	残高
管家堡	不详	不详	不详	2~5	0.5~2	1.5~10
宁鲁堡	原有包砖,现仅存内部的夯土墙	不详	0.18~0.25	7~9	0.3~3	9~10
三屯堡	原有包砖,现仅存内部的夯土墙	黄色黏土夯筑而成,含砂砾	0.18~0.22	4~5	1.5~5	4~10
旧高山卫城	不详	不详	不详	不详	不详	不详
云西堡	不详	黄色黏土夯筑而成,含砂砾	0.1~0.2	4	0.5~3	2~12
左云城	原有包砖,现仅存内部的夯土墙	黄色黏土夯筑而成,含砂砾	0.18	北墙13.9	南墙1~7	南墙4~10
五峰嘴堡	不详	不详	不详	1.8~10.2	不详	1~11.8

至于除关堡墙体外的设施和遗迹,由于保存原因,现存并不能反映其原始风貌。主要设施遗迹的种类有城门、瓮城、角台、马面等常见的墙体设施,还有关城、壕沟等。

2. 关堡的分布特点

(1) 关堡所处地势及与长城的位置关系

左云县关堡多数分布于十里河和淤泥河干、支流的河流平川地带或黄土高原矮山丘陵地带,地势较平缓,视野开阔。只有五峰嘴堡位于左云县南部高山地区,地势较高,根据面积较小、距其他关堡较远的特征,推测可能是向四周或内地传递信息的城堡。长城沿线关堡有威鲁口关、保安堡、威鲁堡、宁鲁堡,其中威鲁口关倚长城墙体而建,保安堡、威鲁堡、宁鲁堡位于长城墙体东侧或南侧0.6~1.5千米,其余6座城堡距长城较远,在4~31千米(表130)。

表 130　左云县关堡所处地势及与长城的位置关系一览表

名称	地势位置	与长城的位置关系
威鲁口关	平缓的黄土高原矮山丘陵地带,地势起伏较小	倚长城墙体而建
保安堡	马头山东侧平缓的黄土高原矮山丘陵地带,地势平坦开阔	保安堡大边长城1段东侧1千米
威鲁堡	黄土高原矮山丘陵地带,周围地势平坦开阔	威鲁堡长城2段南侧0.6千米
管家堡	黄土高原矮山丘陵地带,周围地势平坦	黄土口二边长城南侧4千米
宁鲁堡	黄土高原矮山丘陵地带向山地地带的过渡地带,地势起伏较大	八台长城1段西侧1.5千米
三屯堡	黄土高原矮山丘陵地带,周围地势较平缓	八台长城1段南侧7千米
旧高山卫城	河流平川地带,周围地势较平缓	徐达窑长城1段东南14.5千米
云西堡	河流平川地带,周围地势较平缓	徐达窑长城2段南侧14千米
左云城	河流平川地带,周围地势较平缓	八台长城1段南侧18.5千米
五峰嘴堡	高山地带,周围地势起伏较大	徐达窑长城1段东南31千米

(2) 关堡与烽火台的位置关系

关堡附近分布有或多或少的烽火台,将关堡和长城墙体联系起来(详见烽火台部分)。

3. 关堡的保存状况

威鲁口关保存较差。城堡有 1 座保存较好，2 座保存较差，其余保存一般。

关堡墙体坍塌损毁，部分段消失，砖墙者砖无存。关堡内建筑几乎无存，仅保安堡、威鲁堡、管家堡存有个别明清庙宇建筑。造成损毁的自然因素主要有风雨侵蚀、植物生长、动物挖掘洞穴等；人为因素主要有修路挖断墙体、盖房利用或挖毁墙体、拆毁墙体包砖、墙体上挖掘洞穴、取土挖损、人畜踩踏等。

（三）单体建筑

1. 敌台

（1）敌台的材质类型及建筑方式

左云县共调查敌台 87 座，绝大多数骑墙而建，镇宁楼敌台围墙北墙为宁鲁堡长城 1 段墙体。材质类型绝大多数为土质，有 76 座，占 87.4%；砖质 7 座，分别为保安堡 4 号敌台、黑土口 4 号敌台、徐达窑 9 号敌台、威鲁堡 3 号和 4 号敌台、八台 4 号敌台、镇宁楼敌台；石质 4 座，有八台 8 号敌台、宁鲁堡 8 ~ 10 号敌台。

土质敌台的建筑材料主要是黄色黏土，含砂砾、碎石、料礓石等，夯筑而成，夯层厚 0.13 ~ 0.3 米。左云县土质敌台的建筑材料、夯层厚度显示出与长城土墙较大的一致性。

砖质敌台仅镇宁楼敌台外部砖石保存，大多数外部包砖无存，仅存内部夯土台体。夯土台体为黄色黏土夯筑而成，含砂砾、碎石、料礓石，夯层厚 0.13 ~ 0.25。砖质敌台内部夯土台体的建筑材料、夯层厚度与土质敌台基本一致。

石质敌台外部石块垒砌，内部黄色黏土夯筑，含砂砾、碎石、料礓石，夯层厚度不详。石质敌台内部夯土台体的建筑材料与土质敌台一致。

（2）敌台形制和附属设施

左云县土质敌台的平面形制均呈矩形，剖面形制均呈梯形。土质敌台底部周长 15.6 ~ 66、残高 2 ~ 12 米（表 131）。

表 131　左云县土质敌台形制及保存状况一览表（单位：米）

名称	平面形制	剖面形制	底部周长	残高	保存状况
保安堡 1 号敌台	矩形	梯形	52	7.5	一般
保安堡 2 号敌台	矩形	梯形	54	7.3	一般
保安堡 3 号敌台	矩形	梯形	58	8.3	一般
保安堡 5 号敌台	矩形	梯形	40	5.6	一般
保安堡 6 号敌台	矩形	梯形	52	8	一般
保安堡 7 号敌台	矩形	梯形	30	2	较差
黑土口 1 号敌台	矩形	梯形	40	10	较好
黑土口 2 号敌台	矩形	梯形	52	12	较好
黑土口 3 号敌台	矩形	梯形	54	12	较好
黄土口 1 号敌台	矩形	梯形	37.68	4.5	一般

名称	平面形制	剖面形制	底部周长	残高	保存状况
黄土口 2 号敌台	矩形	梯形	38	4.5	一般
黄土口 3 号敌台	矩形	梯形	46	6	一般
黄土口 4 号敌台	矩形	梯形	30.6	4.8	一般
黄土口 5 号敌台	矩形	梯形	32	5	一般
黑土口 5 号敌台	矩形	梯形	39.6	3.2	较差
黑土口 6 号敌台	矩形	梯形	41.8	3.3	较差
黑土口 7 号敌台	矩形	梯形	46	5	一般
黑土口 8 号敌台	矩形	梯形	44	4.3	较差
黑土口 9 号敌台	矩形	梯形	44	4	较差
徐达窑 1 号敌台	矩形	梯形	44	9	一般
徐达窑 2 号敌台	矩形	梯形	50	6	一般
徐达窑 3 号敌台	矩形	梯形	40	7	一般
徐达窑 4 号敌台	矩形	梯形	44	5.8	一般
徐达窑 5 号敌台	矩形	梯形	38	7.9	一般
徐达窑 6 号敌台	矩形	梯形	36	3	较差
徐达窑 7 号敌台	矩形	梯形	62.8	8	较差
徐达窑 8 号敌台	矩形	梯形	56	10	较好
徐达窑 10 号敌台	矩形	梯形	60	12	较好
威鲁堡 1 号敌台	矩形	梯形	56	12	较好
威鲁堡 2 号敌台	矩形	梯形	42	7.2	一般
威鲁堡 5 号敌台	矩形	梯形	60	12	较好
后辛庄 1 号敌台	矩形	梯形	60	14	较好
后辛庄 2 号敌台	矩形	梯形	40	10	一般
后辛庄 3 号敌台	矩形	梯形	56	12	较好
后辛庄 4 号敌台	矩形	梯形	54	12	较好
后辛庄 5 号敌台	矩形	梯形	58	10	较好
后辛庄 6 号敌台	矩形	梯形	48	6	一般
后辛庄 7 号敌台	矩形	梯形	60	12	较好
后辛庄 8 号敌台	矩形	梯形	60	10	较好
八台 1 号敌台	矩形	梯形	15.6	4.5	一般
八台 2 号敌台	矩形	梯形	60	9	一般
八台 3 号敌台	矩形	梯形	60	8.6	一般
八台 5 号敌台	矩形	梯形	50	12	较好
八台 6 号敌台	矩形	梯形	56	12	较好
八台 7 号敌台	矩形	梯形	66	12	较好
宁鲁堡 1 号敌台	矩形	梯形	38	7	一般
宁鲁堡 2 号敌台	矩形	梯形	56	12	较好
宁鲁堡 3 号敌台	矩形	梯形	56	15	较好
宁鲁堡 4 号敌台	矩形	梯形	58	9.2	较好

续表 131

名称	平面形制	剖面形制	底部周长	残高	保存状况
宁鲁堡 5 号敌台	矩形	梯形	48	12	一般
宁鲁堡 6 号敌台	矩形	梯形	36	6	一般
宁鲁堡 7 号敌台	矩形	梯形	28	2	较差
六墩沟 1 号敌台	矩形	梯形	44	5.6	一般
六墩沟 2 号敌台	矩形	梯形	30	2.3	较差
六墩沟 3 号敌台	矩形	梯形	48	1.5	较差
六墩沟 4 号敌台	矩形	梯形	52	5.7	一般
六墩沟 5 号敌台	矩形	梯形	46	5.2	一般
六墩沟 6 号敌台	矩形	梯形	50	5.2	一般
六墩沟 7 号敌台	矩形	梯形	60	8	一般
六墩沟 8 号敌台	矩形	梯形	30.6	3.2	较差
十二窑 1 号敌台	矩形	梯形	64	4.5	一般
十二窑 2 号敌台	矩形	梯形	50	7.1	一般
十二窑 3 号敌台	矩形	梯形	54	8	一般
十二窑 4 号敌台	矩形	梯形	38	3.2	较差
十二窑 5 号敌台	矩形	梯形	58	12	较好
十二窑 6 号敌台	矩形	梯形	42	3.8	较差
十二窑 7 号敌台	矩形	梯形	60	9.8	较好
十二窑 8 号敌台	矩形	梯形	42	5.3	一般
十二窑 9 号敌台	矩形	梯形	54	5.7	一般
十二窑 10 号敌台	矩形	梯形	46	6.7	一般
十二窑 11 号敌台	矩形	梯形	57	7~12	一般
二十边 1 号敌台	矩形	梯形	46	9	一般
二十边 2 号敌台	矩形	梯形	60	10	一般
二十边 3 号敌台	矩形	梯形	42	4.5	一般
二十边 4 号敌台	矩形	梯形	60	6.6	一般
二十边 5 号敌台	矩形	梯形	34	4.2	较差

土质敌台的附属设施有围墙、围墙内墩院院基、台基、可登台体顶部的台体内踏道等。存有围墙或遗留有围墙痕迹的有 24 座，围墙均位于敌台面向山西省一侧。围墙内保存墩院院基，院基平面均呈矩形。有台基者仅发现 1 座。台体内设置踏道的有 9 座，踏道均在台体底部与进台拱形门洞相通，可登顶。进台拱形门洞位置位于面向山西省一侧（表 132）。

表 132　左云县土质敌台附属设施统计表

名称	平面形制	围墙	墩院院基	台体内踏道	台基
保安堡 1 号敌台	矩形	●	●	●	
保安堡 2 号敌台	矩形				
保安堡 3 号敌台	矩形	○	●	●	

名称	平面形制	围墙	墩院院基	台体内踏道	台基
保安堡 5 号敌台	矩形	○	●	●	
保安堡 6 号敌台	矩形				
保安堡 7 号敌台	矩形				
黑土口 1 号敌台	矩形	○	●		
黑土口 2 号敌台	矩形	●	●		
黑土口 3 号敌台	矩形			●	
黄土口 1 号敌台	矩形				
黄土口 2 号敌台	矩形				
黄土口 3 号敌台	矩形				
黄土口 4 号敌台	矩形				
黄土口 5 号敌台	矩形				
黑土口 5 号敌台	矩形				
黑土口 6 号敌台	矩形				
黑土口 7 号敌台	矩形				
黑土口 8 号敌台	矩形				
黑土口 9 号敌台	矩形				
徐达窑 1 号敌台	矩形				
徐达窑 2 号敌台	矩形				
徐达窑 3 号敌台	矩形				
徐达窑 4 号敌台	矩形				
徐达窑 5 号敌台	矩形				
徐达窑 6 号敌台	矩形				
徐达窑 7 号敌台	矩形				
徐达窑 8 号敌台	矩形	○	●	●	
徐达窑 10 号敌台	矩形				
威鲁堡 1 号敌台	矩形	○	●		
威鲁堡 2 号敌台	矩形	○	●		
威鲁堡 5 号敌台	矩形	●	●	●	
后辛庄 1 号敌台	矩形	●	●	●	
后辛庄 2 号敌台	矩形				
后辛庄 3 号敌台	矩形	●	●		
后辛庄 4 号敌台	矩形	●	●		
后辛庄 5 号敌台	矩形	●	●		
后辛庄 6 号敌台	矩形	○	●		
后辛庄 7 号敌台	矩形	○	●	●	
后辛庄 8 号敌台	矩形				
八台 1 号敌台	矩形				
八台 2 号敌台	矩形	○	●		
八台 3 号敌台	矩形	○	●		

名称	平面形制	围墙	墩院院基	台体内踏道	台基
八台 5 号敌台	矩形	●	●	●	
八台 6 号敌台	矩形	○	●		
八台 7 号敌台	矩形	○	●		
宁鲁堡 1 号敌台	矩形				
宁鲁堡 2 号敌台	矩形	○	●		
宁鲁堡 3 号敌台	矩形				
宁鲁堡 4 号敌台	矩形	●	●		
宁鲁堡 5 号敌台	矩形				
宁鲁堡 6 号敌台	矩形				
宁鲁堡 7 号敌台	矩形				
六墩沟 1 号敌台	矩形				
六墩沟 2 号敌台	矩形				
六墩沟 3 号敌台	矩形	○	●		
六墩沟 4 号敌台	矩形	○	●		
六墩沟 5 号敌台	矩形				
六墩沟 6 号敌台	矩形				
六墩沟 7 号敌台	矩形				
六墩沟 8 号敌台	矩形				
十二窑 1 号敌台	矩形				
十二窑 2 号敌台	矩形				
十二窑 3 号敌台	矩形				
十二窑 4 号敌台	矩形				
十二窑 5 号敌台	矩形				
十二窑 6 号敌台	矩形				
十二窑 7 号敌台	矩形				
十二窑 8 号敌台	矩形				
十二窑 9 号敌台	矩形				
十二窑 10 号敌台	矩形				
十二窑 11 号敌台	矩形				●
二十边 1 号敌台	矩形				
二十边 2 号敌台	矩形				
二十边 3 号敌台	矩形				
二十边 4 号敌台	矩形				
二十边 5 号敌台	矩形				
合计（座）		24	24	9	1

　　左云县砖质敌台的平面形制均呈矩形，剖面形制均呈梯形，底部周长 36～59、残高 6～16 米（表 133）。

表133　左云县砖质敌台形制及保存状况一览表（单位：米）

名称	平面形制	剖面形制	底部周长	残高	保存状况
保安堡4号敌台	矩形	梯形	58	9	一般
黑土口4号敌台	矩形	梯形	36	12	较好
徐达窑9号敌台	矩形	梯形	59	7.8	一般
威鲁堡3号敌台	矩形	梯形	42	6.7	一般
威鲁堡4号敌台	矩形	梯形	42	11	较好
八台4号敌台	矩形	梯形	40	6	一般
镇宁楼敌台	矩形	梯形	56	16	较好

　　砖质敌台的附属设施有围墙、围墙内墩院院基、台基、可登台体顶部的台体内踏道及箭窗、顶部垛口墙等。存有围墙和墩院院基的有威鲁堡4号敌台和镇宁楼敌台。黑土口4号敌台、威鲁堡4号敌台和镇宁楼敌台台体内设置有踏道，同台体底部的进台拱形门洞相通，可登顶。围墙和进台拱形门洞位置位于面向山西省一侧。镇宁楼敌台是明长城大同段长城唯一保存较好的空心包砖敌台，见有台基、箭窗、顶部垛口墙等附属设施（表134）。

表134　左云县砖质敌台附属设施统计表

名称	平面形制	围墙	墩院院基	台体内踏道	台基	箭窗	顶部垛口墙
保安堡4号敌台	矩形						
黑土口4号敌台	矩形			●			
徐达窑9号敌台	矩形						
威鲁堡3号敌台	矩形						
威鲁堡4号敌台	矩形	●	●	●			
八台4号敌台	矩形						
镇宁楼敌台	矩形	●	●	●	●	●	○

　　左云县石质敌台平面形制均呈矩形，剖面形制均呈梯形，底部周长30～60、残高2～5.8米（表135）。

表135　左云县石质敌台形制及保存状况一览表（单位：米）

名称	平面形制	剖面形制	底部周长	残高	保存状况
八台8号敌台	矩形	梯形	32	3.5	较差
宁鲁堡8号敌台	矩形	梯形	30	2	较差
宁鲁堡9号敌台	矩形	梯形	60	5.5	一般
宁鲁堡10号敌台	矩形	梯形	60	5.8	一般

　　石质敌台的附属设施有围墙、围墙内墩院院基、台基等。围墙和墩院院基见于宁鲁堡9号敌台，台基见于八台8号敌台（表136）。

表 136　左云县石质敌台附属设施统计表

名称	平面形制	围墙	墩院院基	台基
八台 8 号敌台	矩形			●
宁鲁堡 8 号敌台	矩形			
宁鲁堡 9 号敌台	矩形	○	●	
宁鲁堡 10 号敌台	矩形			

（3）敌台的分布特点

左云县长城墙体上敌台分布及间距以长城段落进行划分，如下。

保安堡大边长城 1~3 段墙体上分布有 7 座敌台（保安堡 1~7 号敌台），敌台间距 0.616~0.733 千米。黄土口二边长城墙体上分布有 5 座敌台（黄土口 1~5 号敌台），敌台间距 0.115~0.321 千米。黑土口大边长城墙体上分布有 4 座敌台（黑土口 1~4 号敌台），敌台间距 0.187~0.641 千米（黑土口 1 号敌台东北距保安堡 7 号敌台 0.941 千米）。黑土口二边长城 1、2 段墙体上分布有 6 座敌台（黑土口 5~9 号敌台、黑土口 4 号敌台），敌台间距 0.237~1.3 千米（黑土口 5 号敌台东北距黄土口 5 号敌台 0.931 千米）。徐达窑长城 1、2 段墙体上分布有 11 座敌台（黑土口 4 号敌台、徐达窑 1~10 号敌台），敌台间距 0.21~0.585 千米。威鲁堡长城 1、2 段墙体上分布有 5 座敌台（威鲁堡 1~5 号敌台），敌台间距 0.457~0.779 千米（威鲁堡 1 号敌台东北距徐达窑 10 号敌台 0.922 千米）。后辛庄长城 1、2 段墙体上分布有 8 座敌台（后辛庄 1~8 号敌台），敌台间距 0.222~0.592 千米（后辛庄 1 号敌台东距威鲁堡 5 号敌台 0.645 千米）。八台长城 1 段墙体上分布有 8 座敌台（后辛庄 8 号敌台、八台 1~7 号敌台），敌台间距 0.283~1.054 千米。八台长城 2 段墙体上分布有 1 座敌台（八台 8 号敌台），八台 8 号敌台东距八台 6 号敌台 0.226 千米。宁鲁堡长城 1、2 段墙体上分布有 11 座敌台（宁鲁堡 1~10 号敌台、镇宁楼敌台），敌台间距 0.192~0.522 千米（宁鲁堡 1 号敌台东北距八台 7 号敌台 0.24 千米）。六墩沟长城墙体上分布有 8 座敌台（六墩沟 1~8 号敌台），敌台间距 0.26~0.573 千米（六墩沟 1 号敌台东距宁鲁堡 10 号敌台 0.397 千米）。十二窑长城 1、2 段墙体上分布有 11 座敌台（十二窑 1~11 号敌台），敌台间距 0.15~0.482 千米（十二窑 1 号敌台东南距六墩沟 8 号敌台 0.247 千米）。二十边长城墙体上分布有 5 座敌台（二十边 1~5 号敌台），敌台间距 0.223~0.975 千米（二十边 1 号敌台东南距十二窑 11 号敌台 0.281 千米）。

综上所述，结合敌台的材质类型、附属设施，可以看出，左云县敌台的分布有以下特点。

①南线长城的黄土口二边长城、黑土口二边长城 1 段和 2 段及海拔较高的地处山地的六墩沟长城、十二窑长城 1 段和 2 段、二十边长城墙体上敌台均为土质，不见砖石质。不仅如此，上述诸段长城罕见围墙、墩院院基及台体内踏道等附属设施，仅六墩沟 3、4 号敌台见有围墙、墩院院基。

②石质敌台均分布在石墙上，八台 8 号敌台位于八台长城 2 段石墙上，宁鲁堡 8~10 号敌台位于宁鲁堡长城 2 段石墙上。

③敌台间距 0.115~1.3 千米，如果不考虑 0.9 千米以上间距，那么间距多在 0.115~0.779 千米。黑土口 1 号敌台和保安堡 7 号敌台（间距 0.941 千米）、黑土口 5 号敌台和黄土口 5 号敌台（间距 0.931 千米）、黑土口 5 号敌台和黑土口 6 号敌台（间距 1.3 千米）、威鲁堡 1 号敌台和徐达窑 10 号敌台（间距 0.922 千米）、八台 4 号敌台和八台 5 号敌台（间距 1.054 千米）的间距在 0.9 千米以上，这些敌台间墙体除被洪水冲毁消失外，人为建房、修路或取土挖毁等也造成墙体损毁消失，因此，很有可能原来其间分布有敌台。二十边 4 号敌台和二十边 5 号敌台间距较大（间距 0.975 千米）。

④由于保存状况的原因，若只考虑保存较好的土质敌台的大小，可以看出，左云县保存较好的土质敌台的底部周长绝大多数在 50 米以上（50～66 米），仅 1 座 40 米。即使考虑全部土质敌台，也有 38 座敌台的底部周长在 50 米以上，占全部 76 座土质敌台的 50%；22 座敌台的底部周长在 40～50 米，占全部土质敌台的 29%；16 座敌台的底部周长在 40 米以下，占全部土质敌台的 21%。可以看出，左云县土质敌台以大中型台体为主，比例达 79%（表 137）。砖质敌台也以大中型台体为主，比例达 86%（表 138）。石质敌台大、小型各有 2 座，各占 50%（表 139）。由此可见，左云县各类敌台以大中型台体为主。

表 137　左云县土质敌台分类统计表

	底部周长分类	底部周长（米）	数量（座）	百分比（%）	残高（米）
大型台体	≥50 米	50～66	38	50	4.5～15
中型台体	40～50 米	40～48	22	29	1.5～12
小型台体	<40 米	15.6～39.6	16	21	2～7.9
合计		15.6～66	76	100	1.5～15

表 138　左云县砖质敌台分类统计表

	底部周长分类	底部周长（米）	数量（座）	百分比（%）	残高（米）
大型台体	≥50 米	56～59	3	43	7.8～16
中型台体	40～50 米	40～42	3	43	6～11
小型台体	<40 米	36	1	14	12
合计		36～59	7	100	6～16

表 139　左云县石质敌台分类统计表

	底部周长分类	底部周长（米）	数量（座）	百分比（%）	残高（米）
大型台体	≥50 米	60	2	50	5.5～5.8
中型台体	40～50 米	无	0	0	无
小型台体	<40 米	30～32	2	50	2～3.5
合计		30～60	4	100	2～5.8

（4）敌台保存状况

左云县敌台保存一般者较多，保存较好者或较差者占有一定的数量（表 140）。

表 140　左云县敌台保存状况统计表

保存状况	土质敌台		砖质敌台		石质敌台		合计	
	数量（座）	百分比（%）	数量（座）	百分比（%）	数量（座）	百分比（%）	数量（座）	百分比（%）
保存较好	21	27.7	3	42.9	0	0	24	27.6
保存一般	41	53.9	4	57.1	2	50	47	54
保存较差	14	18.4	0	0	2	50	16	18.4
合计	76	100	7	100	4	100	87	100

土质敌台坍塌脱落，表面凹凸不平，有裂缝、沟槽、孔洞。个别土质敌台有人为挖掘的洞穴或沟槽，或被盖房利用、或在墩院院基上挖掘水渠。造成损毁的自然因素主要有洪水冲刷、风雨侵蚀、植物生长等；人为因素主要有盖房利用台体、取土挖损、挖掘洞穴、人畜踩踏、紧邻台体耕种及修路、院基上挖掘水渠等。

砖质敌台绝大多数包砖无存，内部夯土台体坍塌脱落，表面凹凸不平，有裂缝、沟槽、孔洞。少数夯土台体有人为挖掘的洞穴或沟槽。造成损毁的自然因素主要有洪水冲刷、风雨侵蚀、植物生长等；人为因素主要是拆毁包砖、取土挖损、挖掘洞穴、人畜踩踏、紧邻台体耕种等。

石质敌台台体坍塌脱落严重。造成损毁的自然因素主要是风雨侵蚀、植物生长等；人为因素主要是取土挖损、人畜踩踏、紧邻台体耕种等。

2. 马面

（1）马面的材质类型及建筑方式

左云县共调查马面5座，倚墙而建，位于墙体东侧或北侧，即面向内蒙古自治区一侧。材质类型均为土质。

土质马面的建筑材料主要是黄色黏土，含砂砾、碎石、料礓石等，夯筑而成，有4座夯层厚度不详，1座夯层厚0.14~0.2米。左云县土质马面与土质敌台的建筑材料、夯层厚度一致。

（2）马面形制

左云县土质马面的平面形制均呈矩形，剖面形制均呈梯形，底部周长12~29、残高4.8~10米。均未发现附属设施（表141）。

表141　左云县土质马面形制及保存状况一览表（单位：米）

名称	平面形制	剖面形制	底部周长	残高	保存状况
后辛庄马面	矩形	梯形	22	5.2	一般
八台马面	矩形	梯形	29	6.4	一般
宁鲁堡1号马面	矩形	梯形	12	4.8	一般
宁鲁堡2号马面	矩形	梯形	22	5	一般
六墩沟马面	矩形	梯形	23	5	一般

（3）马面的分布特点

左云县马面发现很少，均与敌台相间分布，与邻近敌台间距在0.166~0.405千米。如果按照敌台大小标准进行分类，全部属于小型台体。为数很少的马面，从分布地形地势来看，位于黄土高原矮山丘陵地带向山地过渡地带和山地的长城墙体上。

（4）马面保存状况

左云县马面均保存一般。马面坍塌脱落，表面凹凸不平，有裂缝、沟槽、孔洞。个别马面有人畜踩踏形成的坡道。造成损毁的自然因素主要是风雨侵蚀、植物生长等；人为因素主要是人畜踩踏等。

3. 烽火台

左云县共调查烽火台139座。如前所述，将该县烽火台划分为长城沿线烽火台和腹里烽火台两部分。长城沿线烽火台距长城墙体0.015~0.73千米，计34座。腹里烽火台，计105座。

（1）烽火台的材质类型及建筑方式

左云县139座烽火台材质类型绝大多数为土质烽火台，计133座，仅发现2座石质烽火台，另有4座消失。

土质烽火台依建筑方式的不同，有夯筑和堆筑两类，夯筑者占绝大多数，有129座，占土质烽火台的97%。夯筑烽火台的建筑材料为黄色、黄褐色、灰黄色、红色、红褐色、褐色黏土，大多数含有砂砾、碎石、料礓石以及碎砖、白灰等（表142）。夯层厚度除32座不详外，其余97座中仅1座夯层厚0.2~0.4米，其余均集中在于0.1~0.3米。

堆筑烽火台仅4座，建筑材料为黄褐色、红褐色黏土，或含砂砾（表142）。堆筑烽火台不见于长城沿线烽火台中。

表142　左云县土质烽火台建筑方式及建筑材料统计表

建筑方式	建筑材料	数量（座）	百分比（%）	备注
夯筑	黄色、黄褐色、灰黄色、红色、红褐色、褐色黏土夯筑	26	19.5	2座烽火台夯层间夹有垫土层，厚0.02~0.03米
	黄色、黄褐色、灰黄色、红色、红褐色、褐色黏土夯筑，含砂砾、碎石、料礓石及碎砖、白灰等	103	77.5	4座烽火台夯层间夹有垫土层或白灰层，厚0.02~0.04米
堆筑	黄褐色黏土堆筑，含砂砾	2	1.5	
	红褐色黏土堆筑	2	1.5	
合计		133	100	

左云县土质夯筑烽火台的建筑材料、夯层厚度与左云县长城土墙、土质敌台有较大的一致性。同时，土质夯筑烽火台的夯层厚集中在0.1~0.3米，长城土墙的夯层厚0.18~0.26米，土质敌台的夯层厚0.13~0.3米。

石质烽火台2座，即石墙框1号烽火台、铺龙湾烽火台，外部石片垒砌，内部黄色黏土夯筑。其中石墙框1号烽火台内部夯土台体含大量砂砾，夯层厚0.25米，铺龙湾烽火台包石厚0.7米。石质烽火台内部夯土台体的建筑材料、夯层厚度与土质夯筑烽火台一致。石质烽火台不见于长城沿线烽火台中。

消失烽火台4座，分别是平川村2号烽火台、南辛庄烽火台、南八里1号烽火台、马家河烽火台。消失烽火台均为腹里烽火台。

（2）烽火台形制和附属设施

左云县129座土质夯筑烽火台的平面形制有矩形、圆形、椭圆形三类，剖面形制均呈梯形，有一座烽火台平面、剖面形制不详。34座长城沿线土质夯筑烽火台中，有矩形台体25座、圆形台体9座。95座腹里土质夯筑烽火台中，有矩形台体63座、圆形台体30座、椭圆形台体1座，1座形制不详。可以看出，左云县土质夯筑烽火台矩形台体较多，占全部土质夯筑烽火台的68.2%。如果以长城沿线和腹里烽火台来区分，长城沿线烽火台矩形台体的比例（73.5%）略多于腹里烽火台矩形台体的比例（66.3%）（表143）。

表 143　左云县烽火台形制一览表（单位：座）

	土质夯筑烽火台				土质堆筑烽火台		石质烽火台	消失烽火台	合计
	矩形	圆形	椭圆形	不详	矩形	圆形	矩形	不详	
长城沿线烽火台	25	9	0	0	0	0	0	0	34
腹里烽火台	63	30	1	1	2	2	2	4	105
合计	88	39	1	1	2	2	2	4	139
	129				4		2	4	

长城沿线土质夯筑烽火台中，矩形台体底部周长 26 ~ 62、残高 1 ~ 7.5 米，圆形台体底部周长 22 ~ 47.1、残高 2 ~ 8.2 米。腹里土质烽火台中，矩形台体底部周长 15.4 ~ 92、残高 1.5 ~ 10 米，圆形台体底部周长 11 ~ 51.6、残高 1.6 ~ 10 米，椭圆形台体底部周长 36.8、残高 3 米，形制不详的台体残高 4 米。腹里烽火台中有 11 座台体底部周长不详。由于保存方面的原因，这些数据不能完全反映烽火台的原始尺寸（表 144 ~ 148）。

表 144　左云县长城沿线土质夯筑矩形烽火台形制及保存状况一览表（单位：米）

名称	平面形制	剖面形制	底部周长	残高	保存状况
黄土口 1 号烽火台	矩形	梯形	46	7.2	一般
黄土口 2 号烽火台	矩形	梯形	38	3	较差
黄土口 3 号烽火台	矩形	梯形	43	3.7	较差
黑土口 1 号烽火台	矩形	梯形	39	5.2	一般
黑土口 2 号烽火台	矩形	梯形	36	1	较差
黑土口 3 号烽火台	矩形	梯形	49	4.1	较差
黑土口 4 号烽火台	矩形	梯形	62	4.5	一般
黑土口 5 号烽火台	矩形	梯形	42	3.2	较差
黑土口 6 号烽火台	矩形	梯形	46	3.8	较差
徐达窑 2 号烽火台	矩形	梯形	36	5.2	一般
威鲁堡 1 号烽火台	矩形	梯形	39.8	7	一般
威鲁堡 2 号烽火台	矩形	梯形	38	1.7	较差
威鲁堡 4 号烽火台	矩形	梯形	43	3.2	较差
威鲁堡 5 号烽火台	矩形	梯形	38	5.3	一般
威鲁堡 6 号烽火台	矩形	梯形	34	6.3	一般
后辛庄 1 号烽火台	矩形	梯形	41.5	6.2	一般
后辛庄 3 号烽火台	矩形	梯形	26	2.5	较差
后辛庄 5 号烽火台	矩形	梯形	28	5.2	一般
八台 1 号烽火台	矩形	梯形	30.5	4	较差
八台 3 号烽火台	矩形	梯形	40	6.3	一般
八台 4 号烽火台	矩形	梯形	37.5	7.5	一般

名称	平面形制	剖面形制	底部周长	残高	保存状况
宁鲁堡 2 号烽火台	矩形	梯形	32	6.7	一般
六墩沟烽火台	矩形	梯形	43	2.3	较差
十二窑烽火台	矩形	梯形	34.1	3.2	较差
二十边烽火台	矩形	梯形	37	5.2	一般

表 145　左云县长城沿线土质夯筑圆形烽火台形制及保存状况一览表（单位：米）

名称	平面形制	剖面形制	底部周长	尺寸	保存状况
保安堡 1 号烽火台	圆形	梯形	37.7	5.7	一般
保安堡 2 号烽火台	圆形	梯形	22	2	较差
徐达窑 1 号烽火台	圆形	梯形	37.7	5.8	一般
徐达窑 3 号烽火台	圆形	梯形	37.7	5	一般
威鲁堡 3 号烽火台	圆形	梯形	34.5	3.5	较差
威鲁堡 7 号烽火台	圆形	梯形	31.4	4.8	一般
后辛庄 2 号烽火台	圆形	梯形	40.8	8.2	一般
后辛庄 4 号烽火台	圆形	梯形	47.1	7.2	一般
八台 2 号烽火台	圆形	梯形	40.8	6.2	一般

表 146　左云县腹里土质夯筑矩形烽火台形制及保存状况一览表（单位：米）

名称	平面形制	剖面形制	底部周长	残高	保存状况
管家堡 6 号烽火台	矩形	梯形	62.4	5.1	一般
管家堡 5 号烽火台	矩形	梯形	46.6	1.5	较差
青圪塔烽火台	矩形	梯形	40.9	10	较好
管家堡 1 号烽火台	矩形	梯形	23.2	6.3	一般
太平墩 2 号烽火台	矩形	梯形	42.8	9	一般
西二队烽火台	矩形	梯形	41.4	4.2	较差
后辛庄 7 号烽火台	矩形	梯形	46.2	7.7	一般
宁鲁堡 5 号烽火台	矩形	梯形	43	7.6	一般
安烟墩烽火台	矩形	梯形	29.2	4.6	一般
宁鲁堡 4 号烽火台	矩形	梯形	36.8	8	一般
绿道坡烽火台	矩形	梯形	37.2	9.2	较好
小河家口烽火台	矩形	梯形	39.3	7.6	一般
西温窑 1 号烽火台	矩形	梯形	39.8	7	一般
白烟墩烽火台	矩形	梯形	33	6.9	一般
三台子 1 号烽火台	矩形	梯形	47.2	8.7	一般
甘沟子烽火台	矩形	梯形	28.2	5.9	一般
王家窑 2 号烽火台	矩形	梯形	36.5	6.3	一般
庄旺烽火台	矩形	梯形	不详	8.7	一般

名称	平面形制	剖面形制	底部周长	残高	保存状况
汉圪塔烽火台	矩形	梯形	37.4	8.2	一般
花豹滩烽火台	矩形	梯形	38.1	6.2	一般
山沟子烽火台	矩形	梯形	43.7	7	一般
则楞坡2号烽火台	矩形	梯形	38.5	8.6	一般
岳家堡烽火台	矩形	梯形	42.5	5.6	一般
北代家沟村烽火台	矩形	梯形	50.1	7.6	一般
石墙框2号烽火台	矩形	梯形	40	8.4	一般
燕子山烽火台	矩形	梯形	52	不详	较差
旧高山3号烽火台	矩形	梯形	49.6	9.8	较好
田家村烽火台	矩形	梯形	20.1	4.3	较差
双官屯烽火台	矩形	梯形	39.8	6.5	一般
云西堡2号烽火台	矩形	梯形	47.4	8	一般
陈家河2号烽火台	矩形	梯形	40	6.3	一般
陈家河1号烽火台	矩形	梯形	不详	9	一般
古城烽火台	矩形	梯形	29.2	7.3	一般
后八里烽火台	矩形	梯形	47	8.2	一般
李家堡1号烽火台	矩形	梯形	21.8	2.4	较差
李家堡2号烽火台	矩形	梯形	32.2	2.5	较差
李家堡3号烽火台	矩形	梯形	36	6.7	一般
南关1号烽火台	矩形	梯形	22.1	不详	较差
朱家村1号烽火台	矩形	梯形	39	7.7	一般
谭家堡1号烽火台	矩形	梯形	21.8	5.65	一般
谭家堡2号烽火台	矩形	梯形	28.2	不详	一般
乔家窑2号烽火台	矩形	梯形	不详	5	一般
鹊儿河1号烽火台	矩形	梯形	不详	3.26~5.41	较差
鹊儿河2号烽火台	矩形	梯形	49.1	8	一般
赵火色1号烽火台	矩形	梯形	43.9	9.2	一般
赵火色2号烽火台	矩形	梯形	24.7	5.4	一般
陈家堡2号烽火台	矩形	梯形	15.4	3.48	较差
陈家堡1号烽火台	矩形	梯形	31.5	7.3	一般
钱家堡1号烽火台	矩形	梯形	85.5	8.3	一般
南关2号烽火台	矩形	矩形	44.4	3	较差
台子山烽火台	矩形	梯形	44	5.8	一般
北杏庄烽火台	矩形	梯形	92	9.5	一般
东窑头烽火台	矩形	梯形	29.9	6.7	一般
五峰嘴烽火台	矩形	梯形	50.1	6.5	一般
马道头烽火台	矩形	梯形	47.2	8.4	一般
大堡烽火台	矩形	梯形	不详	7.3	一般
曹家堡烽火台	矩形	梯形	18	3.1	较差

续表 146

名称	平面形制	剖面形制	底部周长	残高	保存状况
李家窑烽火台	矩形	梯形	46.4	9.2	较好
立石烽火台	矩形	梯形	20.5	6.9	一般
降家村2号烽火台	矩形	梯形	不详	2	较差
降家村1号烽火台	矩形	梯形	不详	4.5	较差
乔峪烽火台	矩形	梯形	不详	1.5	较差
毛官屯烽火台	矩形	梯形	28	5.8	一般

表 147　左云县腹里土质夯筑圆形烽火台形制及保存状况一览表（单位：米）

名称	平面形制	剖面形制	底部周长	尺寸	保存状况
管家堡4号烽火台	圆形	梯形	40	4.9	一般
平川村1号烽火台	圆形	梯形	37.7	7.6	一般
二道沟烽火台	圆形	梯形	37.7	3.5	较差
管家堡2号烽火台	圆形	梯形	34.4	9.2	较好
管家堡3号烽火台	圆形	梯形	18.2	4.5	一般
榆柏墩3号烽火台	圆形	梯形	44.3	10	较好
榆柏墩1号烽火台	圆形	梯形	31.7	7.5	一般
徐达窑4号烽火台	圆形	梯形	34.5	6.7	一般
郭奉窑烽火台	圆形	梯形	27.6	7.8	一般
元台子烽火台	圆形	梯形	42.7	7.7	一般
太平墩1号烽火台	圆形	梯形	34.5	5	一般
黑烟墩1号烽火台	圆形	梯形	47.4	4.7	一般
后辛庄8号烽火台	圆形	梯形	45.8	3	较差
宁鲁堡6号烽火台	圆形	梯形	不详	4.1	较差
二台子烽火台	圆形	梯形	34.6	不详	一般
后辛庄6号烽火台	圆形	梯形	44	2.8	较差
宁鲁堡3号烽火台	圆形	梯形	36.1	9.5	较好
大河家口烽火台	圆形	梯形	25.9	7	一般
三台子2号烽火台	圆形	梯形	33	3.8	较差
守府烽火台	圆形	梯形	36	7.2	一般
王家窑1号烽火台	圆形	梯形	11	4.8	一般
则楞坡3号烽火台	圆形	梯形	51.6	5	一般
旧高山2号烽火台	圆形	梯形	47.1	4.8	一般
旧高山1号烽火台	圆形	梯形	41	8	一般
张家场烽火台	圆形	梯形	40.8	5	一般
葛家园烽火台	圆形	梯形	36	2.8	较差
乔家窑1号烽火台	圆形	梯形	49	5.6	一般
新窑沟烽火台	圆形	梯形	14	5	一般
郑门窑烽火台	圆形	梯形	33	8.5	一般
蔡家窑烽火台	圆形	梯形	不详	1.6	较差

表 148　左云县腹里土质夯筑椭圆形、形制不详烽火台形制及保存状况一览表（单位：米）

名称	平面形制	剖面形制	底部周长	尺寸	保存状况
北六里烽火台	椭圆形	梯形	36.8	3	较差
黑烟墩 3 号烽火台	不详	不详	不详	4	较差

　　土质夯筑烽火台的附属设施有围墙、围墙内墩院院基或台基（长城沿线烽火台和腹里烽火台因系不同的调查队调查，对墩院院基和台基的认识上有不同，采取了各自不同的名称。在对原始资料的梳理中，发现无法完全辨清现存设施应该是墩院院基抑或台基，因此，编写本报告时，将这二者以"或"连在一起），可通台体顶部的台体内踏道及台阶、壕沟等。有围墙或保存围墙痕迹的有 39 座，设墩院院基或台基的有 74 座，设台体内踏道的有 3 座，设台阶的有 1 座，设壕沟的有 1 座（表 149、150）。

表 149　左云县长城沿线土质夯筑烽火台附属设施统计表

名称	平面形制	围墙	墩院院基	台体内踏道
保安堡 1 号烽火台	圆形	●	●	
保安堡 2 号烽火台	圆形			
黄土口 1 号烽火台	矩形	●	●	
黄土口 2 号烽火台	矩形			
黄土口 3 号烽火台	矩形			
黑土口 1 号烽火台	矩形			
黑土口 2 号烽火台	矩形			
黑土口 3 号烽火台	矩形			
黑土口 4 号烽火台	矩形			
黑土口 5 号烽火台	矩形			
黑土口 6 号烽火台	矩形			
徐达窑 1 号烽火台	圆形	●	●	
徐达窑 2 号烽火台	矩形			
徐达窑 3 号烽火台	圆形	●	●	
威鲁堡 1 号烽火台	矩形			
威鲁堡 2 号烽火台	矩形			
威鲁堡 3 号烽火台	圆形	○	●	
威鲁堡 4 号烽火台	矩形			
威鲁堡 5 号烽火台	矩形			
威鲁堡 6 号烽火台	矩形			
威鲁堡 7 号烽火台	圆形	○	●	
后辛庄 1 号烽火台	矩形			
后辛庄 2 号烽火台	圆形	○	●	
后辛庄 3 号烽火台	矩形			
后辛庄 4 号烽火台	圆形	●	●	●
后辛庄 5 号烽火台	矩形			
八台 1 号烽火台	矩形			

名称	平面形制	围墙	墩院院基	台体内踏道
八台 2 号烽火台	圆形	○	●	
八台 3 号烽火台	矩形			
八台 4 号烽火台	矩形	●	●	
宁鲁堡 2 号烽火台	矩形			
六墩沟烽火台	矩形			
十二窑烽火台	矩形			
二十边烽火台	矩形			
合计（座）		10	10	1

表 150　左云县腹里土质夯筑烽火台附属设施统计表

名称	平面形制	围墙	墩院院基/台基	台体内踏道	其他
管家堡 6 号烽火台	矩形				
管家堡 5 号烽火台	矩形		●		
管家堡 4 号烽火台	圆形				
平川村 1 号烽火台	圆形		●		
二道沟烽火台	圆形		●		
青圪塔烽火台	矩形				
管家堡 2 号烽火台	圆形	●			
管家堡 3 号烽火台	圆形		●		
榆柏墩 3 号烽火台	圆形				
榆柏墩 1 号烽火台	圆形		●		
徐达窑 4 号烽火台	圆形				
管家堡 1 号烽火台	矩形	●	●		
郭奉窑烽火台	圆形		●		
元台子烽火台	圆形		●		
太平墩 1 号烽火台	圆形	○	●		
太平墩 2 号烽火台	矩形	○	●		
西二队烽火台	矩形	○	●		
黑烟墩 1 号烽火台	圆形		●		
黑烟墩 3 号烽火台	不详				
后辛庄 8 号烽火台	圆形		●		
后辛庄 7 号烽火台	矩形		●		
宁鲁堡 5 号烽火台	矩形	●	●		
宁鲁堡 6 号烽火台	圆形	○	●		
二台子烽火台	圆形		●		
安烟墩烽火台	矩形		●		
后辛庄 6 号烽火台	圆形		●		
宁鲁堡 3 号烽火台	圆形	●	●	●	

名称	平面形制	围墙	墩院院基/台基	台体内踏道	其他
宁鲁堡 4 号烽火台	矩形	●	●		
绿道坡烽火台	矩形	●	●		
小河家口烽火台	矩形	●	●		
西温窑 1 号烽火台	矩形	●	●		
大河家口烽火台	圆形	●	●		
白烟墩烽火台	矩形	●	●		
三台子 2 号烽火台	圆形		●		
三台子 1 号烽火台	矩形	●	●	●	
甘沟子烽火台	矩形		●		
守府烽火台	圆形		●		
王家窑 2 号烽火台	矩形		●		
王家窑 1 号烽火台	圆形				
庄旺烽火台	矩形				
汉圪塔烽火台	矩形	●	●		
花豹滩烽火台	矩形		●		
山沟子烽火台	矩形	●	●		
则楞坡 2 号烽火台	矩形		●		
则楞坡 3 号烽火台	圆形		●		
岳家堡烽火台	矩形		○		
旧高山 2 号烽火台	圆形		●		
旧高山 1 号烽火台	圆形	●			
北代家沟村烽火台	矩形		●		
石墙框 2 号烽火台	矩形		●		
燕子山烽火台	矩形				
旧高山 3 号烽火台	矩形	●			
张家场烽火台	圆形		●		
田家村烽火台	矩形		●		
双官屯烽火台	矩形		●		
云西堡 2 号烽火台	矩形	●			
陈家河 2 号烽火台	矩形		●		
陈家河 1 号烽火台	矩形				
古城烽火台	矩形		●		
葛家园烽火台	圆形		●		
后八里烽火台	矩形	●	●		
李家堡 1 号烽火台	矩形				
李家堡 2 号烽火台	矩形				
李家堡 3 号烽火台	矩形		●		
北六里烽火台	椭圆形				
南关 1 号烽火台	矩形				

名称	平面形制	围墙	墩院院基/台基	台体内踏道	其他
朱家村 1 号烽火台	矩形		●		
谭家堡 1 号烽火台	矩形		●		
谭家堡 2 号烽火台	矩形	●			
乔家窑 1 号烽火台	圆形	●			
乔家窑 2 号烽火台	矩形		●		
鹊儿河 1 号烽火台	矩形		●		
鹊儿河 2 号烽火台	矩形	●			
赵火色 1 号烽火台	矩形	●	●		壕沟
赵火色 2 号烽火台	矩形	●	●		
陈家堡 2 号烽火台	矩形				
陈家堡 1 号烽火台	矩形				
钱家堡 1 号烽火台	矩形				
南关 2 号烽火台	矩形		●		
新窑沟烽火台	圆形		●		
台子山烽火台	矩形		●		
北杏庄烽火台	矩形		●		
东窑头烽火台	矩形		●		台阶
五峰嘴烽火台	矩形				
马道头烽火台	矩形	●	●		
大堡烽火台	矩形		●		
曹家堡烽火台	矩形		●		
李家窑烽火台	矩形	●	●		
郑门窑烽火台	圆形				
立石烽火台	矩形		●		
蔡家窑烽火台	圆形				
降家村 2 号烽火台	矩形				
降家村 1 号烽火台	矩形				
乔峪烽火台	矩形	●			
毛官屯烽火台	矩形				
合计（座）		29	64	2	

　　长城沿线土质夯筑烽火台的 25 座矩形台体中，有围墙和墩院院基者各有 2 座，9 座圆形台体中有围墙和墩院院基者各有 8 座。可以看出，长城沿线土质夯筑烽火台中，圆形台体多设围墙和墩院院基。腹里土质夯筑烽火台的 63 座矩形台体中，有围墙者 22 座，有墩院院基或台基者 43 座；30 座圆形台体中，有围墙者 7 座，有墩院院基或台基者 21 座。可以看出，腹里土质夯筑烽火台中，矩形台体和圆形台体中设围墙和墩院院基或台基的比例大致相当。如将长城沿线和腹里烽火台合并统计，圆形台体设围墙和墩院院基或台基的比例要大于矩形台体（表 151）。

表151　左云县土质夯筑烽火台围墙和墩院院基或台基数量统计表

长城沿线烽火台	矩形台体25座		圆形台体9座	
	围墙	墩院院基或台基	围墙	墩院院基或台基
	2座，8%	2座，8%	8座，88.9%	8座，88.9%
腹里烽火台	矩形台体63座		圆形台体30座	
	围墙	墩院院基或台基	围墙	墩院院基或台基
	22座，34.9%	43座，68.3%	7座，23.3%	21座，70%
合计	24座，28.4%	45座，51.1%	15座，38.5%	29座，74.3%

　　长城沿线土质夯筑烽火台中，围墙和墩院院基的平面形制均同于台体的平面形制。腹里土质夯筑烽火台中，矩形台体有2座为矩形围墙和圆形台基、2座为圆角矩形台基，其余均为矩形围墙和矩形台基；圆形台体有12座为矩形台基、1座为圆角矩形台基、1座为矩形围墙，其余均为圆形围墙和圆形台基。

　　左云县4座土质堆筑烽火台均属腹里烽火台，平面形制有矩形、圆形两类，剖面形制均呈梯形。有矩形、圆形台体各2座。矩形台体底部周长48.4~60、残高4.5米，圆形台体底部周长60、残高4~5米（表152）。榆柏墩2号烽火台有台基，黑烟墩2号烽火台的台基平面呈矩形，云西堡1号烽火台的台基平面呈圆角矩形，有壕沟。

表152　左云县腹里土质堆筑烽火台形制及保存状况一览表（单位：米）

名称	平面形制	剖面形制	底部周长	残高	保存状况
榆柏墩2号烽火台	圆形	梯形	60	5	差
黑烟墩2号烽火台	圆形	梯形	不详	4	一般
则塄坡1号烽火台	矩形	梯形	60	4.5	较差
云西堡1号烽火台	矩形	梯形	48.4	不详	较差

　　左云县2座石质烽火台均属腹里烽火台，平面形制均呈矩形，剖面形制均呈梯形，底部周长30.4~47.3、残高6.7米（表153）。附属设施，石墙框1号烽火台原有围墙，铺龙湾烽火台有台阶。

表153　左云县腹里石质烽火台形制及保存状况一览表（单位：米）

名称	平面形制	剖面形制	底部周长	残高	保存状况
石墙框1号烽火台	矩形	梯形	47.3	6.7	较好
铺龙湾烽火台	矩形	梯形	30.4	不详	较好

　　（3）长城沿线烽火台的分布特点

　　①长城沿线烽火台34座，距长城墙体绝大多数在0.015~0.438千米，1座烽火台距长城墙体略远，即后辛庄2号烽火台距长城墙体0.73千米。长城沿线烽火台的走向大致与长城墙体一致。

　　②北线长城东侧仅见有2座烽火台，即保安堡1、2号烽火台，距长城墙体0.132~0.186千米，间距3.1千米，其间有保安堡东北—西南方向将二者联系起来，保安堡1号烽火台西南距保安堡1.3千米，保安堡2号烽火台东北距保安堡1.8千米。

　　南线长城南、北侧有 7 座烽火台，即黄土口 1 ~ 3 号烽火台、黑土口 1 ~ 6 号烽火台，距长城墙体 0.03 ~ 0.12 千米，间距 0.11 ~ 1.4 千米，其中黑土口 1 号烽火台东北距黄土口 3 号烽火台 1 千米，黑土口 2 号烽火台东北距黑土口 1 号烽火台 1.4 千米，其余间距在 0.11 ~ 0.47 千米。

　　西线长城南侧有 25 座烽火台，距长城墙体 0.015 ~ 0.73 千米，间距 0.12 ~ 5.2 千米，其中徐达窑 1 号烽火台东北距黑土口 6 号烽火台 1.9 千米，徐达窑 2 号烽火台东北距徐达窑 1 号烽火台 1.3 千米，威鲁堡 1 号烽火台东北距徐达窑 3 号烽火台 1.2 千米，后辛庄 4 号烽火台东北距后辛庄 3 号烽火台 1 千米，八台 4 号烽火台东南距八台 3 号烽火台 1.1 千米，宁鲁堡 2 号烽火台东南距八台 4 号烽火台 1.7 千米，六墩沟烽火台东南距宁鲁堡 2 号烽火台 2.4 千米，十二窑烽火台东南距六墩沟烽火台 5.2 千米，二十边烽火台东南距十二窑烽火台 2.4 千米，其余间距均在 0.12 ~ 0.99 千米，这些间距在 1 千米内的烽火台集中在威鲁堡 1 号烽火台至八台 3 号烽火台之间，大致相当于威鲁口关至宁鲁堡之间。

　　从上述可见，长城沿线烽火台间距在 0.11 ~ 5.2 千米，其中以西线长城威鲁堡 1 号烽火台至八台 3 号烽火台间分布较密集。

　　③结合烽火台的材质类型、建筑方式和平面形制，长城沿线烽火台均为土质夯筑烽火台，平面形制大多数为矩形，圆形不多。北线 2 座烽火台为圆形台体，南线 7 座烽火台为矩形台体；西线 25 座烽火台中，八台 3 号烽火台以西诸烽火台为矩形台体，其余为矩形和圆形台体相间分布。概言之，圆形台体分布于北线和西线东段。

　　④长城沿线烽火台的底部周长相差很悬殊，最小者 22、最大者 62 米。尝试对烽火台进行大小划分，依据台体的底部周长，按≥50、40 ~ 50、<40 米三个标准进行分类，以残高作为参考。这种划分肯定不全面，所反映的信息不一定准确。硬性的按 40、50 米进行分类很主观，因为当时的长度计量与今天的不同，只求能从中约略窥见当时的某种特点（表 154、155）。

表 154　　左云县长城沿线土质夯筑矩形烽火台分类统计表

	底部周长分类	底部周长（米）	数量（座）	百分比（%）	残高（米）
大型台体	≥50 米	62	1	4	4.5
中型台体	40 ~ 50 米	40 ~ 49	9	36	2.3 ~ 7.2
小型台体	< 40 米	26 ~ 39.8	15	60	1 ~ 7.5
其他	不详	无	0	0	无
合计		26 ~ 62	25	100	1 ~ 7.5

表 155　　左云县长城沿线土质夯筑圆形烽火台分类统计表

	底部周长分类	底部周长（米）	数量（座）	百分比（%）	残高（米）
大型台体	≥50 米	无	0	0	无
中型台体	40 ~ 50 米	40.8 ~ 47.1	3	33.3	6.2 ~ 8.2
小型台体	< 40 米	22 ~ 37.7	6	66.7	2 ~ 5.8
其他	不详	无	0	0	无
合计		22 ~ 47.1	9	100	2 ~ 8.2

　　可以看出，左云县 34 座长城沿线土质夯筑烽火台，无论是矩形台体还是圆形台体均以中小型为主，小型者占多数，大型者仅发现 1 座。结合烽火台的平面形制，圆形台体中小型者比例要略多于矩

形台体。

（4）腹里烽火台的分布特点

①腹里烽火台主要是以城堡为中心分布，有管家堡烽火台群、威鲁堡烽火台群、宁鲁堡烽火台群、三屯堡烽火台群、旧高山卫城烽火台群、云西堡烽火台群、左云城烽火台群、五峰嘴堡烽火台群以及左云县西北烽火台群和西南烽火台群。各烽火台群的烽火台数量及与中心城堡、烽火台间距详见下表（表156）。

表156　左云县腹里烽火台分布及间距一览表（单位：千米）

烽火台群	数量（座）	烽火台名称		与分布中心距	烽火台间距
管家堡烽火台群	15	北东线	管家堡4~6号烽火台、平川村1号和2号烽火台、二道沟烽火台、青圪塔烽火台	0.8~5.6	0.68~3.8
		北西线	（管家堡6号烽火台）管家堡2号和3号烽火台、榆柏墩1~3号烽火台、徐达窑4号烽火台		
		南线	管家堡1号烽火台、郭奉窑烽火台		
威鲁堡烽火台群	9	东南线	元台子烽火台、太平墩1号和2号烽火台、西二队烽火台、黑烟墩1~3号烽火台	1.9~6.1	0.89~2
		西南线	后辛庄7、8号烽火台		
宁鲁堡烽火台群	11	东南线	宁鲁堡5号和6号烽火台、二台子烽火台、安烟墩烽火台、后辛庄6号烽火台	0.16~4.4	0.82~1.9
		北西线	宁鲁堡3、4号烽火台、绿道坡烽火台、小河家口烽火台、西温窑1号烽火台、大河家口烽火台		
三屯堡烽火台群	16	东线	南辛庄烽火台、白烟墩烽火台	1.3~7.7	0.65~2.1
		北线	三台子1、2号烽火台		
		西线	则崂坡1号烽火台、甘沟子烽火台、守府烽火台、王家窑1号和2号烽火台、庄旺烽火台、汉圪塔烽火台、花豹滩烽火台、山沟子烽火台		
		南线	（则崂坡1号烽火台）则楞坡2、3号烽火台、岳家堡烽火台		
旧高山卫城烽火台群	7	北东线	旧高山1、2号烽火台、北代家沟村烽火台、石墙框1号和2号烽火台、燕子山烽火台	1.5~6.3	0.15~2.1
		北西线	（旧高山2号烽火台）旧高山3号烽火台		
云西堡烽火台群	5	北线	张家场烽火台	0.59~4.2	0.02~3.3
		西线	田家村烽火台、双官屯烽火台		
		南线	云西堡1、2号烽火台		
左云城烽火台群	26	北线	陈家河1、2号烽火台、古城烽火台、葛家园烽火台、后八里烽火台、李家堡1~3号烽火台、北六里烽火台	0.25~7.5	0.05~4
		西线	南关1号烽火台、朱家村1号烽火台、南八里1号烽火台、谭家堡1号和2号烽火台、乔家窑1号和2号烽火台、鹊儿河1号和2号烽火台、赵火色1号和2号烽火台		
		西南线	（南关1号烽火台）陈家堡1号和2号烽火台、钱家堡1号烽火台		
		东南线	南关2号烽火台、马家河烽火台、新窑沟烽火台		

烽火台群	数量（座）	烽火台名称		与分布中心距	烽火台间距
五峰嘴堡烽火台群	9	北线	北杏庄烽火台、东窑头烽火台、台子山烽火台	0.05～16	2.1～12.7
		西线	五峰嘴烽火台、马道头烽火台、大堡烽火台、曹家堡烽火台，		
		南线	（五峰嘴烽火台）铺龙湾烽火台、李家窑烽火台		
左云县西北烽火台群	3		郑门窑烽火台、立石烽火台、蔡家窑烽火台	无	5～9.1
左云县西南烽火台群	4		降家村1、2号烽火台、乔峪烽火台、毛官屯烽火台	无	1.1～3.7

②腹里烽火台与长城墙体的距离，除徐达窑4号敌台为0.92千米外，其余均在1千米以上。

③腹里烽火台的管家堡烽火台群、威鲁堡烽火台群、宁鲁堡烽火台群、左云县西北烽火台群4组烽火台群距长城墙体远一些，三屯堡烽火台群、旧高山卫城烽火台群、云西堡烽火台群、左云城烽火台群、五峰嘴堡烽火台群、左云县西南烽火台群距长城墙体更远，这样就形成了长城沿线烽火台、距长城略远的腹里烽火台群、距长城更远的腹里烽火台群的三重信息传递网络。

④长城沿线烽火台与腹里烽火台、腹里烽火台的各烽火台群之间相互联系。

管家堡烽火台群的管家堡4号烽火台西北距黄土口2号烽火台1.6千米，管家堡3号烽火台西北距黑土口2号烽火台1.1千米，徐达窑4号烽火台西北距徐达窑1号烽火台0.81千米；威鲁堡烽火台群的元台子烽火台西北距威鲁堡3号烽火台1.6千米，后辛庄8号烽火台北距后辛庄2号烽火台1.2千米；宁鲁堡烽火台群的后辛庄6号烽火台东北距后辛庄4号烽火台1.6千米，宁鲁堡3号烽火台东北距八台4号烽火台1.1千米；左云县西北烽火台群的郑门窑烽火台东北距六墩沟烽火台3.5千米，立石烽火台东北距十二窑烽火台2千米，以上烽火台将长城沿线烽火台与腹里烽火台联系起来。

威鲁堡烽火台群的元台子烽火台东北距徐达窑4号烽火台3.1千米，将威鲁堡烽火台群与管家堡烽火台群联系起来。宁鲁堡烽火台群的后辛庄6号烽火台东南距后辛庄7号烽火台1.4千米，将宁鲁堡烽火台群与威鲁堡烽火台群联系起来。三屯堡烽火台群的三台子1号烽火台北距二台子烽火台0.96千米，王家窑1号烽火台北距大河家口烽火台1.6千米，将三屯堡烽火台群与宁鲁堡烽火台群联系起来。

旧高山卫城烽火台群的北代家沟村烽火台北距郭奉窑烽火台3.4千米，将旧高山卫城烽火台群与管家堡烽火台群联系起来。云西堡烽火台群的张家场烽火台东南距旧高山3号烽火台3千米，田家村烽火台西北距白烟墩烽火台2.6千米，分别将云西堡烽火台群与旧高山卫城烽火台群、三屯堡烽火台群联系起来。左云城烽火台群的葛家园烽火台西北距岳家堡烽火台3.4千米，鹊儿河2号烽火台北距山沟子烽火台3.3千米，将左云城烽火台群与三屯堡烽火台群联系起来；后八里烽火台东距双官屯烽火台3.7千米，将左云城烽火台群与旧高山卫城烽火台群联系起来。

五峰嘴堡烽火台群的东窑头烽火台东北距云西堡2号烽火台6.4千米，将五峰嘴堡烽火台群与云西堡烽火台群联系起来。左云县西北烽火台群的蔡家窑烽火台东距守府烽火台7.6千米，将左云县西北烽火台群与三屯堡烽火台群联系起来。左云县西南烽火台群的降家村2号烽火台东北距马道头烽火台 9.7 千米，降家村 1 号烽火台东南距李家窑烽火台 9 千米，将左云县西南烽火台群与五峰嘴堡烽火台群联系起来。

⑤结合材质类型、建筑方式和平面形制，数量很少的土质堆筑烽火台、石质烽火台、土质夯筑椭圆形烽火台仅见于腹里烽火台，不见于长城沿线烽火台。各烽火台群中，南部高山地区的五峰嘴堡烽火台群和左云县西南烽火台群的烽火台，平面形制均呈矩形，其他各烽火台群矩形台体和圆形台体相间分布，大致有圆形台体随与长城距离的增加而减少的趋势。

⑥腹里土质夯筑烽火台的底部周长相差很悬殊，最小者 11、最大者 92 米。按前述分类标准尝试对烽火台进行大小划分（表 157、158）。

表 157　左云县腹里土质夯筑矩形烽火台分类统计表

	底部周长分类	底部周长（米）	数量（座）	百分比（%）	残高（米）
大型台体	≥50 米	50.1~92	6	9.5	5.1~9.5
中型台体	40~50 米	40~49.6	20	31.7	1.5~10
小型台体	< 40 米	15.4~39.8	29	46.1	2.4~9.2
其他	不详	不详	8	12.7	1.5~9
合计		15.4~92	63	100	1.5~10

表 158　左云县腹里土质夯筑圆形烽火台分类统计表

	底部周长分类	底部周长（米）	数量（座）	百分比（%）	残高（米）
大型台体	≥50 米	51.6	1	3.3	5
中型台体	40~50 米	40~49	10	33.3	2.8~10
小型台体	< 40 米	11~37.7	17	56.7	2.8~9.5
其他	不详	不详	2	6.7	1.6~4.1
合计		11~51.6	30	100	1.6~10

腹里土质夯筑椭圆形烽火台有 1 座，底部周长 36.8、残高 3 米；平面形制不详烽火台有 1 座，残高 4 米。

可以看出，左云县 95 座腹里土质夯筑烽火台，无论是矩形还是圆形台体，以中小型为主，小型者占多数，大型者仅发现 7 座。结合烽火台的平面形制，圆形台体中小型者比例要稍多于矩形台体，大型者少于矩形台体。

如果将长城沿线土质夯筑烽火台合并统计，大、中、小型台体所占比例分别是 2.9%、35.3%、61.8%。将腹里土质烽火台合并统计，大、中、小型及不详台体所占比例分别是 7.4%、31.6%、49.4%、11.6%。如果将长城沿线和腹里合并统计，大、中、小型及不详台体所占比例分别是 6.2%、32.6%、52.7%、8.5%，可以看出，以中小型为主，腹里烽火台大型者略多。

（5）烽火台保存状况

左云县烽火台保存状况，详见下表（表 159）。

表 159　左云县烽火台保存状况统计表

保存状况	土质夯筑烽火台		土质堆筑烽火台		石质烽火台		消失烽火台		合计	
	数量（座）	百分比（％）	数量（座）	百分比（％）	数量（座）	百分比（％）	数量（座）	百分比（％）	数量（座）	百分比（％）
保存较好	7	5.4	0	0	0	0	0	0	7	5
保存一般	85	65.9	3	75	2	100	0	0	90	64.7
保存较差	37	28.7	1	25	0	0	0	0	38	27.3
消失	0	0	0	0	0	0	4	100	4	3
合计	129	100	4	100	2	100	4	100	139	100

　　土质烽火台台体坍塌脱落严重，表面凹凸不平，有裂缝、沟槽、孔洞。台体上生长有杂草，部分有人为挖掘的洞穴或土坑、修筑的台阶、依靠台体盖房、台体顶部修筑凉亭及庙宇等，或紧邻台体耕种及修路、挖掘水渠和水井等，或在台体栽立电线杆、台基上挖掘水渠及沟槽、土坑等。造成损毁的自然因素主要是洪水冲刷、风雨侵蚀、植物生长等；人为因素主要是取土挖损、挖掘洞穴、人畜踩踏、紧邻台体耕种及修路、挖掘水渠坏人水井、不合理利用等。

　　石质烽火台台体坍塌脱落，1 座有人为挖掘的洞穴。

　　消失的 4 座烽火台，有 3 座平田整地时被挖毁，有 1 座被村民改造成凉亭基部，台体、台基被红砖包住。

（四）采（征）集标本

　　左云县采集的文物标本发现于长城墙体、敌台、烽火台和城堡附近。明代标本居多，也有汉代、辽金、明清时期的标本。明代标本有生活用具、建筑构件以及武器装备三类。生活用具均为瓷器，有碗和高柄杯等，瓷釉有白色、酱釉色、青花等。建筑构件标本有 2 件，板瓦、筒瓦各 1 件，均为泥质灰陶。武器装备发现 1 件，为褐色瓷蒺藜残片。

三　自然与人文环境

（一）自然环境

　　左云县位于山西省北部，左云县地处黄土高原北部边缘，丘陵起伏，沟壑纵横。县境地势西北高、中部低、南部高，东北部和中部地形以矮山丘陵平川为主，西北部和南部以山地为主。长城分布于县境北部黄土高原矮山丘陵地带和西北部的山地。县境中北部有十里河干流、支流，东北角有淤泥河上游，东南角有大峪河上游，西南角有源子河上游。左云县气候寒冷干燥，多风沙，年均气温 6.2℃，年降雨量约 380 毫米，无霜期 105 天。县境土壤以淡栗钙土性土、山地淡栗钙土为主。长城周围多荒地、耕地或退耕还草带，附近有树木，杂草遍布，植被较好。

（二）人文环境

长城沿线村庄居民人数从一二百人到 1000 余人。十二窑村、二十边村整体搬迁至三屯村，村内无常住居民。村庄居民以农业和家畜饲养业为主。县境中部 109 国道横贯东西，210 省道纵贯南北。长城墙体附近有村村通公路或乡村土路。

四　保护与管理状况

左云县长城资源的保护管理机构是左云县文管所。目前有关长城资源的保护范围、建设控制地带、保护标志、记录档案等工作还有待规定或完善。

表116　左云县敌台一览表

名称	地点	高程	与其他遗存的位置关系	材质	建筑方式	平面形制	剖面形制	尺寸	附属设施	修缮情况	保存状况	损毁原因及存在病害
保安堡1号敌台（彩图三七○）	管家堡乡保安堡村北2千米	1367米	骑墙而建。位于保安堡大边长城1段墙体上	土	黄色黏土夯筑而成，含少量砂砾、碎石，料礓石，夯层厚0.16~0.21米	矩形	梯形	台体底部东西12、南北14米，顶部东西9、南北11米，残高7.5米	台体东侧有围墙，残存东、北墙，残长34、底宽2.2、顶宽1.1~1.6，围院底内残存墩院基，平面呈矩形，东西30、残高0.5米。台体东壁底部正中设拱形门洞，台体内设置通顶的圆形圆孔踏道，踏道稍倾斜，内壁沿圆周设脚窝。拱形门洞宽0.8、高1.2、进深2.1米，可登顶。拱形圆孔洞内圆宽1、踏道孔径1、胸窝深0.05米	无	保存一般。台体坍塌脱落严重，表面凹凸不平，有裂缝、沟槽、孔洞	自然因素主要是风雨侵蚀，植物生长等；人为因素主要是取土挖损，人畜踩踏，紧邻台体耕种等
保安堡2号敌台	管家堡乡保安堡村北1.5千米	1360米	骑墙而建。位于保安堡大边长城1段墙体上	土	黄色黏土夯筑而成，含少量砂砾、碎石，料礓石，夯层厚0.16~0.22米	矩形	梯形	台体底部东西14、南北13米，顶部平面呈不规则形，周长30米，残高7.3米	无	无	保存一般。台体坍塌脱落严重，表面凹凸不平，有裂缝、沟槽、孔洞。沟槽宽1.5、东壁沟槽进深0.5米	自然因素主要是风雨侵蚀，植物生长等；人为因素主要是取土挖损，人畜踩踏种等
保安堡3号敌台（彩图三七一）	管家堡乡保安堡村西北1.1千米	1354米	骑墙而建。位于保安堡大边长城1段墙体上	土	黄色黏土夯筑而成，含少量砂砾、碎石，料礓石，夯层厚0.15~0.2米	矩形	梯形	台体底部东西15、南北14米，顶部东西10、南北9米，残高8.3米	台体东侧原有围院，现无存。围墙呈矩形，边长28米。台体东壁底部正中设拱形门洞，踏道，内壁稍倾斜，圆周设脚窝。拱形门洞与踏道相通，可登顶。拱形门洞宽1、高1.6、进深2.3米。台体内设置通顶的圆形圆孔洞，踏道孔径1.2米	无	保存一般。台体坍塌脱落严重，表面凹凸不平，有裂缝、沟槽、孔洞。孔洞孔径0.05~0.35米。西壁裂缝缝长5米；四壁底部局部夯土脱落，呈沟槽状；南壁拱形门洞顶部坍塌，门洞顶宽0.5米	自然因素主要是风雨侵蚀，植物生长等；人为因素主要是取土挖损，人畜踩踏，紧邻台体耕种等

续表116

名称	地点	高程	与其他遗存的位置关系	材质	建筑方式	平面形制	剖面形制	尺寸	附属设施	修缮情况	保存状况	损毁原因及存在病害
保安堡4号敌台（彩图三七二）	管家堡乡保安堡村西南1.1千米	1358米	骑墙而建。位于保安堡2大边长城2段墙体上	砖	原有包砖，现仅存台体。内部夯土。黄色黏土夯筑而成，含少量砂砾、碎石，料礓石，夯层厚0.2~0.25米	矩形	梯形	台体底部东西14、南北15米，顶部东西12、南北13.3米，残高9米	无	无	保存一般。包砖无存。台体有所坍塌脱落，表面凹凸不平，有裂缝、沟槽、孔洞。南壁有2条竖直裂缝，东、西侧裂缝分别长3、2米	自然因素主要是风雨侵蚀、植物生长等；人为因素主要是拆毁包砖、紧邻台体耕种等
保安堡5号敌台	管家堡乡保安堡村西南1.4千米	1365米	骑墙而建。位于保安堡2大边长城2段墙体上	土	黄色黏土夯筑而成，夯层厚0.16~0.2米	矩形	梯形	台体底部东、南、西长9、11、9.1，北残长10.9米，顶部平面呈不规则形，残高5.6米	台体东侧原有围墙，现无存。围墙内残存墙院基痕迹。台体东壁底部正中设拱形门洞，台体内设置底顶的圆孔形踏道，踏道稍倾斜，内壁沿圆周设脚窝。拱形门洞与踏道相通，可登顶	无	保存一般。台体坍塌脱落严重，表面凹凸不平，有裂缝、沟槽、孔洞	自然因素主要是风雨侵蚀、植物生长等；人为因素主要是取土挖损，人畜踩踏、紧邻台体耕种等
保安堡6号敌台	管家堡乡保安堡村西南1.9千米	1355米	骑墙而建。位于保安堡2大边长城2段墙体上，系该段墙体止点。	土	黄色黏土夯筑而成，含少量砂砾、碎石，料礓石，夯层厚0.15~0.2米	矩形	梯形	台体底部边长13、顶部边长9，残高8米	无	无	保存一般。台体坍塌脱落严重，表面凹凸不平，有裂缝、沟槽、孔洞。东壁孔洞孔径0.1~0.3米；南壁竖直裂缝长5米	自然因素主要是风雨侵蚀、植物生长等；人为因素主要是紧邻台体耕种等
保安堡7号敌台	管家堡乡保安堡村西南2.5千米	1365米	骑墙而建。位于保安堡3大边长城3段墙体上	土	黄色黏土夯筑而成，含少量砂砾、碎石，料礓石，夯层厚0.19~0.23米	矩形	梯形	台体底部东西7、南北8米，顶部平面呈不规则形，残高2米	无	无	保存较差。台体坍塌脱落严重，表面凹凸不平，有裂缝、沟槽、孔洞	自然因素主要是风雨侵蚀、植物生长等；人为因素主要是取土挖损，人畜踩踏、紧邻台体耕种等

续表116

名称	地点	高程	与其他遗存的位置关系	材质	建筑方式	平面形制	剖面形制	尺寸	附属设施	修缮情况	保存状况	损毁原因及存在病害
黑土口1号敌台	管家堡乡黑土口村北1.3千米	1345米	骑墙而建。位于黑土黑大边长城墙体上	土	黄色黏土夯筑而成，含少量砂砾、碎石，料礓石，夯层厚0.14~0.17米	矩形	梯形	台体底部边长10米，顶部东、南、西、北残长5.2、7、5.4、7.2米，残高10米	台体东侧有原围墙，现无存。围墙内残存墩院基痕迹，平面呈矩形，东西15、南北30，残高1.5米	无	保存较好。台体坍塌脱落严重。表面凹凸不平，有裂缝、沟槽、孔洞。东南角至东北角有现代挖掘的水渠，水渠宽2，深0.6米	自然因素主要是风雨侵蚀、植物生长等；人为因素主要是紧邻台体耕种，院基上挖掘水渠等
黑土口2号敌台	管家堡乡黑土口村北1.2千米	1344米	骑墙而建。位于黑土黑大边长城墙体上	土	黄色黏土夯筑而成，含少量砂砾、碎石，料礓石，夯层厚0.14~0.17米	矩形	梯形	台体底部东西12、南北14米，顶部东西8、南北10米，残高12米	台体东侧有围墙，残高0.8米。围墙内残存基痕迹，平面呈矩形，东西23、南北23米	无	保存较好。台体所剩坍塌脱落。凹凸不平，有裂缝、沟槽、孔洞	自然因素主要是风雨侵蚀、植物生长等；人为因素主要是紧邻台体耕种等
黑土口3号敌台（彩图三七三）	管家堡乡黑土口村西北1.4千米	1350米	骑墙而建。位于黑土黑大边长城墙体上	土	黄色黏土夯筑而成，含少量砂砾、碎石，料礓石，夯层厚0.14~0.17米	矩形	梯形	台体底部东西13、南北14米，顶部东西6、南北7米，残高12米	台体南壁底部正中设置拱形门洞，台体内设置踏道，踏道稍倾斜，内壁沿圆孔拱形脚窝，可登顶。拱形门洞宽0.8、高1.4，进深1.8米	无	保存较好。台体坍塌脱落严重。表面凹凸不平，有裂缝、沟槽、孔洞。东壁孔洞孔径0.2~0.5米，南壁沟槽宽0.8，进深0.5米	自然因素主要是风雨侵蚀、植物生长等；人为因素主要是挖损，人畜踩踏、紧邻台体耕种等
黑土口4号敌台（彩图三七四）	管家堡乡黑土口村西1.6千米	1345米	骑墙而建。位于黑土黑大边长城墙体上，系该段墙体止点	砖	原有包砖，现仅存土台体。黄色黏土夯筑而成，含少量砂砾、碎石，料礓石，厚0.13~0.16米	矩形	梯形	台体底部东西8、南北10米，顶部东西7、南北9米，残高12米	台体南壁底部正中设置拱形门洞，台体内设置踏道，踏道稍倾斜，内壁沿圆窝，可登顶。拱形门洞宽1、高1.6，进深2.2米	无	保存较好。包砖无存。台体坍塌脱落严重，表面凹凸不平，有裂缝、沟槽、孔洞。西壁有两条竖直裂缝；四壁底部有挖掘的沟槽，南壁底部宽2米；拱形门洞损毁，直通西壁上部	自然因素主要是风雨侵蚀、植物生长等；人为因素主要是拆毁包砖，取土挖损，紧邻台体耕种等

续表116

名称	地点	高程	与其他遗存的位置关系	材质	建筑方式	平面形制	剖面形制	尺寸	附属设施	修缮情况	保存状况	损毁原因及存在病害
黄土口1号敌台	管家堡乡黄土口村东北1.1千米	1350米	骑墙而建。位于黄土口二边长城墙体上	土	黄色黏土夯筑而成，含少量砂砾、碎石、料礓石，夯层厚度不详	矩形	梯形	台体底部直径12米，顶部平面不规则形，残高4.5米	无	无	保存一般。台体坍塌脱落严重，表面凹凸不平，有裂缝、沟槽、孔洞	自然因素主要是风雨侵蚀、植物生长等；人为因素主要是取土挖损、人畜踩踏、紧邻台体耕种等
黄土口2号敌台	管家堡乡黄土口村东北0.964千米	1353米	骑墙而建。位于黄土口二边长城墙体上	土	黄色黏土夯筑而成，含少量砂砾、碎石、料礓石，夯层厚度不详	矩形	梯形	台体底部东西9、南北10米，顶部平面呈不规则形，残高4.5米	无	无	保存一般。台体坍塌脱落严重，表面凹凸不平，有裂缝、沟槽、孔洞	自然因素主要是风雨侵蚀、植物生长等；人为因素主要是取土挖损、人畜踩踏、紧邻台体耕种等
黄土口3号敌台	管家堡乡黄土口村东北0.789千米	1357米	骑墙而建。位于黄土口二边长城墙体上	土	黄色黏土夯筑而成，含少量砂砾、碎石、料礓石，夯层厚0.14~0.17米	矩形	梯形	台体底部东西10、南北13米，顶部东西4、南北3.5米，残高6米	无	无	保存一般。台体坍塌脱落严重，表面凹凸不平，有裂缝、沟槽、孔洞	自然因素主要是风雨侵蚀、植物生长等；人为因素主要是取土挖损、人畜踩踏、紧邻台体耕种等
黄土口4号敌台（图三七五）	管家堡乡黄土口村东北0.616千米	1347米	骑墙而建。位于黄土口二边长城墙体上	土	黄色黏土夯筑而成，含少量砂砾、碎石、料礓石，夯层厚0.14~0.17米	矩形	梯形	台体底部东西5.3、南北10米，顶部东西3.5、南北2米，残高4.8米	无	无	保存一般。台体坍塌脱落严重，表面凹凸不平，有裂缝、沟槽、孔洞	自然因素主要是风雨侵蚀、植物生长等；人为因素主要是取土挖损、人畜踩踏、紧邻台体耕种等
黄土口5号敌台	管家堡乡黄土口村东北0.359千米	1329米	骑墙而建。位于黄土口二边长城墙体上	土	黄色黏土夯筑而成，含少量砂砾、碎石、料礓石，夯层厚度不详	矩形	梯形	台体底部边长8米，顶部东西5、南北3米，残高5米	无	无	保存一般。台体坍塌脱落严重，表面有裂缝、沟槽、孔洞。台体被盖房利用，东壁被取土挖损成凹坑；南壁东侧有一处小洞穴	自然因素主要是风雨侵蚀、植物生长等；人为因素主要是取土挖损、人畜踩踏、挖掘洞穴、人畜踩踏等

续表 116

名称	地点	高程	与其他遗存位置关系	材质	建筑方式	平面形制	剖面形制	尺寸	附属设施	修缮情况	保存状况	损毁原因及存在病害
黑土口5号敌台	管家堡乡黑土口村东北0.85千米	1332米	骑墙而建。位于黑土口二边长城1段墙体上	土	黄色黏土夯筑而成，含少量砂砾、碎石，料礓石，夯层厚度不详	矩形	梯形	台体底部东西10，南北9.8米，顶部平面呈不规则形，残高3.2米	无	无	保存较差。台体坍塌脱落严重，表面凹凸不平，有裂缝、沟槽、孔洞	自然因素主要是风雨侵蚀，植物生长等；人为因素主要是取土挖损，人畜践踏，紧邻合体耕种等
黑土口6号敌台	管家堡乡黑土口村北0.469千米	1359米	骑墙而建。位于黑土口二边长城2段墙体上	土	黄色黏土夯筑而成，含少量砂砾、碎石，料礓石，夯层厚度不详	矩形	梯形	台体底部东西8.9，南北12米，顶部平面呈不规则形，残高3.3米	无	无	保存较差。台体坍塌脱落严重，表面凹凸不平，有裂缝、沟槽、孔洞	自然因素主要是风雨侵蚀，植物生长等；人为因素主要是取土挖损，人畜践踏，紧邻合体耕种等
黑土口7号敌台	管家堡乡黑土口村西北0.858千米	1358米	骑墙而建。位于黑土口二边长城2段墙体上	土	黄色黏土夯筑而成，含少量砂砾、碎石，料礓石，夯层厚度不详	矩形	梯形	台体底部东西10，南北13米，顶部平面呈不规则形，残高5米	无	无	保存一般。台体坍塌脱落严重，表面凹凸不平，有裂缝、沟槽、孔洞	自然因素主要是风雨侵蚀，植物生长等；人为因素主要是取土挖损，人畜践踏，紧邻合体耕种等
黑土口8号敌台	管家堡乡黑土口村西北1.1千米	1348米	骑墙而建。位于黑土口二边长城2段墙体上	土	黄色黏土夯筑而成，含少量砂砾、碎石，料礓石，夯层厚度不详	矩形	梯形	台体底部东西10，南北12米，顶部平面呈不规则形，残高4.3米	无	无	保存较差。台体坍塌脱落严重，表面凹凸不平，有裂缝、沟槽、孔洞	自然因素主要是风雨侵蚀，植物生长等；人为因素主要是取土挖损，人畜践踏，紧邻合体耕种等
黑土口9号敌台	管家堡乡黑土口村西1.3千米	1352米	骑墙而建。位于黑土口二边长城2段墙体上	土	黄色黏土夯筑而成，含少量砂砾、碎石，料礓石，夯层厚度不详	矩形	梯形	台体底部东西10，南北12米，顶部平面呈不规则形，残高4米	无	无	保存较差。台体坍塌脱落严重，表面凹凸不平，有裂缝、沟槽、孔洞	自然因素主要是风雨侵蚀，植物生长等；人为因素主要是取土挖损，人畜践踏，紧邻合体耕种等

续表 116

名称	地点	高程	与其他遗存的位置关系	材质	建筑方式	平面形制	剖面形制	尺寸	附属设施	修缮情况	保存状况	损毁原因及存在病害
徐达窑1号敌台（彩图三七六）	管家堡乡徐达窑村西0.569千米	1362米	骑墙而建。位于徐达窑1段墙长城墙体上	土	黄色黏土夯筑而成，含少量砂砾、碎石，料礓石，夯层厚0.17~0.2米	矩形	梯形	台体底部东西12，南北10米，顶部东西8，南北6米，残高9米	无	无	保存一般。台体坍塌脱落严重，表面凹凸不平，有裂缝、沟洞、孔洞。台体南侧大部分被挖毁	自然因素主要是风雨侵蚀，植物生长等；人为因素主要是取土挖损，人畜踩踏，紧邻台体耕种等
徐达窑2号敌台	管家堡乡徐达窑村西0.661千米	1374米	骑墙而建。位于徐达窑1段墙长城墙体上	土	黄色黏土夯筑而成，含少量砂砾、碎石，料礓石，夯层厚度不详	矩形	梯形	台体底部东西12，南北13米，顶部东西2，南北2.1米，残高6米	无	无	保存一般。台体坍塌脱落严重，表面凹凸不平，有裂缝、沟槽、孔洞	自然因素主要是风雨侵蚀，植物生长等；人为因素主要是取土挖损，人畜踩踏，紧邻台体耕种等
徐达窑3号敌台（彩图三七七）	管家堡乡徐达窑村西0.803千米	1374米	骑墙而建。位于徐达窑1段墙长城墙体上	土	黄色黏土夯筑而成，含少量砂砾、碎石，料礓石，夯层厚0.17~0.22米	矩形	梯形	台体底部东西8，南北8米，顶部平面呈不规则形，残高7米	无	无	保存一般。台体坍塌脱落严重，表面凹凸不平，有裂缝、沟槽、孔洞。台体北壁临沟，遭洪水冲刷损毁	自然因素主要是洪水冲刷，风雨侵蚀，植物生长等；人为因素主要是取土挖损，人畜踩踏等
徐达窑4号敌台	管家堡乡徐达窑村西0.987千米	1383米	骑墙而建。位于徐达窑1段墙长城墙体上	土	黄色黏土夯筑而成，含少量砂砾、碎石，料礓石，夯层厚0.17~0.22米	矩形	梯形	台体底部东西10，南北12米，顶部平面呈不规则形，残高5.8米	无	无	保存一般。台体坍塌脱落严重，表面凹凸不平，有裂缝、沟槽、孔洞	自然因素主要是风雨侵蚀，植物生长等；人为因素主要是取土挖损，人畜踩踏，紧邻台体耕种等
徐达窑5号敌台	管家堡乡徐达窑村西1.1千米	1374米	骑墙而建。位于徐达窑1段墙长城墙体上	土	黄色黏土夯筑而成，含少量砂砾、碎石，料礓石，夯层厚0.23~0.27米	矩形	梯形	台体底部东西9，南北10米，顶部平面呈不规则形，残高7.9米	无	无	保存一般。台体坍塌脱落严重，表面凹凸不平，有裂缝、沟槽、孔洞。南壁有洞穴，宽0.8，高1.2米	自然因素主要是风雨侵蚀，植物生长等；人为因素主要是取土挖损，挖掘洞穴，人畜踩踏踩种等

续表 116

名称	地点	高程	与其他遗存的位置关系	材质	建筑方式	平面形制	剖面形制	尺寸	附属设施	修缮情况	保存状况	损毁原因及存在病害
徐达窑 6 号敌台	管家堡乡徐达窑村西 1.3 千米	1383 米	骑墙而建。位于徐达窑长城 1 段墙体上	土	黄色黏土夯筑而成,含少量砂砾、碎石,料礓石,夯层厚度不详	矩形	梯形	台体底部边长 9 米,顶部平面呈不规则形,残高 3 米	无	无	保存较差。台体坍塌脱落严重,表面凹凸不平,有裂缝、沟槽、孔洞	自然因素主要是风雨侵蚀,植物生长等;人为因素主要是取土挖损,人畜踩踏、紧邻台体耕种等
徐达窑 7 号敌台	管家堡乡徐达窑村西 1.6 千米	1394 米	骑墙而建。位于徐达窑长城 2 段墙体上	土	黄色黏土夯筑而成,含少量砂砾、碎石,料礓石,夯层厚度不详	矩形	梯形	台体底部边长 2 米,顶部平面呈不规则形,残高 8 米	无	无	保存较差。台体坍塌脱落严重,表面凹凸不平,有裂缝、沟槽、孔洞	自然因素主要是风雨侵蚀,植物生长等;人为因素主要是取土挖损,人畜踩踏、紧邻台体耕种等
徐达窑 8 号敌台(彩图三七八)	管家堡乡徐达窑村西 2.1 千米	1382 米	骑墙而建。位于徐达窑长城 2 段墙体上	土	黄色黏土夯筑而成,含少量砂砾、碎石,料礓石,夯层厚 0.13~0.17 米	矩形	梯形	台体底部边长 14,顶部边长 9,残高 10 米	台体南侧原有围墙,现无存。围墙内残存墩基痕迹,平面呈矩形,东西 24,南北 14,残高 1.5 米。台体南壁底部正中原设拱形门洞,拱形门洞无存,台体内设置踏道通顶的圆形踏道。拱形门洞与踏道相通,可登顶。台体内圆孔形踏道顶,孔径 1 米	无	保存较好。台体坍塌脱落严重,表面凹凸不平,有裂缝、沟槽、孔洞	自然因素主要是风雨侵蚀,植物生长等;人为因素主要是取土挖损,人畜踩踏、紧邻台体耕种等
徐达窑 9 号敌台	管家堡乡徐达窑村西 2.5 千米	1394 米	骑墙而建。位于徐达窑长城 2 段墙体上	砖	原有包砖,现仅存黄色黏土夯筑而成,含少量砂砾、料礓石,夯层厚 0.14~0.22 米	矩形	梯形	台体底部东西 15,南北 14.5 米,顶部东、南、西、北残长 3.4、4、3.8 米,残高 7.8 米	无	无	保存一般。包砖无存。台体坍塌脱落严重,表面凹凸不平,有裂缝、沟槽、孔洞	自然因素主要是风雨侵蚀,植物生长等;人为因素主要是取土拆损、挖损,人畜踩踏,紧邻台体耕种等

续表116

名称	地点	高程	与其他遗存的位置关系	材质	建筑方式	平面形制	剖面形制	尺寸	附属设施	修缮情况	保存状况	损毁原因及存在病害
徐达窑10号敌台（彩图三七九）	管家堡乡徐达窑村西南3.1千米	1383米	骑墙而建。位于徐达窑长城2段墙体上	土	黄色黏土夯筑而成，含少量砂砾、碎石、料礓石，夯层厚0.14~0.18米	矩形	梯形	台体底部边长15、顶部边长9、残高12米	无	无	保存较好。台体坍塌脱落严重，表面凹凸不平，有裂缝、沟槽。南壁沟槽进深0.5米，孔洞孔径0.1~0.3米	自然因素主要是风雨侵蚀、植物生长等；人为因素主要是取土挖损、人畜踩踏、紧邻台体耕种等
威鲁堡1号敌台	管家堡乡威鲁堡村东北1.9千米	1386米	骑墙而建。位于威鲁堡长城1段墙体上	土	黄色黏土夯筑而成，含少量砂砾、碎石、料礓石，夯层厚0.14~0.18米	矩形	梯形	台体底部边长14、顶部残边长10、残高12米	台体南侧有围墙，夯厚0.2~0.22米。围墙内残存院基痕迹，平面呈矩形，东西30、南北20、残高1~2米	无	保存较好。所附坍塌脱落，表面凹凸不平，有裂缝、沟槽。南壁有孔洞，孔径0.05~0.25米	自然因素主要是风雨侵蚀、植物生长等；人为因素主要是取土挖损、人畜踩踏、紧邻台体耕种等
威鲁堡2号敌台	管家堡乡威鲁堡村东北1.5千米	1416米	骑墙而建。位于威鲁堡长城1段墙体上	土	黄色黏土夯筑而成，含少量砂砾、碎石、料礓石，夯层厚0.24~0.28米	矩形	梯形	台体底部东西11、南北10米，顶部东、西、南、北残5.6、5.6、5.2米，残高7.2米	台体南侧原有围墙，现无存。围墙内残存院基痕迹，平面呈矩形，长24、宽15、残高2米	无	保存一般。台体坍塌脱落严重，表面凹凸不平，有裂缝、沟槽。南壁沟槽宽1.5、进深1米	自然因素主要是风雨侵蚀、植物生长等；人为因素主要是取土挖损、人畜踩踏、紧邻台体耕种等
威鲁堡3号敌台（彩图三八〇）	管家堡乡威鲁堡村北0.802千米	1433米	骑墙而建。位于威鲁堡长城2段墙体上	砖	原有包砖，存内部。黄色黏土夯筑而成，含少量砂砾、碎石、料礓石，夯层厚0.18~0.2米	矩形	梯形	台体底部东西11、南北10米，顶部东、南、西、北残长5.6、6、7.2米，残高6.7米	无	无	保存一般。台体坍塌脱落严重，表面有裂缝、沟槽。西壁孔洞孔径0.05~0.2米；南壁有洞穴，宽0.8、高1.3、进深2米	自然因素主要是风雨侵蚀、植物生长等；人为因素主要是拆毁包砖、挖掘洞穴、人畜踩踏、紧邻台体耕种等

名称	地点	高程	与其他遗存的位置关系	材质	建筑方式	平面形制	剖面形制	尺寸	附属设施	修缮情况	保存状况	损毁原因及存在病害
威鲁堡 4 号敌台（图三八一）	管家堡乡威鲁堡村西北 0.654 千米	1427 米	骑墙而建。位于威鲁堡长城 2 段墙体上	砖	原有包砖，现仅存台体。内部夯土筑而成。黄色黏土夯筑，含少量砂砾、碎石，料礓石，夯层厚 0.14~0.17 米	矩形	梯形	台体底部边长 11，顶部边长 10，残高 11 米	台体南侧有围墙，夯筑而成，底宽 2，顶宽 1，宽 3 米。围墙内残存墩院有豁口，平面呈矩形，东西 38，南北 20，残高 2 米。院基底部有石块。台体南壁内设置正中设圆形拱形门道，踏道稍倾斜，内壁沿圆周同踏道相通，可登顶。拱形门洞宽 2，高 1.6，进深 1 米。台体内圆孔径 1 米，有 25 级台阶，阶宽 0.3，高 0.3 米	无	保存较好。包砖无存。台体有所坍塌脱落，表面凹凸不平，有裂缝，沟槽、孔洞。四壁底部有挖掘的沟槽，宽 1 米	自然因素主要是风雨侵蚀，植物生长等；人为因素主要是拆除包砖，取土挖洞，人畜踩踏，紧邻台体耕种等
威鲁堡 5 号敌台	管家堡乡威鲁堡村西北 0.995 千米	1447 米	骑墙而建。位于威鲁堡长城 2 段墙体上	土	黄色黏土夯筑而成，含少量砂砾、碎石，料礓石，夯层厚 0.14~0.18 米	矩形	梯形	台体底部边长 15，顶部边长 9，残高 12 米	台体南侧有围墙，仅残存南墙，底宽 8，顶宽 2，顶宽 1，残高 1.7 米。围墙内残存墩院墩院基痕迹，平面呈矩形，东西 20，南北 12，残高 1.5 米。台体南壁底部正中原设拱形门洞，拱形门洞无存，台体内设置通顶的圆孔形门洞与踏道相通。拱形门洞与踏道通顶踏道，可登顶	无	保存较好。台体坍塌脱落，表面凹凸不平，有裂缝，沟槽，孔洞	自然因素主要是风雨侵蚀，植物生长等；人为因素主要是取土挖洞，人畜踩踏，紧邻台体耕种等
后辛庄 1 号敌台（图三八二）	管家堡乡后辛庄东北 2.8 千米	1462 米	骑墙而建。位于后辛庄长城 1 段墙体上	土	黄色黏土夯筑而成，含少量砂砾、碎石，料礓石，夯层厚 0.13~0.22 米	矩形	梯形	台体底部边长 15，顶部边长 10，残高 14 米	台体南侧有围墙，仅残存南墙，底宽 2，顶宽 1，残高 3 米。围墙内残存墩院基痕迹，平面呈矩形，东西 24，南北 12，残高 1 米。台体南壁内正中设拱形门洞，台体内设置通顶的圆孔形门洞与踏道相通。拱形门洞与踏道通顶，可登顶。拱形门洞宽 1，高 0.7 米	无	保存较有所坍塌脱落，表面凹凸不平，有裂缝，沟槽，孔洞。东壁裂缝长 3 米，西壁裂缝长 3.5 米	自然因素主要是风雨侵蚀，植物生长等；人为因素主要是取土挖洞，人畜踩踏，紧邻台体耕种等
后辛庄 2 号敌台	管家堡乡后辛庄北 2.5 千米	1421 米	骑墙而建。位于后辛庄长城 1 段墙体上	土	黄色黏土夯筑而成，含少量砂砾、碎石，料礓石，夯层厚 0.14~0.17 米	矩形	梯形	台体底部东西 15，南北 5 米，顶部南北东西 10，南北 2 米，残高 10 米	无	无	保存一般。台体明坍塌脱落严重，表面凹凸不平，有裂缝，沟槽，孔洞	自然因素主要是风雨侵蚀，植物生长等；人为因素主要是取土挖洞，人畜踩踏，紧邻台体耕种等

续表 116

名称	地点	高程	与其他遗存的位置关系	材质	建筑方式	平面形制	剖面形制	尺寸	附属设施	修缮情况	保存状况	损毁原因及存在病害
后辛庄 3 号敌台（彩图三八二）	管家堡乡后辛庄东北 2.3 千米	1469 米	骑墙而建。位于后辛庄长城 1 段墙体上	土	黄色黏土夯筑而成，含少量砂砾、碎石，夯层厚 0.14~0.18 米	矩形	梯形	台体底部东西 15 米，南北 13 米，顶部东、南、西、北残长 5.8、5、8.5 米，残高 12 米	台体南侧有围墙，仅残存南墙，底宽 1.5，顶宽 0.6，残高 1.6 米。围墙内残存墩院基痕迹，平面呈矩形，东西 24、南北 12，残高 1 米	无	保存较好。台体坍塌落严重，表面凹凸不平，有裂缝、沟槽、孔洞	自然因素主要是风雨侵蚀、植物生长等；人为因素主要是取土挖损，人畜踩踏、紧邻台体耕种等
后辛庄 4 号敌台	管家堡乡后辛庄北西北 2.2 千米	1475 米	骑墙而建。位于后辛庄长城 1 段墙体上	土	黄色黏土夯筑而成，含少量砂砾、碎石，夯层厚 0.14~0.17 米	矩形	梯形	台体底部东西 15 米，南北 12 米，顶部南东西 5，南北 8 米，残高 12 米	台体南侧有围墙，仅残存西墙，长 4，底宽 1.5，顶宽 0.3，残高 0.6 米。围墙内残存墩院基痕迹，平面呈矩形，东西 24、南北 12，残高 1 米	无	保存较好。台体有所坍塌脱落，表面凹凸不平，有裂缝、沟槽、孔洞。西壁裂缝长 3 米	自然因素主要是风雨侵蚀、植物生长等
后辛庄 5 号敌台	管家堡乡后辛庄北西北 2 千米	1479 米	骑墙而建。位于后辛庄长城 2 段墙体上	土	黄色黏土夯筑而成，含少量砂砾、碎石，夯层厚 0.14~0.18 米	矩形	梯形	台体底部东西 14 米，南北 15 米，顶部边长 8 米，残高 10 米	台体南侧有围墙，仅残存南墙，长 4，残高 0.5~0.8 米。围墙内残存墩院基痕迹，平面呈矩形，东西 25、南北 20 米	无	保存较好。台体坍塌落严重，表面凹凸不平，有裂缝、沟槽、孔洞。北壁西侧沟槽宽 1 米	自然因素主要是风雨侵蚀、植物生长等；人为因素主要是取土挖损，人畜踩踏、紧邻台体耕种等
后辛庄 6 号敌台	管家堡乡后辛庄村西北 2.2 千米	1479 米	骑墙而建。位于后辛庄长城 2 段墙体上	土	黄色黏土夯筑而成，含少量砂砾、碎石，夯层厚 0.14~0.18 米	矩形	梯形	台体底部边长 12 米，顶部边长 6 米，残高 6 米	台体南侧原有围墙，现无存。围墙内残存墩院基痕迹，平面呈矩形，残高 2~5 米	无	保存一般。台体坍塌落严重，表面凹凸不平，有裂缝、沟槽、孔洞	自然因素主要是风雨侵蚀、植物生长等；人为因素主要是取土挖损，人畜踩踏、紧邻台体耕种等
后辛庄 7 号敌台（彩图三八三）	管家堡乡后辛庄村西北 2.3 千米	1461 米	骑墙而建。位于后辛庄长城 2 段墙体上	土	黄色黏土夯筑而成，含少量砂砾、碎石，夯层厚 0.14~0.18 米	矩形	梯形	台体底部边长 15 米，顶部边长 10 米，残高 12 米	台体南侧原有围墙墩院，现无存。围墙内残存墩院基痕迹 5~7 米。台体南壁底部正中设拱形门洞，踏道，踏道稍倾斜，内壁沿圆周设踏道，可登拱形门洞与踏道相通。拱形门洞宽 1，高 0.8，进深 2 米	无	保存较好。台体有所坍塌脱落，表面凹凸不平，有裂缝、沟槽、孔洞。南壁有孔洞，孔径 0.1~0.3 米	自然因素主要是风雨侵蚀、植物生长等；人为因素主要是取土挖损，人畜踩踏、紧邻台体耕种等

续表 116

名称	地点	高程	与其他遗存的位置关系	材质	建筑方式	平面形制	剖面形制	尺寸	附属设施	修缮情况	保存状况	损毁原因及存在病害
后辛庄 8 号敌台	管家堡乡后辛庄村西北 2.5 千米	1460 米	骑墙而建。位于后辛庄长城 2 段墙体上，系该段墙体止点	土	黄色黏土夯筑而成，含少量砂砾、碎石，料礓石，夯层厚 0.14~0.17 米	矩形	梯形	台体底部边长 15，顶部边长 10，残高 10 米	无	无	保存较好。台体有所坍塌脱落，表面凹凸不平，有裂缝、沟槽、孔洞。南壁有孔洞，孔径最大 0.3 米	自然因素主要是风雨侵蚀，植物生长等；人为因素主要是人畜踩踏等
八台 1 号敌台	三屯乡八台村东 1.1 千米	1482 米	骑墙而建。位于八台城 1 段墙体上	土	黄色黏土夯筑而成，含少量砂砾、碎石，料礓石，夯层厚 0.13~0.17 米	矩形	梯形	台体底部东、西、北残长 4.4、5、3.6、3.5 米，顶部平面呈不规则形，残高 4.5 米	无	无	保存一般。台体坍塌脱落严重，表面凹凸不平，有裂缝、沟槽、孔洞。台体北壁临沟，遭洪水冲刷损毁	自然因素主要是风雨水冲刷、风雨侵蚀、植物生长等；人为因素主要是取土挖损等
八台 2 号敌台	三屯乡八台村东 0.853 千米	1498 米	骑墙而建。位于八台城 1 段墙体上	土	黄色黏土夯筑而成，含少量砂砾、碎石，料礓石，夯层厚 0.14~0.17 米	矩形	梯形	台体底部边长 15 米，顶部东、南、西、北残长 3、2.8、3.5、3 米，残高 9 米	台体南侧原有围墙，现无存。围墙内残存墩院基痕迹，平面呈矩形，东西 24，南北 12，残高 1 米	无	保存一般。台体坍塌脱落严重，表面凹凸不平，有裂缝、沟槽、孔洞。南壁沟槽最宽 1，底部有洞穴，深 0.5 米；高 1.7，宽 1.5，进深 0.8 米	自然因素主要是风雨侵蚀、植物生长等；人为因素主要是取土挖损、挖掘洞穴、人畜踩踏等
八台 3 号敌台	三屯乡八台村东 0.579 千米	1499 米	骑墙而建。位于八台城 1 段墙体上	土	黄色黏土夯筑而成，含少量砂砾、碎石，料礓石，夯层厚 0.13~0.17 米	矩形	梯形	台体底部边长 15 米，顶部东西 2.5，南北 2 米，残高 8.6 米	台体南侧原有围墙，现无存。围墙内残存墩院基痕迹，平面呈矩形，东西 24，南北 10，残高 1.5 米	无	保存一般。台体坍塌脱落严重，表面凹凸不平，有裂缝、沟槽、孔洞	自然因素主要是风雨侵蚀、植物生长等；人为因素主要是取土挖损、人畜踩踏等

续表 116

名称	地点	高程	与其他遗存的位置关系	材质	建筑方式	平面形制	剖面形制	尺寸	附属设施	修缮情况	保存状况	损毁原因及存在病害
八台4号敌台	三屯乡八台村东0.302千米	1474米	骑墙而建。位于八台长城1段墙体上	砖	原有包砖，现仅存黄土台体。内部夯筑而成。黄色黏土含少量砂砾、料礓石，碎石，夯层厚0.13~0.2米	矩形	梯形	台体底部边长10，顶部边长6，残高6米	无	台体中部以下为黑色胶泥，以上为黄土，此敌台曾经修缮加高	保存一般。包砖无存。台体坍塌脱落严重，表面凹凸不平，有裂缝、槽、孔洞，台体西、北临沟，遭洪水冲刷损毁	自然因素主要是洪水冲刷，风雨侵蚀，植物生长等；人为因素主要是拆毁包砖，取土挖损，人畜踩踏等
八台5号敌台	三屯乡八台村东北0.75千米	1558米	骑墙而建。位于八台长城1段墙体上	土	黄色黏土夯筑而成，含少量砂砾、碎石，料礓石，夯层厚0.13~0.17米	矩形	梯形	台体底部东西15米，顶部东西4，南北7米，残高12米	台体西侧有围墙，残存南、西、北墙，南墙底宽2，顶宽0.5，残高1.6米，东侧有不规则形门洞；西墙底宽1.2，顶宽0.5，残高2米。围墙内残存墩院北墙残高1.6米。围墙院基残迹，平面呈矩形，东西10、南北25米。台体西壁底部正中设圆孔，东西10、南北25米，拱形门洞，台体内设置通道顶的圆孔同拱形门洞，内壁沿顶可设脚窝。拱形门洞与踏道相通，踏道稍倾斜，内壁沿顶与踏道相通，可登顶。拱形门宽0.8，高1.2，进深2米。台体内圆形圆孔踏道孔径1.8米	无	保存较好。台体坍塌脱落严重，表面凹凸不平，有裂缝、沟槽、孔洞	自然因素主要是风雨侵蚀等；人为因素主要是取土挖损、人畜踩踏等
八台6号敌台（彩图三八四）	三屯乡八台村北1.3千米	1643米	骑墙而建。位于八台长城1段墙体上	土	黄色黏土夯筑而成，含少量砂砾、碎石，料礓石，夯层厚0.13~0.17米	矩形	梯形	台体底部边长14，顶部边长10，残高12米	台体西侧原有围墙，现无存。围墙内残存墩院基痕迹，平面呈矩形，长22、宽10米	无	保存较好。台体有所坍塌脱落，表面凹凸不平，有裂缝，沟槽，孔洞，孔洞孔径0.1~0.35米	自然因素主要是风雨侵蚀等；人为因素主要是人畜踩踏等
八台7号敌台	三屯乡八台村北1.5千米	1731米	骑墙而建。位于八台长城1段墙体上	土	黄色黏土夯筑而成，含少量砂砾、碎石，料礓石，夯层厚0.22~0.3米	矩形	梯形	台体底部东西18米，顶部东西10，南北11米，残高12米	台体南侧原有围墙，现无存。围墙内残存墩院基痕迹，平面呈矩形，长27、宽20，残存4米	无	保存较好。台体有所坍塌脱落，表面凹凸不平，有裂缝，沟槽，孔洞	自然因素主要是风雨侵蚀，植物生长等；人为因素主要是取土挖损，人畜踩踏等

续表116

名称	地点	高程	与其他遗存的位置关系	材质	建筑方式	平面形制	剖面形制	尺寸	附属设施	修缮情况	保存状况	损毁原因及存在病害
八台8号敌台	三屯乡八台村北1.4千米	1668米	骑墙而建。位于八台长城2段墙体上	石	外部石块垒砌；内部黄色黏土夯筑，含少量砂砾、料礓石，夯层厚度不详	矩形	梯形	台体底部东西10，南北6米，顶部平面呈不规则形，残高3.5米	台体底部有台基，台基石砌而成，残高2米	无	保存较差。台体坍塌脱落严重	自然因素主要是风雨侵蚀，植物生长等；人为因素主要是取土挖损，人畜踩踏，紧邻台体耕种等
宁鲁堡1号敌台	三屯乡宁鲁堡村东北2.2千米	1681米	骑墙而建。位于宁鲁堡长城1段墙体上	土	黄色黏土夯筑而成，含少量砂砾、碎石，料礓石，夯层不详	矩形	梯形	台体底部东西10，南北9米，顶部东西1，南北3米，残高7米	无	无	保存一般。台体坍塌脱落严重，表面凹凸不平，有裂缝、沟槽、孔洞	自然因素主要是风雨侵蚀，植物生长等；人为因素主要是取土挖损，人畜踩踏等
宁鲁堡2号敌台	三屯乡宁鲁堡村北2.4千米	1560米	骑墙而建。位于宁鲁堡长城1段墙体上	土	黄色黏土夯筑而成，含少量砂砾、碎石，料礓石厚0.13~0.17米	矩形	梯形	台体底部边长14米，顶部东西6，南北3米，残高12米	台体西侧原有围墙，现无存。围墙内残存墩院院基痕迹	无	保存较好。台体坍塌脱落严重，表面凹凸不平，有裂缝、沟槽、孔洞	自然因素主要是风雨侵蚀，植物生长等；人为因素主要是取土挖损等
宁鲁堡3号敌台	三屯乡宁鲁堡村北2.6千米	1615米	骑墙而建。位于宁鲁堡长城1段墙体上	土	黄色黏土夯筑而成，含少量砂砾、碎石，夯层厚0.13~0.17米	矩形	梯形	台体底部边长14米，顶部边长10，残高15米	无	无	保存较好。台体所坍塌脱落，表面凹凸不平，有裂缝、沟槽、孔洞。台体北壁底部有挖掘的沟槽	自然因素主要是风雨侵蚀，植物生长等；人为因素主要是取土挖损，人畜踩踏等
宁鲁堡4号敌台	三屯乡宁鲁堡村西北3千米	1689米	骑墙而建。位于宁鲁堡长城1段墙体上	土	黄色黏土夯筑而成，含少量砂砾、料礓石，夯层厚0.22~0.3米	矩形	梯形	台体底部东西15，南北14米，顶部东西11，南北10米，残高9.2米	台体西侧有围墙，残存南墙，长25，底宽3，顶宽0.7米，南墙中有半圆形门洞。围墙内残存墩院院基痕迹，平面呈矩形，东西25，南北15，残高2米	无	保存较好。台体所坍塌脱落，表面凹凸不平，有裂缝、沟槽、孔洞。东壁沟槽宽1米	自然因素主要是风雨侵蚀，植物生长等；人为因素主要是取土挖损，人畜踩踏等

续表116

名称	地点	高程	与其他遗存的位置关系	材质	建筑方式	平面形制	剖面形制	尺寸	附属设施	修缮情况	保存状况	损毁原因及存在病害
宁鲁堡5号敌台（彩图三八五）	三屯乡宁鲁堡村西北3.3千米	1753米	骑墙而建。位于宁鲁堡长城1段墙体上	土	黄色黏土夯筑而成，含少量砂砾、碎石、料礓石，夯层厚0.14~0.17米	矩形	梯形	台体底部东、南、西、北残长9、15、8、16米，顶部东、南、西、北残长3、11、3.5、10米，残高12米	无	无	保存一般。台体坍塌脱落严重，表面凹凸不平，有裂缝、沟槽、孔洞	自然因素主要是风雨侵蚀，植物生长等；人为因素主要是取土挖损、人畜踩踏等
宁鲁堡6号敌台	三屯乡宁鲁堡村西北3.4千米	1795米	骑墙而建。位于宁鲁堡长城1段墙体上	土	黄色黏土夯筑而成，含少量砂砾、碎石，料礓石，夯层厚0.24~0.3米	矩形	梯形	台体底部东西10，南北8米，顶部平面呈不规则形，残高6米	无	无	保存一般。台体坍塌脱落严重，表面凹凸不平，孔洞。东壁有孔洞，孔径0.05~0.15米	自然因素主要是风雨侵蚀，植物生长等；人为因素主要是人畜踩踏等
宁鲁堡7号敌台	三屯乡宁鲁堡村西北3.5千米	1832米	骑墙而建。位于宁鲁堡长城1段墙体上，系该段墙体止点	土	黄色黏土夯筑而成，碎石，料礓石，夯层厚度不详	矩形	梯形	台体底部东西8，南北6米，顶部平面呈不规则形，残高2米	无	无	保存较差。台体坍塌脱落严重，表面凹凸不平，孔洞、沟槽	自然因素主要是风雨侵蚀，植物生长等；人为因素主要是取土挖损、人畜踩踏，紧邻合体耕种等
宁鲁堡8号敌台	三屯乡宁鲁堡村西北3.8千米	1869米	骑墙而建。位于宁鲁堡长城2段墙体上	石	石块垒砌而成	矩形	梯形	台体底部东西8，南北7米，顶部平面呈不规则形，残高2米	无	无	保存较差。台体坍塌脱落严重	自然因素主要是风雨侵蚀，植物生长等；人为因素主要是人畜踩踏等

续表116

名称	地点	高程	与其他遗存的位置关系	材质	建筑方式	平面形制	剖面形制	尺寸	附属设施	修缮情况	保存状况	损毁原因及存在病害
宁鲁堡9号敌台	三屯乡宁鲁堡村西北4千米	1950米	骑墙而建。位于宁鲁堡长城2段墙体上	石	外部石块垒砌；内部黄色黏土夯筑，含少量砂砾、碎石，料礓石，夯层厚度不详	矩形	梯形	台体底部边长15米，顶部东、南、西、北残长2.2、1.8、2、2米，残高5.5米	台体西侧原有围墙，现无存。围墙内残存墩院基痕迹	无	保存一般。台体坍塌脱落严重	自然因素主要是风雨侵蚀，植物生长等；人为因素主要是人畜踩踏等
宁鲁堡10号敌台	三屯乡宁鲁堡村西北4.2千米	1968米	骑墙而建。位于宁鲁堡长城2段墙体上	石	外部石块垒砌；内部黄色黏土夯筑，含碎石，夯层厚度不详	矩形	梯形	台体底部边长15米，顶部东、南、西、北残长1.8、1.8、1.4、1.6米，残高5.8米	无	无	保存一般。台体坍塌脱落严重	自然因素主要是风雨侵蚀，植物生长等；人为因素主要是人畜踩踏等
六墩沟1号敌台	三屯乡六墩沟村东南1.9千米	1900米	骑墙而建。位于六墩沟长城墙体上	土	黄色黏土夯筑成，含少量碎石，夯层厚0.14~0.17米	矩形	梯形	台体底部东西7，南北15米，顶部东西3，南北6米，残高5.6米	无	无	保存一般。台体坍塌脱落严重，表面回凸不平，有裂缝、沟槽、孔洞	自然因素主要是风雨侵蚀，植物生长等；人为因素主要是取土挖损，人畜踩踏等
六墩沟2号敌台	三屯乡六墩沟村东南1.6千米	1930米	骑墙而建。位于六墩沟长城墙体上	土	黄色黏土夯筑成，含少量砂砾、料礓石，夯层厚度不详	矩形	梯形	台体底部东西8，南北7米，顶部平面呈不规则形，残高2.3米	无	无	保存较差。台体坍塌脱落严重，表面回凸不平，有裂缝、沟槽、孔洞	自然因素主要是风雨侵蚀，植物生长等；人为因素主要是人畜踩踏等

续表116

名称	地点	高程	与其他遗存的位置关系	材质	建筑方式	平面形制	剖面形制	尺寸	附属设施	修缮情况	保存状况	损毁原因及存在病害
六墩沟3号敌台	三屯乡六墩沟村东1.4千米	1933米	骑墙而建。位于六墩沟长城墙体上	土	黄色黏土夯筑而成，含少量砂砾、碎石，料礓石，夯层厚度不详	矩形	梯形	台体底部东西9，南北15米，顶部东西4，南北6米，残高1.5米	台体四周同原有围墙，现无存。围墙内残存墩院基痕迹，平面呈矩形，长24，宽10，残高1.5米	无	保存较差。台体坍塌脱落严重，表面凹凸不平，有裂缝、沟槽、孔洞	自然因素主要是风雨侵蚀、植物生长等
六墩沟4号敌台（彩图三八六）	三屯乡六墩沟村东1.2千米	1946米	骑墙而建。位于六墩沟长城墙体上	土	黄色黏土夯筑而成，含少量砂砾、碎石，料礓石，夯层厚度不详	矩形	梯形	台体底部东西14，南北12米，顶部东西6，南北8米，残高5.7米	台体四周同原有围墙，现无存。围墙内残存墩院基痕迹，平面呈矩形，长24，宽12，残高2米	无	保存一般。台体坍塌脱落严重，表面凹凸不平，有裂缝、沟槽、孔洞	自然因素主要是风雨侵蚀、植物生长等
六墩沟5号敌台	三屯乡六墩沟村北0.841千米	1926米	骑墙而建。位于六墩沟长城墙体上	土	黄色黏土夯筑而成，含少量砂砾、碎石，料礓石，夯层厚0.14~0.17米	矩形	梯形	台体底部东西15，南北8米，顶部东、西、北残长4.5、11、5.5、9.5米，残高5.2米	无	无	保存一般。台体坍塌脱落严重，表面凹凸不平，有裂缝、沟槽、孔洞	自然因素主要是风雨侵蚀、植物生长等
六墩沟6号敌台	三屯乡六墩沟村北0.914千米	1931米	骑墙而建。位于六墩沟长城墙体上	土	黄色黏土夯筑而成，含少量砂砾、碎石，料礓石，夯层厚度不详	矩形	梯形	台体底部东西12，南北13米，顶部东西6，南北3米，残高5.2米	无	无	保存一般。台体坍塌脱落严重，表面凹凸不平，有裂缝、沟槽、孔洞	自然因素主要是风雨侵蚀、植物生长等；是人为因素踩踏
六墩沟7号敌台	三屯乡六墩沟村北0.925千米	1947米	骑墙而建。位于六墩沟长城墙体上	土	黄色黏土夯筑而成，含少量砂砾、碎石，料礓石，夯层厚0.14~0.2米	矩形	梯形	台体底部边长15米，顶部东、南、西、北残长3.2、3、2.8、2.5米，残高8米	无	无	保存一般。台体坍塌脱落严重，表面凹凸不平，有裂缝、沟槽、孔洞，南壁有洞穴	自然因素主要是风雨侵蚀、植物生长等；人为因素是挖掘洞穴等

续表116

名称	地点	高程	与其他遗存的位置关系	材质	建筑方式	平面形制	剖面形制	尺寸	附属设施	修缮情况	保存状况	损毁原因及存在病害
六墩沟8号敌台	三屯乡六墩沟村西北1千米	1948米	骑墙而建。位于六墩沟长城墙体上	土	黄色黏土夯筑而成，含少量砂砾、碎石，料礓石，夯层厚度不详	矩形	梯形	台体底部东、南、西、北残长8.7、7.2、8.4米，顶部平面呈不规则形，残高3.2米	无	无	保存较差。台体坍塌脱落严重，表面凹凸不平，有裂缝、沟槽、孔洞	自然因素主要是风雨侵蚀，植物生长等；人为因素主要是取土挖损，人畜踩踏，紧邻台体修路等
十二窑1号敌台	三屯乡十二窑村东南1.9千米	1934米	骑墙而建。位于十二窑长城1段墙体上	土	黄色黏土夯筑而成，含少量砂砾、碎石，料礓石，夯层厚度不详	矩形	梯形	台体底部东西15，南北17米，顶部东、南、西、北残长5、5.5、6.2、6米，残高4.5米	无	无	保存一般。台体坍塌脱落严重，表面凹凸不平，有裂缝、沟槽、孔洞	自然因素主要是风雨侵蚀，植物生长等人为因素主要是取土挖损，人畜踩踏等
十二窑2号敌台	三屯乡十二窑村东1.5千米	1934米	骑墙而建。位于十二窑长城1段墙体上	土	黄色黏土夯筑而成，含少量砂砾、碎石，料礓石，夯层厚0.28米	矩形	梯形	台体底部东西12，南北13米，顶部平面呈不规则形，残高7.1米	无	无	保存一般。台体坍塌脱落严重，表面凹凸不平，有裂缝、沟槽、孔洞	自然因素主要是风雨侵蚀，植物生长等；人为因素主要是人畜踩踏等
十二窑3号敌台（彩图三八七）	三屯乡十二窑村东1.3千米	1907米	骑墙而建。位于十二窑长城1段墙体上	土	黄色黏土夯筑而成，含少量砂砾、碎石，料礓石，夯层厚0.14~0.2米	矩形	梯形	台体底部东、南、西、北残长13、14、14、13米，顶部东、南、西、北残1.8、2.4、2.4、2.4米，残高8米	无	无	保存一般。台体坍塌脱落严重，表面凹凸不平，有裂缝、沟槽、孔洞，北壁有洞穴	自然因素主要是风雨侵蚀，植物生长等；人为因素主要是挖掘洞穴、人畜踩踏等

续表 116

名称	地点	高程	与其他遗存的位置关系	材质	建筑方式	平面形制	剖面形制	尺寸	附属设施	修缮情况	保存状况	损毁原因及存在病害
十二窑 4 号敌台	三屯乡六墩沟村东 1.1 千米	1892 米	骑墙而建。位于十二窑 1 段墙体上	土	黄色黏土夯筑而成，含少量砂砾、碎石，料礓石，夯层厚 0.23~0.25 米	矩形	梯形	台体底部东西 9，南北 10 米，顶部平面呈不规则形，残高 3.2 米	无	无	保存较差。台体坍塌脱落严重，表面凹凸不平，有裂缝、沟槽、孔洞	自然因素主要是风雨侵蚀、植物生长等；人为因素主要是人畜踩踏
十二窑 5 号敌台	三屯乡十二窑村东 0.995 千米	1877 米	骑墙而建。位于十二窑 1 段墙体上	土	黄色黏土夯筑而成，含少量砂砾、碎石，料礓石，夯层厚 0.14~0.17 米	矩形	梯形	台体底部东、西、南、北长 14、14、15、15 米，顶部东西 1.2，南北 1.5 米，残高 12 米	无	从台体裸露的内部结构来看，台体内外夯筑质量、夯筑厚度、均有差异，且内外衔接痕迹较为明显，有修缮的痕迹，应为明代后期修缮	保存较好。台体坍塌脱落严重，表面凹凸不平，有裂缝、沟槽、孔洞	自然因素主要是风雨侵蚀、植物生长等
十二窑 6 号敌台	三屯乡十二窑村东 0.887 千米	1879 米	骑墙而建。位于十二窑 1 段墙体上	土	黄色黏土夯筑而成，含少量砂砾、碎石，料礓石，夯层厚 0.22~0.28 米	矩形	梯形	台体底部东西 11，南北 10 米，顶部平面呈不规则形，残高 3.8 米	无	无	保存较差。台体坍塌脱落严重，表面凹凸不平，有裂缝、沟槽、孔洞	自然因素主要是风雨侵蚀、植物生长等
十二窑 7 号敌台	三屯乡十二窑村东北 0.891 千米	1877 米	骑墙而建。位于十二窑 1 段墙体上	土	黄色黏土夯筑而成，含少量砂砾、碎石，料礓石，夯层厚 0.14~0.18 米	矩形	梯形	台体底部边长 15 米，顶部平面呈不规则形，残高 9.8 米	无	无	保存较好。台体坍塌脱落严重，表面凹凸不平，有裂缝、沟槽、孔洞	自然因素主要是风雨侵蚀、植物生长等

续表 116

名称	地点	高程	与其他遗存的位置关系	材质	建筑方式	平面形制	剖面形制	尺寸	附属设施	修缮情况	保存状况	损毁原因及存在病害
十二窑8号敌台	三屯乡十二窑村北0.825千米	1849米	骑墙而建。位于十二窑长城2段墙体上	土	黄色黏土夯筑而成，含少量砂砾、碎石，料礓石，夯层厚0.23~0.28米	矩形	梯形	台体底部东西10、南北11米，顶部平面呈不规则形，残高5.3米	无	无	保存一般。台体坍塌脱落严重，表面凹凸不平，有裂缝、沟槽、孔洞	自然因素主要是风雨侵蚀、植物生长等
十二窑9号敌台	三屯乡十二窑村西北0.809千米	1838米	骑墙而建。位于十二窑长城2段墙体上	土	黄色黏土夯筑而成，含少量砂砾、碎石，料礓石，夯层厚0.14~0.18米	矩形	梯形	台体底部东西12、南北15米，南、西、东、北残长1、1.4、1.2、1米，残高5.7米	无	无	保存一般。台体坍塌脱落严重，表面凹凸不平，有裂缝、沟槽、孔洞	自然因素主要是风雨侵蚀、植物生长等
十二窑10号敌台	三屯乡十二窑村西北1千米	1829米	骑墙而建。位于十二窑长城2段墙体上	土	黄色黏土夯筑而成，含少量砂砾、碎石，料礓石，夯层厚0.25~0.3米	矩形	梯形	台体底部东西11、南北12米，顶部平面呈不规则形，残高6.7米	无	无	保存一般。台体坍塌脱落严重，表面凹凸不平，有裂缝、沟槽、孔洞	自然因素主要是风雨侵蚀、植物生长等
十二窑11号敌台	三屯乡十二窑村西北0.841千米	1841米	骑墙而建。位于十二窑长城2段墙体上	土	黄色黏土夯筑而成，含少量砂砾、碎石，料礓石，夯层厚0.13~0.17米	矩形	梯形	台体底部东、西、南、西、北长6.5、5、15、13、14、15米，顶部南、西北长6.5米，北侧残高12米，南侧残高7米	台体底部有台基	无	保存一般。台体坍塌脱落严重，表面凹凸不平，有裂缝、沟槽、孔洞	自然因素主要是风雨侵蚀、植物生长等

续表116

名称	地点	高程	与其他遗存的位置关系	材质	建筑方式	平面形制	剖面形制	尺寸	附属设施	修缮情况	保存状况	损毁原因及存在病害
二十边1号敌台（彩图三八八）	三屯乡二十边村东0.536米	1789米	骑墙而建。位于二十边长城墙体上	土	黄色黏土夯筑而成，含少量砂砾、碎石，料礓石，夯层厚0.22~0.27米	矩形	梯形	台体底部东西13，南北10米，顶部平面呈不规则形，残高9米	无	无	保存一般。台体坍塌脱落严重，表面凹凸不平，有裂缝、沟槽、孔洞	自然因素主要是风雨侵蚀、植物生长等
二十边2号敌台	三屯乡二十边村东0.306千米	1795米	骑墙而建。位于二十边长城墙体上	土	黄色黏土夯筑而成，含少量砂砾、碎石，料礓石，夯层厚0.14~0.18米	矩形	梯形	台体底部边长15米，顶部东、南、西、北长3、3.2、3.3、3米，残高10米	无	无	保存一般。台体坍塌脱落严重，表面凹凸不平，有裂缝、沟槽、孔洞，西壁孔洞深0.5米；南、西壁有洞穴2，进深3，高2米	自然因素主要是风雨侵蚀、植物生长等；人为因素主要是挖掘洞穴等
二十边3号敌台	三屯乡二十边村东0.108千米	1782米	骑墙而建。位于二十边长城墙体上	土	黄色黏土夯筑而成，含少量砂砾、碎石，料礓石，夯层厚0.28米	矩形	梯形	台体底部东西10，南北11米，顶部平面呈不规则形，残高4.5米	无	无	保存一般。台体坍塌脱落严重，表面凹凸不平，有裂缝、沟槽、孔洞	自然因素主要是风雨侵蚀、植物生长等；人为因素主要是人畜踩踏等
二十边4号敌台	三屯乡二十边村东北0.276千米	1785米	骑墙而建。位于二十边长城墙体上	土	黄色黏土夯筑而成，含少量砂砾、碎石，料礓石，夯层厚0.13~0.18米	矩形	梯形	台体底部边长15米，顶部边长2，残高6.6米	无	无	保存一般。台体坍塌脱落严重，表面凹凸不平，有裂缝、沟槽、孔洞	自然因素主要是风雨侵蚀、植物生长等
二十边5号敌台	三屯乡二十边村北1.2千米	1751米	骑墙而建。位于二十边长城墙体上	土	黄色黏土夯筑而成，含少量砂砾、碎石，料礓石，夯层厚0.22~0.28米	矩形	梯形	台体底部东西8，南北9米，顶部平面呈不规则形，残高4.2米	无	无	保存较差。台体坍塌脱落严重，表面凹凸不平，有裂缝、沟槽、孔洞	自然因素主要是风雨侵蚀、植物生长等；人为因素主要是人畜踩踏等

续表 116

名称	地点	高程	与其他遗存的位置关系	材质	建筑方式	平面形制	剖面形制	尺寸	附属设施	修缮情况	保存状况	损毁原因及存在病害
镇宁楼敌台（彩图三八九）	三屯乡宁鲁堡村北 2.2 千米	1593 米	镇宁楼敌台即宁鲁堡长城 1 段墙体	砖	外部砖石砌筑，基部条石砌筑，上部条石包砖；内部黄土夯筑	矩形	梯形	台体底部边长 14，顶部边长 12，残高 16 米	台体南侧有围墙，平面呈矩形，边长 45，底宽 2，顶宽 1，残高 5～6 米。东墙南侧有豁口；南墙正中有砖券券门，内侧券顶为三伏三券，门洞内宽 3，外宽 2.5，内进深 5，门外进深 3，内高 3，外高 1.5 米，门洞外侧包砖被拆除存毁。围墙内侧残存墩院院墙基槽痕迹。台体底部有台基，条石砌筑，平面呈矩形。南壁正中有砖券券门，宽 1.2，拱高 5 米。拱门上方嵌有匾额，垂花门罩，横书"镇宁"。台体内设置有踏道，台体上部券窗 4 个，南、北壁各有箭窗 3 个。顶部块口墙无存，顶面铺砌砖石。台体内部为回廊结构，回廊为砖券拱顶，宽 1.2～1.4，高 2.2 米	无	保存较好。台体有所明坍塌脱落，表面有裂缝	自然因素主要是风雨侵蚀、植物生长等；人为因素主要是拆毁砖石、人畜踩踏等

表 117　左云县马面一览表

名称	地点	高程	与其他遗存的位置关系	材质	建筑方式	平面形制	剖面形制	尺寸	附属设施	修缮情况	保存状况	损毁原因及存在病害
后辛庄马面	管家堡乡后辛庄村东北 3 千米	1473 米	倚墙而建。位于后辛庄长城 1 段墙体北侧，东南距威鲁堡 5 号敌台 0.405 千米，西南距后辛庄 1 号敌台 0.24 千米	土	黄色黏土夯筑而成，含少量砂砾、碎石，料礓石，夯层厚度不详	矩形	梯形	马面底部东西 8、南北 3 米，顶部东西 6 米，残高 5.2 米	无	无	保存一般。马面坍塌脱落严重，表面凹凸不平，有裂缝、沟槽、孔洞	自然因素主要是风雨侵蚀、植物生长等
八台马面（彩图三九〇）	三屯乡八台村东 0.489 千米	1531 米	倚墙而建。位于八台长城 1 段墙体东侧，东南距鲁堡 4 号敌台 0.78 千米，西北距八台 5 号敌台 0.274 千米	土	黄色黏土夯筑而成，含少量砂砾、碎石，料礓石，夯层厚 0.14～0.2 米	矩形	梯形	台体底部东西 4.5、南北 10 米，顶部东西 6 米，残高 6.4 米	无	无	保存一般。马面所坍塌脱落，表面凹凸不平，有裂缝、沟槽、孔洞，西壁有坡道	自然因素主要是风雨侵蚀、植物生长等；人为因素主要是人畜践踏等
宁鲁堡 1 号马面	三屯乡宁鲁堡村北 2.2 千米	1616 米	倚墙而建。位于宁鲁堡长城 1 段墙体北侧，东南距鲁堡 1 号敌台 0.271 千米，西南距宁鲁楼敌台 0.251 千米	土	黄色黏土夯筑而成，含少量砂砾、碎石，料礓石，夯层厚度不详	矩形	梯形	台体底部东西 6、南北 6 米，顶部呈不规则形，残高 4.8 米	无	无	保存一般。马面坍塌脱落严重，表面凹凸不平，有裂缝、沟槽、孔洞	自然因素主要是风雨侵蚀、植物生长等
宁鲁堡 2 号马面	三屯乡宁鲁堡村北 2.8 千米	1654 米	倚墙而建。位于宁鲁堡长城 1 段墙体东侧，东南距鲁堡 3 号敌台 0.176 千米，宁鲁堡 1 号马面 0.89 千米，西北距宁鲁堡 4 号 0.265 千米	土	黄色黏土夯筑而成，含少量砂砾、碎石，料礓石，夯层厚度不详	矩形	梯形	台体底部东西 3、南北 8 米，顶部呈不规则形，残高 5 米	无	无	保存一般。马面坍塌脱落严重，表面凹凸不平，有裂缝、沟槽、孔洞	自然因素主要是风雨侵蚀、植物生长等
六墩沟马面	三屯乡六墩村北 0.904 千米	1928 米	倚墙而建。位于六墩沟长城六墩沟 5 号敌台 0.166 千米，西北距六墩沟 6 号敌台 0.347 千米	土	黄色黏土夯筑而成，含少量砂砾、碎石，料礓石，夯层厚度不详	矩形	梯形	台体底部东西 5、南北 6.5 米，顶部呈不规则形，残高 5 米	无	无	保存一般。马面坍塌脱落严重，表面凹凸不平，有裂缝、沟槽、孔洞	自然因素主要是风雨侵蚀、植物生长等

表118　左云县长城沿线烽火台一览表

名称	地点	高程	与其他遗存的位置关系	材质	建筑方式	平面形制	剖面形制	尺寸	附属设施	修缮情况	保存状况	损毁原因及存在病害
保安堡1号烽火台（彩图三九一）	管家堡乡保安堡村北1.2千米	1357米	位于保安堡大边长城1段东北0.132千米，西南距保安堡1.3千米	土	黄色黏土夯筑而成，含少量砂砾，夯层厚0.2~0.23米	圆形	梯形	台体底径12，顶径10，残高5.7米	台体周围有围墙，平面呈圆形，围墙0.3~1，顶宽2.8，底宽3，残长78。围墙正中有豁口，宽3米。围墙东南内残存墩院院基，平面呈圆形，直径35，残高2.5米	无	保存一般。台体坍塌脱落严重，表面凹凸不平，有裂缝、沟槽、孔洞	自然因素主要是风雨侵蚀、植物生长等；人为因素主要是人畜踩踏等
保安堡2号烽火台	管家堡乡保安堡村西南2.5千米	1363米	位于保安堡大边长城3段东北0.186千米，北距保安堡2千米，东北距保安堡1号烽火台3.1千米	土	褐色黏土夯筑而成，含少量砂砾、碎石，夯层厚度不详	圆形	梯形	台体底径7米，顶部平面呈不规则形，残高2米	无	无	保存较差。台体坍塌脱落严重，表面凹凸不平，有裂缝、沟槽、孔洞	自然因素主要是风雨侵蚀、植物生长等；人为因素主要是人畜踩踏等
黄土口1号烽火台	管家堡乡黄土口村东北0.892千米	1335米	位于黄土口二边长城北0.04千米	土	黄色黏土夯筑而成，含少量砂砾，夯层厚0.2~0.25米	矩形	梯形	台体底部东、南、西、北长12，11，12米，顶部宽11，12米，残高东、南、西、北3.5，4，6米，残高7.2米	台体周围有围墙，平面呈矩形，墙体底宽0.2~1，残高0.3~1米。围墙内残存墩院院基，平面呈矩形，边长45，残高3米	无	保存一般。台体坍塌脱落严重，表面凹凸不平，有裂缝、沟槽、孔洞	自然因素主要是风雨侵蚀、植物生长等；人为因素主要是人畜踩踏、紧邻台体耕种、修路等
黄土口2号烽火台	管家堡乡黄土口村东北0.539千米	1328米	位于黄土口二边长城南0.03千米，东北距黄土口1号烽火台0.38千米	土	黄色黏土夯筑而成，夯层厚度不详	矩形	梯形	台体底部东、南、西、北长10，9，9，10米，顶部平面呈不规则形，残高3米	无	无	保存较差。台体坍塌脱落严重，表面凹凸不平，有裂缝、沟槽、孔洞	自然因素主要是风雨侵蚀、植物生长等；人为因素主要是人畜踩踏、紧邻台体修路等

续表118

名称	地点	高程	与其他遗存的位置关系	材质	建筑方式	平面形制	剖面形制	尺寸	附属设施	修缮情况	保存状况	损毁原因及存在病害
黄土口3号烽火台	管家堡乡黄土口村东北0.58千米	1339米	位于黄土口二边长城北10千米,东南距黄土口2号烽火台0.12千米	土	黄色黏土夯筑而成,含少量砂砾碎石,夯层厚度不详	矩形	梯形	台体底部东、南、西、北长11、10、11、11米,顶部平面呈不规则形,残高3.7米	无	无	保存较差。台体坍塌脱落严重,表面凹凸不平,有裂缝、沟槽、孔洞	自然因素主要是风雨侵蚀、植物生长等;人为因素主要是人畜踩踏
黑土口1号烽火台	管家堡乡黑土口村东北0.693千米	1302米	位于黑土口二边长城1段西北0.12千米,东北距黑土口3号烽火台1千米	土	黄色黏土夯筑而成,含少量砂砾碎石、料礓石,夯层厚0.18~0.2米	矩形	梯形	台体底部东、南、西、北长9、10、10、10米,顶部平面呈不规则形,残高5.2米	无	无	保存一般。台体坍塌脱落严重,表面凹凸不平,有裂缝、沟槽、孔洞	自然因素主要是风雨侵蚀、植物生长等;人为因素主要是人畜踩踏、紧邻台体耕种、修路等
黑土口2号烽火台	管家堡乡黑土口村北0.438千米	1333米	位于黑土口二边长城2段南0.03千米,东北距黑土口1号烽火台1.4千米	土	黄色黏土夯筑而成,夯层厚度不详	矩形	梯形	台体底部边长9米,顶部平面呈不规则形,残高1米	无	无	保存较差。台体坍塌脱落严重,表面凹凸不平,有裂缝、沟槽、孔洞	自然因素主要是风雨侵蚀、植物生长等;人为因素主要是人畜踩踏、紧邻台体耕种、修路等
黑土口3号烽火台	管家堡乡黑土口村北0.562千米	1336米	位于黑土口二边长城2段北0.07千米,东南距黑土口2号烽火台0.145千米	土	黄色黏土夯筑而成,含少量砂砾,夯层厚度不详	矩形	梯形	台体底部东、南、西、北长13、12、12、12米,顶部平面呈不规则形,残高4.1米	无	无	保存较差。台体坍塌脱落严重,表面凹凸不平,有裂缝、沟槽、孔洞	自然因素主要是风雨侵蚀、植物生长等;人为因素主要是取土挖损、人畜踩踏、紧邻台体耕种、修路等
黑土口4号烽火台	管家堡乡黑土口村北0.887千米	1344米	位于黑土口二边长城2段北0.032千米,东北距黑土口3号烽火台0.33千米	土	黄色黏土夯筑而成,夯层厚度不详	矩形	梯形	台体底部东、南、西、北长15、16、16、15米,顶部平面呈不规则形,残高4.5米	无	无	保存一般。台体坍塌脱落严重,表面凹凸不平,有裂缝、沟槽、孔洞	自然因素主要是风雨侵蚀、植物生长等;人为因素主要是人畜踩踏

续表118

名称	地点	高程	与其他遗存的位置关系	材质	建筑方式	平面形制	剖面形制	尺寸	附属设施	修缮情况	保存状况	损毁原因及存在病害
黑土口5号烽火台	管家堡乡黑土口村西北0.898千米	1339米	位于黑土口二边长城2段南0.03千米、北距黑土口4号烽火台0.11千米	土	黄色黏土夯而成，夯层厚度不详	矩形	梯形	台体底部东、南、西、北长11、10、10、11米，顶部平面呈不规则形，残高3.2米	无	无	保存较差。台体坍塌脱落严重，表面凹凸不平，有裂缝、沟槽、孔洞	自然因素主要是风雨侵蚀、植物生长等；人为因素主要是人畜踩踏、紧邻修路等
黑土口6号烽火台（彩图三九二）	管家堡乡黑土口村西北1.4千米	1339米	位于黑土口二边长城2段南0.03千米、东北距黑土口5号烽火台0.47千米	土	黄色黏土夯而成，夯层厚度不详	矩形	梯形	台体底部东西12、南北11米，顶部平面呈不规则形，残高3.8米	无	无	保存较差。台体坍塌脱落严重，表面凹凸不平，有裂缝、沟槽、孔洞	自然因素主要是风雨侵蚀、植物生长等；人为因素主要是人畜踩踏等
徐达窑1号烽火台	管家堡乡徐达窑村西1.2千米	1380米	位于徐达窑长城1段南0.18千米、东北距黑土口6号烽火台1.9千米	土	黄色、褐色黏土夯筑而成，含少量砂砾、碎石、料礓石，夯层厚0.18~0.22米	圆形	梯形	台体底径12米，顶部平面呈不规则形，残高5.8米	台体周围有围墙，平面呈圆形，残存部分东、南、西墙，残长26，底宽2.5、顶宽0.3，残高0.5~1.2米。围墙内残存墩院院基，平面呈圆形，直径33，残高1.2米	无	保存一般。台体坍塌脱落严重，表面凹凸不平，有裂缝、沟槽、孔洞	自然因素主要是风雨侵蚀、植物生长等；人为因素主要是人畜踩踏、紧邻台体耕种、修路等
徐达窑2号烽火台（彩图三九三）	管家堡乡徐达窑村西2.5千米	1380米	位于徐达窑长城2段南0.05千米、东北距徐达窑1号烽火台1.3千米	土	黄色黏土含少量砂砾、碎石、料礓石，夯层厚0.24~0.29米	矩形	梯形	台体底部东、南、西、北长9、10、8、9米，顶部平面呈不规则形，残高5.2米	无	无	保存一般。台体坍塌脱落严重，表面凹凸不平，有裂缝、沟槽、孔洞，南壁有洞穴	自然因素主要是风雨侵蚀、植物生长等；人为因素主要是取土挖损、挖掘洞穴、人畜踩踏、紧邻台体耕种、修路等

续表 118

名称	地点	高程	与其他遗存的位置关系	材质	建筑方式	平面形制	剖面形制	尺寸	附属设施	修缮情况	保存状况	损毁原因及存在病害
徐达窑3号烽火台	管家堡乡徐达窑村西2.6千米	1384米	位于徐达窑长城2段西0.13千米，东北距徐达窑2号烽火台0.13千米	土	黄色黏土夯筑而成，夯层厚度不详	圆形	梯形	台体底径12，顶径1，残高5米	台体周围有围墙，平面呈圆形，围墙底宽1.5，宽0.3~0.6米。围墙周围残存墩院基，平面呈圆形，直径30，残高0.8米	无	保存一般。台体坍塌脱落严重，表面凹凸不平，有裂缝、沟槽、孔洞。顶部有一棵小油松树，紧邻台体西壁有水泥路，台体周围有耕地	自然因素主要是风雨侵蚀、植物生长等；人为因素主要是人畜踩踏、修路，种、修路等
威鲁堡1号烽火台（彩图三九四）	管家堡乡威鲁堡村东北2千米	1383米	位于威鲁堡1段南0.02千米，东北距威鲁口关3号烽火台，徐达窑1.2千米	土	褐色黏土夯筑而成，含少量砂砾、碎石，夯层厚0.14~0.19米	矩形	梯形	台体顶部东、南、西长10.10，10.9.8米，顶部东、南、西、北长8.6、8、7.6米，残高7米	无	无	保存一般。台体坍塌脱落严重，表面凹凸不平，有裂缝、沟槽、孔洞。南壁底部偏西有拱形洞穴，宽2，高，内置棺材1.2米，内置墓葬，洞口为现代墓葬，用大小不等的不规则形石块封堵	自然因素主要是风雨侵蚀、植物生长等；人为因素主要是取土挖掘洞穴、损，人畜踩踏等
威鲁堡2号烽火台	管家堡乡威鲁堡村东北1.7千米	1316米	位于威鲁堡1段南0.03千米，东北距威鲁堡1号烽火台0.28千米	土	黄色黏土夯筑而成，含少量砂砾，夯层厚度不详	矩形	梯形	台体底部东、南、西、北长10.9.9，10米，顶部平面呈不规则形，残高1.7米	无	无	保存较差。台体坍塌脱落严重，表面凹凸不平，有裂缝、沟槽、孔洞。台体周围种植有松树	自然因素主要是风雨侵蚀、植物生长等；人为因素主要是人畜踩踏、修路等
威鲁堡3号烽火台	管家堡乡威鲁堡村东北1.6千米	1348米	位于威鲁堡1段南0.13千米，东北距威鲁堡2号烽火台0.12千米	土	黄色黏土夯筑而成，夯层厚度不详	圆形	梯形	台体底径11米，顶部平面呈不规则形，残高3.5米	台体周围原有围墙，现无存。围院内残存现有墩院基，平面呈圆形，直径23，残高1.5米	无	保存较差。台体坍塌脱落严重，表面凹凸不平，有裂缝、沟槽、孔洞。台体周围种植有松树	自然因素主要是风雨侵蚀、植物生长等；人为因素主要是人畜踩踏等

续表118

名称	地点	高程	与其他遗存的位置关系	材质	建筑方式	平面形制	剖面形制	尺寸	附属设施	修缮情况	保存状况	损毁原因及存在病害
威鲁堡4号烽火台	管家堡乡威鲁堡村东北1.4千米	1364米	位于威鲁堡长城1段南0.03千米，东距威鲁堡3号台0.34千米	土	黄色黏土夯筑而成，夯层厚度不详	矩形	梯形	台体底部东、西、南、北长11、10、11、11米，顶部平面呈不规则形，残高3.2米	无	无	保存较差。台体坍塌脱落严重，表面凹凸不平，有裂缝、沟槽、孔洞	自然因素主要是风雨侵蚀、植物生长等；人为因素主要是人畜踩踏等
威鲁堡5号烽火台	管家堡乡威鲁堡村北0.753千米	1413米	位于威鲁堡长城2段南0.05千米，东距威鲁堡4号烽火台0.7千米	土	黄色黏土夯筑而成，夯层厚0.23~0.28米	矩形	梯形	台体底部东西9、南北10米，顶部平面呈不规则形，残高5.3米	无	无	保存一般。台体坍塌脱落严重，表面凹凸不平，有裂缝、沟槽、孔洞	自然因素主要是风雨侵蚀、植物生长等；人为因素主要是人畜踩踏等
威鲁堡6号烽火台	管家堡乡威鲁堡村西北0.738千米	1431米	位于威鲁堡长城2段南0.05千米，东南距威鲁堡5号烽火台0.96千米	土	黄色黏土含砂砾、碎石夯筑而成，夯层厚0.24~0.27米	矩形	梯形	台体底部东、西、南、北长9、8、8、9米，顶部平面呈不规则形，残高6.3米	无	无	保存一般。台体坍塌脱落严重，表面凹凸不平，有裂缝、沟槽、孔洞	自然因素主要是风雨侵蚀、植物生长等；人为因素主要是人畜踩踏等
威鲁堡7号烽火台	管家堡乡威鲁堡村西0.924千米	1451米	位于威鲁堡长城2段南0.2千米，东北距威鲁堡6号烽火台0.34千米	土	黄色黏土含少量砂砾、碎石夯筑而成，夯层厚0.18~0.2米	圆形	梯形	台体底径10米，顶部平面呈不规则形，残高4.8米	台体周围原有围墙，呈圆形，现无存。围墙内残存墩基，平面呈圆形，直径28，残高2.5米	无	保存一般。台体坍塌脱落严重，表面凹凸不平，有裂缝、沟槽、孔洞	自然因素主要是风雨侵蚀、植物生长等；人为因素主要是人畜踩踏等
后辛庄1号烽火台	管家堡乡后辛庄村东北2.7千米	1488米	位于后辛庄长城1段南0.13千米，东距威鲁堡7号烽火台0.6千米	土	黄色、褐色黏土筑而成，含碎石，夯层厚0.2~0.25米	矩形	梯形	台体底部东、西、南、北长11、10.5、10、10米，顶部平面呈不规则形，残高6.2米	无	从台体上部裸露的内部结构和周围散落的砖石来看，台体上下部分筑材料、夯筑质量、夯层厚度，均有差异，上下衔接痕迹较明显，应为明代后期修缮的	保存一般。台体坍塌脱落严重，表面凹凸不平，有裂缝、沟槽、孔洞	自然因素主要是风雨侵蚀、植物生长等；人为因素主要是人畜踩踏等

续表118

名称	地点	高程	与其他遗存的位置关系	材质	建筑方式	平面形制	剖面形制	尺寸	附属设施	修缮情况	保存状况	损毁原因及存在病害
后辛庄2号烽火台（彩图三九五）	管家堡乡后辛庄村东北1.8千米	1454米	位于后辛庄长城1段东南0.73千米，北距后辛庄1号烽火台0.87千米	土	黄色、褐色黏土夯筑而成，含砂砾，夯层厚0.23~0.28米	圆形	梯形	台体底径13，顶径10，残高8.2米	台体周围原有围墙，现无存。围墙内残存墩院基，平面呈圆形，直径25，残高1.7米	无	保存一般。台体坍塌脱落严重，表面凹凸不平，有裂缝、沟槽、孔洞	自然因素主要是风雨侵蚀，植物生长等；人为因素主要是人畜踩踏等
后辛庄3号烽火台	管家堡乡后辛庄村东北2.1千米	1491米	位于后辛庄长城1段南0.15千米，东南距后辛庄2号烽火台0.68千米	土	黄色黏土夯筑而成，夯层厚度不详	矩形	梯形	台体底部东、南、西、北长6.8、5.7米，顶部平面呈不规则形，残高2.5米	无	无	保存较差。台体坍塌脱落严重，表面凹凸不平，有裂缝、沟槽、孔洞	自然因素主要是风雨侵蚀，植物生长等；人为因素主要是人畜踩踏等
后辛庄4号烽火台	管家堡乡后辛庄村西北1.6千米	1503米	位于后辛庄长城2段南0.438千米，东北距后辛庄3号烽火台1千米	土	黄色黏土夯筑而成，含少量砂砾，夯层厚0.22~0.28米	圆形	梯形	台体底径15，顶径10，残高7.2米	台体周围有围墙，平面呈圆形，南、北墙残存部分，残长20，底宽3，顶宽0.7，残高2.3米。围墙内残存墩院基，平面呈圆形，直径35，残高2.2米。台体南壁底部设拱形门洞，现则塌	无	保存一般。台体坍塌脱落严重，表面凹凸不平，有裂缝、沟槽、孔洞	自然因素主要是风雨侵蚀，植物生长等；人为因素主要是取土挖损，人畜踩踏等
后辛庄5号烽火台	管家堡乡后辛庄村西北2.2千米	1466米	位于后辛庄长城2段南0.022千米，东北距后辛庄4号烽火台0.55千米	土	黄色黏土夯筑而成，夯层厚0.23~0.27米	矩形	梯形	台体底部东、南、西、北长7、6.8、7米，顶部平面呈不规则形，残高5.2米	无	无	保存一般。台体坍塌脱落严重，表面凹凸不平，有裂缝、沟槽、孔洞	自然因素主要是风雨侵蚀，植物生长等；人为因素主要是人畜踩踏等
八台1号烽火台	三屯乡八台村东1.1千米	1477米	位于八台长城1段南0.015千米，东距后辛庄5号烽火台0.99千米	土	黄色黏土夯筑而成，含少量砂砾，夯层厚0.24~0.3米	矩形	梯形	台体底部东、南、西、北长8、7、7.5、8米，顶部平面呈不规则形，残高4米	无	无	保存较差。台体坍塌脱落严重，表面凹凸不平，有裂缝、沟槽、孔洞	自然因素主要是风雨侵蚀，植物生长等；人为因素主要是取土挖损，人畜踩踏，紧邻台体耕种、修路等

续表118

名称	地点	高程	与其他遗存的位置关系	材质	建筑方式	平面形制	剖面形制	尺寸	附属设施	修缮情况	保存状况	损毁原因及存在病害
八台2号烽火台	三屯乡八台村东0.891千米	1482米	位于八台长城1段南0.23千米，东北距八台1号烽火台0.3千米	土	黄色黏土夯筑而成，夯层厚0.24~0.28米	圆形	梯形	台体底径13米，顶部平面呈不规则形，残高6.2米	台体周围原有围墙，现无存。围墙内残存墩院基，平面呈圆形，直径28，残高2.5米	无	保存一般。台体坍塌脱落严重，表面凹凸不平，有裂缝、沟槽，东南底部有拱形洞穴	自然因素主要是风雨侵蚀、植物生长等；人为因素主要是挖掘洞穴、人畜踩踏等
八台3号烽火台（彩图三九六）	三屯乡八台村东0.591千米	1492米	位于八台长城1段南0.03千米，东南距八台2号烽火台0.32千米	土	黄色黏土夯筑而成，夯层厚0.2~0.23米	矩形	梯形	台体底部东、南、西、北长11、10、10.9、9米，顶部平面呈不规则形，残高6.3米	无	无	保存一般。台体坍塌脱落严重，表面凹凸不平，有裂缝、沟槽	自然因素主要是风雨侵蚀、植物生长等；人为因素主要是取土挖损、挖掘洞穴等
八台4号烽火台（彩图三九七）	三屯乡八台村东0.611千米	1539米	位于八台长城1段南0.04千米，东南距八台3号烽火台1.1千米	土	黄色黏土夯筑而成，含少量砂砾，夯层厚0.14~0.2米	矩形	梯形	台体底部东、南、西、北长10、9、10、8.5米，顶部底宽15、10、9米，顶部平面呈不规则形，残高7.5米	台体周围有围墙，平面呈矩形，残存部分西、北墙，残长15，底宽0.5，残高0.5米。围墙内残存墩院基，平面呈矩形，边长24，残高2~3米	无	保存一般。台体坍塌脱落严重，表面凹凸不平，有裂缝、沟槽，南壁底部中间有拱形洞穴，宽0.8，高0.6，进深4米；底部散落不规则形石块	自然因素主要是风雨侵蚀、植物生长等；人为因素主要是取土挖掘洞穴、挖掘踩踏等
宁鲁堡2号烽火台	三屯乡宁鲁堡村北2.4千米	1585米	位于宁鲁堡长城1段0.11千米，东南距八台4号烽火台1.7千米	土	黄色黏土夯筑而成，夯层厚0.24~0.27米	矩形	梯形	台体底部东、南、西、北长8、7、9、8米，顶部平面呈不规则形，残高6.7米	无	无	保存一般。台体坍塌脱落严重，表面凹凸不平，有裂缝、沟槽、洞、孔洞	自然因素主要是风雨侵蚀、植物生长等；人为因素主要是人畜踩踏等
六墩沟烽火台	三屯乡六墩沟村东南1.7千米	1966米	位于六墩沟长城0.075千米，东南距宁鲁堡2号烽火台2.4千米	土	褐色土夯筑而成，碎石、含砂砾，夯层厚度不详	矩形	梯形	台体底部东、南、西、北长13、9、11、10米，顶部平面呈不规则形，残高2.3米	无	无	保存较差。台体坍塌脱落严重，表面凹凸不平，有裂缝、沟槽、洞、孔洞	自然因素主要是风雨侵蚀、植物生长等；人为因素主要是人畜踩踏等

续表118

名称	地点	高程	与其他遗存的位置关系	材质	建筑方式	平面形制	剖面形制	尺寸	附属设施	修缮情况	保存状况	损毁原因及存在病害
十二窑烽火台	三屯乡十二窑村西北1.3千米	1849米	位于十二窑长城南2段南0.115千米，东南距六墩沟烽火台5.2千米	土	褐色土夯筑而成，含少量砂砾、碎石，夯层厚度不详	矩形	梯形	台体底部东、南、西、北长9、8、8.6、8.5米，顶部平面呈不规则形，残高3.2米	无	无	保存较差。台体坍塌脱落严重，表面凹凸不平，有裂缝、沟槽、孔洞	自然因素主要是植物风雨侵蚀，人为因素主要是人畜踩踏等
二十边烽火台	三屯乡二十边村西北1.5千米	1741米	位于二十边长城南0.08千米，东南距十二窑烽火台2.4千米	土	黄色、褐色土夯筑而成，夯层厚0.13~0.2米	矩形	梯形	台体底部东西10，南北8.5米，顶部平面呈不规则形，残高5.2米	无	无	保存一般。台体坍塌脱落严重，表面凹凸不平，有裂缝、沟槽、孔洞	自然因素主要是植物风雨侵蚀，生长等

表119　左云县腹里烽火台一览表

名称	地点	高程	与其他遗存的位置关系	材质	建筑方式	平面形制	剖面形制	尺寸	附属设施	修缮情况	保存状况	损毁原因及存在病害
管家堡6号烽火台（图三九八）	管家堡乡管家堡村北0.3千米	1291米	南距管家堡0.8千米	土	黄色黏土夯筑而成，含砂砾，夯层厚0.18~0.22米	矩形	梯形	台体底部东西12.6、南北18.6米，顶部东西8.1、南北16.5米，残高5.1米	无	无	保存一般。台体坍塌脱落严重，表面凹凸不平，有裂缝，沟槽，孔洞。南壁底部砖周围散落碎砖，西南角有水井，西侧3米外有现代水渠	自然因素主要是风雨侵蚀、植物生长等；人为因素主要是紧邻水渠、水井、耕种等
管家堡5号烽火台	管家堡乡管家堡村北1.1千米	1298米	南距管家堡1.4千米，管家堡6号烽火台0.68千米	土	黄褐色黏土夯筑而成，含砂砾，厚度不详	矩形	梯形	台体底部东西11、南北12.3、残高1.5米	台体底部有台基，平面呈矩形，东西26、南北27、残高0.7米	无	保存较差。台体坍塌脱落严重，表面凹凸不平，有裂缝，沟槽，孔洞。北壁有侧有现代穴	自然因素主要是风雨侵蚀、植物生长等；人为因素主要是挖掘洞穴等
管家堡4号烽火台	管家堡乡管家堡村北2千米	1303米	南距管家堡2.4千米，管家堡5号烽火台0.96千米，西北距黄土口2号烽火台1.6千米	土	黄色黏土夯筑而成，含砂砾，夯层厚0.2米	圆形	梯形	台体底部周长40、残高4.9米	无	无	保存一般。台体坍塌脱落严重，表面凹凸不平，有裂缝，沟槽，孔洞。台体上散布探孔，系盗墓者所为	自然因素主要是风雨侵蚀、植物生长等；人为因素主要是取土挖损、盗墓破坏等
平川村1号烽火台（彩图三九八）	管家堡乡平川村西北1.7千米	1294米	西南距管家堡3.6千米，管家堡4号烽火台1.6千米	土	黄色黏土夯筑而成，含砂砾，夯层厚0.2~0.24米	圆形	梯形	台体底径12米，顶部呈不规则形，残高7.6米	台体底部有台基，损毁严重	无	保存一般。台体坍塌脱落严重，表面凹凸不平，有裂缝，沟槽，孔洞。南壁底部有洞穴，高1.5、宽1.5、进深2米	自然因素主要是风雨侵蚀、植物生长等；人为因素主要是挖掘洞穴、耕种等
平川村2号烽火台	管家堡乡平川村西0.1千米	1257米	西南距管家堡3.1千米，西北距平川村1号烽火台1.9千米	不详	不详	不详	不详	不详	不详	不详	消失。据村中70岁老人讲，烽火台在20世纪70年代平田整地时被挖毁	人为因素主要是平田整地挖毁

续表 119

名称	地点	高程	与其他遗存的位置关系	材质	建筑方式	平面形制	剖面形制	尺寸	附属设施	修缮情况	保存状况	损毁原因及存在病害
二道沟烽火台	管家堡乡二道沟村东0.3千米	1325米	西距管家堡3.2千米、西北距平川村东1.7千米	土	红色黏土夯筑而成，夯层厚度不详	圆形	梯形	台体底径12，残高3.5米	台体底部有台基，平面呈圆形，直径30米	无	保存较差。台体坍塌严重，表面凹凸不平，有裂缝、沟槽、孔洞，台体东北角有洞穴	自然因素主要是风雨侵蚀、植物生长等；人为因素主要是挖掘洞穴等
青圪塔烽火台	鹊儿山镇青圪塔村北0.7千米	1356米	西距管家堡5.5千米、西北距二道沟烽火台2.4千米	土	黄色黏土夯筑而成，含砂砾，夯层厚0.18~0.23米	矩形	梯形	台体底部东、南、西北长9.8,10.2,10.2,10.7，残高10米	无	无	保存较好。台体有所坍塌脱落，表面凹凸不平，有裂缝、沟槽、孔洞，北壁距底部1.2米处有一排列较规则的孔洞，孔径0.1~0.14米，间距0.24~0.75米；东北角底部有3个孔洞	自然因素主要是风雨侵蚀、植物生长等
管家堡2号烽火台	管家堡乡管家堡村西北1.1千米	1313米	东南距管家堡1.6千米、东距管家堡6号烽火台1.4千米	土	黄色黏土夯筑而成，含砂砾，碎石，夯层厚0.18~0.22米	圆形	梯形	台体底部周长34.4，残高9.2米	台体周围有围墙，平面呈圆形，围墙夯层厚0.2~0.22米，残高0.9~3米；东、南、北墙各有一个豁口，分别宽1.2,18.9,0.9米。台体底部距围墙8.5米	无	保存较好。台体有所坍塌脱落，表面凹凸不平，有裂缝、沟槽、孔洞，孔洞孔径0.2~0.4米	自然因素主要是风雨侵蚀、植物生长等
管家堡3号烽火台	管家堡乡管家堡村西南2.2千米	1340米	东南距管家堡2.9千米、南距管家堡2号烽火台1.7千米、西北距黑土口2号烽火台1.1千米	土	黄色黏土夯筑而成，含砂砾，碎石，夯层厚0.18~0.22米	圆形	梯形	台体底径5.8，残高4.5米	台体底部有圆角矩形台基，东西21，南北22，残高1.5米	无	保存一般。台体坍塌脱落严重，表面凹凸不平，有裂缝、沟槽、孔洞	自然因素主要是风雨侵蚀、植物生长等
榆柏墩3号烽火台	管家堡乡榆柏墩村中	1341米	东南距管家堡2.8千米、东距管家堡2号烽火台1.5千米	土	黄色黏土夯筑而成，含砂砾，夯层厚0.18~0.22米	圆形	梯形	台体底径14.1，残高10米	无	无	保存较好。台体有所坍塌脱落，表面凹凸不平，有裂缝、沟槽、孔洞，西壁底部有3座地窨，直径0.8~1.2米。台体周围有近现代废弃房屋	自然因素主要是风雨侵蚀、植物生长等；人为因素主要是挖掘洞穴等

续表 119

名称	地点	高程	与其他遗存的位置关系	材质	建筑方式	平面形制	剖面形制	尺寸	附属设施	修缮情况	保存状况	损毁原因及存在病害
榆柏墩1号烽火台（彩图三九）	管家堡乡榆柏墩村西1.05千米	1360米	东南距管家堡3.7千米，榆柏墩3号烽火台1.2千米	土	黄色黏土夯筑而成，含砂砾、碎石，夯层厚0.18~0.22米	圆形	梯形	台体底部周长31.7，残高7.5米	台体底部有台基	无	保存一般。台体坍塌脱落严重，表面凹凸不平，有裂缝、沟槽、孔洞，孔径0.2~0.6米。东南壁有1条竖直裂缝，宽0.2米	自然因素主要是风雨侵蚀、植物生长等；人为因素主要是紧邻台体耕种等
徐达窑4号烽火台（彩图四〇〇）	管家堡乡徐达窑村西南0.948千米	1360米	东南距管家堡4.8千米，东距榆柏墩1号烽火台1.1千米，西北距徐达窑1号烽火台0.81千米	土	黄色黏土夯筑而成，含砂砾、碎石、料礓石，夯层厚0.24~0.28米	圆形	梯形	台体底径11，顶径8，残高6.7米	无	无	保存一般。台体坍塌脱落严重，表面凹凸不平，有裂缝、沟槽，孔洞	自然因素主要是风雨侵蚀、植物生长等；人为因素主要是人畜踩踏等
榆柏墩2号烽火台	管家堡乡榆柏墩村南1.1千米	1386米	东距管家堡4号3号、榆柏墩3号南1.2千米	土	黄褐色黏土堆土而成，含砂砾	圆形	梯形	台体底部周长60，顶径6.5，残高5米	台体底部有台基	无	保存一般。台体坍塌脱落严重，表面凹凸不平，有裂缝、沟槽，孔洞。台体上有现代修筑的3级土台阶	自然因素主要是风雨侵蚀、植物生长等；人为因素主要是不合理利用
管家堡1号烽火台	管家堡乡管家堡村南1.5米	1378米	北距管家堡1.8千米	土	黄色黏土夯筑而成，含砂砾，夯层厚0.2米	矩形	梯形	台体底部东、南、西、北长4.8,7,6.2,5.2米，顶部6.2,5.2米，顶部东西3.6，南北3.7米，残高6.3米	台体周围有围墙，平面呈矩形，围墙残长17.5，顶部宽0.2~0.5，残高0.2~1.1米。台体底部有台基，平面呈矩形，南北27	无	保存一般。台体坍塌脱落严重，表面凹凸不平，有裂缝、沟槽，孔洞。南壁底部有洞穴	自然因素主要是风雨侵蚀、植物生长等；人为因素主要是挖掘洞穴等
鄂奉窑烽火台	鹊儿山镇鄂奉窑村东北1.2千米	1362米	北距管家堡5.6千米，管家堡1号烽火台3.8千米	土	黄色黏土夯筑而成，含砂砾，夯层厚0.2~0.24米	圆形	梯形	台体底径8.8，顶径2.8，残高7.8米	台体底部有台基，平面呈矩形，东西24.4，南北23.8米	无	保存一般。台体坍塌脱落严重，表面凹凸不平，有裂缝、沟槽，南、东、西壁有孔洞，孔径0.2~0.5米	自然因素主要是风雨侵蚀、植物生长等

续表119

名称	地点	高程	与其他遗存的位置关系	材质	建筑方式	平面形制	剖面形制	尺寸	附属设施	修缮情况	保存状况	损毁原因及存在病害
元台子烽火台	管家堡乡元台子村中	1377米	西距威鲁堡1.9千米，西北距威鲁堡3号烽火台1.6千米，东北距徐达窑4号烽火台3.1千米	土	黄色黏土夯筑而成，含砂砾，夯层厚0.19～0.25米	圆形	梯形	台体底径13.6，顶径6.2，残高7.7米	台体底部有台基，平面呈矩形，东西26，南北33.6，残高1.6米	无	保存一般。台体坍塌脱落严重，表面凹凸不平，有裂缝、沟槽、孔洞。东、南壁有6个洞穴，内底部有6个洞穴，内放柴草；底部有抗战时挖掘的地道	自然因素主要是风雨侵蚀、植物生长等；人为因素主要是挖掘洞穴等
太平墩1号烽火台	管家堡乡太平墩村东北0.15千米	1354米	西北距威鲁堡3.2千米，元台子烽火台1.9千米	土	黄色黏土夯筑而成，含砂砾，夯层厚0.2～0.4米	圆形	梯形	台体底径11，残高5米	台体周围原有围墙，现无存。台体底部有台基，平面呈矩形，东、南、西、北长27.6、25、27.1、27.4，残高2.3米	无	保存一般。台体坍塌脱落严重，表面凹凸不平，有裂缝、沟槽、孔洞	自然因素主要是风雨侵蚀、植物生长等
太平墩2号烽火台	管家堡乡太平墩村西1.5千米	1357米	西北距威鲁堡2.2千米，东距太平墩1号烽火台1.4千米	土	黄色黏土夯筑而成，含砂砾，碎石，夯层厚度不详	矩形	梯形	台体底部东、南、西、北长10.2、11.5、11.5、9.6米，顶部东、南、西、北5.5、5.2米，残高9米	台体周围原有围墙，现无存。台体底部有台基，平面呈矩形，东、南、西、北28.2、28、27.2、27.8，残高2.1米	无	保存较好。台体坍塌脱落严重，表面凹凸不平，有裂缝、沟槽。南壁有孔洞，东孔径0.2～0.4米；东壁有洞穴，宽1.1，高1.2，进深1.1米	自然因素主要是风雨侵蚀、植物生长等；人为因素主要是挖掘洞穴等
西二队烽火台	管家堡乡西二队村北0.1千米	1359米	西北距威鲁堡3.4千米，东北距太平墩2号烽火台1.5千米	土	黄色黏土夯筑而成，含砂砾，碎石，夯层厚0.25米	矩形	梯形	台体底部东、南、西、北长11.9、8.9、10.6、10，残高4.2米	台体周围原有围墙，现无存。台体底部有台基，平面呈矩形，东、南、西、北28.1、29、28.2、28.5，残高1.8米	无	保存较差。台体坍塌脱落严重，表面凹凸不平，有裂缝、沟槽。台体顶部有现代修筑的庙宇，东台基东南部有水渠	自然因素主要是风雨侵蚀、植物生长等；人为因素主要是不合理利用，在台基上挖掘水渠等
黑烟墩1号烽火台	管家堡乡黑烟墩村东北1.6千米	1324米	西北距威鲁堡5.3千米，西二距烽火队烽火台2千米	土	黄色黏土夯筑而成，夯层厚度不详	圆形	梯形	台体底径15.1，残高4.7米	台体底部有台基，平面呈矩形，东西25.8，南北26，残高2米	无	保存一般。台体坍塌脱落严重，表面凹凸不平，有裂缝、沟槽、孔洞。南侧0.02千米外有现代墓葬	自然因素主要是风雨侵蚀、植物生长等

续表119

名称	地点	高程	与其他遗存的位置关系	材质	建筑方式	平面形制	剖面形制	尺寸	附属设施	修缮情况	保存状况	损毁原因及存在病害
黑烟墩3号烽火台	管家堡乡黑烟墩村东0.2千米	1297米	西北距威鲁堡6千米、东北距黑烟墩1号烽火台0.89千米	土	黄色黏土夯筑而成，含砂砾，夯层厚0.2～0.25米	不详		台体残高4米	无	无	保存较差，几近消失。台体坍塌脱落严重，有裂缝、沟槽，表面凹凸不平，孔洞。东、南壁邻近沙棘林，西壁紧邻的河沟宽10米，北侧0.01千米外有焦化厂遗留下的2个大坑以及碎砖、煤渣	自然因素主要是风雨侵蚀、植物生长等；人为因素主要是挖土损
黑烟墩2号烽火台	管家堡乡黑烟墩村西南1.2千米	1357米	西北距威鲁堡6.1千米、东北距黑烟墩3号烽火台1.6千米	土	黄褐色黏土堆土而成，含砂砾	圆形	梯形	台体残高4米	台体底部有台基，平面呈矩形，东南边长24.5、东北边长23.2，残高1.7米	无	保存较差。台体坍塌脱落严重，表面凹凸不平，有裂缝、沟槽，孔洞。台体顶部有现代修筑的凉亭，台体四壁有现代修筑的台阶，台体底部和台基上有松树	自然因素主要是风雨侵蚀、植物生长等；人为因素主要是不合理利用
后辛庄8号烽火台	管家堡乡后辛庄村东北0.65千米	1397米	东北距威鲁堡2.4千米、北距后辛庄2号烽火台1.2千米	土	黄褐色黏土夯筑而成，碎砂砾石，夯层厚度不详	圆形	梯形	台体底径14.6，残高3米	台体底部有台基，平面呈矩形，东、南、西、北长25.3、25.4、25、25.8，残高2.4米	无	保存较差。台体坍塌脱落严重，表面凹凸不平，有裂缝、沟槽，孔洞。台基上散落碎砖，东、南、西侧紧邻耕地	自然因素主要是风雨侵蚀、植物生长等；人为因素主要是紧邻台体耕种等
后辛庄7号烽火台	管家堡乡后辛庄村南0.6千米	1382米	东北距威鲁堡3.8千米、后辛庄8号烽火台1.5千米	土	黄色黏土夯筑而成，含砂砾，夯层厚0.2～0.25米	矩形	梯形	台体底部东、南、西、北长11.5、11.4、12.4、10.9米，顶部东西6.1、南北3米，残高7.7米	台体周围有围墙。台体底部有台基，平面呈矩形，东西29、南北28米	无	保存一般。台体坍塌脱落严重，表面凹凸不平，有裂缝、沟槽、孔洞	自然因素主要是风雨侵蚀、植物生长等

续表119

名称	地点	高程	与其他遗存的位置关系	材质	建筑方式	平面形制	剖面形制	尺寸	附属设施	修缮情况	保存状况	损毁原因及存在病害
宁鲁堡5号烽火台	三屯乡宁鲁堡村东0.1千米	1486米	西北距宁鲁堡0.16千米	土	黄色黏土夯筑而成，含砂砾，夯层厚0.2米	矩形	梯形	台体底部东、南、西、北长10.6、10.5、11.5、10.4米，顶部东、南、西、北长6.5、6.6、6.3、5.5米，残高7.6米	台体周围有围墙，平面呈矩形，西北、西角，残存东南，残长0.5、残高0.5米。台体底部有台基，平面呈圆形，直径27，残高1.4米。台体南壁距台基边缘8.6米，西壁距围墙11.5米	无	保存一般。台体坍塌脱落严重，表面凹凸不平，有裂缝、沟槽，孔洞。南壁底部中央有洞穴，宽1.2、进深1.3米	自然因素主要是风雨侵蚀、植物生长等；人为因素主要是挖掘洞穴等
宁鲁堡6号烽火台	三屯乡宁鲁堡村南1.35千米	1444米	北距宁鲁堡1.8千米，宁鲁堡5号烽火台1.7千米	土	黄色黏土夯筑而成，含砂砾，夯层厚度不详	圆形	梯形	台体残高4.1米	台体周围原有围墙，无存。台体底部有台基，损毁严重	无	保存较差。台体坍塌脱落严重，表面凹凸不平，有裂缝、沟槽，孔洞	自然因素主要是风雨侵蚀、植物生长等；人为因素主要是紧邻台体耕种等
二台子烽火台	三屯乡二台子村东0.55千米	1414米	北距宁鲁堡3.1千米，宁鲁堡6号烽火台1.3千米	土	黄色黏土夯筑而成，碎石，夯层厚0.19~0.25米	圆形	梯形	台体底部东、南、西、北长7.8、9.1、8.9、8.8米，顶部东西3、南北4.5米	台体底部有台基，平面呈矩形，东西19.6，南北20.2，残高2米	无	保存一般。台体坍塌脱落严重，表面凹凸不平，有裂缝、沟槽，孔洞	自然因素主要是风雨侵蚀、植物生长等；人为因素主要是紧邻台体耕种等
安烟墩烽火台	三屯乡安烟墩村中	1398米	西北距宁鲁堡3千米，宁鲁堡6号烽火台1.9千米	土	红褐色黏土夯筑而成，含大量碎石，夯层厚0.2~0.22米	矩形	梯形	台体底部东、南、西、北长6.6、6.8、9.7、4、6.3米，顶部南北5.6，残高4.6米	台体底部有台基，损毁严重	无	保存一般。台体坍塌脱落严重，表面凹凸不平，有裂缝、沟槽，孔洞。南壁底部宽1.5，内放柴草。台体东、西、北侧有洞穴，高1.5米，北侧有民居	自然因素主要是风雨侵蚀、植物生长等；人为因素主要是挖掘洞穴、紧邻台体耕种等

续表119

名称	地点	高程	与其他遗存的位置关系	材质	建筑方式	平面形制	剖面形制	尺寸	附属设施	修缮情况	保存状况	损毁原因及存在病害
后辛庄6号烽火台	管家堡乡后辛庄村西0.95千米	1420米	西北距宁鲁堡3.5千米，西南距安烟墩烽火台1.9千米，东南距后辛庄7号烽火台1.4千米，东北距后辛庄4号烽火台1.6千米	土	黄褐色黏土夯筑而成，夯层厚度不详	圆形	梯形	台体底径14，残高2.8米	台体底部有台基，平面呈矩形，边长21米	无	保存较差。台体坍塌脱落严重，表面凹凸不平，有裂缝、沟槽，孔洞，西南角有洞穴	自然因素主要是风雨侵蚀、植物生长等；人为因素主要是挖掘洞穴等
宁鲁堡3号烽火台（彩图四〇一）	三屯乡宁鲁堡村北0.75千米	1538米	南距宁鲁堡0.82千米，东北距宁鲁堡4号烽火台1.1千米	土	黄色黏土夯筑而成，含砂砾，夯层厚0.18~0.22米	圆形	梯形	台体底径11.5，顶径5.3，残高9.5米	台体周围有围墙，平面呈圆形，含碎石。围墙夯筑而成，夯层厚0.15~0.28米，底宽1，顶宽0.1~0.5，残高0.5~2.6米。围墙南端有豁口，宽10.5米。台体底部有台基，直径30米，平面呈圆形。台体南壁底部正中设拱形门洞，台体内设置通顶的圆孔形踏道，踏道沿脚设稍倾斜，内壁门周圆周与踏道相通，可登顶	无	保存较好。台体有所坍塌脱落，表面凹凸不平，有裂缝、沟槽，孔洞	自然因素主要是风雨侵蚀、植物生长等；人为因素主要是人畜踩踏等
宁鲁堡4号烽火台	三屯乡宁鲁堡村西北0.7千米	1530米	东南距宁鲁堡1千米，东北距宁鲁堡3号烽火台0.82千米	土	黄色黏土夯筑而成，夯层厚0.15~0.22米	矩形	梯形	台体底部东、南、西、北长9.1、9.3、9.4，残高8米	台体周围有围墙，平面呈矩形，仅残存南围墙，残高0.5米。平面呈矩形，东、南、西、北残长24.2、25.6、26、23米	无	保存一般。台体坍塌脱落严重，表面凹凸不平，有裂缝、沟槽，孔洞，围墙北墙外有现代墓葬	自然因素主要是风雨侵蚀、植物生长等

续表 119

名称	地点	高程	与其他遗存的位置关系	材质	建筑方式	平面形制	剖面形制	尺寸	附属设施	修缮情况	保存状况	损毁原因及存在病害
绿道坡烽火台	三屯乡绿道坡村西0.15千米	1565米	东北距宁鲁堡1.4千米，宁鲁堡4号烽火台1.2千米	土	黄色黏土夯筑而成，含砂砾，夯层厚0.17米	矩形	梯形	台体底部南、东、西、北长9、9.6、8.9、9.7米，顶部东、南、西、北长3.9、4、3.9、9.2米，残高2.5米	台体周围有围墙，残存东、北、西，围墙底部残存有台基1米。台体底部有台基，平面呈矩形，东、南、西、北长25.5、23.9、25.5、23.5、残高2.5米	无	保存较好。台体有所坍塌脱落，表面凹凸不平，有裂缝，沟槽，孔洞，东壁顶部中央有豁口，豁口处底部有墓葬。南壁底部有洞穴，最宽1.67，最高1.9，进深1.5米，洞穴距东南角3.1米	自然因素主要是风雨侵蚀，植物生长等；人为因素主要是挖掘洞穴等
小河家口烽火台	三屯乡小河家口村东北1.5千米	1517米	东北距宁鲁堡2.4千米，西北距绿道坡烽火台1.3千米	土	黄色黏土夯筑而成，含砂砾，夯层厚0.16米	矩形	梯形	台体底部南、东、西、北长10.5、9.3、10.5、9.5米，顶部东、西、南、北长4.8、4.7、4.8、残高7.6米	台体周围有围墙，残存有台基。平面呈矩形，东、西、南、北长20、23、22.5、20米	无	保存一般。台体坍塌脱落严重，有裂缝，沟槽，孔洞。南壁底部中央有拱形洞穴，洞穴宽0.84、高0.8、进深2.6米，南壁靠近东南角处有圆形孔洞	自然因素主要是风雨侵蚀，植物生长等；人为因素主要是挖掘洞穴等
西温窑1号烽火台	三屯乡西温窑村北0.75千米	1465米	东北距宁鲁堡3.4千米，西北距小河家口烽火台1.5千米	土	黄褐色黏土夯筑而成，含砂砾，夯层厚0.2~0.26米	矩形	梯形	台体底部南、东、西、北长9.8、9.5、10.8、9.7残高7米	台体周围有围墙，平面呈矩形。台体仅残存西墙底部有台基，平面呈矩形，东、西、南、北长22、26、25、残高1.5米	无	保存一般。台体坍塌脱落严重，有裂缝，沟槽，孔洞。台基上散落石块	自然因素主要是风雨侵蚀，植物生长等
大河家口烽火台	三屯乡大河家口村东北0.5千米	1493米	东北距宁鲁堡4.4千米，西温窑1号烽火台1.1千米	土	黄色黏土夯筑而成，含砂砾，夯层厚0.23米	圆形	梯形	台体底径8.26、顶径4、残高7米	台体周围有围墙，围墙底宽1.5、顶宽0.12~0.18，外侧残高3.3米，围墙东南角设门，宽4.2米。台体底部圆形，周长83米	无	保存一般。台体坍塌脱落严重，有裂缝，沟槽，孔洞	自然因素主要是风雨侵蚀，植物生长等

续表119

名称	地点	高程	与其他遗存的位置关系	材质	建筑方式	平面形制	剖面形制	尺寸	附属设施	修缮情况	保存状况	损毁原因及存在病害
南辛庄烽火台	三屯乡南辛庄村西北0.9千米	1351米	西距三屯堡2.6千米	不详	不详	不详	不详	不详	不详	不详	消失。台体已被村民改造成凉亭基部,台体、台基被红砖包砌	人为因素主要是不合理利用
白烟墩烽火台(彩图四〇二)	三屯乡白烟墩村北0.2千米	1307米	西北距三屯堡3.7千米,南辛庄烽火台1.8千米。	土	黄色黏土夯筑而成,含砂砾,碎石,夯层厚0.2~0.25米	矩形	梯形	台体底部东、西,北长7.4,8,9,8.6米,顶部东、西,北长2.8,4,3.8米,残高6.9米	台体周围有围墙,平面呈矩形,残存部分西,北墙。台体底部有台基,直径28,残高1.8米。台基南侧有豁口,宽5米	无	保存一般。台体坍塌脱落严重,表面凹凸不平,有裂缝、沟槽、孔洞。南壁有豁口,宽3米,豁口处用石块垒砌;顶部有现代修筑的庙宇,宽1.3,高1.5,进深1.3米	自然因素主要是风雨侵蚀、植物生长等;人为因素主要是不合理利用
三台子2号烽火台	三屯乡三台子村东南0.8千米	1370米	南距三屯堡1.5千米	土	黄色黏土夯筑而成,含砂砾,夯层厚度不详	圆形	梯形	台体底径10.5,残高3.8米	台体底部有台基,平面呈矩形,东、南、西、北长18.4,18.8,19,17.2,残高2米	无	保存较差。台体坍塌脱落严重,表面凹凸不平,有裂缝、沟槽、孔洞。台基东部中央有墓碑,西部有一棵大树	自然因素主要是风雨侵蚀、植物生长等;人为因素主要是紧邻台体耕种等
三台子1号烽火台	三屯乡三台子村中	1393米	南距三屯堡2.5千米,三台子2号烽火台1千米,北距三台子二号台0.96千米	土	黄色黏土夯筑而成,含砂砾,夯层厚0.2~0.25米	矩形	梯形	台体底部东、南,西,北长12.2,11.2,12.3,11.5米,顶部边长6~6.4米,残高8.7米	台体周围有围墙,平面呈矩形,残存北墙,残长13.4米。台体底部有台基,平面呈矩形,东壁距台基边缘3.3米,北壁距台体边缘7.9米。台体内设置通顶的圆孔形路道,孔径1.4米	无	保存一般。台体坍塌脱落严重,表面凹凸不平,有裂缝、沟槽、孔洞。台体东北角有一棵大树,树根部分台体坍塌;南壁中央有洞穴,宽0.9,高1.8,进深1.5米;西壁距地面3.3米,西壁顶部有坡道可登顶;顶部有房屋残墙	自然因素主要是风雨侵蚀、植物生长等;人为因素主要是不合理利用

续表119

名称	地点	高程	与其他遗存的位置关系	材质	建筑方式	平面形制	剖面形制	尺寸	附属设施	修缮情况	保存状况	损毁原因及存在病害
则疄坡1号烽火台	三屯乡则疄坡东北0.6千米	1348米	北距三屯堡1.3千米	土	红褐色黏土堆筑而成	矩形	梯形	台体底部边长15，残高4.5米	无	无	保存一般。台体坍塌脱落严重，表面凹凸不平，有裂缝、沟槽、孔洞。台体东北角底部有长方形竖穴土坑，东西2.2，南北1.4，深3.6米	自然因素主要是风雨侵蚀、植物生长等；人为因素主要是取土挖损、紧邻台体耕种等
甘沟子烽火台	三屯乡甘沟子村南0.45千米	1401米	东北距三屯堡2.5千米，东南距则疄坡1号烽火台2.1千米	土	黄褐色黏土夯筑而成，含砂砾、少量碎砖，夯层厚0.2米。东南角断面处夯层之间夹有白灰层，厚0.03米	矩形	梯形	台体底部东、南、西、北长7.5、7.9、7.5、7.8米，顶部南、西、北长1、2.5、0.6米，残高5.9米	台体底部有台基，平面呈矩形，东、南、西、北长14.2、17.5、15、16.3米	无	保存一般。台体坍塌脱落严重，表面凹凸不平，有裂缝、沟槽、孔洞。南壁底部周围散落大量石块和碎砖	自然因素主要是风雨侵蚀、植物生长等
守门烽火台	三屯乡守门村西北0.15千米	1426米	东距三屯堡3.9千米，东南距甘沟子烽火台1.7千米	土	黄褐色黏土夯筑而成，含砂砾，夯层厚0.2~0.23米	圆形	梯形	台体底部周长36，残高7.2米	台体底部有台基，平面呈矩形，东西20，南北23米	无	保存一般。台体坍塌脱落严重，表面凹凸不平，有裂缝、沟槽、孔洞	自然因素主要是风雨侵蚀、植物生长等
王家窑2号烽火台（彩图四〇三）	三屯乡王家窑村东0.6千米	1445米	东距三屯堡3.5千米，西距府烽火台0.87千米	土	黄褐色黏土夯筑而成，含砂砾，夯层厚0.2米	矩形	梯形	台体底部东、南、西、北长8.7、9.5、9.2、9.1米，西北角残高6.3米	台体底部有台基，平面呈矩形，东、南、西、北长24.2、27.5、26.5、30.2米，东、北侧为断崖，残高1~3米，残高15米	无	保存一般。台体坍塌脱落严重，表面凹凸不平，有裂缝、沟槽、孔洞。南壁近顶部有2棵榆树，顶部有小树，北侧有榆树	自然因素主要是风雨侵蚀、植物生长等；人为因素主要是紧邻台体耕种等
王家窑1号烽火台	三屯乡王家窑村东0.6千米	1478米	东南距三屯堡3.4千米，西南距王家窑2号烽火台0.71千米，北距大河口2号烽火台1.6千米	土	黄色黏土夯筑而成，含砂砾，夯层厚0.16~0.2米	圆形	梯形	台体底部周长11，残高4.8米	无	无	保存一般。台体坍塌脱落严重，表面凹凸不平，有裂缝、沟槽、孔洞。台体顶部有棵小树	自然因素主要是风雨侵蚀、植物生长等；人为因素主要是取土挖损、紧邻台体耕种等

续表119

名称	地点	高程	与其他遗存的位置关系	材质	建筑方式	平面形制	剖面形制	尺寸	附属设施	修缮情况	保存状况	损毁原因及存在病害
庄旺烽火台	三屯乡庄旺村东北0.4千米	1441米	东北距三屯堡4.6千米，守府烽火台1.5千米	土	黄褐色黏土夯筑而成，夯层厚0.17～0.24米，夯层间夹有盐土层，厚0.02～0.03米	矩形	梯形	台体底部西边长10.4，顶部西边长4.8，残高8.7米	无	无	保存一般。台体坍塌脱落严重，表面凹凸不平，有裂缝、沟槽、孔洞。南壁东部有取土形成的土坑	自然因素主要是风雨侵蚀，植物生长等；人为因素主要是取土挖损等
汉圪塔烽火台	三屯乡汉圪塔村北0.2千米	1465米	东北距三屯堡5.8千米，庄旺烽火台1.3千米	土	黄色黏土夯筑而成，含砂砾，夯层厚0.11～0.18米	矩形	梯形	台体底部东、南、西9.9、9.4、9.6，残高8.2米	台体周围有围墙，平面呈矩形。台体底部有台基，平面呈矩形，东西25，南北27，残高1.3米	无	保存一般。台体坍塌脱落严重，表面凹凸不平，有裂缝、沟槽。台基上散落碎砖。东北角有竖穴土坑，长9.3，宽7，深1.6米；西北角有2条水渠交叉与东北角有竖穴土坑相连，水渠宽1.2，坑深0.5米	自然因素主要是风雨侵蚀，植物生长等；人为因素主要是在台基上挖掘水渠、土坑等
花豹滩烽火台	三屯乡花豹滩村东0.02千米	1436米	东北距三屯堡7.1千米，汉圪塔烽火台1.5千米	土	黄色黏土夯筑而成，含砂砾，夯层厚0.18～0.22米	矩形	梯形	台体底部东、南、西8.9、10，顶部东、南、西1.9、3.7、2.7、2.1米，残高6.2米	台体底部有台基，损毁严重	无	保存一般。台体坍塌脱落严重，表面凹凸不平，有裂缝、沟槽、孔洞。南壁底部有洞穴，内放柴草。台体东南、西南角各有竖穴土坑	自然因素主要是风雨侵蚀，植物生长等；人为因素主要是取土挖损，挖掘洞穴等
山沟子烽火台	三屯乡山沟子村西北0.85千米	1441米	东北距三屯堡7.7千米，花豹滩0.65千米	土	黄色黏土夯筑而成，含砂砾，夯层厚0.19～0.25米	矩形	梯形	台体底部东、南、西11.2、10.7、12.3、9.5米，顶部东西2.5、南北2.7米，残高7米	台体周围有围墙，平面呈矩形。合体南围墙，残存南围墙底部有台基，平面呈矩形	无	保存一般。台体坍塌脱落严重，表面凹凸不平，有裂缝、沟槽、孔洞。台体北壁遭洪水冲刷损毁	自然因素主要是洪水冲刷侵蚀，植物生长等

续表119

名称	地点	高程	与其他遗存的位置关系	材质	建筑方式	平面形制	剖面形制	尺寸	附属设施	修缮情况	保存状况	损毁原因及存在病害
则楞坡2号烽火台	三屯乡则楞坡村东1.2千米	1333米	西北距三屯堡2千米，则楞坡1号烽火台1千米	土	黄色黏土夯筑而成，含砂砾，少量碎砖，夯层厚0.17~0.22米	矩形	梯形	台体底部东、南、西、北长10.4、9.1、10.5、8.5，顶部东西1.5，南北1米，残高8.6米	台体底部有台基，平面呈矩形	无	保存一般。台体坍塌不平，表面凹凸，有裂缝、沟槽、孔洞。南壁底部周围散落煤渣和砖头等	自然因素主要是风雨侵蚀，植物生长等
则楞坡3号烽火台	三屯乡则楞坡村南0.5千米	1342米	东北距三屯堡2.6千米，则楞坡2号烽火台1.3千米	土	黄色黏土夯筑而成，含砂砾，夯层厚度不详	圆形	梯形	台体底部周长51.6，残高5米	台体底部有台基，损毁严重	无	保存一般。台体坍塌不平，表面凹凸，有裂缝、沟槽、孔洞。台体东南角底部有穴种等	自然因素主要是风雨侵蚀，植物生长等；人为因素主要是挖掘洞穴，种等
岳家堡烽火台	三屯乡岳家堡村西北0.1千米	1351米	东北距三屯堡3.8千米，则楞坡3号烽火台1.3千米	土	黄色黏土夯筑而成，含砂砾，夯层厚0.18~0.22米	矩形	梯形	台体底部东、南、西、北长10.6、10.5、11、10.4米，顶部东、南、西、北长5.8、3.4、6、5.3米，残高5.6米	台体底部原有台基，现无存	无	保存一般。台体坍塌不平，表面凹凸，有裂缝、沟槽、孔洞。东、西壁北侧有拱形洞穴，宽1.35、西，进深2.5米；西、南壁有三个大小不等连通的洞穴，顶部西北有2棵大树。台体周围为耕地	自然因素主要是风雨侵蚀，植物生长等；人为因素主要是挖掘洞穴等
旧高山2号烽火台	张家场乡旧高山村北0.18千米	1262米	南距旧高山卫城1.5千米	土	黄色黏土夯筑而成，含砂砾，夯层厚0.16~0.20米	圆形	梯形	台体底径15，残高4.8米	台体底部有台基，平面呈矩形，边长31米。台基堆筑而成，残高2米	无	保存一般。台体坍塌不平，表面凹凸，有裂缝、沟槽、孔洞	自然因素主要是风雨侵蚀，植物生长等

续表 119

名称	地点	高程	与其他遗存的位置关系	材质	建筑方式	平面形制	剖面形制	尺寸	附属设施	修缮情况	保存状况	损毁原因及存在病害
旧高山1号烽火台	张家场乡旧高山村北0.08千米	1256米	南距旧高山卫城1.6千米,西南距旧高山2号烽火台0.15千米	土	黄色黏土夯筑而成,含砂砾,夯层厚0.2米	圆形	梯形	台体底部周长41,残高8米	台体周围有围墙,距台体10.2米	无	保存一般。台体坍塌,脱落严重,表面凹凸不平,有裂缝,沟槽,孔洞,孔洞孔径0.2~0.3米。东壁底部有洞穴,宽1.4,进深2米,内置一口棺材;东南壁中部有洞穴,宽0.4,高0.6,进深1.4,南壁有洞穴,宽1.4,高1.8米,洞口用石块封堵	自然因素主要是风雨侵蚀、植物生长等;人为因素主要是挖掘洞穴等
北代家沟村烽火台	鹊儿山镇家沟北代家沟村西0.1千米的山顶上	1300米	西南距旧高山卫城3.2千米,旧高山1号烽火台2千米,北距郭家窑奉家烽火台3.4千米	土	黄色黏土夯筑而成,夯层厚0.17~0.22米	矩形	梯形	台体底部东、南、西、北长11.6,13.8,11.9,12.8米,顶部东西最长5.3,南北最长3.6米,残高7.6米	台体底部有台基,平面呈矩形,南北23.4米。台体东、南、北壁分别距台基边缘6.4、5.7、6.1米	无	保存一般。台体坍塌,脱落严重,表面凹凸不平,有裂缝,沟槽,孔洞。顶部中央有圆形火坑,直径0.85深0.2米,有火烧痕迹	自然因素主要是风雨侵蚀、植物生长等
石墙框2号烽火台	鹊儿山镇石墙框村西1.86千米	1373米	西南距旧高山卫城4.6千米,代家沟烽火台1.6千米	土	黄褐色黏土夯筑而成,碎石,夯层厚0.14~0.23米	矩形	梯形	台体底部边长10米,顶部西边长3.4,北边长3.3米,残高8.4米	台体底部有台基,平面呈圆角矩形,土石混筑而成,残高2~3米	无	保存一般。台体坍塌,脱落严重,表面凹凸不平,有裂缝,沟槽,孔洞。台体周围散落石块	自然因素主要是风雨侵蚀、植物生长等

续表 119

名称	地点	高程	与其他遗存的位置关系	材质	建筑方式	平面形制	剖面形制	尺寸	附属设施	修缮情况	保存状况	损毁原因及存在病害
石墙框1号烽火台	鹊儿山镇石墙框村东0.3千米的骆驼山上	1332米	西南距旧高山卫城6.3千米,西距石墙框2号烽火台2.1千米	石	外部石片垒砌;内部黄色黏土夯筑,含大量砂砾,夯层厚0.25米	矩形	梯形	台体底部东、南、西、北长11.6、12.6、11.7、11.4米,顶部南、西、北长5.2、4.7、4.6米,残高6.7米	台体周围原有围墙,现无存	无	保存一般。台体坍塌脱落严重,表面凹凸不平,有裂缝、沟槽、孔洞。南、西壁底部洞穴有洞宽2、高1.4、进深4米,西壁洞穴宽0.5米,高2.2,进深2.1米。北壁中部有豁口,长5.1,高3.7米,豁口处用石片垒砌	自然因素主要是风雨侵蚀、植物生长等;人为因素主要是挖掘洞穴等
燕子山烽火台	张家场乡燕子山村109国矿区道北0.1千米	1244米	西南距旧高山卫城3.7千米,北距石墙框2号烽火台1.6千米	土	灰黄色土夯筑而成,厚0.12～0.18米。东南角有夯层之间夯垫土层,厚0.04米	矩形	梯形	台体西边长12、北边长14米	无	无	保存较差。台体坍塌脱落严重,表面凹凸不平,有裂缝、沟槽,孔洞,拱形洞穴。洞穴宽1.3、高1.8米,被垃圾堆填塞;顶部有两根电线杆;台体周围为民居	自然因素主要是风雨侵蚀、植物生长等;人为因素主要是挖掘洞穴、电线杆等
旧高山3号烽火台	张家场乡旧高山村西1.76千米	1258米	东南距旧高山卫城2.1千米,北距旧高山2号烽火台1.7千米	土	黄色黏土夯筑而成,含砂砾,夯层厚0.25～0.3米	矩形	梯形	台体底部东、南、西、北长11.5、12.2、13.3、12.6米,顶部东、南、西、北长5.8、2.3、4.1米,残高9.8米	台体周围有内外两重围墙,平面均呈矩形。外围墙东、南、西、北墙残长52、27.2、68.3、69.3米,内围墙东、南墙与台体南壁相连,东南墙残存最高4.1米,内围墙东21、南20.8米。台体东、西、北墙分别距内围墙30、26、22.2米	无	保存较好。台体坍塌脱落,表面凹凸不平,有裂缝、沟槽,孔洞、洞穴,高2.7、宽1.7、进深5米;顶部有水泥柱,铁路从台体南角穿过,外围墙东南角被铁路破坏围墙	自然因素主要是风雨侵蚀、植物生长等;人为因素主要是挖掘洞穴、铁路破坏围墙等
张家场烽火台	张家场乡张家场村北0.5千米	1278米	西南距云西堡2.7千米,东南距旧高山3号烽火台3千米	土	黄色黏土夯筑而成,含砂砾、碎石,夯层厚度不详	圆形	梯形	台体底径13、残高5米	台体底部有台基,平面呈矩形,东西30、南北28、残高2米	无	保存一般。台体坍塌脱落严重,表面凹凸不平,有裂缝、沟槽、孔洞	自然因素主要是风雨侵蚀、植物生长等

续表 119

名称	地点	高程	与其他遗存的位置关系	材质	建筑方式	平面形制	剖面形制	尺寸	附属设施	修缮情况	保存状况	损毁原因及存在病害
田家村烽火台	张家场乡田家村西0.04千米	1277米	东南距云西堡3.9千米，西北距白烟墩烽火台2.6千米	土	黄色黏土夯筑而成，含砂砾，夯层厚0.18~0.2米	矩形	梯形	台体底部东、南、西北长4.8,6.4,3.9,5米，顶部东、南、西、北长2.2,3,2.6,3.4米，残高4.3米	台体底部有台基，残存西南侧部分，残高0.9米	无	保存较差。台体坍塌严重，表面凹凸不平，有裂缝、沟槽、孔洞。南壁底部有洞穴洞高1.3,西壁洞穴宽0.7,进深2.8米；东南角底部有洞穴，宽0.8,高0.7米。西南角有一棵榆树，北壁有两棵榆树，台基大部分被取土挖毁	自然因素主要是风雨侵蚀、植物生长等；人为因素主要是挖掘洞穴、台基被取土挖损等
双官屯烽火台	张家场乡双官屯村西北2千米	1278米	东北距云西堡4.2千米，田家村烽火台3.3千米	土	黄色黏土夯筑而成，含砂砾，夯层厚0.15~0.2米	矩形	梯形	台体底部东、南、西、北长8.8,8.5,11.6,10.9米，顶部东、南、西5.3,南北6.2米，残高6.5米	台体底部有台基，平面呈矩形，东、南、西残长20,31,20米，北侧无存。台基堆筑而成，残高2米	无	保存一般。台体坍塌严重，表面凹凸不平，有裂缝、沟槽、孔洞。南壁底部有洞穴，宽1.3,进深3米，内有一口棺材，洞口被置一口棺材封堵。台体西部有取土形成的沟槽，北部被取土挖毁	自然因素主要是风雨侵蚀、植物生长等；人为因素主要是挖掘洞穴、台基被取土挖损等
云西堡1号烽火台	张家场乡云西堡村南0.35千米	1302米	北距云西堡0.59千米	土	红褐色黏土堆筑而成	矩形	梯形	台体底径15.4米，顶部东、南、西、北残长4.5,4.2,4.1,5.3米	台体底部有台基，平面呈圆角矩形，边长25米。台基堆筑而成，残高2米。台基外有圆形壕沟，宽6.4,深2米	无	保存一般。台体坍塌严重，表面凹凸不平，有裂缝、沟槽、孔洞	自然因素主要是风雨侵蚀、植物生长等

续表119

名称	地点	高程	与其他遗存的位置关系	材质	建筑方式	平面形制	剖面形制	尺寸	附属设施	修缮情况	保存状况	损毁原因及存在病害
云西堡2号烽火台	张家场乡云西堡村西0.6米	1256米	北距云西堡0.6千米,西北距云西堡1号烽火台0.02千米	土	黄色黏土夯筑而成,含砂砾,夯层厚0.18~0.2米	矩形	梯形	台体底部东、南、西、北长11.4、12.4、12.2、11.4,残高8米	台体周围有围墙,平面呈矩形,东西29.3米。西墙最宽2,残高1~2米。南墙中央设门,现为豁口,宽6米。台体四壁分别距围墙11.4、9.7、10.3、10.3米	无	保存一般。台体坍塌脱落严重,表面凹凸不平,有裂缝、沟槽。南壁底部有三个洞穴相连;北壁底部中央有洞穴,内置一口棺材,洞口被封堵;西壁有一棵小树	自然因素主要是风雨侵蚀、植物生长等;人为因素主要是挖掘洞穴等
陈家河2号烽火台(彩图四○四)	云兴镇陈家河村南109国道南0.02千米	1294米	南距左云城2.5千米	土	黄色黏土夯筑而成,含砂砾,夯层厚度不详	矩形	梯形	台体底部边长10,残高6.3米	台体底部有台基,残存北侧少部分	无	保存一般。台体坍塌脱落严重,周围有现代民居	自然因素主要是风雨侵蚀、植物生长等;人为因素主要是盖房利用台体等
陈家河1号烽火台	云兴镇陈家河村南109国道南0.008千米	1295米	西南距云城3千米,陈家河2号烽火台0.7千米	土	黄色黏土夯筑而成,含砂砾,夯层厚0.16~0.2米	矩形	梯形	台体残高9米	无	无	保存一般。台体坍塌脱落严重。东、南、西两侧有现代民居,北侧有公路	自然因素主要是风雨侵蚀、植物生长等;人为因素主要是盖房利用等
古城烽火台	云兴镇古城村西北0.35千米	1300米	西南距左云城3.8千米,陈家河1号烽火台0.89千米	土	黄色黏土夯筑而成,含砂砾,夯层厚0.16~0.2米	矩形	梯形	台体底部长9.8、宽4.8米,顶部长5.9、宽4.8米,残高7.3米	台体底部有台基,平面呈矩形,边长22,残高2米	无	保存一般。台体坍塌脱落严重,有裂缝、沟槽,孔洞,台基被河水冲刷	自然因素主要是河水冲刷、风雨侵蚀、植物生长等
葛家园烽火台	云兴镇葛家园村西北0.75千米	1312米	西南距左云城5千米,东南距左云城1.5千米,西北距岳家堡烽火台3.4千米	土	灰黄色黏土夯筑而成,夯层厚度不详,夯层之间夹有红褐色垫土层	圆形	梯形	台体底部周长36,顶部周长9,残高2.8米	台体底部有台基,平面呈矩形,东、南、西、北长36、38.5、39、43,残高1~2米。台体东壁距台基边缘15米	无	保存较差。台体坍塌脱落严重,表面凹凸不平,有裂缝、沟槽。散落大小不等的石块。西壁缓坡上有长方形竖穴土坑,长0.7、宽0.5米。台基东南角有一大型椭圆形土坑,从东南角向西北角环绕有取土形成的狭长沟槽;南部土坑,最宽7.8、最窄3.6,深2米	自然因素主要是风雨侵蚀、植物生长等;人为因素主要是取土挖掘损、台基上挖掘土坑等

续表119

名称	地点	高程	与其他遗存的位置关系	材质	建筑方式	平面形制	剖面形制	尺寸	附属设施	修缮情况	保存状况	损毁原因及存在病害
后八里烽火台	三屯乡后八里村东南0.6千米	1307米	西南距左云城6.7千米、葛家园烽火台2.1千米，东距双官屯烽火台3.7千米	土	黄色黏土夯筑而成，含砂砾，夯层厚0.18~0.2米	矩形	梯形	台体底部东西11.9，南北11.6米，顶部东、南、西、北长7.4、5.4、7.2、5.2米，残高8.2米	台体周围有围墙，平面呈矩形，南墙设门，现为豁口，宽8米。台体底部有台基，平面呈矩形，边长28，残高1米	无	保存一般。台体坍塌脱落严重，表面凹凸不平，有裂缝，沟槽、孔洞等。台基东部中央有竖穴土坑，长10.4，宽7，深1.5米；西北角被挖毁，台基上挖掘土坑等	自然因素主要是风雨侵蚀，植物生长等；人为因素主要是台基被取土、台基上挖掘土坑等
李家堡1号烽火台	云兴镇李家堡村东0.8千米	1299米	东南距左云城3.3千米、陈家河2号烽火台0.96千米	土	黄褐色黏土夯筑而成，含砂砾，碎石，夯层厚0.2米	矩形	梯形	台体底部东西12.3，南北9.5，残高2.4米	无	无	保存较差。台体坍塌脱落严重，表面凹凸不平，有裂缝，沟槽、孔洞，大小不等的碎砖散落。南壁缓坡上有方形浅坑，长0.6米；东、南壁中部及西、北壁顶部有现代铲削形成的剖面；顶部长有松树	自然因素主要是风雨侵蚀，植物生长等；人为因素主要是取土挖掘等损坏
李家堡2号烽火台	云兴镇李家堡村东0.72千米	1302米	东南距左云城3.3千米、东北距李家堡1号烽火台0.11千米	土	黄褐色黏土夯筑而成，含砂砾，夯层厚度不详	矩形	梯形	台体底部东西8，南北8.1米，顶部边长1米，残高2.5米	无	无	保存较差。台体坍塌脱落严重，表面凹凸不平，有裂缝，沟槽，孔洞，上有树木，顶部长有松树	自然因素主要是风雨侵蚀，植物生长等
李家堡3号烽火台	云兴镇李家堡村北0.2千米	1328米	东南距左云城3.6千米、李家堡2号烽火台0.79千米	土	黄褐色黏土夯筑而成，白灰，夯层厚0.2~0.3米	矩形	梯形	台体底部南边长8，西边长10米，顶部东西4.5，南北5.3，残高6.7米	台体底部有台基，平面呈矩形，东、南、西、北长41、40.2、38.4、44，残高2.5米	无	保存一般。台体坍塌脱落严重，有裂缝，沟槽，孔洞，南壁底部有拱形洞穴。台基北部有长方形土坑，南、西侧邻耕地	自然因素主要是风雨侵蚀，植物生长等；人为因素主要是挖掘洞穴、土坑等

续表 119

名称	地点	高程	与其他遗存的位置关系	材质	建筑方式	平面形制	剖面形制	尺寸	附属设施	修缮情况	保存状况	损毁原因及存在病害
北六里烽火台（彩图四〇五）	云兴镇北六里村西 0.6 千米	1308 米	东南距左云城 4.4 千米，南距李家堡 3 号烽火台 0.84 千米	土	黄褐色黏土夯筑而成，含砂砾，碎石，夯层厚 0.1~0.14 米	椭圆形	梯形	台体底部东西 10，南北 8.4，残高 3 米	无	无	保存较差。台体坍塌脱落严重，表面凹凸不平，有裂缝、沟槽、孔洞。东壁缓坡上有长方形竖穴土坑，长 2，宽 0.9，深 1.7 米	自然因素主要是风雨侵蚀，植物生长等；人为因素主要是取土挖损，紧邻台体耕种等
南关 1 号烽火台	云兴镇南关村东南部	1369 米	东北距左云城 0.89 千米	土	黄色黏土夯筑而成，含砂砾，夯层厚 0.22~0.3 米	矩形	梯形	台体底部东、南、西、北长 6、4.8、4.5、6.8 米，顶部东、西、北长 3、2.8.6 米	无	无	保存较差。台体坍塌脱落严重，表面凹凸不平，有裂缝、沟槽、孔洞	自然因素主要是风雨侵蚀，植物生长等；人为因素主要是取土挖损等
朱家村 1 号烽火台	云兴镇朱家村东北 1 千米	1407 米	东距左云城 2 千米，东南距南关 1 号烽火台 1.3 千米	土	黄色黏土夯筑而成，夯层厚 0.2~0.3 米	矩形	梯形	台体底部东、南、西、北长 10.2、9.7、9.4 米，顶部东西最长 4.5、南北最长 5.5、残高 7.7 米	台体周围有围墙，平面呈矩形，东、南、西、北残长 30、28.2、29.8、27.9 米。台体东、南、西、北壁分别距围墙 8.6、10.8、9.9、10.6 米	无	保存一般。台体坍塌脱落严重，表面凹凸不平，有裂缝、沟槽、孔洞。台体东南角底部有两个洞穴，宽 0.6~0.8 米	自然因素主要是风雨侵蚀，植物生长等；人为因素主要是挖掘洞穴等
南八里 1 号烽火台	云兴镇南八里村南 0.05 千米	1390 米	东距左云城 2.1 千米，东南距朱家村 1 号烽火台 0.05 千米	不详	不详	不详	不详	不详	不详	不详	消失。数年前平田整地时被挖毁	人为因素主要是平田整地挖毁
谭家堡 1 号烽火台	云兴镇谭家堡村南 0.95 千米	1323 米	东南距左云城 3.1 千米，南距南八里 1 号烽火台 1.9 千米	土	红褐色黏土夯筑而成，含料礓石，夯层厚 0.1~0.15 米	矩形	梯形	台体底边南、西、北长 5、6.5、3.8 米，残高 5.65 米	台体底部有台基，平面呈矩形。台体南、西、北壁分别距台基边缘 7.8、11.7、16.9 米	无	保存一般。台体坍塌脱落严重，表面凹凸不平，有裂缝、沟槽、孔洞。西壁缓坡近底部有拱形洞穴，深 1.5 米；东壁和台基东部被修南北向公路挖毁，路面破坏，呈直壁状，公路原为水渠	自然因素主要是风雨侵蚀，植物生长等；人为因素主要是挖掘洞穴，修路挖毁台体和台基等

续表 119

名称	地点	高程	与其他遗存的位置关系	材质	建筑方式	平面形制	剖面形制	尺寸	附属设施	修缮情况	保存状况	损毁原因及存在病害
谭家堡 2 号烽火台	云兴镇谭家堡村西南 1.2 千米	1358 米	东南距左云城 3.9 千米,谭家堡 1 号烽火台西南 0.85 千米	土	黄褐色黏土夯筑而成,夯层厚 0.13 ~ 0.18 米	矩形	梯形	台体底部南边长 14.5 米,西边长 13.7,顶部东边长 7.2,北边长 6.1 米	台体周围有围墙,残高 2 米,距台体 8 米	无	保存一般。台体坍塌脱落严重,有裂缝、沟槽、孔洞,西壁有孔洞,孔径 0.15 ~ 0.3 米;东南角、南壁底部中央有拱形洞穴,东北角中部有小树,西壁有两棵小树	自然因素主要是风雨侵蚀、植物生长等;人为因素主要是挖掘洞穴等
乔家窑 1 号烽火台	云兴镇乔家窑村东北 0.9 千米	1356 米	东南距左云城 4.8 千米,谭家堡 2 号烽火台东北 0.96 千米	土	红色黏土夯筑而成,含砂砾、碎石,夯层厚度不详	圆形	梯形	台体底部周长 49,残高 5.6 米	台体周围有围墙,平面呈矩形,东、南、西、北墙残长 29、21、23、38 米,东北角残高 2 米	无	保存一般。台体坍塌脱落严重,有裂缝、沟槽,表面凹凸不平,孔洞	自然因素主要是风雨侵蚀、植物生长等;人为因素主要是台体耕种等
乔家窑 2 号烽火台	云兴镇乔家窑村东北 0.75 千米	1371 米	东南距左云城 5.6 千米,乔家窑 1 号烽火台东北 0.72 千米	土	红褐色黏土夯筑而成,含少量料礓石,夯层厚 0.1 ~ 0.15 米	矩形	梯形	台体顶部边长 1.5,残高 5 米	台体底部有台基,平面呈矩形,东、南、西、北残长 28、24、27、25 米。台体残高 2 ~ 5 米。台基距台体边缘 9 米	无	保存一般。台体坍塌脱落严重,有裂缝、沟槽,表面凹凸不平,孔洞,孔径 0.1 ~ 0.15 米;西壁中部有人为取土挖损痕迹	自然因素主要是风雨侵蚀、植物生长等;人为因素主要是取土挖损,紧邻台体耕种等
鹊儿河 1 号烽火台	三屯乡鹊儿河村西南 0.8 千米	1448 米	东南距左云城 6.4 千米,乔家窑 2 号烽火台西南 0.91 千米	土	黄褐色黏土夯筑而成,含砂砾、料礓石,夯层厚 0.26 米	矩形	梯形	台体残高 3.26 ~ 5.41 米	台体底部有台基,平面呈矩形,残高 2 米	无	保存较差。台体坍塌脱落严重,有裂缝、沟槽,孔洞,南壁底部中央有坍塌形成的洞穴,宽 2.04,高 0.97,深 2.31 米,台体东、南侧周围散落碎砖、西侧邻耕地	自然因素主要是风雨侵蚀、植物生长等

续表 119

名称	地点	高程	与其他遗存的位置关系	材质	建筑方式	平面形制	剖面形制	尺寸	附属设施	修缮情况	保存状况	损毁原因及存在病害
鹊儿河2号烽火台	三屯乡鹊儿河村西1.6千米	1432米	东南距左云城7.5千米,鹊儿河1号烽火台1.1千米,北距山沟子烽火3.3千米	土	黄褐色黏土夯筑而成,含碎石,夯层厚0.16~0.26米	矩形	梯形	台体底部东、南、西11.6、11.2、12.8、13.5、11.2、12.8米,顶部东西8.2、南北7.7米,残高8米	台体周围有围墙,平面呈矩形,残存西墙	无	保存一般,台体坍塌脱落严重,表面凹凸不平,有裂缝、沟槽、孔洞	自然因素主要是风雨侵蚀、植物生长等
赵火色1号烽火台	云兴镇赵火色村东1.1千米的山坡顶上	1373米	东南距左云城4.5千米,东北距谭家堡1号烽火台1.9千米	土	黄色黏土夯筑而成,含砂砾,夯层厚度不详	矩形	梯形	台体底部东、南、西11.5、10.5、11.1米,顶部东西东、北各长3.6、5、4.5、3.1米,残高9.2米	台体周围有围墙,平面呈矩形,围墙底宽0.3~0.8,宽0.3~0.8米。东、南墙各有豁口,分别宽3.2、6.5米。东、西、北墙外侧有壕沟,壕沟宽6、深2.2米。台体底部有台基,平面呈矩形,东、南、西、北长29、27.8、29、28.4米	无	保存一般,台体坍塌脱落严重,有裂缝、沟槽、孔洞,有洞穴,东壁底部高1.4,宽4.5米0.8,进深0.8,进深4.5米。台基西北角立有测绘标志	自然因素主要是风雨侵蚀、植物生长等;人为因素主要是挖掘洞穴等
赵火色2号烽火台	云兴镇赵火色村南0.3千米的山坡顶部	1364米	东距左云城5.6千米,东北距赵火色1号烽火台1.3千米	土	黄色黏土夯筑而成,含砂砾,夯层厚0.22米,夯层之间夹有垫土石,厚0.02米	矩形	梯形	台体底部东、南、西北长6.4、6.5、6.8、5米,顶部东西29.8、南北2.2米,残高5.4米	台体周围有围墙,残存部分分西、北墙。北墙。平面呈矩形,东西28.5、南北2.1米。台基西北角有豁口,宽3米	无	保存一般,台体坍塌脱落严重,表面凹凸不平,有裂缝、沟槽、孔洞,台基东北角被取土挖损	自然因素主要是风雨侵蚀、植物生长等;人为因素主要是台基被取土挖损等
陈家堡2号烽火台	云兴镇陈家堡村西北0.2千米	1367米	东北距左云城1.4千米,北距南关1号烽火台0.65千米	土	黄色、红褐色黏土夯筑而成,含料疆石,夯层层厚0.18米	矩形	梯形	台体底部西边长3.75、3.97米,南边长1米,顶部残高3.48米	无	无	保存较差,台体坍塌脱落严重,表面凹凸不平,有裂缝、沟槽、孔洞	自然因素主要是风雨侵蚀、植物生长等

续表119

名称	地点	高程	与其他遗存的位置关系	材质	建筑方式	平面形制	剖面形制	尺寸	附属设施	修缮情况	保存状况	损毁原因及存在病害
陈家堡1号烽火台	云兴镇陈家堡村西北0.35千米	1353米	北距左云城3.3千米、陈家堡2号烽火台2.1千米	土	红色、黄色黏土夯筑而成，含砂砾，夯层厚0.15～0.2米	矩形	梯形	台体底部东、南、西、北长7.8、7.2、8.5、8米，顶部东、南、西长0.8、1.8、1.8米，残高7.3米	无	无	保存一般。台体坍塌脱落严重，表面凹凸不平、有裂缝、沟槽、孔洞，东南角洞底部有东西向土洞基，东侧有南北向公路	自然因素主要是风雨侵蚀、植物生长等；人为因素主要是挖洞掏穴等
钱家堡1号烽火台	云兴镇钱家堡村南0.6千米	1411米	东北距左云城堡5.9千米、陈家堡1号烽火台4千米	土	黄褐色黏土夯筑而成，夯层厚0.13～0.24米	矩形	梯形	台体底部东、南、西、北长22.5、15、24、24米，残高8.3米	无	无	保存一般。台体坍塌脱落严重，表面凹凸不平、有裂缝、沟槽、孔洞，南壁邻东西向河床、被冲刷呈直壁状	自然因素主要是风雨河水冲刷、植物侵蚀等
南关2号烽火台	云兴镇南关东0.1千米	1399米	西北距左云城1.9千米、南关2号烽火台0.25千米	土	黄色黏土夯筑而成，含砂砾，夯层厚0.18～0.22米	矩形	矩形	台体底部东西最长11.9、南北最长10.3、残高3米	台体底部有台基，损毁严重，南部被挖毁，台基残存最宽25、残高2米	无	保存较差。台体坍塌脱落严重，表面凹凸不平、有裂缝、沟槽、孔洞，台基南部被修路挖毁	自然因素主要是风雨侵蚀、植物生长；人为因素主要是修路挖毁台基
马家河烽火台	云兴镇马家河村北0.85千米	1404米	西北距左云城2.2千米、南关2号烽火台2千米	不详	不详	不详	不详	不详	不详	不详	消失。烽火台在20世纪90年代平田整地时被挖毁	人为因素主要是平田整地挖毁
新窑沟烽火台	张家场乡新窑沟村东北0.2千米	1467米	西北距左云城3.1千米、马家河烽火台0.92千米	土	红色、黄色黏土夯筑而成，夯层厚0.2米	圆形	梯形	台体底部周长14、残高5米	台体底部有台基，平面呈圆形，残存西部，东、南部被取土挖毁	无	保存一般。台体坍塌脱落严重，表面凹凸不平、有裂缝、沟槽、孔洞，东壁北大部分被取土挖毁，南基北角大部分被取土挖毁，南部被取土挖毁	自然因素主要是风雨侵蚀、植物生长等；人为因素主要是取土挖损等

续表 119

名称	地点	高程	与其他遗存的位置关系	材质	建筑方式	平面形制	剖面形制	尺寸	附属设施	修缮情况	保存状况	损毁原因及存在病害
北杏庄烽火台	张家场乡北杏庄村东0.01千米	1443米	南距五峰嘴堡7.7千米	土	黄褐色黏土夯筑而成，含砂砾，夯层厚0.16米，夯层之间夹有垫土层，厚0.03米	矩形	梯形	台体底部东西25，南北21，残存最高9.5米	台体底部有台基，平面呈矩形，残存东、北部，残高2.5米	无	保存一般。台体坍塌脱落严重，表面凹凸不平，有裂缝、沟槽、孔洞	自然因素主要是风雨侵蚀、植物生长等；人为因素主要是取土挖损等
东窑头烽火台	张家场乡东窑头村内北部	1388米	东南距五峰嘴堡9.9千米，南距北杏庄村2.2千米，东北距云西堡2号烽火台6.4千米，西南距新窑沟烽火台6.7千米	土	黄色黏土夯筑而成，含砂砾，夯层厚0.15～0.24米	矩形	梯形	台体底部东、南、西北长4.6、8.4、8.4、8.5米，顶部东西4.2，南北4.7米，残高6.7米	台体底部有台基，东、南、西部被取土挖毁。台体西北部坍塌成断崖，可登顶。北壁有台阶，台阶宽0.7，高1.4米，北壁台阶宽0.85，高1.7米	无	保存一般。台体坍塌脱落严重，表面凹凸不平，有裂缝、沟槽、孔洞。顶部中央有圆坑，直径1.8米。台基被取土挖损，南、西部坍塌取土成断崖	自然因素主要是风雨侵蚀、植物生长等；人为因素主要是台基被取土挖损等
台子山烽火台（彩图四〇六）	店湾镇台子山村南的山顶上	1599米	西南距五峰嘴堡8.6千米，西距北杏庄村6.8千米	土	灰黄色黏土夯筑而成，含砂砾、少量碎石，夯层厚0.27米	矩形	梯形	台体底部东、西、南、北长10.5、11.5米，顶部东、西、南、北长3.5、4.5、4.6、4.2米，残高5.8米	台体底部有台基，平面呈矩形，东西29，南北28米。台体南、西壁距台基边缘6、8米	无	保存一般。台体坍塌脱落严重，有裂缝、沟槽、孔洞。东壁有孔洞，孔径最大0.7米；顶部西南角有圆形浅坑，直径0.6，最深0.25米；西侧有圆坑，直径1，最深0.35米，圆坑周围用石片垒砌	自然因素主要是风雨侵蚀、植物生长等
五峰嘴烽火台	水窑乡五峰嘴村西0.55千米	1679米	东距五峰嘴堡0.05千米	土	黄褐色黏土夯筑而成，含砂砾，夯层厚0.1米	矩形	梯形	台体底部东、南、西长12.5、13.7、11.2、12.7，残高6.5米	无	无	保存一般。台体坍塌脱落严重，表面凹凸不平，有裂缝、沟槽、孔洞	自然因素主要是风雨侵蚀、植物生长等

续表119

名称	地点	高程	与其他遗存的位置关系	材质	建筑方式	平面形制	剖面形制	尺寸	附属设施	修缮情况	保存状况	损毁原因及存在病害
马道头烽火台	马道头乡马道头村西南0.85千米	1643米	东北距五峰嘴烽火堡、五峰嘴烽火台均8.7千米	土	黄色黏土夯筑而成,含砂砾,夯层厚0.18~0.2米	矩形	梯形	台体底部边长11.8米,顶部东、南、西,北长5.8、5.1、4.8、4.5米,残高8.4米	台体四周有围墙,平面呈矩形,边长28米。南墙中央有豁口,宽3米。台体底部有台基,残高3.1米。台体东、南、西壁分别距围墙8、9.5、8米	无	保存一般。台体坍塌脱落严重,表面凹凸不平,有裂缝、沟洞、孔洞穴。南壁底部中央有洞穴,进深11米,进深1.5、高1.3、宽1.5米。台基东侧有石砌房屋	自然因素主要是风雨侵蚀,植物生长等;人为因素主要是挖掘洞穴等
大堡烽火台	马道头乡大堡村西0.02千米	1547米	东北距五峰嘴烽火堡9千米,东南距马道头烽火台2.3千米	土	黄色黏土夯筑而成,含砂砾,夯层厚0.2米	矩形	梯形	台体西壁残长9.4,残高7.3米	台体底部有台基,平面呈矩形,残存南侧部和西侧部分,南侧边长35米	无	保存一般。台体坍塌脱落严重,有裂缝、沟槽、孔洞。南壁底部有洞穴。台基北部被耕地挖损	自然因素主要是风雨侵蚀,植物生长等;人为因素主要是挖掘洞穴、台基被耕地挖损等
曹家堡烽火台	马道头乡曹家堡村西0.7千米	1609米	东北距五峰嘴烽火堡9.5千米,东距大堡烽火台2.1千米	土	黄色黏土夯筑而成,含砂砾、碎石,夯层厚度不详	矩形	梯形	台体底部边长4.5米,顶部东边长2.3,南边长2.2米,残高3.1米	台体底部有台基,平面呈圆角矩形,东边长30、东边长25米	无	保存较差。台体坍塌脱落严重,表面凹凸不平,有裂缝、沟槽、孔洞。台体上有取土形成的沟槽、土坑	自然因素主要是风雨侵蚀,植物生长等;人为因素主要是取土挖损等
铺龙湾烽火台	马道头乡铺龙湾村中	1298米	北距五峰嘴烽火堡12.7千米	石	外部石片垒砌,包石厚0.7米;内部黄色黏土夯筑	矩形	梯形	台体底部东西7.2,南北8米,顶部东西4.6、南北5.7米	台体东壁有台阶,台阶宽0.7米	无	保存较差。台体坍塌脱落严重,底部东侧有羊圈,西侧有一堆废砖	自然因素主要是风雨侵蚀,植物生长等
李家窑烽火台	小京庄乡李家窑村中	1621米	东北距五峰嘴烽火堡16千米,铺龙湾烽火台7.1千米	土	黄色黏土夯筑而成,含砂砾,夯层厚0.17~0.25米	矩形	梯形	台体底部东西11.7,南北11.5米,顶部东西5.2,南北2.8米,残高9.2米	台体四周有三重围墙,平面呈矩形。最内围墙距台体10米,西墙长25、南墙长30,残高0.6米;围墙距第一重6.5米,第二重围墙距第一重6.5米,残高0.2米;第二重围墙距第三重围墙距1.5米,台体底部有台基,平面呈矩形,残高0.6米	无	保存较好。台体有所坍塌脱落,表面凹凸不平,有裂缝、沟槽、孔洞	自然因素主要是风雨侵蚀,植物生长等

续表 119

名称	地点	高程	与其他遗存的位置关系	材质	建筑方式	平面形制	剖面形制	尺寸	附属设施	修缮情况	保存状况	损毁原因及存在病害
郑门窑烽火台	三屯乡郑门窑村东南1.3千米	1967米	东北距六墩沟烽火台东南3.5千米	土	红褐色黏土夯筑而成，夯层厚0.15米	圆形	梯形	台体底径10.5、顶径6、残高8.5米	无	无	保存一般。台体坍塌脱落严重，表面凹凸不平，有裂缝、沟槽、孔洞，紧邻有废弃的现代砖房，西南角有砖砌台阶。台体顶部为水泥地面，正中有无字水泥碑	自然因素主要是风雨侵蚀、植物生长等；人为因素主要是挖掘洞穴，不合理利用等
立石烽火台	三屯乡立石村东0.05千米	1613米	东南距郑门窑烽火台东5千米，北距十二窑烽火台2千米	土	黄色黏土夯筑而成，含砂砾，夯层厚0.1~0.12米	矩形	梯形	台体底部东、南，西、北长5、5.8、5、4.7米，顶部东、南，西、北长1.4,1.5,1.5,1.6米,残长6.9米	台体底部有台基，东南角残高1.6米	无	保存一般。台体坍塌脱落严重，表面凹凸不平，有裂缝、沟槽，孔洞	自然因素主要是风雨侵蚀、植物生长等；人为因素主要是修路挖损台基
蔡家窑烽火台	三屯乡蔡家窑村西南1.35千米	1852米	东北距郑门窑烽火台西南9.1千米，距守府烽火台7.6千米	土	灰黄色黏土夯筑而成，夯层厚0.16~0.21米	圆形	梯形	台体底部东西残长2.5、残高1.6米	无	无	保存较差。台体坍塌脱落严重，表面凹凸不平，有裂缝、沟槽，孔洞，东壁缓坡上有现代修筑的房屋	自然因素主要是风雨侵蚀、植物生长等；人为因素主要是不合理利用等
降家村2号烽火台	小京庄乡降家村北1.05千米	1555米	东北距马道头烽火台9.7千米	土	红褐色黏土夯筑而成，夯层厚度不详	矩形	梯形	台体残高2米	无	无	保存较差。台体坍塌脱落严重，表面凹凸不平，有裂缝、沟槽，孔洞，顶部有矩形土坑，边长0.5、深0.7米	自然因素主要是风雨侵蚀、植物生长等；人为因素主要是紧邻种植体耕种等

续表 119

名称	地点	高程	与其他遗存的位置关系	材质	建筑方式	平面形制	剖面形制	尺寸	附属设施	修缮情况	保存状况	损毁原因及存在病害
降家村 1 号烽火台	小京庄乡降家村内西部	1461 米	北距降家村 2 号烽火台 1.4 千米，东南距李家鉴烽火台 9 千米	土	红褐色黏土夯筑而成，含砂砾，夯层厚 0.15～0.19 米	矩形	梯形	台体底部西边长 5.8，残高 4.5 米	无	无	保存较差。台体坍塌脱落严重，表面凹凸不平，有裂缝，沟槽，孔洞。南壁有拱形洞穴、洞穴内有性畜圈洞，洞穴北有畜圈棚，土建筑；紧依北壁有性畜圈棚、北墙缓坡上长满榆树，顶部西南角利用台体等	自然因素主要是风雨侵蚀、植物生长等；人为因素主要是挖掘洞穴、盖房利用台体等
乔峪烽火台	小京庄乡树儿里村西南 1.2 千米乔峪村现已废弃，烽火台位于乔峪村北 0.1 千米)	1438 米	东距降家村 1 号烽火台 3.6 千米	土	红褐色黏土夯筑而成，夯层厚 0.2 米	矩形	梯形	台体残高 1.5 米	台体东、东南侧有围墙。东侧围墙紧邻台体，平面呈矩形，残存东、北墙，东墙残长 25，北墙残长 22 米，夯层厚 0.18～0.23 米，西北角残高 2.6、东北角残高 2.1 米；北墙内有 4 个土坑，土坑东西 3.5、南北 2.5 米。东南侧围墙残存东墙，残长 14 米，黄褐色黏土夯筑而成，含砂砾；围墙内有 4 个条形土坑，长 5.5、宽 4.4 米。两围墙间距 0.03 米	无	保存较差。台体坍塌脱落严重，表面凹凸不平，有裂缝、沟槽，孔洞	自然因素主要是风雨侵蚀、植物生长等
毛官屯烽火台	小京庄乡毛官屯村东 1.25 千米	1521 米	西北距乔峪烽火台 3.7 千米	土	黄褐色黏土夯筑而成，含砂砾，夯层厚 0.2 米	矩形	梯形	台体底部边长 7 米，顶部南边长 3、北边长 2.7 米，残高 5.8 米	无	无	保存一般。台体坍塌脱落严重，表面凹凸不平，有裂缝、沟槽，孔洞	自然因素主要是风雨侵蚀、植物生长等

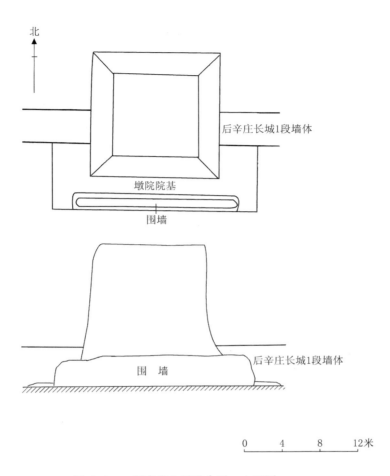

北

后辛庄长城1段墙体

墩院院基

围墙

围　墙

后辛庄长城1段墙体

0　　4　　8　　12米

图二二一　后辛庄1号敌台平、立面图

第五章　右玉县长城

右玉县位于山西省西北部，东与左云县、南与山阴县和平鲁区、西和北分别与内蒙古自治区和林格尔县、凉城县交界。内蒙古自治区长城资源调查队对右玉县与凉城县、和林格尔县交界区域的明代长城墙体及其他遗存进行了调查。山西省明代长城资源调查五队从 2007 年 5 月 25 日～8 月 14 日，对该县其他区域明代长城资源进行了调查。

一　长城资源调查数据

右玉县共有长城墙体 35 段，总长 76554 米；堡 19 座；单体建筑共 497 座，其中敌台 183 座、马面 81 座、烽火台 233 座；相关遗存共 5 处，其中砖窑 2 座、城楼 1 座、界碑 2 块等（地图六）。

（一）长城墙体

长城墙体从左云县与内蒙古自治区凉城县交界处，继续沿右玉县与凉城县交界处，大致呈东—西向延伸，有三墩湾长城、冯家沟长城、芦草沟长城、二三墩长城、七墩窑长城、头墩长城、庙沟长城、八墩窑长城、张王沟长城、马场沟长城、八台沟长城和十二沟长城。然后进入右玉县境，大致呈东北—西南走向，有杀虎口长城和河西长城。继之沿右玉县与和林格尔县交界，大致呈东北—西南走向延伸，有二十五湾长城、二十三村长城、海子湾长城、北辛窑长城、二分关长城、羊塔长城、前海子洼长城、磨扇凹长城、三十二村长城、三十八村长城、四十二村长城、后庄窝长城、十三边长城、高家窑长城、碓臼沟长城、韭菜沟长城、火盘沟长城、井沟长城和大沙口长城，然后长城进入平鲁区与清水河县交界，头墩长城西侧右玉县境内有大坡长城和十五沟长城。

右玉县明代长城墙体由内蒙古自治区调查，有长城 35 段，总长 76554 米，其中保存较好 12635、一般 29826.5、较差 24002.5、差 4377、消失 5713 米。除 2 段消失外，其余均为土墙，夯层厚 0.15～0.3 米。现存墙体剖面大致呈不规则梯形，底宽 1.5～11、底宽 0.18～4.5、残高 0.2～8 米。墙体附属设施有敌台 183 座、马面 81 座。右玉县长城墙体及附属设施情况（表 160，见本章末附表）。

（二）堡

右玉县共调查堡19座（表161）。

表161　右玉县城堡一览表

所属乡镇	城堡名称	合计（座）
李达窑乡	破虎堡、残虎堡	2
右卫镇	杀虎堡、马营河堡、右卫城、红土堡	4
杨千河乡	铁山堡	1
丁家窑乡	韭菜沟堡、新云石堡、旧云石堡、马堡	4
威远镇	威远堡、威坪堡	2
牛心堡乡	黄土堡、牛心堡、云阳堡	3
新城镇	大堡、上堡（祁家河堡）	2
元堡子镇	胡村堡	1
合计		19

1. 破虎堡

位于李达窑乡破虎堡村中，高程1487米。北距芦草沟长城0.65千米。

堡平面呈矩形，坐北朝南，东西210、南北365米，周长1150米，占地面积76650平方米。现存主要设施、遗迹有堡墙、城门1座、角台4座、马面5座、堡内东西向墙体1道、护城壕等（图二二二）。堡墙原为砖墙，现为土墙，黄土夯筑而成，夯层厚0.15～0.2米。墙体底宽6～7、顶宽2～3、残高9～10米。南墙中部设城门1座（彩图四一三、四一四）。南门外有照壁，距南门27米。存角台4座。存马面5座，东、西墙各2座，北墙中部1座。堡内中部偏南有东西向墙体一道，连接东西墙。堡外有护城壕遗迹，长760米。

堡整体保存一般。墙体坍塌损毁严重。堡内建筑无存，为民居。造成损毁的自然因素主要是风雨侵蚀、植物生长等；人为因素主要是利用墙体修建房屋、农业生产活动破坏等。

2. 残虎堡

位于李达窑乡残虎堡村中，高程1571米。北距大坡长城2.5千米。

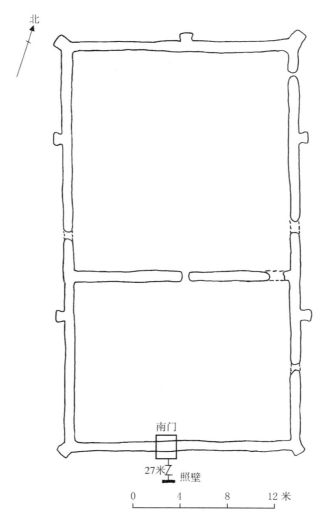

图二二二　破虎堡平面示意图

　　堡平面呈矩形，坐北朝南，东西长 200、南北长 250 米，周长 848 米，占地面积 50374 平方米。现存主要设施、遗迹有堡墙、城门 1 座、瓮城 1 座、角台 4 座、马面 2 座、护城壕等（图二二三）。堡墙原为石墙，现为土墙，黄土夯筑而成，夯层厚 0.1～0.15 米，墙体底宽 7～8、顶宽 2～3、残高 3～10 米。南墙中部设城门 1 座，现为豁口。南门外设瓮城。角台存 4 座。马面存 2 座，西、北墙各 1 座。堡外东、西、北侧有护城壕遗迹，长 627、宽 5～6、深 2～3 米，壕内现为耕地。

　　堡整体保存一般。墙体坍塌损毁严重。西墙北段被挖断形成便道，豁口宽 15 米。堡内建筑无存，有民居。造成损毁的自然因素主要是风雨侵蚀、植物生长等；人为因素主要是修建房屋破坏墙体、将墙体挖断形成便道、农业生产活动破坏等。

3. 杀虎堡

　　位于右卫镇杀虎口村中，高程 1289 米。北距杀虎口长城 0.7 千米。

　　堡平面呈矩形，坐北朝南，由北侧旧堡、南侧新堡（也称平集堡）和将旧新两堡连接起来的东西

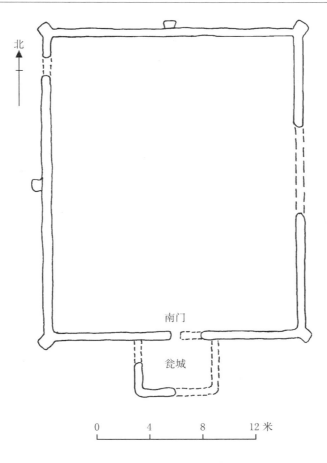

图二二三 残虎堡平面示意图

两段墙体组成，旧、新堡边长均为 250 米，连接旧、新两堡的东西两段墙体长 150 米，总周长 1800 米，占地面积 163500 平方米。现存主要设施、遗迹有堡墙、城门 3 座（另有连接新旧堡的西墙上设门 1 座）、瓮城 2 座、角台 4 座、马面 5 座、古道等（图二二四）。堡墙原为砖墙，现为土墙，黄土夯筑而成，夯层厚 0.2 ~ 0.3 米，墙体底宽 6 ~ 10、顶宽 3 ~ 6、残高 3 ~ 10 米。旧堡南墙中部设城门 1 座，宽 5、高 4 米。南门外设瓮城，东西 20、南北 25 米。瓮城西墙设瓮城门，城门墙体底宽 4、顶宽 1、残高 8 米。旧堡南门和南门外瓮城西门包砖均无存。新堡南墙中部原设城门 1 座，现无存。南门外设瓮城，南墙设瓮城门，瓮城门墙体长 13.5、残高 8 米；瓮城门为条石基础的砖券拱门，条石基础高 0.62 米，条石长 78、宽 30、厚 16 厘米，门洞宽 3.5、高 4.4、进深 5 米（彩图四一五）。门洞上方有砖雕门额，题"平集堡"三字。新堡北门为条石基础的砖券拱门，宽 3.8、高 3.5、进深 13 米，门洞上方嵌有石匾，字迹无存。连接旧、新堡的东西两段墙体各设城门 1 座，现东门无存。西门墙体残高 9 米，西门为条石基础的砖券拱门，条石基础高 0.45 米，门洞宽 3.4、高 4.5、进深 5.9 米（彩图四一六）。存角台 4 座，角台底宽 12、凸出墙体 4.5 米，顶宽 6、凸出墙体 3 米。存马面 5 座。角台、马面残存包砖痕迹。西门外有古道，宽 4 米，路面铺石，通往杀虎口。杀虎堡西 1 千米处苍头河上有一座明代桥梁，名为"万金桥"，残存桥墩 2 个。

堡整体保存一般。墙体坍塌损毁严重。堡内建筑无存，有民居。造成损毁的自然因素主要是风雨侵蚀、植物生长等；人为因素主要是修建房屋破坏墙体、农业生产活动破坏等。

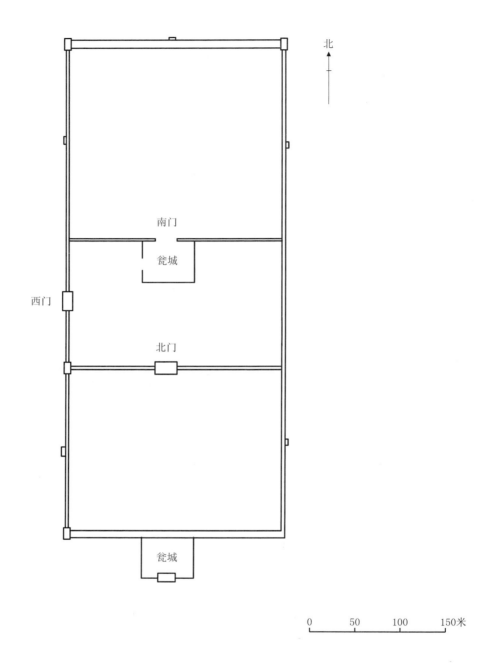

图二二四　杀虎堡平面示意图

4. 马营河堡

　　位于右卫镇马营河村东，高程1293米。堡平面呈矩形，坐北朝南，周长386米，占地面积9310平方米。现存主要设施、遗迹有堡墙、城门1座、瓮城1座、角台1座、马面1座等（图二二五）。堡墙为土墙，黄土夯筑而成，含砂砾，北墙夯层厚0.17~0.2米。东墙顶部最宽3.8、残存最高10.3米；北墙顶部最宽2.5、外高7.2、内高5.5米。南墙中部设城门1座，现为豁口，宽5、高7.2、进深5.4

米，豁口两侧墙体底部残存包砖。南门外设瓮城，残存东墙，残长28、残高4米，夯层厚0.16~0.18米。仅存东北角台，斜向凸出于墙体，宽10.5、凸出墙体6米（彩图四一七）。存北墙马面1座，位于北墙中部，宽12、凸出墙体4.6、残高8.8米。

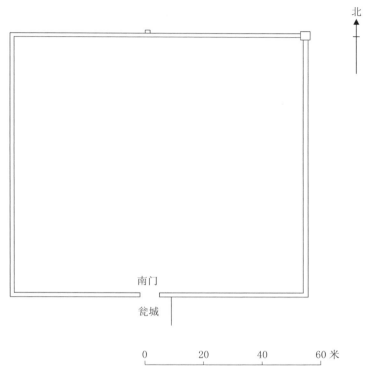

图二二五　马营河堡平面示意图

堡整体保存一般。墙体坍塌损毁严重，西墙南北两端均有豁口；北墙东段有豁口，宽3.5、高2.5、进深2.8米。东北角台外侧坍塌呈圆弧状，马面西北壁坍塌。堡内建筑无存，堡内为耕地，堡外有民居。造成损毁的自然因素主要是风雨侵蚀、植物生长等；人为因素主要是利用墙体修建房屋等。

5. 右卫城

位于右卫镇镇中，高程1300米。

城平面呈不规则形，坐北朝南，东、南、北墙呈直线延伸（彩图四一八），西墙南段与南墙夹角120°，中段与南段夹角150°，北段呈弧形与北墙相接（彩图四一九、四二〇），东墙长1100、南墙长1300、西墙长1300、北墙长1500米，周长5200米，占地面积776621平方米。现存主要设施、遗迹有城墙、城门4座、瓮城4座、角台4座、马面18座等（图二二六）。城墙为砖墙，外部砖石砌筑，大多无存；内部为土墙，黄土夯筑而成，含砂砾。西墙北段顶部有女墙，墙体顶宽1.8米，女墙顶宽0.5、残高1.1米。四面城墙各设城门1座（测绘图二八~三五），东西门内侧经现代重修[1]（彩图四二一、四二二），西门外侧保持原貌（彩图四二三）。南门（彩图四二四~四二六）匾额上有"永宁"二字，北门匾额上有"镇远"二字（彩图四二七、四二八）。城门外均设瓮城，东门外瓮城东西51、

---

〔1〕　山西省基础地理信息院2009年编写《山西省明长城重点地段测绘工程》时，右卫城东、西、南、北城门内外侧完成重修。

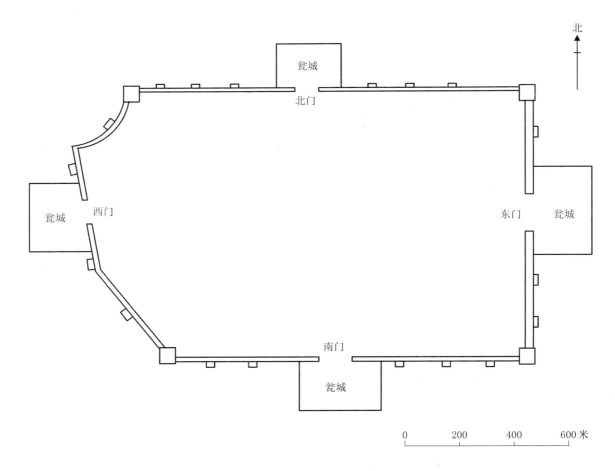

图二二六　右卫城平面示意图

南北 60 米，东、南墙各有一处豁口，东墙豁口有道路穿过；南门外瓮城东西 55、南北 44 米，东、南墙各有一处豁口，东墙豁口有道路穿过；西门外瓮城东西 54、南北 40 米（彩图四二九），南墙、西墙各有一处豁口，西墙豁口有道路穿过；北门外瓮城东西 59、南北 43 米（彩图四三〇），东、北墙各有一处豁口。南、北瓮城东侧各有一段南北向墙体，与南、北城墙相连，南瓮城东侧墙体长 46、顶宽 12.2 米，北瓮城东侧墙体长 50 米（彩图四三一）。存角台 4 座。存马面存 18 座，其中东墙 3 座、南墙 5 座、西墙 4 座、北墙 6 座。

卫城整体保存一般。墙体坍塌损毁严重，堡内建筑无存。造成损毁的自然因素主要是风雨侵蚀、植物生长等；人为因素主要是取土挖损墙体、利用墙体修建窑洞、将墙体挖断形成便道等。

6. 红土堡

位于右卫镇红土堡村中，高程 1343 米。

堡平面呈矩形，坐北朝南，周长 600 米，占地面积 22500 平方米。现存主要设施、遗迹有堡墙、城门 1 座、角台 3 座、马面 5 座等（图二二七）。堡墙原为石墙，现为土墙，黄土夯筑而成，含砂砾，东墙夯层厚 0.16～0.2 米。南墙顶宽 2.2 米，北墙顶宽 0.5、残高 1.7 米。堡墙西南角沿西墙向南侧延伸出一段短墙，长 5.1、宽 2.3、残高 3.4 米。南墙中部设城门 1 座，现为豁口，进深 4 米。存角台存 3 座，东南角台无存，东北、西北角台坍塌损毁严重。马面存 5 座，东墙 1 座、西墙 1 座、北墙 3 座。

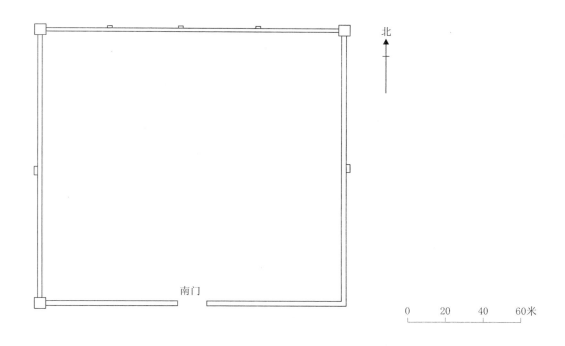

图二二七　红土堡平面示意图

东墙马面顶宽 8.47 米，南壁有掏挖的窑洞，顶部有烟囱；西墙马面位于墙体中部，被掏挖形成牲畜栏圈；北墙马面夯层厚 0.07～0.17 米，部分夯层间有厚 0.01 米的夹层。

　　堡整体保存一般。墙体坍塌损毁严重。东墙北段近东北角台处有豁口，宽 3.51、进深 4.33、残高 3.5 米，有道路穿过；西墙外有倚墙而建的房屋。堡内建筑无存，为耕地。造成损毁的自然因素主要是风雨侵蚀、植物生长等；人为因素主要是利用墙体、马面修建房屋和窑洞及将墙体挖断形成便道等。

7. 铁山堡

位于杨千河乡铁山堡村西，高程 1411 米。

　　堡平面呈朝东的"凸"字形，坐西朝东，由东西二堡相连组成（彩图四三二、四三三）。西堡较大，平面呈矩形；东堡较小。东堡西墙与西堡东墙有东西向墙体相连接，总周长 848 米，占地面积 24390 平方米。现存主要设施、遗迹有堡墙、城门 3 座、瓮城 1 座、角台 8 座、马面 3 座、护城壕等（图二二八）。堡墙原为砖墙，现为土墙，黄土夯筑而成，含砂砾，西堡墙体夯层厚 0.15～0.2 米。西堡墙体顶部最宽 1.8 米，东墙北段外高 5.1、内高 8.3 米；南墙残高 3.5 米；西墙北段外高 2.2、内高 4.6 米；北墙外高 6.7、内高 8 米。东墙中部设城门 1 座，现为豁口，宽 6、进深 10.4 米。城门外设瓮城（彩图四三四），瓮城墙体底宽 5.6 米，瓮城南墙有豁口。南墙东段设城门 1 座，现为豁口，宽 3.4、进深 5.4 米。东堡墙体残高 8 米。东堡东墙中部设城门 1 座，现为豁口，宽 13.5 米。西堡存角台 4 座，东北角台顶部边长 6.3、残高 8.4 米；东南角台残高 7 米，顶部散落砖瓦碎块，角台上有掏挖的洞穴；西南角台底部边长 12.3、顶部边长 6.4、残高 9.8 米；西北角台顶部边长 6.7、残高 8.9 米，顶部散落瓦片。西堡存马面 3 座，南、西、北墙中部各 1 座，南墙马面上部坍塌损毁严重；西墙马面

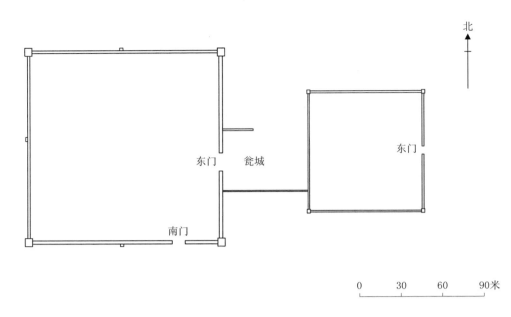

图二二八　铁山堡平面示意图

残高 8.3 米，顶部散落少量瓦片；北墙马面宽 7.7、凸出墙体 6.4、残高 8.3 米。东堡存角台 4 座。西堡西墙外有护城壕遗迹，紧邻西墙，宽 9、深 3.5 米。

　　堡整体保存一般。墙体坍塌损毁严重，堡内建筑无存。造成损毁的自然因素主要是风雨侵蚀、植物生长等；人为因素主要是利用墙体修建窑洞、西堡东南角台上掏挖洞穴等。

8. 韭菜沟堡

　　位于丁家窑乡云石堡村西 1 千米处，高程 1553 米。西北距韭菜沟长城 0.14 千米。

　　堡平面呈矩形，坐西朝东，周长 814 米，占地面积 38465 平方米。现存主要设施、遗迹有堡墙、城门 1 座、瓮城 1 座、角台 2 座、马面 3 座等（图二二九）。堡墙为土墙，黄土夯筑而成，墙体底宽 7、顶宽 1~2、残高 4 米。东墙中部设城门 1 座，现为豁口。东门外设瓮城，东西 15、南北 18 米，北墙设瓮城门，现为豁口，宽 5 米。角台存 2 座，东南、西南角台无存，东北角台顶部东西 0.5、南北 1、残高 4.8 米；西北角台底部东西 6.5、南北 8.4 米，顶部东西 2.6、南北 12 米，残高 2.6 米。马面存 3 座，南、西、北墙中部各 1 座，马面底部东西 7、南北 9 米，顶部东西 2.7、南北 3 米，残高 4 米。

　　堡整体保存一般。墙体坍塌损毁严重，西、北墙各有一处豁口，宽 9 米。堡内建筑无存。造成损毁的自然因素主要是风雨侵蚀、植物生长等；人为因素主要是农业生产活动破坏等。

9. 新云石堡（内蒙古自治区调查队称云石堡）

　　位于丁家窑乡云石堡村西北，高程 1584 米。西北距韭菜沟长城 1.8 千米。

　　堡平面呈矩形，坐西朝东，东墙长 184、南墙长 189、西墙长 190、北墙长 183 米，周长 746 米，占地面积 35910 平方米。现存主要设施、遗迹有堡墙、城门 1 座、瓮城 1 座、角台 4 座、马面 3 座等（图二三○）。堡墙为砖墙，外部砖石砌筑；内部为土墙，黄土夯筑而成，含砂砾，北墙夯层厚 0.13 ~ 0.18 米。东墙南段、南墙外壁部分残存包砖（彩图四三五），东墙顶部最宽 4.3 米；西墙最宽 4.2、外

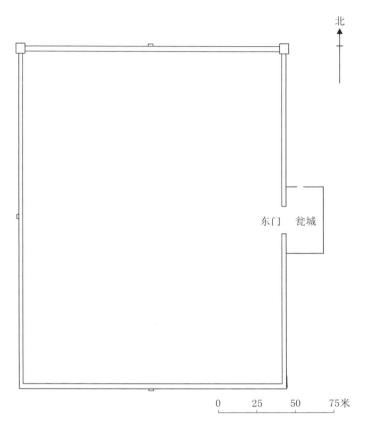

北

东门　瓮城

0　　25　　50　　75米

图二二九　韭菜沟堡平面示意图

高 9.7、内高 8.1 米；北墙顶部最宽 4.1、外高 8.5 米。东墙中部设城门，现为豁口，宽 7.8、进深 8.3 米。东门外设瓮城，东西 26、南北 41 米，墙体残高 10 米，夯层厚 0.14～0.21 米。瓮城北墙设瓮城门，现为豁口，宽 7.9、进深 6.5 米。角台存 4 座，东北角台残高 10.3 米；东南角台残高 11 米；西南角台残高 9.5 米；西北角台顶部西边长 10.3、北边长 11.2、凸出墙体 8.7、残高 8.9 米，顶部散落碎瓦。马面存 3 座，南、西、北墙中部各 1 座，南墙马面宽 11.8、凸出墙体 4.4 米，西墙马面宽 14.5、凸出墙体 12 米。

堡整体保存一般。墙体坍塌损毁严重。堡内建筑无存，为耕地。造成损毁的自然因素主要是风雨侵蚀、植物生长等；人为因素主要是利用墙体、角台修建窑洞、房屋及墙体上掏挖洞穴等。

10. 旧云石堡

位于丁家窑乡沙家沟村东北 0.4 千米处，高程 1601 米。

堡平面呈矩形，坐东朝西，东墙长 151、南墙长 203、西墙长 150、北墙长 231 米，周长 735 米，占地面积 30350 平方米。现存主要设施、遗迹有堡墙、城门 1 座、瓮城 1 座、角台 4 座、马面 4 座、瓮城外围墙等（图二三一；彩图四三六）。堡墙为土墙，黄土夯筑而成，含砂砾，夯层厚 0.14～0.2 米。南墙残存最高 8.17 米，北墙外壁最高 10.1、内壁最高 5.44 米。西墙设城门 1 座，现为豁口，宽 6.31 米。西门外设瓮城，东西 26、南北 32 米，瓮城墙体底宽 6.2、顶宽 0.2～1.7、残高 11.2 米，南墙设瓮城门，现为豁口，宽 10 米；西墙中部有马面 1 座，底部东西 7.57、南北 12.04 米，顶部东西 4.7、南北 6.29 米，残高 12.61 米。角台存 4 座，东北角台顶部东边长 6.2、

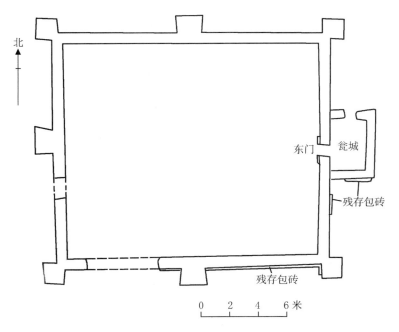

图二三〇 新云石堡平面示意图

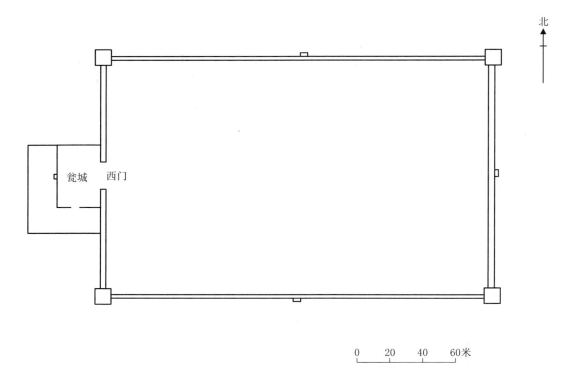

图二三一 旧云石堡平面示意图

北边长 4.7、残高 11.2 米；东南角台东边长 6.82、南边长 6.28 米；西南角台底部南边长 12.53、西边长 11.42、北边长 8.3 米，顶部南边长 5.38、西边长 4.41 米，残高 11.5 米；西北角台底部南边长 7.36、西边长 10.16、北边长 9.96 米，顶部南边长 3、西边长 6.3、北边长 5.3 米，残高 10.43 米。马面存 3 座，东、南、北墙中部各 1 座，东墙马面东西 6.16、南北 6.32、残高 8.18 米；南墙马面凸出墙体 6.2、残高 10.5 米；北墙马面顶宽 6.1、凸出墙体 5.1、残高 12.1 米。瓮城外有围墙，南墙与瓮城南墙平行，长 52 米；西墙长 38 米；北墙与瓮城北墙相连，长 24 米。瓮城外围墙南墙外侧有三段南北向墙体痕迹。

堡整体保存一般。墙体坍塌损毁严重，北墙西段有豁口，宽 5 米。瓮城外围墙南墙西段有豁口，宽 7.47、进深 3.67 米。堡内建筑无存，内外为耕地。造成损毁的自然因素主要是风雨侵蚀、植物生长等。

11. 马堡

位于丁家窑乡丁家窑村东南 0.5 千米处，高程 1568 米。

堡平面呈矩形，坐北朝南，东西 140、南北 138 米，周长 556 米，占地面积 19320 平方米。现存主要设施、遗迹有堡墙、城门 1 座、瓮城 1 座、角台 4 座、马面 1 座、护城壕等（图二三二）。堡墙原为

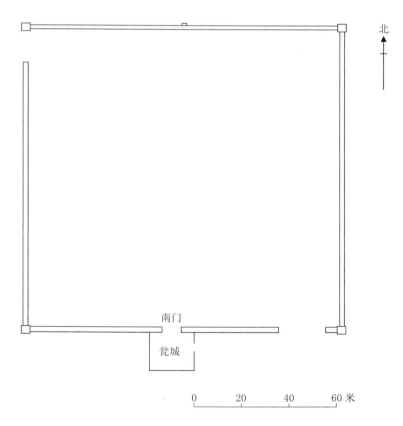

图二三二　马堡平面示意图

石墙，现为土墙，黄土夯筑而成，含砂砾，夯层厚 0.13～0.2 米。东墙底宽 3、顶部最宽 0.6、残高 5.4 米；南墙残高 4.5 米；西墙底宽 2.9、顶部最宽 0.6、残高 5.8 米；北墙底宽 3、顶部最宽 0.6、残高 5.4 米。南墙中部设城门 1 座，现为豁口，宽 5.2 米。南门外设瓮城，东西 15、南北 14 米，墙体底

宽 2.7、残高 3.2~5 米。瓮城东墙设瓮城门,现为豁口,宽 6.7 米。角台存 4 座,东北角台残高 5.1 米;东南角台底宽 4.86、东北边凸出墙体 5.66、西南边凸出墙体 4.96 米,顶宽 1.6、凸出墙体 2.1 米,残高 6.1 米;西南角台残高 6.5 米(彩图四三七);西北角台残高 4.12 米。存北墙中部马面 1 座,底宽 4.1、凸出墙体 2.43 米,顶宽 1.7、凸出墙体 2.2 米,残高 4.24 米。北墙外侧 10.56 米处有壕沟,宽 6.12、深 1.3 米。

堡整体保存一般。墙体坍塌损毁严重,东墙北段近东北角台处有豁口,宽 2.5 米;南墙东段有豁口,宽 25、进深 3 米;西墙南段有豁口,宽 1.2 米;西墙北段有一处被冲沟损毁形成的豁口,宽 14.5 米。堡内外为耕地。造成损毁的自然因素主要是风雨侵蚀、植物生长、洪水冲刷等;人为因素主要是农业生产活动破坏等。

12. 威远堡

位于威远镇威远村中,高程 1346 米。

堡平面呈矩形,坐北朝南,周长 2814 米,占地面积 494910 平方米。现存主要设施、遗迹有堡墙、城门 4 座、瓮城 4 座、角台 4 座、马面 8 座、护城壕 2 道等(图二三三)。堡墙原为砖墙。四面堡墙各设城门 1 座。城门外均设瓮城,东门外瓮城东西 41 米,东墙有一处豁口,有水泥路穿过;南门外瓮城墙体顶宽 4 米,墙体内壁有多处掏挖的窑洞,南墙有一处豁口,有水泥路穿过;西门外瓮城南墙有一处豁口,有水泥路穿过;北门外瓮城东西 49、南北 40 米,东墙有一处豁口,有水泥路穿过。角台存 4 座,东北角台顶部有现代水泥雕塑;西北角台顶部有现代夯筑土台,土台面向堡内一侧有洞穴,与角台内部和下方的"地道"相通。马面存 8 座,每侧堡墙瓮城两侧各设 1 座,其中东墙北马面残高 9.2 米,南、北壁残存包砖痕迹。南、北墙外有护城壕遗迹,北墙外护城壕距北墙 6.8 米,宽 29、深 2.7 米。

堡整体保存一般。墙体坍塌损毁严重,南墙西段有土路穿过,堡内建筑无存。造成损毁的自然因素主要是风雨侵蚀、植物生长等;人为因素主要是利用墙体修建窑洞、将墙体挖断形成便道、东北角台顶部建现代水泥雕塑、西北角台顶部建现代夯筑土台及内部和下方掏挖"地道"等。

13. 威坪堡

位于威远镇威坪堡村中,高程 1401 米。

堡平面呈"凸"字形,坐北朝南,由东、西堡相连组成,西堡较大、东堡较小,平面均呈矩形。西堡东西 144、南北 148 米;东堡东墙长 114、南墙长 126、北墙长 134 米。总周长 958 米,占地面积 38196 平方米。现存主要设施、遗迹有堡墙、城门 3 座、瓮城 1 座、角台 6 座、马面 2 座、护城壕等(图二三四)。堡墙为石墙,外部石块砌筑;内部为土墙,黄土夯筑而成,含砂砾,西堡墙体夯层厚 0.16~0.2 米,东堡墙体夯层厚 0.22 米,西堡南墙西段、北墙东段部分残存包石痕迹(彩图四三八)。西堡东、南墙中部设城门,现为豁口,分别宽 8.6、7.5 米。南门外设瓮城,东西 22、南北 24 米,瓮城东墙无存,南墙西段部分残存包石痕迹。东堡东墙南段设城门 1 座,现为豁口,宽 6.1 米。西堡存角台 4 座;马面存 2 座,西、北墙马面各 1 座,西墙马面部分残存包石痕迹。东堡存东北、东南角台。西堡西、北墙外有护城壕遗迹,现为耕地。

堡整体保存一般。墙体坍塌损毁严重,瓮城南墙内壁有掏挖的窑洞;西堡北墙马面有掏挖的窑洞,宽 2.7、高 2.8 米。堡内建筑无存。造成损毁的自然因素主要是风雨侵蚀、植物生长等;人为因素主要是利用墙体、马面修建窑洞、墙体上掏挖洞穴等。

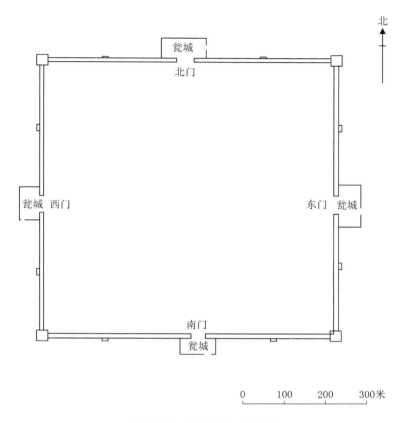

图二三三　威远堡平面示意图

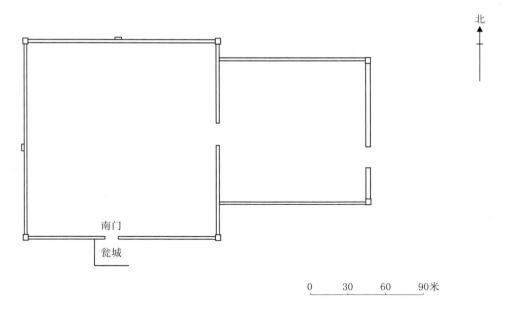

图二三四　威坪堡平面示意图

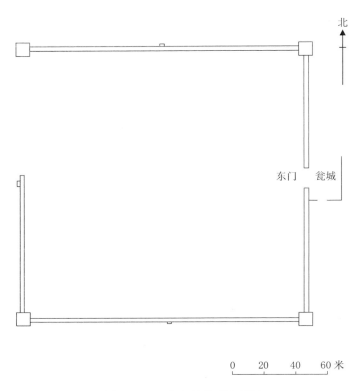

图二三五　黄土堡平面示意图

14. 黄土堡

位于牛心堡乡黄土坡村中，高程 1503 米。

堡平面呈矩形，坐西朝东，周长 742 米，占地面积 34390 平方米。现存主要设施、遗迹有堡墙、城门 1 座、瓮城 1 座、角台 4 座、马面 3 座等（图二三五）。堡墙原为砖墙，现为土墙，黄土夯筑而成，夯层厚 0.15～0.17 米。北墙部分残存包砖（彩图四三九），墙体底宽 4.9、残高 6.23 米；南墙顶宽 2.74、残高 1.7～6.1 米；西墙残高 2.43 米，北段墙体无存。东墙中部设城门，现为豁口，进深 5.03 米，有土路穿过。东门外设瓮城，残存东墙和部分南墙，北墙无存，墙体底宽 4.53、顶宽 1.1、残高 6.93 米，东、南墙有豁口，有土路穿过。角台存 4 座，东北角台残高 12.25 米；东南角台残高 8.29 米；西北角台中上部存包砖。马面存 3 座，南、西、北墙各 1 座，北墙马面残高 9.8 米。

堡整体保存一般。墙体坍塌损毁严重。堡内建筑无存，堡内有民居、耕地，堡外有耕地。造成损毁的自然因素主要是风雨侵蚀、植物生长等；人为因素主要是利用墙体、角台修建窑洞及房屋和将墙体挖断形成便道、农业生产活动破坏等。

15. 牛心堡

位于牛心堡乡牛心堡村中，高程 1453 米。

堡平面呈矩形，坐北朝南，周长 1156 米，占地面积 83135 平方米。现存主要设施、遗迹有堡墙、城门 1 座、瓮城 1 座、角台 4 座、马面 7 座等（图二三六）。堡墙原为石墙，现为土墙，黄土夯筑而成，夯层厚 0.17 米。东墙北段无存，南段残高 0.5～2 米；南墙东段无存，西段顶宽 1.7、

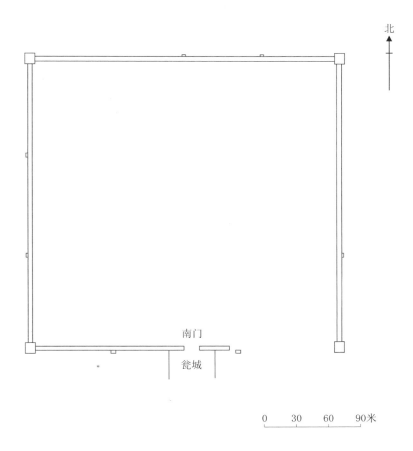

图二三六 牛心堡平面示意图

残存最高 7.8 米；西墙南段残高 4.53 米，中段残存最高 6.1 米，北段底宽 5.1、残高 5.7 米。南墙设城门 1 座，仅存门洞西侧。南门外设瓮城，仅存西墙和部分东墙，西墙残高 4.82 米。角台存 4 座。马面存 7 座，南、西、北墙各 2 座，东墙南侧有 1 座，南墙西侧马面残高 8.8 米，北墙东侧马面西壁残存包砖。

堡整体保存一般。墙体坍塌损毁严重，西墙南侧马面北有道路穿过，豁口宽 7.6 米；西墙北段有洞穴横穿墙体，宽 2.4、高 2.13 米；北墙西侧马面东 21.45 米处墙体被挖毁形成打谷场，宽 18.4 米；南墙东段墙体被挖掘机挖损。堡内建筑无存，有民居、耕地。造成损毁的自然因素主要是风雨侵蚀、植物生长等；人为因素主要是利用墙体、角台修建窑洞及房屋、修建房屋破坏墙体、墙体上掏挖洞穴、将墙体挖断形成便道、农业生产活动破坏等。

16. 云阳堡

位于牛心堡乡云阳堡村西南 0.5 千米处，高程 1420 米。

堡平面呈矩形，坐西朝东，周长 686 米，占地面积 29068 平方米。现存主要设施、遗迹有堡墙、城门 1 座、瓮城 1 座、角台 4 座、马面 3 座及护城壕等（图二三七）。堡墙原为砖墙，现为土墙，黄土夯筑而成，含砂砾，夯层厚 0.16～0.2 米，墙体底宽 4、残存最高 5.5 米。东墙中部设城门 1 座，现为豁口，宽 9 米。东门外设瓮城，瓮城墙体底宽 4、残高 7 米，南墙设瓮城门，现为豁口，宽 7 米。角台

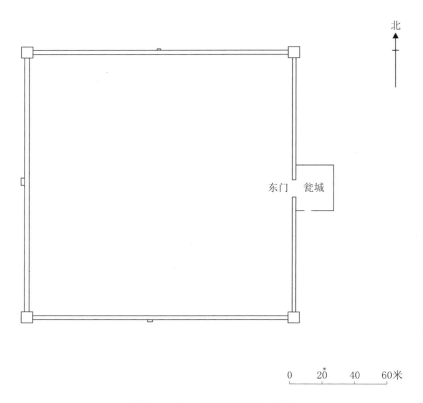

北

东门　瓮城

0　　20　　40　　60米

图二三七　云阳堡平面示意图

存 4 座。马面存 3 座，南、西、北墙中部各 1 座。角台、马面残高 6.8 米。堡外有护城壕遗迹，南墙外护城壕紧邻南墙，宽 15 米；西墙外护城壕深 3 米（彩图四四〇）。

堡整体保存一般。墙体坍塌损毁严重，瓮城南墙东段底部有洞穴，宽 0.8、高 1.1、进深 1.5 米。堡内建筑无存。造成损毁的自然因素主要是风雨侵蚀、植物生长等；人为因素主要是在墙体上掏挖洞穴、取土挖损墙体等。

17. 大堡

位于新城镇大堡移民新村西南 0.94 千米处，高程 1346 米。

堡平面呈矩形，坐东北朝西南，周长 135.2 米，占地面积 1185.9 平方米。现存主要设施、遗迹有堡墙、城门 1 座、角台 4 座等（图二三八；彩图四四一）。堡墙为土墙，黄土夯筑而成，墙体底宽 6.47、顶宽 3 米。南墙中部设城门 1 座。角台 4 座，底部边长 8.42、顶部边长 4.53 米。

堡整体保存一般。墙体坍塌损毁严重，东北、西北墙内壁有掏挖的洞穴；西北墙内壁有登顶坡道，长 25 米。造成损毁的自然因素主要是风雨侵蚀、植物生长等；人为因素主要是在墙体上掏挖洞穴、人为踩踏等。

18. 上堡

原名祁家河堡，位于新城镇上堡村中，高程 1359 米。

堡平面原呈矩形，现呈不规则形，坐北朝南，周长和占地面积不详。现存主要设施、遗迹有堡墙、城门 1 座、瓮城 1 座、角台 2 座、马面 3 座等。堡墙原为石墙，现为土墙，黄土夯筑而成，含砂砾，

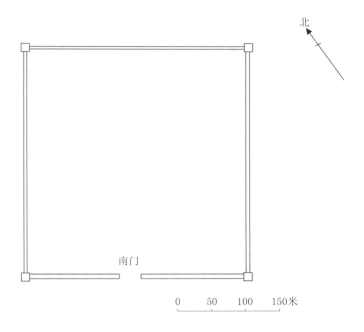

图二三八　大堡平面示意图

夯层厚 0.18 米。南墙西段顶部最宽 2.5、残高 5.85 米。南墙设城门 1 座，宽 7.8、高 6.9、进深 5.8 米，夯层厚 0.19 米。南门外设瓮城，瓮城南墙残长 23 米。角台存 2 座，东北、西北角台无存，西南角台东西 6.58、南北 6.12、残高 9.1 米。马面存 3 座，东墙 2 座、西墙 1 座，西墙马面东西 4.93、南北 4.77、残高 9.6 米。

堡整体保存较差。墙体坍塌损毁严重，部分段无存。造成损毁的自然因素主要是风雨侵蚀、植物生长等；人为因素主要是利用墙体修建房屋、修建房屋破坏墙体等。

19. 胡村堡

位于元堡子镇胡村中，高程 1429 米。

堡平面呈矩形，坐西朝东，周长 249 米，占地面积 3829 平方米。现存主要设施、遗迹有堡墙、城门 1 座、角台 4 座等（图二三九）。堡墙为土墙，黄土夯筑而成，含砂砾，夯层厚 0.2 ~ 0.3 米。墙体宽 1 ~ 2.3、外高 7.9、内高 7.2 米。东墙设城门 1 座，现为豁口，宽 20.5、高 7.2、进深 6.4 米。角台存 4 座，东北角台残高 8.4、东南角台残高 8.5、西南角台残高 8.3、西北角台残高 8.2 米。

堡整体保存一般。墙体坍塌损毁严重，墙体外壁底部有洞穴，东墙豁口北侧断面有洞穴，宽 2、高 0.9 米。堡内曾为耕地，现为荒地。造成损毁的自然因素主要是风雨侵蚀、植物生长等；人为因素主要是在墙体上掏挖洞穴等。

（三）单体建筑和相关遗存

右玉县明代长城墙体的附属设施有敌台 183 座、马面 81 座。长城墙体山西省一侧 1000 米以内还有烽火台 51 座、砖窑 2 座、城楼 1 座、界碑 2 座等。以上单体建筑和相关遗存，除 2 座烽火台

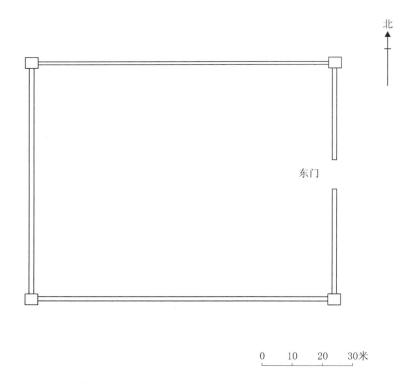

图二三九　胡村堡平面示意图

外，均由内蒙古自治区调查。以下 2 座烽火台，即山西省调查的长城墙体山西省一侧 1000 米以内的 2 座烽火台。

1. 杀虎口 3 号烽火台

位于右卫镇杀虎口村西南 0.3 千米处，高程 1300 米。整体保存一般。台体被青砖、条石包砌，属不合理修缮，底部直径 10.2 米。台体顶部修建有凉亭。造成损毁的人为因素主要是不合量修缮等。

2. 十五沟烽火台（山西省调查，内蒙古自治区调查的大坡村东 0.2 千米处的 1 座烽火台也定名为十五沟烽火台）

位于李达窑乡十五沟村东南 0.3 千米处，高程 1645 米。台体由黄土夯筑而成，含砂砾，夯层厚 0.13~0.2 米。台体平面呈圆形，剖面呈梯形，底部东西 6、南北 4.5 米，顶部东西 3.5、南北 0.8 米。整体保存较差。台体坍塌损毁严重，表面凹凸不平，有裂缝、沟槽、孔洞。南壁上长有一棵树。台体周围为耕地，农业生产活动破坏了台体。造成损毁的自然因素主要有风雨侵蚀、植物生长等；人为因素主要是农业生产活动破坏等。

除长城墙体山西省一侧 1000 米以内的 51 座烽火台外，山西省还调查了右玉县境内的其他 182 座烽火台，均属腹里烽火台（表 162，见本章末附表）。

二　长城资源调查资料分析

右玉县与凉城县、和林格尔县交界区域的明代长城墙体及其他遗址，包括长城35段，总长76554米；敌台183座、马面81座，以及长城墙体山西省一侧1000米以内的烽火台51座；砖窑2座、城楼1座、界碑2块（图二四〇、二四一；彩图四七二）等，除杀虎口3号烽火台、十五沟烽火台（内蒙古自治区调查的大坡村东0.2千米的1座烽火台也定名为十五沟烽火台）外，均由内蒙古自治区进行调查。右玉县的破虎堡、残虎堡、杀虎堡、韭菜沟堡也由内蒙古自治区调查，右玉县境内还调查了182座腹里烽火台。本部分对长城资源调查资料的分析中，主要对右玉县全部城堡和山西省调查的腹里烽火台进行分析。

图二四〇　高家窑1号界碑拓片

图二四一　高家窑2号界碑拓片

（一）城堡

1. 城堡的形制、残存设施和遗迹

详见下表（表163）。

表163　右玉县城堡形状、尺寸、残存设施遗迹及保存状况一览表

名称	形状	朝向	周长（米）	面积（平方米）	残存设施遗迹	保存状况
破虎堡	矩形	坐北朝南	1150	76650	堡墙、城门1座、角台4座、马面5座、堡内东西向墙体1道、护城壕等	一般
残虎堡	矩形	坐北朝南	848	50374	堡墙、城门1座、瓮城1座、角台4座、马面2座、护城壕等	一般
杀虎堡	矩形。由北侧旧堡、南侧新堡（也称平集堡）和将旧、新堡连接起来的东、西两段墙体组成	坐北朝南	总1800	总163500	堡墙、城门3座、瓮城2座、角台4座、马面5座、古道等	一般
马营河堡	矩形	坐北朝南	386	9310	堡墙、城门1座、瓮城1座、角台1座、马面1座等	一般
右卫城	不规则形	坐北朝南	5200	776621	城墙、城门4座、瓮城4座、角台4座、马面18座等	一般
红土堡	矩形	坐北朝南	600	22500	堡墙、城门1座、角台3座、马面5座等	一般
铁山堡	"凸"字形，由东、西堡相连组成	坐西朝东	总848	总24390	堡墙、城门3座、瓮城1座、角台8座、马面3座、护城壕等	一般
韭菜沟堡	矩形	坐西朝东	814	38465	堡墙、城门1座、瓮城1座、角台2座、马面3座等	一般
新云石堡	矩形	坐西朝东	746	35910	堡墙、城门1座、瓮城1座、角台4座、马面3座等	一般
旧云石堡	矩形	坐东朝西	735	30350	有堡墙、城门1座、瓮城1座、角台4座、马面4座、瓮城外围墙	一般
马堡	矩形	坐北朝南	556	19320	堡墙、城门1座、瓮城1座、角台4座、马面1座、护城壕等	一般
威远堡	矩形	坐北朝南	2814	494910	堡墙、城门4座、瓮城4座、角台4座、马面8座、护城壕2条等	一般
威坪堡	"凸"字形，由东、西堡相连组成，平面均呈矩形	坐北朝南	总958	总38196	堡墙、城门3座、瓮城1座、角台6座、马面2座、护城壕等	一般
黄土堡	矩形	坐西朝东	742	34390	堡墙、城门1座、瓮城1座、角台4座、马面3座等	一般

名称	形状	朝向	周长（米）	面积（平方米）	残存设施遗迹	保存状况
牛心堡	矩形	坐北朝南	1156	83135	堡墙、城门 1 座、瓮城 1 座、角台 4 座、马面 7 座等	一般
云阳堡	矩形	坐西朝东	686	29068	堡墙、城门 1 座、瓮城 1 座、角台 4 座、马面 3 座等	一般
大堡	矩形	坐东北朝西南	135.2	1185.9	堡墙、城门 1 座、角台 4 座等	一般
上堡	矩形现呈不规则形	坐北朝南	不	不详	堡墙、城门 1 座、瓮城 1 座、角台 2 座、马面 3 座等	较差
胡村堡	矩形	坐西朝东	249	3829	堡墙、城门 1 座、角台 4 座等	一般

城堡除右卫城平面呈不规则形，其余多呈矩形，其中杀虎堡由两座矩形堡组成矩形，铁山堡和威坪堡由东、西堡组成"凸"字形。朝向多为坐北朝南（11 座），其次为坐西朝东（6 座），坐东朝西和坐东北朝西南各 1 座，绝大多数面向山西省一侧。堡的规模按周长和面积大致可区分为大、中、小三类，划分以周长约 900、1500 米为界，面积以 5 万、10 万平方米为界。因此，右玉县城堡小型城堡居多，大型和中型堡有一定数量（表 164）。

表 164　右玉县城堡大小分类一览表

分类	标准	周长（米）	面积（平方米）	关堡	数量（座）
大型	周长 1500 米以上面积 10 万平方米以上	1800～5200	163500～776621	杀虎堡、右卫城、威远堡	3
中型	周长 900～1500 米面积 5 万～10 万平方米	848～1156	50374～83135	破虎堡、残虎堡、牛心堡	3
小型	周长约 900 米以下面积 5 万平方米以下	135.2～958	1185.9～38465	马营河堡、红土堡、铁山堡、韭菜沟堡、新云石堡、旧云石堡、马堡、威坪堡、黄土堡、云阳堡、大堡、胡村堡	12
不详				上堡	1

城堡墙体有砖墙、石墙和土墙三类，外部砖石大多无存；内部土墙保存，黄土夯筑而成，夯层厚 0.1～0.3 米（表 165）。

表 165　右玉县城堡墙体建筑方式及尺寸一览表（单位：米）

名称	墙体建筑方式	夯层厚度	尺寸		
			底宽	顶宽	残高
破虎堡	原为砖墙，现为土墙。黄土夯筑而成	0.15～0.2	6～7	2～3	9～10
残虎堡	原为石墙，现为土墙。黄土夯筑而成	0.1～0.15	7～8	2～3	3～10

续表 165

名称	墙体建筑方式	夯层厚度	尺寸		
			底宽	顶宽	残高
杀虎堡	原为砖墙，现为土墙。黄土夯筑而成	0.2~0.3	6~10	3~6	3~10
马营河堡	土墙。黄土夯筑而成，含砂砾	0.17~0.2	不详	2.5~3.8	5.5~10.3
右卫城	砖墙。外部砖石砌筑，大多无存；内部为土墙，黄土夯筑而成，含砂砾	不详	不详	1.8	不详
红土堡	原为石墙，现为土墙。黄土夯筑而成，含砂砾	0.16~0.2	不详	0.5~2.2	1.7
铁山堡	原为砖墙，现为土墙。黄土夯筑而成，含砂砾	0.15~0.2	不详	1.8	2.2~8.3
韭菜沟堡	土墙。黄土夯筑而成	不详	7	1~2	4
新云石堡	砖墙。外部砖石砌筑；内部为土墙，黄土夯筑而成，含砂砾。局部残存有包砖	0.13~0.18	不详	4.1~4.3	8.1~9.7
旧云石堡	土墙。黄土夯筑而成，含砂砾	0.14~0.2	不详	不详	5.44~10.1
马堡	原为石墙，现为土墙。黄土夯筑而成，含砂砾	0.13~0.2	2.9~3	0.6	4.5~5.8
威远堡	原为砖墙	不详	不详	不详	不详
威坪堡	石墙。外部石块砌筑；内部为土墙，黄土夯筑而成，含砂砾。局部残存有包石痕迹	0.16~0.22	不详	不详	不详
黄土堡	原为砖墙，现为土墙。黄土夯筑而成，局部残存有包砖	0.15~0.17	4.9	2.74	1.7~6.23
牛心堡	原为石墙，现为土墙。黄土夯筑而成	0.17	5.1	1.7	0.5~7.8
云阳堡	原为砖墙，现为土墙。黄土夯筑而成，含砂砾	0.16~0.2	4	不详	5.5
大堡	土墙。黄土夯筑而成	不详	6.47	3	不详
上堡	原为石墙，现为土墙。黄土夯筑而成，含砂砾	0.18	不详	2.5	5.85
胡村堡	土墙。黄土夯筑而成，含砂砾	0.2~0.3	不详	1~2.3	7.2~7.9

城堡的主要设施遗迹除城堡墙体及城门、瓮城、角台、马面等常见的墙体设施外，破虎堡内有东西向墙体一道，破虎堡、残虎堡、铁山堡、马堡、威远堡、威坪堡、云阳堡外侧发现护城壕遗迹，旧云石堡瓮城外有围墙。

2. 城堡的分布特点

右玉县城堡的分布有以下特点。

①部分堡沿长城线分布，破虎堡、残虎堡、杀虎堡、韭菜沟堡、新云石堡沿山西省与内蒙古自治区交界处长城南侧和东侧分布，距长城墙体较近（0.14~2.5 千米）。其余城堡距长城较远。

②苍头河谷地城堡较多，杀虎堡、马营河堡、右卫城、红土堡、铁山堡、大堡、上堡、旧云石堡、马堡、威远堡、威坪堡、胡村堡分布于苍头河及其支流谷地。

③右卫城和左云县左云城之间分布有数座堡，将右卫城和左卫城联系起来。左云县左云城也称左卫城，右卫城至左卫城之间分布有红土堡、黄土堡、牛心堡和云阳堡。

3. 城堡的保存状况

城堡除一座保存较差外，其余保存一般。城堡墙体坍塌损毁，部分段消失。城门多为豁口或消失，马面、角台等墙体设施损毁严重或消失，城堡内建筑无存。造成损毁的自然因素主要有风雨侵蚀、植物生长、洪水冲刷等；人为因素主要是修建房屋破坏墙体，利用墙体、角台、马面修建房屋及窑洞、将墙体挖断形成便道、取土挖损墙体、墙体及角台上掏挖洞穴、农业生产活动破坏、人为踩踏等。

右玉县城堡在史料中大部分有详细的记载，将有记载的城堡实测数据对照《宣大山西三镇图说》中所记载城堡周长和堡墙高度，可以看出，右玉县城堡的周长大致与文献记载相符，堡墙高度远远低于原始高度，这也是城堡遭受损毁的一个重要反映。铁山堡和威坪堡的周长与文献记载差距较大，主要因为这两座堡由东、西堡组成，文献中只记载了一座堡的尺寸。

（二）腹里烽火台

右玉县腹里烽火台计 182 座。

1. 烽火台的材质类型及建筑方式

右玉县腹里烽火台的材质类型有土质和石质两大类。土质烽火台占绝大多数，有 180 座；石质烽火台仅发现 1 座（云石堡 1 号烽火台）；1 座烽火台（林家堡 1 号烽火台）被改建成水泥质水塔，材质类型不详。

土质烽火台建筑材料主要是黄土，很少量为黄褐色或灰褐色土以及红土，多数含有砂砾、碎石或料礓石及碎砖等，有 115 座。均为夯筑而成，夯层厚 0.08 ~ 0.4 米，绝大多数夯层厚 0.12 ~ 0.27 米，占 82.7%；夯层厚 0.12 米以下、0.27 米以上者数量很少，分别有 8 座和 6 座（表 166）；有 47 座夯层间有厚 0.01 ~ 0.07 米的夹层。

值得注意的是，进士湾烽火台台体 1.2 米以下夯层厚 0.05 ~ 0.2 米，夯层间有红黄色土夹层，厚 0.05 ~ 0.09 米；1.2 米以上夯层厚 0.2 ~ 0.25 米，夯层间有黄砂土夹层，厚 0.01 ~ 0.02 米。关于夯层厚度和有夹层烽火台的统计中，均未统计这座烽火台。

表 166　右玉县腹里土质烽火台夯层厚度统计表

	夯层厚度分类	夯层厚度（米）	数量（座）	百分比（%）
A 类	0.12 ~ 0.27 米	0.12 ~ 0.27	148	82.7
B 类	最薄 <0.12 米	0.08 ~ 0.2	8	4.5
C 类	最厚 >0.27 米	0.16 ~ 0.4	6	3.4
D 类	不详	不详	17	9.4
合计		0.08 ~ 0.4	179	100

石质烽火台 1 座，即云石堡 1 号烽火台，外部石砌；内部为夯土台体，黄土夯筑而成，含砂砾，夯层厚 0.2 米。夯层厚度与土质烽火台一致。

2. 烽火台形制

右玉县 180 座腹里土质烽火台的平面形制主要有矩形、圆形两类，矩形台体 134 座、圆形台体 46 座，剖面形制均呈梯形。可以看出，右玉县土质烽火台矩形台体较多，占 74.4%。

土质烽火台中，矩形台体底部周长 8.8 ~ 98.4、残高 2 ~ 13 米，圆形台体底部周长 15.4 ~ 61.2、残高 0.8 ～ 12.2 米。由于保存方面的原因，这些数据不能完全反映烽火台的原始尺寸（表 167、168）。

表 167　右玉县腹里土质矩形烽火台形制及保存状况一览表（单位：米）

名称	平面形制	剖面形制	底部周长	残高	保存状况
马堡烽火台	矩形	梯形	35.2	9.2	较好
暖泉烽火台	矩形	梯形	32.6	4	较差
李达窑 2 号烽火台	矩形	梯形	20.8	不详	一般
李达窑 1 号烽火台	矩形	梯形	50.2	13	较好
林家堡 2 号烽火台	矩形	梯形	41.2	不详	一般
盆儿洼烽火台	矩形	梯形	39.8	10.8	较好
马营河烽火台	矩形	梯形	40.6	6.8	一般
北草场 1 号烽火台	矩形	梯形	37	8	一般
北草场 2 号烽火台	矩形	梯形	72.6	4.1	一般
柴家堡烽火台	矩形	梯形	17	不详	一般
红旗口烽火台	矩形	梯形	90	4	较差
海子湾烽火台	矩形	梯形	47	11.6	较好
八里庄烽火台	矩形	梯形	不详	2	较差
南梁 1 号烽火台	矩形	梯形	38.4	3.87	一般
南梁 2 号烽火台	矩形	梯形	41.8	10.1	一般
曹家堡烽火台	矩形	梯形	22.7	5.37	一般
西六里烽火台	矩形	梯形	42.6	9.7	较好
李前后窑烽火台	矩形	梯形	43	11.87	较好
朱家窑烽火台	矩形	梯形	47.1	12.2	较好
八里铺 1 号烽火台	矩形	梯形	17.6	3.13	较差
八里铺 2 号烽火台	矩形	梯形	98.4	5.5	一般
草沟堡 2 号烽火台	矩形	梯形	46.6	8.5	一般
草沟堡 1 号烽火台	矩形	梯形	44.02	7.9	一般
黑流堡烽火台	矩形	梯形	15.2	5.4	较差
王官村烽火台	矩形	梯形	35	不详	较差
铁山堡烽火台	矩形	梯形	20	6.1	较差
二道梁 1 号烽火台	矩形	梯形	39.5	7.43	一般
破坊 3 号烽火台	矩形	梯形	40.4	8.89	一般
破坊 2 号烽火台	矩形	梯形	不详	不详	较差
破坊 1 号烽火台	矩形	梯形	36.8	7.73	一般
前鹰卧山 3 号烽火台	矩形	梯形	38.4	8.4	一般
前鹰卧山 2 号烽火台	矩形	梯形	34.6	8.46	一般
前鹰卧山 1 号烽火台	矩形	梯形	43.1	8.6	一般
刘贵窑烽火台	矩形	梯形	41.8	9.73	较好
云石堡 2 号烽火台	矩形	梯形	47.2	6.3	一般
云石堡 3 号烽火台	矩形	梯形	47.4	10.9	较好
云石堡 5 号烽火台	矩形	梯形	64.6	7.84	一般
青羊沟烽火台	矩形	梯形	不详	不详	较差
芦草湾 1 号烽火台	矩形	梯形	49.3	9.43	较好

名称	平面形制	剖面形制	底部周长	残高	保存状况
芦草湾 2 号烽火台	矩形	梯形	34.6	7.5	较好
汉泥沟 1 号烽火台	矩形	梯形	37.9	9.06	一般
汉泥沟 2 号烽火台	矩形	梯形	46.6	8.1	一般
旺家窑 1 号烽火台	矩形	梯形	44.6	不详	一般
旺家窑 2 号烽火台	矩形	梯形	40.6	7.5	一般
丁家窑烽火台	矩形	梯形	36.7	7.75	较好
沙家沟 6 号烽火台	矩形	梯形	46.4	8.1	一般
沙家沟 1 号烽火台	矩形	梯形	38	8.05	较好
沙家沟 3 号烽火台	矩形	梯形	52	9.2	较好
沙家沟 4 号烽火台	矩形	梯形	17.4	4.1	较差
南樊家窑 1 号烽火台	矩形	梯形	41.6	7.7	一般
南樊家窑 2 号烽火台	矩形	梯形	51.4	8	一般
南樊家窑 3 号烽火台	矩形	梯形	48	8	一般
尖山烽火台	矩形	梯形	30	3.1	较差
白塘子 2 号烽火台	矩形	梯形	50.4	8	一般
白塘子 1 号烽火台	矩形	梯形	51.6	8.3	一般
威远镇 1 号烽火台	矩形	梯形	38.6	不详	较好
古城村 1 号烽火台	矩形	梯形	41.5	7.9	一般
威远镇 3 号烽火台	矩形	梯形	51.6	7.7	一般
威远镇 2 号烽火台	矩形	梯形	58.8	2.7	较差
威东移民新村烽火台	矩形	梯形	49	9.8	一般
古城村 2 号烽火台	矩形	梯形	38.1	6.9	一般
新墩湾 2 号烽火台	矩形	梯形	35.9	不详	较好
新墩湾 1 号烽火台	矩形	梯形	33.7	不详	一般
进土湾烽火台	矩形	梯形	39.2	不详	一般
中岭烽火台	矩形	梯形	45.8	7.5	一般
树儿照烽火台	矩形	梯形	50.6	6.53 ~ 8.35	一般
石躺山烽火台	矩形	梯形	63.2	9.1	较好
东刘家窑 2 号烽火台	矩形	梯形	22	4.4	较差
东刘家窑 3 号烽火台	矩形	梯形	34	4.7	较差
六里庄 3 号烽火台	矩形	梯形	54	9.9	一般
六里庄 1 号烽火台	矩形	梯形	25.1	3.96	较差
方家堡烽火台	矩形	梯形	47.8	9.4	一般
六里庄 2 号烽火台	矩形	梯形	35.4	7.2	一般
沙家寺 1 号烽火台	矩形	梯形	45.4	9.04	一般
前胡彩沟 1 号烽火台	矩形	梯形	41.7	不详	一般
前胡彩沟 2 号烽火台	矩形	梯形	32.6	7.1	一般
红台子山烽火台	矩形	梯形	29.3	5.49	一般
崔家窑 2 号烽火台	矩形	梯形	29.2	不详	一般

名称	平面形制	剖面形制	底部周长	残高	保存状况
崔家窑 1 号烽火台	矩形	梯形	44	8.4	一般
台子村 2 号烽火台	矩形	梯形	42	9.4	较好
耿家沟 2 号烽火台	矩形	梯形	32.2	7.8	一般
常门铺 2 号烽火台	矩形	梯形	34.4	7	一般
龙头山烽火台	矩形	梯形	31.7	8	较好
邵家村烽火台	矩形	梯形	41.6	7.6	一般
马良村烽火台	矩形	梯形	49	9.5	较好
大岭山 2 号烽火台	矩形	梯形	59	不详	较好
大岭山 1 号烽火台	矩形	梯形	50.5	9.36	较好
金家花板村 2 号烽火台	矩形	梯形	47.3	7.9	一般
二十里台子烽火台	矩形	梯形	30.8	6.3	一般
善家堡 1 号烽火台	矩形	梯形	40.5	8.9	一般
善家堡 3 号烽火台	矩形	梯形	19	4.46	较差
黄土坡 4 号烽火台	矩形	梯形	14.8	4.65	较差
黄土坡 5 号烽火台	矩形	梯形	47.3	9.51	一般
魏家山烽火台	矩形	梯形	45.3	7.94	一般
黄土坡 3 号烽火台	矩形	梯形	58.8	6.4	一般
黄土坡 2 号烽火台	矩形	梯形	35.7	8.52	一般
黄土坡 1 号烽火台	矩形	梯形	22.9	6.1	一般
巴掌山烽火台	矩形	梯形	45.3	7.94	一般
板石山烽火台	矩形	梯形	30.8	6.4	一般
金家窑烽火台	矩形	梯形	43.7	不详	一般
兴盛庄烽火台	矩形	梯形	20.4	5.56	一般
卧羊山烽火台	矩形	梯形	34.2	6.5	一般
山岔沟 3 号烽火台	矩形	梯形	47.8	7.7	一般
山岔沟 1 号烽火台	矩形	梯形	35.4	6.38	一般
山岔沟 2 号烽火台	矩形	梯形	23.3	9.5	较好
牛心堡 1 号烽火台	矩形	梯形	8.8	4.6	较差
刘振抚烽火台	矩形	梯形	34.3	6.24	一般
牛心堡 5 号烽火台	矩形	梯形	39.2	8.3	一般
牛心堡 3 号烽火台	矩形	梯形	30.4	6.8	一般
曹家梁 1 号烽火台	矩形	梯形	42.2	7.2	一般
何家坟 3 号烽火台	矩形	梯形	11.8	4.6	较差
何家坟 2 号烽火台	矩形	梯形	34.3	7.5	一般
何家坟 1 号烽火台	矩形	梯形	33.5	5	一般
云阳堡 4 号烽火台	矩形	梯形	16.1	4.9	一般
云阳堡 2 号烽火台	矩形	梯形	41	10	较好
刘家窑烽火台	矩形	梯形	39.8	7.6	一般
云阳堡 3 号烽火台	矩形	梯形	45.1	9	较好

名称	平面形制	剖面形制	底部周长	残高	保存状况
云阳堡 1 号烽火台	矩形	梯形	32	6.8	一般
海子崾烽火台	矩形	梯形	25.7	4.2	较差
西石山烽火台	矩形	梯形	46.5	8.9	较好
双扣子村 2 号烽火台	矩形	梯形	38.9	8	一般
双扣子 1 号烽火台	矩形	梯形	27.8	7.2	一般
高墙框 1 号烽火台	矩形	梯形	41.1	9.1	较好
蔡家屯烽火台	矩形	梯形	不详	6.3	一般
小蒲州营烽火台	矩形	梯形	38.4	7.07	一般
南草场烽火台	矩形	梯形	28.5	6.9	一般
北十里铺 2 号烽火台	矩形	梯形	57.6	9.4	较好
北十里铺 1 号烽火台	矩形	梯形	28	5.7	一般
马官屯 1 号烽火台	矩形	梯形	42	7.9	一般
元堡子烽火台	矩形	梯形	41.6	9	一般
麻黄头村烽火台	矩形	梯形	50.3	10.2	较好
宣阳寨 1 号烽火台	矩形	梯形	32.4	5.8	一般
宣阳寨 2 号烽火台	矩形	梯形	37	6.2	一般
辛屯烽火台	矩形	梯形	48.3	不详	一般

表 168　右玉县腹里土质圆形烽火台形制及保存状况一览表（单位：米）

名称	平面形制	剖面形制	底部周长	尺寸	保存状况
东窑沟烽火台	圆形	梯形	28.9	8.5	一般
杀虎口 1 号烽火台	圆形	梯形	36	9	较好
黑洲湾烽火台	圆形	梯形	33.8	8	一般
周二堡烽火台	圆形	梯形	35.2	7.65	一般
牛皮沟烽火台	圆形	梯形	36.1	8.45	一般
南园烽火台	圆形	梯形	34.6	9.7	较好
西窑沟烽火台	圆形	梯形	35.5	10.1	较好
团山烽火台	圆形	梯形	36	9	一般
红土堡烽火台	圆形	梯形	不详	4.3	较差
杨千米河 1 号烽火台	圆形	梯形	38	7.1	一般
杨千米河 2 号烽火台	圆形	梯形	37.1	7.4	一般
杨千米河 3 号烽火台	圆形	梯形	41.3	8.4	一般
二道梁 2 号烽火台	圆形	梯形	28.3	7.68	一般
歪头山烽火台	圆形	梯形	28.7	6.7	一般
云石堡 4 号烽火台	圆形	梯形	43.5	6.8	一般
总了山烽火台	圆形	梯形	42	8.4	较好
芦草湾 3 号烽火台	圆形	梯形	55	9.5	较好
沙家沟 5 号烽火台	圆形	梯形	42.5	9.4	较好

名称	平面形制	剖面形制	底部周长	尺寸	保存状况
沙家沟 2 号烽火台	圆形	梯形	61.2	11.2	较好
双台梁 1 号烽火台	圆形	梯形	40	3.2	较差
双台梁 2 号烽火台	圆形	梯形	37.7	0.8	较差
东刘家窑 1 号烽火台	圆形	梯形	23.2	4.6	较差
滴水沿 2 号烽火台	圆形	梯形	不详	3.8	较差
滴水沿 1 号烽火台	圆形	梯形	50	4.1	较差
马村烽火台	圆形	梯形	45.2	3.7	较差
杨官窑烽火台	圆形	梯形	60.9	6.4	一般
火烧洼烽火台	圆形	梯形	39.6	8.78	一般
沙家寺 2 号烽火台	圆形	梯形	32.7	1.8	较差
威坪堡烽火台	圆形	梯形	45.2	10	较好
台子村 3 号烽火台	圆形	梯形	37.1	9.8	较好
台子村 1 号烽火台	圆形	梯形	37.1	10	较好
耿家沟 1 号烽火台	圆形	梯形	43.3	12.2	较好
常门铺 1 号烽火台	圆形	梯形	33.3	8.8	一般
金家花板村 3 号烽火台	圆形	梯形	15.4	8.7	较差
金家花板村 1 号烽火台	圆形	梯形	38.7	8.2	较好
善家堡 2 号烽火台	圆形	梯形	不详	2～8.1	一般
善家堡 4 号烽火台	圆形	梯形	55.6	5.7	一般
山岔沟 4 号烽火台	圆形	梯形	18	4.1	较差
牛心堡 4 号烽火台	圆形	梯形	不详	6.8	一般
牛心堡 2 号烽火台	圆形	梯形	18.6	4.2	较差
曹家梁 2 号烽火台	圆形	梯形	20.4	5.3	一般
夏家窑烽火台	圆形	梯形	34.2	8.2	较好
哑巴岭 1 号烽火台	圆形	梯形	58.4	4.7	一般
哑巴岭 2 号烽火台	圆形	梯形	42.7	不详	一般
大堡烽火台	圆形	梯形	32	8.2	一般
石头河烽火台	圆形	梯形	30	5.1	一般

右玉县唯一一座石质烽火台（云石堡 1 号烽火台），平面呈圆形，剖面呈梯形，底部周长 42.2、残高 8.8 米，保存较好。

土质烽火台的附属设施主要有台基和围墙，有 2 座台体顶部发现火池，1 座围墙外有壕沟。若以矩形、圆形台体而论，134 座矩形台体中，有台基者 85 座（占 63.4%），有围墙者 55 座（41%）；46 座圆形台体中，有台基者 31 座（67.4%），有围墙者 21 座（45.7%）。可见，无论是矩形还是圆形台体，有台基者和围墙者的比例相差不大，是否有台基和围墙与烽火台平面形制之间没有什么太多的关系。

唯一一座石质烽火台的附属设施有围墙。

3. 烽火台的分布特点

右玉县腹里烽火台的分布有以下特点。

（1）主要以堡为中心成群分布，以距城堡的远近，结合所在地势，划分为破虎堡—残虎堡—杀虎堡腹里烽火台群、马营河堡—右卫城腹里烽火台群、红土堡腹里烽火台群、铁山堡腹里烽火台群、韭菜沟堡—新云石堡—旧云石堡—马堡腹里烽火台群、威远堡腹里烽火台群、威坪堡腹里烽火台群、黄土堡腹里烽火台群、牛心堡腹里烽火台群、云阳堡腹里烽火台群、大堡腹里烽火台群、上堡腹里烽火台群、胡村堡及南部山地腹里烽火台群（表169）。

表 169　右玉县腹里烽火台群一览表

腹里烽火台群	烽火台名称	数量（座）
破虎堡—残虎堡—杀虎堡腹里烽火台群	马堡烽火台、暖泉烽火台、李达窑1号和2号烽火台、林家堡1号和2号烽火台、东窑沟烽火台、盆儿洼烽火台、杀虎口1号烽火台	9
马营河堡—右卫城腹里烽火台群	马营河烽火台、北草场1号和2号烽火台、柴家堡烽火台、红旗口烽火台、海子湾烽火台、黑洲湾烽火台、八里庄烽火台、南梁1号和2号烽火台、曹家堡烽火台、西六里烽火台、周二窑烽火台、牛皮沟烽火台、南园烽火台、西窑沟烽火台、李前后窑烽火台、朱家窑烽火台、团山烽火台	19
红土堡腹里烽火台群	八里铺1号和2号烽火台、草沟堡1号和2号烽火台、黑流堡烽火台、红土堡烽火台、王官村烽火台	7
铁山堡腹里烽火台群	杨千米河1~3号烽火台、二道梁2号烽火台、铁山堡烽火台、二道梁1号烽火台、破坊1~3号烽火台、前鹰卧山1~3烽火台、刘贵窑烽火台、歪头山烽火台	14
韭菜沟堡—新云石堡—旧云石堡—马堡腹里烽火台群	云石堡1~5号烽火台、总了山烽火台、青羊沟烽火台、芦草湾1~3号烽火台、汉泥沟1号和2号烽火台、旺家窑1号和2号烽火台、丁家窑烽火台、沙家沟5号和6号烽火台、沙家沟1~4号烽火台、南樊家窑1~3号烽火台、尖山烽火台	25
威远堡腹里烽火台群	双台梁1号和2号烽火台、白塘子1号和2号烽火台、威远镇1~3号烽火台、古城村1号和2号烽火台、威东移民新村烽火台、新墩湾1号和2号烽火台、进土湾烽火台、中岭烽火台、树儿照烽火台、石躺山烽火台、东刘家窑1~3号烽火台、六里庄1~3号烽火台、方家堡烽火台、滴水沿1号和2号烽火台、马村烽火台、杨官窑烽火台、火烧洼烽火台、沙家寺1号和2号烽火台	30
威坪堡腹里烽火台群	前胡彩沟1号和2号烽火台、红台子山烽火台、崔家窑1号和2号烽火台、威坪堡烽火台、台子村1~3号烽火台、耿家沟1号和2号烽火台、常门铺1号和2号烽火台、龙头山烽火台、邵家村烽火台、马良村烽火台、大岭山1号和2号烽火台、金家花板村1~3号烽火台	21
黄土堡腹里烽火台群	二十里台子烽火台、善家堡1~4号烽火台、黄土坡1~5号烽火台、魏家山烽火台、巴掌山烽火台、板石山烽火台、金家窑烽火台、兴盛庄烽火台	15
牛心堡腹里烽火台群	卧羊山烽火台、山岔沟1~4号烽火台、牛心堡1~5号烽火台、刘振抚烽火台、曹家梁1号和2号烽火台	13
云阳堡腹里烽火台群	夏家窑烽火台、何家坟1~3号烽火台、云阳堡1~4号烽火台、刘家窑烽火台、海子宓烽火台、哑巴岭1号和2号烽火台、西石山烽火台	13
大堡腹里烽火台群	双扣子村1号和2号烽火台、高墙框1号和2号烽火台、蔡家屯烽火台、小蒲州营烽火台、大堡烽火台、南草场烽火台、北十里铺1号和2号烽火台	9
上堡腹里烽火台群	石头河烽火台、马官屯1号烽火台	2

续表 169

腹里烽火台群	烽火台名称	数量（座）
胡村堡及南部山地地带腹里烽火台群	元堡子烽火台、麻黄头村烽火台、宣阳寨 1 号和 2 号烽火台、辛屯烽火台	5
合计		182

（2）烽火台的底部周长相差很悬殊，最小者 11.8、最大者 98.4 米。尝试对烽火台进行大小划分，依据台体的底部周长，按≥50、40～50、< 40 米三个标准进行分类，以残高作为参考。这种划分肯定不全面，所反映的信息不一定准确。硬性的按 40、50 米进行分类很主观，因为当时的长度计量与今天不同，只求能从中约略窥见当时的某种特点（表 170、171）。

表 170　右玉县腹里土质矩形烽火台分类统计表

	底部周长分类	底部周长（米）	数量（座）	百分比（%）	残高（米）
大型台体	≥50 米	50.2～98.4	19	14.2	2.7～13
中型台体	40～50 米	40.4～49.3	46	34.3	6.3～12.2
小型台体	< 40 米	11.8～39.8	64	47.8	3.1～10.8
其他	不详	不详	5	3.7	2～6.3
合计		8.8～98.4	134	100	2～13

表 171　右玉县腹里土质圆形烽火台分类统计表

	底部周长分类	底部周长（米）	数量（座）	百分比（%）	残高（米）
大型台体	≥50 米	50～61.2	6	13	4.1～11.2
中型台体	40～50 米	40～45.2	9	19.6	3.2～12.2
小型台体	< 40 米	15.4～39.6	27	58.7	0.8～10.1
其他	不详	不详	4	8.7	2～8.1
合计		15.4～61.2	46	100	0.8～12.2

从以上表格中可以看出，右玉县腹里土质烽火台中，以中小型为主，小型者占多数，大型者很少。结合烽火台的平面形制，土质矩形烽火台中，中型者占有一定比例；圆形烽火台中，中型者比例要远远小于矩形烽火台。

4. 烽火台保存状况

右玉县 180 座腹里土质烽火台，保存较好 42 座（占 23.3%），一般 107 座（占 59.5%），较差 31 座（占 17.2%），保存一般者较多。

土质烽火台台体坍塌损毁较普遍。台体表面凹凸不平，有裂缝、沟槽、孔洞。台体上有洞穴。台体、台基、围墙邻耕地或开垦为耕地，农业生产活动破坏台体、台基、围墙。台体上或台体附近有盗洞或探孔，或有取土挖损形成的土坑、沟槽、豁口。台体、台基上或利用台体、围墙修建窑洞、房屋。台体、台基上种植树木、修建水渠，个别台体上有登顶的坡道或脚窝。造成损毁自然因素主要有风雨侵蚀、植物生长、动物破坏、洪水冲刷等；人为因素主要是农业生产活动破坏、盗墓破坏、挖掘洞穴、取土挖损、人为踩踏、台体及台基上修建窑洞、利用台体围墙修建房屋、台体和台基上种植树木、台体顶部栽立测绘标志、将围墙挖断形成便道、修建水渠破坏台体与台基、台基上修建水泥池及立护林标志墙、栽立电线杆、将烽火台改建为水塔等。

唯一一座石质烽火台保存较好。台体有所坍塌，表面凹凸不平，有裂缝、沟槽、孔洞。北壁底部有砖券拱洞，洞口被积土掩埋。台体顶部中央有土坑，土坑内有砖砌洞穴，与北壁洞穴相通。造成损毁的自然因素主要有风雨侵蚀、植物生长等，人为因素主要是挖掘洞穴等。

三　自然与人文环境

（一）自然环境

右玉县位于山西省西北部，地处吕梁山北端晋北黄土高原北部。县境内河流主要有苍头河纵贯南北，苍头河支流遍布全县，主要有马营河、三道河、李红河等。地势中间低、四周高，中间为苍头河及其支流谷地，四周为山地。气候干寒多风沙，年均气温 4℃，一月 −11℃ ~ 11.5℃，七月 19℃ ~ 20℃。年降雨量 450 毫米，初霜期为 9 月上、中旬，无霜期 100 ~ 120 天。县境土壤有山地淡栗钙土、淡栗钙土性土、淡栗钙土，苍头河谷地为浅色草甸土。本县植被属于暖温带落阔叶林带向温带草原的过渡区域类型。

（二）人文环境

该县所有乡镇有长城资源分布。村庄居民以农业和家畜饲养业为主，农作物主要有莜麦、谷子、豆类、马铃薯等，饲养的家畜有牛、山羊、绵羊等。境内 109 国道横贯东西，241 省道纵贯南北。

四　保护与管理状况

右玉县长城资源的保护管理机构是右玉县文管所。目前有关长城资源的保护范围、建设控制地带、保护标志、记录档案等工作有待规定或完善。

表160　右玉县明代长城墙体统计表（单位：米、座）

长城墙体段落名称	走向	长度						墙体		墙体剖面说明			附属设施		烽火台（山西省一侧）	其他遗存	省/县属
		总长	较好	一般	较差	差	消失	类型	夯层厚度	底宽	顶宽	残高	敌台	马面			
三墩湾长城	东南—西北	1458	0	1400	0	0	58	土墙	0.2	8	2	1.5~6	2	2	庄窝烽火台		右玉县/凉城县
冯家沟长城	东南—西北	2411	208	2094.5	108.5	0	0	土墙	0.2~0.3	6~8	1.5~3	1.5~6.5	4	5	冯家沟1、2号烽火台		右玉县/凉城县
芦草沟长城	东南—西北	2638	716	1595	242	0	85	土墙	0.2~0.3	11	1~2	1~8	4	7	芦草沟1~4号烽火台		右玉县/凉城县
三墩长城	东南—西北	2576	836	1488	94	0	158	土墙	0.2~0.3	5~10	0.8~2.5	1~8	6	4	三墩1~3号烽火台	砖窑2座	右玉县/凉城县
七墩崖长城	东南—西北	2735	1780	499	400	0	56	土墙	0.15~0.2	8	0.5~3	1.5~8	6	5	七墩崖1、2号烽火台		右玉县/凉城县
头墩长城	东南—西北	2886	495	1838	515	0	38	土墙	0.2~0.3	5~8	0.5~3	1~8	6	3	头墩1、3、4号烽火台		右玉县/凉城县
庙沟长城	东—西	2891	2891	0	0	0	0	土墙	0.15~0.2	8	0.5~3.5	1.5~8	8	8	庙沟烽火台		右玉县/凉城县
八墩崖长城	东—西	3171	2805	56	270	0	40	土墙	0.2~0.3	5~8	1.3~3.5	1.5~8	9	3	八墩崖烽火台		右玉县/凉城县
张王沟长城	东北—西南	1985	216	1477	182	0	110	土墙	0.15~0.2	8	0.8~2	1~6	6	2			右玉县/凉城县
马场沟长城	东北—西南	2778	0	2093	640	0	45	土墙	0.15~0.2	3~8	0.8~2	1~6	7	5	马场沟烽火台		右玉县/凉城县
八台沟长城	东北—西南	1918	63	620	837	260	138	土墙	0.15~0.2	8	0.2~2	0.5~7	3	2	八台沟烽火台		右玉县/凉城县
十三沟长城	东—西	2240	630	750	590	270	47	土墙	0.15~0.2	3~7	0.18~2.5	1~8	4	4	十三沟烽火台		右玉县/凉城县
杀虎口长城	东北—西南	2639	1089	755	0	795	0	土墙	0.15~0.2	9	1.5~4.5	5~7.5	5	6	杀虎口1号烽火台（内蒙古自治区调查），4号烽火台（内蒙古自治区调查，即山西省自治区调查2号烽火台），5号烽火台（内蒙古自治区调查，即山西省调查4号烽火台），3号烽火台（山西省调查）	城楼1座	右玉县
河西长城	东北—西南	267	0	0	0	0	267	消失	不详	不详	不详	不详	0	0			右玉县
二十五湾长城	东北—西南	284	0	0	0	284	0	土墙	0.15~0.2	2~4	0.3~0.8	0.5~2.5	0	0			右玉县/和林格尔县
二十三村长城	东北—西南	2796	0	1069	496	1147	84	土墙	0.15~0.2	6	0.5~1	1~4	5	2	二十三村烽火台		右玉县/和林格尔县
海子湾长城	西北—东南	1663	0	492	654	470	0	土墙	0.15~0.2	6	0.5~1	1~6	5	2	海子湾1~3号烽火台		右玉县/和林格尔县
北辛窑长城	东北—西南	1390	0	0	1390	0	0	土墙	0.15~0.2	6~8	0.2~4	1~7.5	4	2	北辛窑1~3号烽火台		右玉县/和林格尔县

续表160

长城墙体段落名称	走向	长度 总长	较好	一般	较差	差	消失	墙体类型	墙体剖面说明 夯层厚度	底宽	顶宽	残高	附属设施 敌台	马面	烽火台（山西省一侧）	其他遗存	省/县属
二分关长城	东北—西南	1000	0	0	0	0	1000	消失	不详	不详	不详	不详	0	0			右玉县/和林格尔县
羊塔长城	东北—西南	1390	156	727	470	0	37	土墙	0.15~0.2	5~8	0.5~3.5	1~6	3	0	羊塔烽火台		右玉县/和林格尔县
前海子洼长城	东北—西南	2910	100	2671	70	0	69	土墙	0.15~0.2	5~8	0.5~2.5	1.5~6.5	8	0	前海子洼1~4号烽火台		右玉县/和林格尔县
磨箭凹长城	东北—西南	2727	205	1789	733	0	0	土墙	0.15~0.2	6	0.5~2	1~7	8	2	磨箭洼1~3号烽火台		右玉县/和林格尔县
三十二村长城	南—北	2834	1085	253	1496	0	0	土墙	0.15~0.2	5	2~3	1~5	8	0			右玉县/和林格尔县
三十八村长城	东北—西南	2035	0	0	2035	0	0	土墙	0.15~0.2	5	0.3~1	1~4	6	0			右玉县/和林格尔县
四十二村长城	东北—西南	2710	0	0	2710	0	0	土墙	0.15~0.2	3~6	0.4~2	1~4	10	0			右玉县/和林格尔县
后庄窝长城	东北—西南	2597	0	935	1635	0	27	土墙	0.15~0.2	3~5.5	1.5~2.5	1~6	10	0			右玉县/和林格尔县
十三边长城	东北—西南	1611	0	1125	486	0	0	土墙	0.15~0.2	3~6	0.3~2	1~5	9	1	十三边烽火台		右玉县/和林格尔县
高家窑长城	南—北	1910	0	545	1365	0	0	土墙	0.15~0.2	3.5~8	1~3.5	1~5	6	0		界碑2座	右玉县/和林格尔县
碓白沟长城	东北—西南	1420	0	905	515	0	0	土墙	0.15~0.2	3.5~8	1~3	1~5	4	0			右玉县/和林格尔县
韭菜沟长城	东北—西南	1917	600	600	717	0	0	土墙	0.15~0.2	4~8	1.5~3	1.5~7	7	4	韭菜沟1~4号烽火台		右玉县/和林格尔县
火盘沟长城	东北—西南	1717	320	0	1357	0	40	土墙	0.15~0.2	3.5~8	1.3~3.5	1.5~7	5	2	火盘沟1~4号烽火台		右玉县/和林格尔县
井沟长城	东北—西南	2932	475	2369	43	0	45	土墙	0.15~0.2	6~8	0.5~3	4~8	8	5			右玉县/和林格尔县
大沙口长城	东北—西南	2990	856	1681	190	0	263	土墙	0.15~0.2	5~7.5	1~3	3.5~8	7	5			右玉县/和林格尔县
大坡长城	东北—西南	2680	0	0	1362	1151	167	土墙	0.2	2	0.2~0.5	0.2~1	0	0	大坡烽火台		右玉县
十五沟长城	东北—西南	2448	0	0	2400	0	48	土墙	0.2~0.3	1.5~3	0.5~1	0.2~1.3	0	0	十五沟烽火台（内蒙古自治区调查）、十五沟烽火台（山西省调查）		右玉县
合计		76554	15526	29826.5	24002.5	4377	2822		0.15~0.3	1.5~11	0.18~4.5	0.2~8	183	81	51	5	

表 162　右玉县腹里烽火台一览表

名称	地点	高程	与其他遗存的位置关系	材质	建筑方式	平面形制	剖面形制	尺寸	附属设施	修葺情况	保存状况	损毁原因及存在病害
马堡烽火台	李达窑乡马堡村西北 0.25 千米	1435 米	东北距破虎堡 6 千米	土	黄土夯筑而成，含砂砾，夯层厚 0.2~0.3 米	矩形	梯形	台体底部东西 8.6、南北 9 米，顶部东西 3.8、南北 4.6 米，残高 9.2 米	无	无	保存较好。台体坍塌损毁，表面凹凸不平，有裂缝、沟槽、孔洞，台体周围紧邻耕地，农业生产活动破坏台体	自然因素主要有风雨侵蚀、植物生长等，人为因素主要是农业生产活动破坏等
暖泉烽火台	李达窑乡暖泉村东 0.8 千米	1521 米	西北距残虎堡 1.8 千米	土	黄土夯筑而成	矩形	梯形	台体底部东西 8.8、南北 7.5、残高 4 米	无	无	保存较差。台体坍塌脱落严重，表面凹凸不平，有裂缝、沟槽、孔洞	自然因素主要有风雨侵蚀、植物生长等
李达窑 2 号烽火台	李达窑乡李达窑村北 0.85 千米	1435 米	东南距马堡烽火台 3.1 千米，西北距暖泉烽火台 1.7 千米	土	黄土夯筑而成，含砂砾	矩形	梯形	台体底部东西 5.3、南北 5.1 米	无	无	保存一般。台体坍塌脱落严重，表面凹凸不平，有裂缝、沟槽、孔洞	自然因素主要有风雨侵蚀、植物生长等
李达窑 1 号烽火台（彩图四四二）	李达窑乡李达窑村东 0.2 千米	1476 米	东北距马堡 5.1 千米，西北距李达窑 2 号烽火台 5.7 千米	土	黄土夯筑而成，含砂砾，夯层厚 0.15~0.17 米	矩形	梯形	台体底部东西 11.6、南北 13.5 米，顶部东西 5、南北 4.7 米，残高 13 米	台体底部有台基，平面呈矩形。台基上有围墙，平面呈矩形，墙和北墙西段残存最高处东南。南墙外高 2.9、内高 5.2 米。南墙中部设门，现为豁口，宽 6.4，进深 1 米。台体周围围墙散落碎砖石	无	保存较好。台体坍塌损毁，表面凹凸不平，有裂缝、沟槽、孔洞，围墙内、台基上为耕地，农业生产活动破坏台体、围墙	自然因素主要有风雨侵蚀、植物生长等，人为因素主要是农业生产活动破坏等
林家堡 1 号烽火台	李达窑乡林家堡村西 0.1 千米	1575 米	东北距残虎堡 2.7 千米	不详	不详	不详	不详	不详	无	无	保存较差。台体现为水泥质的圆形水塔	人为因素主要是将烽火台改建为水塔
林家堡 2 号烽火台	李达窑乡林家堡村西南 1.5 千米	1536 米	东北距林家堡 1 号烽火台 1.8 千米	土	黄土夯筑而成	矩形	梯形	台体底部东西 9.2、南北 11.4 米，顶部东西 1.2、南北 1.7 米，残高 2.5 米	台体底部有台基，平面呈圆角矩形，东西 24、南北 24、残高 2.5 米	无	保存一般。台体坍塌脱落严重，表面凹凸不平，有裂缝、沟槽、孔洞，台基周围紧邻耕地，农业生产活动破坏台基	自然因素主要有风雨侵蚀、植物生长等，人为因素主要是农业生产活动破坏等

续表162

名称	地点	高程	与其他遗存的位置关系	材质	建筑方式	平面形制	剖面形制	尺寸	修缮情况	附属设施	保存状况	损毁原因及存在病害
东窑沟烽火台（彩图四四三）	李达窑乡东窑沟村东0.75米	1406米	北距林家堡2号烽火台2.5千米	土	黄土夯筑而成，夯层厚0.17~0.2米	圆形	梯形	台体底部直径9.2，顶部直径3，残高8.5米	无	台体周围有围墙，东西26.5，南北27.8米。围墙外高1.7，内高0.5米。四面墙中部有豁口，宽2.2米	保存一般。台体坍塌脱落严重，表面凹凸不平，裂缝有沟槽，孔洞。西壁有洞穴，宽2，高1.5，进深2.3米	自然因素主要有风雨侵蚀、植物生长等，人为因素主要是挖掘洞穴等
盆儿洼烽火台（彩图四四四）	李达窑乡盆儿洼村西北1.65千米	1544米	东距林家堡2号烽火台2.8千米	土	黄土夯筑而成，含砂砾，夯层厚0.13~0.18米	矩形	梯形	台体底部东西10.2，南北9.7米，顶部东西3.3，南北3.1米，残高10.8米	无	台体周围有围墙，东西33，南北29米。南墙设门，现为豁口，宽9.8米	保存较好。台体有所坍塌，裂缝、沟槽、孔洞。南壁、西壁有洞穴，西壁有洞穴宽1.4，高2.3，进深1.5米	自然因素主要有风雨侵蚀、植物生长等，人为因素主要是挖掘洞穴等
杀虎口1号烽火台（彩图四四五）	右卫镇杀虎口村东南1千米	1320米	西北距杀虎堡1.6千米	土	黄土夯筑而成，夯层厚0.11~0.16米	圆形	梯形	台体底部直径11.46，顶部直径6.4，残高9米	无	无	保存较好。台体有所坍塌，表面凹凸不平，有裂缝、沟槽、孔洞	自然因素主要有风雨侵蚀、植物生长等
马营河烽火台	右卫镇马营河村北0.1千米	1293米	南距马营河堡0.47千米	土	黄土夯筑而成，夯层厚0.13~0.16米	矩形	梯形	台体底部东西10.1，南北10.2米，顶部残高5.5米，残高6.8米	无	无	保存一般。台体坍塌脱落严重，表面凹凸不平，裂缝、沟槽、孔洞。南壁有窑洞，北壁下部有窑洞	自然因素主要有风雨侵蚀、植物生长等，人为因素主要是在窑洞上修建窑洞等
北草场1号烽火台（彩图四四六）	右卫镇北草场村东南0.55千米	1492米	西南距马营河堡3千米	土	黄土夯筑而成，夯层厚0.18米	矩形	梯形	台体底部东西9.8，南北8.7米，顶部北高3.2，北边西高3.1，内高3.2米，西边长5.1米，残高8米	无	台体周围有围墙，东西55，南北53米。北墙顶宽4，外高3.1，内高3.2米。西墙有豁口，宽9.4米	保存一般。台体坍塌脱落严重，裂缝、沟槽、孔洞。围墙内外为耕地，农业生产活动破坏台体	自然因素主要有风雨侵蚀、植物生长等，人为因素主要是农业生产活动破坏等
北草场2号烽火台	右卫镇北草场村东南0.5千米	1490米	西南距北草场1号烽火台0.08千米	土	黄土夯筑而成	矩形	梯形	台体底部东西17.3，南北19，残高4.1米	无	台体周围散落瓦片和碎砖	保存一般。台体坍塌脱落严重，裂缝、沟槽、孔洞。台体东南、西北壁各有1个盗墓破洞	自然因素主要有风雨侵蚀、植物生长等，人为因素主要是盗墓墓破坏等

续表 162

名称	地点	高程	与其他遗存的位置关系	材质	建筑方式	平面形制	剖面形制	尺寸	附属设施	修缮情况	保存状况	损毁原因及存在病害
柴家堡烽火台	李达窑乡柴家堡村西0.2千米	1317米	西北距北草场2号烽火台2.7千米	土	黄土夯筑而成，含砂砾，夯层厚0.15~0.17米	矩形	梯形	台体底部东西3.8、南北4.7米，顶部东西1.1、南北1.6米	无	无	保存一般。台体坍塌脱落严重，表面凹凸不平，有裂缝、沟槽、孔洞。北壁坍塌形成的堆土上长有两棵树	自然因素主要有风雨侵蚀、植物生长等
红旗口烽火台	右卫镇红旗口村东0.3千米	1308米	西北距马营河堡2千米	土	黄土夯筑而成，含砂砾，夯层厚0.1~0.19米	矩形	梯形	台体底部东西23、南北22、残存高4米	台体底部有台基，残存北侧部分，南北2米	无	保存较差。台体坍塌脱落严重，表面凹凸不平，有裂缝、沟槽、孔洞。北壁底部有盗洞	自然因素主要有雨风侵蚀、植物生长等，人为因素主要是墓葬破坏等
海子湾烽火台	右卫镇海子湾村西南0.85千米	1355米	东南距马营河烽火台2.3千米	土	黄土夯筑而成，夯层厚0.16~0.2米	矩形	梯形	台体底部东西12.8、南北10.7米，顶部东西3.5、南北5.8米，残高11.6米	台体周围有围墙，平面呈矩形，东西40、南北41米，残存最高处外高2.3、内高1.45米，现为豁口，宽7、进深2米	无	保存较好。台体有所坍塌，表面凹凸不平，有裂缝、沟槽、孔洞。顶部东侧有洞穴通往台体顶部，洞穴东西1.4、南北1.8米，底部有洞穴深8米	自然因素主要有风雨侵蚀，人为因素主要是挖掘洞穴等
黑洲湾烽火台	右卫镇黑洲湾村西0.5千米	1366米	北距海子湾烽火台2.6千米	土	黄土夯筑而成，夯层厚0.15~0.23米	圆形	梯形	台体底部直径10.76、顶部直径5、残高8米	台体周围有围墙，平面呈圆形，最高处外高2.2、内高1米。东墙设门，现为豁口，宽4米	无	保存一般。台体坍塌脱落严重，表面凹凸不平，有裂缝、沟槽、孔洞	自然因素主要有风雨侵蚀、植物生长等
八里庄烽火台	右卫镇八里庄村北0.8千米	1441米	西距右卫城5.2千米，西北距柴家堡烽火台3.8千米	土	黄土夯筑而成	矩形	梯形	残高2米	台体底部有台基，残高3米	无	保存较差。台体坍塌脱落严重，表面凹凸不平，有裂缝、沟槽、孔洞。西侧有盗洞，东西1.9、南北1、深3.7米	自然因素主要有风雨侵蚀、植物生长等，人为因素主要是盗墓破坏等
南梁1号烽火台	右卫镇南梁村西1.25千米	1311米	北距右卫城1.7千米	土	黄土夯筑而成，含砂砾，夯层厚0.18~0.25米	矩形	梯形	台体底部东西13.1、南北6.1米，顶部东西10.1、南北3.8米，残高3.87米	无	无	保存一般。台体坍塌脱落严重，表面凹凸不平，有裂缝、沟槽、孔洞。南壁下方有两个洞穴，北壁中部有一个洞穴。南壁东侧洞穴东西2.13、高1.33、进深3.42米，南壁西侧洞穴深3.04、高0.69、进深宽1、高1.21、南壁洞穴宽1、进深2.46米，北壁洞穴深1、高3、进深2.46米	自然因素主要有风雨侵蚀、植物生长等，人为因素主要是挖掘洞穴等

续表162

名称	地点	高程	与其他遗存的位置关系	材质	建筑方式	平面形制	剖面形制	尺寸	附属设施	修缮情况	保存状况	损毁原因及存在病害
南梁2号烽火台	右卫镇南梁村西南1.5千米	1306米	西北距南梁1号烽火台1.2千米	土	黄土夯筑而成，含砂砾，夯层厚0.16~0.22米，夯层间有夹层厚0.03米	矩形	梯形	台体底部东、南、西、北长9.1、11.7、10.8、10.2，残高10.1米	台体底部有台基，北侧残高1米。台基上有围墙，北墙长26.16，残高1米	无	保存一般。台体坍塌脱落严重，表面凹凸不平，有裂缝、沟槽、孔洞，东壁近底部有洞穴，宽1.56、高1.62、进深2.61米	自然因素主要有风雨侵蚀、植物生长等，人为因素主要是挖掘洞穴等
曹家堡烽火台	杨千河乡曹家堡村东0.2千米	1292米	东距南梁2号烽火台1.5千米	土	黄土夯筑而成，含砂砾，夯层厚0.16~0.2米	矩形	梯形	台体底部东、南、西、北长5.7、5.2、4.8、7，残高5.37米	无	无	保存一般。台体坍塌脱落严重，表面凹凸不平，有裂缝、沟槽、孔洞，台体四周因坍塌形成的堆土上长有一些小树，底部边缘四角长有几棵大树	自然因素主要有风雨侵蚀、植物生长等
西六里烽火台	杨千河乡西六里村东南1千米	1371米	东北距曹家堡烽火台1.4千米	土	黄土夯筑而成，含砂砾，夯层厚0.13~0.16米	矩形	梯形	台体底部东西10.54、南北10.74米，顶部东西3、南北3米，残高9.7米	台体底部有台基，东西36.8、南北36.6米。台基上有围墙，墙体底宽2.1~2.5，残存最高2.9米。东墙设门，现为豁口，宽5.6米；南墙有豁口，宽2米	无	保存较好。台体有所明塌，有裂缝、沟槽、孔洞	自然因素主要有风雨侵蚀、植物生长等
周二堡烽火台（彩图四七）	杨千河乡周二堡村东南0.65千米	1381米	东北距西六里烽火台1.8千米	土	黄土夯筑而成，含砂砾，夯层厚0.14~0.19米	圆形	梯形	台体底部直径11.21，顶部直径4.5，残高7.65米	台体底部有台基，平面呈圆形，直径26.6，残高1.5米。台基上有围墙，残存东、西墙，残高0.5米	无	保存一般。台体坍塌脱落严重，表面凹凸不平，有裂缝、沟槽、孔洞，东壁近底部有洞穴，宽0.7、高0.9、进深0.9米	自然因素主要有风雨侵蚀、植物生长等，人为因素主要是挖掘洞穴等
牛皮沟烽火台（彩图四八）	杨千河乡牛皮沟村南0.3千米	1367米	西北距周二堡烽火台2.3千米	土	黄土夯筑而成，含砂砾，夯层厚0.18~0.2米	圆形	梯形	台体底部直径11.5，顶部直径5，残高8.45米	台体底部有台基，平面呈圆形。台基上有围墙，平面呈圆形，残存最高处内向1米	无	保存一般。台体坍塌脱落严重，表面凹凸不平，有裂缝、沟槽、孔洞，西南壁下部有洞穴，宽3.2、高0.78、进深2.18米	自然因素主要有风雨侵蚀、植物生长等，人为因素主要是挖掘洞穴等

续表162

名称	地点	高程	与其他遗存的位置关系	材质	建筑方式	平面形制	剖面形制	尺寸	附属设施	修缮情况	保存状况	损毁原因及存在病害
南园烽火台	右卫镇南园村西南0.6千米	1313米	南距西六里烽火台1.2千米	土	黄土夯筑而成，含砂砾，夯层厚0.2~0.26米	圆形	梯形	台体底部直径11.03米，顶部直径4.2，残高9.7米	台体底部有台基。台基上有围墙，墙体底宽2.5、顶宽0.5、外高2.2米，东南、西南墙各有一个豁口，东南墙豁口宽2.5米，西南墙豁口宽3米。台基南部围墙内底部残存弧形有火池。台体顶部残存有火池，底径1.8、深0.5米	无	保存较好。台体有所坍塌，表面凹凸不平，有裂缝、沟槽、孔洞。西壁近底部有洞穴，宽0.9、高1.2、进深1.4米	自然因素主要有风雨侵蚀、植物生长等，人为因素主要是挖掘漏洞穴等
西窑沟烽火台（彩图四四九、四五〇）	右卫镇西窑沟村西南1千米	1399米	东南距南园烽火台1.7千米	土	黄土夯筑而成，夯层厚0.2~0.4米	圆形	梯形	台体底部直径11.3米，顶部东西3.8、南北3.2米，残高10.1米	台体底部有台基，平面呈矩形，东西27.82、南北27.72。台基上有围墙，墙体底宽2.5、残高最高2.32米，夯层厚0.26米。南墙设门，现为豁口，宽3.68米	无	保存较好。台体有所坍塌，表面凹凸不平，有裂缝、沟槽、孔洞。北壁近底部有三个洞穴，较大的一个宽1.4、进深1.5米	自然因素主要有风雨侵蚀、植物生长等，人为因素主要是挖掘漏洞穴等
李前后窑烽火台	右卫镇李前后窑村西北0.5千米	1486米	东距西窑沟烽火台2.5千米	土	黄土夯筑而成，夯层厚0.18~0.23米	矩形	梯形	台体底部东西11.2、南北10.31、残高11.87米	台体底部有台基，平面呈矩形，东西35.69、南北10.31、顶部边长2.8米，残高1~3米	无	保存较好。台体有所坍塌，表面凹凸不平，有裂缝、沟槽、孔洞。台基上有现代修筑的矮墙，种植树木	自然因素主要有风雨侵蚀、植物生长等，人为因素主要是农业生产活动破坏，台基上种植树木等
朱家窑烽火台	右卫镇朱家窑村西北0.85千米	1579米	东距李前后窑烽火台2.4千米	土	黄土夯筑而成，夯层厚0.14~0.2米	矩形	梯形	台体底部东西11.37、南北12.2米，顶部东、西、南、北长1.1、1.3、2.3、2.5米，残高12.2米	台体底部有台基，平面呈矩形，东西44、南北41.67米。台基上有围墙，墙体底宽3.2、顶宽0.3、外高1.8米。东墙中部豁口宽2.5米；南墙中部豁口宽2.5米	无	保存较好。台体有所坍塌，表面凹凸不平，有裂缝、沟槽、孔洞	自然因素主要有风雨侵蚀、植物生长等

续表162

名称	地点	高程	与其他遗存的位置关系	材质	建筑方式	平面形制	剖面形制	尺寸	附属设施	修缮情况	保存状况	损毁原因及存在病害
团山烽火台	杨千河乡半沟村南0.45千米的团山山顶上	1714米	东北距朱家窑烽火台1.8千米	土	黄土夯筑而成，夯层厚0.11~0.16米	圆形	梯形	台体底部直径11.46，顶部直径6.4，残高9米	台体底部有台基，平面呈矩形，东边长25.73，残高1.1米。台基壁有上石砌痕迹	无	保存一般。台体坍塌脱落严重，表面凹凸不平，有裂缝、沟槽、孔洞。台基东南部有盗洞，东西1.26，南北0.43，进深1.2米	自然因素主要有风雨侵蚀、植物生长等，人为因素主要是盗墓破坏等
八里铺1号烽火台	右卫镇八里铺村北0.15千米	1310米	西北距南梁2号烽火台1.4千米	土	黄土夯筑而成，含砂砾，夯层厚0.2米	矩形	梯形	台体底部东西4.3，南北4.5米，顶部2.4，北边西边长2.7米，残高3.13米	无	无	保存较差。台体坍塌脱落严重，表面凹凸不平，有裂缝、沟槽、孔洞。周围是邻近耕地，农业生产活动破坏台体	自然因素主要有风雨侵蚀、植物生长等，人为因素主要是农业生产活动破坏等
八里铺2号烽火台	右卫镇八里铺村南1千米的耕地中	1321米	北距八里铺1号烽火台1.1千米	土	黄土夯筑而成，含砂砾，夯层厚0.22米	矩形	梯形	台体底部东西11.2，南北38米，顶部东西8，南北26.3米，残高5.5米	台体底部有台基，残存部分，残长16米。基南部分	无	保存一般。台体坍塌脱落严重，表面凹凸不平，有裂缝、沟槽、孔洞。台体周围为耕地	自然因素主要有风雨侵蚀、植物生长等
草沟堡2号烽火台（彩图四五一）	右卫镇草沟堡村北1千米的耕地中	1306米	东北距八里铺2号烽火台0.54千米	土	黄土夯筑而成，含砂砾，夯层厚0.22~0.27米	矩形	梯形	台体底部东西11.55，南北11.77米，顶部东西5.6，南北8.5米，残高4.7米，残高8.5米	台体底部有台基。有围墙，东西26.58，南北25.61米，顶部东西2.4，内高1.5米。外高2.4，内高1.5米。南墙中部设门，现为豁口，宽7.91米	无	保存一般。台体坍塌脱落严重，表面凹凸不平，有裂缝、沟槽、孔洞。南壁西侧近底部有洞穴，东西1.1，高0.92，进深2.37米	自然因素主要有风雨侵蚀、植物生长等，人为因素主要是挖掘洞穴等
草沟堡1号烽火台	右卫镇草沟堡村内沟堡内	1308米	北距草沟堡2号烽火台1千米	土	黄土夯筑而成，含砂砾，夯层厚0.15~0.2米	矩形	梯形	台体底部东西12.83，南北9.18米，顶部东西8.2，南北7.9米，残高3.6米	无	无	保存一般。台体坍塌脱落严重，表面凹凸不平，有裂缝、沟槽、孔洞。东壁底部北部下方有洞穴，东壁洞穴宽1.16，高1.18，进深2.15米，南壁洞穴宽2.06，高1.56，进深3.41米，西壁洞穴宽1.04，高0.82，进深1.33米	自然因素主要有风雨侵蚀、植物生长等，人为因素主要是挖掘洞穴等

续表 162

名称	地点	高程	与其他遗存的位置关系	材质	建筑方式	平面形制	剖面形制	尺寸	附属设施	修缮情况	保存状况	损毁原因及存在病害
黑流堡烽火台	右卫镇黑流堡村西南0.5千米处	1350米	东南距红土堡1.3千米	土	黄土夯筑而成，夯层厚0.17米，夯层间有夹层，厚0.02米	矩形	梯形	台体顶部长5.1、宽2.5、残高5.4米	台体底部有台基，平面呈圆角矩形，边长29.71、残高1.6米。台基现开垦为耕地	无	保存较差。台体坍塌脱落严重，表面凹凸不平，有裂缝、沟槽、孔洞。台基开垦为耕地	自然因素主要有风雨侵蚀、植物生长等，人为因素主要是农业生产活动破坏等
红土堡烽火台	右卫镇红土堡村西北0.2千米	1362米	东南距红土堡0.2千米	土	黄土夯筑而成	圆形	梯形	台体顶部直径2.2、残高4.3米	无	无	保存较差。台体坍塌脱落严重，表面凹凸不平，有裂缝、沟槽、孔洞。东北壁有盗洞，长2.6、宽2.4、进深1.1米，盗洞破坏填埋	自然因素主要有风雨侵蚀、植物生长等，人为因素主要是盗墓破坏等
王官村烽火台	右卫镇王官村北0.4千米	1399米	西北距红土堡2.1千米	土	黄土夯筑，含碎石，夯层厚0.15米0.18米，夯层间有夹层，厚0.03米	矩形	梯形	台体底部直径11.15、顶部直径8.1米	无	无	保存较差。台体坍塌脱落严重，表面凹凸不平，有裂缝、沟槽、孔洞	自然因素主要有风雨侵蚀、植物生长等
杨千河1号烽火台（彩图四五二）	杨千河乡杨千河村东1.25千米	1387米	西南距铁山堡5.3千米，东北距牛皮沟烽火台1.3千米	土	黄土夯筑而成，含砂砾，夯层厚0.19~0.22米	圆形	梯形	台体底部直径12.1、顶部直径4.5、残高7.1米	台体底部有台基，台基呈圆形。台基上有围墙，墙体呈圆形，平面呈围墙，墙体底宽1.5米，残存最高处外高4.23、内高1.5。西南墙豁口宽2.8米，西北墙豁口宽2.2米	无	保存一般。台体坍塌脱落严重，表面凹凸不平，有裂缝、沟槽、孔洞。台体顶部中央有土坑	自然因素主要有风雨侵蚀、植物生长等，人为因素主要是取土挖损
杨千河2号烽火台	杨千河乡杨千河村东南1千米	1389米	东北距杨千河1号烽火台1.5千米	土	黄土夯筑而成，含砂砾，夯层厚0.21~0.23米	圆形	梯形	台体底部直径11.8、顶部直径5.8、残高7.4米	台体底部有台基，台基呈圆形。台基上有围墙，墙体呈围墙，墙体底宽1.7米，残存最高处外高4、内高1米。西墙有豁口	无	保存一般。台体坍塌脱落严重，顶部有裂缝、沟槽、孔洞。顶部有测绘标志，西南部开垦，农业生产活动破坏围墙	自然因素主要有风雨侵蚀、植物生长等，人为因素主要是在台体顶部栽立测绘标志、农业生产活动破坏环等

续表 162

名称	地点	高程	与其他遗存的位置关系	材质	建筑方式	平面形制	剖面形制	尺寸	附属设施	修缮情况	保存状况	损毁原因及存在病害
杨千河3号烽火台	杨千河乡杨千河村西北0.85千米	1428米	东南距杨千河1号烽火台2.4千米	土	黄土夯筑而成,含砂砾,夯层厚0.18~0.22米	圆形	梯形	台体底部直径13.15,顶部直径5.6,残高8.4米	台体底部有台基,南侧残高1.5、北侧残墙高2.5米。周墙东、东南、西、西南、北墙各有一个取土挖损形成的豁口	无	保存一般。台体坍塌脱落严重,表面凹凸不平,有裂缝、沟槽、孔洞。周墙顶宽0.4,残高2.4米,夯层厚0.19~0.27米	自然因素主要有风雨侵蚀、植物生长等,人为因素主要是取土挖损等
二道梁2号烽火台	杨千河乡二道梁村西北1.05千米	1426米	东北距杨千河2号烽火台1.3千米	土	黄土夯筑而成,夯层厚0.2~0.25米	圆形	梯形	台体底部直径9米,顶部东西2.4,南北4.5米,残高7.68米	台体底部有台基,残高2米。台基上有围墙,最高1.1米	无	保存一般。台体坍塌脱落严重,表面凹凸不平,有裂缝、沟槽、孔洞。南壁底部有洞穴,宽1.18,高0.8,进深1.8米	自然因素主要有风雨侵蚀、植物生长等,人为因素主要是挖掘洞穴等
铁山堡烽火台	杨千河乡铁山堡村西北1.05千米	1422米	东南距二道梁2号烽火台0.56千米	土	黄土夯筑而成,夯层厚0.24~0.3米,夯层间有夹层,厚0.03米	矩形	梯形	台体底部边长5米,顶部东西残长1.1,南北残长0.4米,残高6.1米	无	无	保存较差。台体坍塌脱落严重,表面凹凸不平,有裂缝、沟槽、孔洞	自然因素主要有风雨侵蚀、植物生长等
二道梁1号烽火台	杨千河乡二道梁村西北1.5千米	1447米	西南距铁山堡1.3千米,东北距铁山堡烽火台1.1千米	土	黄土夯筑而成,夯层厚0.16~0.2米	矩形	梯形	台体底部东西9.54,南北10.2,残高7.43米	无	无	保存一般。台体坍塌脱落严重,表面凹凸不平,有裂缝、沟槽、孔洞。南壁近底部有洞穴,宽1.2,高1.16,进深1.79米	自然因素主要有风雨侵蚀、植物生长等,人为因素主要是挖掘洞穴等
破坊3号烽火台(彩图四五三)	杨千河乡破坊村西北1.2千米	1436米	北距铁山堡1.1千米	土	黄土夯筑而成,含砂砾,夯层厚0.15~0.23米	矩形	梯形	台体底部东西10.12,南北10.1米,顶部东西20.12,南北20.4,残高8.89米	台体底部有台基,平面呈矩形,东西20.12、南北20.4,东西5.6、南北4.60米,残高1.2米	无	保存一般。台体坍塌脱落严重,表面凹凸不平,有裂缝、沟槽、孔洞。顶部有两个土坑,长3.6、宽1.5、深1.2米,形成原因不明。农业生产活动破坏台基	自然因素主要有风雨侵蚀、植物生长等,人为因素主要是农业生产活动破坏台基

续表162

名称	地点	高程	与其他遗存的位置关系	材质	建筑方式	平面形制	剖面形制	尺寸	附属设施	修缮情况	保存状况	损毁原因及存在病害
破坊2号烽火台	杨千河乡破坊村西	1367米	西北距破坊3号烽火台1.4千米	土	黄土夯筑而成,含砂砾,夯层厚0.25~0.27米	矩形	梯形	不详	无	无	保存较差。台体坍塌脱落严重,表面凹凸不平,有裂缝、沟槽、孔洞,西北壁被挖损,紧邻底部有房屋;西南角有洞穴,边长0.83,进深2.69米	自然因素主要有风雨侵蚀等,植物生长等,人为因素主要是取土挖损、挖掘洞穴,利用台体修建房屋等
破坊1号烽火台	杨千河乡破坊村西南0.5千米	1410米	东北距破坊2号烽火台南0.52千米	土	黄土夯筑而成,含砂砾,夯层厚0.14~0.2米	矩形	梯形	台体底部东西9.61,顶部东西8.8米,南北4.3米,残高7.73米	台体底部有台基,平面呈矩形,东西17.75,南北17.27,残高2.2米。台体顶部上有围墙痕迹、散落石块	无	保存一般。台体坍塌脱落严重,表面凹凸不平,有裂缝、沟槽、孔洞	自然因素主要有风雨侵蚀等,植物生长等
前鹰卧山3号烽火台	丁家窑乡前鹰卧山村东南1千米	1406米	北距破坊1号烽火台0.86千米	土	黄土夯筑而成,含砂砾,夯层厚0.15~0.2米	矩形	梯形	台体底部东西9.7,顶部东西9.5米,南北4.7,残高8.4米	台体底部有台基,平面呈矩形,东西17.51,南北13.71米	无	保存一般。台体坍塌脱落严重,表面凹凸不平,有裂缝、沟槽、孔洞,东北角有1道沟槽	自然因素主要有风雨侵蚀等,植物生长等
前鹰卧山2号烽火台	丁家窑乡前鹰卧山村东1千米	1460米	东北距前鹰卧山3号烽火台1.2千米	土	黄土夯筑而成,含砂砾,夯层厚0.12~0.18米;夯层间夹层厚0.04米	矩形	梯形	台体底部边长8.64米,顶部东西3.9,南北4.2米,残高8.46米	台体底部有台基,平面呈矩形,东西20.29,南北17.28,残高1.4米	无	保存一般。台体坍塌脱落严重,表面凹凸不平,有裂缝、沟槽、孔洞,东、南壁底部有洞穴,宽1.63,高1.17,进深2.38米	自然因素主要有风雨侵蚀等,植物生长等,人为因素主要是挖掘洞穴等
前鹰卧山1号烽火台	丁家窑乡前鹰卧山村南0.9千米	1446米	东距前鹰卧山2号烽火台1千米	土	黄土夯筑而成,含砂砾,夯层厚0.16~0.2米	矩形	梯形	台体底部东西11.35,南北10.22米,顶部东西4.8,南北4.5米,残高8.6米	无	无	保存一般。台体坍塌脱落严重,表面凹凸不平,有裂缝、沟槽、孔洞	自然因素主要有风雨侵蚀等,植物生长等

名称	地点	高程	与其他遗存的位置关系	材质	建筑方式	平面形制	剖面形制	尺寸	附属设施	修缮情况	保存状况	损毁原因及存在病害
刘贵窑烽火台（图四五四）	杨千河乡刘贵窑村东南0.8千米	1534米	东北距破虏坊3号烽火台2.7千米	土	黄土夯筑而成，含砂砾，夯层厚0.15~0.19米	矩形	梯形	台体底部东西10.7，南北10.2米，顶部东西4，南北4.3米处外高1.4米，内高2米，残存高9.73米	台体底部有台基。台基上有围墙，平面呈矩形，东西29.63，南北28.46米，夯层厚0.17~0.21米；北墙底宽3.5，内高2米。东墙中部有豁口，宽2.15米。台基南部散落石块	无	保存较好。台体有所坍塌，表面凹凸不平，有裂缝、沟槽、孔洞	自然因素主要有风雨侵蚀、植物生长等
歪头山烽火台	杨千河乡后庄窝村东南0.85千米	1750米	东南距刘贵窑烽火台5.5千米	土	黄土夯筑而成，含砂砾，夯层厚0.15~0.23米，夯层间有夹层，厚0.01~0.02米	圆形	梯形	台体底部东西8.3，南北10，残存高6.7米	无	无	保存一般。台体坍塌脱落严重，表面凹凸不平，有裂缝、沟槽、孔洞，南壁底部东、西侧各有一个洞穴，东侧洞穴宽1.3，高1.1，进深1.5米，西侧洞穴宽0.7，高1.1，进深1.1米	自然因素主要有风雨侵蚀、植物生长等，人为因素主要是挖掘洞穴等
云石堡1号烽火台（图四五五）	丁家窑乡云石堡村东0.25千米	1617米	西南距云石堡0.51千米	石	外部石砌；内部为夯土台体，黄土夯筑而成，含砂砾，夯层厚0.2米	圆形	梯形	台体底部东西13.4，南北13.5米，顶部东西10.5，南北12.5米，残存高8.8米	台体周围有围墙，平面呈矩形，夯层厚0.18~0.21米；南墙残存最高3.5米。东墙中部设门，宽6.8米	无	保存较好。台体有所坍塌，表面凹凸不平，有裂缝、沟槽、孔洞。北壁部有砖券拱洞，洞口略积有土掩埋；顶部中央有砌洞穴，土坑内有砖砌洞穴，与北壁洞穴相通	自然因素主要有风雨侵蚀、植物生长等，人为因素主要是挖掘洞穴等
云石堡2号烽火台	丁家窑乡云石堡村南0.35米	1641米	东南距新云石堡0.33千米，东北距云石堡1号烽火台0.43千米	土	黄土夯筑而成，含砂砾，夯层厚0.19~0.21米	矩形	梯形	台体底部东西11.5，南北12.1，残存高6.3米	台体周围有围墙，平面呈矩形，东西33，南北29米，夯层厚0.11米；南墙外高1.7米；西墙宽0.9，外高2.1，内高1米；围墙外有壕沟，宽4.4，深1.8米，围墙东南角距壕沟4.9米，南墙中部距壕沟12.1米	无	保存一般。台体坍塌脱落严重，表面凹凸不平，有裂缝、沟槽、孔洞。台体东南角下部有洞穴，宽0.6，高0.7，进深3米	自然因素主要有风雨侵蚀、植物生长等，人为因素主要是挖掘洞穴等

续表162

名称	地点	高程	与其他遗存的位置关系	材质	建筑方式	平面形制	剖面形制	尺寸	附属设施	修缮情况	保存状况	损毁原因及存在病害
云石堡3号烽火台	丁家窑乡云石堡村西南0.4千米	1600米	东南距云石堡2号烽火台0.55千米	土	黄土夯筑而成,含砂砾,夯层厚0.15~0.2米	矩形	梯形	台体底部东西9.8,南北13.9米,顶部东西6.1,南北5.9米,残高10.9米	台体底部有台基,台基西边残长18.6,北边长23,西北角高4.6米	无	保存较好。台体有所坍塌,表面凹凸不平,有裂缝、沟槽、孔洞。北壁东侧坍塌形成的堆土下部有洞穴,附近散落碎砖	自然因素主要有风雨侵蚀、植物生长等,人为因素主要是挖掘洞穴等
云石堡5号烽火台	丁家窑乡云石堡村北0.4千米	1608米	西南距云石堡1号烽火台0.66千米	土	黄土夯筑而成,夯层厚0.12~0.15米	矩形	梯形	台体底部东西13.61,南北18.7米,顶部东西8.76,南北8.94米,残高7.84米	无	无	保存一般。台体坍塌脱落严重,表面凹凸不平,有裂缝、沟槽、孔洞	自然因素主要有风雨侵蚀、植物生长等
云石堡4号烽火台	丁家窑乡云石堡村东北0.85千米	1650米	西南距云石堡5号烽火台0.54千米	土	黄土夯筑而成,夯层厚度不详	圆形	梯形	台体底部直径13.84,残高6.8米	台体底部有散落砖,砖长33,宽15~19,厚8~9厘米	无	保存一般。台体坍塌脱落严重,表面凹凸不平,有裂缝、沟槽、孔洞。台体周围紧邻耕地,农业生产活动破坏台体	自然因素主要有风雨侵蚀、植物生长等,人为因素主要是农业生产活动破坏等
总丁山烽火台	丁家窑乡云石堡东南1.55千米的总丁山山顶上	1679米	西距新云石堡1.6千米	土	黄褐色土夯筑而成,含碎石,夯层厚0.17米,夯层间有夹层,厚0.05米	圆形	梯形	台体底部直径13.36,顶部直径4.2,残高8.4米	无	无	保存较好。台体有所坍塌,表面凹凸不平,有裂缝、沟槽、孔洞	自然因素主要有风雨侵蚀、植物生长等
青羊沟烽火台	丁家窑乡青羊沟村北1千米	1635米	西南距云石堡4号烽火台2.7千米	土	黄土夯筑而成,夯层厚0.11~0.17米	矩形	梯形	台体顶部东西残长0.9,南北2米	台体底部有台基,东西12.28,南北9.7,残高0.11~0.19米,夯层厚0.11~0.17米,夯层间有夹层,厚0.03米。台体位于台基西部	无	保存较差。台体坍塌脱落严重,表面凹凸不平,有裂缝、沟槽、孔洞。台基东、南壁底部各有两孔窑洞,东侧窑洞宽1.05,进深4.18米,高0.94,南侧窑洞宽1.6,进深2.65米;南壁东侧窑洞宽1.41,高1.07,进深1.86米,南壁西侧窑洞宽1.09,高1.57,进深3.49米	自然因素主要有风雨侵蚀、植物生长等,人为因素主要是在台基上修建窑洞等

续表 162

名称	地点	高程	与其他遗存的位置关系	材质	建筑方式	平面形制	剖面形制	尺寸	附属设施	修缮情况	保存状况	损毁原因及存在病害
芦草湾3号烽火台（彩图四五六）	丁家窑乡芦草湾新村西北1.25千米	1545米	西北距总丁山烽火台2千米	土	黄土夯筑而成，含砂砾，夯层厚0.16~0.2米，夯层间有夹层，厚0.03米	圆形	梯形	台体底部直径17.53，顶部直径8.6，残高9.5米	台体底部有台基。平面呈圆形。台基上有围墙，平面呈圆形，西墙顶宽0.8，外高3.6，内高2.94米。东北墙设门，现为豁口，宽4.8米	无	保存较好。台体有所坍塌，表面凹凸不平，有裂缝、沟槽、孔洞	自然因素主要有风雨侵蚀、植物生长等
芦草湾1号烽火台	丁家窑乡芦草湾村西0.2千米	1491米	西北距芦草湾3号烽火台1.9千米	土	黄土夯筑而成，含砂砾，夯层厚0.15~0.18米	矩形	梯形	台体底部东西12.39，南北12.24，顶部东西7.8，南北9.43米	台体底部有台基，平面呈矩形。台基上有围墙，平面呈矩形，东西27.16，南北25米。东墙残存最高1.9米；南墙外高2.37，内高1.7米；西墙外高2.95，内高1.4米。东墙中部设门，现为豁口，宽2.8米	无	保存较好。台体有所坍塌，表面凹凸不平，有裂缝、沟槽、孔洞。南壁底部有窑洞，宽1.67，高2.25，进深6.14米	自然因素主要有风雨侵蚀、植物生长等，人为因素主要是在台体上修建窑洞等
芦草湾2号烽火台（彩图四五七）	丁家窑乡芦草湾村东1.25千米	1554米	西距芦草湾1号烽火台1.6千米	土	黄土夯筑而成，含砂砾，夯层厚0.15~0.17米	矩形	梯形	台体底部东西8.6，南北8.7米，顶部东西4.6，南北5.4米，残高7.5米	台体底部有台基，平面呈矩形，残存东西18.14，北边长20米	无	保存较好。台体有所坍塌，表面凹凸不平，有裂缝、沟槽、孔洞。南侧部中央有洞穴，宽0.8，高0.77，进深1.9米。台体顶部有竖穴，与南壁底部洞穴相通	自然因素主要有风雨侵蚀、植物生长等，人为因素主要是挖掘洞穴等
汉泥沟1号烽火台	丁家窑乡汉泥沟村西南0.8千米	1518米	西南距芦草湾2号烽火台1千米	土	黄土夯筑而成，含砂砾，夯层厚0.15~0.19米	矩形	梯形	台体底部东西9.35，南北9.6米，顶部东西3.8，南北4.6米，残高9.06米	台体底部有台基，东西17.2，南北18.21，残高1米。台基上有围墙	无	保存一般。台体坍塌脱落严重，表面沟槽、孔洞，顶部裂缝、中央有土坑，东西2.5，南北2，深0.3米；东侧南有矩形豁口，东西0.9，南北1.9，进深2.7米	自然因素主要有风雨侵蚀、植物生长等

续表162

名称	地点	高程	与其他遗存的位置关系	材质	建筑方式	平面形制	剖面形制	尺寸	附属设施	修缮情况	保存状况	损毁原因及存在病害
汉泥沟2号烽火台	丁家窑乡汉泥沟村西北0.75千米	1482米	东北距前山卧鹰1号烽火台1千米,西南距汉泥沟1号烽火台1.1千米	土	黄土夯筑而成,含砂砾,夯层厚0.12~0.21米	矩形	梯形	台体底部东西11.5、南北11.8米,顶部东西6.3、南北7.2米,残高8.1米	无	无	保存一般。台体坍塌脱落严重,表面凹凸不平,裂缝、沟槽、孔洞	自然因素主要有风雨侵蚀、植物生长等
旺家窑1号烽火台	丁家窑乡旺家窑村北0.5千米	1656米	东北距新云石堡0.96千米	土	黄土夯筑而成,含砂砾,夯层厚0.2米	矩形	梯形	台体底部东西11、南北11.3米,顶部东西2.7、南北残长1.9米	台体底部有台基,平面呈矩形,东西25.4、南北21.1米	无	保存一般。台体坍塌脱落严重,表面凹凸不平,裂缝、沟槽、孔洞	自然因素主要有风雨侵蚀、植物生长等
旺家窑2号烽火台	丁家窑乡旺家窑村南1.1千米	1633米	北距旺家窑1号烽火台1.9千米	土	黄土夯筑而成,含砂砾,夯层厚0.15~0.18米	矩形	梯形	台体底部西南边长9.2、西北边长11.1米,顶部西南边长2.8、西北边长3.9米,残高7.5米	台体底部有台基,平面呈圆角矩形,西南西边长28.18、西北边长25.77米,残高1.4米	无	保存一般。台体坍塌脱落严重,表面凹凸不平,裂缝、沟槽、孔洞	自然因素主要有风雨侵蚀、植物生长等
丁家窑烽火台	丁家窑乡丁家窑村西	1644米	东南距旺马堡2.4千米,北距丁家窑2号烽火台2.6千米	土	黄土夯筑而成,含砂砾,夯层厚0.17~0.19米	矩形	梯形	台体底部东西9.11、南北9.25米,顶部东西2.28、南北2.44米,残高7.75米	台体底部有台基,平面呈矩形,边长25米。台基上有围墙,平面呈矩形,西墙残存最高处外高2,内高1.4米	无	保存较好。台体有所坍塌,表面凹凸不平,有裂缝、沟槽、孔洞	自然因素主要有风雨侵蚀、植物生长等
沙家沟6号烽火台	丁家窑乡沙家沟村北0.7千米	1576米	东南距旧堡0.44千米,西北距芦草湾1号烽火台1.1千米	土	黄土夯筑而成,含砂砾,夯层厚0.16~0.21米	矩形	梯形	台体底部西边长11、北边长12.2米,顶部西边长7、北边长7.4米,残高8.1米	台体底部有台基,平面呈矩形,台基上有围墙,平面呈矩形,东南、西南墙边长26.75米,西南墙边长24.7米;东北墙底宽3.08米,外高2.2、内高1.4米;西北墙底宽1.4、内高1.7米;东墙内高1.4、外高1.4米。东北墙外高1.97~2.27米,现为豁口,设门,西北墙有豁口,宽3.9米;西北墙外高1.36米	无	保存一般。台体坍塌脱落严重,表面凹凸不平,裂缝、沟槽、孔洞	自然因素主要有风雨侵蚀、植物生长等

续表 162

名称	地点	高程	与其他遗存的位置关系	材质	建筑方式	平面形制	剖面形制	尺寸	附属设施	修缮情况	保存状况	损毁原因及存在病害
沙家沟5号烽火台	丁家窑乡沙家沟村东北0.75千米	1668米	西南距旧云石堡0.26千米，西北距沙家沟6号烽火台0.51千米	土	黄土夯筑而成，含砂砾，夯层厚0.16~0.21米	圆形	梯形	台体底部直径13.52，顶部直径9，残高9.4米	台体底部有台基，平面呈圆形	无	保存较好。台体有所坍塌，表面凹凸不平，有裂缝、沟槽、孔洞。西壁底部有洞穴	自然因素主要有风雨侵蚀、植物生长等，人为因素主要是挖掘洞穴等
沙家沟2号烽火台	丁家窑乡沙家沟村东北0.4千米旧云石堡内	1597米	旧云石堡内	土	黄土夯筑而成，含砂砾，夯层厚0.18~0.2米	圆形	梯形	台体底部直径19.5，残高11.2米	台体底部有台基，平面呈圆形，残高2米	无	保存较好。台体有所坍塌，表面凹凸不平，有裂缝、沟槽、孔洞。台基周围为耕地，农业生产活动破坏台基	自然因素主要有风雨侵蚀、植物生长等，人为因素主要是农业生产活动破坏等
沙家沟1号烽火台	丁家窑乡沙家沟村东北0.4千米，旧云石堡西南0.26千米		东北距旧云石堡0.26千米		黄土夯筑而成，含砂砾，夯层厚0.17~0.19米	矩形	梯形	台体底部东西8.48，南北10.51米，顶部东西3.66，南北4.71米，残高8.05米	台体底部有台基，平面呈矩形。台基矩形，平面呈矩形，南北23.94米，东西23.62，残存最高处外高1.3米，内高2米，内墙2.9，内高3.62，内墙最高处外高1.7米；西墙残存最高处外高2.89，内高1.8米。东墙最高处外高2.89，内高1.8米，宽1.58米；中部有豁口，北墙中部有豁口	无	保存较好。台体有所坍塌，表面凹凸不平，有裂缝、沟槽、孔洞	自然因素主要有风雨侵蚀、植物生长等
沙家沟3号烽火台	丁家窑乡沙家沟村东1千米	1587米	西北距旧云石堡0.84千米	土	黄土夯筑而成，含砂砾，夯层厚0.16~0.2米	矩形	梯形	台体底部边长13米，顶部东西3.5，南北3.9米，残高9.2米	台体底部有台基，平面呈矩形。台基矩形，东西16.6，南北残高1.4米，夯层厚0.19米，西墙设门，现为豁口	无	保存较好。台体有所坍塌，表面凹凸不平，有裂缝、沟槽、孔洞。台体东壁邻沟，沟宽9.2，深6.2米	自然因素主要有风雨侵蚀、植物生长等
沙家沟4号烽火台	丁家窑乡沙家沟村东1.5千米	1587米	西距沙家沟3号烽火台0.5千米	土	黄土夯筑而成，含砂砾，夯层厚0.16~0.18米	矩形	梯形	台体底部东西5.5，南北3.2，残高4.1米	无	无	保存较差。台体坍塌脱落严重，表面凹凸不平，有裂缝、沟槽、孔洞	自然因素主要有风雨侵蚀、植物生长等

续表162

名称	地点	高程	与其他遗存的位置关系	材质	建筑方式	平面形制	剖面形制	尺寸	附属设施	修缮情况	保存状况	损毁原因及存在病害
南樊家窑1号烽火台	威远镇南樊家窑村西北1.6千米	1522米	西北距沙家沟4号烽火台0.81千米	土	黄土夯筑而成，含砂砾，夯层厚0.16~0.2米	矩形	梯形	台体底部东西10.5、南北10.3米，顶部东西4.6、南北4.6米，残高7.7米	台体底部有台基，平面呈矩形。台基上有围墙，东呈矩形，平面呈围墙，东墙外高4.8，内高1米；南墙残存最高处外高4.8，内高1.4米；西墙外高2，内高0.5米。南墙设门，现为豁口，宽3.4，进深1.1米	无	保存一般。台体坍塌脱落严重，表面凹凸不平，有裂缝、沟槽、孔洞	自然因素主要有风雨侵蚀、植物生长等
南樊家窑2号烽火台	威远镇南樊家窑村西北0.5千米	1463米	西北距南樊家窑1号烽火台1.3千米	土	黄土夯筑而成，含砂砾，夯层厚0.14~0.17米	矩形	梯形	台体底部东西12.97、南北12.72米，顶部东西6.1、南北6.9米，残高8米	台体底部有台基，平面呈矩形，残高3米。台基上有围墙，平面呈矩形，东西22.57，南北21.29米。西墙残存最高墙中部设门，现为豁口，宽2.5，内高1.1，外高2.3米	无	保存一般。台体坍塌脱落严重，表面凹凸不平，有裂缝、沟槽、孔洞	自然因素主要有风雨侵蚀、植物生长等
南樊家窑3号烽火台	威远镇南樊家窑村东北0.6千米	1412米	西距南樊家窑2号烽火台1.3千米	土	黄土夯筑而成，含砂砾，夯层厚0.14~0.2米	矩形	梯形	台体底部边长12米，顶部东西5.2、南北4.85米，残高8米	台体底部有台基，平面呈矩形，东西24、南北24米	无	保存一般。台体坍塌脱落严重，表面凹凸不平，有裂缝、沟槽、孔洞。北壁下部东侧有洞穴，宽0.92、高1.33米	自然因素主要有风雨侵蚀、人为因素等，主要是挖掘洞穴等
尖山烽火台	丁家窑村南尖山山顶上	1689米	西北距马堡1.5千米	土	黄土夯筑而成，含砂砾，夯层厚0.17~0.2米	矩形	梯形	台体底部东西8.7、南北6.3米，顶部东西5.5、南北3.7米，残高3.1米	无	无	保存较差。台体坍塌脱落严重，表面凹凸不平，有裂缝、沟槽、孔洞	自然因素主要有风雨侵蚀、植物生长等
双台梁1号烽火台	威远镇毛家岭村东北1.45千米	1382米	北距北十里铺1号烽火台1.8千米	土	黄土夯筑而成，夯层厚0.2米	圆形	梯形	台体底部周长40、顶部直径3.4，残高3.2米	台体底部有台基，平面呈圆角矩形，边长30、残高1.9米	无	保存较差。台体坍塌脱落严重，表面凹凸不平，有裂缝、沟槽、孔洞	自然因素主要有风雨侵蚀、植物生长等

续表 162

名称	地点	高程	与其他遗存的位置关系	材质	建筑方式	平面形制	剖面形制	尺寸	附属设施	修缮情况	保存状况	损毁原因及存在病害
双台梁2号烽火台	威远镇毛家岭村东北1.45千米	1378米	东南距双台梁1号烽火台0.1千米	土	黄土夯筑而成，夯层厚0.2米	圆形	梯形	台体底部直径12，残高0.8米	台体底部有台基，平面呈圆角矩形，边长17，残高2.3米	无	保存较差。台体坍塌脱落严重，表面凹凸不平，有裂缝、沟槽、孔洞。北壁坍塌形成的堆土上有矩形盗墓破坏，长1.7，宽0.5，进深2.1米	自然因素主要有风雨侵蚀、植物生长等，人为因素主要是盗墓破坏等
白塘子2号烽火台	威远镇白塘子村东北0.85千米	1376米	东北距双台梁2号烽火台2.4千米	土	黄土夯筑而成，夯层厚0.12~0.18米	矩形	梯形	台体底部东、南12.5、12.1，西、北12.8、13，残高8米	台体底部有台基，平面呈圆角矩形，东西25，南北有围墙，围墙残存最高1.2米	无	保存一般。台体坍塌脱落严重，表面凹凸不平，有裂缝、沟槽、孔洞。南墙下部有三个洞穴	自然因素主要有风雨侵蚀、植物生长等，人为因素主要是挖掘洞穴等
白塘子1号烽火台	威远镇白塘子村东0.65千米	1374米	西北距白塘子2号烽火台0.73千米	土	黄土夯筑而成，夯层厚0.12~0.2米	矩形	梯形	台体底部东、南13.6、12.5，西、北13.5、12.5，残高8.3米	台体底部有台基。台体有围墙，残存东、南、西围墙，残存最高2.2米。南墙有豁口	无	保存一般。台体坍塌脱落严重，表面凹凸不平，有裂缝、沟槽、孔洞。周围邻耕地，农业生产活动破坏台基	自然因素主要有风雨侵蚀、植物生长等，人为因素主要是农业生产活动破坏等
威远镇1号烽火台	威远镇威远村西北2千米处	1340米	北距双台梁1号烽火台1.4千米	土	黄土夯筑而成，夯层厚0.2~0.25米，台体西北角夯层间夹杂有碎砖瓦层	矩形	梯形	台体底部东、南、西、北10.5、9.2、9.6、9.3米	台体底部有台基，残高6.5米。台基上有围墙，东西16，南北15.2米，东墙残长8，残高1.3米	无	保存较好。台体有所坍塌。台面凹凸不平，有裂缝、沟槽、孔洞。南壁下部有洞穴，宽1.5，高1.4，进深2米。南侧台基东、东墙紧邻耕地，农业生产活动破坏台基	自然因素主要有风雨侵蚀、植物生长等，人为因素主要是农业生产活动破坏等
古城村1号烽火台（彩图四五八）	威远镇古城村东北1.1千米	1380米	西北距白塘子1号烽火台1.2千米	土	黄土夯筑而成，含砂砾，夯层厚0.14~0.18米	矩形	梯形	台体底部东、南、西、北9.9、10.6、5.6、5.1，顶部东、南、西、北10.5、4.7、4.9米，残高7.9米	台体底部有台基，东边长21，南边长2米	无	保存一般。台体坍塌脱落严重，表面凹凸不平，有裂缝、沟槽、孔洞	自然因素主要有风雨侵蚀、植物生长等

续表162

名称	地点	高程	与其他遗存的位置关系	材质	建筑方式	平面形制	剖面形制	尺寸	附属设施	修缮情况	保存状况	损毁原因及存在病害
威远镇3号烽火台	威远镇威远村西北1千米	1345米	西北距古城村1号烽火台0.78千米	土	黄土夯筑而成，含砂砾，夯层厚0.15~0.19米	矩形	梯形	台体东、南、西、北长12.3、13、13.1、13.2，残高7.7米	台体底部有台基，残高1.5米。台基上有围墙痕迹	无	保存一般。台体坍塌脱落严重，表面凹凸不平，有裂缝、沟槽、孔洞。东南部有土坑，长3.2，宽2.3，深1.5米；西北部有土坑，长2.7，宽2.4，深1.5米；边缘有种植树木时挖掘的土坑痕迹，紧邻耕地，农业生产活动破坏台体	自然因素主要有风雨侵蚀、植物生长等，人为因素主要是农业生产活动破坏，取土挖损，台基上种植树木等
威远镇2号烽火台	威远镇威远村西0.6千米	1330米	东南距威远堡0.64千米，西北距威远镇3号烽火台1.5千米	土	黄土夯筑而成，夯层厚0.16~0.2米	矩形	梯形	台体底部东16.4，南北13，残高2.7米	无	无	保存较差。台体坍塌脱落严重，表面凹凸不平，有裂缝、沟槽、孔洞。台体南壁，宽0.5米，伸入台体；南壁破坏有一条水泥台；顶部有活动破坏台体；台体北侧有一条小路	自然因素主要有风雨侵蚀、植物生长等，人为因素主要是修建水渠破坏台体，农业生产活动破坏等
威东移民新村五号烽火台（彩图四九）	威远镇威东移民新村东北0.2千米	1325米	西南距威远堡0.57千米	土	黄土夯筑而成，含砂砾，夯层厚0.12~0.16米	矩形	梯形	台体底部西边长11.5，南边长13，北边残长8.7，顶部东边长4.1，西边长3.8，东壁残高9.8米	台体周围有围墙，残存西、北墙，残高1.7米	无	保存一般。台体坍塌脱落严重，表面凹凸不平，有裂缝、沟槽、孔洞。南壁下部有洞穴，长1.3，宽1.6，进深1.4米；顶部中央有矩形土坑，长1.8，宽1.6米。紧邻现代房址，长3.8，宽2.7米	自然因素主要有风雨侵蚀、植物生长等，人为因素主要是挖土挖洞，取土挖损，利用围墙修建房屋等

续表 162

名称	地点	高程	与其他遗存的位置关系	材质	建筑方式	平面形制	剖面形制	尺寸	附属设施	修缮情况	保存状况	损毁原因及存在病害
古城村 2 号烽火台	威远镇古城村西 0.35 千米	1422 米	东北距古城村 1 号烽火台 1.3 千米	土	黄土夯筑而成，含砂砾，碎石，夯层厚 0.16 ~ 0.22 米	矩形	梯形	台体底部东、南、西、北长 9.4、8.7、10.2、9.8 米，顶部东、西、南、北长 3.9、3.9、3.9 米，残高 6.9 米	台体底部有台基，平面呈圆角矩形，东西 26、南北 26，残高 1.7 ~ 2 米。台基上有围墙，残存西、北墙，残高 1 米，夯层厚 0.14 米	无	保存一般。台体坍塌脱落严重，表面凹凸不平，有裂缝、沟槽、孔洞。台基东南部有矩形坑	自然因素主要有风雨侵蚀、植物生长等，人为因素主要是取土挖损等
新墩湾 2 号烽火台	威远镇新墩湾村东北 1.35 千米	1474 米	东北距古城村 2 号烽火台 3.3 千米	土	黄土夯筑而成，含砂砾，料礓石，夯层厚 0.15 ~ 0.18 米，夯层间有夹层，厚 0.01 米	矩形	梯形	台体底部东、南、西、北长 7.53、8.9、10.43、8.99 米	台体底部有台基，平面呈矩形，东、南、西、北墙分别长 68.04、62.56、68.19、62.07 米，夯层厚 0.16 ~ 0.2 米。东墙底宽 3.2 米，东墙残存 1.7、最高残高 2.8 米。南墙中部设门，现为豁口，残高最高 6.73 米	无	保存较好。台体有所坍塌，表面凹凸不平，有裂缝、沟槽、孔洞。南壁有孔洞，西壁有孔洞，斜向沟槽。北壁顶部有雨水冲刷形成的沟槽。台基内开垦为耕地	自然因素主要有风雨侵蚀、植物生长等，人为因素主要是农业生产活动破坏等
新墩湾 1 号烽火台（彩图四六○）	威远镇新墩湾村东南 1 千米	1531 米	北距新墩湾 2 号烽火台 2.2 千米	土	黄土夯筑而成，含砂砾，碎石，夯层厚 0.2 米，夯层间有夹层，厚 0.03 米	矩形	梯形	台体底部东、南、西、北长 8.55、8.48、8.2、8.42 米	台体底部有台基，平面呈矩形，东、南、西、北长 20.99、22.21、20.52、23.55 米	无	保存一般。台体坍塌脱落严重，表面凹凸不平，有裂缝、沟槽、孔洞。北壁下部坍塌形成的堆土被挖掘呈阶梯状。台体西侧 1 米有土坑，宽 0.5 米，为现代挖掘的植树坑。台基边缘有种植树木挖掘的土坑痕迹	自然因素主要有风雨侵蚀、植物生长等，人为因素主要是取土种植、台基上种树木等

续表162

名称	地点	高程	与其他遗存的位置关系	材质	建筑方式	平面形制	剖面形制	尺寸	附属设施	修缮情况	保存状况	损毁原因及存在病害
进土湾烽火台	威远镇进土湾村北0.9千米	1408米	北距古城村2号烽火台2.6千米	土	黄土夯筑而成，含砂砾。台体1.2米以下夯层厚0.05~0.2米，夯层间有红黄色土夹层，厚0.05~0.09米。1.2米以上夯层厚0.2~0.25米，夯层间有黄砂土夹层，厚0.01~0.02米	矩形	梯形	台体底部东、南、西、北长8.68、8.8、11.07、10.6米，顶部东、南、西、北长4.8、4.7、5.6、4.2米	台体底部有台基，东、南、西、北长25.58、25.93、27.76、25.93、27.40、27.40米。台基上有围墙，西墙南段西段保存较好，底宽2.4米。墙南段南墙西段宽2.1，残高1.4~2.8米。围墙黄土夯筑而成，夯层厚0.17~0.2米，夯层间有夹层，厚0.01米。南墙中部有豁口，宽4.44米；西墙北段有豁口，宽5.16米	无	保存一般。台体坍塌脱落严重，表面凹凸不平，有裂缝、沟槽、孔洞。有登顶的脚窝。南壁有洞，南壁高1.68，进洞穴，宽1.08，高1.08，进深1.12米；顶部中央有土坑，直径4，深0.3米	自然因素主要有风雨侵蚀、植物生长等，人为因素主要是挖掘洞穴，人为挖踏，取土挖损等
中岭烽火台	威远镇中岭村北0.1千米	1345米	西北距进土湾烽火台1.9千米	土	黄土夯筑而成，含砂砾，夯层厚0.17~0.21米	矩形	梯形	台体底部东、南、西、北长10.8、11.8、11.4、11.8，残高7.5米	无	无	保存一般。台体坍塌脱落严重，表面凹凸不平，有裂缝、沟槽、孔洞。南壁下部有洞穴，宽1.9，进深2米。台体周围紧邻耕地，农业生产活动破坏台体	自然因素主要有风雨侵蚀、植物生长等，人为因素主要是农业生产活动破坏，挖掘洞穴等
树儿照烽火台	威远镇树儿照村东北1.5千米	1363米	西北距威远堡1.6千米	土	黄土夯筑而成，含砂砾，夯层厚0.17~0.2米，夯层间有夹层，厚0.03~0.05米	矩形	梯形	台体底部东、南、西、北长12.65、12.65、12.42、12.83米，顶部东、南、西、北长1.9、3.7、6.5、4.7米，南壁高8.35米	无	无	保存一般。台体坍塌脱落严重，表面凹凸不平，有裂缝、沟槽、孔洞。南壁有2道雨水冲刷形成的纵向沟槽，西壁中部有横向沟槽，宽0.5，进深0.5米，距地面1.5米；西、北壁有许多孔洞，直径0.1~0.6，进深0.2~0.52米	自然因素主要有风雨侵蚀、植物生长等

续表162

名称	地点	高程	与其他遗存的位置关系	材质	建筑方式	平面形制	剖面形制	尺寸	附属设施	修缮情况	保存状况	损毁原因及存在病害
石躺山烽火台	威远镇王家堡村东南1.4千米石躺山的山顶上	1325米	西南距威远镇移民新村烽火台2.5千米	土	黄土夯筑而成，夯层厚0.2~0.25米，夯层间有夹层，厚0.01~0.03米	矩形	梯形	台体底部边长15.8米，顶部东、南、西、北长4.6、6.5、6.5、3.1米，北壁残高9.1米	台体底部有台基，平面呈矩形，边长28米	无	保存较好。台体有所坍塌。台面凹凸不平，有裂缝、沟槽、洞穴，南壁下部有洞穴，宽1.1、高0.4米；北壁东有登顶坡道；顶部有土坑，深1.7米，形成原因不明	自然因素主要有植物生长等，人为因素主要是挖掘洞穴，人为踩踏等
东刘家窑1号烽火台	威远镇东刘家窑村东南0.55千米	1325米	西北距石躺山烽火台3.4千米	土	黄土夯筑而成，夯层厚0.22米，夯层间有黏土层，厚0.03米	圆形	梯形	台体底部边长5.8、顶部边长2.7，残高4.6米	无	无	保存较差。台体坍塌脱落严重，表面凹凸不平，有裂缝、沟槽、孔洞。东北角坍塌形成的堆土处有挖土痕迹	自然因素主要有植物风雨侵蚀，生长等，人为因素主要是取土挖损
东刘家窑2号烽火台	威远镇东刘家窑村西南1.2千米	1325米	东北距刘家窑1号烽火台1.2千米	土	黄土夯筑而成，夯层厚0.2米；夯层间有黏土层，厚0.03米	矩形	梯形	台体底部西边长1.8、顶部长1.8、宽0.3~0.5米，西壁残高4.4米	无	无	保存较差。台体坍塌脱落严重，表面凹凸不平，有裂缝、沟槽、孔洞。南壁底部有窑洞，宽1.5、进深1.8米。台体周围有探孔，直径0.05~0.07米	自然因素主要有植物风雨侵蚀，生长等，人为因素主要是在台体上修建窑洞、盗墓破坏等
东刘家窑3号烽火台	威远镇东刘家窑村西南1.2千米	1325米	南距东刘家窑2号烽火台0.4千米	土	黄土夯筑而成，夯层厚0.2米，夯层间有黏土层，厚0.03米	矩形	梯形	台体底部周长34、残高4.7米	无	无	保存较差。台体坍塌脱落严重，表面凹凸不平，有裂缝、沟槽、孔洞。北壁坍塌形成的堆土上有探孔，直径0.05~0.07米	自然因素主要有植物风雨侵蚀，生长等，人为因素主要是盗墓破坏等
六里庄3号烽火台	威远镇六里庄村西北1千米	1374米	西北距树儿照烽火台1.4千米	土	黄土夯筑而成，含砂砾，夯层厚0.18~0.26米	矩形	梯形	台体底部东、南、西、北长12.71、13.49、14.08、13.68米，顶部东、西、北残长4.1、6.5.4米，残高9.9米	台体周围有围墙，墙体宽1.8、顶部残宽0.62~0.82米，夯层厚0.25米	无	保存一般。台体坍塌脱落严重，表面凹凸不平，有裂缝、沟槽、孔洞。东、南壁有两道雨水冲刷形成的沟槽，东南角有回形的凹槽，南壁有一个水冲刷形成的凹洞和一个，近顶部有三个孔洞和一个凹坑，北壁中部近顶部有一个凹坑，西北角近顶部有一个凹坑	自然因素主要有植物风雨侵蚀，生长等

续表162

名称	地点	高程	与其他遗存的位置关系	材质	建筑方式	平面形制	剖面形制	尺寸	附属设施	修缮情况	保存状况	损毁原因及存在病害
六里庄1号烽火台	威远镇六里庄村东北0.5千米	1371米	西北距六里庄3号烽火台1.9千米	土	黄土夯筑而成，含砂砾、料礓石，夯层厚0.25米	矩形	梯形	台体底部东西6，南北6.57,残高3.96米	无	无	保存较差。台体坍塌脱落严重，表面凹凸不平，裂缝、沟槽、孔洞	自然因素主要有风雨侵蚀、植物生长等
方家堡烽火台	威远镇方家堡村东南0.5千米	1389米	西南距六里庄1号烽火台0.89千米	土	黄土夯筑而成，含砂砾、料礓石，夯层厚0.18~0.2米	矩形	梯形	台体底部东、南、西北长12.08,11.28米，顶部东北12.55,11.91,南北2.75,南北9.4,4.38米，残高2.88米	台体底部有台基，平面呈圆角矩形，东西22.08,南北25.23,南侧残高0.8米	无	保存一般。台体坍塌脱落严重，表面凹凸不平，裂缝、沟槽、孔洞	自然因素主要有风雨侵蚀、植物生长等
六里庄2号烽火台	威远镇六里庄村东南1.35千米	1412米	东北距六里庄1号烽火台1.8千米	土	黄土夯筑而成，含砂砾、料礓石，夯层厚0.25米，夯层间有夹层，厚0.01~0.02米	矩形	梯形	台体底部东西8.99,南北8.72米，顶部东、西、南、北长1.8,1.3,1,0.9米，残高7.2米	无	无	保存一般。台体坍塌脱落严重，表面凹凸不平，裂缝、沟槽、孔洞	自然因素主要有风雨侵蚀、植物生长等
滴水沿2号烽火台	白头里乡滴水沿村南偏西0.65千米	1373米	西北距滴水沿2号烽火台3.3千米	土	黄土夯筑而成	圆形	梯形	台体顶部直径2.4,残高3.8米	台体底部有台基，仅存西南部，残长17,残高0.7米	无	保存较差。台体坍塌脱落严重，表面凹凸不平，裂缝、沟槽、孔洞。台基大部分被开垦为耕地，仅存西南部分	自然因素主要有风雨侵蚀、人为因素主要是农业生产活动破坏等
滴水沿1号烽火台	白头里乡滴水沿村南0.7千米	1375米	西北距滴水沿2号烽火台0.26千米	土	黄土夯筑而成	圆形	梯形	台体底部周长50,顶部直径3.14,残高4.1米	台体底部有台基，平面呈圆角矩形，边长28,残高1.5米	无	保存较差。台体坍塌脱落严重，表面凹凸不平，裂缝、沟槽、孔洞	自然因素主要有风雨侵蚀、植物生长等

续表162

名称	地点	高程	与其他遗存的位置关系	材质	建筑方式	平面形制	剖面形制	尺寸	附属设施	修缮情况	保存状况	损毁原因及存在病害
马村烽火台	白头里乡马村西北0.2千米	1369米	西北距滴水沿1号烽火台2.5千米	土	黄土夯筑而成，含砂砾、料礓石	圆形	梯形	台体底部直径14.4，残高3.7米	台体底部有台基，平面呈圆形，残高2.3米	无	保存较差。台体坍塌脱落严重，表面凹凸不平，有裂缝、沟槽、孔洞。台基南侧边缘有两个挖掘的沟槽，东侧沟槽东西5.18、南北9.56、深2.1米，西侧沟槽东西4.49、南北6.47、深1.4米	自然因素主要有风雨侵蚀、植物生长等，人为因素主要是取土挖损等
杨官窑窑烽火台	白头里乡杨官窑村东1.3千米	1444米	西北距马村烽火台2.4千米	土	黄土夯筑而成，含砂砾、料礓石	圆形	梯形	台体底部直径19.4，残高6.4米	无	无	保存一般。台体坍塌脱落严重，表面凹凸不平，有裂缝、沟槽、孔洞	自然因素主要有风雨侵蚀、植物生长等
火烧洼烽火台	威远镇火烧洼村东南1.2千米	1429米	西北距六里庄2号烽火台3.1千米	土	黄土夯筑而成，夯层厚0.26米	圆形	梯形	台体底部直径12.62，顶部直径6，残高8.78米	台体底部有台基，平面呈圆形，周长91，残高1.5米	无	保存一般。台体坍塌脱落严重，表面凹凸不平，有裂缝、沟槽、孔洞，东壁有两个盗洞，台基西部开垦为耕地	自然因素主要有风雨侵蚀、植物生长等，人为因素主要是农业生产活动破坏、盗墓破坏等
沙家寺1号烽火台	高家堡乡沙家寺村西北1.3千米	1431米	东北距烽火台1.3千米	土	黄土夯筑而成，夯层厚0.23~0.3米，夯层间有黏土层，厚0.02米	矩形	梯形	台体底部东、南、西北长11.37、11.3、11.4、11.36米，顶部东西4.6、南北4.3米，残高9.04米	台体底部有台基，大部分开垦为耕地。台基上有围墙，东墙中部设门，宽4.08、残高1.75米	无	保存一般。台体坍塌脱落严重，表面凹凸不平，有裂缝、沟槽、孔洞，台基西部大部分开垦为耕地，农业生产活动破坏台体	自然因素主要有风雨侵蚀、植物生长等，人为因素主要是农业生产活动破坏等
沙家寺2号烽火台	高家堡乡沙家寺村东南1.35千米	1494米	西北距沙家寺1号烽火台3.1千米	土	黄土夯筑而成，含砂砾，夯层厚度不详	圆形	梯形	台体底部直径10.4，残高1.8米	台体底部有台基，残存南、西侧部分，南边长20.72、西边长18.46、残高0.7米。台体东、北侧散落许多石块	无	保存较差。台体坍塌脱落严重，表面凹凸不平，有裂缝、沟槽、孔洞，台体顶部裁立有测绘标志	自然因素主要有风雨侵蚀、植物生长等，人为因素主要是在台体顶部裁立测绘标志等

续表 162

名称	地点	高程	与其他遗存的位置关系	材质	建筑方式	平面形制	剖面形制	尺寸	附属设施	修缮情况	保存状况	损毁原因及存在病害
前胡彩沟 1 号烽火台	威远镇前胡彩沟村西南 1 千米	1605 米	无	土	黄土夯筑而成,含砂砾、碎石,夯层厚 0.1~0.16 米	矩形	梯形	台体底东、南、西、北长 10.86、10.22、10.47,顶部东、南、西、北长 4.2、3.4、4.6、5.9 米	台体底部有台基,东侧残高 2.17 米,西侧残高 1.31 米。台基上有围墙,平面呈矩形,墙长 25.94、26.83、25.48、26.68 米;围墙底宽 1.92,顶宽 0.1~0.45,内高 2.88 米,外高 3.89,夯层厚 0.1~0.15 米;北墙东段有豁口,宽 3.62 米	无	保存一般。台体坍塌脱落严重,表面凹凸不平,有裂缝、沟槽、孔洞	自然因素主要有风雨侵蚀、植物生长等
前胡彩沟 2 号烽火台	威远镇前胡彩沟村东南 1.1 千米	1679 米	西距前胡彩沟 1 号烽火台 1.2 千米	土	黄土夯筑而成,含砂砾、料礓石,夯层厚 0.16~0.24 米,夯层间有夹层,厚 0.02 米	矩形	梯形	台体底部东、南、北长 7.97、7.38、9.26、8.03 米,顶部东、南、西、北长 2.76、1.73、2.44、1.7 米,残高 7.1 米	台体底部有台基,南边长 21.63、残长 24.77,西边长 1.5 米	无	保存一般。台体坍塌脱落严重,表面凹凸不平,有裂缝、沟槽、孔洞	自然因素主要有风雨侵蚀、植物生长等
红台子山烽火台	威远镇驴蹄沟村西南 1.35 千米	1624 米	西南距前胡彩沟 2 号烽火台 3 千米	土	黄土夯筑而成,含砂砾,夯层厚 0.17~0.2 米,夯层间有夹层,厚 0.02~0.04 米	矩形	梯形	台体底部东、南、西、北长 7.09、7.28、7.29、7.63、7.28 米,顶部东、南、西、北长 2.1、1.3、1.2、1.4、2.1 米,残高 5.49 米	台体底部有台基,东北角残高 2.5,西南角残高 1.4 米	无	保存一般。台体坍塌脱落严重,表面凹凸不平,有裂缝、沟槽、孔洞	自然因素主要有风雨侵蚀、植物生长等

续表 162

名称	地点	高程	与其他遗存的位置关系	材质	建筑方式	平面形制	剖面形制	尺寸	附属设施	修缮情况	保存状况	损毁原因及存在病害
崔家窑 2 号烽火台	威远镇崔家窑村西南 1.5 千米	1589 米	西北距红台子山烽火台 4.1 千米	土	黄土夯筑而成，含砂砾、料礓石，夯层厚 0.17~0.26 米	矩形	梯形	台体底部东、南、西、北长 7.69、7.42、7.26，顶部东西 1.91~2.59，南北 2.97 米	台体底部有两层台基，上层台基东、南、西、北长 10.16、10.05、10.17、10.19，残高 0.4 米。下层台基东、南、西、北长 25.27、23.65、24.82、21.69。南壁高 1.3。北壁高 2.8 米。台基东、南壁有堆砌的石块，西北壁夯层中夹有片石。台基上有围墙，夯层厚 0.16~0.2 米	无	保存一般。台体坍塌脱落严重，表面凹凸不平，有裂缝、沟槽、孔洞。西壁底部有横向沟槽	自然因素主要因风雨侵蚀、植物生长等
崔家窑 1 号烽火台	威远镇崔家窑村东北 1.1 千米	1536 米	西南距崔家窑 2 号烽火台 3 千米	土	黄土夯筑而成，含砂砾，夯层厚 0.18~0.25 米，局部夯层间有夹层，厚 0.01~0.03 米	矩形	梯形	台体底部东、南、西、北长 10.22、10.71、11.3、11.79，残高 8.4 米	台体底部有台基，上有围墙，平面均呈矩形	无	保存一般。台体坍塌脱落严重，表面凹凸不平，有裂缝、沟槽、孔洞	自然因素主要因风雨侵蚀、植物生长等
威坪堡烽火台（彩图四六）	威远镇威坪堡村北 1.05 千米	1472 米	南距威坪堡 1.1 千米	土	黄土夯筑而成，夯层厚 0.2~0.25 米	圆形	梯形	台体底部直径 14.4，残高 10 米	台体底部有台基，残高 1 米。台基上有围墙，平面呈圆形，底宽 2.7，顶宽 0.6，残高 6 米。南墙设门，门洞底宽 1.5，门洞宽 3.7，顶宽 1.5，高 3.6 米	无	保存较好。台体坍塌损毁，表面凹凸不平，有裂缝、沟槽、孔洞	自然因素主要因风雨侵蚀、植物生长等
台子村 2 号烽火台	威远镇台子村东北 0.9 千米	1403 米	东北距威坪堡 1.5 千米	土	黄土夯筑而成，含砂砾，夯层厚 0.14~0.18 米	矩形	梯形	台体底部东西 10，南北 10，残高 9.4 米	台体西北侧有围墙，台体位于围墙南角外侧，墙平面呈矩形，长 96，宽 64 米；围墙内东南部有圆形围墙，直径 22 米	无	保存较好。台体有所坍塌，表面凹凸不平，有裂缝、沟槽、孔洞。台体北侧有围墙穿过围墙，围墙内土路向东向土墙，围墙东南部有围墙	自然因素主要因风雨侵蚀、植物生长等，人为因素主要是农业生产活动破坏，将围墙挖断形成便道等

续表162

名称	地点	高程	与其他遗存的位置关系	材质	建筑方式	平面形制	剖面形制	尺寸	附属设施	修缮情况	保存状况	损毁原因及存在病害
台子村3号烽火台（彩图四六二）	威远镇台子村北0.7千米	1499米	东南距台子村2号烽火台0.94千米	土	黄土夯筑而成，含砂砾，夯层厚0.14~0.21米	圆形	梯形	台体底部直径11.8，残高9.8米	台体周围有围墙，围墙宽1.2，残存最高3米。围墙东南有豁口，宽4米	无	保存较好。台体凹凸不平，有裂缝、沟槽、孔洞	自然因素主要有风雨侵蚀，植物生长等
台子村1号烽火台（彩图四六三）	威远镇台子村西0.1千米	1420米	东北距台子村3号烽火台0.9千米	土	黄土夯筑而成，含砂砾，夯层厚0.2~0.25米	圆形	梯形	台体底部直径11.8，残高10米	台体周围有围墙，墙体宽2，顶宽0.3~0.8，残存最高3.8米，夯层厚0.16~0.2米	无	保存较好。台体凹凸不平，有裂缝、沟槽、孔洞。南、西壁有3个洞穴。围墙内外为耕地，农业生产活动破坏、挖掘洞穴等	自然因素主要有风雨侵蚀等，人为因素主要是农业生产活动破坏、挖掘洞穴等
联家沟1号烽火台（彩图四六四）	威远镇联家沟村南0.25千米	1388米	西南距威远堡2千米	土	黄土夯筑而成，夯层厚0.19米	圆形	梯形	台体底部直径13.8，残高12.2米	台体周围有围墙，平面呈圆形，底宽0.6，残存最高4.7米。南墙设门，现为豁口，宽4.6米	无	保存较好。台体凹凸不平，有裂缝、沟槽、孔洞	自然因素主要有风雨侵蚀，植物生长等
联家沟2号烽火台	威远镇联家沟村东北1.35千米	1375米	西南距1号烽火台1.7千米	土	黄土夯筑而成，夯层厚0.16~0.2米	矩形	梯形	台体顶部东、南、西、北长7.5、8.4、8.4、7.9，残高7.8米	台体周围有围墙，平面呈圆形，底宽1，残存最高3.7米	无	保存一般。台体坍塌脱落严重，表面凹凸不平，有裂缝、沟槽、孔洞。围墙内为耕地，农业生产活动破坏等	自然因素主要有风雨侵蚀，植物生长等，人为因素主要是农业生产活动破坏等
常门铺2号烽火台	威远镇常门铺村西南1千米	1452米	东南距2号沟0.96千米	土	黄土夯筑而成，含砂砾，夯层厚0.19~0.26米	矩形	梯形	台体底部东、南、西、北长8.5、8.6、9、8.3，残高7米	台体周围有围墙，平面呈矩形，东西23，南北23米，墙体底宽1.2，最高1.8米。南墙中部有豁口，宽2.8米	无	保存一般。台体坍塌脱落严重，表面凹凸不平，有裂缝、沟槽、孔洞。东壁北侧有洞穴，宽0.9，高1米	自然因素主要有风雨侵蚀，植物生长等，人为因素主要是挖掘洞穴等
常门铺1号烽火台	威远镇常门铺村南0.1千米	1367.00米	西南距常门铺2号烽火台1.4千米	土	黄土夯筑而成，含砂砾，夯层厚0.16~0.2米	圆形	梯形	台体底部直径10.6，残高8.8米	台体周围有围墙，平面呈圆形，底宽2，残存最高4.5米	土	保存一般。台体坍塌脱落严重，表面凹凸不平，有裂缝、沟槽、孔洞。东北壁有洞穴，宽1.4、高1.6米；东南壁有洞穴，宽1.4、高1.4，进深1.7米。围墙北墙上有掏洞	自然因素主要有风雨侵蚀，植物生长等，人为因素主要是挖掘洞穴等

续表 162

名称	地点	高程	与其他遗存的位置关系	材质	建筑方式	平面形制	剖面形制	尺寸	附属设施	修缮情况	保存状况	损毁原因及存在病害
龙头山烽火台（彩图四六五）	威远镇孤山村东北2.2千米	1567米	西北距威坪堡2.8千米	土	黄土夯筑而成，含砂砾、料礓石，夯层厚0.16~0.23米，夯层间有夹层，厚0.01~0.03米	矩形	梯形	台体底部东、南、西北长7.89、7.85、8.04、7.87米，顶部东、南、西、北长4、4.1、4.2、4.5，残高8米	台体底部周围散落许多石块	无	保存较好。台体有所坍塌，表面凹凸不平，有裂缝、沟槽、孔洞	自然因素主要有风雨侵蚀、植物生长等
邵家村烽火台	高家堡乡邵家村西北1.35千米	1556米	西北距龙头山烽火台1.6千米	土	黄土夯筑而成，含砂砾，夯层厚0.22~0.25米，夯层间有夹层，厚0.01~0.03米	矩形	梯形	台体底部东、南、西北长9.77、8.99、11.67、11.2米，顶部东、南、北部长1.4、4.5米，残高7.6米	台体底部有台基，平面呈圆角矩形，西侧残高4.6米。台基上有围墙，东、南、北边长27.89、26.28、27.58米	无	保存一般。台体坍塌脱落严重，表面凹凸不平，有裂缝、沟槽、孔洞。东壁坍塌形成的堆土上有洞穴1，高0.9，宽0.4米；北壁上部有椭圆形洞穴，宽1.5，进深1，高1.2米。台体顶部有土坑，长1.2~1.9，宽1.2~1.6，深1.8米，与北壁洞穴相通。台体坍塌形成的堆土上有少量人工种植的松树	自然因素主要有风雨侵蚀，植物生长等，人为因素主要是挖掘洞穴、台体上种植树木等
马良村烽火台（彩图四六六）	高家堡乡马良村西南0.2千米	1471米	西北距邵家村烽火台3.7千米	土	黄土夯筑而成，夯层厚0.23~0.3米	矩形	梯形	台体底部东西13.28、南北11.23米，顶部东西5.6米，残边长4.27米，残高9.5米	台体周围有围墙，平面呈矩形，南墙长32，底宽1.7，顶宽0.3，残宽2.9米。南墙中部设门。台体顶部西侧有圆形大坑，直径3.3，深1.2米，应为燃放烟火的火池	无	保存较好。台体有所坍塌，表面凹凸不平，有裂缝、沟槽、孔洞。围墙内为耕地，农业生产活动破坏台体、围墙	自然因素主要有风雨侵蚀、植物生长等，人为因素主要是农业生产活动破坏等

续表162

名称	地点	高程	与其他遗存的位置关系	材质	建筑方式	平面形制	剖面形制	尺寸	附属设施	修缮情况	保存状况	损毁原因及存在病害
大岭山2号烽火台（彩图四六七）	高家堡乡鹰黄沟村东1.5千米	1520米	东北距马良村烽火台1.4千米	土	黄土夯筑而成，夯层厚0.14米，夯层间夹层，厚0.05米	矩形	梯形	台体底部东、南、西长14.28,14.86，顶宽14.85,14.96米，顶部边长7.45米	台体底部有台基，平面呈圆角矩形，残高1.2米。台基上有围墙，平面呈矩形，顶宽2.5、0.4米，夯层宽0.24~0.3米；西墙底宽1.8，顶宽0.6，残高2.7米。西墙中部设门，现为豁口，宽1.8米；东、南、北墙中部均有豁口	无	保存较好。台体所坍塌，表面凹凸不平，有裂缝、沟槽、孔洞。西壁有4个孔洞，宽0.4米；北壁上部孔洞宽0.6米。台体东、西侧种植有几棵小杨树	自然因素主要有风雨侵蚀、植物生长等
大岭山1号烽火台	高家堡乡鹰黄沟村东南1.4米	1490米	东北距大岭山2号烽火台0.6千米	土	黄土夯筑而成，夯层厚0.19米	矩形	梯形	台体底部东、南、西北长12.84,12.07,12.15,13.39米，顶部东、南、西、北长5.2,4.2,5.3,4.1米，残高9.36米	台体周围有围墙，平面呈矩形，东西30.62，南北30.9米，北墙底宽30.5，顶宽0.35，残高2.7米。南角外有豁口，宽3米	无	保存较好。台体有所坍塌，表面凹凸不平，有裂缝、沟槽、孔洞	自然因素主要有风雨侵蚀、植物生长等
金家花板村3号烽火台	高家堡乡金家花板村东0.25千米	1494米	东北距大岭山1号烽火台1.7千米	土	黄土夯筑而成，夯层厚0.12~0.24米，夯层间有黏土层，厚0.03米	圆形	梯形	台体底部东西4.3，南北4.3，残高8.7米	无	无	保存较差。台体坍塌脱落严重，表面凹凸不平，有裂缝、沟槽、孔洞	自然因素主要有风雨侵蚀、植物生长等
金家花板村2号烽火台（彩图四六八）	高家堡乡金家花板村南0.15千米	1508米	东北距金家花板火台0.33千米	土	黄土夯筑含砂砾，夯层厚0.22米；夯层间有黏土层，厚0.03米	矩形	梯形	台体底部东西12.27，南北11.4米，顶部东西5.94，南北4.6米，残高7.9米	台体北侧有围墙，紧贴台体北壁。围墙平面呈矩形，夯层厚0.17~0.24米，夯层间有夯厚0.04米的黏土层。围墙坍塌损毁严重，残高0.4~2.4米。围墙四角有角台，坍塌呈土堆状，围墙内现为耕地	无	保存一般。台体坍塌脱落严重，表面凹凸不平，有裂缝、沟槽、孔洞。南壁有两孔窑洞，西壁有一孔窑洞，南壁窑洞宽1.86，高2.09，进深6.16米；西壁窑洞宽1.06，高1.91，进深3.24米。三孔窑洞相通，窑洞内壁有烟火熏黑的痕迹，现废弃	自然因素主要有风雨侵蚀、人为因素等。人为因素主要是在台体上修建窑洞

续表 162

名称	地点	高程	与其他遗存的位置关系	材质	建筑方式	平面形制	剖面形制	尺寸	附属设施	修缮情况	保存状况	损毁原因及存在病害
金家花板村1号烽火台（彩图四六九）	高家堡乡金家花板村西南1.1千米	1516米	东北距金家花板2号烽火台1.5千米	土	黄土夯筑而成，夯层厚0.14~0.2米	圆形	梯形	台体底部直径12.33、顶部直径6.19，残高8.2米	台体底部有台基，平面呈圆角矩形，残高1.5米。台基上有围墙，夯层厚0.22米，厚0.04米黏土层，东墙底宽1.7，顶宽0.3，残高2.5米。南墙中部有豁口	无	保存较好。台体有所坍塌，表面凹凸不平，有裂缝、沟槽、孔洞	自然因素主要有风雨侵蚀，植物生长等
二十里台子烽火台	牛心堡乡沈家窑村东北1千米二十里台子山的山顶上	1586米	无	土	灰褐色土夯筑而成，含碎石，夯层厚0.08米	矩形	梯形	台体底部西边长8.44、西南边长5、东南边长6.95，残高6.3米	台体底部有台基，残高3~5米。台体周围有围墙，高0.6米	无	保存一般。台体坍塌脱落严重，表面凹凸不平，有裂缝、沟槽、孔洞	自然因素主要有风雨侵蚀，植物生长等
善家堡2号烽火台	右卫镇善家堡村北0.35千米	1461米	东北距二十里台子烽火台2.6千米	土	黄土夯筑而成，夯层厚0.25米，夯层间有夹层，厚0.03~0.07米	圆形	梯形	残高2~8.1米	台体底部有台基。台基上有围墙，残高1.6~1.7米	无	保存一般。台体坍塌脱落严重，表面凹凸不平，有裂缝、沟槽、孔洞	自然因素主要有风雨侵蚀，植物生长等
善家堡1号烽火台	右卫镇善家堡村西北0.5千米	1398米	东北距善家堡2号烽火台0.75千米，西距王官村烽火台2.1千米	土	黄土夯筑而成，夯层厚0.23~0.25米，夯层间有夹层，厚0.02~0.03米	矩形	梯形	台体底部南、西、北长8.62、11.33、8.9米，顶部西边长3米，残高8.9米	无	无	保存一般。台体坍塌脱落严重，表面凹凸不平，有裂缝、沟槽、孔洞	自然因素主要有风雨侵蚀，植物生长等
善家堡3号烽火台	右卫镇善家堡村东0.02千米	1417米	西北距善家堡1号烽火台0.87千米	土	黄土夯筑而成，夯层厚0.18~0.23米，夯层间有夹层，厚0.02~0.04米	矩形	梯形	台体底部东、南、西、北长4.83、4.66、4.85米，顶部东、南、西、北1.8、1.8、1.2、0.4米，残高4.46米	台体底部有台基，周围被开垦为耕地。残存台基南边长11.25，西边长9米	无	保存较差。台体坍塌脱落严重，表面凹凸不平，沟槽、裂缝、孔洞。周围开垦为耕地	自然因素主要有风雨侵蚀，植物生长等

续表162

名称	地点	高程	与其他遗存的位置关系	材质	建筑方式	平面形制	剖面形制	尺寸	附属设施	修缮情况	保存状况	损毁原因及存在病害
菩家堡4号烽火台	右卫镇菩家堡村南0.7千米	1443米	北距菩家堡3号烽火台0.76千米	土	红土夯筑而成，夯层厚度不详	圆形	梯形	台体底部直径17.7、顶部直径3.6、残高5.7米	台体底部有台基，平面呈圆角矩形，东、南、西、北长28、28.29.3、27.56、28.19，残高4.5米，西北角有围墙痕迹	无	保存一般。台体坍塌脱落严重，表面凹凸不平，有裂缝、沟槽、孔洞。东壁底部有两个盗洞，顶部中央有圆坑，直径1.3、深0.6米	自然因素主要有风雨侵蚀、植物生长等；人为因素主要是盗墓破坏等
黄土坡4号烽火台	牛心堡乡黄土坡村西北0.2千米	1490米	东南距黄土堡0.95千米，西北距菩家堡4号烽火台1.3千米	土	黄土夯筑而成，夯层厚0.24米	矩形	梯形	台体底部边长3.69、残高4.65米	台体底部有台基，平面呈矩形，长11.93、宽7.9、高1.4米	无	保存较差。台体坍塌脱落严重，表面凹凸不平，有裂缝、沟槽、孔洞	自然因素主要有风雨侵蚀、植物生长等
黄土坡5号烽火台	牛心堡乡黄土坡村西南0.4千米的山顶上	1567米	东距黄土堡0.85千米	土	黄土夯筑而成，夯层厚0.16~0.2米	矩形	梯形	台体底部东、南、西、北长12.43、10.26、12.69、11.92米，顶部东边残长1.4、西边残长1.4、南边长4.8、北边长4.01米，残高9.51米	台体底部有台基，平面呈圆角矩形，西边长25.72、北边残长24.94、台体北侧残高3.2米。台基上有围墙，南墙中部残高0.88米。南墙中部设门，现为豁口，宽6.22米	无	保存一般。台体坍塌脱落严重，表面凹凸不平，有裂缝、沟槽、孔洞。东南角坍塌形成的堆土上有1万伏输电线经过	自然因素主要有风雨侵蚀、植物生长等
魏家山烽火台	右卫镇魏家山村东0.55千米的山顶上	1569米	东北距黄土坡5号烽火台1.2千米	土	黄土夯筑而成，含碎石，夯层厚0.15~0.18米，夯层同有夹层，厚0.03米	矩形	梯形	台体底部南、西、北长10.19、12.44、9.75米，顶部东、南、西、北长4.5、4、4、3.2米，残高7.94米	台体底部有台基，平面呈圆角矩形，边长25.34米。台基上散落较多碎石	无	保存一般。台体坍塌脱落严重，表面凹凸不平，有裂缝、沟槽、孔洞。台体直径0.9米，顶部中央有圆坑，直径2.5、深0.9米，形成原因不明	自然因素主要有风雨侵蚀、植物生长等

续表 162

名称	地点	高程	与其他遗存的位置关系	材质	建筑方式	平面形制	剖面形制	尺寸	附属设施	修缮情况	保存状况	损毁原因及存在病害
黄土坡3号烽火台	牛心堡乡黄土坡村东南0.4千米	1505米	西北距黄土堡0.49千米	土	黄土夯筑而成，夯层厚0.17~0.23米；夯层间有薄土层，厚0.04米	矩形	梯形	台体底部西北边长15.38，西南边长14.02米，顶部边长3.9米，残高6.4米	台体底部有台基，平面呈圆角矩形，西北边长26.74，西南边长26.49，残高2.2米	无	保存一般。台体坍塌脱落严重，表面凹凸不平，有裂缝、沟槽、孔洞	自然因素主要有风雨侵蚀、植物生长等
黄土坡2号烽火台	牛心堡乡黄土坡村南0.55千米的山顶上	1549米	东北距黄土坡3号烽火台0.43千米	土	黄土夯筑而成，台体下部夯土中含碎石，夯层厚0.14~0.22米；夯层间有夹层，厚0.03米	矩形	梯形	台体底部东西11.19，南北6.66米，顶部东西5.5，南北4.9米，残高8.52米	台基上有两重围墙，外围墙东西47.3，南北48.6米，内围墙东西25.5，南北28.8，残高0.7米	无	保存一般。台体坍塌脱落严重，表面凹凸不平，有裂缝、沟槽、孔洞	自然因素主要有风雨侵蚀、植物生长等
黄土坡1号烽火台	牛心堡乡黄土坡村东南1.25千米	1486米	西北距黄土坡2号烽火台0.77千米	土	黄土夯筑而成，夯层厚0.15~0.18米；夯层间有夹层，厚0.03米	矩形	梯形	台体底部西南边长5.72米，顶部西北边长4.4，南北1.6米，残高6.1米	台体底部有台基，平面呈圆角矩形，边长24.35，残高1.1米	无	保存一般。台体坍塌脱落严重，表面凹凸不平，有裂缝、沟槽、孔洞	自然因素主要有风雨侵蚀、植物生长等
巴掌山烽火台	牛心堡乡寺儿湾村西北0.75千米巴掌山山顶上	1636米	西南距黄土坡4号烽火台1.9千米	土	黄土夯筑而成，夯层厚0.15~0.18米；夯层间有夹层，厚0.03米	矩形	梯形	台体底部南、西北长10.19、12.44、9.75米，顶部东、西，南、北长4.5、4、4、3.2米，残高7.94米	台体底部有台基，平面呈圆角矩形，边长25.34米。台基上散落较多碎石	无	保存一般。台体坍塌脱落严重，表面凹凸不平，有沟槽、孔洞。台体顶部中央有圆坑，直径2.5，深0.9米	自然因素主要有风雨侵蚀、植物生长等
板石山烽火台	牛心堡乡寺儿湾村西南0.55千米板石山山顶上	1612米	西北距巴掌山烽火台1.4千米	土	黄土夯筑而成，含碎石，夯层厚0.1~0.2米；夯层间有夹层，厚0.04米	矩形	梯形	台体底部边长7.7，残高6.4米	台体底部有台基，平面呈圆角矩形，南边长26.02，西边长27.18，残高1.4~2.4米。台基西北角外壁垒砌有石块	无	保存一般。台体坍塌脱落严重，表面凹凸不平，有裂缝、沟槽、孔洞	自然因素主要有风雨侵蚀、植物生长等

续表 162

名称	地点	高程	与其他遗存的位置关系	材质	建筑方式	平面形制	剖面形制	尺寸	附属设施	修缮情况	保存状况	损毁原因及存在病害
金家窑烽火台	牛心堡乡金家窑村西南 0.75 千米	1604 米	西北距板石山烽火台 0.84 千米	土	黄土夯筑而成，含砂砾，碎石，夯层厚 0.17 米，夯层间夹层厚 0.02 米	矩形	梯形	台体底部南、西长 10.55、11.3 米，顶部东、南、西长 2.4、5.3、3.8 米	台体底部有台基，平面呈圆角矩形，西边长为 28.64、北边长 28.61，残高 1.85 ~2.1 米	无	保存一般。台体坍塌脱落严重，表面凹凸不平，有裂缝、沟槽、孔洞	自然因素主要有风雨侵蚀，植物生长等
兴盛庄烽火台	牛心堡乡兴盛庄西南 0.7 千米山坡	1620 米	西南距金家窑烽火台 1.8 千米	土	黄土夯筑而成，夯层厚 0.14 ~0.2 米，夯层间有夹层，厚 0.01 ~0.03 米	矩形	梯形	台体底部西长 5.11 米，顶部东西 6.59 米，残高 5.56 米	台体底部有台基，仅台体西南部分。台体周围散落碎石	无	保存一般。台体坍塌脱落严重，表面凹凸不平，有裂缝、沟槽、孔洞	自然因素主要有风雨侵蚀，植物生长等
卧羊山烽火台	牛心堡乡狼窝沟村西北 1.6 千米卧羊山山顶上	1780 米	西南距牛心堡 5.3 千米	土	灰褐色土夯筑而成，夯层厚 0.17 ~0.23 米，夯层间有夹层，厚 0.01 ~0.03 米	矩形	梯形	台体底部东北边长 9.3、7.8，西北边长 6.5 残高 6.5 米	台体底部有台基，东北边长 24.3 米，东南边长 28.1，东北边长 24.3 米。台基上有围墙痕迹	无	保存一般。台体坍塌脱落严重，表面凹凸不平，有裂缝、沟槽、孔洞	自然因素主要有风雨侵蚀，植物生长等
山岔沟 3 号烽火台	牛心堡乡山岔沟村北 1.1 千米	1454 米	西北黄土坡 1 号烽火台 0.8 千米	土	黄土夯筑而成，夯层厚 0.24 米	矩形	梯形	台体底部东、南、西、北长 11.47、11.47、12.26、12.62，残高 7.7 米	台体底部有台基，平面呈圆角矩形，东北边残长 25，东南边长 18.75，东南边长 21.21 米，残高 1.1 米。台基上有围墙，顶宽 0.52、残高 1.2 米	无	保存一般。台体凹凸不平，有裂缝、沟槽、孔洞，西壁下部有两孔窑洞，宽 1、残高 3.27 米，进深 1.24，窑洞内壁抹有石灰；上部有 5 个动物洞穴，宽 0.5 米	自然因素主要有风雨侵蚀，植物生长等，人为因素主要是在台体上修建窑洞等
山岔沟 4 号烽火台	牛心堡乡山岔沟村东北 0.75 千米	1436 米	西北距山岔沟 3 号烽火台 0.67 千米	土	黄土夯筑而成，含料礓石、碎砖块，夯层厚 0.17 ~0.2 米	圆形	梯形	台体底部南、西、北长 4.4、4.4、4.6、残高 4.1 米	台体南侧落有碎砖	无	保存较差。台体坍塌脱落严重，表面凹凸不平，有裂缝、沟槽、孔洞，台体西、北壁底部有挖掘的沟槽，西壁沟槽长 4.4、宽 0.7、深 0.3 米，北壁沟槽长 4.6、宽 0.7、深 0.6 米	自然因素主要有风雨侵蚀，植物生长等，人为因素主要是取土挖损等

续表162

名称	地点	高程	与其他遗存的位置关系	材质	建筑方式	平面形制	剖面形制	尺寸	附属设施	修缮情况	保存状况	损毁原因及存在病害
山盆沟1号烽火台	牛心堡乡山盆沟村东北0.95千米	1455米	西北距山盆沟4号烽火台0.57千米	土	黄土夯筑而成，含料礓石，夯层厚0.17~0.22米	矩形	梯形	台体底部南、西、北长8.31、9.38、8米，顶部南、西、北长2.8、3.6、1.7米，残高6.38米	台体底部有台基，平面呈圆角矩形，东、南、西、北长24.52、28.24、28、27.53，残高1.4米	无	保存一般。台体坍塌脱落严重，表面凹凸不平，有裂缝、沟槽、孔洞。台基南侧边缘被取土挖损破坏	自然因素主要有风雨侵蚀、植物生长等，人为因素主要是取土挖损等
山盆沟2号烽火台	牛心堡乡山盆沟村东北1.75千米	1444米	西距山盆沟1号烽火台0.89千米	土	黄土夯筑而成，夯层厚0.15~0.24米	矩形	梯形	台体顶部东、南、西、北长6.5、5.4、5.96、5.44，残高9.5米	台体底部有台基，平面呈圆角矩形，南边长24.95，西边长24.34。台基西北角有豁口，西墙残高0.13米；台基上有围墙2.5米，夯层厚1.4米北墙残高2.8米	无	保存较好。台体坍塌脱落，表面凹凸不平，有裂缝、沟槽、孔洞。顶部中央有圆坑，直径1.3、深0.4米，形成原因不明	自然因素主要有风雨侵蚀、植物生长等
牛心堡1号烽火台	牛心堡乡牛心堡村西1.35千米	1456米	东距牛心堡2.1千米，西距山盆沟2号烽火台0.94千米	土	黄土夯筑而成，含少量料礓石，夯层厚0.19米	矩形	梯形	台体顶部西边长1.4、北边长3，残高4.6米	台体底部有台基，平面呈圆形，周长50，残高2.2米	无	保存较差。台体坍塌脱落严重，表面凹凸不平，有裂缝、沟槽、孔洞。周围有盗洞	自然因素主要有风雨侵蚀、植物生长等，人为因素主要是盗墓破坏等
刘振拓烽火台	牛心堡乡刘振拓村东北1.25千米	1456米	东北距牛心堡1号烽火台1.5千米	土	黄土夯筑而成，夯层厚0.14~0.17米	矩形	梯形	台体底部东9.36、南北7.8米，顶部东西3.5、南北3.1米，残高6.24米	台体底部有台基，平面呈圆形，周长79.1，残高1.7米。台基西南侧有豁口	无	保存一般。台体坍塌脱落严重，表面凹凸不平，有裂缝、沟槽、孔洞。台体底部周围有探孔	自然因素主要有风雨侵蚀、植物生长等，人为因素主要是盗墓破坏等
牛心堡5号烽火台	牛心堡乡牛心堡村西北0.6千米	1477米	东南距牛心堡0.6千米	土	黄土夯筑而成，夯层厚0.16~0.23米	矩形	梯形	台体底部东边残长11.41，南边长2.5，西边残长8.21，残高8.3米	台体底部有台基，北部无存	无	保存一般。台体坍塌脱落严重，表面凹凸不平，有裂缝、沟槽、孔洞。北边冲沟、洪水冲刷损毁段台基北部	自然因素主要有风雨侵蚀、植物生长，洪水冲刷生长等

续表162

名称	地点	高程	与其他遗存的位置关系	材质	建筑方式	平面形制	剖面形制	尺寸	附属设施	修缮情况	保存状况	损毁原因及存在病害
牛心堡4号烽火台	牛心堡乡牛心堡村东南0.6千米	1464米	西北距牛心堡0.9千米	土	黄土夯筑而成	圆形	梯形	残高6.8米	台体底部有台基，东西26.3，南北29.5米。台基南部、西部被开垦为耕地	无	保存一般。台体坍塌脱落严重，表面凹凸不平，有裂缝、沟槽、孔洞。台体上长有几棵小树；南壁有两个盗洞，宽0.8、高2米。台基南、西部开垦为耕地，农业生产活动破坏台基	自然因素主要有风雨侵蚀、植物生长等，人为因素主要是盗墓破坏、农业生产活动等
牛心堡2号烽火台	牛心堡乡牛心堡村东南0.6千米	1477米	北距牛心堡4号烽火台0.1千米	土	黄土夯筑而成，含砂砾，夯层厚0.17~0.21米	圆形	梯形	台体底部东西4.6，南北4.7，残高4.2米	台体底部有台基，平面呈圆形，残高2.2米	无	保存较差。台体坍塌脱落严重，表面凹凸不平，有裂缝、沟槽、孔洞	自然因素主要有风雨侵蚀、植物生长等
牛心堡3号烽火台	牛心堡乡牛心堡村东1.5千米	1495米	西距牛心堡4号烽火台1千米	土	黄土夯筑而成，夯层厚0.21米，有夹层，厚0.07米	矩形	梯形	台体底部东、南、西8.3、8.7米，顶部东西1.6、南北4.2米，残高6.8米	台体底部有台基，东西25、南北27，有围墙痕迹	无	保存一般。台体坍塌脱落严重，表面凹凸不平，有裂缝、沟槽、孔洞	自然因素主要有风雨侵蚀、植物生长等
曹家梁1号烽火台	牛心堡乡曹家梁村西北0.8千米	1488米	西北距牛心堡3号烽火台0.76千米	土	黄土夯筑而成，含砂砾，夯层厚0.15~0.21米	矩形	梯形	台体底部东、南、西、北长10.9、9.9、10.8、10.6，残高7.2米	台体底部有台基，平面呈矩形，东西25.3、南北26，残高2.5米。西部开垦为耕地	无	保存一般。台体坍塌脱落严重，表面凹凸不平，有裂缝、沟槽、孔洞。台基西北角长有树木。农业生产活动破坏台基	自然因素主要有风雨侵蚀、植物生长等，人为因素主要是农业生产破坏等
曹家梁2号烽火台	牛心堡乡曹家梁村东1千米	1515米	西南距曹家梁1号烽火台0.86千米	土	黄土夯筑而成，含砂砾，夯层厚0.16~0.22米	圆形	梯形	台体底部直径6.5米，顶部东西1.7、南北1.9米，残高5.3米	台体底部有台基，平面呈矩形，东西15.8、南北14.6，残高0.7米	无	保存一般。台体坍塌脱落严重，表面凹凸不平，有裂缝、沟槽、孔洞	自然因素主要有风雨侵蚀、植物生长等
夏家窑烽火台	牛心堡乡夏家窑村西南0.6千米	1524米	东南距云阳堡1.9千米	土	黄土夯筑而成，含砂砾，夯层厚0.15~0.21米	圆形	梯形	台体底部直径10.9米，顶部东西2.2、南北3.5米，残高8.2米	台体底部有台基，平面呈圆形，残存最高2米。南侧中部有豁口	无	保存较好。台体坍塌脱落严重，表面凹凸不平，有裂缝、沟槽、孔洞	自然因素主要有风雨侵蚀、植物生长等

续表162

名称	地点	高程	与其他遗存的位置关系	材质	建筑方式	平面形制	剖面形制	尺寸	附属设施	修缮情况	保存状况	损毁原因及存在病害
何家坟3号烽火台	牛心堡乡何家坟村西1.25千米	1462米	西北距曹家梁2号烽火台0.84千米	土	黄土夯筑而成，含砂砾，夯层厚0.21米	矩形	梯形	台体底部东西3.2、南北2.7，残高4.6米	无	无	保存较差。台体坍塌脱落严重，表面凹凸不平，有裂缝、沟槽、孔洞。台体西北角长有2棵小树	自然因素主要有风雨侵蚀、植物生长等
何家坟2号烽火台	牛心堡乡何家坟村西南0.45千米	1447米	西距何家坟3号烽火台0.94千米	土	黄土夯筑而成，含砂砾，夯层厚0.13~0.18米	矩形	梯形	台体底部东、南、西、北长8.3、8.3、9.6、8.1，残高7.5米	台体底部有台基，平面呈矩形，东西28.5、南北29米。台基上有围墙，墙体底宽1.2、残宽最高1.7米。南墙中部设门，现为豁口，宽7.3米	无	保存一般。台体坍塌脱落严重，表面凹凸不平，有裂缝、沟槽	自然因素主要有风雨侵蚀、植物生长等
何家坟1号烽火台	牛心堡乡何家坟村东南1.05千米	1438米	东北距云阳堡1.1千米，西北距何家坟2号烽火台1.3千米	土	黄土夯筑而成，含砂砾，夯层厚0.17~0.2米	矩形	梯形	台体底部东、南、西、北长9.1、8.1、8.6、7.7，残高5米	台体底部有台基，残高3米。台基上有围墙，东西23、南北24米。南墙中部设门，现为豁口，宽6米	无	保存一般。台体坍塌脱落严重，表面凹凸不平，有裂缝、沟槽、孔洞	自然因素主要有风雨侵蚀、植物生长等
云阳堡4号烽火台（彩图四七〇）	牛心堡乡云阳堡村西北0.35千米	1446米	西北距云阳堡1号烽火台1千米	土	黄土夯筑而成，含砂砾，夯层厚0.16~0.21米	矩形	梯形	台体底部东、南、西、北长3.8、3.9、4.6、3.8米，顶部东西2.3、南北2.1米，残高4.9米	台体底部有台基，平面呈圆形，残高2.5米	无	保存一般。台体坍塌脱落严重，表面凹凸不平，有裂缝、沟槽、孔洞。周围为耕地，农业生产活动破坏台基	自然因素主要有风雨侵蚀、植物生长等，人为因素主要是农业生产活动破坏等
云阳堡2号烽火台	牛心堡乡云阳堡村中	1409米	西距云阳堡4号烽火台0.7千米	土	黄土夯筑而成，含砂砾，夯层厚0.15~0.2米	矩形	梯形	台体底部东、西、南、北9.7、11.6、10.3、9.4米，顶部东、西、南、北3.7、4、3.5、3米，残高10米	台体周围有围墙，东西89、南北58米，残存东墙北段和北墙	无	保存较好。台体有所坍塌，表面凹凸不平，有裂缝、沟槽、孔洞	自然因素主要有风雨侵蚀、植物生长等

续表162

名称	地点	高程	与其他遗存的位置关系	材质	建筑方式	平面形制	剖面形制	尺寸	附属设施	修缮情况	保存状况	损毁原因及存在病害
刘家窑烽火台	牛心堡乡刘家窑村南0.5千米	1447米	西南距云阳堡2千米	土	黄土夯筑而成，含砂砾，夯层厚0.16米0.23米	矩形	梯形	台体底部东、南、西、北各9.1、10.4、11.1、9.2，残高7.6米	台体底部有台基，残存西、北侧部分，西边残长16.4，北边残长22米。台体东、南侧散落许多石块	无	保存一般。台体坍塌脱落严重，表面凹凸不平，有裂缝、沟槽、孔洞	自然因素主要有风雨侵蚀、植物生长等
云阳堡3号烽火台	牛心堡乡云阳堡村东北1千米	1447米	西南距云阳堡2号烽火台1.2千米	土	黄土夯筑而成，含砂砾，夯层厚0.16~0.24米	矩形	梯形	台体底部东、南、西、北长11.7、10.3、11.8、11.3米，顶部东、南、西、北长4.6、3.2、5、3.4米，残高9米	台体周围有围墙，东西26，南北28，残高1米。南墙中部设门，现为豁口，宽7.4米	无	保存较好。台体凹凸不平、有坍塌，有裂缝、孔洞。围墙外侧墙壁破坏地破坏	自然因素主要有风雨侵蚀、植物生长等，人为因素主要是农业生产活动破坏等
云阳堡1号烽火台	牛心堡乡云阳堡村东0.5千米	1399米	西北距云阳堡2号烽火台0.9千米	土	黄褐色土夯筑而成，含砂砾，夯层厚0.19米	矩形	梯形	台体底部东西8.2，南北7.8米，顶部东西4.2，南北3.6米，残高6.8米	台体周围有围墙，黄褐土夯筑而成，含砂砾，外高3，内高1.5米。东墙中部设门，现为豁口，南部无存	无	保存一般。台体坍塌脱落严重，表面凹凸不平，有裂缝、沟槽、孔洞。一条宽8米的南北向浅沟将烽火台东西冲断	自然因素主要有风雨侵蚀、植物生长、洪水冲毁等
海子洼烽火台	牛心堡乡海子洼村东南0.9千米	1527米	北距阿家坟2号烽火台2.3千米	土	黄土夯筑而成，含砂砾，夯层厚0.1~0.2米	矩形	梯形	台体底部东、南、西、北长7.2、5.8、7.1、5.6米，残高4.2米	台体底部有台基，东西23，南北21，残高2米。台基南侧夯层厚0.2米。台基南侧散落许多石块	无	保存较差。台体坍塌脱落严重，表面凹凸不平，有裂缝、沟槽、孔洞	自然因素主要有风雨侵蚀、植物生长等
哑巴岭1号烽火台	新城镇哑巴岭村东0.7千米	1427米	西北距海子崾岘烽火台3.6千米	土	黄土夯筑而成，夯层厚度不详	圆形	梯形	台体底部直径18.6，残高4.7米	台体底部有台基，大部分开垦为耕地，仅存南、西侧部分，西边残长26.4，残高1.3米。南部有围墙痕迹。	无	保存一般。台体坍塌脱落严重，表面凹凸不平，有裂缝、沟槽、孔洞。台基中央有盗洞。台基部分开垦为耕地，仅存南、西侧部分；台基外东、南侧有数座现代墓葬	自然因素主要有风雨侵蚀、植物生长等，人为因素主要是农业生产破坏、盗墓破坏等

续表 162

名称	地点	高程	与其他遗存的位置关系	材质	建筑方式	平面形制	剖面形制	尺寸	附属设施	修缮情况	保存状况	损毁原因及存在病害
哑巴岭 2 号烽火台	新城镇哑巴岭村东 1.7 千米	1431 米	西北距哑巴岭 1 号烽火台 1.1 千米	土	黄土夯筑而成，夯层厚度不详	圆形	梯形	台体底部直径 13.6，顶部直径 3.8 米	台体底部有台基，东西 32，南北 29.8，残高 1.4 米	无	保存一般。台体坍塌脱落严重，表面凹凸不平，有裂缝、沟槽。顶部中央有竖穴土坑，东西 1.2，南北 0.7，深 13 米，形成原因不明。台基东部有水渠，长 20，宽 1，深 0.6 米	自然因素主要有风雨侵蚀、植物生长等，人为因素主要是在台基上修建水渠等
西石山烽火台	新城镇西石山村西北 1.25 千米	1433 米	西南距 2 号烽火台 0.88 千米	土	黄土夯筑而成，夯层厚 0.18～0.22 米	矩形	梯形	台体底部东、南、西、北长 11.7,10.7,12.4,11.7 米，顶部东西 4.6，南北 5.9 米，残高 8.9 米	台体底部有台基，平面呈圆角矩形，东西 29，南北 27 米。台基上有围墙痕迹	无	保存较好。台体有所坍塌，表面凹凸不平，有裂缝、沟槽、孔洞。西壁下部南侧有洞穴，宽 1.2，高 1.4，进深 2.2 米。台基东北角有竖穴土坑，宽 2.2，深 0.7 米；东南角立有电线杆	自然因素主要有风雨侵蚀、植物生长等，人为因素主要是挖掘洞穴、取土挖损，台基东南角栽立电线杆等
双扣子村 2 号烽火台	杨千河乡双扣子村西北 1.5 千米	1388 米	西北距干河 2 号烽火台 2.8 千米	土	黄土夯筑而成，夯层厚 0.14～0.16 米	矩形	梯形	台体底部东、南、西、北长 9.7、10.1、9.4、9.4，顶部东、南、西、北 2、5.9、5.2、4.5 米，残高 8 米	台体底部有台基，平面呈矩形。台基上有围墙，平面呈矩形，东墙长 30.2，西墙长 33，南墙长 33.8，北墙长 34.6 米。南墙东段有豁口，西墙北段有豁口，宽 3.4 米；西段有豁口，宽 4.5 米	无	保存一般。台体坍塌脱落严重，表面凹凸不平，有裂缝、沟槽、孔洞	自然因素主要有风雨侵蚀、植物生长等
双扣子 1 号烽火台	杨千河乡双扣子村西 0.5 千米	1315 米	西北距双扣子 2 号烽火台 2 千米	土	黄土夯筑，含砂砾，夯层厚 0.2～0.23 米，夯层间有夹层	矩形	梯形	台体底部东西 6.8，南北 7.1，残高 7.2 米	无	无	保存一般。台体坍塌脱落严重，表面凹凸不平，北壁有裂缝、沟槽、孔洞。有 2 道雨水冲刷形成的纵向沟槽，西壁有登顶坡道	自然因素主要有风雨侵蚀、植物生长等，人为因素主要是人为踩踏等

续表162

名称	地点	高程	与其他遗存的位置关系	材质	建筑方式	平面形制	剖面形制	尺寸	附属设施	修缮情况	保存状况	损毁原因及存在病害
高墙框1号烽火台（彩图四七一）	右卫镇高墙框村西南1.15千米	1330米	西北距双扣子1号烽火台1.7千米	土	黄土夯筑而成，夯层厚0.23米，夯层间有夹层，厚0.03米	矩形	梯形	台体底部东、西、北长11、9.9、11.2米，顶部东、南、西、北长3.6、4.5、4、2.5米，残高9.1米	台体底部有台基，平面呈圆角矩形，东、南、西、北长26.6、25.6、25.3、25米，残高1.3米	无	保存较好。台体有所坍塌，表面凹凸不平，有裂缝、沟槽、孔洞	自然因素主要有风雨侵蚀、植物生长等
蔡家屯烽火台	右卫镇蔡家屯西南0.7千米	1330米	西南距大堡1.7千米，东北距高墙框1号烽火台1.8千米	土	黄土夯筑而成，夯层厚0.18米	矩形	梯形	台体顶部东西1.4，南北2.9，南壁残高6.3米	台体底部有台基，东西18，南北残长12米	无	保存一般。台体坍塌脱落严重，表面凹凸不平，有裂缝、沟槽、孔洞	自然因素主要有风雨侵蚀、植物生长等
小蒲州营烽火台	杨千河乡小蒲州营村西北1千米	1409米	西北距破城坊2号烽火台2.2千米	土	黄土夯筑而成，含砂砾，夯层厚0.13~0.18米	矩形	梯形	台体底部东西10.18，南北9.01米，顶部边长4.2米，残高7.07米	台体底部有台基，平面呈矩形，东西24.24，南北25.24米	无	保存一般。台体坍塌脱落严重，表面凹凸不平，有裂缝、沟槽、孔洞。东北角遭土挖损，东侧有豁口，宽8.27米，西南侧有车轧痕迹	自然因素主要有风雨侵蚀、植物生长等，人为因素主要是取土挖损等
大堡烽火台	新城镇大堡移民新村西南0.94千米	1334米	东北距大堡2.2千米	土	黄土夯筑而成，夯层厚0.13~0.21米	圆形	梯形	台体底部周长32，残高2，顶部直径8.2米	台体底部有台基。台基上有围墙。台基和围墙残存西北部分，其余开垦为耕地，残高1.3米	无	保存一般。台体坍塌脱落严重，表面凹凸不平，有裂缝、沟槽、孔洞。大部分开垦为耕地，农业生产活动破坏台基、围墙	自然因素主要有风雨侵蚀、植物生长等，人为因素主要是农业生产活动破坏等
南草场烽火台	新城镇南草场村西北0.95千米	1334米	东北距大堡1.1千米	土	黄土夯筑而成，夯层厚0.2米，夯层间有黏土层，厚0.03米	矩形	梯形	台体底部东、南、西、北长6.5、8、7.5、6.5，残高6.9米	无	无	保存一般。台体坍塌脱落严重，表面凹凸不平，有裂缝、沟槽、孔洞。东侧为耕地，农业生产活动破坏台体	自然因素主要有风雨侵蚀、植物生长等，人为因素主要是农业生产活动破坏等

续表 162

名称	地点	高程	与其他遗存的位置关系	材质	建筑方式	平面形制	剖面形制	尺寸	附属设施	修缮情况	保存状况	损毁原因及存在病害
北十里铺2号烽火台	威远镇北十里铺村北0.75千米	1323米	北距南草场烽火台0.96千米	土	黄土夯筑而成，夯层厚0.2米，夯层间有黏土层，厚0.02~0.03米	矩形	梯形	台体底部南边长15.1，西边长13.7米，顶部东、南、西、北长6.8、6.4、5、2.3米，残高9.4米	台体底部有台基，平面呈圆角矩形，边长24米	无	保存较好。台体有所坍塌，表面凹凸不平，有裂缝、沟槽，孔洞。东壁有一洞穴，宽1.2，高1.4，深3.4米	自然因素主要有风雨侵蚀、植物生长等，人为因素主要是挖掘洞穴等
北十里铺1号烽火台	威远镇北十里铺村南0.35千米	1334米	东北距北十里铺2号烽火台1.4千米	土	黄土夯筑而成，夯层厚0.23米，夯层间有黏土层，厚0.02米	矩形	梯形	台体底部南边长6.7，西边长6.9，北边长7.1米，顶部东边长0.8，西边长1.8、北边长3米，残高5.7米	台体底部有台基，平面呈圆角矩形，残高1.1米	无	保存一般。台体坍塌脱落严重，表面凹凸不平，有裂缝、沟槽，孔洞。台基被取土挖掘破坏	自然因素主要有风雨侵蚀、植物生长等，人为因素主要是取土挖掘损坏
石头河烽火台	新城镇石头河村北0.75千米	1418米	西南距上堡2.7千米	土	黄土夯筑而成，夯层厚0.2米，夯层间有夹层，厚0.04米	圆形	梯形	台体底部直径9.54，残高5.1米	台体底部有台基，平面呈圆形，直径26，残高1.5米	无	保存一般。台体坍塌脱落严重，表面凹凸不平，有裂缝、沟槽，孔洞。东部立有护林标志墙，西南侧边缘种有松树	自然因素主要有风雨侵蚀、植物生长等，人为因素主要是在台基上立护林标志墙、种植树木等
马营屯1号烽火台	新城镇马营屯村东南1.15千米	1334米	东北距上堡2.8千米	土	黄土夯筑而成，夯层厚0.16~0.24米，夯层间有黏土层，厚0.02~0.03米	矩形	梯形	台体底部西边长10.5米，顶部南、西、北长1.2、4.6、2.7米，残高7.9米	无	无	保存一般。台体坍塌脱落严重，表面凹凸不平，有裂缝、沟槽，孔洞。西壁下方中部有动物洞穴，宽1.5，高0.6，进深0.6米。台体南侧有挖掘的短沟，北侧有挖掘的土坑	自然因素主要有风雨侵蚀、动物破坏、植物生长等，人为因素主要是取土挖掘洞穴、人为践踏等
元堡子烽火台	元堡子镇元堡子村东南0.7千米	1452米	西北距胡村堡5.4千米	土	黄土夯筑而成，含砂砾、碎石，夯层厚0.24米，夯层间有夹层，局部厚0.05米	矩形	梯形	台体底部东、南、西、北长9.38、11.2、8.37、12.68米，顶部东、西、南、北长2.2米，南北残高9米	台体底部有台基，平面呈圆角矩形，边长26，残高2.2米	无	保存一般。台体坍塌脱落严重，表面凹凸不平，有裂缝、沟槽，孔洞。南壁西底部西侧有现代洞穴，宽1.3，高1.4米，洞口坍塌形成砖坏封堵。北壁坍塌成的堆土上有登顶坡道	自然因素主要有风雨侵蚀、植物生长等，人为因素主要是挖掘洞穴、人为践踏等

续表162

名称	地点	高程	与其他遗存的位置关系	材质	建筑方式	平面形制	剖面形制	尺寸	附属设施	修缮情况	保存状况	损毁原因及存在病害
麻黄头村烽火台	高家堡乡麻黄头村东北0.65千米	1490米	西北距金家花板1号7.7千米	土	黄土夯筑而成，含砂砾，夯层厚0.12~0.15米	矩形	梯形	台体底部东、南、西、北长12.4、12.5、13.4、12.5米，顶部东、南、西、北长7、6.3、7.3、5米，残高10.2米	台体底部有台基。台基上有围墙，残存部分西、北墙，残存最高3.5米。南墙中部有豁口，宽5.7米。台体顶部散落石块	无	保存较好。台体有所坍塌，表面凹凸不平，有裂缝、沟槽、孔洞。台基东部被洪水冲刷形成冲沟	自然因素主要有风雨侵蚀、植物生长、洪水冲刷等
宜阳寨1号烽火台	元堡子镇宜阳寨村北0.2千米的山坡上	1472米	北距元堡子烽火台5.8千米	土	黄土夯筑而成，含砂砾，夯层厚0.16~0.2米	矩形	梯形	台体底部东、南、西、北长7.8、8.4、8.3、7.9米，顶部东西3.1、南北2.4米，残高5.8米	台体底部有台基，东边残长15米，北侧残高1.5米	无	保存一般。台体坍塌脱落严重，表面凹凸不平，有裂缝、沟槽、孔洞。大部分开垦为耕地	自然因素主要有风雨侵蚀、植物生长等，人为因素主要是农业生产活动破坏等
宜阳寨2号烽火台	元堡子镇宜阳寨村东北0.3千米的山坡上	1482米	西距宜阳寨1号烽火台0.3千米	土	黄土夯筑而成，含砂砾、碎石，夯层间有红色色黏土夹层，厚0.03米	矩形	梯形	台体底部东8.2，南北10.3，残高6.2米	无	无	保存一般。台体坍塌脱落严重，表面凹凸不平，有裂缝、沟槽、孔洞。台体周围为耕地，农业生产活动破坏台体	自然因素主要有风雨侵蚀、植物生长等，人为因素主要是农业生产活动破坏等
辛屯烽火台	元堡子镇辛屯村东北0.2千米	1538米	西南距宜阳寨2号烽火台5千米	土	黄褐色土夯筑而成，夯层厚0.16~0.3米。台体顶部夯土内含碎石	矩形	梯形	台体底部东、南、西、北长11.5、12.4、12、12.4米，顶部东、南、西、北长4.2、5、5.8、3.8米	台体底部有台基，北边长29.6米，台基上有围墙，南墙残长7.7米，北墙宽0.7米	无	保存一般。台体坍塌脱落严重，表面凹凸不平，有裂缝、沟槽、孔洞。台基东、南侧建有一座大水泥池，东北角有一座小水泥池。大水泥池四周有水泥墙，大水泥池东西19.8，南北11.5米，小水泥池边长2.1米	自然因素主要有风雨侵蚀、植物生长等，人为因素主要是农业生产上修建水泥池等

第六章　平鲁区长城

平鲁区位于山西省西北端，东北与右玉县、东与山阴县、南与朔城区、西南与神池县、西与偏关县相邻，西北与内蒙古自治区清水河县交界。内蒙古自治区调查队对平鲁区与清水河县交界区域长城墙体及其他遗址进行了调查。山西省明代长城资源调查五队从 2007 年 8 月 14 日 ~ 10 月 31 日，对该区其他区域明代长城资源进行了调查。

一　长城资源调查数据

平鲁区共调查长城 23 段，47334 米；堡 13 座；单体建筑共 477 座，其中敌台 128 座、马面 58 座、烽火台 191 座；采集文物标本 3 件（组）（地图七）。

（一）长城墙体

详见下表（表172）。

表 172　平鲁区长城墙体一览表（单位：米）

长城墙体段名称	总长	保存较好	保存一般	保存较差	保存差	消失	类型	省/县属
七墩镇长城	2936	235	1550	370	599	182	土墙	平鲁/清水河县
新村长城	1745	0	530	1168	0	47	土墙	平鲁区/清水河县
板申沟长城	2402	0	666	1651	0	85	土墙	平鲁区/清水河县
福心沟长城	2439	0	200	1041	1176	22	土墙	平鲁区/清水河县
十七坡长城	2748	1317	595	782	0	54	土墙	平鲁区/清水河县
九洞长城	2338	0	288	1037	771	242	土墙	平鲁区
小岔子长城	2755	377	714	1320	252	92	土墙	平鲁区/清水河县
高泉营子长城	2128	939	433	686	0	70	土墙	平鲁区/清水河县
三里铺长城	2427	471	800	1111	0	45	土墙	平鲁区/清水河县
八墩长城 1 段	1953	0	70	658	1065	160	土墙	平鲁区
八墩长城 2 段	370	0	0	0	0	370	消失墙体	平鲁区
二墩长城	2969	0	1182	1708	0	79	土墙	平鲁区/清水河县
窑子上长城	2963	613	1352	946	0	52	土墙	平鲁区/清水河县

长城墙体段名称	总长	保存较好	保存一般	保存较差	保存差	消失	类型	省/县属
帐贵窑子长城	2206	0	197	1801	115	93	土墙	平鲁区/清水河县
寺回口长城 1 段	1588	235	658	695	0	0	土墙	平鲁区/清水河县
寺回口长城 2 段	230	0	0	230	0	0	土墙	平鲁区
新窑上长城	2801	0	790	1869	0	142	土墙	平鲁区/清水河县
新庄窝长城	1522	726	744	0	0	52	土墙	平鲁区/清水河县
头墩长城	1882	0	897	945	0	40	土墙	平鲁区/清水河县
其花峁长城	2086	410	848	812	0	16	土墙	平鲁区/清水河县
六墩长城	1149	0	0	1149	0	0	土墙	平鲁区/清水河县
九墩长城	2942	0	628	2154	0	160	土墙	平鲁区/清水河县
信虎辛窑长城	755	471	87	0	197	0	土墙	平鲁区
合计	47334	5794	13229	22133	4175	2003		

除上表所列长城墙体段外，本区下木角乡与神池县烈堡乡交界处有神池县南寨长城 1、2 段。

1. 七墩镇长城

起点位于内蒙古自治区清水河县韭菜庄乡新村东北 2.5 千米处，高程 1680 米；止点位于新村东 0.4 千米处，高程 1632 米。大致呈东北—西南走向。全长 2936 米，其中保存较好 235、一般 1550、较差 370、差 599、消失 182 米。墙体为土墙，黄土夯筑而成，夯层厚 0.15 ~ 0.2 米。现存墙体剖面大致呈不规则梯形，底宽 2 ~ 3、顶宽 1 ~ 2.5、残高 1 ~ 3 米。本段长城位于山西省与内蒙古自治区交界处，东北接右玉县和林格尔县交界区域的大沙口长城，西南连新村长城。本段墙体有七墩镇 1 ~ 9 号敌台和七墩镇 1 ~ 3 号马面。墙体东侧（山西省一侧）有七墩镇烽火台。长城沿线散落碎青砖、筒瓦等建筑构件和生活用具残片，包括瓷、陶器等。七墩镇村（称七墩村）属平鲁区高石庄乡。

本段墙体共测 GPS 点 23 个（G0001 ~ G0023），墙体可分为 16 小段，分述如下。

第 1 小段：G0001（起点、七墩镇 1 号敌台）—G0002（断点），长 245 米，保存一般。墙体底宽 2 ~ 3、顶宽 1 ~ 2、残高 2 ~ 3 米。

第 2 小段：G0002（断点）—G0003（断点），长 28 米，墙体消失。

第 3 小段：G0003（断点）—G0007（七墩镇 2 号马面），长 765 米，保存一般。墙体底宽 2.5 ~ 3、顶宽 1 ~ 2、残高 2 ~ 3 米。七墩镇 2、3 号敌台及七墩镇 1 号马面位于墙体上。

第 4 小段：G0007（七墩镇 2 号马面）—G0008（断点），长 40 米，保存较差。墙体底宽 2.5 ~ 3、顶宽 2 ~ 2.5、残高 1.5 ~ 2 米。

第 5 小段：G0008（断点）—G0010（断点），长 41 米，墙体消失。

第 6 小段：G0010（断点）—G0012（断点），长 225 米，保存一般。墙体底宽 2.5 ~ 3、顶宽 1 ~ 2、残高 2 ~ 3 米。七墩镇 4 号敌台位于墙体上。

第 7 小段：G0012（断点）—G0013（断点），长 27 米，墙体消失。

第 8 小段：G0013（断点）—G0014（七墩镇 5 号敌台），长 285 米，保存差。墙体底宽 2 ~ 3、顶宽 2 ~ 2.5、残高 1 ~ 1.5 米。

第 9 小段：G0014（七墩镇 5 号敌台）—G0015（七墩镇 6 号敌台），长 235 米，保存较好。

第 10 小段：G0015（七墩镇 6 号敌台）—G0017（七墩镇 7 号敌台），长 315 米，保存一般。墙体底宽 2.5~3、顶宽 1~2、残高 2~3 米。七墩镇 3 号马面位于墙体上。

第 11 小段：G0017（七墩镇 7 号敌台）—G0018（七墩镇 8 号敌台），长 330 米，保存较差。墙体底宽 2.5~3、顶宽 2~2.5、残高 1.5~2 米。

第 12 小段：G0018（七墩镇 8 号敌台）—G0019（断点），长 80 米，保存差。墙体底宽 2~3、顶宽 2~2.5、残高 1~1.5 米。

第 13 小段：G0019（断点）—G0020（断点），长 36 米，墙体消失。

第 14 小段：G0020（断点）—G0021（断点），长 34 米，保存差。墙体底宽 2~3、顶宽 2~2.5、残高 1~1.5 米。

第 15 小段：G0021（断点）—G0022（断点），长 50 米，墙体消失。

第 16 小段：G0022（断点）—G0023（止点、七墩镇 9 号敌台），长 200 米，保存差。墙体底宽 2~3、顶宽 2~2.5、残高 1~1.5 米。

墙体整体保存较差。两侧有自然冲沟，将长城墙体冲断，形成几处断口，墙体有不同程度的坍塌脱落，坍塌部分在墙体两侧形成斜坡，墙体及斜坡上长满杂草，墙体顶部凹凸不平；人为损毁主要有农业生产活动破坏墙体、将墙体挖断形公路及土路、人畜踩踏等。

2. 新村长城

起点位于清水河县韭菜庄乡新村东 0.4 千米处，高程 1632 米；止点位于韭菜庄乡板申沟村东 0.5 千米，高程 1624 米。大致呈东北—西南走向。全长 1745 米，其中保存一般 530、较差 1168、消失 47 米。墙体为土墙，黄土夯筑而成，夯层厚 0.15~0.2 米。现存墙体剖面大致呈不规则梯形，底宽 3~6、顶宽 0.8~2、残高 1~5 米。本段长城位于山西省与内蒙古自治区交界处，东北接七墩镇长城，西南连板申沟长城。本段墙体共有 6 座敌台（七墩镇 9 号敌台、新村 1~3 号敌台和新墩 1、2 号敌台），2 座马面（新村马面、新墩马面）。长城沿线散落碎青砖、筒瓦等建筑构件和生活用具残片，包括瓷、陶器等。新墩村属平鲁区高石庄乡。

本段墙体共测 GPS 点 10 个（G0023—G0032），墙体可分为 5 小段，分述如下。

第 1 小段：G0023（起点、七墩镇 9 号敌台）—G0024（新村 1 号敌台），长 290 米，保存较差。墙体底宽 3~4、顶宽 1.5~2、残高 1~3 米。

第 2 小段：G0024（新村 1 号敌台）—G0027（新村 3 号敌台），长 530 米，保存一般。墙体底宽 4~6、顶宽 0.8~1.5、残高 3~5 米。新村 2 号敌台、新村马面位于墙体上。

第 3 小段：G0027（新村 3 号敌台）—G0030（断点），长 640 米，保存较差。墙体底宽 3~4、顶宽 1.5~2、残高 1~3 米。新墩马面、新墩 1 号敌台位于墙体上。

第 4 小段：G0030（断点）—G0031（断点），长 47 米，墙体消失。

第 5 小段：G0031（断点）—G0032（止点、新墩 2 号敌台），长 238 米，保存较差。墙体底宽 3~4、顶宽 1.5~2、残高 1~3 米。

墙体整体保存较差。两侧有自然冲沟，将长城墙体冲断，形成断口。墙体有不同程度的坍塌脱落，坍塌部分在墙体两侧形成斜坡，墙体及斜坡上长满杂草，墙体顶部凹凸不平；人为损毁主要有农业生产活动破坏墙体、将墙体挖断形成公路及土路、人畜踩踏等。

3. 板申沟长城

起点位于清水河县韭菜庄乡板申沟村东 0.5 千米处，高程 1624 米；止点位于韭菜庄乡头道沟村东南 1.8 千米，高程 1701 米。大致呈东北—西南走向。全长 2402 米，其中保存一般 666、较差 1651、消失 85 米。墙体为土墙，黄土夯筑而成，夯层厚 0.15～0.2 米。现存墙体剖面大致呈不规则梯形，底宽 2.5～4.5、顶宽 0.8～1、残高 0.8～2.5 米。本段长城位于山西省与内蒙古自治区交界处，东北接新村长城、西南连福心沟长城。本段墙体共有 6 座敌台（新墩 2 号敌台、板申沟 1～5 号敌台），7 座马面（板申沟 1～7 号马面）。墙体东侧（山西省一侧）有火家堡烽火台、牛洞沟烽火台。长城沿线散落碎青砖、筒瓦等建筑构件和生活用具残片，包括瓷、陶器等。

本段墙体共测 GPS 点 16 个（G0032～G0047），墙体可分为 6 小段，分述如下。

第 1 小段：G0032（起点、新墩 2 号敌台）—G0033（断点），长 40 米，墙体消失。

第 2 小段：G0033（断点）—G0035（板申沟 2 号马面），长 354 米，保存较差。墙体底宽 2.5～3、顶宽 0.9～1、残高 0.8～1.5 米。板申沟 2 号马面位于墙体上。

第 3 小段：G0035（板申沟 2 号马面）—G0038（板申沟 4 号马面），长 666 米，保存一般。墙体底宽 3～4.5、顶宽 0.8～0.9、残高 1.5～2.5 米。板申沟 1 号敌台、板申沟 3 号马面位于墙体上。

第 4 小段：G0038（板申沟 4 号马面）—G0045（断点），长 1137 米，保存较差。墙体底宽 2.5～3、顶宽 0.9～1、残高 0.8～1.5 米。板申沟 2～4 号敌台、板申沟 5～7 号马面位于墙体上。

第 5 小段：G0045（断点）—G0046（断点），长 45 米，墙体消失。

第 6 小段：G0046（断点）—G0047（止点、板申沟 5 号敌台），长 160 米，保存较差。墙体底宽 2.5～3、顶宽 0.9～1、残高 0.8～1.5 米。

墙体整体保存较差。有不同程度的坍塌脱落，坍塌部分在墙体两侧形成斜坡，墙体及斜坡上长满杂草，墙体顶部凹凸不平；人为损毁主要有农业生产活动破坏墙体、将墙体挖断形成公路及土路、人畜踩踏等。

4. 福心沟长城

起点位于清水河县韭菜庄乡七墩沟村东 2 千米处，高程 1701 米；止点位于韭菜庄乡福心沟村东 0.5 千米，高程 1660 米。大致呈东北—西南走向。全长 2439 米，其中保存一般 200、较差 1041、差 1176、消失 22 米。墙体为土墙，黄土夯筑而成，夯层厚 0.15～0.2 米。现存墙体剖面大致呈不规则梯形，底宽 2～3.5、顶宽 0.5～1.5、残高 0.8～2.3 米。本段长城位于山西省与内蒙古自治区交界处，东北接板申沟长城，西南连十七坡长城和九洞长城。本段墙体共有 6 座敌台（板申沟 5 号敌台、蒋家坪 1～3 号敌台和福心沟 1、2 号敌台），5 座马面（蒋家坪 1、2 号马面、福心沟 1～3 号马面）。墙体东侧（山西省一侧）有蒋家坪烽火台，西侧（内蒙古自治区一侧）有福心沟烽火台。长城沿线散落碎青砖、筒瓦等建筑构件和生活用具残片，包括瓷、陶器等。蒋家坪村属平鲁区高石庄乡。

本段墙体共测 GPS 点 13 个（G0047—G0059），墙体可分为 6 小段，分述如下。

第 1 小段：G0047（起点、板申沟 5 号敌台）—G0051（断点），长 1116 米，保存差。墙体底宽 2～2.5、顶宽 1.2～1.5、残高 0.8～1 米。蒋家坪 1、2 号敌台、蒋家坪 1 号马面位于墙体上。

第 2 小段：G0051（断点）—G0052（断点），长 22 米，墙体消失。

第 3 小段：G0052（断点）—G0053（蒋家坪 2 号马面），长 60 米，保存差。墙体底宽 2～2.5、顶宽 1.2～1.5、残高 0.8～1 米。

第 4 小段：G0053（蒋家坪 2 号马面）—G0055（福心沟 1 号敌台），长 635 米，保存较差。墙体底宽 2.5～3、顶宽 1～1.2、残高 1～2 米。蒋家坪 3 号敌台位于墙体上。

第 5 小段：G0055（福心沟 1 号敌台）—G0056（福心沟 1 号马面），长 200 米，保存一般。墙体底宽 3~3.5、顶宽 0.5~1、残高 2~2.3 米。

第 6 小段：G0056（福心沟 1 号马面）—G0059（止点、福心沟 3 号马面），长 406 米，保存较差。墙体底宽 2.5~3、顶宽 1~1.2、残高 1~2 米。福心沟 2 号马面、福心沟 2 号敌台位于墙体上。

墙体整体保存差。有不同程度的坍塌脱落，坍塌部分在墙体两侧形成斜坡，墙体及斜坡上长满杂草，墙体顶部凹凸不平；人为损毁主要有农业生产活动破坏墙体、将墙体挖断形成公路及土路、人畜踩踏等。

5. 十七坡长城

起点位于清水河县韭菜庄乡福心沟村东南 0.5 千米处，高程 1660 米；止点位于韭菜庄乡十七坡村东南 0.4 千米，高程 1530 米。大致呈东北—西南走向。全长 2748 米，其中保存较好 1317、一般 595、较差 782、消失 54 米。墙体为土墙，黄土夯筑而成，夯层厚 0.15~0.2 米。个别段有砖石包砌的痕迹，附近散落碎砖、条石。现存墙体剖面大致呈不规则梯形，底宽 3~5、顶宽 1~4、残高 3~6 米。本段长城位于山西省与内蒙古自治区交界处，东北接福心沟长城，西南连小岔子长城。平鲁区九洞长城位于本段长城东侧，九洞长城 G0001（起点）东北距十七坡 1 号敌台 0.024 千米，G0020（止点）与十七坡长城相连。本段墙体共有 10 座敌台（十七坡 1~10 号敌台）、5 座马面（福心沟 3 号马面、十七坡 1~4 号马面）。长城沿线散落碎青砖、筒瓦等建筑构件和生活用具残片，包括瓷、陶器等。

本段墙体共测 GPS 点 19 个（G0059—G0077），墙体可分为 7 小段，分述如下。

第 1 小段：G0059（止点、福心沟 3 号马面）—G0062（折点、十七坡 2 号敌台），长 379 米，保存较好。墙体底宽 3~5、顶宽 3~4、残高 3~4 米。十七坡 1 号敌台、十七坡 1 号马面位于墙体上。

第 2 小段：G0062（折点、十七坡 2 号敌台）—G0063（断点），长 140 米，保存一般。墙体底宽 3~5、顶宽 2~3、残高 4~5 米。G0062（折点、十七坡 2 号敌台）两侧长城墙体有红色条石包砌痕迹。

第 3 小段：G0063（断点）—G0064（断点），长 54 米，墙体消失。

第 4 小段：G0064（断点）—G0067（十七坡 2 号马面），长 410 米，保存较差。墙体底宽 3~5、顶宽 3~4、残高 3~4 米。十七坡 3、4 号敌台位于墙体上，十七坡 3、4 号敌台两侧长城墙体有红色条石包砌痕迹。

第 5 小段：G0067（十七坡 2 号马面）—G0070（十七坡 6 号敌台），长 455 米，保存一般。墙体底宽 3~5、顶宽 2~3、残高 4~5 米。十七坡 5 号敌台位于墙体上。

第 6 小段：G0070（十七坡 6 号敌台）—G0075（十七坡 9 号敌台），长 938 米，保存较好。墙体底宽 3~5、顶宽 1~2、残高 5~6 米。十七坡 7、8 号敌台和十七坡 3、4 号马面位于墙体上。

第 7 小段：G0075（十七坡 9 号敌台）—G0077（止点、十七坡 10 号敌台），长 372 米，保存较差。墙体底宽 3~5、顶宽 3~4、残高 3~4 米。

墙体整体保存一般。两侧有自然冲沟，将长城墙体冲断，形成断口。墙体有不同程度的坍塌脱落，坍塌部分在墙体两侧形成斜坡，墙体及斜坡上长满杂草，墙体顶部凹凸不平；人为损毁主要有农业生产活动破坏墙体、将墙体挖断形成公路及土路、人畜踩踏等。

6. 九洞长城

起点位于平鲁区高石庄乡九洞村西北 0.45 千米处，高程 1655 米；止点位于高石庄乡九洞村西南 2 千米，高程 1533 米。大致呈东北—西南走向。全长 2338 米，其中保存一般 288、较差 1037、差 771、消失 242 米。墙体为土墙，黄土夯筑而成，夯层厚 0.15～0.2 米。现存墙体剖面大致呈不规则梯形，底宽 4～6、顶宽 1～2、残高 2～5 米。本段长城位于山西省境内，西邻十七坡长城，G0001（起点）东北距十七坡长城十七坡 1 号敌台 0.024 千米，G0020（止点）与十七坡长城相连。本段墙体共有 4 座马面（九洞 1～4 号马面），墙体东侧有九洞 1～4 号烽火台，墙体东南有大何堡。长城沿线散落生活用具残片，包括瓷、陶器等。

本段墙体共测 GPS 点 20 个（G0001～G0020），墙体可分为 14 小段，分述如下。

第 1 小段：G0001（起点）—G0004（九洞 2 号马面），长 288 米，保存一般。墙体底宽 5、顶宽 1.3、残高 4 米。G0001（起点）东北距十七坡 1 号敌台 0.024 千米。九洞 1 号马面位于墙体上。

第 2 小段：G0004（九洞 2 号马面）—G0006（断点），长 90 米，保存较差。墙体底宽 4.5、顶宽 1.3、残高 3 米。

第 3 小段：G0006（断点）—G0007（断点），长 50 米，墙体消失。

第 4 小段：G0007（断点）—G0008（断点），长 220 米，保存差。墙体底宽 4、顶宽 1.5、残高 2 米。

第 5 小段：G0008（断点）—G0009（断点），长 58 米，墙体消失。

第 6 小段：G0009（断点）—G0010（断点），长 154 米，保存差。墙体底宽 4、顶宽 2、残高 2 米。

第 7 小段：G0010（断点）—G0011（断点），长 30 米，墙体消失。

第 8 小段：G0011（断点）—G0013（断点），长 192 米，保存较差。墙体底宽 4.5、顶宽 1.3、残高 3 米。九洞 3 号马面位于墙体上。

第 9 小段：G0013（断点）—G0014（断点），长 38 米，墙体消失。

第 10 小段：G0014（断点）—G0015（断点），长 84 米，保存较差。墙体底宽 4.5、顶宽 1.3、残高 3 米。

第 11 小段：G0015（断点）—G0016（断点），长 24 米，墙体消失。

第 12 小段：G0016（断点）—G0018（断点），长 671 米，保存较差。墙体底宽 4.5、顶宽 1.3、残高 3 米。九洞 4 号马面位于墙体上。

第 13 小段：G0018（断点）—G0019（断点），长 42 米，墙体消失。

第 14 小段：G0019（断点）—G0020（止点），长 397 米，保存差。墙体底宽 4、顶宽 1.5、残高 2 米。G0020（止点）与十七坡长城相连。

墙体整体保存较差，两侧有自然冲沟，将长城墙体冲断，形成断口。墙体有不同程度的坍塌脱落，坍塌部分在墙体两侧形成斜坡，墙体及斜坡上长满杂草，墙体顶部凹凸不平；人为损毁主要有农业生产活动破坏墙体、将墙体挖断形成公路及土路等。

7. 小岔子长城

起点位于清水河县韭菜庄乡十七坡村东南 0.4 千米处，高程 1530 米；止点位于韭菜庄乡小岔子村东南 0.5 千米处，高程 1581 米。大致呈东北—西南走向。全长 2755 米，其中保存较好 377、一般 714、较差 1320、差 252、消失 92 米。墙体为土墙，黄土夯筑而成，夯层厚 0.15～0.2 米。现存墙体剖面大致呈不规则梯形，底宽 4～8、顶宽 1.5～3.5、残高 3～6 米。本段长城位于山西省与内蒙古自治区交界处，东北接十七坡长城，西南连高泉营子长城。本段墙体共有 9 座敌台（十七坡 10 号敌台、小岔子 1～8 号敌台）、3 座马面（小岔子 1～3 号马面），墙体东侧（山西省一侧）有大河堡烽火台。长城沿线散落碎青砖、筒瓦等建筑构件和生活用具残片，包括瓷、陶器等。

本段墙体共测 GPS 点 17 个（G0077~G0093），墙体可分为 11 小段，分述如下。

第 1 小段：G0077（起点、十七坡 10 号敌台）—G0078（断点），长 216 米，保存较差。墙体底宽 4~8、顶宽 2~3、残高 4 米。

第 2 小段：G0078（断点）—G0079（断点），长 44 米，墙体消失。

第 3 小段：G0079（断点）—G0081（小岔子 2 号敌台），长 336 米，保存较差。墙体底宽 4~8、顶宽 2~3、残高 4 米。小岔子 1 号敌台位于墙体上。

第 4 小段：G0081（小岔子 2 号敌台）—G0086（小岔子 4 号敌台），长 714 米，保存一般。墙体底宽 4~8、顶宽 3、残高 5 米。小岔子 3 号敌台和小岔子 1、2 号马面位于墙体上。

第 5 小段：G0086（小岔子 4 号敌台）—G0087（小岔子 5 号敌台），长 375 米，保存较差。墙体底宽 4~8、顶宽 2~3、残高 4 米。

第 6 小段：G0087（小岔子 5 号敌台）—G0088（小岔子 6 号敌台），长 252 米，保存差。墙体底宽 4~8、顶宽 3~3.5、残高 3 米。

第 7 小段：G0088（小岔子 6 号敌台）—G0089（小岔子 7 号敌台），长 220 米，保存较差。墙体底宽 4~8、顶宽 2~3、残高 4 米。小岔子 7 号敌台两侧长城墙体有红色条石包砌痕迹。

第 8 小段：G0089（小岔子 7 号敌台）—G0090（小岔子 8 号敌台），长 377 米，保存较好。墙体底宽 4~8、顶宽 1.5~2、残高 6 米。

第 9 小段：G0090（小岔子 8 号敌台）—G0091（断点），长 116 米，保存较差。墙体底宽 4~8、顶宽 2~3、残高 4 米。

第 10 小段：G0091（断点）—G0092（断点），长 48 米，墙体消失。

第 11 小段：G0092（断点）—G0093（止点、小岔子 3 号马面），长 57 米，保存较差。墙体底宽 4~8、顶宽 2~3、残高 4 米。

墙体整体保存较差。有不同程度的坍塌脱落，坍塌部分在墙体两侧形成斜坡，墙体及斜坡上长满杂草，墙体顶部凹凸不平；人为损毁主要有农业生产活动破坏墙体、将墙体挖断形成公路及土路、人畜踩踏等。

8. 高泉营子长城

起点位于清水河县韭菜庄乡头墩村东 0.6 千米处，高程 1581 米；止点位于平鲁区高石庄乡八墩村西北 0.3 千米处，高程 1651 米。大致呈东北—西南走向。全长 2128 米，其中保存较好 939、一般 433、较差 686、消失 70 米。墙体为土墙，黄土夯筑而成，夯层厚 0.15~0.2 米。现存墙体剖面大致呈不规则梯形，底宽 3~6、顶宽 0.5~2.5、残高 2~5.5 米。本段长城位于山西省与内蒙古自治区交界处，东北接小岔子长城，西南连三里铺长城。高泉营子 6 号敌台东距平鲁区八墩长城 1 段 G0021（起点）0.209 千米，平鲁区八墩长城 1 段位于高泉营子长城、三里铺长城东侧。本段墙体共有 7 座敌台（高泉营子 1~7 号敌台），2 座马面（小岔子 3 号马面、高泉营子马面）。长城沿线散落碎青砖、筒瓦等建筑构件和生活用具残片，包括瓷、陶器等。高泉营子村属平鲁区高石庄乡。

本段墙体共测 GPS 点 12 个（G0093~G0104），墙体可分为 7 小段，分述如下。

第 1 小段：G0093（起点、小岔子 3 号马面）—G0095（高泉营子马面），长 291 米，保存较好。墙体底宽 5~6、顶宽 0.5~1、残高 5~5.5 米。高泉营子 1 号敌台位于墙体上。

第 2 小段：G0095（高泉营子马面）—G0096（断点），长 42 米，墙体消失。

第 3 小段：G0096（断点）—G0097（高泉营子 2 号敌台），长 140 米，保存较差。墙体底宽 3～4、顶宽 2～2.5、残高 2～4 米。

第 4 小段：G0097（高泉营子 2 号敌台）—G0099（高泉营子 4 号敌台），长 648 米，保存较好。墙体底宽 5～6、顶宽 0.5～1、残高 5～5.5 米。高泉营子 3 号敌台位于墙体上。

第 5 小段：G0099（高泉营子 4 号敌台）—G0101（断点），长 433 米，保存一般。墙体底宽 4～5、顶宽 1～2、残高 4～5 米。高泉营子 5 号敌台位于墙体上。

第 6 小段：G0101（断点）—G0102（断点），长 28 米，墙体消失。

第 7 小段：G0102（断点）—G0104（止点、高泉营子 7 号敌台），长 546 米，保存较差。墙体底宽 3～4、顶宽 2～2.5、残高 2～4 米。高泉营子 6 号敌台位于墙体上，东距平鲁区八墩长城 1 段 G0021（起点）0.209 千米。平鲁区八墩长城 1 段位于高泉营子长城、三里铺长城东侧。

墙体整体保存较差。有不同程度的坍塌脱落，坍塌部分在墙体两侧形成斜坡，墙体及斜坡上长满杂草，墙体顶部凹凸不平；人为损毁主要有农业生产活动破坏墙体、将墙体挖断形成公路及土路、人畜踩踏等。

9. 三里铺长城

起点位于平鲁区高石庄乡八墩村西北 0.3 千米处，高程 1651 米；止点位于高石庄乡二墩村北 0.4 千米，高程 1590 米。大致呈东北—西南走向。全长 2427 米，其中保存较好 471、一般 800、较差 1111、消失 45 米。墙体为土墙，黄土夯筑而成，夯层厚 0.15～0.2 米。现存墙体剖面大致呈不规则梯形，底宽 3～6.5、顶宽 0.8～2、残高 1.5～4 米。本段长城位于山西省与内蒙古自治区交界处，东北接高泉营子长城，西南连二墩长城。平鲁区八墩长城 1 段位于高泉营子长城、三里铺长城东侧。三里铺长城 G0119（止点、断点）东距平鲁区八墩长城 2 段 G0039（止点、断点）0.03 千米，平鲁区八墩长城 2 段位于三里铺长城东侧。本段墙体共有 8 座敌台（高泉营子 7 号敌台、三里铺 1～7 号敌台），2 座马面（三里铺 1、2 号马面）。长城沿线散落碎青砖、筒瓦等建筑构件和生活用具残片，包括瓷、陶器等。三里铺村属清水河县韭菜庄乡。

本段墙体共测 GPS 点 16 个（G0104～G0119），墙体可分为 8 小段，分述如下。

第 1 小段：G0104（起点、高泉营子 7 号敌台）—G0106（断点），长 471 米，保存较好。墙体底宽 6～6.5、顶宽 0.8～1、残高 3～4 米。三里铺 1 号敌台位于墙体上。

第 2 小段：G0106（断点）—G0107（断点），长 12 米，墙体消失。

第 3 小段：G0107（断点）—G0109（三里铺 3 号敌台），长 267 米，保存一般。墙体底宽 4～6、顶宽 1～1.5、残高 2～3 米。三里铺 2 号敌台位于墙体上，其两侧长城墙体有石块包砌痕迹。

第 4 小段：G0109（三里铺 3 号敌台）—G0110（断点），长 170 米，保存较差。墙体底宽 6～6.5、顶宽 0.8～1、残高 3～4 米。

第 5 小段：G0110（断点）—G0111（断点），长 33 米，墙体消失。

第 6 小段：G0111（断点）—G0112（三里铺 4 号敌台），长 136 米，保存较差。墙体底宽 3～4、顶宽 1.5～2、残高 1.5～2 米。

第 7 小段：G0112（三里铺 4 号敌台）—G0114（三里铺 1 号马面），长 533 米，保存一般。墙体底宽 4～6、顶宽 1～1.5、残高 2～3 米。三里铺 5 号敌台位于墙体上。

第 8 小段：G0114（三里铺 1 号马面）—G0119（止点、断点），长 805 米，保存较差。墙体底宽 3～4、顶宽 1.5～2、残高 1.5～2 米。三里铺 6、7 号敌台和三里铺 2 号马面位于墙体上，G0119（止点、断点）也是平鲁区八墩长城 2 段止点。

墙体整体保存较差，有不同程度的坍塌脱落，坍塌部分在墙体两侧形成斜坡，墙体及斜坡上长满杂草，墙体顶部凹凸不平；人为损毁主要有农业生产活动破坏墙体、将墙体挖断形成公路及土路、人畜踩踏等。

10. 八墩长城 1 段

起点位于平鲁区高石庄乡八墩村西北 0.45 千米处，高程 1626 米；止点位于八墩村西南 0.7 千米处，高程 1583 米。大致呈东北—西南走向。全长 1953 米，其中保存一般 70、较差 658、差 1065、消失 160 米。墙体为土墙，黄土夯筑而成，夯层厚 0.15 ~ 0.2 米。现存墙体剖面大致呈不规则梯形，底宽 4 ~ 6、顶宽 1 ~ 2、残高 2 ~ 5 米。本段长城位于山西省境内，西南接八墩长城 2 段。G0021（起点）西距高泉营子长城高泉营子 6 号敌台 0.209 千米，八墩长城 1 段位于高泉营子长城、三里铺长城东侧。本段墙体共有 5 座敌台（八墩 1 ~ 5 号敌台），2 座马面（八墩 1、2 号马面），墙体东侧有八墩 1、2 号烽火台。长城沿线散落碎青砖、条石等建筑构件和生活用具残片，包括瓷、陶器等。

本段墙体共测 GPS 点 18 个（G0021 ~ G0038），墙体可分为 10 小段，分述如下。

第 1 小段：G0021（起点）—G0022（断点），长 88 米，保存较差。墙体底宽 5、顶宽 1.5、残高 3.2 米。G0021（起点）西距高泉营子长城高泉营子 6 号敌台 0.209 千米。

第 2 小段：G0022（断点）—G0023（断点），长 54 米，墙体消失。

第 3 小段：G0023（断点）—G0025（八墩 1 号敌台），长 328 米，保存较差。墙体底宽 5、顶宽 1.5、残高 3.2 米。八墩 1 号马面位于墙体上。

第 4 小段：G0025（八墩 1 号敌台）—G0026（断点），长 70 米，保存一般。墙体底宽 6、顶宽 2、残高 4 ~ 5 米。

第 5 小段：G0026（断点）—G0027（断点），长 53 米，墙体消失。

第 6 小段：G0027（断点）—G0028（拐点），长 178 米，保存较差。墙体底宽 5、顶宽 1.5、残高 3.2 米。

第 7 小段：G0028（拐点）—G0030（断点），长 167 米，保存差。墙体底宽 4、顶宽 2、残高 2 米。

第 8 小段：G0030（断点）—G0031（断点），长 53 米，墙体消失。

第 9 小段：G0031（断点）—G0032（八墩 2 号敌台），长 64 米，保存较差。墙体底宽 5、顶宽 1.5、残高 3.2 米。

第 10 小段：G0032（八墩 2 号敌台）—G0038（止点、断点），长 898 米，保存差。墙体底宽 4、顶宽 2、残高 2 米。八墩 3 ~ 5 号敌台、八墩 2 号马面位于墙体上。

墙体整体保存较差。两侧有自然冲沟，将长城墙体冲断，形成断口。墙体有不同程度的坍塌脱落，坍塌部分在墙体两侧形成斜坡，墙体及斜坡上长满杂草，墙体顶部凹凸不平；人为损毁主要有农业生产活动破坏墙体、将墙体挖断形成公路及土路等。

11. 八墩长城 2 段

起点位于平鲁区高石庄乡八墩村西南 0.7 千米处，高程 1583 米；止点位于八墩村西南 1.9 千米，高程 1590 米。大致呈东北—西南走向。全长 370 米，均消失。本段长城位于山西省境内，东北接八墩长城 1 段。G0039（止点、断点）西距三里铺长城 G0119（止点、断点）和二墩长城 G0119（起点、断点）0.03 千米，八墩长城 2 段位于三里铺长城东侧。墙体东侧有八墩 3 号烽火台。长城沿线散落碎青砖、条石等建筑构件和生活用具残片，包括瓷、陶器等。

本段墙体共测 GPS 点 2 个（G0038 ~ G0039），仅 1 小段，叙述如下。

G0038（起点、断点）—G0039（止点、断点），长 370 米，墙体消失。G0039（止点、断点）西距三里铺长城 G0119（止点、断点）和二墩长城 G0119（起点、断点）0.03 千米。

墙体整体消失。自然冲沟将其冲毁。

12. 二墩长城

起点位于平鲁区高石庄乡二墩村北 0.4 千米处，高程 1590 米；止点位于清水河县韭菜庄乡八墩沟村南 1 千米处，高程 1693 米。大致呈东北—西南走向。全长 2969 米，其中保存一般 1182、较差 1708、消失 79 米。墙体为土墙，黄土夯筑而成，夯层厚 0.15 ~ 0.2 米。现存墙体剖面大致呈不规则梯形，底宽 4 ~ 6、顶宽 1 ~ 3、残高 4 ~ 5 米。本段长城位于山西省与内蒙古自治区交界处，东北接三里铺长城、西南连窑子上长城。本段墙体共有 9 座敌台（二墩 1 ~ 3 号敌台、六墩 1 ~ 6 号敌台），7 座马面（二墩 1、2 号马面、六墩 1 ~ 5 号马面）。墙体东侧有六墩 1、2 号烽火台，西侧有二墩烽火台。长城沿线散落碎青砖、筒瓦等建筑构件和生活用具残片，包括瓷、陶器等。六墩村属平鲁区高石庄乡。

本段墙体共测 GPS 点 19 个（G0119 ~ G0137），墙体可分为 5 小段，分述如下。

第 1 小段：G0119（起点、断点）—G0120（二墩 1 号马面），长 36 米，墙体消失。

第 2 小段：G0120（二墩 1 号马面）—G0126（断点），长 1026 米，保存较差。墙体底宽 4 ~ 6、顶宽 2 ~ 3、残高 4 米。二墩 1 ~ 3 号敌台、六墩 1 号敌台、二墩 2 号马面位于墙体上。

第 3 小段：G0126（断点）—G0127（断点），长 43 米，墙体消失。

第 4 小段：G0127（断点）—G0135（六墩 4 号马面），长 682 米，保存较差。墙体底宽 4 ~ 6、顶宽 2 ~ 3、残高 4 米。六墩 2 ~ 5 号敌台、六墩 1 ~ 3 号马面位于墙体上。

第 5 小段：G0135（六墩 4 号马面）—G0137（止点、六墩 5 号马面），长 1182 米，保存一般。墙体底宽 4 ~ 6、顶宽 1 ~ 2、残高 5 米。六墩 6 号敌台位于墙体上。

墙体整体保存较差。自然冲沟将长城墙体冲断，形成断口。墙体有不同程度的坍塌脱落，坍塌部分在墙体两侧形成斜坡，墙体及斜坡上长满杂草，墙体顶部凹凸不平；人为损毁主要有农业生产活动破坏墙体、将墙体挖断形成公路及土路、人畜踩踏，倚墙建筑房屋、墙体上掏挖窑洞等。

13. 窑子上长城

起点位于清水河县韭菜庄乡八墩沟村南 1 千米处，高程 1693 米；止点位于韭菜庄乡十七沟村东南 0.6 千米处，高程 1698 米。大致呈东北—西南走向。全长 2963 米，其中保存较好 613、一般 1352、较差 946、消失 52 米。墙体为土墙，黄土夯筑而成，夯层厚 0.15 ~ 0.2 米。现存墙体剖面大致呈不规则梯形，底宽 3.5 ~ 6.5、顶宽 1 ~ 1.3、残高 1 ~ 3.5 米。本段长城位于山西省与内蒙古自治区交界处，东北接二墩长城、西南连帐贵窑子长城。本段墙体共有 6 座敌台（窑子上 1 ~ 4 号敌台、十七沟 1、2 号敌台），9 座马面（六墩 5 号马面、窑子上 1 ~ 4 号马面、十七沟 1 ~ 4 号马面）。墙体东侧有窑子上 3、4 号烽火台，十七沟 2、3 号烽火台，西侧有窑子上 1、2 号烽火台，十七沟 1 号烽火台。长城沿线散落碎青砖、筒瓦等建筑构件和生活用具残片，包括瓷、陶器等。

本段墙体共测 GPS 点 21 个（G0138 ~ G0158），墙体可分为 10 小段，分述如下。

第 1 小段：G0138（起点、六墩 5 号马面）—G0140（窑子上 1 号马面），长 363 米，保存一般。

墙体底宽 4~5、顶宽 1~1.2、残高 2~3 米。窑子上 1 号敌台位于墙体上。

第 2 小段：G0140（窑子上 1 号马面）—G0143（窑子上 3 号马面），长 613 米，保存较好。墙体底宽 5~6.5、顶宽 1.2~1.3、残高 3~3.5 米。窑子上 2 号马面、窑子上 2 号敌台位于墙体上，窑子上 2 号敌台两侧长城墙体有砖石包砌的痕迹。

第 3 小段：G0143（窑子上 3 号马面）—G0144（断点），长 233 米，保存较差。墙体底宽 3.5~5、顶宽 1、残高 1~2 米。

第 4 小段：G0144（断点）—G0146（窑子上 4 号马面），长 41 米，墙体消失。窑子上 3 号敌台位于墙体上。

第 5 小段：G0146（窑子上 4 号马面）—G0147（窑子上 4 号敌台），长 317 米，保存较差。墙体底宽 3.5~5、顶宽 1、残高 1~2 米。

第 6 小段：G0147（窑子上 4 号敌台）—G0150（十七沟 2 号马面），长 519 米，保存一般。墙体底宽 4~5、顶宽 1~1.2、残高 2~3 米。十七沟 1 号马面、十七沟 1 号敌台位于墙体上。

第 7 小段：G0150（十七沟 2 号马面）—G0151（断点），长 31 米，保存较差。墙体底宽 3.5~5、顶宽 1、残高 1~2 米。

第 8 小段：G0151（断点）—G0152（断点），长 11 米，墙体消失。

第 9 小段，G0152（断点）—G0154（十七沟 2 号敌台），长 365 米，保存较差。墙体底宽 3.5~5、顶宽 1、残高 1~2 米。十七沟 3 号马面位于墙体上。

第 10 小段：G0154（十七沟 2 号敌台）—G0158（止点），长 470 米，保存一般。墙体底宽 4~5、顶宽 1~1.2、残高 2~3 米。十七沟 4 号马面位于墙体上。

墙体整体保存较差。自然冲沟将长城墙体冲断，形成断口。墙体有不同程度的坍塌脱落，坍塌部分在墙体两侧形成斜坡，墙体及斜坡上长满杂草；人为损毁主要有农业生产活动破坏墙体、将墙体挖断形成公路及土路、墙体上掏挖窑洞等。

14. 帐贵窑子长城

起点位于清水河县韭菜庄乡十七沟村东南 0.6 千米、平鲁区阻虎乡帐贵窑子村西北 0.9 千米处，高程 1698 米；止点位于韭菜庄乡帐贵窑子村南 1 千米处，高程 1660 米。大致呈北—南走向。全长 2206 米，其中保存一般 197、较差 1801、差 115、消失 93 米。墙体为土墙，黄土夯筑而成，夯层厚 0.15~0.2 米，个别段夯层内含石块。现存墙体剖面大致呈不规则梯形，底宽 4~6、顶宽 1~3、残高 3~6 米。本段长城位于山西省与内蒙古自治区交界处，东北接窑子上长城，南连寺回口长城 1 段。本段墙体共有 4 座敌台（帐贵窑子 1~4 号敌台）、5 座马面（帐贵窑子 1~5 号马面）。墙体东侧有帐贵窑子 1、2 号烽火台。长城沿线散落碎青砖、筒瓦等建筑构件和生活用具残片，包括瓷、陶器等。

本段墙体共测 GPS 点 14 个（G0158~G0171），墙体可分为 7 小段，分述如下。

第 1 小段：G0158（止点）—G0159（帐贵窑子 1 号敌台），长 90 米，保存较差。墙体底宽 4~6、顶宽 1~3、残高 4~5 米。

第 2 小段：G0159（帐贵窑子 1 号敌台）—G0161（帐贵窑子 1 号马面），长 197 米，保存一般。墙体底宽 4~6、顶宽 1~3、残高 5~6 米。

第 3 小段：G0161（帐贵窑子 1 号马面）—G0162（帐贵窑子 2 号马面），长 210 米，保存较差。墙体底宽 4~6、顶宽 1~3、残高 4~5 米。

第 4 小段：G0162（帐贵窑子 2 号马面）—G0163（断点），长 41 米，墙体消失。

第5小段：G0163（断点）—G0169（断点），长1501米，保存较差。墙体底宽4~6、顶宽1~3、残高4~5米。帐贵窑子2~4号敌台和帐贵窑子3、4号马面位于墙体上。

第6小段：G0169（断点）—G0170（断点），长52米，墙体消失。

第7小段：G0170（断点）—G0171（止点、帐贵窑子5号马面），长115米，保存差。墙体底宽4~6、顶宽1~3、残高3~4米。

墙体整体保存较差。有不同程度的坍塌脱落，坍塌部分在墙体两侧形成斜坡，墙体及斜坡上长满杂草。人为损毁主要有农业生产活动破坏墙体、将墙体挖断形成公路及土路、墙体上掏挖窑洞等。

15. 寺回口长城1段

起点位于清水河县韭菜庄乡帐贵窑子村南1千米处，高程1660米；止点位于平鲁区阻虎乡寺回口村，高程1580米。大致呈北—南走向。全长1588米，其中保存较好235、一般658、较差695米。墙体为土墙，黄土夯筑而成，夯层厚0.15~0.2米，个别段夯层内含石块。现存墙体剖面大致呈不规则梯形，底宽3.5~7、顶宽1~3、残高1.5~5米。本段长城位于山西省与内蒙古自治区交界处，北接帐贵窑子长城，南连新窑上长城，东连寺回口长城2段，G0176（寺回口1段3号敌台）是寺回口长城2段起点，G0178（拐点）是寺回口长城2段止点。本段墙体共有5座敌台（寺回口1段1~5号敌台），3座马面（帐贵窑子5号马面、寺回口1段1、2号马面）。墙体东侧有寺回口1、2号烽火台。长城沿线散落碎青砖、筒瓦等建筑构件和生活用具残片，包括瓷、陶器等。

本段墙体共测GPS点10个（G0171~G0180。按：G0179和G0180是同一个点），墙体可分为6小段，分述如下。

第1小段：G0171（起点、帐贵窑子5号马面）—G0172（寺回口1段1号敌台），长233米，保存较差。墙体底宽3.5~7、顶宽1~3、残高1.5~2米。

第2小段：G0172（寺回口1段1号敌台）—G0173（寺回口1段2号敌台），长223米，保存一般。墙体底宽3.5~7、顶宽1~3、残高2~4米。

第3小段：G0173（寺回口1段2号敌台）—G0174（寺回口1段1号马面），长224米，保存较差。墙体底宽3.5~7、顶宽1~3、残高1.5~2米。

第4小段：G0174（寺回口1段1号马面）—G0176（寺回口1段3号敌台），长435米，保存一般。墙体底宽3.5~7、顶宽1~3、残高2~4米。寺回口1段2号马面位于墙体上。

第5小段：G0176（寺回口1段3号敌台）—G0177（寺回口1段4号敌台），长235米，保存较好。墙体底宽3.5~7、顶宽1~3、残高4~5米。G0176（寺回口1段3号敌台）是寺回口长城2段起点。

第6小段：G0177（寺回口1段4号敌台）—G0180（止点、寺回口1段5号敌台），长238米，保存较差。墙体底宽3.5~7、顶宽1~3、残高1.5~2米。G0178（拐点）是寺回口长城2段止点。

墙体整体保存较差。有不同程度的坍塌脱落，坍塌部分在墙体两侧形成斜坡，墙体及斜坡上长满杂草；人为损毁主要有农业生产活动破坏墙体、墙体上掏挖窑洞等。

16. 寺回口长城2段

起点位于平鲁区阻虎乡寺回口村西南1.8千米处，高程1673米；止点位于寺回口村西南1.7千米处，高程1617米。大致呈西北—东南走向。全长230米，均保存较差。墙体为土墙，黄土夯筑而成，夯层厚0.15~0.2米。现存墙体剖面大致呈不规则梯形，底宽2~3、顶宽0.5~1、残高3~4米。本段长城位于山西省境内，西连寺回口村长城 1 段，G0181（起点、寺回口 1 段 3 号敌台）是寺回口村长城 1 段 G0176（寺回口 1 段 3 号敌台），G0182（止点）是寺回口村长城 1 段 G0178（拐点）。长城沿线散落碎青砖、筒瓦等建筑构件和生活用具残片，包括瓷、陶器等。

本段墙体共测 GPS 点 2 个（G0181、G0182。按：G0181 和 G0176，G0182 和 G0178 是同一个点），墙体仅 1 小段，叙述如下。

G0181（起点、寺回口 1 段 3 号敌台）—G0182（止点），长 233 米，保存较差。墙体底宽 3.5～7、顶宽 1～3、残高 1.5～2 米。

墙体整体保存较差。有不同程度的坍塌脱落，坍塌部分在墙体两侧形成斜坡，墙体及斜坡上长满杂草；人为损毁主要有农业生产活动破坏墙体等。

17. 新窑上长城

起点位于平鲁区阻虎乡寺回口村，高程 1580 米；止点位于平鲁区阻虎乡辛庄子村西南、红山村旧址，高程 1676 米。大致呈北—南走向。全长 2801 米，其中保存一般 790、较差 1869、消失 142 米。墙体为土墙，黄土夯筑而成，夯层厚 0.15～0.2 米。现存墙体剖面大致呈不规则梯形，底宽 4～6、顶宽 1～3、残高 3～6 米。本段长城位于山西省与内蒙古自治区交界处，北接寺回口长城 1 段，南连新庄窝长城。本段墙体共有 10 座敌台（寺回口 1 段 5 号敌台、新窑上 1～6 号敌台、辛庄子 1～3 号敌台）、1 座马面（新窑上马面）。墙体东侧有新窑上 1、2 号烽火台，辛庄子 1 号烽火台，西侧有辛庄子 2 号烽火台。长城沿线散落碎青砖、筒瓦等建筑构件和生活用具残片，包括瓷、陶器等。新窑上村属清水河县暖泉乡。

本段墙体共测 GPS 点 18 个（G0183～G0200。按：G0183 和 G0180 是同一个点），墙体可分为 7 小段，分述如下。

第 1 小段：G0183（起点、寺回口 1 段 5 号敌台）—G0184（断点），长 45 米，墙体消失。

第 2 小段：G0184（断点）—G0188（断点），长 732 米，保存较差。墙体底宽 4～6、顶宽 1～3、残高 3～4 米。新窑上马面和新窑上 1、2 号敌台位于墙体上。

第 3 小段：G0188（断点）—G0190（断点），长 47 米，墙体消失。

第 4 小段：G0190（断点）—G0191（新窑上 3 号敌台），长 175 米，保存一般。墙体底宽 4～6、顶宽 1～3、残高 4～6 米。

第 5 小段：G0191（新窑上 3 号敌台）—G0196（断点），长 1137 米，保存较差。墙体底宽 4～6、顶宽 1～3、残高 3～4 米。新窑上 4～6 号敌台、辛庄子 1 号敌台位于墙体上。

第 6 小段：G0196（断点）—G0198（断点），长 50 米，墙体消失。

第 7 小段：G0198（断点）—G0200（止点、辛庄子 3 号敌台），长 615 米，保存一般。墙体底宽 4～6、顶宽 1～3、残高 4～6 米。辛庄子 2 号敌台位于墙体上。

墙体整体保存较差。有不同程度的坍塌脱落，坍塌部分在墙体两侧形成斜坡，墙体及斜坡上长满杂草；人为损毁主要有农业生产活动破坏墙体、将墙体挖断形成公路及土路等。

18. 新庄窝长城

起点位于平鲁区阻虎乡辛庄村西南、红山村旧址，高程 1676 米；止点位于阻虎乡正沟村南 0.4 千米处，高程 1677 米。大致呈北—南走向。全长 1522 米，其中保存较好 726、一般 744、消失 52 米。墙体为土墙，黄土夯筑而成，夯层厚 0.15～0.2 米。现存墙体剖面大致呈不规则梯形，底宽 4～6、顶宽

1～3、残高 3～6 米。本段长城位于山西省与内蒙古自治区交界处，北接新窑上长城，南连头墩长城。新庄窝 3 号敌台是清水河县正沟长城的起点，正沟长城位于新庄窝长城、头墩长城西侧。本段墙体共有 7 座敌台（辛庄子 3 号敌台、新庄窝 1～6 号敌台）。墙体东侧有新庄窝 2～4 号烽火台，西侧有新庄窝 1、5 号烽火台。长城沿线散落碎青砖、筒瓦等建筑构件和生活用具残片，包括瓷、陶器等。新庄窝村属清水河县暖泉乡。

本段墙体共测 GPS 点 9 个（G0200～G0208），墙体可分为 5 小段，分述如下。

第 1 小段：G0200（起点、辛庄子 3 号敌台）—G0202（新庄窝 2 号敌台），长 537 米，保存一般。墙体底宽 4～6、顶宽 1～3、残高 3～4 米。新庄窝 1 号敌台位于墙体上。

第 2 小段：G0202（新庄窝 2 号敌台）—G0205（新庄窝 5 号敌台），长 726 米，保存较好。墙体底宽 4～6、顶宽 1～3、残高 4～6 米。新庄窝 3、4 号敌台位于墙体上，新庄窝 3 号敌台是清水河县正沟长城的起点，正沟长城位于新庄窝长城西侧。

第 3 小段：G0205（新庄窝 5 号敌台）—G0206（断点），长 100 米，保存一般。墙体底宽 4～6、顶宽 1～3、残高 3～4 米。

第 4 小段：G0206（断点）—G0207（断点），长 52 米，墙体消失。

第 5 小段：G0207（断点）—G0208（止点、新庄窝 6 号敌台），长 107 米，保存一般。墙体底宽 4～6、顶宽 1～3、残高 3～4 米。

墙体整体保存一般。自然冲沟将长城墙体冲断，形成断口。墙体有不同程度的坍塌脱落，坍塌部分在墙体两侧形成斜坡，墙体及斜坡上长满杂草；人为损毁主要有农业生产活动破坏墙体等。

19. 头墩长城

起点位于平鲁区阻虎乡正沟村南 0.4 千米处，高程 1677 米；止点位于阻虎乡头墩村西南 1 千米，高程 1612 米。大致呈北—南走向。全长 1882 米，其中保存一般 897、较差 945、消失 40 米。墙体为土墙，黄土夯筑而成，夯层厚 0.15～0.2 米。现存墙体剖面大致呈不规则梯形，底宽 3.5～6.5、顶宽 0.8～2.5、残高 1～3 米。本段长城位于山西省与内蒙古自治区交界处，北接新庄窝长城、南连其花峁长城。清水河县正沟长城 0221（止点）东距头墩长城 0.04 千米，正沟长城位于头墩长城西侧。本段墙体共有 7 座敌台（新庄窝 6 号敌台、头墩 1～6 号敌台），墙体西侧有头墩 1、2 号烽火台火。长城沿线散落碎青砖、筒瓦等建筑构件和生活用具残片，包括瓷、陶器等。

本段墙体共测 GPS 点 10 个（G0208～G0217），墙体可分为 5 小段，分述如下。

第 1 小段：G0208（起点、新庄窝 6 号敌台）—G0209（头墩 1 号敌台），长 340 米，保存一般。墙体底宽 5～6.5、顶宽 0.8～2.5、高 2～3 米。

第 2 小段：G0209（头墩 1 号敌台）—G0213（断点），长 793 米，保存较差。墙体底宽 3.5～5、顶宽 0.8～2.5 米，高 1～2 米。头墩 2～4 号敌台位于墙体上。清水河县正沟长城 G0221（止点）东距头墩长城 0.04 千米，正沟长城位于头墩长城西侧。

第 3 小段：G0213（断点）—G0214（断点），长 40 米，墙体消失。

第 4 小段：G0214（断点）—G0215（头墩 5 号敌台），长 152 米，保存较差。墙体底宽 3.5～5、顶宽 0.8～2.5 米，高 1～2 米。

第 5 小段：G0215（头墩 5 号敌台）—G0217（止点），长 557 米，保存一般。墙体底宽 5～6.5、顶宽 0.8～2.5、高 2～3 米。头墩 6 号敌台位于墙体上。

墙体整体保存较差。自然冲沟将长城墙体冲断，形成断口。墙体有不同程度的坍塌脱落，坍塌部分在墙体两侧形成斜坡，墙体及斜坡上长满杂草；人为损毁主要有农业生产活动破坏墙体、将墙体挖断形成公路及土路等。

20. 其花峁[1]长城

起点位于平鲁区阻虎乡头墩村西南1千米，小七墩村北0.85千米处，高程1612米；止点位于平鲁区阻虎乡小七墩村西南0.7千米处，高程1730米。大致呈东北—西南走向。全长2086米，其中保存较好410、一般848、较差812、消失16米。墙体为土墙，黄土夯筑而成，夯层厚0.15~0.2米。现存墙体剖面大致呈不规则梯形，底宽4~6、顶宽1~3、残高1~5米。本段长城位于山西省与内蒙古自治区交界处，北接头墩长城，西南连六墩长城。本段墙体共有7座敌台（其花峁1~3号敌台、其花峁六墩1~4号敌台），2座马面（其花峁1、2号马面）。墙体东侧有其花峁1、2号烽火台和其花峁六墩烽火台。长城沿线散落碎青砖、筒瓦等建筑构件和生活用具残片，包括瓷、陶器等。

本段墙体共测GPS点12个（G0222~G0233，按：G0222和G0217是同一个点），墙体可分为5小段，分述如下。

第1小段：G0222（起点）—G0223（断点），长357米，保存较差。墙体底宽4~5、顶宽2.5~3、残高1~2米。

第2小段：G0223（断点）—G0224（断点），长16米，墙体消失。

第3小段：G0224（断点）—G0226（其花峁1号马面），长455米，保存较差。墙体底宽4~5、顶宽2.5~3、残高1~2米。其花峁1号敌台位于墙体上。

第4小段：G0226（其花峁1号马面）—G0230（其花峁六墩1号敌台），长848米，保存一般。墙体底宽4.5~6、顶宽2~2.5、残高2~4米。其花峁2、3号敌台和其花峁2号马面位于墙体上。

第5小段：G0230（其花峁六墩1号敌台）—G0233（止点、其花峁六墩4号敌台），长410米，保存较好。墙体底宽5~6、顶宽1~2.5、残高4~5米。其花峁六墩2、3号敌台位于墙体上，其花峁六墩2、3号敌台两侧长城墙体有石块包砌痕迹。

墙体整体保存较差。自然冲沟将长城墙体冲断，形成断口。墙体有不同程度的坍塌脱落，坍塌部分在墙体两侧形成斜坡，墙体及斜坡上长满杂草；人为损毁主要有农业生产活动破坏墙体、将墙体挖断形成公路及土路、墙体上掏挖窑洞等。

21. 六墩长城

起点位于平鲁区阻虎乡小七墩村西南0.7千米处，高程1730米；止点位于阻虎乡六墩村西0.25千米处，高程1662米。大致呈东北—西南走向。全长1149米，均保存较差。墙体为土墙，黄土夯筑而成，夯层厚0.15~0.2米。现存墙体剖面大致呈不规则梯形，底宽3~6.5、顶宽0.5~1、残高0.8~2米。本段长城位于山西省与内蒙古自治区交界处，东北接其花峁长城、西南连九墩长城。六墩长城G0236（折点）和G0238（止点、八墩4号敌台）是清水河县八墩长城的起点和止点，八墩长城位于六墩长城西侧。本段墙体共有5座敌台（其花峁六墩4号敌台、八墩1~4号敌台）。墙体东侧有其花峁3号烽火台和八墩3、4号烽火台，西侧有八墩1、2、5号烽火台。长城沿线散落碎青砖、筒瓦等建筑构件和生活用具残片，包括瓷、陶器等。八墩村属清水河县暖泉乡。

本段墙体共测GPS点6个（G0233~G0238），仅1小段，叙述如下。

---

〔1〕　其花峁村属内蒙古自治区清水河县暖泉乡。

第 1 小段：G0233（起点、其花峁六墩 4 号敌台）—G0238（止点、八墩 4 号敌台），长 1149 米，保存较差。墙体底宽 3~6.5、顶宽 0.5~1、残高 0.8~2 米。八墩 1~3 号敌台位于墙体上，八墩 2 号敌台两侧长城墙体有石块包砌痕迹。

墙体整体保存较差。有不同程度的坍塌脱落，坍塌部分在墙体两侧形成斜坡，墙体及斜坡上长满杂草。人为损毁主要有农业生产活动破坏墙体等。

22. 九墩长城

起点位于平鲁区阻虎乡六墩村西 0.25 千米处，高程 1662 米；止点位于阻虎乡九墩村西南 2.5 千米，高程 1796 米。大致呈东北—西南走向。全长 2942 米，其中保存一般 628、较差 2154，消失 160 米。墙体为土墙，黄土夯筑而成，夯层厚 0.15~0.2 米。现存墙体剖面大致呈不规则梯形，底宽 4~6、顶宽 1~3、残高 1~4 米。本段长城位于山西省与内蒙古自治区交界处，东北接六墩长城和清水河县八墩长城，西南连清水河县泉子沟长城。本段墙体共有 9 座敌台（八墩 4 号敌台、九墩 1~8 号敌台）。墙体东侧有九墩 2 号烽火台，西侧有九墩 1、3、4 号烽火台。长城沿线散落碎青砖、筒瓦等建筑构件和生活用具残片，包括瓷、陶器等。

本段墙体共测 GPS 点 12 个（G0243~G0233，按：G0243 和 G0238 是同一个点），墙体可分为 8 小段，分述如下。

第 1 小段：G0243（起点、八墩 4 号敌台）—G0244（九墩 1 号敌台），长 310 米，保存较差。墙体底宽 4~5、顶宽 2~3、残高 1~2 米。

第 2 小段：G0244（九墩 1 号敌台）—G0245（断点），长 214 米，保存一般。墙体底宽 5~6、顶宽 1~2、残高 2~4 米。

第 3 小段：G0245（断点）—G0246（断点），长 53 米，墙体消失。

第 4 小段：G0246（断点）—G0247（断点），长 130 米，保存较差。墙体底宽 4~5、顶宽 2~3、残高 1~2 米。

第 5 小段：G0247（断点）—G0248（断点），长 50 米，墙体消失。

第 6 小段：G0248（断点）—G0250（断点），长 414 米，保存一般。墙体底宽 5~6、顶宽 1~2、残高 2~4 米。九墩 2 号敌台位于墙体上。

第 7 小段：G0250（断点）—G0251（断点），长 57 米，墙体消失。

第 8 小段：G0251（断点）—G0257（止点、九墩 8 号敌台），长 1714 米，保存较差。墙体底宽 4~5、顶宽 2~3、残高 1~2 米。九墩 3~7 号敌台位于墙体上。

墙体整体保存较差。自然冲沟将长城墙体冲断，形成断口。墙体有不同程度的坍塌脱落，坍塌部分在墙体两侧形成斜坡，墙体及斜坡上长满杂草；人为损毁主要有农业生产活动破坏墙体、将墙体挖断形成公路及土路、墙体上掏挖窑洞等。

23. 信虎辛窑长城

起点位于下水头乡信虎辛窑村西南 1.5 千米处，高程 1619 米；止点位于下水头乡信虎辛窑西南 0.7 千米处，高程 1513 米。大致呈南—北走向。全长 755 米，其中保存较好 471、一般 87、差 197 米。墙体为土墙，黄土夯筑而成，夯层厚 0.3 米，部分段夯层中含碎石。现存墙体剖面大致呈不规则梯形，底宽 2.6~3.4、顶宽 0.8、残高 0.2~3.6 米。信虎辛窑 1~3 号敌台位于墙体上，敌台间距 0.28~0.34 千米。

本段墙体共测 GPS 点 8 个（G0004～G0011），墙体可分为 3 小段，分述如下。

第 1 小段：G0004（起点、信虎辛窑 1 号敌台）—G0005（保存状况变化点），长 197 米，南—北走向，保存较差。墙体为土垄状，夯土中含有碎石。墙体底宽 3.4、残高 0.2～0.4 米。

第 2 小段：G0005（保存状况变化点）—G0006（信虎辛窑 2 号敌台），长 87 米，南—北走向，保存一般。墙体两侧坍塌呈斜坡状，长满杂草。墙体残高 1.2 米。

第 3 小段：G0006（信虎辛窑 2 号敌台）—G0011（止点、断点），长 471 米，南—北走向，保存较好。墙体两壁斜直，底部堆积有少量塌土。墙体底宽 2.6、顶宽 0.8、残高 2.4～3.6 米。G0007（断点）和 G0008（断点）之间有一豁口，宽 8 米，系村民将墙体挖断形成土路所致。信虎辛窑 3 号敌台位于墙体上。

整体保存一般。由于风雨侵蚀、植物生长等造成墙体的坍塌损毁，表面凹凸不平，有裂缝、沟槽、孔洞；人为损毁主要有农业生产活动破坏墙体、将墙体挖断形成土路等。

（二）堡

详见下表（表 173）。

表 173　平鲁区关堡一览表

乡镇	堡名称	合计（座）
高石庄乡	少家堡、大何堡、败虎堡	3
阻虎乡	迎恩堡、阻虎堡、阻堡	3
双碾乡	南丈堡	1
凤凰城镇	平鲁城堡	1
西水界乡	交界堡	1
向阳堡乡	向阳堡	1
井坪镇	井坪城堡	1
下水头乡	下乃河堡	1
下木角乡	白道沟堡	1
合计		13

1. 少家堡

位于高石庄乡少家堡村西，高程 1604 米。西距板申沟长城 2 千米。

堡平面呈矩形，坐西朝东，由西侧堡城与东侧罗城组成，堡城东墙即罗城西墙，总周长 995 米，总面积 52963 平方米。堡城东墙长 166、南墙长 170、西墙长 152、北墙长 160 米，周长 648 米，面积 39397 平方米；罗城东西 114、南北 119 米，周长 466 米，面积 13566 平方米。现存设施、遗迹主要有堡墙、东门 1 座、瓮城 1 座、罗城 1 座、马面 3 座、角台 4 座、挡马墙等（彩图四七三）。堡墙为砖墙，外部砖石砌筑，内部为夯土墙体，东墙南段及瓮城南墙西段外壁残存包砖，堡墙最高 10 米。东墙设城门 1 座。东门外有瓮城和罗城，平面均呈矩形，瓮城东西 30、南北 28 米，瓮城南墙中部有瓮城门，现为豁口。罗城东、南墙有多段消失。堡城南、西、北墙正中各设马面 1 座，南墙马面坍塌损毁严重；西墙马面宽 16.5、凸出墙体 7、残高 8 米，顶部有许多碎砖瓦，可能曾有建筑；北墙马面宽 5.8、凸出墙体 2.4、残高 8 米。堡墙四角设角台，东北角台保存较好，底宽 11.3、凸出墙体 10.5 米，顶宽 4.2、凸出墙体 3 米，残高 11.3 米；东南角台坍塌损毁严重；西南角台顶宽 8、凸出墙体 5、残高 10 米；西北角台底宽 6、凸出墙体 3.7、残高 8.5 米。堡内西南部有石碑 2 块，为清代石碑，字迹漫漶难辨。堡南、西墙外侧有矮墙，可能是挡马墙（彩图四七四）。

堡整体保存较好，堡墙较连续，有所坍塌损毁，部分段存包砖。堡内建筑无存，造成损毁的自然因素主要有风雨侵蚀、植物生长等；人为因素主要有拆毁堡墙砖石、农业生产活动破坏墙体等。堡内无人居住，为荒地和耕地。瓮城和罗城有废弃的房屋。少家堡村在少家堡东，居民多外迁，居民人数很少。少家堡村东有七墩村通往 109 国道的水泥公路。

2. 大何堡

位于高石庄乡大何堡村，九洞村南 1.65 千米处，高程 1598 米。西北距九洞长城 0.6 千米。

堡平面呈矩形，坐东北朝西南，东墙长 169、南墙长 280、西墙长 169、北墙长 279 米，周长 897 米，面积 47320 平方米。现存设施、遗迹主要有堡墙、南门 1 座、瓮城 1 座、马面 3 座、角台 4 座等。堡墙为土墙，底宽 5、顶宽 0.5 ~ 2.5、残高 2 ~ 6 米。南墙设城门 1 座。南门外有瓮城，平面呈矩形，边长 80 米，瓮城墙体底宽 5、顶宽 0.5 ~ 1.5、残高 6 ~ 10 米；瓮城西墙设瓮城门 1 座，宽 15 米。东、西、北墙正中各设马面 1 座，东墙马面底部东西 6、南北 9 米，顶部东西 3、南北 4 米，残高 8 米；北墙马面坍塌损毁殆尽。堡墙四角设角台，西南、西北角台保存较好，底部边长 10、顶部边长 5、残高 7 米；东北角台保存较差，残高 7 米；东南角台坍塌损毁殆尽。

堡整体保存一般。堡墙较连续。堡墙坍塌损毁严重，北墙马面、东南角台坍塌损毁殆尽。堡内建筑无存。造成损毁的自然因素主要有风雨侵蚀、植物生长等；人为因素主要有农业生产活动破坏墙体、人畜踩踏等。堡内无人居住，为荒地和耕地。大何堡村居民已外迁。

3. 败虎堡

位于高石庄乡败虎堡村内，高程 1653 米。

堡平面呈矩形，坐西朝东，周长 970 米，面积 58459 平方米。现存设施、遗迹主要有部分堡墙、马面 3 座、角台 3 座、街道 1 条等。堡墙为土墙，夯筑而成（彩图四七五），夯层厚 0.16 ~ 0.2 米。除东墙北段大部分无存外，其余段较连续，南墙底宽 5.7 米；东墙中部有豁口，可能原为城门所在。南、西、北墙各存马面 1 座。堡角四角有角台，东南角台无存。堡内有 1 条街道。

堡整体保存一般。墙体坍塌损毁严重。南墙外壁和北墙内壁有掏挖的窑洞；西墙中段有豁口，系将墙体挖断形成便道所致，宽 8 米。造成损毁的自然因素主要有风雨侵蚀，植物生长等；人为因素主要有墙体上掏挖窑洞、将墙体挖断形成便道等。堡内北部为民居，南部为树林，靠近东墙有 1 座水塘。堡外东、南墙外为民居，居民区南侧有 1 条排水沟。败虎堡村南邻 109 国道。

4. 迎恩堡

位于阻虎乡迎恩堡村西南 0.05 千米处，高程 1673 米。

堡平面呈矩形，坐西朝东，周长 892 米，占地面积 45249 平方米。现存设施、遗迹主要有部分堡墙、东门、东门外瓮城、马面 3 座、高台 4 座、角台 4 座等（彩图四七六）。堡墙为砖墙，外部砖石砌筑，包砖无存，仅存少量包石，见于北墙外壁和南墙内壁，南墙内壁有 5 米墙体底部残存片石基础，高 1 米；内部为夯土墙体，夯层厚 0.14 ~ 0.22 米。存东墙 216、西墙 214、南墙 205、北墙 208 米，南墙顶部偶见铺砖。东墙中部设城门 1 座。东门外有瓮城，瓮城墙体夯层厚 0.24 ~ 0.27 米，北墙设瓮城门。南、西、北墙正中各设马面 1 座，马面平面呈矩形，剖面呈梯形，其中南墙马面顶部遗留有砖瓦等建筑遗存，马面底宽 10.9、顶宽 4.8、凸出墙体 7.4 米。南、西墙马面两侧、墙体内部各设高台 1 座，可能是 "炮台"，其中南墙马面西侧高台底宽 4.65、顶宽 2.4、凸出墙体 2.8、残高 5.11 米。堡墙四角设角台 4 座。堡内建筑无存。迎恩堡村一村民家存有 1 块 "迎恩堡" 石匾，上有 "隆庆六年" 款识。

堡整体保存一般。堡墙基本连续，堡墙设施基本完整。堡墙坍塌损毁严重，包砖无存，仅存少量包石。东、西墙外壁底部有挖掘成的浅沟。瓮城东墙有豁口，系将墙体挖断形成便道所致。堡内建筑无存。造成损毁的自然因素主要有风雨侵蚀、植物生长等；人为因素主要有拆毁堡墙砖石、农业生产活动破坏墙体、将墙体挖断形成便道等。堡内无人居住，为耕地。迎恩堡村位于迎恩堡东北，有居民约 100 人。迎恩堡村有土路与外界相通（彩图四七六）。

5. 阻虎堡

位于阻虎乡阻虎村内，高程 1686 米。

堡平面呈不规则形，坐西朝东，周长 967 米，面积 58459 平方米。现存设施、遗迹主要有部分堡墙、马面 1 座、角台 2 座等。堡墙为土墙，夯筑而成，夯层厚 0.16 ~ 0.18 米，夯层中含碎石，存西墙北段和东墙北段墙体，墙体残高 3.3 米。北墙中部残存马面 1 座，平面呈矩形，东西 9.2、南北 6.2、残高 3.8 米，西壁和北壁底部有现代掏挖的洞穴。角台残存 2 座，东北、西北角台坍塌损毁严重。

堡整体保存差。堡墙坍塌损毁殆尽，堡内建筑无存。造成损毁的自然因素主要有风雨侵蚀，植物生长等；人为因素主要有盖房利用、占用或拆毁堡墙、马面上掏挖洞穴等。堡内满布民居。阻虎村为阻虎堡乡驻地，村北有公路。

6. 阻堡

位于阻虎乡阻堡村内，高程 1691 米。

堡平面呈矩形，坐北朝南，东墙长 104、南墙长 239、西墙长 98、北墙长 238 米，周长 679 米，面积 24048 平方米。现存设施、遗迹主要有堡墙、马面 4 座、角台 3 座等（彩图四七七）。堡墙为石墙，外部石块砌筑，仅存北墙西段外壁包石；内部为夯土墙体，夯层厚 0.1 米，夯层间夹杂有片石层，东墙底宽 8.9、北墙底宽 8.5、堡墙最高 12 米。北墙存马面 3 座、西墙存马面 1 座。存东北、西北、西南角台 3 座。

堡整体保存一般。堡墙坍塌损毁严重，外部石块大多无存，部分段堡墙消失，有些系将墙体挖断形成便道所致。堡内建筑无存。造成损毁的自然因素主要有风雨侵蚀、植物生长等；人为因素主要有拆毁堡墙石块、农业生产活动破坏墙体、将墙体挖断形成便道等。堡内外有民居和耕地，民居多废弃，居民人数很少。阻堡村有公路通往阻虎乡。

7. 南丈堡

位于双碾乡南丈村西北，高程 1647 米。

堡平面呈矩形，坐西朝东，东西 135、南北 89 米，周长 448 米，面积 12015 平方米。堡内地势西高东低。现存设施、遗迹主要有部分堡墙、城门 1 座、马面 2 座、角台 3 座、堡内楼台 1 座等。堡墙为土墙，夯层厚 0.17~0.2 米，除东墙有多处消失外，其余墙体均较连续。东墙偏北处设城门 1 座，现为豁口。西、北墙中部各存马面 1 座，西墙马面宽 4.5、凸出墙体 4.6、残高 8 米，顶部有铺石；北墙马面坍塌损毁严重。存东北、西南、西北角台，西南角台宽 2.8、凸出墙体 2.4 米，保存一般；东北、西北角台坍塌损毁严重。堡内西南侧有楼台 1 座，平面呈矩形，底部东西 12.7、南北 12.2 米，顶部东西 5.62、南北 6.6 米，残高 8.3 米，南壁有凹坑，凹坑宽 4、深 1.5 米。

堡整体保存较好。堡墙有所坍塌损毁，东墙有多处消失。东门为豁口。北墙马面、东北及西北角台坍塌损毁严重。造成损毁的自然因素主要有风雨侵蚀、植物生长等；人为因素主要有农业生产活动破坏墙体、马面、角台、堡内楼台等。堡内无人居住，为耕地。南丈村在南丈堡东南，居民多外迁，居民约 50 人。南丈堡南侧山坡上有通往阻虎乡的柏油公路。

8. 平鲁城堡

位于凤凰城镇内，高程 1585 米。

堡平面呈矩形，坐北朝南，由北侧堡城与南侧罗城组成，堡城南墙即罗城北墙，总周长 4496 米，总面积 786240 平方米，其中堡城周长 3600 米，面积 70 万平方米；罗城东西 280、南北 308 米，周长 588 米，面积 86240 平方米。平鲁城堡依地势而建，南北高、中部低。现存主要设施、遗迹有堡墙、城门 3 座、瓮城 3 座、罗城 1 座、马面 13 座、角台 4 座、校军场 1 座等（彩图四七八、四七九）。堡墙为石墙，外部两侧石块砌筑，现仅存北墙外壁部分包石，墙体附近散落石块；内部为夯土墙体。堡墙存东墙 869、南墙 861、西墙 855、北墙 835 米。东、南、西墙各设城门 1 座，城门外均有瓮城，南门瓮城外有罗城，东门为条石基础的砖券拱门，条石基础高 1.5 米，砖券为五伏五券，门洞外宽 3.83、外高 3.9、内高 6.125、进深 17.94 米（测绘图三六、三七）。东门外瓮城，平面呈矩形，东西 41、南北 42 米，瓮城南墙设瓮城门，门洞外宽 3.68、外高 4.45、内高 6.815、进深 10.04 米（测绘图三八、三九；彩图四八〇）；南门为条石基础的砖券拱门，条石基础高 2.2 米，砖券为五伏五券，门洞外宽 4.13、外高 4.44、内高 6.865、进深 17.8、南门墙体通高 10.29 米（测绘图四〇、四一；彩图四八一、四八二）。南门外瓮城平面呈矩形，东西 43、南北 37 米（彩图四八三），东墙设瓮城门，门洞外宽 3.85、外高 3.585、内高 5.14、进深 10 米（测绘图四二、四三；彩图四八四）。南门外罗城西南角部分墙体消失；西门为条石基础的砖券拱门，条石基础高 1.9 米，砖券为五伏五券，门洞外宽 4.05、外高 4.34、内高 7.495、进深 18 米（测绘图四四、四五）。西门外瓮城平面呈矩形，东西 39、南北 40 米，南墙设瓮城门，门洞外宽 3.56、外高 4.435、内高 7.18、进深 9.96 米（测绘图四六、四七）。堡墙上存马面，东墙 3 座、南墙 3 座、西墙 2 座、北墙 5 座，西墙北段可能原有 1 座马面。堡墙四角各设角台 1 座。东墙北段外侧设校军场，平面呈矩形，东西 110、南北 266 米，东、西墙各设马面 1 座，场内东北部有点将台。

堡整体保存较好。堡墙较连续，南墙和西墙有部分墙体消失。堡墙坍塌损毁严重，外部包石大多无存。墙体设施较完整，西墙北段可能有 1 座马面消失。堡内建筑无存。造成损毁的自然因素主要有风雨侵蚀、植物生长等；人为因素主要有拆毁堡墙石块、农业生产活动破坏墙体、墙体上掏挖窑洞等。堡内满布民居。平鲁城堡为凤凰城镇驻地，有居民数万人。凤凰城镇附近有 109 国道和 212 省道。

9. 交界堡

位于西水界乡交界村中，高程 1579 米。

堡平面呈矩形，朝向不详。现存设施、遗迹主要有部分堡墙、角台 2 座等。堡墙为土墙，黄土夯筑而成，存东墙 28、南墙 106、西墙 28、北墙 27 米。南墙底宽 16.29、外高 17.32、内高 5.87 米。存东南、西南 2 座角台，角台底宽 17.02、凸出墙体 14.24 米，顶宽 1.4、凸出墙体 3.4 米，残高 14.68 米。

堡整体保存较差。堡墙断断续续，坍塌损毁严重。堡内建筑无存。造成损毁的自然因素主要有风雨侵蚀、植物生长等；人为因素主要有农业生产活动破坏墙体等。堡内有居民 3 户，有耕地。交界村东邻 212 省道。

10. 向阳堡

位于向阳堡乡向阳堡村西北，高程 1363 米。向阳堡西南 6.2 千米处有西钟牌 3 号烽火台、6.1 千米处有西钟牌 2 号烽火台。

堡平面呈矩形，坐北朝南，东墙长 61、南墙长 61、西墙长 62、北墙长 63 米，周长 247 米，面积 3840 平方米。现存设施、遗迹主要有堡墙、城门 1 座、角台 4 座等。堡墙为土墙，黄土夯筑而成（彩图四八五、四八六），夯层厚 0.13 ~ 0.16 米，部分夯层间有厚 0.03 ~ 0.05 米的夹层。西、南墙底宽 10.93、顶宽 1.1、残高 13.29 米。南墙正中设城门 1 座，存门洞西壁，宽 5.83、进深 10.93 米。堡墙四角有角台，平面呈矩形，顶宽 5、凸出墙体 3.9、残高 11.22 米。

堡整体保存一般。堡墙基本连续，但坍塌损毁严重，内外壁有掏挖的窑洞。堡内建筑无存。造成损毁的自然因素主要有风雨侵蚀、植物生长等；人为因素主要有墙体上掏挖窑洞、盖房利用、占用或拆毁堡墙等。堡内无人居住，为耕地，有废弃房屋。向阳堡村有通往井坪镇的公路。

11. 井坪城堡

位于井坪镇内，高程 1379 米。

堡平面呈不规则形，坐北朝南。残存墙体长 1735 米。现存主要设施、遗迹有部分堡墙、城门 1 座、瓮城 1 座、马面 7 座、角台 3 座等。堡墙为砖墙，外部砖石砌筑，西墙外壁存少量包砖；内部为夯土墙体，夯层厚 0.06 ~ 0.1 米。东墙呈折尺形，总长 733 米，南段外凸长 218 米，北段内凹长 478 米，连接处东西向墙体长 37 米。西墙残长 429、顶宽 2.6、残高 10.38 米（彩图四八七），北墙总长 573、顶宽 2.1 米。原有南、北城门，现仅存北门。北门外瓮城平面呈矩形，东西 35、南北 29 米，瓮城墙体夯层厚 0.17 米，东墙设瓮城门，现为豁口。马面残存 7 座，东墙北段有马面 1 座，宽 4.6、凸出墙体 8.6 米；西墙残存马面 3 座，最南侧马面底宽 5.3、顶宽 4.56、凸出墙体 3.81、残高 5.6 米；北墙有马面 3 座，东段马面宽 2.9、凸出墙体 5 米。残存东北、东南、西北角台，东北角台宽 7.8、凸出墙体 7.9 米，东南角台凸出墙体 5、残高 8.5 米。堡内有街道 2 条。

堡整体保存较差。堡墙坍塌损毁严重，外部砖石大多无存，南墙和西墙南段无存，堡墙有数处豁口，东墙两壁和北门瓮城北墙内壁有许多现代掏挖的窑洞，无人居住。马面、角台保存一般或较差。堡内建筑无存。造成损毁的自然因素主要有风雨侵蚀、植物生长等；人为因素主要有拆毁堡墙砖石、取土挖损堡墙、墙体上掏挖窑洞、将墙体挖断形成便道等。堡内无人居住，有众多民居。井坪镇是平鲁区驻地，212 省道和 304 省道交汇。

12. 下乃河堡

位于下水头乡下乃河村，高程 1416 米。西 0.37 千米处有下乃河 1 号烽火台，西北 0.3 千米处有下乃河 2 号烽火台。

堡平面呈矩形，坐西北朝东南，周长 634 米，面积 25122 平方米。现存主要设施、遗迹有部分堡

墙、城门 1 座、马面 2 座、角台 4 座等。堡墙为土墙，黄土夯筑而成，含砂砾，夯层厚 0.12～0.17
米。东墙底宽 4.1、顶宽 1.7、内侧残高 9.7 米；西墙残高 2.5 米。东墙设城门 1 座，条石基础，砖券
拱门，条石有 6 层，条石长 75、宽 50、厚 13 厘米；门洞宽 2.7、高 3、进深 7.7 米，门洞地面铺有石
块。东、北墙各存马面 1 座，东墙马面宽 6.6、凸出墙体 5.5、残高 9.3 米，北墙马面宽 6.3、凸出墙
体 5.4、残高 6.8 米。堡墙四角有角台，西南角台宽 5.4、凸出墙体 8.5 米，东北角台宽 3.1、凸出墙
体 7.1、残高 6.2 米，东南、西北角台坍塌损毁严重。堡内建筑无存。

堡整体保存一般。堡墙坍塌损毁严重，东墙有豁口，宽 7.1 米，系将墙体挖断形成便道所致，墙
外有冲沟紧邻堡墙，南、西墙被盖房利用、占用或拆毁，东南、西北角台坍塌损毁严重。造成损毁的
自然因素主要有洪水冲刷、风雨侵蚀、植物生长等；人为因素主要有墙体上掏挖窑洞、盖房利用、占
用或拆毁堡墙、将墙体挖断形成便道等。堡内外满布民居。下乃河村南邻 304 省道。

13. 白道沟堡

位于下木角乡白道沟村西南 2.75 千米处，高程 1649 米。

堡平面呈不规则形，朝向大致为坐西北朝东南，堡内地势东高西低。周长和面积不详。现存设施、
遗迹主要有部分堡墙、角台 2 座、堡内短墙 3 道等。堡墙为石墙，外部两侧片石垒砌，墙体底部存部
分片石；内部为夯土墙体，夯层厚 0.14～0.2 米。堡存南墙和部分西墙，南墙沿山梁而建（彩图四八
八），墙体顶宽 1.2、残高 3.45 米；西墙残长 67.72 米，墙体底宽 5.1、顶宽 1.7、残高 1.8 米。堡墙
东南角、西南角有角台，东南角台位于山顶，平面呈矩形，剖面呈梯形，黄土夯筑而成，顶部长 3.4、
宽 3.3、残高 7.4 米；底部有台基，片石砌筑而成，边长 20、残高 1.7 米。东南角台北侧有两道矮墙，
为石墙，片石砌筑而成，呈弧形平行分布，内侧一道矮墙距台体 16.07 米，两道矮墙最大间距 3.58
米，矮墙顶宽 1.1、残高 1.25 米。西南角台顶部长 6.81、宽 5.8、残高 6.5 米；底部西北侧有台基，
片石垒砌而成，残高 2.89 米。堡内西南角台内有 3 道短墙，为石墙（彩图四八九），墙体底部存部分
片石，短墙与西南墙平行分布，第二道和第三道短墙与南墙相接，第一道短墙底宽 3、顶宽 1.1、残高
1 米，第二道短墙底宽 5.8、顶宽 1.5、残高 2 米，第三道短墙顶宽 3.3 米、残高 3.8 米。

堡整体保存差。堡墙坍塌损毁严重，片石大多无存，两座角台保存一般，堡内短墙保存较差。造成
损毁的自然因素主要有风雨侵蚀、植物生长等；人为因素主要有拆毁堡墙石片。堡内无人居住，为耕地。
白道沟村位于白道沟堡东北 2.75 千米，有下水头乡另山村通往下木角乡陈家井儿上村的乡村公路。

（三）单体建筑

1. 敌台

共调查敌台 128 座（表 174，见本章末附表）。

2. 马面

共调查马面 58 座（表 175，见本章末附表）。

3. 烽火台

共调查烽火台 191 座（表 176，见本章末附表）。

（四）采集标本

采集文物标本 3 件（组）。

小路庄烽火台附近采集白釉褐花瓷碗残片 5 片，时代为明清（彩图五二五、五二六）。黄家楼 1 号烽火台附近采集白釉褐花瓷碗残片 1 片，时代为明清（彩图五二七、五二八）。计家窑 2 号烽火台附近采集白釉褐花瓷碗、酱釉小瓷罐残片 5 片，时代为明清（彩图五二九、五三〇）。

二　长城资源调查资料分析

（一）长城墙体

1. 长城墙体的材质类型及建筑方式、形制

平鲁区长城墙体除八墩长城 2 段整段消失外，其余类型仅有土墙一类，计 22 段，46964 米（表 177）。

表 177　平鲁区土墙建筑方式及形制一览表（单位：米）

长城墙体段名称	建筑材料	夯层厚度	剖面形制	尺寸		
				底宽	顶宽	残高
七墩镇长城	黄土夯筑	0.15~0.2	不规则梯形	2~3	1~2.5	1~3
新村长城	黄土夯筑	0.15~0.2	不规则梯形	3~6	0.8~2	1~5
板申沟长城	黄土夯筑	0.15~0.2	不规则梯形	2.5~4.5	0.8~1	0.8~2.5
福心沟长城	黄土夯筑	0.15~0.2	不规则梯形	2~3.5	0.5~1.5	0.8~2.3
十七坡长城	黄土夯筑	0.15~0.2	不规则梯形	3~5	1~4	3~6
九洞长城	黄土夯筑	0.15~0.2	不规则梯形	4~6	1~2	2~5
小岔子长城	黄土夯筑	0.15~0.2	不规则梯形	4~8	1.5~3.5	3~6
高泉营子长城	黄土夯筑	0.15~0.2	不规则梯形	3~6	0.5~2.5	2~5.5
三里铺长城	黄土夯筑	0.15~0.2	不规则梯形	3~6.5	0.8~2	1.5~4
八墩长城 1 段	黄土夯筑	0.15~0.2	不规则梯形	4~6	1~2	2~5
二墩长城	黄土夯筑	0.15~0.2	不规则梯形	4~6	1~3	4~5
窑子上长城	黄土夯筑	0.15~0.2	不规则梯形	3.5~6.5	1~1.3	1~3.5
帐贵窑子长城	黄土夯筑，部分段夯层内含石块	0.15~0.2	不规则梯形	4~6	1~3	3~6
寺回口长城 1 段	黄土夯筑，部分段夯层内含石块	0.15~0.2	不规则梯形	3.5~7	1~3	1.5~5
寺回口长城 2 段	黄土夯筑	0.15~0.2	不规则梯形	2~3	0.5~1	3~4
新窑上长城	黄土夯筑	0.15~0.2	不规则梯形	4~6	1~3	3~6
新庄窝长城	黄土夯筑	0.15~0.2	不规则梯形	4~6	1~3	3~6
头墩长城	黄土夯筑	0.15~0.2	不规则梯形	3.5~6.5	0.8~2.5	1~3
其花峁长城	黄土夯筑	0.15~0.2	不规则梯形	4~6	1~3	1~5
六墩长城	黄土夯筑	0.15~0.2	不规则梯形	3~6.5	0.5~1	0.8~2
九墩长城	黄土夯筑	0.15~0.2	不规则梯形	4~6	1~3	1~4
信虎辛窑长城	黄土夯筑，部分段夯层中含碎石	0.3	不规则梯形	2.6~3.4	0.8	0.2~3.6

平鲁区的土墙，主要是黄土夯筑而成，部分夯层中含碎石。十七坡长城、小岔子长城、三里铺长城、窑子上长城、其花峁长城、六墩长城，部分段有砖石或石块或条石包砌的痕迹。夯层厚0.15~0.3米，0.15~0.2米（A类）最多，占全部土墙的占98.4%；夯层厚0.3米者（B类）仅1段，占1.6%（表178、179）。

表178　平鲁区土墙建筑材料统计表

建筑材料	段数	长度（米）	百分比（%）	备注
黄土夯筑而成	19	42415	90.3	十七坡长城、小岔子长城、三里铺长城、窑子上长城、其花峁长城、六墩长城的部分段有砖石或石块或条石包砌的痕迹
黄土夯筑而成，含碎石或石块	3	4549	9.7	
合计	22	46964	100	

表179　平鲁区土墙夯层厚度统计表

	夯层厚度分类（米）	夯层厚度（米）	段数	长度（米）	百分比（%）
A类	0.15~0.2	0.15~0.2	21	46209	98.4
B类	0.3	0.3	1	755	1.6
合计		0.15~0.3	22	46964	100

平鲁区土墙剖面均大致呈不规则梯形，底宽2~8、顶宽0.5~4、残高0.2~6米。若以底宽尺寸而论，大多3~6.5米，计15段，33859米（表180）。

表180　平鲁区土墙底宽长度分类统计表

	底宽（米）	段数	长度（米）	百分比（%）	备注
A类	3~6.5	15	33859	71.5	
B类	3.5~8	2	4343	9.2	不含A类段
C类	2~4.5	5	8762	18.5	不含A、B类段
合计	2~8	22	46964	100	

2. 长城墙体的分布特点

平鲁区长城主线从山西省右玉县与内蒙古自治区和林格尔县交界处进入本区，沿山西省与内蒙古交界的山地，大致从东北向西南延伸，经平鲁区高石庄乡、阻虎乡与内蒙古清水河县韭菜庄乡、暖泉乡交界区域，进入清水河县境。长城主线长41688米。

九洞长城、八墩长城1段和2段、寺回口长城2段位于长城主线东侧的平鲁区一侧，距长城主线最远0.209千米或与长城主线相连。长城主线西侧的清水河县一侧，有与长城主线最远相距0.04千米或与长城主线相连的正沟长城和八墩长城。信虎辛窑长城西距偏关县地椒峁长城 1 段约 5 千米，位于平鲁区西南部的山地，长城沿山脊延伸。平鲁区长城支线长 5646 米。

3. 长城墙体的保存状况

详见下表（表181）。

表181　平鲁区土墙保存程度一览表（单位：米）

长城墙体段名称	总长	保存较好	保存一般	保存较差	保存差	消失	类型	省/县属
七墩镇长城	2936	235	1550	370	599	182	土墙	平鲁区/清水河县
新村长城	1745	0	530	1168	0	47	土墙	平鲁区/清水河县
板申沟长城	2402	0	666	1651	0	85	土墙	平鲁区/清水河县
福心沟长城	2439	0	200	1041	1176	22	土墙	平鲁区/清水河县
十七坡长城	2748	1317	595	782	0	54	土墙	平鲁区/清水河县
九洞长城	2338	0	288	1037	771	242	土墙	平鲁区
小岔子长城	2755	377	714	1320	252	92	土墙	平鲁区/清水河县
高泉营子长城	2128	939	433	686	0	70	土墙	平鲁区/清水河县
三里铺长城	2427	471	800	1111	0	45	土墙	平鲁区/清水河县
八墩长城 1 段	1953	0	70	658	1065	160	土墙	平鲁区
二墩长城	2969	0	1182	1708	0	79	土墙	平鲁区/清水河县
窑子上长城	2963	613	1352	946	0	52	土墙	平鲁区/清水河县
帐贵窑子长城	2206	0	197	1801	115	93	土墙	平鲁区/清水河县
寺回口长城 1 段	1588	235	658	695	0	0	土墙	平鲁区/清水河县
寺回口长城 2 段	230	0	0	230	0	0	土墙	平鲁区
新窑上长城	2801	0	790	1869	0	142	土墙	平鲁区/清水河县
新庄窝长城	1522	726	744	0	0	52	土墙	平鲁区/清水河县
头墩长城	1882	0	897	945	0	40	土墙	平鲁区/清水河县
其花峁长城	2086	410	848	812	0	16	土墙	平鲁区/清水河县
六墩长城	1149	0	0	1149	0	0	土墙	平鲁区/清水河县
九墩长城	2942	0	628	2154	0	160	土墙	平鲁区/清水河县
信虎辛窑长城	755	471	87	0	197	0	土墙	平鲁区
合计	46964	5794	13229	22133	4175	1633		
百分比（%）	100	12.3	28.2	47.1	8.9	3.5		

平鲁区土墙保存较差者最多，占 47.1%；其次是保存一般者，占 28.2%；保存较好、差者较少；消失者占 3.5%。墙体有不同程度的坍塌脱落，坍塌部分在墙体两侧形成斜坡，墙体及斜坡上长满杂草，墙体顶部凹凸不平。造成损毁消失的自然因素主要有风雨侵蚀、植物生长和冲沟冲毁等；人为因素主要有有农业生产活动破坏墙体、将墙体挖断形公路及土路、人畜踩踏等。

（二）堡

平鲁区共调查堡 13 座。

1. 堡的形制、残存设施和遗迹

详见下表（表182）。

表182　平鲁区关堡形状、尺寸、残存设施遗迹及保存状况一览表

名称	形状	朝向	周长（米）	面积（平方米）	残存设施遗迹	保存状况
少家堡	矩形。由堡城和罗城组成	坐西朝东	总995	总52963	堡墙、东门1座、瓮城1座、罗城1座、马面3座、角台4座、挡马墙等	较好
大何堡	矩形	坐东北朝西南	897	47320	堡墙、南门1座、瓮城1座、马面3座、角台4座等	一般
败虎堡	矩形	坐西朝东	970	58459	部分堡墙、马面3座、角台3座、街道1条等	一般
迎恩堡	矩形	坐西朝东	892	45249	部分堡墙、东门、东门外瓮城、马面3座、高台4座、角台4座等	一般
阳虎堡	不规则形	坐西朝东	967	58459	部分堡墙、马面1座、角台2座等	差
阳堡	矩形	坐北朝南	679	24048	堡墙、马面4座、角台3座等	一般
南丈堡	矩形	坐西朝东	448	12015	部分堡墙、城门1座、马面2座、角台3座、堡内楼台1座等	较好
平鲁城堡	矩形。由堡城和罗城组成	坐西朝东	总4496	总786240	堡墙、城门3座、瓮城3座、罗城1座、马面14座，角台4座、校军场1座等	较好
交界堡	矩形	朝向不详	不详	不详	部分堡墙、角台2座等	较差
向阳堡	矩形	坐北朝南	247	3840	堡墙、城门1座、角台4座等	一般
井坪城堡	不规则形	坐北朝南	不详	不详	部分堡墙、城门1座、瓮城1座、马面7座、角台3座等	较差
下乃河堡	矩形	坐西北朝东南	634	25122	部分堡墙、城门1座、马面2座、角台4座等	一般
白道沟堡	不规则形	坐西北朝东南	不详	不详	部分堡墙、角台2座、堡内3道短墙等	差

堡的平面除3座为不规则形外，其余均呈矩形。朝向可辨者有12座，多为坐西朝东（或坐西北朝东南），少数为坐北朝南或坐东北朝西南，均面向山西省一侧。堡的规模按周长和面积大致可区分为大、中、小三类，划分以周长900、1500米为界，面积以5万、10万平方米为界。另外无测量数据的3座堡，根据残存情况推测，井坪城堡的周长应在1500米以上，交界堡和白道沟堡的周长在900米以下。平鲁区的堡以小型居多（表183）。

表183　平鲁区关堡大小分类一览表

分类	标准	周长（米）	面积（平方米）	关堡	数量（座）
大型	周长1500米以上 面积10万平方米以上	4496；井坪城堡残存墙体1735米	786240	平鲁城堡、井坪城堡	2

分类	标准	周长（米）	面积（平方米）	关堡	数量（座）
中型	周长900～1500米 面积5万～10万平方米	967～995	52963～58459	少家堡、败虎堡、阻虎堡	3
小型	周长900米以下 面积5万平方米以下	247～897	3840～47320	大何堡、迎恩堡、阻堡、南丈堡、交界堡、向阳堡、下乃河堡、白道沟堡	8

　　堡墙中砖墙者3座、石墙者3座、土墙者7座，砖墙的形制均是外部砖石砌筑，内部为夯土墙体；石墙的形制均是外部石块砌筑，内部为夯土墙体；土墙为黄土夯筑而成，部分墙体夯层中含砂砾或碎石，或夯层间有片石层。砖墙、石墙、土墙有夯层厚度数据者，夯层厚0.06～0.22米。井坪城堡墙夯层很薄，为0.06～0.1米，阻堡墙体夯层厚0.1米，不考虑这两座城堡，夯层厚均集中在0.12～0.22米，与长城土墙基本一致（表184）。

表184　平鲁区城堡墙体建筑方式及尺寸一览表（单位：米）

名称	墙体建筑方式	夯层厚度	尺寸		
			底宽	顶宽	残高
少家堡	砖墙。外部砖石砌筑，内部为夯土墙体	不详	不详	不详	最高10
大何堡	土墙	不详	5	0.5～2.5	2～6
败虎堡	土墙	0.16～0.2	5.7	不详	不详
迎恩堡	砖墙。外部砖石砌筑，内部为夯土墙体	0.14～0.22	不详	不详	不详
阻虎堡	土墙。夯层中含碎石	0.16～0.18	不详	不详	3.3
阻堡	石墙。外部石块砌筑，内部为夯土墙体，夯层间夹杂有片石层	0.1	8.5～8.9	不详	最高12
南丈堡	土墙	0.17～0.2	不详	不详	不详
平鲁城堡	石墙。外部石块砌筑，内部为夯土墙体	不详	不详	不详	不详
交界堡	土墙。黄土夯筑而成	不详	16.29	不详	5.87～17.32
向阳堡	土墙。黄土夯筑而成，部分夯层间有0.03～0.05米的夹层	0.13～0.16	10.93	1.1	13.29
井坪城堡	砖墙。外部砖石砌筑，内部为夯土墙体	0.06～0.1	不详	2.1～2.6	10.38
下乃河堡	土墙。黄土夯筑而成，含砂砾	0.12～0.17	4.1	1.7	2.5～9.7
白道沟堡	石墙。外部片石垒砌；内部为夯土墙体，黄土夯筑而成	0.14～0.2	5.1	1.2～1.7	1.8～3.45

　　堡的主要设施遗迹除堡墙及城门、瓮城、角台、马面等常见的墙体设施外，少家堡和平鲁城堡有罗城；平鲁城有校军场；迎恩堡堡墙内侧有高台设施，可能是"炮台"建筑；白道沟堡内的三道短墙可能是堡内房屋建筑遗存。

2. 堡的分布特点

　　少家堡、大何堡、败虎堡、迎恩堡、阻虎堡、阻堡、南丈堡，沿山西省与内蒙古两省区交界处长城的东侧从东北向西南分布，距长城墙体较近。白道沟堡位于内长城的东侧，距长城墙体较近。7 座堡属于长城沿线防御设施。

平鲁城堡、井坪城堡、交界、下乃河堡、向阳堡距长城较远。

3. 堡的保存状况

堡有 9 座保存较好或一般，其余保存较差或差。堡墙坍塌损毁，部分段消失，砖墙、石墙者砖石大多无存；城门多为豁口或消失；马面、角台等墙体设施损毁严重或消失；关堡内建筑几乎无存。造成损毁的自然因素主要有风雨侵蚀、植物生长等；人为因素主要是因为关堡内满布现代民居或成为耕地、居民拆毁堡墙砖及石、墙体上掏挖窑洞、将墙体挖断形成便道、盖房利用及占用或拆毁堡墙、农业生产活动破坏堡墙、取土挖损墙体、人畜踩踏等。

（三）单体建筑

1. 敌台

（1）敌台的材质类型及建筑方式

平鲁区敌台共 128 座，均骑墙而建。材质类型绝大多数为土质，有 114 座，占 89.1%；砖质 4 座，石质 10 座。

土质敌台建筑材料主要是黄土，有 99 座，占土质敌台的 86.8%；14 座敌台含石块、条石或砖等（其中有 4 座台体底部残存包砌的砖石），1 座含少量砂砾。与长城土墙进行对比，土质敌台所用的建筑材料与墙体一致。土质敌台均为夯筑而成，夯层厚集中在 0.15 ~ 0.2 米，有 109 座，占 95.6%，个别为 0.1 ~ 0.2、0.18 ~ 0.21、0.24 ~ 0.29、0.25 ~ 0.3 米。夯层厚度与长城土墙基本一致。总体而言，平鲁区土质敌台的建筑材料、夯层厚度显示出与长城土墙较大的一致性（表 185、186）。

表 185　平鲁区土质敌台建筑材料统计表

建筑材料	数量（座）	百分比（%）	备注
黄土夯筑而成	99	86.8	
黄土夯筑而成，含石块、条石或砖等	14	12.3	有 4 座台体底部残存包砌的砖石
黄土夯筑而成，含少量砂砾	1	0.9	
合计	114	100	

表 186　平鲁区土质敌台夯层厚度统计表

	夯层厚度分类	夯层厚度（米）	数量（座）	百分比（%）
A 类	0.15 ~ 0.2 米	0.15 ~ 0.2	109	95.6
B 类	最薄 < 0.15、≥ 0.1 米	0.1 ~ 0.2	1	0.9
C 类	最厚 > 0.2 米	0.18 ~ 0.3	4	3.5
合计		0.1 ~ 0.3	114	100

砖质敌台有 4 座，外部砖石砌筑，条石基础；内部为夯土台体，黄土夯筑而成，有夯层厚度测量

数据者，夯层厚多在 0.15~0.2 米。

石质敌台有 10 座，其中 9 座外部条石、石块砌筑；内部为夯土台体，黄土夯筑而成，部分夯层中含石块，夯层厚 0.15~0.2 米。有一座外部为土石混筑，内部为夯土台体，黄土夯筑而成。

（2）敌台形制和附属设施

平鲁区敌台的平面形制均为矩形，剖面形制均呈梯形。土质矩形敌台除一座无测量数据外，其余底部周长 16~64、残高 3~15 米。由于保存方面的原因，这些数据不能完全反映敌台的原始尺寸（表187）。

表 187　平鲁区土质矩形敌台形制及保存状况一览表（单位：米）

名称	平面形制	剖面形制	底部周长	残高	保存状况
七墩镇 1 号敌台	矩形	梯形	40	11	一般
七墩镇 2 号敌台	矩形	梯形	34	9	一般
七墩镇 3 号敌台	矩形	梯形	52	12	一般
七墩镇 4 号敌台	矩形	梯形	42	11	较好
七墩镇 5 号敌台	矩形	梯形	32	9	一般
七墩镇 6 号敌台	矩形	梯形	38	10	一般
七墩镇 7 号敌台	矩形	梯形	42	10	一般
七墩镇 8 号敌台	矩形	梯形	34	10	一般
七墩镇 9 号敌台	矩形	梯形	44	7	一般
新村 1 号敌台	矩形	梯形	41	8	一般
新村 2 号敌台	矩形	梯形	48	10	一般
新墩 1 号敌台	矩形	梯形	47	10	一般
新墩 2 号敌台	矩形	梯形	38	8	一般
板申沟 2 号敌台	矩形	梯形	60	10	一般
板申沟 3 号敌台	矩形	梯形	39	10	一般
板申沟 4 号敌台	矩形	梯形	50	11	一般
板申沟 5 号敌台	矩形	梯形	40	10	一般
蒋家坪 1 号敌台	矩形	梯形	40	8	一般
蒋家坪 2 号敌台	矩形	梯形	49	11	一般
蒋家坪 3 号敌台	矩形	梯形	不详	不详	较差
福心沟 1 号敌台	矩形	梯形	55	12	一般
福心沟 2 号敌台	矩形	梯形	30	4	一般
十七坡 1 号敌台	矩形	梯形	60	13	一般
十七坡 2 号敌台	矩形	梯形	52	9	一般
十七坡 3 号敌台	矩形	梯形	54	9	一般
十七坡 4 号敌台	矩形	梯形	47	8	一般
十七坡 5 号敌台	矩形	梯形	21	9	一般
十七坡 6 号敌台	矩形	梯形	46	9	一般
十七坡 7 号敌台	矩形	梯形	56	12	一般
十七坡 8 号敌台	矩形	梯形	51	8	一般

名称	平面形制	剖面形制	底部周长	残高	保存状况
十七坡 9 号敌台	矩形	梯形	58	12	一般
十七坡 10 号敌台	矩形	梯形	52	10	一般
小岔子 1 号敌台	矩形	梯形	62	9	一般
小岔子 2 号敌台	矩形	梯形	52	9	一般
小岔子 3 号敌台	矩形	梯形	61	10	一般
小岔子 4 号敌台	矩形	梯形	58	14	一般
小岔子 5 号敌台	矩形	梯形	50	7	一般
小岔子 6 号敌台	矩形	梯形	56	15	一般
小岔子 7 号敌台	矩形	梯形	48	12	一般
小岔子 8 号敌台	矩形	梯形	41	7	一般
高泉营子 1 号敌台	矩形	梯形	56	11	一般
高泉营子 2 号敌台	矩形	梯形	46	15	一般
高泉营子 3 号敌台	矩形	梯形	56	12	较好
高泉营子 4 号敌台	矩形	梯形	58	12	较好
高泉营子 5 号敌台	矩形	梯形	52	11	较好
高泉营子 6 号敌台	矩形	梯形	52	8	较好
高泉营子 7 号敌台	矩形	梯形	52	14	较好
三里铺 1 号敌台	矩形	梯形	54	10	较好
三里铺 2 号敌台	矩形	梯形	58	11	一般
三里铺 3 号敌台	矩形	梯形	46	11	一般
三里铺 5 号敌台	矩形	梯形	48	13	一般
三里铺 6 号敌台	矩形	梯形	38	7	一般
三里铺 7 号敌台	矩形	梯形	38	10	较好
八墩 1 号敌台	矩形	梯形	50	8	一般
八墩 2 号敌台	矩形	梯形	38	4	较差
八墩 3 号敌台	矩形	梯形	20	3	较差
八墩 4 号敌台	矩形	梯形	16	3	较差
八墩 5 号敌台	矩形	梯形	16	3	较差
二墩 1 号敌台	矩形	梯形	44	9	一般
二墩 2 号敌台	矩形	梯形	52	9	一般
二墩 3 号敌台	矩形	梯形	45	9	一般
六墩 1 号敌台	矩形	梯形	42	10	一般
六墩 2 号敌台	矩形	梯形	51	13	一般
六墩 3 号敌台	矩形	梯形	60	10	一般
六墩 4 号敌台	矩形	梯形	46	8	一般
六墩 5 号敌台	矩形	梯形	50	10	一般
六墩 6 号敌台	矩形	梯形	52	12	一般
窑子上 2 号敌台	矩形	梯形	44	9	较好
窑子上 3 号敌台	矩形	梯形	20	5	一般

名称	平面形制	剖面形制	底部周长	残高	保存状况
窑子上 4 号敌台	矩形	梯形	48	9	一般
十七沟 1 号敌台	矩形	梯形	48	11	一般
帐贵窑子 1 号敌台	矩形	梯形	40	7	一般
帐贵窑子 2 号敌台	矩形	梯形	22	5	一般
帐贵窑子 3 号敌台	矩形	梯形	40	7	一般
帐贵窑子 4 号敌台	矩形	梯形	60	15	一般
寺回口 1 段 1 号敌台	矩形	梯形	48	9	一般
寺回口 1 段 2 号敌台	矩形	梯形	48	8	一般
寺回口 1 段 3 号敌台	矩形	梯形	44	10	一般
新窑上 1 号敌台	矩形	梯形	22	6	一般
新窑上 2 号敌台	矩形	梯形	50	8	一般
新窑上 3 号敌台	矩形	梯形	52	6	一般
辛庄子 2 号敌台	矩形	梯形	38	5	一般
辛庄子 3 号敌台	矩形	梯形	48	8	较差
新庄窝 1 号敌台	矩形	梯形	64	4	一般
新庄窝 2 号敌台	矩形	梯形	52	12	一般
新庄窝 3 号敌台	矩形	梯形	62	10	一般
新庄窝 4 号敌台	矩形	梯形	56	11	较好
新庄窝 5 号敌台	矩形	梯形	36	10	一般
头墩 1 号敌台	矩形	梯形	57	11	一般
头墩 2 号敌台	矩形	梯形	55	14	一般
头墩 3 号敌台	矩形	梯形	34	7	一般
头墩 4 号敌台	矩形	梯形	38	9	一般
头墩 5 号敌台	矩形	梯形	55	10	一般
头墩 6 号敌台	矩形	梯形	56	12	一般
其花峁 2 号敌台	矩形	梯形	56	11	一般
其花峁 3 号敌台	矩形	梯形	52	10	一般
其花峁六墩 1 号敌台	矩形	梯形	50	8	一般
其花峁六墩 2 号敌台	矩形	梯形	42	10	一般
其花峁六墩 3 号敌台	矩形	梯形	32	12	一般
其花峁六墩 4 号敌台	矩形	梯形	36	6	一般
八墩 1 号敌台	矩形	梯形	42	5	一般
八墩 2 号敌台	矩形	梯形	44	14	一般
八墩 3 号敌台	矩形	梯形	36	15	一般
八墩 4 号敌台	矩形	梯形	36	14	一般
九墩 1 号敌台	矩形	梯形	40	4	一般
九墩 2 号敌台	矩形	梯形	40	4	一般
九墩 3 号敌台	矩形	梯形	22	3.5	较差
九墩 4 号敌台	矩形	梯形	46	9	一般

名称	平面形制	剖面形制	底部周长	残高	保存状况
九墩 5 号敌台	矩形	梯形	34	9	一般
九墩 6 号敌台	矩形	梯形	53	10	一般
九墩 7 号敌台	矩形	梯形	36	9	一般
信虎辛窑长城 1 号敌台	矩形	梯形	40.04	8.69	较好
信虎辛窑长城 2 号敌台	矩形	梯形	29.92	6.8	一般
信虎辛窑长城 3 号敌台	矩形	梯形	29.92	6.8	一般

　　土质矩形敌台的附属设施有围墙、台基、通台体顶部的台体内踏道以及挡马墙和壕沟等。存围墙或围墙痕迹的有 22 座，存台基者 5 座，围墙和台基平面均呈矩形。台体内设置踏道的有 3 座，5 座敌台在内蒙古自治区一侧有挡马墙，1 座敌台附近有壕沟（表 188）。

表 188　平鲁区土质矩形敌台附属设施统计表

名称	平面形制	围墙	台体内踏道	挡马墙	壕沟	台基	其他
七墩镇 1 号敌台	矩形						
七墩镇 2 号敌台	矩形	●					
七墩镇 3 号敌台	矩形						
七墩镇 4 号敌台	矩形	●					
七墩镇 5 号敌台	矩形						
七墩镇 6 号敌台	矩形	●		●			
七墩镇 7 号敌台	矩形	●	●				
七墩镇 8 号敌台	矩形		●				
七墩镇 9 号敌台	矩形						
新村 1 号敌台	矩形						
新村 2 号敌台	矩形						
新墩 1 号敌台	矩形						
新墩 2 号敌台	矩形						
板申沟 2 号敌台	矩形						
板申沟 3 号敌台	矩形						
板申沟 4 号敌台	矩形	●					
板申沟 5 号敌台	矩形						
蒋家坪 1 号敌台	矩形						
蒋家坪 2 号敌台	矩形					●	矩形台基
蒋家坪 3 号敌台	矩形						
福心沟 1 号敌台	矩形	●				●	矩形台基
福心沟 2 号敌台	矩形						
十七坡 1 号敌台	矩形						
十七坡 2 号敌台	矩形						
十七坡 3 号敌台	矩形						

名称	平面形制	围墙	台体内踏道	挡马墙	壕沟	台基	其他
十七坡 4 号敌台	矩形						
十七坡 5 号敌台	矩形						
十七坡 6 号敌台	矩形						
十七坡 7 号敌台	矩形						
十七坡 8 号敌台	矩形						
十七坡 9 号敌台	矩形						
十七坡 10 号敌台	矩形						
小岔子 1 号敌台	矩形						
小岔子 2 号敌台	矩形						
小岔子 3 号敌台	矩形	●					
小岔子 4 号敌台	矩形						
小岔子 5 号敌台	矩形						
小岔子 6 号敌台	矩形	●					
小岔子 7 号敌台	矩形						
小岔子 8 号敌台	矩形						
高泉营子 1 号敌台	矩形	●		●			
高泉营子 2 号敌台	矩形						
高泉营子 3 号敌台	矩形	●		●			
高泉营子 4 号敌台	矩形			●			
高泉营子 5 号敌台	矩形			●			
高泉营子 6 号敌台	矩形						
高泉营子 7 号敌台	矩形						
三里铺 1 号敌台	矩形						
三里铺 2 号敌台	矩形						
三里铺 3 号敌台	矩形						
三里铺 5 号敌台	矩形						
三里铺 6 号敌台	矩形						
三里铺 7 号敌台	矩形						
八墩 1 号敌台	矩形						
八墩 2 号敌台	矩形						
八墩 3 号敌台	矩形						
八墩 4 号敌台	矩形						
八墩 5 号敌台	矩形						
二墩 1 号敌台	矩形						
二墩 2 号敌台	矩形	●	●				
二墩 3 号敌台	矩形						
六墩 1 号敌台	矩形						
六墩 2 号敌台	矩形	●					
六墩 3 号敌台	矩形	●					

名称	平面形制	围墙	台体内踏道	挡马墙	壕沟	台基	其他
六墩 4 号敌台	矩形	●					
六墩 5 号敌台	矩形	●					
六墩 6 号敌台	矩形	●					
窑子上 2 号敌台	矩形	●					
窑子上 3 号敌台	矩形						
窑子上 4 号敌台	矩形						
十七沟 1 号敌台	矩形						
帐贵窑子 1 号敌台	矩形	●					
帐贵窑子 2 号敌台	矩形						
帐贵窑子 3 号敌台	矩形						
帐贵窑子 4 号敌台	矩形						
寺回口 1 段 1 号敌台	矩形						
寺回口 1 段 2 号敌台	矩形						台体顶部有女墙痕迹
寺回口 1 段 3 号敌台	矩形						
新窑上 1 号敌台	矩形						
新窑上 2 号敌台	矩形	●			●		
新窑上 3 号敌台	矩形					●	矩形台基
辛庄子 2 号敌台	矩形						
辛庄子 3 号敌台	矩形						
新庄窝 1 号敌台	矩形						
新庄窝 2 号敌台	矩形						
新庄窝 3 号敌台	矩形						
新庄窝 4 号敌台	矩形						
新庄窝 5 号敌台	矩形						
头墩 1 号敌台	矩形						
头墩 2 号敌台	矩形						
头墩 3 号敌台	矩形						
头墩 4 号敌台	矩形						
头墩 5 号敌台	矩形						
头墩 6 号敌台	矩形						
其花峁 2 号敌台	矩形						
其花峁 3 号敌台	矩形						
其花峁六墩 1 号敌台	矩形						
其花峁六墩 2 号敌台	矩形	●					
其花峁六墩 3 号敌台	矩形						
其花峁六墩 4 号敌台	矩形						
八墩 1 号敌台	矩形						
八墩 2 号敌台	矩形						
八墩 3 号敌台	矩形					●	矩形台基

名称	平面形制	围墙	台体内踏道	挡马墙	壕沟	台基	其他
八墩 4 号敌台	矩形	●					
九墩 1 号敌台	矩形						
九墩 2 号敌台	矩形						
九墩 3 号敌台	矩形						
九墩 4 号敌台	矩形						
九墩 5 号敌台	矩形						
九墩 6 号敌台	矩形						
九墩 7 号敌台	矩形						
信虎辛窑长城 1 号敌台	矩形	●				●	矩形台基
信虎辛窑长城 2 号敌台	矩形						
信虎辛窑长城 3 号敌台	矩形						

　　砖质矩形敌台底部周长 52~60、残高 8~16.48 米（表 189）。附属设施有围墙、进入台体内部的拱形门洞、瞭望孔等。新村 3 号敌台和板申沟 1 号敌台有围墙、进入台体内部的拱形门洞、瞭望孔等，板申沟 1 号敌台的台体顶部残存垛口墙，新窑上 6 号敌台有进入台体内部的拱形门洞。

表 189　平鲁区砖质矩形敌台形制及保存状况一览表（单位：米）

名称	平面形制	剖面形制	底部周长	残高	保存状况
新村 3 号敌台	矩形	梯形	60	12	较好
板申沟 1 号敌台	矩形	梯形	60	16.48	较好
十七沟 2 号敌台	矩形	梯形	52	12	一般
新窑上 6 号敌台	矩形	梯形	54	8	较好

　　石质矩形敌台底部周长 36~60、残高 7~16 米（表 190）。附属设施有围墙、进入台体内部的拱形门洞以及通顶踏道等。新窑上 5 号敌台、九墩 8 号敌台、窑子上 1 号敌台有围墙，九墩 8 号敌台有进入台体内部的拱形门洞，寺回口 1 段 5 号敌台、辛庄子 1 号敌台有进入台体内部的拱形门洞以及通顶踏道。

表 190　平鲁区石质矩形敌台形制及保存状况一览表（单位：米）

名称	平面形制	剖面形制	底部周长	残高	保存状况
三里铺 4 号敌台	矩形	梯形	40	8	一般
窑子上 1 号敌台	矩形	梯形	36	12	较好
寺回口 1 段 4 号敌台	矩形	梯形	60	16	一般
寺回口 1 段 5 号敌台	矩形	梯形	48	8.5	较好
新窑上 4 号敌台	矩形	梯形	44	9	一般
新窑上 5 号敌台	矩形	梯形	54	10	一般
辛庄子 1 号敌台	矩形	梯形	44.6	8.3	一般

名称	平面形制	剖面形制	底部周长	残高	保存状况
新庄窝 6 号敌台	矩形	梯形	56	10.5	较好
其花峁 1 号敌台	矩形	梯形	56	7	一般
九墩 8 号敌台	矩形	梯形	48	11	较好

2. 马面

（1）马面的材质类型及建筑方式

平鲁区马面共 58 座，倚墙而建，位于长城墙体的西侧或西北侧，即面向内蒙古自治区一侧。材质类型均为土质。

土质马面的建筑材料主要是黄土，有 50 座，占 86.2%，6 座马面含石块、条石等，1 座含少量砂砾，1 座马面的北壁东侧残存包石（表 191）。与长城土墙、土质敌台进行对比，土质马面所用的建筑材料与其一致。土质马面均为夯筑而成，夯层厚集中在 0.15～0.2 米，夯层厚度与长城土墙、土质敌台基本一致。总体而言，平鲁区土质马面的建筑材料、夯层厚度显示出与长城土墙、土质敌台较大的一致性。

表 191　平鲁区土质马面建筑材料统计表

建筑材料	数量（座）	百分比（%）	备注
黄土夯筑而成	50	86.2	
黄土夯筑而成，含石块、条石等	6	10.4	
黄土夯筑而成，含少量砂砾	1	1.7	
黄土夯筑而成，外壁残存包石	1	1.7	马面北壁东侧残存包石
合计	58	100	

（2）马面形制和附属设施

平鲁区马面的平面形制均为矩形，剖面形制均呈梯形。土质矩形马面底部周长 12～78、残高 3～10 米。当然由于保存方面的原因，这些数据不能完全反映马面的原始尺寸（表 192）。

表 192　平鲁区土质矩形马面形制及保存状况一览表（单位：米）

名称	平面形制	剖面形制	底部周长	残高	保存状况
七墩镇 1 号马面	矩形	梯形	34	9	较好
七墩镇 2 号马面	矩形	梯形	26	5	一般
七墩镇 3 号马面	矩形	梯形	40	7	一般
新村马面	矩形	梯形	30	4.5	一般
新墩马面	矩形	梯形	54	9	一般
板申沟 1 号马面	矩形	梯形	23	4.5	一般
板申沟 2 号马面	矩形	梯形	36	6	一般
板申沟 3 号马面	矩形	梯形	24	6	一般

名称	平面形制	剖面形制	底部周长	残高	保存状况
板申沟 4 号马面	矩形	梯形	19	5	一般
板申沟 5 号马面	矩形	梯形	19	5	一般
板申沟 6 号马面	矩形	梯形	20	3	较差
板申沟 7 号马面	矩形	梯形	24	3	较差
蒋家坪 1 号马面	矩形	梯形	20	4	较差
蒋家坪 2 号马面	矩形	梯形	36	6	一般
福心沟 1 号马面	矩形	梯形	25	5.5	一般
福心沟 2 号马面	矩形	梯形	31	5	一般
福心沟 3 号马面	矩形	梯形	37	7	一般
十七坡 1 号马面	矩形	梯形	30	8	一般
十七坡 2 号马面	矩形	梯形	38	8.5	一般
十七坡 3 号马面	矩形	梯形	36	8	一般
十七坡 4 号马面	矩形	梯形	40	5.5	一般
九洞 1 号马面	矩形	梯形	34	8	一般
九洞 2 号马面	矩形	梯形	26	4.5	一般
九洞 3 号马面	矩形	梯形	26	4.5	一般
九洞 4 号马面	矩形	梯形	38	7	一般
小岔子 1 号马面	矩形	梯形	37	5	一般
小岔子 2 号马面	矩形	梯形	29	6	一般
小岔子 3 号马面	矩形	梯形	32	7	一般
高泉营子马面	矩形	梯形	12	3	较差
三里铺 1 号马面	矩形	梯形	42	6	一般
三里铺 2 号马面	矩形	梯形	28	7	一般
八墩 1 号马面	矩形	梯形	28	6	一般
八墩 2 号马面	矩形	梯形	22	4	较差
二墩 1 号马面	矩形	梯形	26	5	一般
二墩 2 号马面	矩形	梯形	22	5	一般
六墩 1 号马面	矩形	梯形	78	7	一般
六墩 2 号马面	矩形	梯形	41	5	一般
六墩 3 号马面	矩形	梯形	41	7	一般
六墩 4 号马面	矩形	梯形	31	6	一般
六墩 5 号马面	矩形	梯形	34	8	一般
窑子上 1 号马面	矩形	梯形	33	8	一般
窑子上 2 号马面	矩形	梯形	34	5	一般
窑子上 3 号马面	矩形	梯形	40	8	一般
窑子上 4 号马面	矩形	梯形	30	8	一般
十七沟 1 号马面	矩形	梯形	26	7	一般
十七沟 2 号马面	矩形	梯形	34	7.5	一般
十七沟 3 号马面	矩形	梯形	32	8	一般

名称	平面形制	剖面形制	底部周长	残高	保存状况
十七沟 4 号马面	矩形	梯形	28	5	一般
账贵窑子 1 号马面	矩形	梯形	30	10	一般
账贵窑子 2 号马面	矩形	梯形	22	5	一般
账贵窑子 3 号马面	矩形	梯形	22	5	一般
账贵窑子 4 号马面	矩形	梯形	30	7	一般
账贵窑子 5 号马面	矩形	梯形	20	4	一般
寺回口 1 段 1 号马面	矩形	梯形	12	4	较差
寺回口 1 段 2 号马面	矩形	梯形	32	6	一般
新窑上马面	矩形	梯形	22	6	一般
其花峁 1 号马面	矩形	梯形	36	8	一般
其花峁 2 号马面	矩形	梯形	38	9	一般

土质矩形马面的附属设施，仅六墩 1 号马面顶部边缘有女墙痕迹。

（3）敌台、马面的分布特点

平鲁区敌台、马面的分布有以下特点。

①敌台、马面主要分布于长城主线上，敌台的分布密度要大于马面。长城主线上有敌台 120 座、马面 52 座；另有 8 座敌台和 6 座马面位于长城支线上。长城主线上敌台分布平均间距 0.3474 千米，马面分布平均间距为 0.8017 千米。长城支线上敌台分布平均间距 0.7058 千米，马面平均间距 0.941 千米。将敌台、马面合并统计，长城主线敌台、马面分布平均间距 0.2424 千米，长城支线的平均间距 0.4033 千米。

②长城主线寺回口长城 1 段以南，长城墙体上马面数量明显减少。寺回口长城 1 段以南的 7 段长城，长 13970 米，发现马面 5 座，分布平均间距 2.794 千米。帐贵窑子长城以北的 11 段长城，长 27718 米，发现马面 47 座，分布平均间距 0.5897 千米。

③砖质、石质敌台均分布于长城主线上，尤其寺回口长城 1 段以南诸段长城较多，有 9 座。

④长城主线敌台附属设施，账贵窑子长城以北诸段长城较多，单以围墙而论，75 座敌台中有 20 座敌台有围墙，占 26.7%；以南诸段长城，45 座敌台中 6 座有围墙，占 13.3%。

⑤尝试对土质矩形敌台、马面进行大小划分，依据台体的底部周长，按 ≥50、40～50、< 40 米三个标准进行分类，以残高作为参考。这种划分肯定不全面，所反映出来的信息不一定准确。硬性地按 40、50 米进行分类很主观，一方面因为当时的长度计量与今天不同，另一方面如那些 49 米之类的数据，当时应该大于这些数字。因此只求能从中约略窥见当时的某种特点。马面的划分大致按 ≥40、30～40、< 30 米三个标准进行分类（表 193、194）。

表 193　平鲁区土质矩形敌台分类统计表

	底部周长分类	底部周长（米）	数量（座）	百分比（%）	残高（米）
大型台体	≥50 米	50～64	46	40.4	4～15
中型台体	40～50 米	40～49	37	32.5	4～15
小型台体	< 40 米	16～38	30	26.2	3～15

	底部周长分类	底部周长（米）	数量（座）	百分比（%）	残高（米）
不详	不详	不详	1	0.9	不详
合计		16~64	114	100	3~15

从该表中可以看出，土质矩形敌台以大中型台体为主，比例达72.9%。

表 194　平鲁区土质矩形马面分类统计表

	底部周长长度	底部周长范围	数量	百分比	残高
大型马面	≥40	40~78	8	13.8	5~9
中型马面	30~40	30~38	25	43.1	4.5~10
小型马面	<30	12~29	25	43.1	3~7
合计		12~78	58	100	3~10

从该表中可以看出，土质矩形马面以中小型为主，比例达86.2%。

（4）敌台、马面保存状况

平鲁区土质敌台保存一般者多达96座，占84.2%，保存较差者仅7座。土质马面保存一般者多，达51座，保存较好者1座（表195）。

表 195　平鲁区敌台、马面保存状况统计表（单位：座）

保存状况	保存较好	保存一般	保存较差	合计
土质敌台	11	96	7	114
砖质敌台	3	1	0	4
石质敌台	4	6	0	10
合计	18	103	7	128
土质马面	1	51	6	58

敌台、马面坍塌脱落严重，表面凹凸不平，有裂缝、沟槽、孔洞。敌台、马面上生长有杂草。造成损毁的自然因素主要有风雨侵蚀、植物生长等；人为因素主要有人畜踩踏、农业生产活动破坏、掏挖洞穴、盖房破坏等。

3. 烽火台

平鲁区烽火台依与长城距离远近，分为长城沿线烽火台、距长城略远的长城沿线烽火台群和腹里烽火台三组。长城沿线烽火台西距长城0.02~0.67千米，计32座。距长城略远的长城沿线烽火台群距长城在1千米以上，加上腹里烽火台，计159座。

（1）烽火台的材质类型及建筑方式

平鲁区烽火台的材质类型有土质和石质两大类。土质烽火台占绝大多数，有181座，占94.8%；石质烽火台有10座，占5.2%。

土质烽火台建筑材料主要是黄土，大多数含有砂砾、碎石或料礓石等。均为夯筑而成，夯层厚

0.06 ~ 0.27 米，绝大多数夯层厚 0.14 ~ 0.27 米，占 81.1%；夯层厚在 0.1 米以下者有 6 座，占 3.3%，个别在夯层间有厚 0.01 ~ 0.08 米的夹层（表 196、197）。

表 196　平鲁区土质烽火台建筑材料统计表

建筑材料	数量（座）	百分比（%）	备注
纯黄土夯筑而成	73	40.3	
黄土夯筑而成，含砂砾、碎石或料礓石	102	56.4	含碎石或料礓石的有 29 座
黄土夯筑而成，或含砂粒、料礓石，夯层之间有夹层	6	3.3	夹层厚 0.01 ~ 0.08 米
合计	181	100	

表 197　平鲁区土质烽火台夯层厚度统计表

	夯层厚度分类	夯层厚度（米）	数量（座）	百分比（%）
A 类	0.14 ~ 0.27 米	0.14 ~ 0.27	147	81.2
B 类	最薄 <0.14、≥0.1 米	0.1 ~ 0.22	16	8.9
C 类	最薄 <0.1 米	0.06 ~ 0.18	6	3.3
E 类	不详	不详	12	6.6
合计		0.06 ~ 0.27	181	100

石质烽火台外部石块或石片砌筑，内部为夯土台体，系黄土或含有砂砾、料礓石、碎石的黄土夯筑而成。有测量夯层数据者夯层厚 0.12 ~ 0.2 米，与土质烽火台夯层厚度基本一致。

（2）烽火台形制

平鲁区 181 座土质烽火台的平面形制主要有矩形、圆形两类，矩形台体 137 座、圆形台体 43 座，仅发现 1 座椭圆形；剖面形制均呈梯形。可以看出，平鲁区土质烽火台以矩形台体较多，占 75.7%。

无论是矩形还是圆形土质烽火台，夯层厚小于 0.14 米者（B、C 类）所占比例大体一致，矩形台体中有 16 座夯层厚小于 0.14 米，圆形台体中有 6 座，分别占该类形制台体的 11.7% 和 14%，可见形制与夯层厚度之间没有必然联系。

土质烽火台中矩形台体底部周长 17.4 ~ 53.6、残高 3.2 ~ 12.5 米，圆形台体底部周长 16.3 ~ 61.5、残高 2.3 ~ 11.5 米。由于保存方面的原因，这些数据不能完全反映烽火台的原始尺寸（表 198、199）。

表 198　平鲁区土质矩形烽火台形制及保存状况一览表（单位：米）

名称	平面形制	剖面形制	底部周长	残高	保存状况
七墩镇烽火台	矩形	梯形	36	7	一般
九洞 2 号烽火台	矩形	梯形	28	6	一般
九洞 3 号烽火台	矩形	梯形	24	5	一般
九洞 4 号烽火台	矩形	梯形	32	5	一般
大河堡烽火台	矩形	梯形	34	不详	一般
八墩 1 号烽火台	矩形	梯形	22	不详	较差
八墩 2 号烽火台	矩形	梯形	22	不详	较差

名称	平面形制	剖面形制	底部周长	残高	保存状况
八墩 3 号烽火台	矩形	梯形	42	8	一般
六墩 1 号烽火台	矩形	梯形	不详	5	一般
六墩 2 号烽火台	矩形	梯形	35	5	一般
窑子上 3 号烽火台	矩形	梯形	40	9	一般
十七沟 2 号烽火台	矩形	梯形	28	7	一般
十七沟 3 号烽火台	矩形	梯形	24	6	一般
帐贵窑子 1 号烽火台	矩形	梯形	32	5	一般
帐贵窑子 2 号烽火台	矩形	梯形	36	7	一般
寺回口 1 号烽火台	矩形	梯形	20	4	较差
寺回口 2 号烽火台	矩形	梯形	22	5	一般
新窑上 1 号烽火台	矩形	梯形	不详	5	一般
新窑上 2 号烽火台	矩形	梯形	不详	5	一般
辛庄子 1 号烽火台	矩形	梯形	36	7	一般
新庄窝 2 号烽火台	矩形	梯形	不详	7	一般
新庄窝 3 号烽火台	矩形	梯形	36	5	一般
新庄窝 4 号烽火台	矩形	梯形	39	10	一般
其花峁 1 号烽火台	矩形	梯形	22	8	一般
其花峁 2 号烽火台	矩形	梯形	48	8	一般
其花峁 3 号烽火台	矩形	梯形	26	8	一般
其花峁六墩烽火台	矩形	梯形	26	5	一般
八墩 3 号烽火台	矩形	梯形	36	9	一般
八墩 4 号烽火台	矩形	梯形	不详	5	一般
九墩 2 号烽火台	矩形	梯形	40	9	一般
石湾子 1 号烽火台	矩形	梯形	44.6	9.2	较好
刘世民村 1 号烽火台	矩形	梯形	39.7	8.01	一般
元台子山烽火台	矩形	梯形	29.9	5.4	一般
少家堡 1 号烽火台	矩形	梯形	42	4	一般
蒋家坪烽火台	矩形	梯形	23	6.8	一般
牛洞沟烽火台	矩形	梯形	44	8	一般
败虎堡 2 号烽火台	矩形	梯形	25	5.7	一般
黑家窑烽火台	矩形	梯形	37.4	8.8	一般
后高石庄 2 号烽火台	矩形	梯形	43.2	9	一般
后高石庄 1 号烽火台	矩形	梯形	36.4	7.1	一般
王家庄烽火台	矩形	梯形	41.1	7.2	一般
败虎堡 1 号烽火台	矩形	梯形	38.5	5	一般
泉子坡烽火台	矩形	梯形	17.7	3.2	较差
上水泊 1 号烽火台	矩形	梯形	21	3.8	较差
迎恩堡 2 号烽火台	矩形	梯形	33	4.3	一般
迎恩堡 1 号烽火台	矩形	梯形	35.2	4.8	一般

名称	平面形制	剖面形制	底部周长	残高	保存状况
小郭家窑 2 号烽火台	矩形	梯形	22.2	5.12	一般
小郭家窑 1 号烽火台	矩形	梯形	31.2	8.5	一般
武家窑烽火台	矩形	梯形	38.1	7.32	一般
白兰沟 1 号烽火台	矩形	梯形	35.8	6.45	一般
白兰沟 2 号烽火台	矩形	梯形	33	6.4	一般
刘货郎 3 号烽火台	矩形	梯形	29.7	8.18	一般
周家沟烽火台	矩形	梯形	23.8	6.4	一般
圭儿峁烽火台	矩形	梯形	不详	3.5	较差
后暖沟村 2 号烽火台	矩形	梯形	20	4	较差
后暖沟村 1 号烽火台	矩形	梯形	28.6	6.3	一般
小杨家窑烽火台	矩形	梯形	52	4	一般
阻虎堡烽火台	矩形	梯形	22.8	4	较差
阻堡 2 号烽火台	矩形	梯形	51	7.1	一般
蔡家窑烽火台	矩形	梯形	不详	3.5	较差
兔儿水烽火台	矩形	梯形	32.4	7	一般
白道沟 2 号烽火台	矩形	梯形	42.2	8.83	一般
边庄烽火台	矩形	梯形	43.3	9.1	较好
白道沟 1 号烽火台	矩形	梯形	42.2	8.83	一般
信虎辛窑 3 号烽火台	矩形	梯形	42.4	10.29	较好
信虎辛窑 1 号烽火台	矩形	梯形	38.5	7.82	一般
信虎辛窑 2 号烽火台	矩形	梯形	36.6	8.22	一般
凤凰城 4 号烽火台	矩形	梯形	26.6	4.6	一般
小野猪窝烽火台	矩形	梯形	49.5	9.6	较好
大野猪窝烽火台	矩形	梯形	44.3	10.5	一般
凤凰城镇柳沟烽火台	矩形	梯形	48.2	9.2	一般
王二老庄 1 号烽火台	矩形	梯形	46.6	8.8	一般
王二老庄 2 号烽火台	矩形	梯形	52.9	9.3 ~ 11.4	一般
花果窑烽火台	矩形	梯形	49	8.9	较好
张家花板烽火台	矩形	梯形	46.9	8.4	较好
赵小冲烽火台	矩形	梯形	42.2	6.4	一般
黑家狮烽火台	矩形	梯形	42	7.3	一般
黄家楼 1 号烽火台	矩形	梯形	32.2	8.9	一般
王化山烽火台	矩形	梯形	39.1	8.7	一般
头铺烽火台	矩形	梯形	30	6	一般
毛家窑 2 号烽火台	矩形	梯形	27.2	5.1	一般
连家窑烽火台	矩形	梯形	不详	6.45	一般
凤凰城 1 号烽火台	矩形	梯形	20.2	4.3	一般
凤凰城 3 号烽火台	矩形	梯形	45.2	8.9	较好
周家庄 1 号烽火台	矩形	梯形	43.3	9.7	一般

名称	平面形制	剖面形制	底部周长	残高	保存状况
下水泊烽火台	矩形	梯形	40.1	10.1	一般
郑家营烽火台	矩形	梯形	44	9.2	一般
屯军沟烽火台	矩形	梯形	33.8	8.1	较好
团城寺烽火台	矩形	梯形	42.8	9.7	较好
三里庄烽火台	矩形	梯形	51.8	8.3	较好
小破石 1 号烽火台	矩形	梯形	22.8	7.31	一般
小破石 2 号烽火台	矩形	梯形	51.2	7.8	一般
黄土沟烽火台	矩形	梯形	24.4	4.5	一般
雄沟梁烽火台	矩形	梯形	20.6	3.2	较差
双碾乡柳沟烽火台	矩形	梯形	38.6	9.6	较好
白辛庄烽火台	矩形	梯形	40	9.2	较好
土圈沟村烽火台	矩形	梯形	33.8	4.7	一般
上乃河烽火台	矩形	梯形	38.8	8.5	较好
下乃河 1 号烽火台	矩形	梯形	41	6.5	一般
南坪村烽火台	矩形	梯形	41	6	一般
口子上村烽火台	矩形	梯形	26.4	6.1	一般
下乃河 3 号烽火台	矩形	梯形	39.2	7.2	一般
上水头烽火台	矩形	梯形	26.6	4.2	一般
另山烽火台	矩形	梯形	44.5	6.25	一般
西水界乡铺上烽火台	矩形	梯形	17.4	5.4	一般
西水界 1 号烽火台	矩形	梯形	41	7.5	一般
大路庄 1 号烽火台	矩形	梯形	31.6	4.05~7.15	一般
大路庄 2 号烽火台	矩形	梯形	52.3	10.66	较好
小路庄烽火台	矩形	梯形	45.6	7.7	一般
半坡墩烽火台	矩形	梯形	46.7	9.76	一般
于家窑烽火台	矩形	梯形	43.5	7.7	一般
担子山烽火台	矩形	梯形	50	8	一般
泉子上 3 号烽火台	矩形	梯形	35.2	3.6	较差
泉子上 2 号烽火台	矩形	梯形	36.4	8.9	较好
泉子上 1 号烽火台	矩形	梯形	50.4	8	较好
泉子上 4 号烽火台	矩形	梯形	20.6	4.9	一般
井坪镇 1 号烽火台	矩形	梯形	35	9	较好
西钟牌 1 号烽火台	矩形	梯形	53.6	8	较好
西钟牌 2 号烽火台	矩形	梯形	36.2	7	一般
西钟牌 3 号烽火台	矩形	梯形	50.2	9	较好
店梁 1 号烽火台	矩形	梯形	50	7.5	一般
下麻黄头烽火台	矩形	梯形	35.3	8.8	较好
向阳堡乡铺上烽火台	矩形	梯形	20.2	3.4	较差
店梁 2 号烽火台	矩形	梯形	41.2	7	一般

名称	平面形制	剖面形制	底部周长	残高	保存状况
井坪镇 2 号烽火台	矩形	梯形	22.2	5	一般
大梁烽火台	矩形	梯形	45.2	8.3	较好
下红沟 2 号烽火台	矩形	梯形	43	8.36	较好
下红沟 1 号烽火台	矩形	梯形	41.8	7.67	一般
高家坡烽火台	矩形	梯形	24.8	7.61	一般
安太堡烽火台	矩形	梯形	41.9	9.1	一般
太西村烽火台	矩形	梯形	23.3	6.55	一般
下黑水沟烽火台	矩形	梯形	31.9	10.08	较好
上窑子烽火台	矩形	梯形	34.4	7.84	一般
马鞍山烽火台	矩形	梯形	27	7.81	一般
石崖湾 1 号烽火台	矩形	梯形	42.3	12.5	较好
石崖湾 2 号烽火台	矩形	梯形	42.2	8.9	一般
中咀山烽火台	矩形	梯形	27.2	5.9	一般

表 199　平鲁区土质圆形烽火台形制及保存状况一览表（单位：米）

名称	平面形制	剖面形制	底部周长	尺寸	保存状况
窑子上 4 号烽火台	圆形	梯形	40.8	4	一般
石湾子 2 号烽火台	圆形	梯形	34.7	6.87	一般
刘世民村 2 号烽火台	圆形	梯形	28.3	6.7	一般
辛窑上烽火台	圆形	梯形	不详	4.4	一般
少家堡 2 号烽火台	圆形	梯形	29.5	5	一般
火家堡烽火台	圆形	梯形	37.7	6	一般
八墩烽火台	圆形	梯形	34.7	6.87	一般
上水泊 2 号烽火台	圆形	梯形	37.6	7.4	一般
迎恩堡 3 号烽火台	圆形	梯形	35.5	8.9	较好
阎家窑烽火台	圆形	梯形	35.6	8.5	一般
刘货郎 1 号烽火台	圆形	梯形	25.7	5.83	一般
刘货郎 2 号烽火台	圆形	梯形	35.2	3.4	较差
前暖沟村烽火台	圆形	梯形	36.1	8.1	一般
爬楼山烽火台	圆形	梯形	59.7	5.4	一般
阳堡 1 号烽火台	圆形	梯形	34.5	7	一般
阻虎乡辛窑子烽火台	圆形	梯形	48.7	10.1	较好
黄土坡 1 号烽火台	圆形	梯形	27.6	8.3	一般
祝马会烽火台	圆形	梯形	39.3	9.7	较好
艾家窑烽火台	圆形	梯形	33.9	9.1~10.2	较好
黄家楼 2 号烽火台	圆形	梯形	36.7	7.3	一般
毛家窑 1 号烽火台	圆形	梯形	34.5	11.5	一般
三层洞烽火台	圆形	梯形	39.5	10.8	较好

名称	平面形制	剖面形制	底部周长	尺寸	保存状况
旺家村烽火台	圆形	梯形	39.3	11.2	一般
周家庄 2 号烽火台	圆形	梯形	37.4	10.7	一般
凤凰城 2 号烽火台	圆形	梯形	61.5	5.8	一般
井洼烽火台	圆形	梯形	36.6	8.1	一般
韩家山寺 1 号烽火台	圆形	梯形	39.3	7.8	一般
北丈烽火台	圆形	梯形	26.7	8.9	较好
侯港村烽火台	圆形	梯形	34.5	10.3	较好
双碾烽火台	圆形	梯形	40.8	8.5	一般
下乃河 2 号烽火台	圆形	梯形	34.5	11	较好
陈庄 1 号烽火台	圆形	梯形	30.8	2.3	较差
寺儿沟村 2 号烽火台	圆形	梯形	53.4	6.5	一般
寺儿沟村 1 号烽火台	圆形	梯形	37.7	11.3	较好
九坪梁烽火台	圆形	梯形	24.8	11	较好
前沙沟烽火台	圆形	梯形	33	9.8	较好
交界村烽火台	圆形	梯形	42.4	9	一般
小石湖烽火台	圆形	梯形	36.5	9.03	一般
付家庄 2 号烽火台	圆形	梯形	47.7	9.4	较好
西夹道烽火台	圆形	梯形	16.3	8.9	一般
计家窑 2 号烽火台	圆形	梯形	48.9	8.6	较好
计家窑 1 号烽火台	圆形	梯形	47.2	9.47	较好
元墩村烽火台	圆形	梯形	45.2	3.7	较差

平鲁区 10 座石质烽火台的平面形制有矩形、圆形两类，矩形台体 7 座、圆形台体 3 座，剖面形制均呈梯形。可以看出，平鲁区无论是土质还是石质烽火台，矩形台体较多，占 70% 以上。

石质烽火台中矩形台体底部周长 18.5 ~ 45.2、残高 2 ~ 7.5 米，圆形台体底部周长 27.9 ~ 33.9、残高 3.1 ~ 10 米。由于保存方面的原因，这些数据不能完全反映烽火台的原始尺寸（表 200、201）。

表 200　平鲁区石质矩形烽火台形制及保存状况一览表（单位：米）

名称	平面形制	剖面形制	底部周长	残高	保存状况
九洞 1 号烽火台	矩形	梯形	34	9	一般
小干沟烽火台	矩形	梯形	28.6	4	较差
黄土坡 2 号烽火台	矩形	梯形	28.6	2 ~ 7.5	一般
西虎儿界村烽火台	矩形	梯形	18.5	6.93	一般
口前村烽火台	矩形	梯形	20.1	5.59	一般
凤凰城 5 号烽火台	矩形	梯形	45.2	5	一般
韩家山寺 2 号烽火台	矩形	梯形	29.8	3.5	较差

表 201　平鲁区石质圆形烽火台形制及保存状况一览表（单位：米）

名称	平面形制	剖面形制	底部周长	残高	保存状况
辛窑子烽火台	圆形	梯形	33.9	3.1	较差
祁家窑烽火台	圆形	梯形	27.9	3.4	较差
陈庄 2 号烽火台	圆形	梯形	32.7	10	较好

土质烽火台的附属设施主要有围墙、台基和台体内或台体外通道，台体顶部有石砌矩形建筑、女墙，台体周围有壕沟或浅沟。矩形台体的围墙和台基绝大多数为矩形，另有 1 座围墙为不规则形，1 座台基为圆形；材质绝大多数为土质，另有 1 座围墙和台基为石质；绝大多数围墙在台体周围，有 4 座在台体一侧。圆形台体的围墙和台基除圆形者较多外，矩形者也占一定比例，有 4 座围墙为矩形、8 座台基为矩形；材质绝大多数为土质，仅一座台基为砖质；围墙均在台体周围。仅有的一座椭圆形烽火台有矩形围墙（表 202）。

表 202　平鲁区土质烽火台附属设施统计表（单位：座）

	数量	围墙	台基	台体内通道	台体外通道	其他
矩形烽火台	137	42	54	1	2	2
圆形烽火台	43	26	28	0	3	2
椭圆形烽火台	1	1	0	0	0	0
合计	181	69	82	1	5	4
百分比（%）		38.1	45.3	0.6	2.8	2.2

石质烽火台的附属设施有围墙、台基、台体内通道和顶部城楼等。矩形台体中 2 座有围墙，1 座为矩形，1 座为圆形；1 座有台基，为圆形。圆形台体中 1 座有圆形围墙、1 座有矩形台基。围墙和台基绝大多数为土质，1 座圆形台体有石砌围墙。台体内通道和顶部城楼见于矩形台体。将石质烽火台与土质烽火台进行对比，土质烽火台有围墙、台基者比例要大于石质烽火台。

（3）烽火台的分布特点

平鲁区烽火台的分布有以下特点。

①如上所述，平鲁区烽火台依与长城距离远近关系，大致可分为长城沿线烽火台、距长城略远的长城沿线烽火台群和腹里烽火台群三组。长城沿线烽火台西距长城 0.02 ~ 0.67 千米，计 32 座。距长城略远的长城沿线烽火台群距长城在 1 千米以上，加上腹里烽火台，计 159 座。

②长城沿线烽火台有七墩镇烽火台、九洞 1 ~ 4 号烽火台、大河堡烽火台、八墩 1 ~ 3 号烽火台、六墩 1 号和 2 号烽火台、窑子上 3 号和 4 号烽火台、十七沟 2 号和 3 号烽火台、帐贵窑子 1 号和 2 号烽火台、寺回口 1 号和 2 号烽火台、新窑上 1 号和 2 号烽火台、辛庄子 1 号烽火台、新庄窝 2 ~ 4 号烽火台、其花峁 1 ~ 3 号烽火台、其花峁六墩烽火台、八墩 3 号和 4 号烽火台、九墩 2 号烽火台。

③距长城略远的长城沿线烽火台群和腹里烽火台群，主要以堡为中心成群分布，包括少家堡烽火台群、败虎堡烽火台群、迎恩堡烽火台群、阻虎堡烽火台群、阻堡烽火台群、白道沟堡烽火台群、平鲁城堡烽火台群、南丈堡烽火台群、下乃河堡烽火台群、交界堡烽火台群、井坪城堡—向阳堡烽火台群，其中少家堡烽火台群、败虎堡烽火台群、迎恩堡烽火台群、阻虎堡烽火台群、阻堡烽火台群和白道沟堡烽火台群，大致位于明代外长城和内长城沿线南侧或东侧，属长城沿线烽火台群。平鲁城堡烽火台群、南丈堡烽火台群、下乃河堡烽火台群、交界堡烽火台群和井坪城堡—向阳堡烽火台群距长城

较远，属腹里烽火台群。平鲁区东南与山阴县和朔城区交界的山地有中嘴山烽火台。

各烽火台群的烽火台数量及与中心堡距离、烽火台间距详见下表（表203）。

表203　平鲁区长城沿线烽火台群和腹里烽火台群分布及间距一览表

烽火台群	数量（座）	烽火台名称		与分布中心距离（千米）	烽火台间距（千米）
少家堡烽火台群	11	东线	石湾子1号和2号烽火台、刘世民村1号和2号烽火台、辛窑上烽火台、元台子山烽火台	1~7	0.4~5
		西线	少家堡1号和2号烽火台、蒋家坪烽火台、火家堡烽火台、牛洞沟烽火台		
败虎堡烽火台群	10	北线	败虎堡2号烽火台、八墩烽火台、黑家窑烽火台、后高石庄1号和2号烽火台、王家庄烽火台	0.5~6.3	0.67~3.5
		南线	败虎堡1号烽火台、泉子坡烽火台、上水泊1号和2号烽火台		
迎恩堡烽火台群	12	东线	迎恩堡1~3迎恩堡3号烽火台、小郭家窑1号和2号烽火台、阎家窑烽火台、武家窑烽火台	0.8~5.9	0.55~3.3
		西线	白兰沟1号和2号烽火台、刘货郎1~3号烽火台		
阻虎堡烽火台群	8	东线	周家沟烽火台、圭儿峁烽火台、后暖沟村2号烽火台、后暖沟村1号烽火台、前暖沟村烽火台、小干沟烽火台	1.3~5.3	0.21~1.9
		西线	小杨家窑烽火台、阻虎堡烽火台		
阻堡烽火台群	9	东线	阻堡2号烽火台、蔡家窑烽火台、爬楼山烽火台	0.49~8.4	1.1~4.9
		西线	阻堡1号烽火台、阻虎乡辛窑子烽火台、兔儿水烽火台、黄土坡1号和2号烽火台、祝马会烽火台		
白道沟堡烽火台群	8	东线	白道沟2号烽火台、西虎儿界村烽火台、边庄烽火台、口前村烽火台	0.28~11.3	0.56~6.9
		西线	白道沟1号烽火台、信虎辛窑1~3号烽火台		
平鲁城堡烽火台群	36	东线	凤凰城4号和5号烽火台、小野猪窝烽火台、大野猪窝烽火台、凤凰城镇柳沟烽火台、辛窑子烽火台、王二老庄1号和2号烽火台、花果窑烽火台、艾家窑烽火台、张家花板烽火台、赵小冲烽火台、黑家狮烽火台	1.1~12.1	0.15~4.3
		北线	（凤凰城4号和5号烽火台）黄家楼1号和2号烽火台、王化山烽火台、头铺烽火台、毛家窑1号和2号烽火台，连家窑烽火台、三层洞烽火台		
		西线	凤凰城1~3号烽火台、旺家村烽火台、周家庄1号和2号烽火台、下水泊烽火台、郑家营烽火台、井洼烽火台		
		南线	祁家窑烽火台、屯军沟烽火台、团城寺烽火台、三里庄烽火台、小破石1号和2号烽火台		

烽火台群	数量（座）		烽火台名称	与分布中心距离（千米）	烽火台间距（千米）
南丈堡烽火台群	8	北线	韩家山寺 1 号和 2 号烽火台	1.7~7.1	1.1~3
		西线	北丈烽火台		
		南线	黄土沟烽火台、雄沟梁烽火台、双碾乡柳沟烽火台、侯港村烽火台、双碾烽火台		
下乃河堡烽火台群	16	北线	下乃河 2 号烽火台、陈庄 1 号和 2 号烽火台、寺儿沟村 1 号和 2 号烽火台、九坪梁烽火台、白辛庄烽火台、土圈沟烽火台、上乃河烽火台	0.45~6.5	0.1~4.3
		西线	下乃河 1 号烽火台、南坪村烽火台、口子上村烽火台		
		南线	下乃河 3 号烽火台、上水头烽火台、前沙沟烽火台、另山烽火台		
交界堡烽火台群	19	北线	交界村烽火台、西水界乡铺上烽火台、西水界 1 号烽火台、大路庄 1~3 号烽火台、小路庄烽火台、半坡墩烽火台、小石湖烽火台、付家庄 2 号烽火台、于家窑烽火台、西夹道烽火台	1~9.3	0.2~6.6
		南线	担子山烽火台、泉子山 1 号和 4 号烽火台、计家窑 1 号和 2 号烽火台		
井坪城堡~向阳堡烽火台群	21	北线	井坪镇 1 号烽火台、西钟牌 1~3 号烽火台、店梁 1 号烽火台、下麻黄烽火台、向阳堡乡铺上烽火台、店梁 2 号烽火台	0.41~13.4	0.02~5
		西线	井坪镇 2 号烽火台、大梁烽火台、下红沟 2 号烽火台、下红沟 1 号烽火台、高家坡烽火台		
		南线	元墩村烽火台、安太堡烽火台、太西村烽火台、下黑水沟烽火台、上窑子烽火台，马鞍山烽火台、石崖湾 1 号和 2 号烽火台		
其他	1		中嘴山烽火台		

少家堡烽火台群大致有东西两条传烽线路，东线由石湾子 1、2 号烽火台、刘世民村 1 和 2 号烽火台、辛窑上烽火台及元台子山烽火台组成；西线由少家堡 1、2 号烽火台、蒋家坪烽火台、火家堡烽火台和牛洞沟烽火台组成。少家堡烽火台群中除元台子山烽火台距少家堡和群内其他烽火台较远外（分别为 7、5 千米），其余距少家堡 1~3.8 千米，烽火台间距 0.4~1.5 千米。元台子山烽火台东南距平鲁城堡烽火台群连家窑烽火台 2.4 千米，将少家堡烽火台群与平鲁城堡烽火台群联系起来。

败虎堡烽火台群大致有南北两条传烽线路，北线由败虎堡 2 号烽火台、八墩烽火台、黑家窑烽火台、后高石庄 1 号和 2 号烽火台及王家庄烽火台组成；南线由败虎堡 1 号烽火台、泉子坡烽火台、上水泊 1 号和 2 号烽火台组成。败虎堡烽火台群中除黑家窑烽火台、王家庄烽火台距败虎堡和群内其他烽火台较远外（分别为 6.3、6.2、3.5、2.2 千米），其余烽火台距败虎堡 0.5~5.3 千米，烽火台间距0.67~3.2 千米。黑家窑烽火台东北距少家堡烽火台群蒋家坪烽火台 7.4 千米，败虎堡 1 号烽火台南距迎恩堡烽火台群迎恩堡 2 号烽火台 1.8 千米，王家庄烽火台东南距平鲁城堡烽火台群下水泊烽火台 2.5 千米，上水泊 2 号烽火台南距迎恩堡烽火台群武家窑烽火台 1.8 千米、东南距平鲁城堡烽火台群井洼烽火台 2.5 千米，以上烽火台将败虎堡烽火台群与少家堡烽火台群、迎恩堡烽火台群和平鲁城堡烽火台群联系起来。

迎恩堡烽火台群大致有东、西两条传烽线路，东线由迎恩堡 1~3 号烽火台、小郭家窑 1 号和 2 号烽火台、阎家窑烽火台和武家窑烽火台组成；西线由白兰沟 1 号和 2 号烽火台、刘货郎 1~3 号烽火台组成。迎恩堡烽火台群中除武家窑烽火台距迎恩堡和群内其他烽火台较远外（分别为 5.9、3.3 千米），其余烽火台距迎恩堡 0.8~3.1 千米，烽火台间距 0.55~1.8 千米。迎恩堡 2 号烽火台北距败虎堡烽火台群败虎堡 1 号烽火台 1.8 千米，武家窑烽火台北距败虎堡烽火台群上水泊 2 号烽火台 1.8 千米、东距平鲁城堡烽火台群井洼烽火台 2.4 千米，小郭家窑 1 号烽火台东南距阻虎堡烽火台群圭儿峁烽火台 1.9 千米，以上烽火台将迎恩堡烽火台群与败虎堡烽火台群、阻虎堡烽火台群和平鲁城堡烽火台群联系起来。

阻虎堡烽火台群大致有东西两条传烽线路，东线由周家沟烽火台、圭儿峁烽火台、后暖沟村 1 号和 2 号烽火台、前暖沟村烽火台和小干沟烽火台组成；西线有 2 座烽火台，即小杨家窑烽火台和阻虎堡烽火台，通过阻虎堡与东线烽火台联系起来。阻虎堡烽火台群中除小干沟烽火台距阻虎堡和群内其他烽火台较远外（分别为 5.3、1.9 千米），其余烽火台距阻虎堡 1.3~4.1 千米，烽火台间距 0.21~1.9 千米。圭儿峁烽火台西北距迎恩堡烽火台群小郭家窑 1 号烽火台 1.9 千米，阻虎堡烽火台西南距阻堡烽火台群蔡家窑烽火台 3.1 千米，小干沟烽火台东距平鲁城堡烽火台群屯军沟烽火台 2.6 千米，以上烽火台将阻虎堡烽火台群与迎恩堡烽火台群、阻堡烽火台群和平鲁城堡烽火台群联系起来。

阻堡烽火台群大致有东西两条传烽线路，东线由阻堡 2 号烽火台、蔡家窑烽火台和爬楼山烽火台组成；西线由阻堡 1 号烽火台、阻虎乡辛窑子烽火台、兔儿水烽火台、黄土坡 1 号和 2 号烽火台及祝马会烽火台组成。阻堡烽火台群中，黄土坡 1、2 号烽火台和祝马会烽火台距阻堡较远（7.6~8.4 千米），黄土坡 1 号烽火台与兔儿水烽火台间距较大（4.9 千米）。黄土坡 1 号和 2 号烽火台和祝马会烽火台大致位于明代内、外长城相交区域，这个区域原可能有关堡或其他烽火台，只是消失了。如果不考虑这 3 座烽火台，其他烽火台距阻堡 0.49~3.9 千米，烽火台间距 1.1~2.5 千米。蔡家窑烽火台东北距阻虎堡烽火台群阻虎堡烽火台 3.1 千米，阻堡 2 号烽火台东南距南丈堡烽火台群北丈烽火台 2.3 千米，祝马会烽火台东南距下乃河堡烽火台群寺儿沟村 1 号烽火台 3.1 千米，以上烽火台将阻堡烽火台群与阻虎堡烽火台群、南丈堡烽火台群和下乃河堡烽火台群联系起来。

白道沟堡烽火台群大致有东西两条传烽线路，东线由白道沟 2 号烽火台、西虎儿界村烽火台、边庄烽火台和口前村烽火台组成；西线由白道沟 1 号烽火台、信虎辛窑 1~3 号烽火台组成。白道沟堡烽火台群中，信虎辛窑 1 号烽火台距离信虎辛窑长城最近（0.67 千米）。该烽火台群中除白道沟 1、2 号烽火台距白道沟堡较近外（0.28~2.7 千米），其余在 6.7~11.3 千米，距离较远。边庄烽火台西北距下乃河堡烽火台群另山烽火台 9.1 千米，将白道沟堡烽火台群与下乃河堡烽火台群联系起来。

平鲁城堡烽火台群大致有东、南、西、北四条传烽线路，东线由凤凰城 4 号和 5 号烽火台、小野猪窝烽火台、大野猪窝烽火台、凤凰城镇柳沟烽火台、辛窑子烽火台、王二老庄 1 号和 2 号烽火台、花果窑烽火台、艾家窑烽火台、张家花板烽火台、赵小冲烽火台及黑家狮烽火台组成；北线除与东线重叠的凤凰城 4、5 号烽火台外，由黄家楼 1 号和 2 号烽火台、王化山烽火台、头铺烽火台、毛家窑 1 号和 2 号烽火台、连家窑烽火台及三层洞烽火台组成；西线包括南北两组，北组由凤凰城 1 号和 3 号烽火台、旺家村烽火台、周家庄 1 号和 2 号烽火台及下水泊烽火台组成，南组除凤凰城 1 号烽火台外，由凤凰城 2 号烽火台、郑家营烽火台和井洼烽火台组成；南线由祁家窑烽火台、屯军沟烽火台、团城寺烽火台、三里庄烽火台和小破石 1、2 号烽火台组成。平鲁城堡烽火台群中，虽有部分烽火台距平鲁城堡较远（连家窑烽火台最远，距平鲁城堡 12.1 千米），烽火台间距均较近。连家窑烽火台西北距少家堡烽火台群元台子山烽火台 2.4 千米，下水泊烽火台西北距败虎堡烽火台群王家庄烽火台 2.5 千米，井洼烽火台西北距败虎堡烽火台群上水泊 2 号烽火台 2.5 千米、西距迎恩堡烽火台群武家窑烽火台 2.4 千米，屯军沟烽火台西距阻虎堡烽火台群小干沟烽火台 2.6 千米，小破石 1 号烽火台南距交界堡烽火台群半坡墩烽火台 1.2 千米，以上烽火台将平鲁城堡烽火台群与少家堡烽火台群、败虎堡烽火台群、迎恩堡烽火台群、阻虎堡烽火台群和交界堡烽火台群联系起来。

南丈堡烽火台群大致有南、西、北三条传烽线路，北线有 2 座烽火台，即韩家山寺 1、2 号烽火台；西线只有北丈烽火台；南线由黄土沟烽火台、雄沟梁烽火台、双碾乡柳沟烽火台、侯港村烽火台和双碾烽火台组成。南丈堡烽火台群中，除侯港村烽火台、双碾烽火台距南丈堡和群内其他烽火台较远外（分别为 7.1、6.8 千米），其余烽火台距南丈堡 1.7 ~ 4.6 千米，烽火台间距 1.1 ~ 2.2 千米。北丈烽火台西北距阻堡烽火台群阻堡 2 号烽火台 2.3 千米，双碾烽火台东南距交界堡烽火台群计家窑 1 号烽火台 3.7 千米、南距下乃河堡烽火台群土圈沟村烽火台 4.2 千米，以上烽火台将南丈堡烽火台群与阻堡烽火台群、交界堡烽火台群和下乃河堡烽火台群联系起来。

下乃河堡烽火台群大致有南、西、北三条传烽线路，北线由下乃河 2 号烽火台、陈庄 1 号和 2 号烽火台、寺儿沟村 1 号和 2 号烽火台、九坪梁烽火台、白辛庄烽火台、土圈沟烽火台和上乃河烽火台组成；西线由下乃河 1 号烽火台、南坪村烽火台和口子上村烽火台组成；南线由下乃河 3 号烽火台、上水头烽火台、前沙沟烽火台和另山烽火台组成。下乃河堡烽火台群中，除寺儿沟村 1 号烽火台、土圈沟烽火台距下乃河堡较远外（分别为 5.9、6.5 千米），其余烽火台距下乃河堡 0.45 ~ 5.6 千米，烽火台间距 0.1 ~ 4.3 千米。土圈沟烽火台北距南丈堡烽火台群双碾烽火台 4.2 千米、东北距交界堡烽火台群计家窑 1 号烽火台 3.4 千米，寺儿沟村 1 号烽火台西北距阻堡烽火台群祝马会烽火台 3.1 千米，另山烽火台东南距白道沟堡烽火台群边庄烽火台 9.1 千米，以上烽火台将下乃河堡烽火台群与南丈堡烽火台群、交界堡烽火台群、阻堡烽火台群和白道沟堡烽火台群联系起来。

交界堡烽火台群大致有南北两条传烽线路，北线由交界村烽火台、西水界乡铺上烽火台、西水界 1 号烽火台、大路庄 1 ~ 3 号烽火台、小路庄烽火台、半坡墩烽火台、小石湖烽火台、付家庄 2 号烽火台、于家窑烽火台和西夹道烽火台组成；南线由担子山烽火台、泉子上 1 ~ 4 号烽火台、计家窑 1 号和 2 号烽火台组成。交界堡烽火台群中，除西夹道烽火台、计家窑 1 号烽火台距交界堡较远外（分别为 8.9、9.3 千米），其余烽火台距交界堡 1 ~ 7.6 千米。半坡墩烽火台北距平鲁城堡烽火台群小破石 1 号烽火台 1.2 千米，计家窑 1 号烽火台西北距南丈堡烽火台群双碾烽火台 3.7 千米、西南距下乃河堡烽火台群土圈沟烽火台 3.4 千米，泉子上 1 号烽火台南距井坪城堡—向阳堡烽火台群店梁 1 号烽火台 1.9 千米，以上烽火台将交界堡烽火台群与平鲁城堡烽火台群、南丈堡烽火台群、下乃河堡烽火台群和井坪城堡—向阳堡烽火台群联系起来。

井坪城堡—向阳堡烽火台群大致有北、西、南三条传烽线路，北线由井坪镇 1 号烽火台、西钟牌 1 ~ 3 号烽火台、店梁 1 号烽火台、下麻黄烽火台、向阳堡乡铺上烽火台和店梁 2 号烽火台组成；西线由井坪镇 2 号烽火台、大梁烽火台、下红沟 1 号和 2 号烽火台及高家坡烽火台组成；南线由元墩村烽火台、安太堡烽火台、太西村烽火台、下黑水沟烽火台、上窑子烽火台、马鞍山烽火台、石崖湾 1 号和 2 号烽火台组成。井坪城堡—向阳堡烽火台群中，除南线的太西村烽火台、下黑水沟烽火台、马鞍山烽火台、石崖湾 1 号和 2 号烽火台距井坪城堡较远外（11～13.4 千米），其余烽火台距井坪城堡 0.41～7.9 千米。店梁 1 号烽火台北距泉子上 1 号烽火台 1.9 千米，将井坪城堡—向阳堡烽火台群与交界堡烽火台群联系起来。

中嘴山烽火台位于平鲁区东南与山阴县和朔城区交界的山地，与最近的石崖湾 1、2 号烽火台相距 24.5 千米。

综上可以看出，各烽火台群中，烽火台距中心堡的距离为 0.28～13.4 千米，烽火台间距 0.02～6.9 千米（不包括中咀山烽火台）。各烽火台群相互间都有一些间距较近的烽火台将它们联系起来。

④平鲁区长城沿线烽火台群和腹里烽火台的设置有一个特点，即沿交通要道分布。平鲁城堡烽火台群东西线烽火台、败虎堡烽火台群南线烽火台和迎恩堡烽火台群大致沿 109 国道两侧分布，平鲁城堡烽火台群南线烽火台和井坪城堡—向阳堡烽火台群大致沿 212 省道（平朔公路）分布，下乃河堡烽火台群西、南线大致沿 304 省道（平万公路）分布。

⑤从平面形制来讲，平鲁区长城沿线烽火台绝大多数为矩形。长城沿线烽火台群和腹里烽火台，各烽火台群均有数量不等的矩形和圆形台体，白道沟堡烽火台群全部为矩形台体，阻虎堡烽火台群和井坪城堡—向阳堡烽火台群中各有一座为圆形，余为矩形台体。因此，在平面形制方面，矩形或圆形台体的分布与长城沿线与否或地形之间没有太多有联系。

⑥结合烽火台的材质类型，石质烽火台主要分布在平鲁区北部和西部的山地丘陵地带，东南部以井坪镇为中心的平川丘陵地带未发现石质烽火台。相对应的是，井坪城堡—向阳堡烽火台群和交界堡烽火台群中没有石质烽火台。

⑦烽火台的底部周长相差很悬殊，最小者 16.3、最大者 61.5 米。尝试对烽火台进行大小划分，依据台体的底部周长，按≥50、40～50、＜40 米三个标准进行分类，以残高作为参考。这种划分肯定不全面，所反映的信息不一定准确。硬性的按 40、50 米进行分类很主观，因为当时的长度计量与今天不同，只求能从中约略窥见当时的某种特点（表 204～207）。

表 204　平鲁区土质矩形烽火台分类统计表

	底部周长分类	底部周长（米）	数量（座）	百分比（%）	残高（米）
大型台体	≥50 米	50～53.6	11	8	4～11.4
中型台体	40～50 米	40～49.5	41	29.9	4～12.5
小型台体	＜40 米	17.4～39.7	77	56.2	3.2～10.08
其他	不详	不详	8	5.9	3.5～7
合计		17.4～53.6	137	100	3.2～12.5

表 205　平鲁区土质圆形烽火台分类统计表

	底部周长分类	底部周长（米）	数量（座）	百分比（%）	残高（米）
大型台体	≥50 米	53.4～61.5	3	7	5.4～6.5
中型台体	40～50 米	40.8～48.9	8	18.6	3.7～10.1
小型台体	＜40 米	16.3～39.5	31	72.1	2.3～11.5
其他	不详	不详	1	2.3	4.4
合计		16.3～61.5	43	100	2.3～11.5

表 206　平鲁区石质矩形烽火台分类统计表

	底部周长分类	底部周长（米）	数量（座）	百分比（%）	残高（米）
大型台体	≥50 米	无	0	0	无
中型台体	40～50 米	45.2	1	14.3	5
小型台体	<40 米	18.5～34	6	85.7	2～9
合计		18.5～45.2	7	100	2～9

表 207　平鲁区石质圆形烽火台分类统计表

	底部周长分类	底部周长（米）	数量（座）	百分比（%）	残高（米）
大型台体	≥50 米	无	0	0	无
中型台体	40～50 米	无	0	0	无
小型台体	<40 米	27.9～33.9	3	100	3.1～10
合计		27.9～33.9	3	100	3.1～10

从以上表格中可以看出，平鲁区土质烽火台以中小型为主，小型者占多数，大型者很少，石质烽火台中仅一座中型者，余为小型，未发现大型。结合烽火台的平面形制，土质矩形烽火台中型者占一定比例，圆形烽火台中型者比例要远小于矩形烽火台。

大中型土质烽火台主要分布在平鲁城堡烽火台群、交界堡烽火台群和井坪城堡—向阳堡烽火台群中，这几组烽火台群正位于平鲁城堡至井坪城堡一线。

（4）烽火台保存状况

平鲁区烽火台保存较好 39 座、一般 133 座、较差 19 座。

土质烽火台台体坍塌脱落严重，表面凹凸不平，有裂缝、沟槽、孔洞。台体上生长有杂草。造成损毁的自然因素主要有风雨侵蚀、植物生长等；人为因素主要有农业生产活动破坏台体、掏挖洞穴、踩踏、取土挖损以及盖房利用台体、修路破坏台体等，个别存在不合理修缮、台体周围倒垃圾的现象。

石质烽火台台体坍塌脱落严重，台体上生长有杂草。个别台体包石无存。造成损毁的自然因素主要有是风雨侵蚀，植物生长等；人为因素主要有拆毁石块、掏挖洞穴等。

三　自然与人文环境

（一）自然环境

平鲁区位于山西省西北部，地处吕梁山北端晋北黄土高原北部。地势西北高、东南低，地形以山地丘陵为主，仅东南部有小片平川丘陵。气候寒冷干燥，多风沙，年均气温 4.5℃，年降雨量约 450 毫米，无霜期 120 天。境内西北部有黄河支流苍头河上游，东南部有桑干河上游源子河、马关河和下窑沟，西南部有季节性河流另山河，境内中部有东西向的季节性河流大沙沟注入源子河。区境土壤比较单纯，为淡栗钙土性土。与内蒙古自治区清水河县交界山区植被一般，境内山区植被较稀疏。

（二）人文环境

村庄居民以农业和家畜饲养业为主。

区境内北部凤凰城镇、高石庄乡和阻虎乡有 109 国道东西向过境，中南部有平鲁区至偏关县万家寨镇的 304 省道（平万公路）、至朔城区的 212 省道（平朔公路）、至右玉县的 241 省道（董元公路）。

四　保护与管理状况

平鲁区长城资源的保护管理机构是平鲁区文物管理所。目前有关长城资源的保护范围、建设控制地带、保护标志、记录档案等工作有待规定或完善。

表174　平鲁区敌台一览表

名称	地点	高程	与其他遗存的位置关系	材质	建筑方式	平面形制	剖面形制	尺寸	附属设施	修缮情况	保存状况	损毁原因及存在病害
七墩镇1号敌台	清水河县韭菜庄乡新村东北2.5千米	1680米	骑墙而建。位于七墩镇长城墙体上	土	黄土夯筑而成,夯层厚0.1~0.2米	矩形	梯形	台体底部东西12,南北8米,顶部边长2米,残高11米	无	无	保存一般。台体坍塌脱落严重,北壁与长城相连处有土路穿过墙体,台体上生长杂草	自然因素主要因风雨侵蚀、植物生长等,人为因素主要有人畜践踏等
七墩镇2号敌台	清水河县韭菜庄乡新村东北2.3千米	1705米	骑墙而建。位于七墩镇长城墙体上	土	黄土夯筑而成,夯层厚0.15~0.2米	矩形	梯形	台体底部东西8,南北9米,顶部边长1.5米,残高9米	有围墙,底宽8,顶宽1~1.5米,东墙长约40,残高4.5米	无	保存一般。台体坍塌脱落严重,台体和围墙上生长杂草	自然因素主要因风雨侵蚀、植物生长等
七墩镇3号敌台	清水河县韭菜庄乡新村东北2.1千米	1691米	骑墙而建。位于七墩镇长城墙体上	土	黄土夯筑而成,夯层厚0.15~0.2米	矩形	梯形	台体底部东西12,南北14米,顶部东西6,南北4米,残高12米	无	无	保存一般。台体坍塌脱落严重,表面凹凸不平。东壁邻深沟,西壁上生长杂草	自然因素主要因风雨侵蚀、植物生长等
七墩镇4号敌台	清水河县韭菜庄乡新村东北1.7千米	1648米	骑墙而建。位于七墩镇长城墙体上	土	黄土夯筑而成,夯层厚0.15~0.2米	矩形	梯形	台体底部东西11,南北10米,顶部东西3,南北2.5米,残高11米	有围墙,残存西墙39,底宽3,顶宽0.5,残高1~2米。台体周围散落较多瓦片及少量青砖碎块	无	保存较好。台体所有坍塌脱落,表面凹凸不平。南壁和围墙上生长杂草,与长城墙体相连处有土路穿过围墙西墙	自然因素主要因风雨侵蚀、植物生长等,人为因素主要有土路破坏围墙等
七墩镇5号敌台	清水河县韭菜庄乡新村东北1.4千米	1664米	骑墙而建。位于七墩镇长城墙体上	土	黄土夯筑而成,夯层厚0.15~0.2米	矩形	梯形	台体底部东西6,南北10米,顶部东西2.5,南北3米,残高9米	无	无	保存一般。台体坍塌脱落严重,表面凹凸不平。东、南壁有孔洞,西壁坍塌,台体上生长杂草	自然因素主要因风雨侵蚀、植物生长等
七墩镇6号敌台	清水河县韭菜庄乡新村东北1.1千米	1679米	骑墙而建。位于七墩镇长城墙体上	土	黄土夯筑而成,夯层厚0.15~0.2米	矩形	梯形	台体底部东西8,南北11米,顶部东西2,南北6米,残高10米	有围墙和挡马墙。围墙东、南、北墙残长28米,墙残长9米,底宽3,顶宽0.5~1米,挡马墙残长18米	无	保存一般。台体坍塌脱落严重,东、南壁有裂缝、孔洞,台体和围墙上生长杂草,西、北壁延伸,在北壁与长城墙体相连处穿过墙体	自然因素主要因风雨侵蚀、植物生长等

续表 174

名称	地点	高程	与其他遗存的位置关系	材质	建筑方式	平面形制	剖面形制	尺寸	附属设施	修缮情况	保存状况	损毁原因及存在病害
七墩镇 7 号敌台	清水河县韭菜庄乡新村东北 0.5 千米	1666 米	骑墙而建。位于七墩镇长城墙体上	土	黄土夯筑而成，夯层厚 0.15～0.2 米	矩形	梯形	台体底部东西 12，南北 9 米，顶部东西 3、南北 3.5 米，残高 10 米	围墙保存，东、西墙残长 20 米，南、北墙残长 8 米。墙体底宽 4～5，顶宽 1 米。东壁有洞穴，内有登顶阶梯，洞宽 1～2.5，高 4 米	无	保存一般。台体坍塌脱落严重，西壁尤甚，表面凹凸不平。东、南壁有孔洞，台体和围墙上生长杂草	自然因素主要有风雨侵蚀、植物生长等
七墩镇 8 号敌台	清水河县韭菜庄乡新村东北 0.4 千米	1642 米	骑墙而建。位于七墩镇长城墙体上	土	黄土夯筑而成，夯层厚 0.15～0.2 米	矩形	梯形	台体底部东西 8，南北 9 米，顶部边长 3 米，残高 10 米	东壁有斜坡状登顶孔洞，洞宽 1.8，高 2.5，进深 2 米	无	保存一般。台体坍塌脱落严重，西壁尤甚，表面凹凸不平。东、南、西壁有孔洞，台体上生长杂草	自然因素主要有风雨侵蚀、植物生长等
七墩镇 9 号敌台	清水河县韭菜庄乡新村西南 0.3 千米	1632 米	骑墙而建。位于七墩镇长城墙体上	土	黄土夯筑而成，夯层厚 0.15～0.2 米	矩形	梯形	台体底部边长 11 米，顶部东西 2、南北 3 米，残高 7 米	无	无	保存一般。台体坍塌脱落严重，表面凹凸不平，有裂缝、孔洞，北壁与长城墙体相连处有土路穿过墙体，台体上生长杂草	自然因素主要有风雨侵蚀、植物生长等
新村 1 号敌台	清水河县韭菜庄乡新村西南 0.5 千米	1665 米	骑墙而建。位于新村长城墙体上	土	黄土夯筑而成，夯层厚 0.15～0.2 米	矩形	梯形	台体底部东西 10.5，南北 10 米，顶部边长 5 米，残高 8 米	无	无	保存一般。台体坍塌脱落严重，表面凹凸不平。西壁有 2 条裂缝，台体上生长杂草	自然因素主要有风雨侵蚀、植物生长等
新村 2 号敌台	清水河县韭菜庄乡新村西南 0.8 千米	1674 米	骑墙而建。位于新村长城墙体上	土	黄土夯筑而成，夯层厚 0.15～0.2 米	矩形	梯形	台体底部边长 12 米，顶部东西 2、南北 3 米，残高 10 米	无	无	保存一般。台体坍塌脱落严重，表面凹凸不平，有裂缝、孔洞，台体上生长杂草	自然因素主要有风雨侵蚀、植物生长等，人为因素主要有人畜踩踏等

续表174

名称	地点	高程	与其他遗存的位置关系	材质	建筑方式	平面形制	剖面形制	尺寸	附属设施	修缮情况	保存状况	损毁原因及存在病害
新村3号敌台	清水河县韭菜庄乡新村西南1.1千米	1689米	骑墙而建。位于新村西长城墙体上	砖	外部砖石砌筑，条石基础，高3.4米，红色条石长90~160、宽45、厚20~25厘米；上部包砖，高8.6米，青砖长40、宽20、厚10厘米。内部为夯土台体，黄土夯筑而成	矩形	梯形	台体底部边长15，顶部边长10，残高12米	有大小两道围墙。大围墙位于台体东侧，平面呈矩形，东西60、南北160米；小围墙平面呈不规则矩形，东侧长35、宽14米，西侧长30米，存拱门，西侧底部正中有石砌拱门，残高0.45米，存门扇。台体东壁正中有石匾，刻有"洞门"二字。上部四壁原均有拱形瞭望孔3个，东壁存1个，西壁存3个，南、北壁无存。南、北长城墙体相连处各有一座砖券拱门，南壁拱券有一扇石门；门坍塌，仅存一扇石门。北壁拱门内有拱顶通道，残深1.9米。台体周围散落许多青砖和红色条石碎块，顶部散落青砖	无	保存较好。台体顶部有砖坍塌脱落严重，顶部和底部附近生长杂草	自然因素主要有风雨侵蚀、植物生长等
新墩1号敌台	清水河县韭菜庄乡新村西南1.4千米	1653米	骑墙而建。位于新村西长城墙体上	土	黄土夯筑而成，夯层厚0.15~0.2米	矩形	梯形	台体底部东西11、南北12.5米，顶部东西2、南北3米，残高10米	无	无	保存一般。东、南壁底部有现代洞穴，东壁洞穴宽1、高1.5米，南壁洞穴宽1、高1、进深0.5米。台体上生长杂草	自然因素主要有风雨侵蚀、人为因素主要有掏挖洞穴等
新墩2号敌台	清水河县韭菜庄乡新村西南1.9千米	1624米	骑墙而建。位于新村西长城墙体上	土	黄土夯筑而成，夯层厚0.15~0.2米	矩形	梯形	台体底部东西10、南北9米，顶部边长3米，残高8米	无	无	保存一般。台体坍塌脱落严重，台体上生长杂草	自然因素主要有风雨侵蚀、植物生长等

名称	地点	高程	与其他遗存的位置关系	材质	建筑方式	平面形制	剖面形制	尺寸	附属设施	修缮情况	保存状况	损毁原因及存在病害
板申沟1号敌台	清水河县韭菜庄乡板申沟村东南1.5千米	1660米	骑墙而建。位于板申沟长城墙体上	砖	外部砖石砌筑,条石基础,高3.4米,红色条石长90~160、宽45、厚20~25厘米;上部包砖,青砖长40~50、宽20、厚10厘米。内部为夯土台体,黄土夯筑而成	矩形	梯形	台体底部边长15、顶部边长10、残高16.48米	围墙仅存痕迹。台体底部东壁右侧有砖砌拱门,宽1.5、高1.8、进深0.5米。上部四壁原有长方形瞭望孔4个,现东、北壁各存1个,南壁存2个,西壁存4个。瞭望孔外宽0.9、内宽0.5、高1.1米。台体顶部有垛口墙仅四角处保存,宽1、高2米;垛口墙下台体四壁有砖砌突檐、瓦片碎块	无	保存较好。台体顶部垛口墙青砖坍塌脱落严重。四壁有裂缝,顶部和底部附近生长杂草	自然因素主要有风雨侵蚀、植物生长等
板申沟2号敌台	清水河县韭菜庄乡新村西南3.4千米	1686米	骑墙而建。位于板申沟长城墙体上	土	黄土夯筑而成,夯层厚0.15~0.2米	矩形	梯形	台体底部边长15、顶部边长6、残高10米	无	无	保存一般。台体坍塌脱落严重,表面凹凸不平、有大量孔洞,台体上生长杂草	自然因素主要有风雨侵蚀、植物生长等
板申沟3号敌台	清水河县韭菜庄乡新村西南4千米	1697米	骑墙而建。位于板申沟长城墙体上	土	黄土夯筑而成,夯层厚0.15~0.2米	矩形	梯形	台体底部东西10、南北9.5米,顶部残长4米,边长4米残高10米	台体周围散落石块、青砖碎块	无	保存一般。台体坍塌脱落严重,南壁有裂缝、孔洞,台体上生长杂草	自然因素主要有风雨侵蚀、植物生长等
板申沟4号敌台	清水河县韭菜庄乡新村西南4.3千米	1702米	骑墙而建。位于板申沟长城墙体上	土	黄土夯筑而成,夯层厚0.15~0.2米	矩形	梯形	台体底部东西12、南北13米,顶部东西3、南北4米,残高11米	围墙残存西墙,残长38、宽1、残高2~2米,东距台体7.5米	无	保存一般。台体坍塌脱落严重,表面凹凸不平、西壁有大量孔洞,台体上生长杂草	自然因素主要有风雨侵蚀、植物生长等
板申沟5号敌台	清水河县韭菜庄乡新村西南4.7千米	1701米	骑墙而建。位于板申沟长城墙体上	土	黄土夯筑而成,夯层厚0.15~0.2米	矩形	梯形	台体底部边长10米,顶部东西8、南北5.5米,残高10米	无	无	保存一般。台体坍塌脱落严重,台体上生长杂草	自然因素主要有风雨侵蚀、植物生长等,人为因素主要有人畜踩踏等

续表 174

名称	地点	高程	与其他遗存的位置关系	材质	建筑方式	平面形制	剖面形制	尺寸	附属设施	修缮情况	保存状况	损毁原因及存在病害
蒋家坪1号敌台	清水河县韭菜庄乡七墩沟东2千米	1682米	骑墙而建。位于福心沟长城墙体上	土	黄土夯筑而成，夯层厚0.15~0.2米	矩形	梯形	台体底部东西11，顶部东西7，南北5米，残高8米	台体顶部南侧有红色条石和青砖	无	保存一般。台体坍脱落严重，表面凹凸不平，有裂缝，孔洞。台体上生长杂草	自然因素主要有风雨侵蚀，植物生长等
蒋家坪2号敌台	清水河县韭菜庄乡七墩沟东2.5千米	1694米	骑墙而建。位于福心沟长城墙体上	土	黄土夯筑而成，夯层厚0.15~0.2米，夯层中含少量红色条石	矩形	梯形	台体底部东西12.5，南北12.5米，顶部东西4，南北5米，残高11米	台体底部有矩形台基，顶部有红色条石和青砖，周围散落青砖、石块	无	保存一般。台体坍脱落严重，表面凹凸不平，有裂缝，孔洞。台体上生长杂草	自然因素主要有风雨侵蚀，植物生长等
蒋家坪3号敌台	清水河县韭菜庄乡福心沟村东北1.4千米	1696米	骑墙而建。位于福心沟长城墙体上	土	黄土夯筑而成，夯层厚0.15~0.2米	矩形	梯形	不详	台体周围散落许多石块、条石、青砖、瓦片碎块	无	保存较差。台体坍塌脱落严重。台体上生长杂草	自然因素主要有风雨侵蚀，植物生长等
福心沟1号敌台	平鲁区高石庄乡九洞村东北1.5千米	1691米	骑墙而建。位于福心沟长城墙体上	土	黄土夯筑而成，夯层厚0.15~0.2米	矩形	梯形	台体底部东西14，南北13.5米，顶部东西6，南北7.5米，残高12米	围墙残存西墙，残长38，距台体8.5，底宽2，顶宽0.5，残高2.7米。台体底部有矩形台基，顶部有红色条石和青砖	无	保存一般。台体坍脱落严重，表面凹凸不平，有裂缝，孔洞。台体上生长杂草	自然因素主要有风雨侵蚀，植物生长等
福心沟2号敌台	清水河县韭菜庄乡福心沟村东北0.7千米	1672米	骑墙而建。位于福心沟长城墙体上	土	黄土夯筑而成，夯层厚0.15~0.2米	矩形	梯形	台体底部东西7，顶部东西西3.5，南北4米，残高4米	无	无	保存一般。台体坍脱落严重，表面凹凸不平，有裂缝，槽，孔洞。台体上生长杂草	自然因素主要有风雨侵蚀，人为因素主要有人畜踩踏等
十七坡1号敌台	清水河县韭菜庄乡福心沟村东南0.5千米	1658米	骑墙而建。位于十七坡长城墙体上	土	黄土夯筑而成，夯层厚0.15~0.2米	矩形	梯形	台体底部东西15.5，南北14.5米，顶部边长5米，残高13米	台体周围散落青砖、瓦片碎块	无	保存一般。台体坍脱落严重，表面凹凸不平，有孔洞。台体上生长杂草	自然因素主要有风雨侵蚀，植物生长等

续表174

名称	地点	高程	与其他遗存的位置关系	材质	建筑方式	平面形制	剖面形制	尺寸	附属设施	修缮情况	保存状况	损毁原因及存在病害
十七坡2号敌台	清水河县韭菜庄乡福心沟村东南0.9千米	1628米	骑墙而建。位于十七坡长城墙体上	土	黄土夯筑而成，夯层厚0.15~0.2米	矩形	梯形	台体底部边长13米，顶部东西6、南北3米，残高9米	无	无	保存一般。台体坍塌脱落严重，表面凹凸不平，有裂缝、沟洞、台体上生长杂草	自然因素主要有风雨侵蚀、植物生长等
十七坡3号敌台	清水河县韭菜庄乡福心沟村南1.1千米	1613米	骑墙而建。位于十七坡长城墙体上	土	黄土夯筑而成，夯层厚0.15~0.2米	矩形	梯形	台体底部东西12.5、南北14.5米，顶部东边长7米，残高9米	无	无	保存一般。台体坍塌脱落严重，表面凹凸不平，东、西壁有孔洞，台体上生长杂草	自然因素主要有风雨侵蚀、植物生长等
十七坡4号敌台	清水河县韭菜庄乡福心沟村西南0.5千米	1637米	骑墙而建。位于十七坡长城墙体上	土	黄土夯筑而成，夯层厚0.15~0.2米，夯层中含少量红色条石。南壁底部露出红色条石基础	矩形	梯形	台体底部东西12.5、南北11米，顶部东西6.5、南北6米，残高8米	无	无	保存一般。台体坍塌脱落严重，有沟槽，台体上生长杂草	自然因素主要有风雨侵蚀、植物生长等
十七坡5号敌台	清水河县韭菜庄乡福心沟村西南0.9千米	1654米	骑墙而建。位于十七坡长城墙体上	土	黄土夯筑而成，夯层厚0.15~0.2米	矩形	梯形	台体底部东西4、南北6.5米，顶部东西4、南北6.5米，残高9米	无	无	保存一般。台体坍塌脱落严重，表面凹凸不平，西壁有沟槽，台体上生长杂草	自然因素主要有风雨侵蚀、植物生长等，人为因素主要有人畜踩踏
十七坡6号敌台	清水河县韭菜庄乡福心沟村西南1.2千米	1626米	骑墙而建。位于十七坡长城墙体上	土	黄土夯筑而成，夯层厚0.15~0.2米，夯层中含少量红色条石。南壁底部露出红色条石基础	矩形	梯形	台体底部东西11、南北12米，顶部东西4.5、南北6米，残高9米	台体周围散落少量青砖、瓦片碎块	无	保存一般。台体坍塌脱落严重，表面凹凸不平，东壁有孔洞，台体上生长杂草	自然因素主要有风雨侵蚀、植物生长等
十七坡7号敌台	清水河县韭菜庄乡福心沟村西南1.4千米	1609米	骑墙而建。位于十七坡长城墙体上	土	黄土夯筑而成，夯层厚0.15~0.2米	矩形	梯形	台体底部东西14.5、南北13.5米，顶部东西6、南北6.5米，残高12米	台体顶部边缘有条石和青砖，周围散落条石块、青砖碎块	无	保存一般。台体坍塌脱落严重，南壁表面凹凸不平，有孔洞，台体上生长杂草	自然因素主要有风雨侵蚀、植物生长等，人为因素主要有人畜踩踏

续表174

名称	地点	高程	与其他遗存的位置关系	材质	建筑方式	平面形制	剖面形制	尺寸	附属设施	修缮情况	保存状况	损毁原因及存在病害
十七坡8号敌台	清水河县韭菜庄乡十七坡村东0.3千米	1594米	骑墙而建。位于十七坡村长城墙体上	土	黄土夯筑而成，夯层厚0.15~0.2米	矩形	梯形	台体底部东西11、南北14.5米，顶部东西4、南北6米，残高8米	台体周围散落较多青砖碎块、石块	无	保存一般。台体坍塌脱落严重，表面凹凸不平，有沟槽、孔洞，台体上生长杂草	自然因素主要有风雨侵蚀、植物生长等，人为因素主要有人畜踩踏等
十七坡9号敌台	清水河县韭菜庄乡十七坡村东0.25千米	1566米	骑墙而建。位于十七坡村长城墙体上	土	黄土夯筑而成，夯层厚0.15~0.2米，夯层中含少量砂砾	矩形	梯形	台体底部边长14.5米，顶部东西3、南北6米，残高12米	无	无	保存一般。台体坍塌脱落严重，表面凹凸不平，有裂缝、孔洞，台体上生长杂草	自然因素主要有风雨侵蚀、植物生长等
十七坡10号敌台	清水河县韭菜庄乡十七坡村东南0.2千米	1530米	骑墙而建。位于十七坡村长城墙体上	土	黄土夯筑而成，夯层厚0.15~0.2米，夯层中含少量石块	矩形	梯形	台体底部边长13、顶部边长12，残高10米	台体周围散落红色条石	无	保存一般。台体坍塌脱落严重，表面凹凸不平，有裂缝、沟槽、孔洞，南壁西侧有废弃窑洞，台体上生长杂草	自然因素主要有风雨侵蚀、植物生长等，人为因素主要有掏挖洞穴等
小岔子1号敌台	清水河县韭菜庄乡十七坡村南0.6千米	1549米	骑墙而建。位于小岔子长城墙体上	土	黄土夯筑而成，夯层厚0.15~0.2米	矩形	梯形	台体底部东西16、南北15米，顶部东西4、南北5米，残高9米	台体顶部散落青砖、瓦片碎块	无	保存一般。台体坍塌脱落严重，表面凹凸不平，有沟槽、孔洞，台体上生长杂草	自然因素主要有风雨侵蚀、植物生长等
小岔子2号敌台	清水河县韭菜庄乡十七坡村南0.8千米	1578米	骑墙而建。位于小岔子长城墙体上	土	黄土夯筑而成，夯层厚0.15~0.2米	矩形	梯形	台体底部边长13、顶部边长4，残高9米	台体顶部边缘有红色条石和青砖，周围散落青砖、瓦片、石块碎块	无	保存一般。台体坍塌脱落严重，表面凹凸不平，有孔洞，台体上生长杂草	自然因素主要有风雨侵蚀、植物生长等
小岔子3号敌台	清水河县韭菜庄乡十七坡村南1.1千米	1610米	骑墙而建。位于小岔子长城墙体上	土	黄土夯筑而成，夯层厚0.15~0.2米	矩形	梯形	台体底部东西16、南北14.5米，顶部东西4、南北5米，残高10米	有围墙，平面呈矩形，东西38、南北22米，东墙距台体9.5、西墙距台体2~3，顶宽0.5、墙体底宽2、残高2米。台体顶部有红色条石和青砖	无	保存一般。台体坍塌脱落严重，表面凹凸不平，有裂缝、孔洞，台体上生长杂草	自然因素主要有风雨侵蚀、植物生长等

续表174

名称	地点	高程	与其他遗存的位置关系	材质	建筑方式	平面形制	剖面形制	尺寸	附属设施	修缮情况	保存状况	损毁原因及存在病害
小盆子4号敌台	清水河县韭菜庄乡十七坡村南1.6千米	1599米	骑墙而建。位于小盆子长城墙体上	土	黄土夯筑而成，夯层厚0.15~0.2米	矩形	梯形	台体底部边长14.5、顶部边长6.5、残高14米	台体顶部边缘有条石和青砖，周围散落青砖、瓦片、石块碎块	无	保存一般。台体坍脱落严重，表面凹凸不平，有沟槽、孔洞。台体上生长杂草	自然因素主要有风雨侵蚀、植物生长等
小盆子5号敌台	清水河县韭菜庄乡十七坡村南1.8千米	1624米	骑墙而建。位于小盆子长城墙体上	土	黄土夯筑而成，夯层厚0.15~0.2米	矩形	梯形	台体底部东西14、南北11米，顶部东西4、南北2.5米，残高7米	无	无	保存一般。台体坍脱落严重，表面凹凸不平，有沟槽、孔洞。台体上生长杂草	自然因素主要有风雨侵蚀、植物生长等
小盆子6号敌台	清水河县韭菜庄乡小盆子村东南0.5千米	1624米	骑墙而建。位于小盆子长城墙体上	土	黄土夯筑而成，夯层厚0.15~0.2米	矩形	梯形	台体底部边长14、顶部边长5、残高15米	围墙残存西墙，残长40、底宽2、顶宽0.5、残高4米。台体顶部边缘有条石和青砖	无	保存一般。台体坍脱落严重，表面凹凸不平，有孔洞。台体上生长杂草	自然因素主要有风雨侵蚀、植物生长等
小盆子7号敌台	清水河县韭菜庄乡小盆子村东南0.6千米	1625米	骑墙而建。位于小盆子长城墙体上	土	黄土夯筑而成，夯层厚0.15~0.2米	矩形	梯形	台体底部边长12、顶部东西5、南北4.5米，残高12米	无	无	保存一般。台体坍脱落严重，表面凹凸不平，有孔洞。台体上生长杂草	自然因素主要有风雨侵蚀、植物生长等
小盆子8号敌台	清水河县韭菜庄乡小盆子村东南0.7千米	1577米	骑墙而建。位于小盆子长城墙体上	土	黄土夯筑而成，夯层厚0.15~0.2米	矩形	梯形	台体底部东西11.5、顶部东西9、南北1米，残高7米	台体周围散落青砖、石块碎块	无	保存一般。台体坍脱落严重，表面凹凸不平，有孔洞。台体上生长杂草	自然因素主要有风雨侵蚀、植物生长等
高泉营子1号敌台	清水河县韭菜庄乡高泉营子村东0.65千米	1602米	骑墙而建。位于高泉营子长城墙体上	土	黄土夯筑而成，夯层厚0.15~0.2米	矩形	梯形	台体底部东西15、南北13米，顶部边长6米，残高11米	围墙仅存院基，院基残高3米，平面呈矩形，东西20、南北50米。台体西侧有挡马墙，残长55、底宽5、顶宽1米	无	保存一般。台体坍脱落严重，表面凹凸不平，有孔洞。台体上生长杂草	自然因素主要有风雨侵蚀、植物生长等

续表174

名称	地点	高程	与其他遗存的位置关系	材质	建筑方式	平面形制	剖面形制	尺寸	附属设施	修缮情况	保存状况	损毁原因及存在病害
高泉营子2号敌台	清水河县韭菜庄乡头墩村东南0.9千米	1612米	骑墙而建。位于高泉营子长城墙体上	土	黄土夯筑而成，夯层厚0.15~0.2米	矩形	梯形	台体底部东西12、南北11米，顶部边长7米，残高15米	无	无	保存一般。台体坍落严重，表面凹凸不平，有裂缝、沟槽、孔洞，南壁有孔洞，台体上生长杂草	自然因素主要有风雨侵蚀、植物生长等
高泉营子3号敌台	清水河县韭菜庄乡头墩村东南1千米	1629米	骑墙而建。位于高泉营子长城墙体上	土	黄土夯筑而成，夯层厚0.15~0.2米	矩形	梯形	台体底部东西13、南北15米，顶部东西8、南北9米，残高12米	围墙仅存院基，院基呈矩形，平面呈矩形，东西40、南北50、底宽4，顶宽12米，侧有挡马墙，残长50、底宽4，顶宽1，残高4米	无	保存较好。台体有所坍塌，表面凹凸不平，有脱落、沟槽、孔洞，台体上生长杂草	自然因素主要有风雨侵蚀、植物生长等
高泉营子4号敌台	清水河县韭菜庄乡头墩村东南1.1千米	1637米	骑墙而建。位于高泉营子长城墙体上	土	黄土夯筑而成，夯层厚0.15~0.2米	矩形	梯形	台体底部东西15、南北14米，顶部东西8、南北7米，残高12米	台体西侧有挡马墙，残长30、底宽5、顶宽1.5、高4米	无	保存较好。台体有所坍塌，表面凹凸不平，有脱落、沟槽、孔洞，台体上生长杂草	自然因素主要有风雨侵蚀、植物生长等
高泉营子5号敌台	清水河县韭菜庄乡头墩村东南1.3千米	1621米	骑墙而建。位于高泉营子长城墙体上	土	黄土夯筑而成，夯层厚0.15~0.2米	矩形	梯形	台体底部东西12、南北14米，顶部东西6、南北7.5米，残高11米	台体西侧有挡马墙，距台体12，残长40，底宽5、顶宽1~2，残宽3.5米	无	保存较好。台体有所坍塌，表面凹凸不平，有孔洞，台体上生长杂草	自然因素主要有风雨侵蚀、植物生长等
高泉营子6号敌台	清水河县韭菜庄乡头墩村东南1.5千米	1632米	骑墙而建。位于高泉营子长城墙体上	土	黄土夯筑而成，夯层厚0.15~0.2米	矩形	梯形	台体底部东西12、南北14米，顶部边长6米，残高8米	无	无	保存较好。台体有所坍塌，表面凹凸不平，有脱落、东壁有孔洞，台体上生长杂草	自然因素主要有风雨侵蚀、植物生长等
高泉营子7号敌台	清水河县韭菜庄乡头墩村东南1.75千米	1651米	骑墙而建。位于高泉营子长城墙体上	土	黄土夯筑而成，夯层厚0.15~0.2米	矩形	梯形	台体底部东西14、南北12米，顶部边长6米，残高14米	无	无	保存较好。台体有所坍塌，表面凹凸不平，有孔洞，台体上生长杂草	自然因素主要有风雨侵蚀、植物生长等

续表 174

名称	地点	高程	与其他遗存的位置关系	材质	建筑方式	平面形制	剖面形制	尺寸	附属设施	修缮情况	保存状况	损毁原因及存在病害
三里铺1号敌台	清水河县韭菜沟乡头鲁墩村东南2千米	1622米	骑墙而建。位于三里铺长城墙体上	土	黄土夯筑而成，夯层厚0.15~0.2米	矩形	梯形	台体底部东西15，南北12米，顶部边长5米，残高10米	无	无	保存较好。台体有所坍塌脱落，表面凹凸不平。南、西壁上生长杂草	自然因素主要有风雨侵蚀、植物生长等
三里铺2号敌台	平鲁区高石庄乡八墩村西南1.2千米	1604米	骑墙而建。位于三里铺长城墙体上	土	黄土夯筑而成，夯层厚0.15~0.2米	矩形	梯形	台体底部东西13，南北16米，顶部东西5.5，南北5米，残高11米	台体顶部边缘有红色条石和青砖，周围散落石块	无	保存一般。台体坍塌脱落严重，表面凹凸不平，有裂缝、孔洞。南壁右下角有现代洞穴，宽0.5，高0.4米。台体上生长杂草。	自然因素主要有风雨侵蚀、植物生长等，人为因素主要有掏挖洞穴等
三里铺3号敌台	平鲁区高石庄乡八墩村西南1.4千米	1619米	骑墙而建。位于三里铺长城墙体上	土	黄土夯筑而成，夯层厚0.15~0.2米	矩形	梯形	台体底部东西12，南北11米，顶部东西1，南北6米，残高11米	无	无	保存一般。台体坍塌脱落严重。台体上生杂草	自然因素主要有风雨侵蚀、植物生长等
三里铺4号敌台	平鲁区高石庄乡八墩村西南1.6千米	1626米	骑墙而建。位于三里铺长城墙体上	石	外部条石砌筑，白灰勾缝，条石长60~95，厚14~20，宽40厘米；内部为夯土台体，黄土夯筑而成，夯层厚0.15~0.2米	矩形	梯形	台体底部边长10米，顶部东西5.5，南北3米，残高8米	无	无	保存一般。台体坍塌脱落严重，东、南、北壁条石明殆尽，西壁部分分明塌，南壁有裂缝、孔洞，台体上生长杂草	自然因素主要有风雨侵蚀、植物生长等
三里铺5号敌台	平鲁区高石庄乡八墩村西南1.9千米	1651米	骑墙而建。位于三里铺长城墙体上	土	黄土夯筑而成，夯层厚0.15~0.2米	矩形	梯形	台体底部边长12，顶部边长6，残高13米	无	无	保存一般。台体坍塌脱落严重，表面凹凸不平。南壁有裂缝，孔洞，台体上生长杂草	自然因素主要有风雨侵蚀、植物生长等
三里铺6号敌台	平鲁区高石庄乡二墩村东北0.7千米	1620米	骑墙而建。位于三里铺长城墙体上	土	黄土夯筑而成，夯层厚0.15~0.2米	矩形	梯形	台体底部东西12，南北7米，顶部东西6，南北2米，残高7米	台体周围散落青砖、条石、石块	无	保存一般。台体坍塌脱落严重。台体上生长杂草	自然因素主要有风雨侵蚀、植物生长等

续表 174

名称	地点	高程	与其他遗存的位置关系	材质	建筑方式	平面形制	剖面形制	尺寸	附属设施	修缮情况	保存状况	损毁原因及存在病害
三里铺 7 号敌台	平鲁区高石庄乡三里铺村北0.6千米	1653 米	骑墙而建。位于三里铺长城墙体上	土	黄土夯筑而成,夯层厚 0.15 ~ 0.2 米	矩形	梯形	台体底部东西 10,南北 9 米,顶部边长 5 米,残高 10 米	无	无	保存较好。台体有所坍塌脱落,表面凹凸不平,南壁有裂缝,孔洞,台体上生长杂草	自然因素主要有风雨侵蚀、植物生长等
八墩 1 号敌台	平鲁区高石庄乡八墩村西北0.7千米	1593 米	骑墙而建。位于八墩长城 1 段墙体上	土	黄土夯筑而成,夯层厚 0.15 ~ 0.2 米	矩形	梯形	台体底部东西 12,南北 13 米,顶部东西 5、南北 6 米,残高 8 米	无	无	保存一般。台体坍塌脱落严重,表面凹凸不平,有孔洞,台体上生长杂草	自然因素主要有风雨侵蚀、植物生长等
八墩 2 号敌台	平鲁区高石庄乡八墩村西南0.5千米	1581 米	骑墙而建。位于八墩长城 1 段墙体上	土	黄土夯筑而成,夯层厚 0.15 ~ 0.2 米	矩形	梯形	台体底部东西 5,南北 14 米,顶部东西 1、南北 0.5 米,残高 4 米	无	无	保存较差。台体坍塌脱落严重。台体上生长杂草	自然因素主要有风雨侵蚀、植物生长等
八墩 3 号敌台	平鲁区高石庄乡八墩村西南0.8千米	1572 米	骑墙而建。位于八墩长城 1 段墙体上	土	黄土夯筑而成,夯层厚 0.15 ~ 0.2 米	矩形	梯形	台体底部边 5,顶部边 3,残高 3 米	无	无	保存较差。台体坍塌脱落严重。台体上生长杂草	自然因素主要有风雨侵蚀、植物生长等
八墩 4 号敌台	平鲁区高石庄乡八墩村西南1.2千米	1592 米	骑墙而建。位于八墩长城 1 段墙体上	土	黄土夯筑而成,夯层厚 0.15 ~ 0.2 米	矩形	梯形	台体底部边长 4,顶部边长 1,残高 3 米	无	无	保存较差。台体坍塌脱落严重。台体位于农田中	自然因素主要有风雨侵蚀、人为因素主要有农业生产活动破坏等
八墩 5 号敌台	平鲁区高石庄乡八墩村西南1.2千米	1593 米	骑墙而建。位于八墩长城 1 段墙体上	土	黄土夯筑而成,夯层厚 0.15 ~ 0.2 米	矩形	梯形	台体底部东西 4,南北 2,残高 3 米	台体周围散落少量砖、瓦	无	保存较差。台体坍塌脱落严重。台体上生长杂草	自然因素主要有风雨侵蚀、植物生长等
二墩 1 号敌台	平鲁区高石庄乡二墩村北0.14千米	1597 米	骑墙而建。位于二墩长城墙体上	土	黄土夯筑而成,夯层厚 0.15 ~ 0.2 米	矩形	梯形	台体底部边长 11 米,南北东西 2,残高 9 米	无	无	保存一般。台体坍塌脱落严重,表面凹凸不平,有沟槽,孔洞,台体上生长杂草	自然因素主要有风雨侵蚀、植物生长等

续表174

名称	地点	高程	与其他遗存的位置关系	材质	建筑方式	平面形制	剖面形制	尺寸	附属设施	修缮情况	保存状况	损毁原因及存在病害
二墩2号敌台	平鲁区高石庄乡二墩村西0.4千米	1647米	骑墙而建。位于二墩墙城墙体上	土	黄土夯筑而成，夯层厚0.25～0.3米，夯层中含石块	矩形	梯形	台体底部边长13，顶部边长5.5，残高9米	围墙残存东、西墙，东墙残高0.5米，西墙宽4，西墙底宽1.5、顶宽3米。台体东壁底部有洞穴，条石垒砌而成，宽1，高0.4米，洞穴上端有一块条石，洞长100，厚30厘米；顶部有洞穴，与台体周围散落石块、青砖、瓦片	无	保存一般。台体坍脱落严重，表面凹凸不平。西壁有裂缝，台体上生长杂草	自然因素主要有风雨侵蚀、植物生长等
二墩3号敌台	平鲁区高石庄乡二墩村西南0.7千米	1641米	骑墙而建。位于二墩墙城墙体上	土	黄土夯筑而成，夯层厚0.15～0.2米	矩形	梯形	台体底部东西10，南北12.5米，顶部边4米，残高9米	无	无	保存一般。台体坍脱落严重，表面凹凸不平。南壁有裂缝，台体上生长杂草	自然因素主要有风雨侵蚀、植物生长等
六墩1号敌台	平鲁区高石庄乡二墩村西南0.8千米	1656米	骑墙而建。位于二墩墙城墙体上	土	黄土夯筑而成，夯层厚0.15～0.2米	矩形	梯形	台体底部东西12，南北9米，顶部边长4米，残高10米	无	无	保存一般。台体坍脱落严重，表面凹凸不平。有沟槽、孔洞。台体上生长杂草	自然因素主要有风雨侵蚀、植物生长等
六墩2号敌台	平鲁区高石庄乡六墩村西北0.6千米	1669米	骑墙而建。位于二墩墙城墙体上	土	黄土夯筑而成，夯层厚0.15～0.2米	矩形	梯形	台体底部东西12.5，南北13米，顶部边长5米，残高13米	围墙残存东、西墙，东墙仅存地面痕迹，围墙内散落较多的石块、瓦片。台体顶部边缘有条石和青砖	无	保存一般。台体坍脱落严重，表面凹凸不平。有裂缝、沟槽、孔洞。台体上生长杂草	自然因素主要有风雨侵蚀、植物生长等
六墩3号敌台	平鲁区高石庄乡六墩村西0.6千米	1655米	骑墙而建。位于二墩墙城墙体上	土	黄土夯筑而成，夯层厚0.15～0.2米	矩形	梯形	台体底部边长15，顶部边长5，残高10米	围墙保存，平面呈矩形，东西26米，墙体底宽5，顶宽4米。残高4米。台体边缘有条石和青砖	无	保存一般。台体坍脱落严重，表面凹凸不平。南壁有孔洞，东壁底部有现代洞穴，宽2，高1.5，进深2.5米。台体上生长杂草	自然因素主要有风雨侵蚀等，人为因素主要有掏挖洞穴等
六墩4号敌台	平鲁区高石庄乡六墩村西南0.35千米	1669米	骑墙而建。位于二墩墙城墙体上	土	黄土夯筑而成，夯层厚0.15～0.2米	矩形	梯形	台体底部边长11.5，顶部宽5～1，残高8米	有围墙保存，平面呈矩形，东西31，南北39米，东墙宽0.5～1，西墙底宽5，顶宽3，残高3米	无	保存一般。台体坍脱落严重，表面凹凸不平。南壁有沟槽、孔洞。台体上生长杂草	自然因素主要有风雨侵蚀、植物生长等

续表174

名称	地点	高程	与其他遗存的位置关系	材质	建筑方式	平面形制	剖面形制	尺寸	附属设施	修缮情况	保存状况	损毁原因及存在病害
六墩5号敌台	平鲁区高石庄乡六墩村西南0.5千米	1660米	骑墙而建。位于二墩长城墙体上	土	黄土夯筑而成，夯层厚0.15~0.2米	矩形	梯形	台体底部东西13、南北12米，顶部边长5米，残高10米	有围墙保存，平面呈矩形，东西35、南北24米，顶宽5、墙体底宽3，外高4、内高2.5米。围墙内东侧院基底部残存有包砌的石块，台体顶部边缘有条石和青砖	无	保存一般。台体坍落严重，表面凹凸不平，有裂缝、孔洞，东壁右下角有洞穴，台体上生长杂草	自然因素主要有风雨侵蚀、植物生长等
六墩6号敌台	平鲁区高石庄乡六墩村西南0.85千米	1690米	骑墙而建。位于二墩长城墙体上	土	黄土夯筑而成，夯层厚0.15~0.2米	矩形	梯形	台体底部边长13米，顶部东西6、南北7米，残高12米	有围墙保存，平面呈矩形，边长35米。台体顶部边缘有条石和青砖	无	保存一般。台体坍落严重，表面凹凸不平，有孔洞。台体上生长杂草	自然因素主要有风雨侵蚀、植物生长等
窑子上1号敌台	平鲁区高石庄乡六墩村西南1.1千米	1713米	骑墙而建。位于窑子上长城墙体上	石	外部为土石混筑；内部为夯土台体，黄土夯筑而成	矩形	梯形	台体底部边长9、顶部边长5、残高12米	有围墙保存，平面呈矩形，东西30、南北35米，底宽5~6、顶宽2，外高5~6、内高1~6米。东、西墙中部有石券拱门，东门宽2.2米，进深1.6、高1、西门宽1.3、高0.7米。台体周围散落条石、石块、青砖	无	保存较好。台体有所坍塌脱落。台体上生长杂草	自然因素主要有风雨侵蚀、植物生长等
窑子上2号敌台	清水河县韭菜庄乡窑子上村东0.3千米	1675米	骑墙而建。位于窑子上长城墙体上	土	黄土夯筑而成，夯层厚0.15~0.2米	矩形	梯形	台体底部边长11米，顶部东西3、南北4、残高9米	围墙残存西南、西北角部分。台体顶部边缘有条石和青砖，周围散落石块、青砖	无	保存较好。台体有所坍塌脱落，表面凹凸不平，有裂缝、孔洞。台体上生长杂草	自然因素主要有风雨侵蚀、植物生长等
窑子上3号敌台	清水河县韭菜庄乡窑子上村南0.2千米	1603米	骑墙而建。位于窑子上长城墙体上	土	黄土夯筑而成，夯层厚0.15~0.2米	矩形	梯形	台体底部边长5米，顶部东西3、南北2、残高5米	无	无	保存一般。台体坍塌脱落严重，台体上生长杂草	自然因素主要有风雨侵蚀、植物生长等

续表174

名称	地点	高程	与其他遗存的位置关系	材质	建筑方式	平面形制	剖面形制	尺寸	附属设施	修缮情况	保存状况	损毁原因及存在病害
窑子上4号敌台	清水河县韭菜庄乡窑子上村南0.6千米	1640米	骑墙而建。位于窑子上长城墙体上	土	黄土夯筑而成，夯层厚0.15~0.2米	矩形	梯形	台体底部东西12.5，南北11.5米，顶部东西4，南北3米，残高9米	无	无	保存一般。台体坍塌脱落严重，表面凹凸不平，有裂缝、沟槽、孔洞。台体上生长杂草	自然因素主要有风雨侵蚀、植物生长等
十七沟1号敌台	清水河县韭菜庄乡十七沟村东北1.6千米	1665米	骑墙而建。位于窑子上长城墙体上	土	黄土夯筑而成，夯层厚0.15~0.2米	矩形	梯形	台体底部边长12米，顶部东西4，南北3米，残高11米	无	无	保存一般。台体坍塌脱落严重，表面凹凸不平，有沟槽、孔洞。台体上生长杂草	自然因素主要有风雨侵蚀、植物生长等
十七沟2号敌台	清水河县韭菜庄乡十七沟村东1千米	1697米	骑墙而建。位于窑子上长城墙体上	砖	外部青砖包砌；内部为夯土台体，黄土夯筑而成，夯层厚0.15~0.2米。东壁上部残存包砖	矩形	梯形	台体底部边长13米，顶部东西4，南北2米，残高12米	台体顶部边缘有青砖和石块	无	保存一般。台体坍塌脱落严重，有孔洞，东壁有人畜踩踏形成的坡道，台体上生长杂草	自然因素主要有风雨侵蚀、植物生长等，人为因素主要有人畜踩踏
帐贵窑子1号敌台	平鲁区阻虎乡帐贵窑子村西北0.7千米	1698米	骑墙而建。位于帐贵窑子长城墙体上	土	黄土夯筑而成，夯层厚0.15~0.2米，夯层中含石块	矩形	梯形	台体底部东西13，南北7米，顶部东西11，南北5米，残高7米	围墙内仅残存有院基痕迹	无	保存一般。台体坍塌脱落严重。台体上生长杂草	自然因素主要有风雨侵蚀、植物生长等
帐贵窑子2号敌台	平鲁区阻虎乡帐贵窑子村西北0.5千米	1667米	骑墙而建。位于帐贵窑子长城墙体上	土	黄土夯筑而成，夯层厚0.15~0.2米，夯层中含石块。青砖。西壁底部残有包砌的砖石，长6，高1米	矩形	梯形	台体底部东西6，南北1，顶部东西5，南北2米，残高5米	无	无	保存一般。台体坍塌脱落严重。台体上生长杂草	自然因素主要有风雨侵蚀、植物生长等，人为因素主要有农业生产活动破坏

续表 174

名称	地点	高程	与其他遗存的位置关系	材质	建筑方式	平面形制	剖面形制	尺寸	附属设施	修缮情况	保存状况	损毁原因及存在病害
帐贲窑子 3 号敌台	平鲁区阻虎乡帐贲窑子村西南 0.6 千米	1689 米	骑墙而建。位于帐贲窑子长城墙体上	土	黄土夯筑而成，夯层厚 0.15 ~ 0.2 米，夯层中含石块。西壁底部残存部分包石	短形	梯形	台体底部东西 12，南北 8 米，顶部边长 2 米，残高 7 米	无	无	保存一般。台体坍塌脱落严重。台体上生长杂草	自然因素主要有风雨侵蚀、植物生长等
帐贲窑子 4 号敌台	平鲁区阻虎乡帐贲窑子村西南 0.9 千米	1705 米	骑墙而建。位于帐贲窑子长城墙体上	土	黄土夯筑而成，夯层厚 0.15 ~ 0.2 米	短形	梯形	台体底部边长 15 米，顶部东西 6，南北 7 米，残高 15 米	无	无	保存一般。台体坍塌脱落严重。有沟槽，表面凹凸不平，台体上生长杂草	自然因素主要有风雨侵蚀、植物生长等
寺回口 1 段 1 号敌台	平鲁区阻虎乡帐贲窑子村西南 1.3 千米	1695 米	骑墙而建。位于寺回口 1 段长城墙体上	土	黄土夯筑而成，夯层厚 0.15 ~ 0.2 米，夯层中含石块、砖块	短形	梯形	台体底部东西 14，南北 10 米，顶部边长 5 米，残高 9 米	无	无	保存一般。台体坍塌脱落严重。南壁有沟槽，宽 3，深 1.5 米。台体上生长杂草	自然因素主要有风雨侵蚀、植物生长等
寺回口 1 段 2 号敌台	平鲁区阻虎乡帐贲窑子村西南 1.45 千米	1688 米	骑墙而建。位于寺回口 1 段长城墙体上	土	黄土夯筑而成，夯层厚 0.15 ~ 0.2 米，夯层中含石块	短形	梯形	台体底部东西 11，南北 13 米，顶部东西 8，南北 10 米，残高 8 米	顶部有女墙痕迹，散落石块、砖块	无	保存一般。台体坍塌脱落严重。表面凹凸不平。东壁北壁有沟槽，长 5，宽 1，进深 0.7 米。台体上生长杂草	自然因素主要有风雨侵蚀、植物生长等
寺回口 1 段 3 号敌台	平鲁区阻虎乡寺回口村北 0.6 千米	1673 米	骑墙而建。位于寺回口 1 段长城墙体上	土	黄土夯筑而成，夯层厚 0.15 ~ 0.2 米，夯层中含石块	短形	梯形	台体底部边长 11 米，顶部东西 6，南北 4 米，残高 10 米	无	无	保存一般。台体坍塌脱落严重。表面凹凸不平。东壁有沟槽，孔洞，东壁上生长草杂草，宽 2，进深 1 米。台体上生长杂草	自然因素主要有风雨侵蚀、植物生长等

名称	地点	高程	与其他遗存位置关系	材质	建筑方式	平面形制	剖面形制	尺寸	附属设施	修缮情况	保存状况	损毁原因及存在病害
寺回口1段4号敌台	平鲁区阻虎乡寺回口村北0.2千米	1640米	骑墙而建。位于寺回口长城1段1段墙体上	石	外部条石、石块包砌；内部为夯土台体，黄土夯筑而成，夯层厚0.15~0.2米。南壁底部残存包石，长1米，高4、高3米；北壁西侧残存少量包石	矩形	梯形	台体底部边长15米，顶部东西4.5，南北5米，残高16米	无	无	保存一般。台体坍塌脱落严重，表面凹凸不平，有孔洞。台体上生长杂草	自然因素主要有风雨侵蚀、植物生长等
寺回口1段5号敌台	平鲁区阻虎乡寺回口村	1580米	骑墙而建。位于寺回口长城1段1段墙体上	砖	外部条石、石块包砌，条石、石块长25~40，厚15~25厘米；内部为夯土台体，黄土夯筑而成，夯层厚0.15~0.2米，夯层内含有石块	矩形	梯形	台体底部边长12，顶部边长8.5，残高8.5米	东壁底部正中有石券门，拱门1，宽2米，高2米，两门间南、北各有券门内另有一门，宽0.9、高2米，顶建筑，高2.5，进深0.5米。拱门内有通向顶部的宽0.9，台阶，台阶长0.2、高0.15米	无	保存较好。台体有所坍塌脱落，表面凹凸不平，有裂缝。台体上生长杂草	自然因素主要有风雨侵蚀、植物生长等
新窑上1号敌台	平鲁区阻虎乡寺回口村西南沟1千米	1595米	骑墙而建。位于新窑上长城墙体上	土	黄土夯筑而成，夯层厚0.15~0.2米	矩形	梯形	台体底部东西7，南北4米，顶部东西4，南北1米，残高6米	台体周围散落较多的青砖、石块	无	保存一般。台体坍塌脱落严重。台体上生长杂草	自然因素主要有风雨侵蚀、植物生长等
新窑上2号敌台	平鲁区阻虎乡寺回口村西南沟1.4千米	1646米	骑墙而建。位于新窑上长城墙体上	土	黄土夯筑而成，夯层厚0.15~0.2米	矩形	梯形	台体底部东西13，南北12米，顶部东西3，南北4米，残高8米	有围墙保存，平面呈矩形，东西11，南北20米，围墙两壁残存有包石。台体南、西侧有壕沟，长102，宽4~5，深3米	无	保存一般。台体坍塌脱落严重，表面凹凸不平，有裂缝、沟槽、孔洞。台体上生长杂草	自然因素主要有风雨侵蚀、植物生长等

续表 174

名称	地点	高程	与其他遗存的位置关系	材质	建筑方式	平面形制	剖面形制	尺寸	附属设施	修缮情况	保存状况	损毁原因及存在病害
新窑上3号敌台	平鲁区阻虎乡寺回沟村西南1.6千米	1658米	骑墙而建。位于新筑上长城墙体上	土	黄土夯筑而成，夯层厚0.15~0.2米，夯层中含有石块	矩形	梯形	台体底部东西14，南北12米，顶部东西8，南北6米，残高6米	台体底部有矩形台基，残高2米	无	保存一般。台体坍落严重，表面凹凸不平，有沟槽、孔洞，台体上生长杂草	自然因素主要有风雨侵蚀、植物生长等
新窑上4号敌台	平鲁区阻虎乡辛庄子村西北1千米	1663米	骑墙而建。位于新筑上长城墙体上	石	外部条石、石块包砌；内部为夯土台体，黄土夯筑而成，夯层厚0.15~0.2米，夯层中含有石块。南壁底部残存包石，高5米；西壁残存包石	矩形	梯形	台体底部东西12，南北10米，顶部东西6，南北5米，残高9米	无	无	保存一般。台体坍落严重，有裂缝、沟槽。台体上生长杂草	自然因素主要有风雨侵蚀、植物生长等
新窑上5号敌台	平鲁区阻虎乡帐窑子村西北1.3千米	1660米	骑墙而建。位于新筑上长城墙体上	石	外部砖、石块包砌；内部为夯土台体，黄土夯筑而成，夯层厚0.15~0.2米。北壁上部残存包石	矩形	梯形	台体底部东西13，南北14米，顶部东西5，南北6米，残高10米	有围墙保存，残高1米	无	保存一般。台体坍落严重，有裂缝、沟槽。台体上生长杂草	自然因素主要有风雨侵蚀、植物生长等
新窑上6号敌台	平鲁区阻虎乡辛庄子村西北0.7千米	1614米	骑墙而建。位于新筑上长城墙体上	砖	外部石砌台体，内部为夯土台体，黄土夯筑而成，夯层厚0.15~0.2米	矩形	梯形	台体底部东西12，南北15米，顶部东西8，南北9米，残高8米	南壁有石券拱门	无	保存较好。台体有所坍塌脱落，表面凹凸不平，有裂缝、孔洞，台体上生长杂草	自然因素主要有风雨侵蚀、植物生长等
辛庄子1号敌台	平鲁区阻虎乡辛庄子村西0.7千米	1620米	骑墙而建。位于新筑上长城墙体上	石	外部条石包砌，条石长60，厚20厘米；内部为夯土台体，黄土夯筑而成，夯层厚0.15~0.2米	矩形	梯形	台体底部东西11.6，南北10.7米，顶部东西9.6，南北8.7米，残高8.3米	东壁有石券拱门，宽0.8，高2，距门地面2米，拱门外有台阶，拱门内右侧有2级阶梯，可通顶	无	保存一般。台体坍落严重，表面凹凸不平，有裂缝，台体上生长杂草	自然因素主要有风雨侵蚀、植物生长等

名称	地点	高程	与其他遗存的位置关系	材质	建筑方式	平面形制	剖面形制	尺寸	附属设施	修缮情况	保存状况	损毁原因及存在病害
辛庄子2号敌台	平鲁区阻虎乡辛庄子村西南1千米	1626米	骑墙而建。位于辛庄子长城墙体上	土	黄土夯筑而成,夯层厚0.15~0.2米	矩形	梯形	台体底部东西10、南北9米,顶部东西8、南北7米,残高5米	无	无	保存一般。台体坍塌脱落严重,表面凹凸不平,有裂缝、孔洞。台体上生长杂草	自然因素主要有风雨侵蚀、植物生长等
辛庄子3号敌台	平鲁区阻虎乡辛庄子村西南1.1千米	1676米	骑墙而建。位于辛庄子长城墙体上	土	黄土夯筑而成,夯层厚0.15~0.2米	矩形	梯形	台体底部东西10、南北14米,顶部东西5、南北8米,残高8米	无	无	保存较差。台体坍塌脱落严重,表面凹凸不平,有沟槽、孔洞。台体上生长杂草	自然因素主要有风雨侵蚀、植物生长等
新庄窝1号敌台	平鲁区阻虎乡正沟村东北0.8千米	1672米	骑墙而建。位于新庄窝长城墙体上	土	黄土夯筑而成,夯层厚0.15~0.2米	矩形	梯形	台体底部东西15、南北17米,顶部东西2、南北4米,残高4米	无	无	保存一般。台体坍塌脱落严重,表面凹凸不平。西壁有孔洞,台体上生长杂草	自然因素主要有风雨侵蚀、植物生长等
新庄窝2号敌台	清水河县暖泉乡上窑村南1千米	1688米	骑墙而建。位于新庄窝长城墙体上	土	黄土夯筑而成,夯层厚0.15~0.2米	矩形	梯形	台体底部东西14.5、南北11.5米,边长4米,残高12米	无	无	保存一般。台体坍塌脱落严重,表面凹凸不平,有裂缝、孔洞。台体上生长杂草	自然因素主要有风雨侵蚀、植物生长等
新庄窝3号敌台	平鲁区阻虎乡红山村南0.9千米	1713米	骑墙而建。位于新庄窝长城墙体上	土	黄土夯筑而成,夯层厚0.15~0.2米	矩形	梯形	台体底部东西15、南北16米,顶部东西4、南北5米,残高10米	无	无	保存一般。台体坍塌脱落严重,表面凹凸不平。西、北壁有孔洞,台体上生长杂草	自然因素主要有风雨侵蚀、植物生长等
新庄窝4号敌台	平鲁区阻虎乡正沟村北0.3千米	1697米	骑墙而建。位于新庄窝长城墙体上	土	黄土夯筑而成,夯层厚0.15~0.2米	矩形	梯形	台体底部边长14、顶部边长5、11米	无	无	保存较好。台体有所坍塌脱落,表面凹凸不平,有沟槽、孔洞。台体上生长杂草	自然因素主要有风雨侵蚀、植物生长等
新庄窝5号敌台	平鲁区阻虎乡正沟村西	1664米	骑墙而建。位于新庄窝长城墙体上	土	黄土夯筑而成,夯层厚0.15~0.2米	矩形	梯形	台体底部东西10、南北8米,顶部东西4、南北3米,残高10米	无	无	保存一般。台体坍塌脱落严重,表面凹凸不平,有沟槽、孔洞。南壁有两个现代洞穴,宽1米;东侧被现代房屋破坏。台体上生长杂草	自然因素主要有风雨侵蚀、人为因素主要有掏挖洞穴、盖房屋破坏等

续表174

名称	地点	高程	与其他遗存的位置关系	材质	建筑方式	平面形制	剖面形制	尺寸	附属设施	修缮情况	保存状况	损毁原因及存在病害
新庄窝6号敌台	平鲁区阻虎乡正沟村南0.2千米	1677米	骑墙而建。位于新庄窝长城墙体上	石	外部条石砌筑，白灰勾缝，条石长75，宽142，厚30厘米；内部为夯土台体，黄土夯筑而成，夯层厚0.15~0.2米	矩形	梯形	台体底部东西14.5，顶部南北13.5米，东西12，南北11米，残高10.5米	台体顶部散落青砖碎块	无	保存较好。台体有所坍塌脱落，表面凹凸不平，有裂缝，宽1.3，高1.3。台体上生长杂草	自然因素主要有风雨侵蚀等，人为因素主要有掏挖洞穴等
头墩1号敌台	平鲁区阻虎乡正沟村南0.4千米	1684米	骑墙而建。位于头墩长城墙体上	土	黄土夯筑而成，夯层厚0.15~0.2米	矩形	梯形	台体底部东西17，南北11.5米，顶部东西6，南北5米，残高11米	无	无	保存一般。台体坍塌脱落严重，表面凹凸不平，有裂缝、孔洞。台体上生长杂草	自然因素主要有风雨侵蚀等
头墩2号敌台	平鲁区阻虎乡头墩村西0.4千米	1720米	骑墙而建。位于头墩长城墙体上	土	黄土夯筑而成，夯层厚0.15~0.2米	矩形	梯形	台体底部东西15，南北12.5米，顶部东西4，南北5米，残高14米	无	无	保存一般。台体坍塌脱落严重，表面凹凸不平，有裂缝、沟槽、孔洞。台体上生长杂草	自然因素主要有风雨侵蚀等
头墩3号敌台	平鲁区阻虎乡头墩村西0.3千米	1703米	骑墙而建。位于头墩长城墙体上	土	黄土夯筑而成，夯层厚0.15~0.2米	矩形	梯形	台体底部东西9，南北8米，顶部东西5，南北1，残高7米	无	无	保存一般。台体坍塌脱落严重，西壁被南北向冲沟冲毁，表面凹凸不平，孔洞。台体上生长杂草	自然因素主要有风雨侵蚀等
头墩4号敌台	平鲁区阻虎乡头墩村西0.35千米	1663米	骑墙而建。位于头墩长城墙体上	土	黄土夯筑而成，夯层厚0.15~0.2米	矩形	梯形	台体底部东西6，南北13米，顶部东西2，南北6米，残高9米	无	无	保存一般。台体坍塌脱落严重，表面凹凸不平，有孔洞。台体上生长杂草	自然因素主要有风雨侵蚀等
头墩5号敌台	平鲁区阻虎乡头墩村南0.3千米	1665米	骑墙而建。位于头墩长城墙体上	土	黄土夯筑而成，夯层厚0.15~0.2米	矩形	梯形	台体底部东西15，南北12.5米，顶部东西3.5，南北2.5米，残高10米	无	无	保存一般。台体坍塌脱落严重，表面凹凸不平，南壁有裂缝、沟槽、孔洞。台体上生长杂草	自然因素主要有风雨侵蚀等

续表 174

名称	地点	高程	与其他遗存的位置关系	材质	建筑方式	平面形制	剖面形制	尺寸	附属设施	修缮情况	保存状况	损毁原因及存在病害
头墩 6 号敌台	平鲁区阻虎乡头墩村西南 0.4 千米	1655 米	骑墙而建。位于头墩长坡墙墙体上	土	黄土夯筑而成，夯层厚 0.15 ~ 0.2 米	矩形	梯形	台体底部东西 13，南北 15 米，顶部边长 6 米，残高 12 米	无	无	保存一般。台体坍脱落严重，表面凹凸不平，有裂缝、沟槽、孔洞。台体上生长杂草	自然因素主要有风雨侵蚀，植物生长等
其花卯 1 号敌台	清水河县暖泉乡其花卯村东北 1 千米	1600 米	骑墙而建。位于其花卯长城墙体上	石	外部条石砌筑，白灰勾缝；内部为黄土台体，黄土夯筑而成，夯层厚 0.15 ~ 0.2 米	矩形	梯形	台体底部东西 13，南北 15 米，顶部边长 6 米，残高 7 米	无	无	保存一般。台体坍脱落严重，表面凹凸不平，有裂缝。台体上生长杂草	自然因素主要有风雨侵蚀，植物生长等
其花卯 2 号敌台	清水河县暖泉乡其花卯村东北 0.7 千米	1679 米	骑墙而建。位于其花卯长城墙体上	土	黄土夯筑而成，夯层厚 0.15 ~ 0.2 米	矩形	梯形	台体底部边长 14 米，顶部东西 3，南北 2 米，残高 11 米	无	无	保存一般。台体坍脱落严重，表面凹凸不平，有裂缝、孔洞。台体上生长杂草，有阶梯状坡道	自然因素主要有风雨侵蚀等，人为因素主要有人畜踩踏等
其花卯 3 号敌台	清水河县暖泉乡其花卯村东 0.2 千米	1693 米	骑墙而建。位于其花卯长城墙体上	土	黄土夯筑而成，夯层厚 0.15 ~ 0.2 米	矩形	梯形	台体底部东西 14，顶部东西 6，南北 5 米，残高 10 米	无	无	保存一般。台体坍脱落严重，表面凹凸不平，有沟槽、孔洞。台体上生长杂草，有阶梯状梯	自然因素主要有风雨侵蚀，植物生长等，人为因素主要有人畜踩踏等
其花卯六墩 1 号敌台	平鲁区小七墩村西南 0.3 千米	1694 米	骑墙而建。位于其花卯长城墙体上	土	黄土夯筑而成，夯层厚 0.15 ~ 0.2 米	矩形	梯形	台体底部东西 13，南北 12 米，顶部边长 6 米，残高 8 米	无	无	保存一般。台体坍脱落严重，表面凹凸不平，有沟槽、孔洞。台体上生长杂草	自然因素主要有风雨侵蚀，植物生长等
其花卯六墩 2 号敌台	平鲁区小七墩村西南 0.4 千米	1710 米	骑墙而建。位于其花卯长城墙体上	土	黄土夯筑而成，夯层厚 0.15 ~ 0.2 米	矩形	梯形	台体底部东西 9，南北 12 米，顶部东西 5，南北 9 米，残高 10 米	有围墙保存，平面呈矩形，东西 60，南北 80 米。围墙外侧残存包石，东墙正中有豁口，8 米。东墙有石券拱门，墙正中有马面，宽 4 米；南墙有石券拱门，宽 3，高 1.5 米。西墙正中有马面，残高 8 米。台体周围散落砖瓦	无	保存一般。台体坍塌脱落严重，表面凹凸不平，有沟槽、孔洞，围墙内有农田	自然因素主要有风雨侵蚀，植物生长等

续表174

名称	地点	高程	与其他遗存的位置关系	材质	建筑方式	平面形制	剖面形制	尺寸	附属设施	修缮情况	保存状况	损毁原因及存在病害
其花峁六墩3号敌台	平鲁区阻虎乡小七墩村西南0.5千米	1717米	骑墙而建。位于其花峁长城墙体上	土	黄土夯筑而成，夯层厚0.15~0.2米	矩形	梯形	台体底部边长8米，顶部东西5、南北6米，残高12米	无	无	保存一般。台体坍脱落严重，表面凹凸不平，有沟槽、孔洞，台体上生长杂草	自然因素主要有风雨侵蚀、植物生长等
其花峁六墩4号敌台	平鲁区阻虎乡小七墩村西南0.7千米	1730米	骑墙而建。位于其花峁长城墙体上	土	黄土夯筑而成，夯层厚0.15~0.2米，夯层中含石块	矩形	梯形	台体底部东西8、南北10米，顶部东西4、南北6米，残高6米	无	无	保存一般。台体坍脱落严重，表面凹凸不平，有沟槽、孔洞，台体上生长杂草	自然因素主要有风雨侵蚀、植物生长等
八墩1号敌台	平鲁区阻虎乡小七墩村西南0.9千米	1727米	骑墙而建。位于六墩长城墙体上	土	黄土夯筑而成，夯层厚0.15~0.2米	矩形	梯形	台体底部东西8、南北13米，顶部东西4、南北6米，残高5米	无	无	保存一般。台体坍塌脱落严重。台体上生长杂草	自然因素主要有风雨侵蚀、植物生长等
八墩2号敌台	平鲁区阻虎乡小七墩村西南1.2千米	1704米	骑墙而建。位于六墩长城墙体上	土	黄土夯筑而成，夯层厚0.15~0.2米	矩形	梯形	台体底部边长9米，南北12米，顶部东西5、残高15米，边长6米	北壁周围散落较多的砖石	无	保存一般。台体坍脱落严重，表面凹凸不平，有沟槽、孔洞，台体上生长杂草	自然因素主要有风雨侵蚀、植物生长等
八墩3号敌台	平鲁区阻虎乡小七墩村西南1.6千米	1649米	骑墙而建。位于六墩长城墙体上	土	黄土夯筑而成，夯层厚0.15~0.2米	矩形	梯形	台体底部东西8、南北10米，顶部东西6、南北7米，残高14米	台体底部有矩形台基，残高1米	无	保存一般。台体坍脱落严重，有沟槽、孔洞，台体上生长杂草	自然因素主要有风雨侵蚀、植物生长等
八墩4号敌台	平鲁区阻虎乡小七墩村西南1.8千米	1662米	骑墙而建。位于六墩长城墙体上	土	黄土夯筑而成，夯层厚0.15~0.2米	矩形	梯形	台体底部东西8、南北10米，顶部东西5、南北7米，残高14米	围墙残存西墙，残高6米	无	保存一般。台体坍脱落严重，表面凹凸不平，有沟槽、孔洞，台体上生长杂草	自然因素主要有风雨侵蚀、植物生长等
九墩1号敌台	平鲁区阻虎乡小七墩村西南2.1千米	1614米	骑墙而建。位于六墩长城墙体上	土	黄土夯筑而成，夯层厚0.15~0.2米	矩形	梯形	台体底部东西8、南北12米，顶部东西6、南北7米，残高4米	无	无	保存一般。台体坍脱落严重，表面凹凸不平，有裂缝、孔洞，台体上生长杂草	自然因素主要有风雨侵蚀、植物生长等

续表 174

名称	地点	高程	与其他遗存的位置关系	材质	建筑方式	平面形制	剖面形制	尺寸	附属设施	修缮情况	保存状况	损毁原因及存在病害
九墩2号敌台	清水河县暖泉乡八墩村南0.5千米	1604米	骑墙而建。位于九墩长城墙体上	土	黄土夯筑而成，夯层厚0.15~0.2米	矩形	梯形	台体底部东西8，南北12米，顶部东西6，南北7米，残高4米	无	无	保存一般。台体坍塌脱落严重，表面凹凸不平，有裂缝、沟槽、孔洞。东壁斜坡上有阶梯，台体上生长杂草	自然因素主要有风雨侵蚀、植物生长等，人为因素主要有人畜踩踏等
九墩3号敌台	平鲁区阻虎乡九墩村西0.1千米	1613米	骑墙而建。位于九墩长城墙体上	土	黄土夯筑而成，夯层厚0.15~0.2米	矩形	梯形	台体底部东西7，南北4米，顶部东西3，南北1米，残高3.5米	无	无	保存较差。台体坍塌脱落严重。台体上生长杂草	自然因素主要有风雨侵蚀、植物生长等
九墩4号敌台	平鲁区阻虎乡九墩村西0.25千米	1665米	骑墙而建。位于九墩长城墙体上	土	黄土夯筑而成，夯层厚0.15~0.2米	矩形	梯形	台体底部东西11，南北12米，顶部东西5，南北2米，残高9米	无	无	保存一般。台体坍塌脱落严重，有裂缝、沟槽、孔洞。南壁斜坡上有阶梯，台体上生长杂草	自然因素主要有风雨侵蚀、植物生长等，人为因素主要有人畜踩踏等
九墩5号敌台	平鲁区阻虎乡九墩村西0.35千米	1711米	骑墙而建。位于九墩长城墙体上	土	黄土夯筑而成，夯层厚0.15~0.2米，夯层中含石块	矩形	梯形	台体底部东西8，南北9米，顶部东西4，南北2米，残高9米	无	无	保存一般。台体坍塌脱落严重，表面凹凸不平，有孔洞。台体上生长杂草	自然因素主要有风雨侵蚀、植物生长等
九墩6号敌台	平鲁区阻虎乡九墩村西南1.8千米	1736米	骑墙而建。位于九墩长城墙体上	土	黄土夯筑而成，夯层厚0.15~0.2米	矩形	梯形	台体底部东西13，南北13.5米，顶部东西4，南北4.5米，残高10米	无	无	保存一般。台体坍塌脱落严重，表面凹凸不平，有沟槽、孔洞。台体上生长杂草	自然因素主要有风雨侵蚀、植物生长等
九墩7号敌台	平鲁区阻虎乡九墩村西南2千米	1735米	骑墙而建。位于九墩长城墙体上	土	黄土夯筑而成，夯层厚0.15~0.2米	矩形	梯形	台体底部东西10，南北8米，顶部东西3，南北2米，残高9米	无	无	保存一般。台体坍塌脱落严重。台体上生长杂草	自然因素主要有风雨侵蚀、植物生长等

名称	地点	高程	与其他遗存的位置关系	材质	建筑方式	平面形制	剖面形制	尺寸	附属设施	修缮情况	保存状况	损毁原因及存在病害
九墩8号敌台	平鲁区阻虎乡九墩村西南2千米	1735米	骑墙而建。位于九墩长城墙体上	石	外部青色条石砌筑，白灰勾缝，内部为夯土台体，黄土夯筑而成，夯层厚0.15~0.2米	矩形	梯形	台体底部东西南北14米，顶部东西4、南北11米，残高11米	有围墙保存。南壁有门	无	保存较好。台体有所坍塌脱落，表面凹凸不平，有裂缝。台体上生长杂草	自然因素主要有风雨侵蚀、植物生长等
信虎辛窑长城1号敌台	平鲁区下水头乡信虎辛窑村西南1.5千米	1619米	骑墙而建。位于信虎辛窑墙体北上，台体北壁与长城墙体相连	土	黄土夯筑而成，夯层厚0.18~0.21米	矩形	梯形	台体底部东西南北10.49米，顶部东西2.7、南北3.2米，残高8.69米	围墙残存南墙，夯筑而成，夯层厚0.24~0.3米，墙体底宽1.6、顶宽0.7、残高0.8米。围墙内残存夯筑台基，夯筑而成，夯层厚0.24~0.3米，西侧残存最高5.96米	无	保存较好。台体有所坍塌脱落，表面凹凸不平，有裂缝、沟槽、孔洞。台体上生长杂草	自然因素主要有风雨侵蚀、植物生长等
信虎辛窑长城2号敌台	平鲁区下水头乡信虎辛窑村西南	1581米	骑墙而建。位于信虎辛窑长城墙体上	土	黄土夯筑而成，夯层厚0.24~0.29米	矩形	梯形	台体底部边长7.48、顶部边长2.6、残高6.8米	无	无	保存一般。台体坍落脱落严重，表面凹凸不平，有裂缝、沟槽、孔洞。台体上生长杂草	自然因素主要有风雨侵蚀、植物生长等
信虎辛窑长城3号敌台	平鲁区下水头乡信虎辛窑村西南	1536米	骑墙而建。位于信虎辛窑长城墙体上	土	黄土夯筑而成，夯层厚0.24~0.29米	矩形	梯形	台体底部边长7.48、顶部边长2.6、残高6.8米	无	无	保存一般。台体坍落脱落严重，表面凹凸不平，有裂缝、沟槽、孔洞。台体上生长杂草	自然因素主要有风雨侵蚀、植物生长等

表175　平鲁区马面一览表

名称	地点	高程	与其他遗存的位置关系	材质	建筑方式	平面形制	剖面形制	尺寸	附属设施	修缮情况	保存状况	损毁原因及存在病害
七墩镇1号马面	清水河县韭菜庄乡新村东北2千米	1667米	倚墙而建。位于七墩镇长城墙体西北侧	土	黄土夯筑而成，夯层厚0.15~0.2米	矩形	梯形	马面底部东西8，南北9米，顶部边长3米，残高9米	无	无	保存较好。马面有所坍塌脱落，表面凹凸不平，有孔洞。马面上生长有杂草	自然因素主要有风雨侵蚀、植物生长等
七墩镇2号马面	清水河县韭菜庄乡新村东北1.9千米	1651米	倚墙而建。位于七墩镇长城墙体西北侧	土	黄土夯筑而成，夯层厚0.15~0.2米	矩形	梯形	马面底部东西6，南北7米，顶部东西2，南北1米，残高5米	无	无	保存一般。马面坍塌脱落严重，马面上生长有杂草	自然因素主要有风雨侵蚀、植物生长等
七墩镇3号马面	清水河县韭菜庄乡新村东北0.7千米	1672米	倚墙而建。位于七墩镇长城墙体西北侧	土	黄土夯筑而成，夯层厚0.15~0.2米	矩形	梯形	马面底部东西12，南北8米，顶部东西4，南北2.5米，残高7米	无	无	保存一般。马面坍塌脱落严重，马面上生长有杂草	自然因素主要有风雨侵蚀、植物生长等
新村马面	清水河县韭菜庄乡新村西南1千米	1684米	倚墙而建。位于新村长城墙体西北侧	土	黄土夯筑而成，夯层厚0.15~0.2米	矩形	梯形	马面底部东西8，南北7米，顶部东西5，南北2.5米，残高4.5米	无	无	保存一般。马面坍塌脱落严重，马面上生长有杂草	自然因素主要有风雨侵蚀、植物生长等，人为因素主要有人畜踩踏等
新墩马面	清水河县韭菜庄乡新村西南1.2千米	1675米	倚墙而建。位于新村长城墙体西侧	土	黄土夯筑而成，夯层厚0.15~0.2米	矩形	梯形	马面底部东西15，南北12米，顶部东西7，南北8米，残高9米	无	无	保存一般。马面坍塌脱落严重，马面上生长有杂草	自然因素主要有风雨侵蚀、植物生长等
板申沟1号马面	清水河县韭菜庄乡板申沟村东0.5千米	1634米	倚墙而建。位于板申沟长城墙体西北侧	土	黄土夯筑而成，夯层厚0.15~0.2米	矩形	梯形	马面底部东西8.5，南北3米，顶部东西5，南北1米，残高4.5米	无	无	保存一般。马面坍塌脱落严重，马面上生长有杂草	自然因素主要有风雨侵蚀、植物生长等
板申沟2号马面	清水河县韭菜庄乡板申沟村东0.7千米	1645米	倚墙而建。位于板申沟长城墙体西北侧	土	黄土夯筑而成，夯层厚0.15~0.2米	矩形	梯形	马面底部东西10，南北8米，顶部东西7，南北2.5米，残高6米	无	无	保存一般。马面坍塌脱落严重，马面上生长有杂草	自然因素主要有风雨侵蚀、植物生长等

续表175

名称	地点	高程	与其他遗存的位置关系	材质	建筑方式	平面形制	剖面形制	尺寸	附属设施	修缮情况	保存状况	损毁原因及存在病害
板申沟3号马面	清水河县韭菜庄乡新村西南2.9千米	1661米	倚墙而建。位于板申沟长城墙体西侧	土	黄土夯筑而成，夯层厚0.15~0.2米	矩形	梯形	马面底部东西8，南北4米，顶部东西5.5，残高6米	无	无	保存一般。马面坍塌脱落严重，马面上生长有杂草	自然因素主要有风雨侵蚀、植物生长等
板申沟4号马面	清水河县韭菜庄乡新村西南3.2千米	1675米	倚墙而建。位于板申沟长城墙体西侧	土	黄土夯筑而成，夯层厚0.15~0.2米	矩形	梯形	马面顶部东西5，南北4.5米，边长5米，残高5米	无	无	保存一般。马面坍塌脱落严重，马面上生长有杂草	自然因素主要有风雨侵蚀、植物生长等
板申沟5号马面	清水河县韭菜庄乡新村西南3.7千米	1679米	倚墙而建。位于板申沟长城墙体西侧	土	黄土夯筑而成，夯层厚0.15~0.2米	矩形	梯形	马面底部东西5，南北4.5米，顶部边长1米，残高5米	无	无	保存一般。马面坍塌脱落严重，马面上生长有杂草	自然因素主要有风雨侵蚀、植物生长等
板申沟6号马面	清水河县韭菜庄乡新村西南3.9千米	1690米	倚墙而建。位于板申沟长城墙体西侧	土	黄土夯筑而成，夯层厚0.15~0.2米	矩形	梯形	马面底部东西6，南北4，顶部东西1米，残高3米	无	无	保存较差。马面坍塌脱落严重，马面上生长有杂草	自然因素主要有风雨侵蚀、植物生长等
板申沟7号马面	清水河县韭菜庄乡新村西南4.6千米	1686米	倚墙而建。位于板申沟长城墙体西侧	土	黄土夯筑而成，夯层厚0.15~0.2米	矩形	梯形	马面底部边长6米，顶部东西2，南北1米，残高3米	无	无	保存较差。马面坍塌脱落严重，马面上生长有杂草	自然因素主要有风雨侵蚀、植物生长等
蒋家坪1号马面	清水河县韭菜庄乡七墩沟村东2.2千米	1686米	倚墙而建。位于福心沟长城墙体西侧	土	黄土夯筑而成，夯层厚0.15~0.2米	矩形	梯形	马面底部东西6，南北4，顶部东西4米，残高4米	无	无	保存一般。马面坍塌脱落严重，马面上生长有杂草	自然因素主要有风雨侵蚀、植物生长等
蒋家坪2号马面	清水河县韭菜庄乡福心沟村东北1.6千米	1689米	倚墙而建。位于福心沟长城墙体西侧	土	黄土夯筑而成，夯层厚0.15~0.2米，夯层中含少量红色条石	矩形	梯形	马面底部东西10，顶部东西6，南北4米，残高6米	无	无	保存一般。马面坍塌脱落严重，马面上生长有杂草	自然因素主要有风雨侵蚀、植物生长等

续表 175

名称	地点	高程	与其他遗存的位置关系	材质	建筑方式	平面形制	剖面形制	尺寸	附属设施	修缮情况	保存状况	损毁原因及存在病害
福心沟 1 号马面	清水河县韭菜沟乡福心沟村东北 1 千米	1680 米	倚墙而建。位于福心沟长城墙体西侧	土	黄土夯筑而成，夯层厚 0.2～0.25 米，夯层中含有一层砂砾，厚 0.02 米	矩形	梯形	马面底部东西 7.5、南北 5 米，顶部东西 3.5、南北 1 米，残高 5.5 米	无	无	保存一般。马面坍塌脱落严重，马面上生长有杂草	自然因素主要有风雨侵蚀、植物生长等
福心沟 2 号马面	清水河县韭菜沟乡福心沟村东北 1 千米	1673 米	倚墙而建。位于福心沟长城墙体西侧	土	黄土夯筑而成，夯层厚 0.15～0.2 米，夯层中含少量红色条石	矩形	梯形	马面底部东西 8.5、南北 7 米，顶部东西 5、南北 1.5 米，残高 5 米	无	无	保存一般。马面坍塌脱落严重，马面上生长有杂草	自然因素主要有风雨侵蚀、植物生长等
福心沟 3 号马面	清水河县韭菜沟乡福心沟村东 0.5 千米	1660 米	倚墙而建。位于福心沟长城墙体西侧	土	黄土夯筑而成，夯层厚 0.15～0.2 米	矩形	梯形	马面底部东西 11.5、南北 7 米，顶部东西 7.5、南北 1.5 米，残高 7 米	无	无	保存一般。马面坍塌脱落严重，马面上生长有杂草。西、北壁底部现代洞穴 2 米，北壁洞穴宽、高 1 米	自然因素主要有风雨侵蚀、植物生长等，人为因素主要有掏挖洞穴等
十七坡 1 号马面	清水河县韭菜沟乡福心沟村南 0.7 千米	1647 米	倚墙而建。位于十七坡长城墙体北侧	土	黄土夯筑而成，夯层厚 0.2 米	矩形	梯形	马面底部东西 6、南北 9 米，顶部东西 4.5、南北 7.5 米，残高 8 米	马面周围散落有青砖、瓦片	无	保存一般。马面坍塌脱落严重，马面上生长有杂草	自然因素主要有风雨侵蚀、植物生长等
十七坡 2 号马面	清水河县韭菜沟乡福心沟村西南 0.7 千米	1639 米	倚墙而建。位于十七坡长城墙体北侧	土	黄土夯筑而成，夯层厚 0.15～0.2 米	矩形	梯形	马面底部东西 8、南北 11 米，顶部东西 6、南北 9 米，残高 8.5 米	无	无	保存一般。马面脱落严重，表面凹凸不平、有裂缝、孔洞。马面上生长有杂草	自然因素主要有风雨侵蚀、植物生长等
十七坡 3 号马面	清水河县韭菜沟乡十七坡村东北 0.6 千米	1598 米	倚墙而建。位于十七坡长城墙体北侧	土	黄土夯筑而成，夯层厚 0.15～0.2 米	矩形	梯形	马面底部东西 10、南北 8 米，顶部东西 9、南北 6 米，残高 8 米	无	无	保存一般。马面坍塌脱落严重，马面上生长有杂草	自然因素主要有风雨侵蚀、植物生长等

名称	地点	高程	与其他遗存的位置关系	材质	建筑方式	平面形制	剖面形制	尺寸	附属设施	修缮情况	保存状况	损毁原因及存在病害
十七坡4号马面	清水河县韭菜沟乡十七坡村东北0.5千米	1593米	倚墙而建。位于十七坡长城墙体西北侧	土	黄土夯筑而成，夯层厚0.15~0.2米	矩形	梯形	马面底部边长10米，顶部东西6.5，南北5.5米，残高5.5米	无	无	保存一般。马面坍塌脱落严重，马面上生长有杂草	自然因素主要有风雨侵蚀、植物生长等
九洞1号马面	平鲁区高石庄乡九洞村西北0.4千米	1648米	倚墙而建。位于九洞长城墙体西侧	土	黄土夯筑而成，夯层厚0.15~0.2米	矩形	梯形	马面底部东西8，南北9米，顶部东西4.5、南北5米，残高8米	无	无	保存一般。马面坍塌脱落严重，表面凹凸不平，有孔洞，马面上生长有杂草	自然因素主要有风雨侵蚀、植物生长等
九洞2号马面	平鲁区高石庄乡九洞村北0.07千米	1619米	倚墙而建。位于九洞长城墙体西侧	土	黄土夯筑而成，夯层厚0.15~0.2米	矩形	梯形	马面底部东西6，南北7米，顶部东西2、南北2.5米，残高4.5米	马面顶部残存少量砖石	无	保存一般。马面坍塌脱落严重，马面上生长有杂草	自然因素主要有风雨侵蚀、植物生长等
九洞3号马面	平鲁区高石庄乡九洞村南0.35千米	1586米	倚墙而建。位于九洞长城墙体西侧	土	黄土夯筑而成，夯层厚0.15~0.2米	矩形	梯形	马面底部东西5，南北8米，顶部边长3米，残高4.5米	无	无	保存一般。马面坍塌脱落严重，马面上生长有杂草	自然因素主要有风雨侵蚀、植物生长等
九洞4号马面	平鲁区高石庄乡九洞村西南0.75千米	1558米	倚墙而建。位于九洞长城墙体西侧	土	黄土夯筑而成，夯层厚0.15~0.2米	矩形	梯形	马面底部东西9，南北10米，顶部东西1、南北1.5米，残高7米	无	无	保存一般。马面坍塌脱落严重，马面上生长有杂草	自然因素主要有风雨侵蚀、植物生长等
小岔子1号马面	清水河县韭菜沟乡十七坡村南0.9千米	1605米	倚墙而建。位于小岔子长城墙体西侧	土	黄土夯筑而成，夯层厚0.15~0.2米	矩形	梯形	马面底部东西11.5，南北9米，顶部东西2.5米，残高5米	无	无	保存一般。马面坍塌脱落严重，马面上生长有杂草	自然因素主要有风雨侵蚀、植物生长等
小岔子2号马面	清水河县韭菜沟乡十七坡村南1.3千米	1605米	倚墙而建。位于小岔子长城墙体西侧	土	黄土夯筑而成，夯层厚0.15~0.2米	矩形	梯形	马面底部东西8.5，南北6米，顶部东西2米，残高6米	无	无	保存一般。马面坍塌脱落严重，马面上生长有杂草	自然因素主要有风雨侵蚀、植物生长等，人为因素主要有人畜踩踏等

续表175

名称	地点	高程	与其他遗存的位置关系	材质	建筑方式	平面形制	剖面形制	尺寸	附属设施	修缮情况	保存状况	损毁原因及存在病害
小盆子3号马面	清水河县韭菜沟乡头墩村东0.6千米	1581米	倚墙而建。位于小盆子长城墙体西侧	土	黄土夯筑而成，夯层厚0.15~0.2米。北壁东侧包石，长2，宽1米	矩形	梯形	马面底部东西7，南北9米，顶部边长4米，残高7米	无	无	保存一般。马面坍塌脱落严重，表面凹凸不平，西壁有孔洞。马面上生长杂草	自然因素主要有风雨侵蚀，人为因素主要有人畜踩踏等
高泉营子马面	清水河县韭菜沟乡头墩村东南0.75千米	1580米	倚墙而建。位于高泉营子长城墙体西侧	土	黄土夯筑而成，夯层厚0.15~0.2米	矩形	梯形	马面底部东西2，南北4米，顶部边长1米，残高3米	无	无	保存较差。马面坍塌脱落严重，表面凹凸不平，西壁有孔洞。马面上生长杂草	自然因素主要有风雨侵蚀，植物生长等
三里铺1号马面	平鲁区高石庄乡二墩村东北1千米	1625米	倚墙而建。位于三里铺长城墙体西侧	土	黄土夯筑而成，夯层厚0.15~0.2米	矩形	梯形	马面底部东西11，南北10米，顶部东西8，南北3米，残高6米	无	无	保存一般。马面坍塌脱落严重，马面上生长杂草	自然因素主要有风雨侵蚀，植物生长等
三里铺2号马面	清水河县韭菜庄乡二墩村北0.5千米	1650米	倚墙而建。位于三里铺长城墙体西侧	土	黄土夯筑而成，夯层厚0.15~0.2米	矩形	梯形	马面底部东西9，南北5米，顶部东西6，南北4米，残高7米	无	无	保存一般。马面坍塌脱落严重，马面上生长杂草	自然因素主要有风雨侵蚀，植物生长等
八墩1号马面	平鲁区高石庄乡八墩村东北0.5千米	1607米	倚墙而建。位于八墩长城1段墙体西侧	土	黄土夯筑而成，夯层厚0.15~0.2米	矩形	梯形	马面底部东西6，南北8米，顶部东西4，南北5米，残高6米	无	无	保存一般。马面坍塌脱落严重，马面上生长杂草	自然因素主要有风雨侵蚀，植物生长等
八墩2号马面	平鲁区高石庄乡八墩村西南0.6千米	1575米	倚墙而建。位于八墩长城1段墙体西侧	土	黄土夯筑而成，夯层厚0.15~0.2米	矩形	梯形	马面底部东西5，南北6米，顶部边长2米，残高4米	无	无	保存较差。马面坍塌脱落严重，马面上生长杂草	自然因素主要有风雨侵蚀，植物生长等
二墩1号马面	平鲁区高石庄乡二墩村北0.2千米	1624米	倚墙而建。位于二墩长城墙体西北侧	土	黄土夯筑而成，夯层厚0.15~0.2米	矩形	梯形	马面底部东西6，南北7米，顶部东西5，南北2.5米，残高5米	无	无	保存一般。马面坍塌脱落严重，马面上生长杂草	自然因素主要有风雨侵蚀，植物生长等

续表175

名称	地点	高程	与其他遗存的位置关系	材质	建筑方式	平面形制	剖面形制	尺寸	附属设施	修缮情况	保存状况	损毁原因及存在病害
二墩2号马面	平鲁区高石庄乡二墩村西0.65千米	1653米	倚墙而建。位于二墩城墙西北侧	土	黄土夯筑而成，夯层厚0.15~0.2米	矩形	梯形	马面底部东西7，南北4米，顶部东西6，南北1.5米，残高5米	无	无	保存一般。马面坍塌脱落严重，马面上生长有杂草	自然因素主要有风雨侵蚀、植物生长等
六墩1号马面	平鲁区高石庄乡六墩村西北0.18千米	1669米	倚墙而建。位于二墩城墙西北侧	土	黄土夯筑而成，夯层厚0.15~0.2米	矩形	梯形	马面底部东西24，南北15米，顶部东西23，南北12米，残高7米	马面顶部边缘有女墙痕迹	无	保存一般。马面有所坍塌，马面上生长有杂草	自然因素主要有风雨侵蚀、植物生长等
六墩2号马面	平鲁区高石庄乡六墩村西南0.17千米	1661米	倚墙而建。位于二墩城墙西北侧	土	黄土夯筑而成，夯层厚0.15~0.2米	矩形	梯形	马面底部东西11，南北9.5米，顶部东西8，南北5米，残高5米	无	无	保存一般。马面坍塌脱落严重，马面上生长有杂草	自然因素主要有风雨侵蚀、植物生长等
六墩3号马面	平鲁区高石庄乡六墩村西南0.34千米	1661米	倚墙而建。位于二墩城墙西北侧	土	黄土夯筑而成，夯层厚0.15~0.2米	矩形	梯形	马面底部东西12.5，南北8米，顶部东西7，南北5.5米，残高7米	无	无	保存一般。马面坍塌脱落严重，马面上生长有杂草	自然因素主要有风雨侵蚀、植物生长等
六墩4号马面	平鲁区高石庄乡六墩村西南0.65千米	1681米	倚墙而建。位于二墩城墙西北侧	土	黄土夯筑而成，夯层厚0.15~0.2米	矩形	梯形	马面底部东西9.5，南北6米，顶部东西6，南北2米，残高6米	马面顶部散落有石块	无	保存一般。马面脱落严重，表面凹凸不平，有裂缝、孔洞，马面上生长有杂草	自然因素主要有风雨侵蚀、植物生长等
六墩5号马面	平鲁区高石庄乡六墩村西南1千米	1693米	倚墙而建。位于二墩城墙西北侧	土	黄土夯筑而成，夯层厚0.15~0.2米	矩形	梯形	马面底部东西9，南北6米，顶部东西5，南北2米，残高8米	马面顶部散落有石块	无	保存一般。马面坍塌脱落严重，南、北壁有裂缝、孔洞，马面上生长有杂草	自然因素主要有风雨侵蚀、植物生长等
岔子上1号马面	平鲁区高石庄乡六墩村西南1.3千米	1706米	倚墙而建。位于岔子上长城墙体西北侧	土	黄土夯筑而成，夯层厚0.15~0.2米	矩形	梯形	马面底部东西8.5，南北8米，顶部东西2，南北4米，残高8米	马面周围散落有青砖、条石、瓦片	无	保存一般。马面坍塌脱落严重，马面上生长有杂草	自然因素主要有风雨侵蚀、植物生长等

续表175

名称	地点	高程	与其他遗存的位置关系	材质	建筑方式	平面形制	剖面形制	尺寸	附属设施	修缮情况	保存状况	损毁原因及存在病害
笸子上2号马面	平鲁区高石庄乡六墩村西南1.4千米	1668米	倚墙而建。位于笸子上长城墙体西侧	土	黄土夯筑而成，夯层厚0.15~0.2米	矩形	梯形	马面底部东西9，南北8米，顶部东西5，南北3米，残高5米	马面周围散落有青砖、条石	无	保存一般。马面坍塌脱落严重，马面上生长有杂草	自然因素主要有风雨侵蚀、植物生长等
笸子上3号马面	清水河县韭菜庄乡笸子上村东0.3千米	1670米	倚墙而建。位于笸子上长城墙体西侧	土	黄土夯筑而成，夯层厚0.15~0.2米	矩形	梯形	马面底部东西9，南北11米，顶部东西3，南北8米，残高8米	无	无	保存一般。马面坍塌脱落严重，西壁底部有现代洞穴，西壁宽1.5，高1.5；北壁底部有现代洞穴，进深2.5米；洞宽1，高0.7，进深3~4米	自然因素主要有风雨侵蚀、人为因素主要有掏挖洞穴等
笸子上4号马面	清水河县韭菜庄乡笸子上村南0.4千米	1626米	倚墙而建。位于笸子上长城墙体北侧	土	黄土夯筑而成，夯层厚0.15~0.2米	矩形	梯形	马面底部东西8，南北7米，顶部东西5，南北4米，残高8米	无	无	保存一般。马面脱落严重，表面凹凸不平，西壁有裂缝。马面上生长有杂草	自然因素主要有风雨侵蚀、植物生长等
十七沟1号马面	清水河县韭菜庄乡十七沟村南1.7千米	1661米	倚墙而建。位于笸子上长城墙体北侧	土	黄土夯筑而成，夯层厚0.15~0.2米	矩形	梯形	马面底部东西8，南北5米，顶部东西5，南北4米，残高7米	无	无	保存一般。马面坍塌脱落严重，马面上生长有杂草	自然因素主要有风雨侵蚀、植物生长等
十七沟2号马面	清水河县韭菜庄乡十七沟村东1.4千米	1666米	倚墙而建。位于笸子上长城墙体西侧	土	黄土夯筑而成，夯层厚0.15~0.2米	矩形	梯形	马面底部东西10，南北7米，顶部东西5.5，南北6米，残高7.5米	无	无	保存一般。马面坍塌脱落严重，马面上生长有杂草，南壁底部有现代洞穴，宽1，高0.5米	自然因素主要有风雨侵蚀、人为因素主要有掏挖洞穴等
十七沟3号马面	清水河县韭菜庄乡十七沟村东1.2千米	1678米	倚墙而建。位于笸子上长城墙体北侧	土	黄土夯筑而成，夯层厚0.15~0.2米	矩形	梯形	马面底部东西10，南北6米，顶部东西3.5，南北6米，残高8米	无	无	保存一般。马面脱落严重，表面凹凸不平，有孔洞。马面上生长有杂草	自然因素主要有风雨侵蚀、植物生长等

续表 175

名称	地点	高程	与其他遗存的位置关系	材质	建筑方式	平面形制	剖面形制	尺寸	附属设施	修缮情况	保存状况	损毁原因及存在病害
十七沟4号马面	清水河县韭菜庄乡十七沟村东0.7千米	1689 米	倚墙而建。位于窑子上长城墙体西北侧	土	黄土夯筑而成，夯层厚0.15～0.2米	矩形	梯形	马面底部东西8，南北6米，顶部东西2，南北4米，残高5米	无	无	保存一般。马面坍塌脱落严重，表面凹凸不平，有孔洞。马面上生长有杂草	自然因素主要有风雨侵蚀、植物生长等
账贵窑子1号马面	平鲁区阻虎乡账贵窑子村西北0.5千米	1682 米	倚墙而建。位于账贵窑子长城墙体西侧	土	黄土夯筑而成，夯层厚0.15～0.2米。夯层中含石块	矩形	梯形	马面底部东西8，南北7米，顶部边长2米，残高10米	无	无	保存一般。马面坍塌脱落严重，马面上生长有杂草	自然因素主要有风雨侵蚀、植物生长等
账贵窑子2号马面	平鲁区阻虎乡账贵窑子村西北0.55千米	1641 米	倚墙而建。位于账贵窑子长城墙体西侧	土	黄土夯筑而成，夯层厚0.15～0.2米。夯层中含石块	矩形	梯形	马面底部东西5，顶部东西1，南北1.5米，残高5米	马面周围散落有较多石块	无	保存一般。马面坍塌脱落严重，马面上生长有杂草	自然因素主要有风雨侵蚀、植物生长等
账贵窑子3号马面	平鲁区阻虎乡账贵窑子村西南0.6千米	1671 米	倚墙而建。位于账贵窑子长城墙体西侧	土	黄土夯筑而成，夯层厚0.15～0.2米	矩形	梯形	马面底部东西5，南北6米，顶部东西1.5，南北3米，残高5米	无	无	保存一般。马面坍塌脱落严重，马面上生长有杂草	自然因素主要有风雨侵蚀、植物生长等
账贵窑子4号马面	平鲁区阻虎乡账贵窑子村西南0.75千米	1702 米	倚墙而建。位于账贵窑子长城墙体西侧	土	黄土夯筑而成，夯层厚0.15～0.2米。夯层中含石块	矩形	梯形	马面底部东西8，南北7米，顶部东西5，南北3米，残高7米	无	无	保存一般。马面坍塌脱落严重，马面上生长有杂草	自然因素主要有风雨侵蚀、植物生长等
账贵窑子5号马面	平鲁区阻虎乡账贵窑子村西南1.2千米	1660 米	倚墙而建。位于账贵窑子长城墙体西侧	土	黄土夯筑而成，夯层厚0.15～0.2米	矩形	梯形	马面底部边长5，顶部边长1米，残高4米	无	无	保存一般。马面坍塌脱落严重，马面上生长有杂草	自然因素主要有风雨侵蚀、植物生长等

续表175

名称	地点	高程	与其他遗存位置的关系	材质	建筑方式	平面形制	剖面形制	尺寸	附属设施	修缮情况	保存状况	损毁原因及存在病害
寺回口口1段1号马面	平鲁区阻虎乡帐贵窑子村西南1.75千米	1660米	倚墙而建。位于寺回口长城1段墙体西侧	土	黄土夯筑而成,夯层厚0.15~0.2米,夯层中含石块	矩形	梯形	马面底部边长3、残高4米	无	无	保存较差。马面坍塌脱落严重,马面上生长有杂草	自然因素主要有风雨侵蚀、植物生长等
寺回口口1段2号马面	平鲁区阻虎乡帐贵窑子村西南1.9千米	1655米	倚墙而建。位于寺回口长城1段墙体西侧	土	黄土夯筑而成,夯层厚0.15~0.2米	矩形	梯形	马面底部东西7、南北9米,顶部东西3、南北8米,残高6米	无	无	保存一般。马面坍塌脱落严重,马面上生长有杂草	自然因素主要有风雨侵蚀、植物生长等
新窑上马面	平鲁区阻虎乡寺回口村西南0.8千米	1586米	倚墙而建。位于新窑上墙西侧	土	黄土夯筑而成,夯层厚0.15~0.2米	矩形	梯形	马面底部边长7米,顶部东西4、南北1.5米,残高6米	无	无	保存一般。马面坍塌脱落严重,马面上生长有杂草	自然因素主要有风雨侵蚀、植物生长等
其花卯1号马面	清水河县暖泉乡其花卯村东北0.9千米	1657米	倚墙而建。位于其花卯墙体西侧	土	黄土夯筑而成,夯层厚0.15~0.2米	矩形	梯形	马面底部东西8、南北10米,顶部东西7、南北4米,残高8米	无	无	保存一般。马面坍塌脱落严重,表面凹凸不平,西壁有孔洞。南、马面上生长有杂草	自然因素主要有风雨侵蚀、植物生长等
其花卯2号马面	清水河县暖泉乡其花卯村东北0.3千米	1676米	倚墙而建。位于其花卯墙体西侧	土	黄土夯筑而成,夯层厚0.15~0.2米	矩形	梯形	马面底部东西10、南北9米,顶部东西8、南北6米,残高9米	无	无	保存一般。马面坍塌脱落严重,表面凹凸不平。南、北壁有裂缝、孔洞,斜坡上有阶梯,马面上生长有杂草	自然因素主要有风雨侵蚀、植物生长等,人为因素主要有人畜踩踏等

表 176　平鲁区烽火台一览表

名称	地点	高程	与其他遗存的位置关系	材质	建筑方式	平面形制	剖面形制	尺寸	附属设施	修缮情况	保存状况	损毁原因及存在病害
七墩镇烽火台	清水河县韭菜庄乡新村东北 1.9 千米	1692 米	西距七墩镇长城 0.17 千米	土	黄土夯筑而成，夯层厚 0.15～0.2 米	矩形	梯形	台体底部东西 10、南北 8 米，顶部边长 1 米，残高 7 米	无	无	保存一般。台体坍塌脱落严重、长有杂草	自然因素主要有风雨侵蚀、植物生长等
九洞 1 号烽火台	平鲁区高石庄乡九洞村东 0.25 千米	1650 米	西距九洞长城 0.67 千米	石	外部石块包砌，内部为夯土台体，黄土夯筑而成，夯层厚 0.15～0.2 米。南壁右上部残存包石，高 1.2、宽 1.5 米	矩形	梯形	台体底部东西 9、南北 8 米，顶部东西 5、南北 8 米，残高 9 米	围墙保存，平面呈矩形，边长 24 米，围墙内散落青砖、石块。顶部有包砖石	无	保存一般。台体坍塌脱落严重、有孔洞。台体上生长杂草	自然因素主要有风雨侵蚀、植物生长等
九洞 2 号烽火台	平鲁区高石庄乡九洞村西南 0.2 千米	1575 米	西距九洞长城 0.15 千米	土	黄土夯筑而成，夯层厚 0.15～0.2 米	矩形	梯形	台体底部东西 6、南北 8 米，顶部边长 1.5 米，残高 6 米	围墙仅存痕迹	无	保存一般。台体坍塌脱落严重、长有杂草	自然因素主要有风雨侵蚀、植物生长等
九洞 3 号烽火台	平鲁区高石庄乡九洞村西南 0.65 千米	1575 米	西距九洞长城 0.34 千米	土	黄土夯筑而成，夯层厚 0.15～0.2 米	矩形	梯形	台体底部边长 6、顶部边长 3、残高 5 米	无	无	保存一般。台体坍塌脱落严重、表面凹凸不平，长有杂草	自然因素主要有风雨侵蚀、植物生长等
九洞 4 号烽火台	平鲁区高石庄乡九洞村西南 0.85 千米	1547 米	北距九洞长城 0.23 千米	土	黄土夯筑而成，夯层厚 0.15～0.2 米	矩形	梯形	台体底部边长 8 米，顶部东西 0.5、南北 1 米，残高 5 米	无	无	保存一般。台体坍塌脱落严重、长有杂草	自然因素主要有风雨侵蚀、植物生长等
大河堡烽火台	平鲁区高石庄乡九洞村西南 1.6 千米	1594 米	西北距小岔子长城 0.25 千米，东距大河堡 1.1 千米	土	黄土夯筑而成，夯层厚 0.15～0.2 米	矩形	梯形	台体底部东西 8、南北 9 米，顶部边长 5 米，残高不详	无	无	保存一般。台体坍塌脱落严重、表面凹凸不平，有裂缝、孔洞。台体上生长有杂草	自然因素主要有风雨侵蚀、植物生长等

续表176

名称	地点	高程	与其他遗存的位置关系	材质	建筑方式	平面形制	剖面形制	尺寸	附属设施	修缮情况	保存状况	损毁原因及存在病害
八墩1号烽火台	平鲁区高石庄乡八墩村西北0.8千米	1587米	西北距八墩长城1段0.08千米	土	黄土夯筑而成，夯层厚0.15~0.2米	矩形	梯形	台体底部东西5，南北6米，顶部东西1、南北3米	无	无	保存较差。台体坍塌脱落严重，长有杂草	自然因素主要有风雨侵蚀、植物生长等
八墩2号烽火台	平鲁区高石庄乡八墩村西南1.5千米	1618米	西距八墩长城1段0.36千米	土	黄土夯筑而成，夯层厚0.15~0.2米	矩形	梯形	台体底部东西5，南北6米，顶部东西1、南北3米	无	无	保存较差。台体坍塌脱落严重，长有杂草	自然因素主要有风雨侵蚀、植物生长等
八墩3号烽火台	平鲁区高石庄乡八墩村西南1.4千米	1638米	西北距八墩长城2段0.28千米	土	黄土夯筑而成，夯层厚0.15~0.2米	矩形	梯形	台体底部东西11，顶部东西4、南北6米，残高8米	台体底部有矩形台基，残高3~4米	无	保存一般。台体坍塌脱落严重，表面凹凸不平，沟槽，孔洞。有杂草	自然因素主要有风雨侵蚀、植物生长等
六墩1号烽火台	平鲁区高石庄乡六墩村西南0.2千米	1658米	西北距二墩长城0.025千米	土	黄土夯筑而成，夯层厚0.15~0.2米	矩形	梯形	残高5米	无	无	保存一般。台体坍塌脱落严重，表面凹凸不平，沟槽。台体上生长有杂草	自然因素主要有风雨侵蚀、植物生长等
六墩2号烽火台	平鲁区高石庄乡六墩村西南0.35千米	1677米	西北距二墩长城0.1千米	土	黄土夯筑而成，夯层厚0.15~0.2米	矩形	梯形	台体底部东西9，顶部东西3.5，南北2米，残高5米	台体周围散落条石、青砖、瓦片	无	保存一般。台体坍塌脱落严重，表面凹凸不平，裂缝、沟槽。有杂草	自然因素主要有风雨侵蚀、植物生长等
笤子上3号烽火台	平鲁区高石庄乡六墩村西南1.4千米	1635米	西北距笤子上长城0.15千米	土	黄土夯筑而成，夯层厚0.15~0.2米	矩形	梯形	台体底部东西10.5，南北9.5米，顶部边长4米，残高9米	无	无	保存一般。台体坍塌脱落严重，表面凹凸不平，裂缝、沟槽。台体上生长有杂草	自然因素主要有风雨侵蚀、植物生长等
笤子上4号烽火台	清水河县韭菜庄乡笤子上村南0.7千米	1645米	西北距笤子上长城0.07千米	土	黄土夯筑而成，夯层厚0.15~0.2米	圆形	梯形	台体底部直径13，残高4米	台体周围散落青砖、石块	无	保存一般。台体坍塌脱落严重，长有杂草	自然因素主要有风雨侵蚀、植物生长等

续表176

名称	地点	高程	与其他遗存的位置关系	材质	建筑方式	平面形制	剖面形制	尺寸	附属设施	修缮情况	保存状况	损毁原因及存在病害
十七沟2号烽火台	清水河县韭菜庄乡十七沟村东1千米	1678米	西北距窑子上长城0.1千米	土	黄土夯筑而成，夯层厚0.15~0.2米	矩形	梯形	台体底部边长7米，顶部东西3，南北4米，残高7米	台体底部有矩形台基，边长28，残高3米	无	保存一般。台体坍塌脱落严重，长有杂草	自然因素主要有植物生长、风雨侵蚀等
十七沟3号烽火台	清水河县韭菜庄乡十七沟村东南0.5千米	1699米	北距窑子上长城0.1千米	土	黄土夯筑而成，夯层厚0.15~0.2米	矩形	梯形	台体底部边长6米，顶部东西1，南北2米，残高6米	台体周围散落青砖、石块	无	保存一般。台体坍塌脱落严重，长有杂草	自然因素主要有植物生长、风雨侵蚀等
帐贵窑子1号烽火台	平鲁区阻虎乡帐贵窑子村西南0.6千米	1699米	西距帐贵窑子长城0.02千米	土	黄土夯筑而成，夯层厚0.15~0.2米	矩形	梯形	台体底部边长8，顶部边长2，残高5米	有围墙保存，平面呈矩形，东西27，南北28米，墙体底宽3，顶宽1，残高1~4米	无	保存一般。台体坍塌脱落严重，长有杂草	自然因素主要有植物生长、风雨侵蚀等
帐贵窑子2号烽火台	平鲁区阻虎乡帐贵窑子村西南1.05千米	1718米	西距帐贵窑子长城0.56千米	土	黄土夯筑而成，夯层厚0.15~0.2米	矩形	梯形	台体底部边长9米，顶部东西1，南北2米，残高7米	围墙保存，平面呈矩形，边长20米，墙体底宽3，顶宽1，残高1米	无	保存一般。台体坍塌脱落严重，表面凹凸不平，西南、西壁有孔洞。台体上生长有杂草	自然因素主要有植物生长、风雨侵蚀等
寺回口1号烽火台	平鲁区阻虎乡帐贵窑子村西南1.6千米	1698米	西距寺回口长城1段0.07千米	土	黄土夯筑而成，夯层厚0.15~0.2米，夯土中含石块、砖块	矩形	梯形	台体底部边长5米，顶部东西1，南北2米，残高4米	无	无	保存较差。台体坍塌脱落严重，长有杂草	自然因素主要有植物生长、风雨侵蚀等
寺回口2号烽火台	平鲁区阻虎乡帐贵窑子村西南1.85千米	1653米	西距寺回口长城1段0.09千米	土	黄土夯筑而成，夯层厚0.15~0.2米，夯土中含石块	矩形	梯形	台体底部东西6，南北5米，顶部边长1米，残高5米	台体周围散落较多的青砖、石块	无	保存一般。台体坍塌脱落严重，西壁有现代洞穴，宽1.2，高0.3，进深1米，长有杂草	自然因素主要有植物生长、风雨侵蚀等，人为因素主要有掏挖洞穴等

续表 176

名称	地点	高程	与其他遗存的位置关系	材质	建筑方式	平面形制	剖面形制	尺寸	附属设施	修缮情况	保存状况	损毁原因及存在病害
新窑上1号烽火台	平鲁区阻虎乡寺回沟村西南1.2千米	1656米	西北距新窑上长城0.21千米	土	黄土夯筑而成，夯层厚0.15~0.2米	矩形	梯形	残高5米	无	无	保存一般。台体坍塌脱落严重，表面凹凸不平，西壁有孔洞。台体上生长有杂草	自然因素主要有风雨侵蚀、植物生长等
新窑上2号烽火台	平鲁区阻虎乡辛庄子村西北0.9千米	1669米	西北距新窑上长城0.1千米	土	黄土夯筑而成，夯层厚0.15~0.2米	矩形	梯形	残高5米	台体底部有矩形台基，残高1.5~2米	无	保存一般。台体坍塌脱落严重，长有杂草	自然因素主要有风雨侵蚀、植物生长等
辛庄子1号烽火台	平鲁区阻虎乡辛庄子村西0.8千米	1629米	西距新窑上长城0.13千米	土	黄土夯筑而成，夯层厚0.15~0.2米	矩形	梯形	台体底部东西10、南北5米，顶部东西7、南北5米，残高7米	有围墙，平面呈矩形，东西25、南北21米，台体底部有矩形台基，残高2米；顶部散落石块	无	保存一般。台体坍塌脱落严重，西、南壁有沟槽、孔洞。台体上生长有杂草	自然因素主要有风雨侵蚀、植物生长等
新庄窝2号烽火台	平鲁区阻虎乡正沟村东北0.9千米	1682米	西距新庄窝长城0.16千米	土	黄土夯筑而成，夯层厚度不详	矩形	梯形	残高7米	无	无	保存一般。台体坍塌脱落严重，长有杂草	自然因素主要有风雨侵蚀、植物生长等
新庄窝3号烽火台	平鲁区阻虎乡正沟村南0.8千米	1687米	西距新庄窝长城0.06千米	土	黄土夯筑而成，夯层厚度不详	矩形	梯形	台体底部东西8、南北10米，顶部东西4、南北5米，残高5米	无	无	保存一般。台体坍塌脱落严重，表面凹凸不平，南壁上有孔洞。台体上生长有杂草	自然因素主要有风雨侵蚀、植物生长等
新庄窝4号烽火台	平鲁区阻虎乡红山村南1千米	1712米	西距新庄窝长城0.11千米	土	黄土夯筑而成，夯层厚0.15~0.2米	矩形	梯形	台体底部东西9.5、南北10米，顶部东西4、南北3米，残高10米	无	无	保存一般。台体坍塌脱落严重，长有杂草	自然因素主要有风雨侵蚀、植物生长等
其花峁1号烽火台	平鲁区阻虎乡小七墩村北0.4千米	1702米	西距其花峁长城0.15千米	土	黄土夯筑而成，夯层厚0.15~0.2米	矩形	梯形	台体底部东西6、南北5米，顶部东西2、南北4米，残高8米	台体底部有矩形台基，残高3米	无	保存一般。台体坍塌脱落严重，有裂缝、沟槽、孔洞。东壁斜坡上有阶梯；南壁底部有现代洞穴，宽1，深2米。台体上生长有杂草	自然因素主要有风雨侵蚀、植物生长等，人为因素主要有人畜踩踏、掏挖洞穴等

续表 176

名称	地点	高程	与其他遗存的位置关系	材质	建筑方式	平面形制	剖面形制	尺寸	附属设施	修缮情况	保存状况	损毁原因及存在病害
其花яр 2 号烽火台	平鲁区阻虎乡小七墩村西南 0.2 千米	1679 米	西北距其花яр长城 0.06 千米	土	黄土夯筑而成，夯层厚 0.15～0.2 米	矩形	梯形	台体底部东西 13，南北 11 米，顶部东西 3，南北 2 米，残高 8 米	无	无	保存一般。台体坍塌脱落严重，长有杂草	自然因素主要有风雨侵蚀、植物生长等，人为因素主要有人畜踩踏等
其花яр 3 号烽火台	平鲁区阻虎乡小七墩村南 1 千米	1756 米	西北距六墩 0.5 千米	土	黄土夯筑而成，夯层厚 0.15～0.2 米	矩形	梯形	台体底部东西 6，南北 7 米，顶部东西 1，南北 2.5 米，残高 8 米	台体周围散落大量石块	无	保存一般。台体坍塌脱落严重，表面凹凸不平，壁面裂缝、阶梯，东壁斜坡上有杂草	自然因素主要有风雨侵蚀、植物生长等，人为因素主要有人畜踩踏等
其花яр六墩烽火台	平鲁区阻虎乡小七墩村西南 0.5 千米	1719 米	西距其花яр长城 0.05 千米	土	黄土夯筑而成，夯层厚 0.15～0.2 米	矩形	梯形	台体底部东西 6，南北 7 米，顶部东西 3，南北 4 米，残高 5 米	无	无	保存一般。台体坍塌脱落严重，表面凹凸不平，壁面有孔洞，台体上生长杂草	自然因素主要有风雨侵蚀、植物生长等
八墩 3 号火台	平鲁区阻虎乡小七墩村西南 1.3 千米	1741 米	西北距六墩 0.1 千米长城	土	黄土夯筑而成，夯层厚 0.15～0.2 米，夯土中含石块	矩形	梯形	台体底部东西 8，南北 10 米，顶部东西 6，南北 7 米，残高 9 米	台体底部有矩形台基，残高 3 米	无	保存一般。台体坍塌脱落严重，表面凹凸不平，有孔洞。	自然因素主要有风雨侵蚀、植物生长等
八墩 4 号火台	平鲁区阻虎乡小七墩村西南 1 千米	1711 米	西北距六墩 0.1 千米长城	土	黄土夯筑而成，夯层厚 0.15～0.2 米，夯土中含石块	矩形	梯形	残高 5 米	无	无	保存一般。台体坍塌脱落严重，表面凹凸不平，有孔洞、阶梯、西壁斜坡上有杂草	自然因素主要有风雨侵蚀、植物生长等，人为因素主要有人畜踩踏等
九墩 2 号火台	平鲁区阻虎乡六墩村西 0.25 千米	1627 米	西北距九墩长城 0.34 千米	土	黄土夯筑而成，夯层厚 0.15～0.2 米	矩形	梯形	台体底部边长 10，顶部边长 3，残高 9 米	无	无	保存一般。台体坍塌脱落严重，表面凹凸不平，台体上生长有杂草	自然因素主要有风雨侵蚀、植物生长等
石湾子 2 号烽火台	高石庄乡石湾子村西北 0.7 千米	1694 米	西距少家堡 1.4 千米	土	黄土夯筑而成，夯层厚 0.16～0.23 米	圆形	梯形	台体底部直径 11.06 米，顶部南北 4.8 米，残高 6.87 米	台体底部有圆形台基，残高 3.2 米。东南无石。台体附近散落石块，顶部可能原有建筑物	无	保存一般。台体坍塌脱落严重，表面凹凸不平，台体上生长有杂草	自然因素主要有风雨侵蚀、植物生长等

续表176

名称	地点	高程	与其他遗存的位置关系	材质	建筑方式	平面形制	剖面形制	尺寸	附属设施	修缮情况	保存状况	损毁原因及存在病害
石湾子1号烽火台	高石庄乡石湾子村西北0.04千米	1573米	西北距少家堡1.8千米，北距石湾子2号烽火台1.1千米	土	黄土夯筑而成，夯层厚0.2米	矩形	梯形	台体底部东西10.88、南北11.44米，顶部东西4.95、南北5.65米，残高9.2米	台体周围有围墙，平面呈矩形，底宽0.6、顶宽3、残宽3.4米。东墙和北墙东段有矩形台基，残高1.4米	无	保存较好。台体有所明显坍塌脱落，表面凹凸不平，有裂缝、沟槽、孔洞，东、南壁有洞穴，南壁洞穴宽1.72、深3.88、高1.85米，东段东墙无存。台体上生长有杂草	自然因素主要有风雨侵蚀、植物生长等，人为因素主要有掏挖洞穴等
刘世民村1号烽火台	高石庄乡刘世民村东南0.25千米	1561米	西北距少家堡2.8千米，石湾子1号烽火台1.2千米	土	黄土夯筑而成，夯层厚0.18~0.26米	矩形	梯形	台体底部东西10.06、南北9.81米，顶部东西3.9、南北4.1米，残高8.01米	台体底部有矩形台基，东西20.13、南北19.55、残高0.97米。台体附近散落近有建筑物	无	保存一般。台体坍塌脱落严重，表面凹凸不平，有裂缝、沟槽、孔洞，台体上生长有杂草	自然因素主要有风雨侵蚀、植物生长等
刘世民村2号烽火台	高石庄乡刘世民村东0.6千米	1605米	西北距少家堡3.1千米，西南距刘世民村2号烽火台0.7千米	土	黄土夯筑而成，夯层厚0.17~0.2米	圆形	梯形	台体底部直径9.01，顶部直径2.3，残高6.7米	无	无	保存一般。台体坍塌脱落严重，表面凹凸不平，有裂缝、沟槽、孔洞，周围为耕地	自然因素主要有风雨侵蚀、人为因素主要有农业生产活动破坏台体等
辛窑上烽火台	高石庄乡辛窑上村西北0.9千米	1661米	西北距少家堡3.8千米，西南距刘世民村2号烽火台0.7千米	土	黄土夯筑而成，夯层厚度不详	圆形	梯形	台体残高4.4米	台体底部有矩形台基，边长13.6、残高2米。台体附近散落落石块，顶部可能原有建筑物	无	保存一般。台体坍塌脱落严重，表面凹凸不平，有裂缝、沟槽、孔洞，台体上生长有杂草，台基为耕地	自然因素主要有风雨侵蚀、人为因素主要有农业生产活动破坏台体等
元台子山烽火台	高石庄乡黑果沟村东南1.2千米	1679米	西北距少家堡7千米，北距刘世民村1号烽火台5千米，东南距连家窑烽火台2.4千米	土	黄土夯筑而成，夯层厚0.14~0.18米	矩形	梯形	台体底部东西7.03、南北7.92米，顶部东西、南北长4.4、4.2、3.8米，残高5.4米	无	无	保存一般。台体坍塌脱落严重，表面凹凸不平，有裂缝、沟槽、孔洞，底部东、南、北角有石砌的方形小龛，长1.8、宽1.6、高0.4米。台体上生长有杂草	自然因素主要有风雨侵蚀、植物生长等

续表 176

名称	地点	高程	与其他遗存的位置关系	材质	建筑方式	平面形制	剖面形制	尺寸	附属设施	修缮情况	保存状况	损毁原因及存在病害
少家堡 2 号烽火台	高石庄乡少家堡村东南 0.7 千米	1697 米	北距少家堡 1 千米，东距石湾子 1 号烽火台 1.4 千米	土	黄土夯筑而成，含砂砾，夯层厚 0.15～0.21 米	圆形	梯形	台体底部直径 9.4 米，顶部东西 3.2，南北 1.7 米，残高 5 米	台体周围有围墙，平面呈圆形，围墙低矮，仅存地面痕迹。台体底部有台基，残高 3 米	无	保存一般。台体坍塌脱落严重，表面凹凸不平，有裂缝、沟槽、孔洞。围墙仅存地面痕迹	自然因素主要有风雨侵蚀、植物生长等
少家堡 1 号烽火台	高石庄乡少家堡村东北 0.4 千米	1633 米	东北距少家堡 1.9 千米，距少家堡 2 号烽火台 1.5 千米	土	黄土夯筑而成，含砂砾，夯层厚 0.18 米	矩形	梯形	台体底部东西 10，南北 11，残高 4 米	无	无	保存一般。台体坍塌脱落严重，表面凹凸不平，有裂缝、沟槽、孔洞。台体上生长有杂草	自然因素主要有风雨侵蚀、植物生长等
蒋家坪烽火台	高石庄乡蒋家坪东北 0.5 千米	1599 米	东北距少家堡 2.2 千米，北距少家堡 1 号烽火台 0.4 千米	土	黄土夯筑而成，含砂砾，夯层厚 0.18～0.21 米	矩形	梯形	台体底部东西 5.8，南北 6.8，残高 5.7 米	无	无	保存一般。台体坍塌脱落严重，表面凹凸不平，有裂缝、沟槽、孔洞。台体上生长有杂草，台体周围为耕地	自然因素主要有风雨侵蚀、人为因素主要有农业生产活动破坏台体等
火家堡烽火台	高石庄乡新墩村东南 1 千米	1703 米	西北距板申沟长城 1.2 千米，东南距少家堡 1.2 千米	土	黄土夯筑而成，夯层厚 0.2 米	圆形	梯形	台体底径 12，残高 6 米	无	无	保存一般。台体坍塌脱落严重，长有杂草	自然因素主要有风雨侵蚀、植物生长等
牛洞沟烽火台	高石庄乡牛洞沟村西北 1.3 千米	1723 米	西北距板申沟长城 1.2 千米，东距少家堡 1.5 千米	土	黄土夯筑而成，夯层厚 0.15～0.2 米	矩形	梯形	台体底部东西 11.5 米，南北 7 米，残高 8 米	围墙保存，平面呈矩形，东西 27.5，南北 4.5，残高 8 米，东距台体 8 米	无	保存一般。台体坍塌脱落严重，长有杂草	自然因素主要有风雨侵蚀、植物生长等

续表 176

名称	地点	高程	与其他遗存的位置关系	材质	建筑方式	平面形制	剖面形制	尺寸	附属设施	修缮情况	保存状况	损毁原因及存在病害
败虎堡 2 号烽火台	高石庄乡败虎堡村东北 0.35 千米	1681 米	西南距败虎堡 0.9 千米	土	黄土夯筑而成，含砂砾，夯层厚 0.18~0.23 米	矩形	梯形	台体底部东、南、西、北长 3.9、5.46、8.32、7.36 米，顶部东、南、西、北长 0.6、1.7、5.2、3.5 米，台体北侧残高 5.7 米	无	无	保存一般。台体坍塌脱落严重，尤以东南部为甚，表面凹凸不平，有裂缝、沟槽、孔洞。台体上生长有杂草	自然因素主要有风雨侵蚀、植物生长等
八墩烽火台	高石庄乡八墩村东南 0.7 千米	1643 米	西南距败虎堡 3.6 千米，南距败虎堡 2 号烽火台 3.2 千米	土	黄土夯筑而成，夯层厚 0.16~0.23 米	圆形	梯形	台体底部直径 11.06，顶部南北 4.8，残高 6.87 米	台体底部有圆形台基，高 3.2 米	无	保存一般。台体坍塌脱落严重，表面凹凸不平，有裂缝、沟槽、孔洞。台体上生长有杂草	自然因素主要有风雨侵蚀、植物生长等
黑家窑烽火台	高石庄乡黑家窑村东南 1 千米	1685 米	西南距败虎堡 6.3 千米，距八墩烽火台 3.5 千米，东北距蒋家坪烽火台 7.4 千米	土	黄土夯筑而成，含砂砾，夯层厚 0.14~0.18 米	矩形	梯形	台体底部东西 10.9 米，南北 7.8，顶部东西 3.6、南北 4.8 米，残高 8.8 米	台体周围有围墙，平面呈矩形，东西 29.5、南北 29 米，黄土夯筑而成，含砂砾，夯层厚 0.15~0.19 米，北墙残存部分宽 1.5、残高 1.8 米	无	保存一般。台体坍塌脱落严重，表面凹凸不平，有裂缝、沟槽、孔洞。台体、围墙上生长有杂草	自然因素主要有风雨侵蚀、植物生长等
后高石庄 2 号烽火台	高石庄后高石庄村东南 1 千米	1675 米	西南距败虎堡 5.3 千米，北距黑家窑烽火台 1.9 千米	土	黄土夯筑而成，含砂砾，夯层厚 0.17~0.24 米	矩形	梯形	台体底部东西 11.14 米，南北 10.47，顶部东西 5.1、南北 5 米，残高 9 米	台体周围有围墙，平面呈不规则形，东、南、西面为圆形，北面为直边、残存最高 1.2 米	无	保存一般。台体坍塌脱落严重，表面凹凸不平，有裂缝、沟槽、孔洞。台体、围墙上生长有杂草	自然因素主要有风雨侵蚀、植物生长等

续表176

名称	地点	高程	与其他遗存位置关系	材质	建筑方式	平面形制	剖面形制	尺寸	附属设施	修缮情况	保存状况	损毁原因及存在病害
后高石庄1号烽火台	高石庄乡后高石庄村南0.3千米	1686米	西南距败虎堡4.7千米，北距高石庄2号烽火台1.6千米	土	黄土夯筑而成，含砂砾，少量料礓石，夯层厚0.2米	矩形	梯形	台体底部东西9.38米，南北8.82米，顶部东西4.2，南北4.7米，残高7.1米	台体周围有围墙，平面呈矩形，东西28.27、南北29.76米，墙体顶宽0.15，残高1.1米。台体底部有矩形台基，东侧高1.6米	无	保存一般。台体坍塌脱落，有严重，表面凹凸不平，裂缝、沟槽、孔洞，顶部有坑穴，宽0.4、深0.4米。台体上生长有杂草，围墙保存	自然因素主要有风雨侵蚀、植物生长等，人为因素主要有掏挖洞穴等
王家庄烽火台	高石庄乡王家庄村北0.3千米	1646米	西距败虎堡6.2千米，西北距后高石庄1号烽火台2.2千米，东南距泊486烽火台2.5千米	土	黄土夯筑而成，含砂砾，夯层厚0.18~0.22米	矩形	梯形	台体底部东西9.97，南北10.6米，顶部东西6，南北4.8米，残高7.2米	台体周围有围墙，平面呈矩形，东西27.84、南北28.59米，黄土夯筑而成，含砂砾，夯层厚度不详。围墙外高1.4，内高1.1米。台体顶部东、西、北侧存女墙，女墙底宽0.65、顶宽0.3、残高0.5米	无	保存一般。台体坍塌脱落，有严重，表面凹凸不平，裂缝、沟槽、孔洞，西壁底部有洞穴，可通顶。台体上生长有杂草，围墙保存	自然因素主要有风雨侵蚀、植物生长等，人为因素主要有掏挖洞穴等
败虎堡1号烽火台（彩图四九○）	高石庄乡败虎堡村西0.3千米	1683米	西北距败虎堡0.5千米，东北距败虎堡2号烽火台0.67千米，南距迎恩堡2号烽火台1.8千米	土	黄土夯筑而成，含砂砾，夯层厚0.18~0.23米	矩形	梯形	台体底部东西9.07，南北10.2米，顶部东西5.6，南北6.5米，残高5米	台体底部有矩形台基，黄土夯筑而成，含砂砾，南侧高2.87米	无	保存一般。台体坍塌脱落，有严重，表面凹凸不平，裂缝、沟槽、孔洞，台体上生长有杂草	自然因素主要有风雨侵蚀、植物生长等
泉子坡烽火台（彩图四九一）	高石庄乡泉子坡村西0.4千米	1671米	西距败虎堡1.3千米，距败虎堡1号烽火台0.8千米	土	黄土夯筑而成，含砂砾，夯层厚度不详	矩形	梯形	台体底部东西4.36、南北4.5米，顶部边长2.7米，残高3.2米	台体底部有矩形台基，东西8.81、南北10.26、高1.3米	无	保存较差。台体坍塌脱落，有严重，表面凹凸不平，裂缝、沟槽、孔洞，台体上生长有杂草	自然因素主要有风雨侵蚀、植物生长等

续表176

名称	地点	高程	与其他遗存的位置关系	材质	建筑方式	平面形制	剖面形制	尺寸	附属设施	修缮情况	保存状况	损毁原因及存在病害
上水泊1号烽火台	高石庄乡上水泊村西南1.75千米	1686米	西北距败虎堡3.5千米，距泉子坡烽火台2.4千米	土	黄土夯筑而成，夯层厚度不详	矩形	梯形	台体底部东西3.32、南北7.2米，顶部南边长1.8、西边长4.1、北边长3.7米，残高3.8米	无	无	保存较差。台体坍塌脱落严重，尤以东南部坍塌严重，表面凹凸不平，有裂缝、沟槽、孔洞。西壁下部有取土形成的凹坑，台体上生长有杂草	自然因素主要有风雨侵蚀、植物生长等，人为因素主要有踩踏、取土挖损等
上水泊2号烽火台（彩图四九二）	高石庄乡上水泊村东南0.55千米	1655米	西北距败虎堡5.3千米，南距武家窑烽火台1.8千米，东南距井洼烽火台2.5千米	土	黄土夯筑而成，含砂砾，夯层厚0.18~0.21米	圆形	梯形	台体底部直径11.98、顶部直径4.7，残高7.4米	无	无	保存一般。台体坍塌脱落严重，表面凹凸不平，有裂缝、沟槽、孔洞。台体上生长杂草	自然因素主要有风雨侵蚀、植物生长等
迎恩堡2号烽火台	阻虎乡迎恩堡村东北0.55千米	1704米	西北距迎恩堡1.1千米，北距败虎堡1号烽火台1.8千米	土	黄土夯筑而成，夯层厚0.15~0.2米	矩形	梯形	台体底部东西8.07、南北8.43米，顶部东、西3.2，南、北3.1米，残高4.3米	无	无	保存一般。台体坍塌脱落严重，尤以东南部为甚，表面凹凸不平，有裂缝、沟槽、孔洞。台体上生长有杂草	自然因素主要有风雨侵蚀、植物生长等
迎恩堡1号烽火台（彩图四九三）	阻虎乡迎恩堡村北0.1千米	1696米	西北距迎恩堡0.85千米，东北距迎恩堡2号烽火台0.58千米	土	建于天然岩石上，黄土碎石、含瓦块等夯筑而成，夯层厚0.2~0.27米	矩形	梯形	台体底部东西8.84、南北8.74米，顶部南、西5.6，北2.6米，残高4.8米	台体周围有围墙，平面呈矩形，黄土夯筑而成，含砂砾、少量碎石和料礓石	无	保存一般。台体坍塌脱落严重。东南壁下有矩形坑穴，长5.55、宽2.7、深1.14米。围墙坍塌严重	自然因素主要有风雨侵蚀、植物生长等，人为因素主要有掏挖洞穴等

续表 176

名称	地点	高程	与其他遗存的位置关系	材质	建筑方式	平面形制	剖面形制	尺寸	附属设施	修缮情况	保存状况	损毁原因及存在病害
迎恩堡 3 号烽火台	阻虎乡迎恩堡村西南 0.8 千米	1681 米	北距迎恩堡 1.6 千米，东北距迎恩堡 1 号烽火台 1 千米	土	黄土夯筑而成，夯层厚 0.17～0.2 米	圆形	梯形	台体底部直径 11.3，顶部直径 4.65，残高 8.9 米	台体周围有围墙，平面呈圆形，黄土夯筑而成，夯层厚 0.17～0.2 米，内高 1.33，外高 1.82 米。西墙中部有豁口，台体底部有圆形台基，高 1.9 米	无	保存较好。台体有所坍塌脱落，表面凹凸不平，有裂缝、沟槽、孔洞、台体上生长有杂草，围墙坍塌部严重	自然因素主要有风雨侵蚀、植物生长等
小郭家窑 2 号烽火台	阻虎乡小郭家窑村西 0.2 千米	1643 米	西北距迎恩堡 2.4 千米，距迎恩堡 3 号烽火台 1.1 千米	土	黄土夯筑而成，夯层厚 0.16～0.2 米	矩形	梯形	台体底部东北边长 5.17，东南边长 5.95，残高 5.12 米	无	无	保存一般。台体坍塌脱落严重，表面凹凸不平，有裂缝、沟槽、孔洞、东北壁斜坡可登顶，台体上生长有杂草	自然因素主要有风雨侵蚀、植物生长等，人为因素主要有踩踏等
小郭家窑 1 号烽火台	阻虎乡小郭家窑村西 0.85 千米	1667 米	北距迎恩堡 2.8 千米，东北距小郭家窑 2 号烽火台 0.95 千米，东南距小郭家窑 1 号烽火台 1.9 千米	土	黄土夯筑而成，夯层厚 0.18～0.2 米	矩形	梯形	台体底部东西 7.67，南北 7.95 米，顶部东西 1.6，南北 1.3 米，残高 8.5 米	台体周围有围墙，平面呈矩形，围墙高 1.25 米。台体底部有矩形台基，顶部东西 24.91，南北 25.44 米	无	保存一般。台体坍塌脱落，有台体凹凸不平，有裂缝、沟槽、孔洞、台体坍塌严重，上生长有杂草，围墙坍塌部严重	自然因素主要有风雨侵蚀、植物生长等
阎家窑烽火台	阻虎乡阎家窑村北 0.25 千米	1652 米	西北距迎恩堡 2.7 千米，西南距阎家窑 2 号烽火台 1.2 千米	土	黄土夯筑而成，夯层厚 0.16～0.18 米	圆形	梯形	台体底部东西 8.61，南北 9.18 米，南北东西 2.3，残高 8.5 米	台体周围有围墙，平面呈圆形，仅存西南部分围墙，残高 0.5 米。台体底部有圆形台基，高 2.5 米	无	保存一般。台体坍塌脱落严重，表面凹凸不平，有裂缝、沟槽、孔洞、台体上生长有杂草，围墙仅存西南墙	自然因素主要有风雨侵蚀、植物生长等

续表176

名称	地点	高程	与其他遗存的位置关系	材质	建筑方式	平面形制	剖面形制	尺寸	附属设施	修缮情况	保存状况	损毁原因及存在病害
武家窑烽火台	凤凰城镇武家窑村南侧	1662米	西北距迎恩堡5.9千米，距陶家窑烽火台3.3千米，北距上水泊2号烽火台1.8千米，东距烽火台2.4千米	土	黄土夯筑而成，夯层厚0.16~0.18米	矩形	梯形	台体底部东西9.84，南北9.2米，顶部上东、西、北长3.2，5.5、4.2米，残高7.32米	台体底部有矩形台基，东西27.46、南北27.96、高1.56米	无	保存一般。台体坍塌脱落严重，尤以南部为甚。表面凹凸不平，有裂缝、沟槽、孔洞。顶部西北有坑穴，深0.3~0.5米。台基东北部有杂草，直径7.9米	自然因素主要有风雨侵蚀、植物生长等，人为因素主要有掏挖洞穴等
白兰沟1号烽火台	阻虎乡白兰沟村西南0.8千米	1694米	东北距迎恩堡0.8千米	土	黄土夯筑而成，含砂砾，夯层厚0.26米	矩形	梯形	台体底部东西7.88，顶部南北1.8米，东部东西3.6米，残高6.45米	台体底部有矩形台基，东西20.1，南北23.69，东侧高2.6，西侧高0.9米	无	保存一般。台体坍塌脱落严重，表面凹凸不平，有裂缝、沟槽、孔洞。台体上生长杂草	自然因素主要有风雨侵蚀、植物生长等
白兰沟2号烽火台（彩图四九四）	阻虎乡白兰沟村西北0.2千米	1674米	东距迎恩堡1.9千米，东南距白兰沟1号烽火台1.4千米	土	黄土夯筑而成，夯层厚0.23米	矩形	梯形	台体底部东西8.4，南北8.1米，顶部南北1.8、北边长1.5米，北边东西长6.4米	台体底部有矩形台基，东西20.46、南北20.86、高1.4米	无	保存一般。台体坍塌脱落严重，表面凹凸不平，有裂缝、沟槽、孔洞。台体上生长杂草	自然因素主要有风雨侵蚀、植物生长等
刘货郎1号烽火台	阻虎乡刘货郎村东北1.85千米	1701米	东北距迎恩堡1.9千米，距白兰沟1号烽火台1.3千米	土	黄土夯筑而成，夯层厚0.2~0.23米	圆形	梯形	台体底部直径8.2，残高5.83米	台体底部有圆形台基，直径8.2，高2.37米	无	保存一般。台体坍塌脱落严重，表面凹凸不平，有裂缝、沟槽、孔洞。台基上生长杂草。台基上南部有新建的房屋，房屋南有一座移动的信号塔架；东部堆放有垃圾	自然因素主要有风雨侵蚀、植物生长等，人为因素是台基上盖房、堆放垃圾等
刘货郎2号烽火台	阻虎乡刘货郎村东北1.58千米	1695米	东北距迎恩堡2.4千米，北距刘货郎1号烽火台0.55千米	土	黄土夯筑而成，夯层厚度不详	圆形	梯形	台体底部直径11.2，残高3.4米	无	无	保存较差。台体坍塌脱落严重，表面凹凸不平，有裂缝、沟槽、孔洞。台体上生长杂草	自然因素主要有风雨侵蚀、植物生长等

续表 176

名称	地点	高程	与其他遗存的位置关系	材质	建筑方式	平面形制	剖面形制	尺寸	附属设施	修缮情况	保存状况	损毁原因及存在病害
刘货郎 3 号烽火台	阻虎乡刘货郎村南 0.5 千米	1708 米	东北距迎恩堡 3.1 千米，距刘货郎 2 号烽火台 0.7 千米	土	黄土夯筑而成，夯层厚 0.17 ~ 0.24 米	矩形	梯形	台体底部东西 6.82、南北 8.02 米，顶部东西 3.2、南北 4.4 米，残高 8.18 米	台体底部有矩形台基，东西 20.58、南北 14.67、高 0.4 米	无	保存一般。台体坍塌脱落严重，表面凹凸不平，裂缝、沟槽、孔洞。台体上生长有杂草	自然因素主要有风雨侵蚀、植物生长等
周家沟烽火台	阻虎乡周家沟村东南 0.2 千米	1660 米	西南距阻虎堡 1.4 千米	土	黄土夯筑而成，夯层厚 0.14 ~ 0.2 米	矩形	梯形	台体底部东西 6.4、南北 5.5 米，顶部东西 2.3、南北 1.7 米，残高 6.4 米	无	无	保存一般。台体坍塌脱落严重，表面凹凸不平，裂缝、沟槽、孔洞。台体上生长有杂草	自然因素主要有风雨侵蚀、植物生长等
圭儿峁烽火台	阻虎乡圭儿峁村东北 0.45 千米	1677 米	西南距阻虎堡 2.3 千米，东南距周家沟烽火台 1.8 千米，西北距小郭家窑 1 号烽火台 1.9 千米	土	黄土夯筑而成，夯层厚度不详	矩形	梯形	台体顶部东西 4.6、南北 6、残高 3.5 米	无	无	保存较差。台体坍塌脱落严重，表面凹凸不平，裂缝、沟槽、孔洞。台体上生长有杂草	自然因素风雨侵蚀、植物生长等，人为因素主要有取土挖损
后暖沟村 2 号烽火台	阻虎乡后暖沟村北 0.8 千米	1640 米	西南距阻虎堡 3 千米，距圭儿峁台 1.3 千米	土	黄土夯筑而成，夯层厚度不详	矩形	梯形	台体底部周长 20、残高 4 米	无	无	保存较差。台体坍塌脱落严重，表面凹凸不平，裂缝、沟槽、孔洞。台体上生长有杂草	自然因素风雨侵蚀、植物生长等
后暖沟村 1 号烽火台	阻虎乡后暖沟村北 0.7 千米	1642 米	西南距阻虎堡 3 千米，西北距后暖沟村 2 号烽火台 0.21 千米	土	黄土夯筑 0.15 米，底部夯土中含碎石	矩形	梯形	台体底部东西 6.9、南北 7.4 米，顶部东西 2.1、南北 3 米，残高 6.3 米	台体底部有矩形台基，东西 19.8、南北 20.6、高 1.6 米	无	保存一般。台体坍塌脱落严重，表面凹凸不平，裂缝、沟槽、孔洞。台体上生长有杂草	自然因素主要有风雨侵蚀、植物生长等，人为因素主要有取土挖损等

名称	地点	高程	与其他遗存的位置关系	材质	建筑方式	平面形制	剖面形制	尺寸	附属设施	修缮情况	保存状况	损毁原因及存在病害
前暖沟村烽火台	阻虎乡前暖沟村东北0.5千米	1587米	西南距阻虎堡4.1千米,西北距后暖沟村1号烽火台1.9千米	土	黄土夯筑而成,含砂砾,夯层厚0.16~0.21米	圆形	梯形	台体底部直径11.5米,顶部东西2.9,南北4.8米,残高8.1米	台体周围有围墙,平面呈矩形,东西24、南北21.5米。台体底部有矩形台基,高3.1米	无	保存一般。台体坍塌脱落严重,表面凹凸不平,有裂缝、沟槽,孔洞,北壁下部有洞穴;西南壁下部有洞穴,台体上生有杂草。围墙仅存地面痕迹,南墙被一条土路截断	自然因素主要有风雨侵蚀、植物生长等,人为因素主要有掏挖洞穴等
小干沟烽火台	阻虎乡小干沟村东0.5千米	1683米	西南距阻虎堡5.3千米,西北距前暖沟村1.9千米,东距屯军沟烽火台2.6千米	石	土石混筑而成	矩形	梯形	台体底部东西6.9、南北7.4米,顶部东西2.2、南北1.7米,残高4米	无	无	保存较差。台体坍塌脱落严重	自然因素主要有风雨侵蚀、植物生长等,人为因素主要有拆路石块等
小杨家窑烽火台	阻虎乡小杨家窑村西0.45千米	1727米	东南距阻虎堡2.9千米	土	黄土夯筑而成,夯层厚度不详	矩形	梯形	台体底部边长13、残高4米	台体底部矩形台基,边长25米,东北侧最高,为3.5米	无	保存一般。台体坍塌脱落严重,表面凹凸不平,有裂缝、沟槽,孔洞,台体上生有杂草	自然因素主要有风雨侵蚀、植物生长等
阻虎堡烽火台	阻虎乡阻虎村西南1千米	1670米	东北距阻虎堡1.3千米,西南距蔡家窑烽火台3.1千米	土	黄土夯筑而成,含砂砾,夯层厚0.15米	矩形	梯形	台体底部东西6、南北5.4、残高4米	无	无	保存较差。台体坍塌脱落严重,尤以东部为甚,表面凹凸不平,有裂缝、沟槽,孔洞,台体上生有杂草	自然因素主要有风雨侵蚀、植物生长等
阻虎堡2号烽火台	阻虎乡阻虎堡东0.1千米	1705米	西距阻虎堡0.49千米,南距北丈烽火台2.3千米	土	黄土夯筑而成,夯层厚0.18~0.2米	矩形	梯形	台体底部东西11.8、南北13.7米,顶部东西4.6、南北6.7米,残高7.1米	台体周围有围墙,平面呈矩形,东西24、南北26.5米,底宽1.3、顶宽0.35~0.4,残高1.5米。台体底部有矩形台基,高5米	无	保存一般。台体坍塌脱落严重,表面凹凸不平,有裂缝、沟槽,孔洞,台体上生有杂草,围墙保存	自然因素主要有风雨侵蚀、植物生长等

名称	地点	高程	与其他遗存的位置关系	材质	建筑方式	平面形制	剖面形制	尺寸	附属设施	修缮情况	保存状况	损毁原因及存在病害
蔡家窑烽火台	阻虎乡蔡家窑村西北1千米	1748米	西南距阻堡1.4千米，南距阻堡2号烽火台1.3千米，东北距阻堡阻虎堡烽火台3.1千米	土	黄土夯筑而成，夯层厚0.19~0.24米	矩形	梯形	残高3.5米	无	无	保存较差。台体坍塌脱落严重，表面凹凸不平，有裂缝、沟槽、孔洞。南、西两壁各有1座石砌窑洞依台体而建，南壁窑洞宽2.1，高1.5，深4米，西壁窑洞宽2，高1.9，深3.53米。台体生长有杂草	自然因素主要有风雨侵蚀、植物生长等
爬楼山烽火台	阻虎乡兔儿水村东北2.25千米	1848米	西北距阻堡1.9千米，北距阻堡2号烽火台1.9千米	土	黄土夯筑而成，夯层厚0.17~0.2米	圆形	梯形	台体底部直径19.02，残高5.4米	无	无	保存一般。台体坍塌脱落严重，表面凹凸不平，有裂缝、沟槽、孔洞。台体上生长有杂草绘用的水泥桩	自然因素主要有风雨侵蚀、植物生长等
阻堡1号烽火台	阻虎乡阻堡西北0.2千米	1723米	东距阻堡0.58千米	土	黄土夯筑而成，夯层厚0.16~0.19米	圆形	梯形	台体底部直径11，顶部直径6，残高7米	台体周有围墙，平面呈圆形，顶宽1.5，底宽0.6，内侧最高2.5，外侧最高2.2米。台体底部有圆形台基，高3.2米	无	保存较好。台体坍塌脱落严重，表面凹凸不平，有裂缝、沟槽、孔洞。台体上生长有杂草	自然因素主要有风雨侵蚀、植物生长等
阻虎乡辛窑子烽火台	阻虎乡辛窑子村西北0.55千米	1774米	东距阻堡2.3千米，距阻堡1号烽火台1.7千米	土	黄土夯筑而成，夯层厚0.15~0.17米	圆形	梯形	台体底部直径15.5，顶部直径7.8，残高10.1米	台体周围有围墙，平面呈圆形，夯层厚1.9米，底宽0.2~0.24米。围墙东北部有豁口，宽3.43米。台体底部有圆形台基，高2.48米	无	保存较好。台体有所坍塌脱落，表面凹凸不平，有裂缝、沟槽、孔洞。围墙保存	自然因素主要有风雨侵蚀、植物生长等
兔儿水烽火台（彩图四九五）	阻虎乡兔儿水村西1千米	1804米	东北距阻堡3.9千米，距阻虎乡辛窑子台2.5千米	土	黄土夯筑，含砂砾，夯层厚0.14~0.2米	矩形	梯形	台体底部东西10.95，南北5.24米，顶部东西5.9，南北1米，北侧残高2.9，西侧残高7米	台体底部有圆形台基，夯筑而成，夯层厚0.17~0.2米，北侧高1.5米	无	保存一般。台体坍塌脱落严重，表面凹凸不平，有裂缝、沟槽、孔洞。台体有现代石砌建筑，北侧有杂草	自然因素主要有风雨侵蚀、植物生长等

续表176

名称	地点	高程	与其他遗存的位置关系	材质	建筑方式	平面形制	剖面形制	尺寸	附属设施	修缮情况	保存状况	损毁原因及存在病害
黄土坡1号烽火台	下水头乡黄土坡村西北0.8千米	1718米	东北距阻堡7.6千米，西北距兔儿水烽火台4.9千米	土	黄土夯筑而成，含砂砾，夯层厚0.1~0.13米	圆形	梯形	台体底部直径8.8米，顶部东西7，南北4.4米，残高8.3米	无	无	保存一般。台体坍塌脱落严重，表面凹凸不平，有裂缝、沟槽、孔洞。西壁有洞穴，宽2.3，高1.5，西壁顶部有凹坑，直径3，深1.7米。台体上生长杂草	自然因素主要有风雨侵蚀、植物生长等，人为因素主要有掏挖洞穴等
黄土坡2号烽火台（彩图四九六）	下水头乡黄土坡村西南0.3千米	1555米	东北距阻堡8.2千米，西北距黄土坡1号烽火台1.1千米	石	外部石块垒砌，内部为夯土台体。北壁外部包石厚0.75米	矩形	梯形	台体底部东西8，南北6.3，东壁残高2，西壁残高7.5米。	台体周围有围墙，平面呈圆形，残存西南墙0.5米。台体底部有圆形台基，残高2.5米	无	保存一般。台体上生坍塌脱落严重，树木、围墙残存西南墙	自然因素主要有风雨侵蚀、植物生长等
祝马会烽火台	下水头乡祝马会村西北0.2千米	1494米	西北距阻堡8.4千米，黄土坡2号烽火台2.4千米，东南距寺儿沟村1号烽火台3.1千米	土	黄土夯筑而成，含砂砾，夯层厚0.08~0.14米	圆形	梯形	台体底部直径12.5，顶部直径6.1，残高9.7米	台体底部有矩形台基，残高3.5米	无	保存较好。台体有所坍塌脱落，表面凹凸不平，有裂缝、沟槽、孔洞。台体上生长有杂草	自然因素主要有风雨侵蚀、植物生长等
白道沟2号烽火台	下水头乡白道沟村东0.03千米	1613米	西南距白道沟堡2.7千米	土	黄土夯筑而成，夯层厚0.2米	矩形	梯形	台体底部东西11.23，南北9.88米，顶部东西5.5，南北3.7米，残高8.83米	无	无	保存一般。台体坍塌脱落严重，表面凹凸不平，有裂缝、沟槽、孔洞。北壁底部被人为取土挖损，台体上生长有杂草和树木	自然因素主要是风雨侵蚀，人为因素主要有取土挖损等
西虎儿界烽火台（彩图四九七）	下水头乡西虎儿界村西南0.3千米	1636米	西南距白道沟堡6.7千米，距白道沟2号烽火台4千米	石	外部石块垒砌而成，内部为夯土台体，黄土夯筑而成，夯层厚0.12~0.2米	矩形	梯形	台体底部东西4.65，南北4.58米，顶部东西边长3.4米，进深6.93米	台体顶部有石砌坡楼，底部东西1.61，南北1.71，残高0.9米；墙体顶宽2.8米，残边长3.4米，宽0.3，高0.6，进深0.6米。四壁有拱形瞭望孔，宽0.3，高0.6，进深1.03米	无	保存一般。北壁底部有坍塌的孔洞，宽1.5，高1.3，进深1.26米	自然因素主要有风雨侵蚀和植物生长等

续表176

名称	地点	高程	与其他遗存的位置关系	材质	建筑方式	平面形制	剖面形制	尺寸	附属设施	修缮情况	保存状况	损毁原因及存在病害
边庄烽火台（彩图四九八）	下木角乡边庄村东南1.05千米	1545米	西南距白道沟堡11.3千米，距西虎儿界村烽火4.7千米，西北距另山烽火台9.1千米	土	黄土夯筑而成，夯层厚0.19米，夯层间有0.08米厚的夹层	矩形	梯形	台体底部东西10.55，南北11.12米，顶部东西2.8，南北9.1，残高9.1米	台体周围有围墙，平面呈矩形，东西27.7，南北28.3米，黄土夯筑而成，墙体底宽2.3，顶宽0.5米，墙顶部内高1.6，外高0.8米，西墙内高2.72，外高4.05米。围墙南角有豁口，宽3.3米。台体底部有矩形台基，石块砌筑而成	无	保存较好。台体有所坍塌脱落，表面凹凸不平，有裂缝、沟槽、孔洞，西南壁底部有洞穴，高0.91，深1.43米，台体上生长有杂草，围墙南角有豁口	自然因素主要有风雨侵蚀和植物生长等，人为因素主要有掏挖洞穴等
口前村烽火台（彩图四九九）	下木角乡口前村西北0.7千米	1631米	西距距白道沟堡9.7千米，西北距西虎儿界村烽火台3.3千米	石	石块垒砌而成	矩形	梯形	台体底部东西4.92，南北4.6，南北5.59米，残高4.5米	台体顶部有石砌城楼，底部边长4.4米，北墙残高3米。台体西壁中部距底部2.5米处有方形洞，宽0.8，高1.15，进深1.3米，为通向台顶城楼的通道	无	保存一般。台体坍塌脱落严重，台顶城楼墙体坍塌损毁严重	自然原因主要有风雨侵蚀和植物生长等
白道沟1号烽火台	下木角乡白道沟村西南2.95千米	1613米	东距白道沟堡0.28千米	土	黄土夯筑而成，夯层厚0.15~0.24米	矩形	梯形	台体底部东西11.23，南北9.88米，顶部东西5.5，南北8.83，南北3.7米，残高8.83米	无	无	保存一般。台体坍塌脱落严重，表面凹凸不平，裂缝、沟槽、孔洞，台体上长满杂草	自然因素主要有风雨侵蚀，植物生长等
信虎辛窑3号烽火台（彩图五〇〇）	下水头乡信虎辛窑村东南1.05千米	1622米	东南距白道沟堡7千米，距白道沟1号烽火台6.9千米	土	黄土夯筑而成，夯层厚0.12~0.22米	矩形	梯形	台体底部东西10.72，南北10.48米，顶部东西5.1，南北5.1米，残高10.29米	台体底部有矩形台基，西侧边长23.92，残高3.98米	无	保存较好。台体有所坍塌脱落，表面凹凸不平，有裂缝、沟槽、孔洞，台体上生长有杂草	自然因素主要有风雨侵蚀，植物生长等

续表176

名称	地点	高程	与其他遗存的位置关系	材质	建筑方式	平面形制	剖面形制	尺寸	附属设施	修缮情况	保存状况	损毁原因及存在病害
信虎辛窑1号烽火台	下水头乡信虎辛窑村南0.65千米	1469米	东南距白道沟堡7.5千米，东距信虎辛窑3号烽火台0.85千米	土	黄土夯筑而成，夯层厚0.14~0.22米	矩形	梯形	台体底部东西10.3，南北8.96米，顶部东西4.9，南北3.7米，残高7.82米	台体南侧有围墙，台体与北墙相连，平面呈矩形，夯筑而成，存西墙0.14~0.16米；北墙西段8.63米，底宽0.9，顶宽0.3，残高1.92米。台体底部有矩形1.6米，残存草，围墙残存西、北墙台基，残存3.4米	无	保存一般。台体坍塌脱落严重，表面凹凸不平，有裂缝、沟槽、孔洞。西壁底部有现代掏挖的洞穴，进深0.9，高0.9，进深1.03，高0.9。台体上生长有东西1.92米。围墙残存西、北墙	自然因素主要有风雨侵蚀、植物生长等，人为因素主要有掏挖洞穴等
信虎辛窑2号烽火台	下水头乡信虎辛窑村南0.2千米	1462米	东南距白道沟堡8千米，南距信虎辛窑1号烽火台0.56千米	土	黄土夯筑而成，夯层厚0.17~0.24米	矩形	梯形	台体底部东西8.76米，南北8.5，北长2.2，东、南、西2.8，2.7，2.2，4.4米，残高8.22米	台体周围有围墙，平面呈矩形，存南墙10.34米，底宽1.7，顶宽0.4，残高1.1米。围墙内残存矩形台基，东西23.11，南北18.92，残高1.7米	无	保存一般。台体坍塌脱落严重，表面凹凸不平，有裂缝、沟槽、孔洞。东、北壁底部有现代掏挖的洞穴，高1.17，东壁洞穴宽3.11，进深3.11，北壁洞1.68，进深1.15，高0.91，进深2.33米。台体上生长有杂草，围墙外侧生长有一周松树。围墙保存	自然因素主要有风雨侵蚀、植物生长等，人为因素主要有掏挖洞穴等
凤凰城5号烽火台（彩图五○一）	凤凰城镇平鲁城堡北墙中部以北0.02千米	1612米	南距平鲁城堡1.1千米	石	外部石块垒砌；内部为夯土台体，黄土夯筑而成，夯层厚0.15~0.17米	矩形	梯形	台体底部东西10.3，南北12.3米，顶部东西9.8，南北8.5米，残高5米	无	无	保存一般。台体坍塌脱落严重，表面凹凸不平，有裂缝、沟槽、孔洞。西壁底部有现代掏挖形成的洞穴，宽2.7，高1.84米	自然因素主要有风雨侵蚀、植物生长等
凤凰城4号烽火台（彩图五○二）	凤凰城镇凤凰城村东北0.8千米	1535米	西南距平鲁城堡2千米，距凤凰城5号烽火台1.1千米	土	黄土夯筑而成，含砂砾、料疆石，夯层厚0.2~0.22米	矩形	梯形	台体底部东西6.7，南北6.6米，顶部东西4.3，南北4.6米，残高4.6米	台体周围散落砖石，顶部可能原有建筑物，砖长30，宽015，厚60厘米	无	保存一般。台体坍塌脱落严重，表面凹凸不平，有裂缝、沟槽、孔洞。顶部有凹槽，宽1.8，深1.4米。台体上生长有杂草	自然因素主要有风雨侵蚀、植物生长等

续表176

名称	地点	高程	与其他遗存的位置关系	材质	建筑方式	平面形制	剖面形制	尺寸	附属设施	修缮情况	保存状况	损毁原因及存在病害
小野猪窝烽火台（彩图五〇三）	凤凰城镇小野猪窝村南0.85千米	1614米	西南距平鲁城堡2.8千米，西距凤凰城4号烽火台1.6千米	土	黄土夯筑而成，含砂砾，夯层厚0.16~0.2米	矩形	梯形	台体底部东西12.76，南北12米，顶部东西6.1米，南北5，残高9.6米	台体周围有围墙，平面呈矩形，东西33.61米，夯筑而成，底层厚0.16~0.2米，顶宽0.25，最高宽2.3米。南墙中部有豁口，宽4.6米。台体底部有矩形台基，高2.7米	无	保存较好。台体有所明塌脱落，表面凹凸不平，有裂缝、沟槽、孔洞，台顶东部有半圆形坑，东西3.8，南北2.8，深1.2米。台体上生有杂草，围墙保存	自然因素主要有风雨侵蚀、植物生长等
大野猪窝烽火台	凤凰城镇大野猪窝村中南侧	1537米	西南距平鲁城堡4.6千米，西距小野猪窝烽火台2台1.9千米	土	黄土夯筑而成，含砂砾，夯层厚0.18~0.24米	矩形	梯形	台体底部东西10.4，南北11.75，残高10.5米	台体底部有矩形台基，残存东南部分，残高2.12米	无	保存一般。台体明塌脱落严重，表面凹凸不平，有裂缝、沟槽、孔洞；西壁生长有树木，为居民院墙的一部分，北角有盗洞，直径1.2米，进深1.2米。台体上生长有杂草	自然因素主要有风雨侵蚀、人为因素主要有挖掘洞穴、盖房利用台体等
凤凰城镇柳沟烽火台	凤凰城镇柳沟村东1.85千米	1656米	西距平鲁城堡3千米，西北距小野猪窝烽火台2台1.6千米	土	黄土夯筑而成，含砂砾，料礓石，夯层厚0.17~0.21米	矩形	梯形	台体底部东西12.2，南北11.9米，顶部东西6.2，南北7米，残高9.2米	台体周围有围墙，平面呈矩形，东西29.55，南北27.15米，墙体底宽1.1，顶宽0.3，外侧最高1.3，内侧最高1米。南墙有豁口	无	保存一般。台体明塌脱落，表面凹凸不平，有裂缝、沟槽、孔洞、台体北壁有盗洞，台体上生长有杂草，围墙明塌严重	自然因素主要有风雨侵蚀、植物生长等
辛窑子烽火台	凤凰城镇辛窑子村南0.85千米	1631米	西南距平鲁城堡5.4千米，南距大野猪窝烽火台2台1.6千米	石	外部石片垒砌而成，石片之间夹杂黄土和料礓石	圆形	梯形	台体底部直径10.8，残高3.1米	无	无	保存较差。台体明塌脱落严重，表面凹凸不平，有裂缝、沟槽、孔洞。台体北壁有盗洞，宽0.5，高0.7米	自然因素主要有风雨侵蚀、人为因素主要有挖掘洞穴等
王二老庄1号烽火台	凤凰城镇王二老庄村南0.9千米	1564米	西南距平鲁城堡6.1千米，西距小野猪窝烽火台2台1.7千米	土	黄土夯筑而成，大量料礓石，夯层厚0.19~0.21米	矩形	梯形	台体底部东西11.38，南北11.94米，顶部东西5.2，南北8.8，残高8.8米	台体周围有围墙，平面呈矩形，东西31.6，南北32.4米，黄土夯筑而成，含砂砾，大量料礓石，底层厚0.16~0.2米，残存最高宽0.9，残存最高1.2米	无	保存一般。台体明塌脱落严重，表面凹凸不平，有裂缝、沟槽、孔洞，台顶东西3.8，南北3.2米，台体上生有坑穴。台体上生有杂草，围墙明塌严重	自然因素主要有风雨侵蚀、植物生长等

续表176

名称	地点	高程	与其他遗存的位置关系	材质	建筑方式	平面形制	剖面形制	尺寸	附属设施	修缮情况	保存状况	损毁原因及存在病害
王二老庄2号烽火台	凤凰城镇王二老庄村中	1522米	西南距平鲁城堡7.1千米，距王二老庄1号烽火台1.1千米	土	黄土夯筑而成，夯层厚0.17~0.2米	矩形	梯形	台体底部东西15.48、南北10.96米，顶部东西4、南北4.3米，北侧残高9.3、南侧残高11.4米	无	无	保存一般。台体坍塌脱落严重，表面凹凸不平，有裂缝、沟槽，孔洞。北壁中部生长有小树，东壁有窑洞遗迹，西壁下部有现代掏挖的水窖；台顶西北部有深坑，长3米、宽2.2、深1.6米。台体上生长有杂草	自然因素主要有风雨侵蚀等，人为因素主要有掏挖洞穴等
花果岔烽火台	凤凰城镇花果岔村北0.6千米	1542米	西南距平鲁城堡8.7千米，距王二老庄2号烽火台1.7千米	土	黄土夯筑而成，夯层厚0.18~0.2米	矩形	梯形	台体底部东西12.7、南北11.8米，顶部东西5.15、南北6.08米，残高8.9米	台体周围有围墙，平面呈圆形，南北29.1、东西28.9米，夯筑而成，底宽2.2、顶宽0.2米，残存最高2.2米	无	保存较好。台体有所坍塌脱落，表面凹凸不平，有裂缝、沟槽，孔洞。台体上生长有杂草。中部有拱洞，宽1.9、高1.2米	自然因素主要有风雨侵蚀等，生长杂草
艾家岔烽火台	凤凰城镇艾家岔村东0.75千米	1555米	西南距平鲁城堡10千米，距花果岔烽火台1.3千米	土	黄土夯筑而成，夯层厚0.19~0.23米，顶部夯土中含石块	圆形	梯形	台体底部直径10.8、顶部直径4.67，南侧残高9.1、北侧残高10.2米	台体周围有围墙，平面呈圆形，夯筑而成，0.24~0.28米、底宽2.2，顶宽0.3，最高3.8米。台体底部有圆形台基，宽1.6、深2.6米。台体底部圆形基外有圆形壕沟	无	保存较好。台体有所坍塌脱落，表面凹凸不平，有裂缝、沟槽，孔洞。台体上生长有杂草，围墙保存	自然因素主要有风雨侵蚀等，生长杂草
张家花板烽火台	凤凰城镇张家花板村西南0.8千米	1538米	西南距平鲁城堡11千米，距艾家岔烽火台1.1千米	土	黄土夯筑而成，夯层厚0.19~0.21米	矩形	梯形	台体底部东西11.34、南北12.1米，顶部东西6.4、南北6.1米，残高8.4米	台体周围有围墙，平面呈圆形，东西33.45、南北35米，夯筑而成，底宽2.2，0.2~0.24米，最高3.5米。东墙有豁口，宽4.4米。台体底部有矩形台基	无	保存较好。台体有所坍塌脱落，表面凹凸不平，有裂缝、沟槽，孔洞。台顶东部有圆形坑穴，直径2.6、深1.7米。围墙保存，台体上生长有杂草	自然因素主要有风雨侵蚀等，生长杂草

续表 176

名称	地点	高程	与其他遗存的位置关系	材质	建筑方式	平面形制	剖面形制	尺寸	附属设施	修缮情况	保存状况	损毁原因及存在病害
赵小冲烽火台	西水界乡赵小冲村北1千米	1612米	西距平鲁城堡7.3千米，西北距王二老庄1号烽火台2.3千米	土	黄土夯筑而成，含砂砾，夯层厚0.17~0.2米	矩形	梯形	台体底部东西10.47、南北10.65米，顶部东西6.5、南北7.4米，残高6.4米	台体南侧有围墙，台体北壁与北墙相连，平面呈矩形，东西26.8、南北18.2米，黄土夯筑而成，含砂砾，夯层厚0.23米，残存最高1.3米。台体有豁口，宽7米。台体底部有矩形台基，东西38、南北26.1、北侧高0.6米	无	保存一般。台体坍塌脱落，有严重，台面凹凸不平，裂缝、沟槽、孔洞，台体上生长有杂草，围墙坍塌严重	自然因素主要有风雨侵蚀、植物生长等
黑家狮烽火台（彩图五○四）	西水界乡黑家狮村西1.5千米	1634米	西距平鲁城堡11.6千米，距赵小冲烽火台4.3千米	土	黄土夯筑而成，含砂砾，夯层厚0.15~0.19米	矩形	梯形	台体底部东西10.3、南北10.7米，顶部东西7.2、南北6.9米，残高7.3米	台体周围有围墙，平面呈矩形，东西27.3米，南墙中部有豁口，宽8.4米。台体周围散落较多石块，顶部西部有较多石块，可能原有建筑物	无	保存一般。台体坍塌脱落，有严重，台面凹凸不平，裂缝、沟槽、孔洞，台体上生长有杂草，围墙坍塌严重	自然因素主要有风雨侵蚀、植物生长等
黄家楼1号烽火台	凤凰城镇黄家楼村南0.9千米	1534米	南距平鲁城堡2.4千米，东南距凤凰城4号烽火台0.5千米	土	黄土夯筑而成，含砂砾，少量料礓石，夯层厚0.2米	矩形	梯形	台体底部东西9.7、南北6.4米，东西残长2.4、南北残长2.2米，残高8.9米	无	无	保存一般。台体坍塌脱落，有严重，台面凹凸不平，裂缝、沟槽、孔洞，台体上生长有杂草	自然因素主要有风雨侵蚀、植物生长等
黄家楼2号烽火台	凤凰城镇黄家楼村东0.25千米	1527米	南距平鲁城堡3.6千米，距黄家楼1号烽火台1.2千米	土	黄土夯筑而成，含砂砾，夯层厚0.17~0.2米	圆形	梯形	台体底部直径11.7、顶部直径3.8、高7.3米	台体周围有围墙，平面呈圆形，黄土夯筑，夯层厚0.21~0.27米，最高3.7米。东端有豁口。台体底部有台基，最高2.4米	无	保存一般。台体坍塌脱落，有严重，台面凹凸不平，裂缝、沟槽、孔洞，台体上生长有杂草、树木。围墙保存	自然因素主要有风雨侵蚀、植物生长等

续表176

名称	地点	高程	与其他遗存的位置关系	材质	建筑方式	平面形制	剖面形制	尺寸	附属设施	修缮情况	保存状况	损毁原因及存在病害
王化山烽火台	凤凰城镇王化山村东北0.35千米	1600米	距平鲁城堡5千米，东南距黄家楼2号烽火台1.8千米	土	黄土夯筑而成，含砂砾，夯层厚0.16~02米	矩形	梯形	台体底部东西9.63，顶部东西4.3，南北南北9.91米，南北部东西4.5米，残高8.7米	台体周围有围墙，平面呈矩形，东西25.67，南北24.17米，黄土夯筑而成，含砂砾，少量料礓石，残高0.4米。围墙低矮仅存地面痕迹；南墙有豁口，宽3.05米。台体底部有矩形台基，残高1.4米	无	保存一般。台体坍塌脱落严重，表面凹凸不平，有裂缝、沟槽、孔洞，台体上生长有杂草，围墙仅存地面痕迹	自然因素主要有风雨侵蚀、植物生长等
头铺烽火台	凤凰城镇头铺村西0.02千米	1539米	南距平鲁城堡6.4千米，西南距王化山1号烽火台1.5千米	土	黄土夯筑而成，含砂砾，料礓石，夯层厚0.18~0.23米	矩形	梯形	台体底部边长7.5米，顶部东、西4.8, 2.1，南北4.8, 4.3米，残高6米	台体周围有围墙，平面呈矩形，东西24.74，南北28.35米，黄土夯筑而成，含砂砾，夯层厚0.18~0.23米，底宽0.23米，顶宽1.7，残高0.4米。台体底部有矩形台基，残高1.2米	无	保存一般。台体坍塌脱落严重，表面凹凸不平，有裂缝、沟槽、孔洞，西壁有坍塌形成的大凹坑。东壁和南壁有洞穴，南壁洞穴宽1.34、高1.54、进深3.78米。东壁洞穴坍塌残存部分西、北墙，围墙残存部分西、北墙	自然因素主要有风雨侵蚀、植物生长等
毛家窑1号烽火台（彩图五○五、图五○六）	高石庄乡毛家窑村东南约1.75千米	1539米	南距平鲁城堡7.5千米，西南距头铺1.5千米	土	黄土夯筑而成，含砂砾，夯层厚0.18~0.22米，顶部夯土中含石块	圆形	梯形	台体底部直径11，顶部直径4.7，残高11.5米	台体周围有围墙，平面呈圆形，黄土夯筑而成，夯层厚0.18~0.22米，底宽3.28，顶宽0.6，残高4.1。外侧最高3.4米。南墙有豁口，宽2.88米。台体底部有圆形台基，残高2.81米	无	保存一般。台体坍塌脱落严重，表面凹凸不平，有裂缝、沟槽、孔洞，南壁、西壁洞穴，西壁洞穴宽2.17，高2.19，进深4米。台体上生长有杂草，围墙保存	自然因素主要有风雨侵蚀、人为因素主要有掏挖洞穴等
毛家窑2号烽火台	高石庄乡毛家窑村东北1千米	1544米	距平鲁城堡8.7千米，南距毛家窑1号烽火台1.5千米	土	黄土夯筑而成，含砂砾，夯层厚0.18~02米	矩形	梯形	台体底部东西7.4，南北6.2米，顶部东西4.5，南北3.5米，残高5.1米	台体附近散落石块，顶部可能原有建筑物	无	保存一般。台体坍塌脱落严重，表面凹凸不平，有裂缝、沟槽、孔洞，台体上生长有杂草	自然因素主要有风雨侵蚀、植物生长等

续表 176

名称	地点	高程	与其他遗存的位置关系	材质	建筑方式	平面形制	剖面形制	尺寸	附属设施	修缮情况	保存状况	损毁原因及存在病害
连家窑烽火台	高石庄乡连家窑村西北0.5千米	1619米	东南距平鲁城堡12.1千米，距毛家窑2号烽火台4.1千米，西北距元台子山烽火台2.4千米	土	黄土夯筑而成，含碎石，夯层厚0.16~0.2米	矩形	梯形	台体顶部东西3.3、南北4.9，残高6.45米	台体底部有矩形台基，东西20.76、南北15.23，残高1米。台体附近散落台块	无	保存一般。台体坍塌脱落严重，表面凹凸不平、裂缝、沟槽、孔洞，东半部有洞穴，进深1.54米，宽0.82，高1.4、台体上生长有杂草	自然因素主要有风雨侵蚀、植物生长等，人为因素主要有陶挖洞穴
三层洞烽火台	凤凰城镇三层洞村东北侧	1495米	西南距平鲁城堡11.2千米，距毛家窑2号烽火台3.3千米	土	黄土夯筑而成，夯层厚0.14~0.23米	圆形	梯形	台体底部直径12.57，残高10.8米	台体周围有围墙，平面呈圆形，底宽3.18、顶宽0.6，内侧残高2.23，外侧残高4.7米。东南墙有豁口，宽9.95米。台体底部有圆形台基，黄土夯筑而成，夯层厚0.18~0.27米	无	保存较好。台体有所坍塌脱落，表面凹凸不平、裂缝、沟槽、孔洞，围墙保存上生长有杂草	自然因素主要有风雨侵蚀、植物生长等
凤凰城1号烽火台	凤凰城镇凤凰城村西北0.45千米	1554米	东南距平鲁城堡1.2千米	土	黄土夯筑而成，含砂砾，夯层厚0.18~0.24米，夯层间有的黏土夹层厚0.01米	矩形	梯形	台体底部东西5.4、南北4.7，残高4.3米	台体底部有矩形台基，台基仅存西南部分，残高1.1米	无	保存较好。台体坍塌脱落严重，表面凹凸不平、裂缝、沟槽、孔洞，上生长有杂草	自然因素主要有风雨侵蚀、植物生长等
凤凰城3号烽火台	凤凰城镇凤凰城村西北1千米	1539米	东南距平鲁城堡1.9千米，南距凤凰城1号烽火台0.74千米	土	黄土夯筑而成，含砂砾，夯层厚0.19~0.23米	矩形	梯形	台体底部东西9.8、南北12.8米，顶部东西7、南北6.7米，残高8.9米	无	无	保存较好。台体有所坍塌脱落，表面凹凸不平、裂缝、沟槽、孔洞，南壁有洞穴、洞口用石块封堵。台体上生长有杂草	自然因素主要有风雨侵蚀、植物生长等，人为因素主要有陶挖洞穴

续表 176

名称	地点	高程	与其他遗存的位置关系	材质	建筑方式	平面形制	剖面形制	尺寸	附属设施	修缮情况	保存状况	损毁原因及存在病害
旺家村烽火台	凤凰城镇旺家村南0.55千米	1635米	东南距平鲁城堡2.8千米，距凤凰城3号烽火台1千米	土	黄土夯筑而成，含少量料礓石，夯层厚0.16~0.24米	圆形	梯形	台体底部直径12.5米，残高11.2米	台体周围有围墙，平面呈圆形，黄土夯筑而成，底层宽3.2，顶宽0.6，外侧最高4.5，内侧最高3.6米。南墙有豁口，宽2.1米。豁口西3.4米有拱洞，宽2.4，高1.61，进深3.2米	无	保存一般。台体坍塌脱落严重，表面凹凸不平。西南裂缝、沟槽，孔洞。西南壁底部有洞穴，宽1.42，高0.52，进深2.37米。台体上生长杂草，围墙保存	自然因素主要有风雨侵蚀、植物生长等
周家庄1号烽火台	高石庄乡周家庄村南1.25千米	1662米	东南距平鲁城堡4.4千米，距旺家村烽火台1.9千米	土	黄土夯筑而成，含砂砾，夯层厚0.15~0.18米	矩形	梯形	台体底部东西10.73，南北10.98米，顶部东西5.4、南北4.7米，残高9.7米	台体周围有围墙，平面呈矩形，东西29.92、南北32.88米，含大量料礓石，底层宽1.6，顶宽0.35，残高最高2.4米。东南墙中部有豁口，宽5.86米。台体底部有矩形台基，高2.36米	无	保存一般。台体坍塌脱落严重，表面凹凸不平，有裂缝、沟槽，孔洞。台体上生长有杂草，围墙保存	自然因素主要有风雨侵蚀、植物生长等
周家庄2号烽火台	高石庄乡周家庄村东1.1千米	1647米	东南距平鲁城堡4.7千米，西南距周家庄1号烽火台1.5千米	土	黄土夯筑而成，含砂砾，夯层厚0.17~0.21米	圆形	梯形	台体底部直径11.92，残高10.7米	台体周围有围墙，平面呈圆形，含砂砾、大量料礓石，底层宽0.19~0.26米，顶宽2.1，内高2.57米，外高3，南墙有豁口，宽3.29米	无	保存一般。台体坍塌脱落严重，表面凹凸不平，有裂缝、沟槽，孔洞。台体上生长有杂草，围墙保存	自然因素主要有风雨侵蚀、植物生长等
下水泊烽火台	高石庄乡下水泊村东北0.55千米	1638米	东南距平鲁城堡6.6千米，距周家庄2号烽火台2.5千米，西北距王家庄2.5千米	土	黄土夯筑而成，含砂砾，夯层厚0.14~0.19米	矩形	梯形	台体底部东西9.47米，顶部南、西、北长1.8，3.6、4米，残高10.1米	台体周围有围墙，平面呈矩形，东西31.95、南北32.33米，黄土夯筑而成，含砂砾，夯层厚0.13~0.2米，底层宽2，顶宽0.2，高1.5米。台体底部有矩形台基，北侧高2.9米	无	保存一般。台体坍塌脱落严重，表面凹凸不平，有裂缝、沟槽，孔洞。中部有洞穴，可通顶，进深1.1，高2.68，进深4.26米。台体上生长杂草，围墙保存	自然因素主要有风雨侵蚀、人为因素主要有掏挖洞穴等

续表176

名称	地点	高程	与其他遗存的位置关系	材质	建筑方式	平面形制	剖面形制	尺寸	附属设施	修缮情况	保存状况	损毁原因及存在病害
凤凰城2号烽火台	凤凰城镇凤凰城村西北0.7千米	1612米	东南距平鲁城堡1.3千米，东北距凤凰城1号烽火台0.59千米	土	黄土夯筑而成，含少量料疆石，夯层厚0.13～0.18米	圆形	梯形	台体底部直径19.58米，顶部东西4，南北4.4米，残高5.8米	台体周围有围墙，夯筑而成，夯层厚0.13～0.18米，顶宽0.4，最高1.2米。台体底部有矩形台基，东西38.27，南北34.2，残高1.9米。台体顶部及附近散落大量砖石，顶部可能原有建筑物	无	保存一般。台体坍塌脱落严重，表面凹凸不平，有裂缝、沟槽、孔洞，台体上生长有杂草，围墙保存	自然因素主要有风雨侵蚀、植物生长等
郑家营烽火台	凤凰城镇郑家营村东1.15千米	1547米	东南距平鲁城堡2.9千米，东北距凤凰城2号烽火台1.9千米	土	黄土夯筑而成，含砂砾，夯层厚0.2～0.26米，顶部夯土中含大量料疆石和碎石	矩形	梯形	台体底部东西11.67，南北10.35米，顶部东西3.3，南北9.2米	无	无	保存一般。台体坍塌脱落严重，表面凹凸不平，东壁高1.07，宽3.81米；南壁高1.17，宽3.09米。台体有裂缝、沟槽、孔洞，底部有洞穴，宽1.57，进深1.37，中部洞穴进深2.1，台体上生长有杂草	自然因素主要有风雨侵蚀、植物生长等，人为因素主要有掏挖洞穴等
井洼烽火台	凤凰城镇井洼村东北0.85千米	1605米	东南距平鲁城堡6千米，距郑家营烽火台3.2千米，西北距井洼2号烽火台2.5千米，西距上水泊2千米，西距武家窑烽火台2.4千米	土	黄土夯筑而成，含砂砾、料疆石，夯层厚0.17～0.25米	圆形	梯形	台体底部直径11.65，顶部直径3.7，残高8.1米	台体周围有围墙，平面呈圆形，黄土夯筑而成，含砂砾，夯层厚0.17～0.2米，底宽1.6，顶宽0.4，内高2.8米，外高2.5米。南墙豁口，东墙豁口宽6.6米，南墙豁口宽7.25米	无	保存一般。台体坍塌脱落严重，尤以南部为甚，表面凹凸不平，有裂缝、沟槽、孔洞，台体上生长有杂草、泥桩，顶部有测绘用的水泥桩，围墙保存	自然因素主要有风雨侵蚀、植物生长等
祁家窑烽火台	凤凰城镇祁家窑村西0.25千米	1690米	东北距平鲁城堡3千米	石	外部石块垒砌，现无存；内部为夯土台体，黄土夯筑而成，含砂砾、料疆石、碎石	圆形	梯形	底部直径8.9米，顶部东西3.4，南北3.3米，残高3.4米	台体底部有矩形台基，东西16.5，南北15.2，高2.4米	无	保存较差。台体坍塌脱落严重，包石无存。生长有杂草	自然因素主要有风雨侵蚀、植物生长等

续表176

名称	高程	地点	与其他遗存的位置关系	材质	建筑方式	平面形制	剖面形制	尺寸	附属设施	修缮情况	保存状况	损毁原因及存在病害
屯军沟烽火台	1643米	凤凰城镇屯军沟村西北0.2千米	东北距平鲁城堡4.8千米，东南距祁家窑烽火台2.7千米，西距小干沟烽火台2.6千米	土	黄土夯筑而成，含砂砾，夯层厚0.14~0.17米	矩形	梯形	台体底部东西7.8、南北9.1米，顶部东西4.5、南北6.8米，残高8.1米	台体周围有围墙，平面呈矩形，东西27、南北26米，夯筑而成，夯层厚0.17~0.2米，底宽2.4、外侧高1.7米。南墙东侧有豁口，宽6.4米	无	保存较好。台体有所坍塌脱落，表面凹凸不平，有裂缝、沟槽、孔洞。顶部南侧有矩形竖坑，东西1.4、南北1.1、进深1米。台体上生长有杂草，围墙保存	自然因素主要有风雨侵蚀、植物生长等，人为因素主要有掏挖洞穴等
团城寺烽火台	1674米	凤凰城镇团城寺村东南1千米	北距平鲁城堡3.4千米，西北距都家窑烽火台2.7千米	土	黄土夯筑而成，含砂砾、少量礓石，夯层厚0.12~0.18米	矩形	梯形	台体底部东西10.6、南北10.8米，台顶东西5、南北6.2米，残高9.7米	无	无	保存较好。台体有所坍塌脱落，表面凹凸不平，有裂缝、沟槽、孔洞，底部的西北侧有推土机推土的回槽，宽3、进深0.7米。台体上生长有杂草	自然因素主要有风雨侵蚀、植物生长等，人为主要有取土挖损等
三里庄烽火台	1600米	凤凰城镇三里庄村南0.2千米	西北距平鲁城堡3.4千米，西南距团城寺烽火台1.8千米	土	黄土夯筑而成，含砂砾，夯层厚0.2~0.23米	矩形	梯形	台体底部东西13.7、南北12.2米，顶部东西7、南北6.6米，残高8.3米	台体周围有围墙，平面呈矩形，东西32.95、南北35.1米，黄土筑成，夯层厚1.4、底宽0.2米，内侧最高0.3、外侧高最高2.97米。东墙有豁口，宽9.2米。台体底部有矩形台基，残高2.8米。顶部有石砌矩形建筑，东西3、南北2.5米	无	保存较好。台体有所坍塌脱落，表面凹凸不平，有裂缝、沟槽、孔洞，顶部南北有回坑，东西2.2、南北1.3、深3.2米。台体上生长有杂草，围墙保存	自然因素主要有风雨侵蚀、植物生长等
小破石1号烽火台	1644米	西水界乡小破石村西北0.6千米	西北距平鲁城堡5.9千米，距三里庄烽火台2.6千米，南距半坡墩烽火台1.2千米	土	黄土夯筑而成，含砂砾，夯层厚0.18~0.23米	矩形	梯形	台体底部东西5.6、南北5.8、残高7.31米	台体西南侧有石砌围墙，平面呈矩形，东西13.18、南北23.8米，墙体宽0.3米	无	保存一般。台体坍塌脱落，表面凹凸不平，严重，有裂缝、沟槽、孔洞，台体上生长有杂草	自然因素主要有风雨侵蚀、植物生长等

名称	地点	高程	与其他遗存的位置关系	材质	建筑方式	平面形制	剖面形制	尺寸	附属设施	修缮情况	保存状况	损毁原因及存在病害
小破石2号烽火台	西水界乡小破石村西北0.7千米	1665米	西北距平鲁坡堡6千米，西距小破石1号烽火台0.15千米	土	黄土夯筑而成，含砂砾，夯层厚0.2~0.25米	矩形	梯形	台体底部东西13.1、南北12.5米，顶部东西3.6、南北5.2米，残高7.8米	台体周围有围墙，平面呈矩形，东西33.2、南北37.4米，夯筑而成，夯层厚0.27米，底宽1.8、最高1.8米。东墙有豁口，宽8.1米。台体周围散落石块，顶部可能原有建筑物	无	保存一般。台体坍塌脱落严重，表面凹凸不平，有裂缝、沟槽、孔洞，台体上生长有杂草，围墙保存，围墙内为耕地	自然原因主要有风雨侵蚀、植物生长等
韩家山寺1号烽火台	双碾乡韩家山寺村西北2.3千米	1640米	西南距南丈堡2.7千米	土	黄土夯筑而成，含砂砾，夯层厚0.15~0.2米	圆形	梯形	台体底部直径12.5米，顶部东西3.4、南北4.4米，残高7.8米	台体周围有围墙，平面呈圆形，夯筑而成，夯层厚0.15~0.2米，底宽顶宽0.5、内高1.4、外高1.9米。南墙有豁口，宽4.6米	无	保存一般。台体坍塌脱落严重，表面凹凸不平，有裂缝、沟槽、孔洞，南壁底部有洞穴。台体上生长有杂草，围墙保存	自然因素主要有风雨侵蚀、植物生长等
韩家山寺2号烽火台	双碾乡韩家山寺村西北1.25千米	1604米	西南距南丈堡2.7千米，西北距韩家山寺1号烽火台1.1千米	石	外部石块垒砌，东、南壁残存部分包石；内部为夯土台体，黄土夯筑而成，夯层厚0.15米	矩形	梯形	台体底部东西7.2、南北7.7，残高3.5米	无	无	保存较好。台体坍塌脱落严重，长有杂草，存部分包石	自然因素主要有风雨侵蚀、植物生长等
北丈烽火台（彩图五〇图七）	阻虎乡北丈村西南0.8千米	1621米	东南距南丈堡2.1千米，西北距阻虎2号烽火台2.3千米	土	黄土夯筑而成，夯层厚0.17米	圆形	梯形	台体底部东西8.5米，顶部东西2.7、南北4米，残高8.9米	台体周围有围墙，平面呈圆形，夯筑而成，夯层厚0.13~0.18米，底宽1.3、顶宽0.3、内侧最高1.8、外侧最高2.8米。南墙有豁口，宽3.7米	无	保存较好。台体有所坍塌脱落，表面凹凸不平，有裂缝、沟槽、孔洞，台体上生长有杂草，围墙保存	自然因素主要有风雨侵蚀、植物生长等
黄土沟烽火台	双碾乡黄土沟村东北0.8千米	1772米	北距南丈堡1.7千米	土	黄土夯筑而成，含砂砾、碎石	矩形	梯形	台体底部东西6.3、南北5.9米，顶部东西2.5、南北2.6米，残高4.5米	台体底部有矩形台基，仅存北侧，长23、高2.6米	无	保存一般。台体坍塌脱落严重，表面凹凸不平，有裂缝、沟槽、孔洞，周围有挖掘的沟槽，破坏台基，种树、台体上生长有杂草	自然因素主要有风雨侵蚀、植物生长等，人为因素主要有在台体周围挖沟槽、农业生产活动破坏台基等

续表 176

名称	地点	高程	与其他遗存的位置关系	材质	建筑方式	平面形制	剖面形制	尺寸	附属设施	修缮情况	保存状况	损毁原因及存在病害
雄沟梁烽火台	双碾乡雄沟梁村北1.3千米	1746米	西北距南丈堡2.6千米，西距黄土沟烽火台1.6千米	土	黄土夯筑而成，含砂砾，夯层厚0.1~0.12米	矩形	梯形	台体底部东西5.6、南北4.7，残高3.2米	台体底部有矩形台基，东西22、南北26.8，高3米	无	保存较差。台体坍塌脱落严重，表面凹凸不平，有裂缝、沟槽、孔洞。台体上生有杂草	自然因素主要有风雨侵蚀、植物生长等
双碾乡柳沟烽火台	双碾乡柳沟村西0.7千米	1769米	西北距南丈堡4.6千米，距雄沟梁烽火台2.2千米	土	黄土夯筑而成，碎石，夯层厚0.08~0.18米	矩形	梯形	台体底部东西9.2、南北10.1米，顶部东西4.3、南北5.3米，残高9.6米	台体底部有矩形台基，东西24.9、南北26.6米	无	保存较好。台体有所坍塌脱落，表面凹凸不平，有裂缝、沟槽、孔洞。台体上生长有杂草	自然因素主要有风雨侵蚀、植物生长等
侯港村烽火台（彩图五〇八、五〇九）	双碾乡侯港村南0.5千米	1705米	西北距南丈堡7.1千米，西距双碾乡柳沟烽火台3千米	土	黄土夯筑而成，含砂砾，夯层厚0.11~0.2米	圆形	梯形	台体底部直径11、顶部直径5.3，残高10.3米	台体周围有围墙，平面呈矩形，夯筑而成，底宽0.16~0.2米、外高2.3、内高3.3米。东墙底部有豁口，宽3.4米。台体底部有矩形台基，南侧高1.6米。台体南壁有登顶坡道。台体周围散落石块	无	保存较好。台体有所坍塌脱落。表面凹凸不平，有裂缝、沟槽、孔洞。东壁底部有洞穴。台体上生长严重，有多草。围墙坍塌严重，有多处豁口	自然因素主要有风雨侵蚀、植物生长等，人为因素主要有掏挖洞穴等
双碾烽火台	双碾村东北1.1千米	1603米	西北距南丈堡6.8千米，东距双碾乡柳沟烽火台2.2千米，东南距计家窑1号烽火台3.7千米，南距土圈沟村烽火台4.2千米	土	黄土夯筑而成，含砂砾，夯层厚0.16~0.21米	圆形	梯形	台体底部直径13、顶部直径4.5，残高8.5米	台体有围墙，黄土夯筑而成，含砂砾，底宽0.13~0.15米、最高2.2米。东墙仅存地面痕迹	无	保存一般。台体坍塌脱落严重，表面凹凸不平，有裂缝、沟槽、孔洞。台体南壁上生长有杂草，底部有洞穴，宽2，进深4米1.7，围墙保存	自然因素主要有风雨侵蚀、植物生长等，人为因素主要有掏挖洞穴等

续表 176

名称	地点	高程	与其他遗存的位置关系	材质	建筑方式	平面形制	剖面形制	尺寸	附属设施	修缮情况	保存状况	损毁原因及存在病害
下乃河 2 号烽火台（彩图五一〇）	下水头乡下乃河村东北 0.2 千米	1459 米	东南距下乃河堡 0.45 千米	土	黄土夯筑而成，含砂砾，夯层厚 0.16~0.23 米	圆形	梯形	台体底部直径 11，顶部直径 4.5，残高 11 米	台体周围有围墙，平面呈圆形，底宽 2.4 米。南墙有豁口，宽 2.6 米。围墙坍塌，仅存地面痕迹。台体底部有圆形台基，残高 3.5 米。台体南壁下部有进台拱洞，可通台顶，拱洞宽 1.3、高 1.7 米	无	保存较好。台体有所坍塌脱落，表面凹凸不平，有裂缝、沟槽、孔洞。台上生长有杂草。围墙坍塌，仅存地面痕迹。台基上现为耕地	自然因素主要有风雨侵蚀、植物生长等，人为因素主要有农业生产活动破坏台体等
陈庄 2 号烽火台（彩图五一一、五一二）	下水头乡陈庄村西 0.6 千米	1764 米	东南距下乃河堡 2.8 千米，距下乃河 2 号烽火台 2.3 千米	石	外部石块垒砌，仅存部分包石，厚 1.5 米；内部为夯土台体	圆形	梯形	台体底部直径 10.4，顶部直径 8.3，残高 10 米	台体周围有围墙，平面呈圆形。围墙为石块砌成，顶宽 1.85，内侧残高 1.4，外侧残高 1 米。围墙顶部有女墙，宽 0.85，最高 1.3 米	无	保存较好。台体东部坍塌脱落严重，包石无存，长有杂草。围墙保存	自然因素主要有风雨侵蚀、植物生长等
陈庄 1 号烽火台	下水头乡陈庄村西北 1.5 千米	1813 米	东南距下乃河堡 3.9 千米，距陈庄 2 号烽火台 1.1 千米	土	黄土夯筑而成，含砂砾，夯层厚 0.18 米	圆形	梯形	台体底部直径 9.8，残高 2.3 米	台体底部有圆形台基，基外部包石，残存最高 3.5 米	无	保存较差。台体坍塌脱落严重，表面凹凸不平，有裂缝、沟槽、孔洞。台上生长有杂草	自然因素主要有风雨侵蚀、植物生长等
寺儿沟村 2 号烽火台	下水头乡寺儿沟村东 1.5 千米	1835 米	东南距下乃河堡 4.4 千米，南距陈庄 1 号烽火台 0.77 千米	土	黄土夯筑而成，含砂砾，夯层厚度不详	圆形	梯形	台体底部直径 17，残高 6.5 米	台体底部有矩形台基，仅东南部存有痕迹。台体附近散落石块，顶部可能原有建筑物	无	保存一般。台体坍塌脱落严重，表面凹凸不平，有裂缝、沟槽、孔洞。东壁底有盗洞，东西 0.17、南北 1.5 米。台体上生长有杂草	自然因素主要有风雨侵蚀、植物生长等，人为因素主要有掏挖洞穴等

续表176

名称	地点	高程	与其他遗存的位置关系	材质	建筑方式	平面形制	剖面形制	尺寸	附属设施	修缮情况	保存状况	损毁原因及存在病害
寺儿沟村1号烽火台	下水头乡寺儿沟村北0.2千米	1516米	东南距下乃河堡5.9千米，东距寺儿沟村2号烽火台2千米，西北距祝马会烽火台3.1千米	土	黄土夯筑而成，含砂砾，夯层厚0.06~0.1米	圆形	梯形	台体底部直径12，顶部直径8.4，残高11.3米	台体周围有围墙，平面呈圆形，夯筑而成，底宽3，夯层厚0.15~0.18米，内侧最高2.1，外侧最高5.7米。围墙坍塌损毁严重，东墙有豁口，可通台。台体东壁底部有进台拱洞，可通台顶，拱洞宽0.9，高0.7米	无	保存较好。台体有所坍塌脱落，表面凹凸不平，有裂缝、沟槽、孔洞，土上生长杂草，围墙损毁严重，围墙外为耕地	自然因素主要有风雨侵蚀、植物生长等
九坪梁烽火台	双碾乡区儿坪梁村东南0.6千米	1674米	南距下乃河堡5.1千米，西南距寺儿沟村2号烽火台2.5千米	土	黄土夯筑而成，含砂砾，夯层厚0.17~0.2米	圆形	梯形	台体底部直径7.9，顶部直径3.8，残高11米	台体底部有圆形台基，残高2.5米	无	保存较好。台体有所坍塌脱落，表面凹凸不平，有裂缝、沟槽、孔洞，土上生长杂草，台基上长有沙棘	自然因素主要有风雨侵蚀、植物生长等
白辛庄烽火台	双碾乡白台辛庄村南0.3千米	1659米	西南距下乃河堡5.3千米，西距坪梁九号烽火台2千米	土	黄土夯筑而成，含砂砾，夯层厚0.08~0.18米	矩形	梯形	台体底部东西10.2，南北9.8米，顶部东西3.5，南北2.1米，残高9.2米	台体周围有围墙，平面呈矩形，边长21米，西北、西南墙，宽0.75，内侧最高1，外侧最高3米	无	保存较好。台体有所坍塌脱落，表面凹凸不平，有裂缝、沟槽、孔洞，土上生长杂草，围墙残存西北、西南墙	自然因素主要有风雨侵蚀、植物生长等
土圈沟村烽火台	双碾乡土圈沟村东南0.9千米	1775米	西南距下乃河堡6.5千米，距白辛庄沟火台1.8千米，北距双暖烽火台4.2千米，东北距计家窑1号烽火台3.4千米	土	黄土夯筑而成，含砂砾，夯层厚0.23米	矩形	梯形	台体底部东西8.4，南北8.5米，顶部东西4.5，南北3.6米，残高4.7米	台体周围有围墙，平面呈矩形，东西21，南北21.5米，夯筑而成，夯层厚0.14~0.18米，西北角外侧残高3，宽3.2米。北墙中部有豁口，台体底部有矩形台基	无	保存一般。台体坍塌脱落严重，表面凹凸不平，有裂缝、沟槽、孔洞，土上生长杂草，围墙损毁严重	自然因素主要有风雨侵蚀、植物生长等

续表176

名称	地点	高程	与其他遗存的位置关系	材质	建筑方式	平面形制	剖面形制	尺寸	附属设施	修缮情况	保存状况	损毁原因及存在病害
上乃河烽火台（彩图五一三）	下水头乡上乃河村东1.3千米	1620米	西南距下乃河堡3.4千米，北距白辛庄烽火台2千米	土	黄土夯筑而成，夯层厚0.13米	矩形	梯形	台体底部东西10.2、南北9.2米，顶部东西3.6、南北5.1米，残高8.5米	台体周围有围墙，平面呈矩形，东西22、南北23米。夯筑而成，夯层厚0.14~0.19米。西墙底宽0.85、顶宽2.7，高1.6，中部有门洞，宽1.45米。围墙坍塌损段严重，东墙北段有豁口	无	保存较好。台体有所坍塌脱落，表面凹凸不平，有裂缝、沟槽、孔洞。台体上生长有杂草。围墙坍塌损毁严重，东墙北段有豁口	自然因素主要有风雨侵蚀、植物生长等
下乃河1号烽火台	下水头乡下乃河村西0.5千米	1468米	东距下乃河堡0.55千米	土	黄土夯筑而成，含砂砾、碎石，夯层厚0.18~0.23米	矩形	梯形	台体底部东西9.3、南北11.2米，顶部东西5.9、南北6.2米，残高6.5米	台体底部有矩形台基，东西22.4、南北23.5、残高1.8米	无	保存一般。台体坍塌脱落严重，表面凹凸不平，有裂缝、沟槽、孔洞。台体上生长杂草	自然因素主要有风雨侵蚀、植物生长等
南坪村烽火台（彩图五一四、五一五）	下水头乡南坪村东北0.6千米	1391米	东北距下乃河2千米，距下乃河1号烽火台1.5千米	土	黄土夯筑而成，夯层厚0.18~0.21米	矩形	梯形	台体底部东西11.3、南北9.2米，顶部东西5.1、南北6.7米，残高6米	台体周围有围墙，平面呈矩形，东西26.5、南北26.3米。黄土夯筑而成，夯层厚0.2米。西墙南段墙体顶宽1.1，残高2.2米。台体倚南墙而建，北墙有登顶坡道，南侧堆积有碎石	无	保存一般。台体坍塌脱落严重，表面凹凸不平，有裂缝、沟槽、孔洞。北壁下方有洞穴，台体上生长有杂草。围墙坍塌损毁严重，围墙内为耕地	自然因素主要有风雨侵蚀、植物生长等，人为因素主要有掏挖洞穴、农业生产活动破坏台体等
口子上村烽火台	下水头乡口子上村东北0.1千米	1371米	东北距下乃河堡2.1千米，东距坪村烽火台0.1千米	土	黄土夯筑而成，夯层厚0.18米	矩形	梯形	台体底部边长6.6米，顶部东西2、南北2.3米，残高6.1米	台体底部原有台基，现无存	无	保存一般。台体坍塌脱落严重，表面凹凸不平，有裂缝、沟槽、孔洞。台体下部生长有杂草，台体被耕地破坏	自然因素主要有风雨侵蚀、植物生长等，人为因素主要有掏挖洞穴、农业生产活动破坏台体等
下乃河3号烽火台	下水头乡下乃河村东南0.6千米	1467米	西北距下乃河0.8千米	土	黄土夯筑而成，夯层厚0.11~0.17米	矩形	梯形	台体底部东西9.2、南北10.4米，顶部东西4.5、南北5米，残高7.2米	台体底部有矩形台基，夯筑而成，东西22.5、南北22、残高2.9米，夯层厚0.09~0.14米	无	保存一般。台体有所坍塌脱落，表面凹凸不平，有裂缝、沟槽、孔洞。台体上生长有杂草	自然因素主要有风雨侵蚀、植物生长等

续表 176

名称	地点	高程	与其他遗存的位置关系	材质	建筑方式	平面形制	剖面形制	尺寸	附属设施	修缮情况	保存状况	损毁原因及存在病害
上水头烽火台	下水头乡上水头村北0.05千米	1497米	西北距下万河堡4.2千米，距下万河3号烽火台3.5千米	土	黄土夯筑而成，含砂砾，夯层厚0.17米	矩形	梯形	台体底部东西7.3、南北6米，顶部东西3.2、南北3.5米，残高4.2米	无	无	保存一般。台体坍塌脱落严重，表面凹凸不平，有裂缝、沟槽、孔洞。台体上长有杂草，东壁上长有榆树	自然因素主要有风雨侵蚀、植物生长等
前沙沟烽火台	下水头乡前沙沟村南0.8千米	1695米	西北距下万河堡5.6千米，距上水头烽火台1.5千米	土	黄土夯筑而成，碎石，夯层厚0.06~0.12米	圆形	梯形	台体底部直径10.5米，顶部东西4.8、南北1.8米，残高9.8米	无	无	保存较好。台体有所坍塌脱落，表面凹凸不平，有裂缝、沟槽、孔洞。台体上长有杂草	自然因素主要有风雨侵蚀、植物生长等
另山烽火台（彩图五一六）	下水头乡另山村东北0.35千米	1519米	西北距下万河堡5千米，距下万河3号烽火台4.3千米，东南距边庄烽火台9.1千米	土	黄土夯筑而成，夯层厚0.22米	矩形	梯形	台体底部东西11.25、南北10.98米，顶部东西6.08、南北6.79米，残高6.25米	无	无	保存一般。台体坍塌脱落严重，表面凹凸不平，有裂缝、沟槽、孔洞。台体上长有杂草	自然因素主要有风雨侵蚀、植物生长等
交界村烽火台	西水界乡交界东北0.9千米	1594米	南距交界堡1千米	土	黄土夯筑而成，含砂砾，夯层厚0.14~0.17米	圆形	梯形	台体底部直径13.5米，顶部东西4.5、南北3米，残高9米	台体周围有围墙，平面呈矩形，夯筑而成，夯层厚0.16~0.21米，底宽2.3、内侧最高3.6、外侧最高7.2米，西墙无存	无	保存一般。台体坍塌脱落严重，表面凹凸不平，有裂缝、沟槽、孔洞。西墙和围墙西段被沟冲毁。台体上生长有杂草	自然因素主要有洪雨冲刷、风雨侵蚀、植物生长等
西水界乡铺上烽火台	西水界乡铺上村南侧	1568米	南距交界堡2.4千米，距交界村烽火台1.4千米	土	黄土夯筑而成，含砂砾，夯层厚0.15~0.19米	矩形	梯形	台体底部东西5.5、南北3.2米，顶部边长2.8米，残高5.4米	无	无	保存一般。台体坍塌脱落严重，表面凹凸不平，有裂缝、沟槽、孔洞。东北壁由于修路和北壁建打谷场被破坏，台体上生长有杂草	自然因素主要有风雨侵蚀、植物生长等。人为因素主要有修路、建打谷场破坏台体等

续表176

名称	地点	高程	与其他遗存的位置关系	材质	建筑方式	平面形制	剖面形制	尺寸	附属设施	修缮情况	保存状况	损毁原因及存在病害
西水界1号烽火台	西水界乡西水界村西北0.8千米	1624米	东南距交界堡3.6千米，距西水界乡铺上烽火台1.5千米	土	黄土夯筑而成，含砂砾，夯层厚0.14米	矩形	梯形	台体底部东西9.5、南北11米，顶部东西3.7、南北6.1米，残高7.5米	无	无	保存一般。台体坍塌脱落严重，表面凹凸不平，有裂缝、沟槽、孔洞	自然因素主要有风雨侵蚀，植物生长等
大路庄1号烽火台	西水界乡大路庄村东南0.8千米	1539米	东南距交界堡4.4千米，南距西水界1号烽火台0.91千米	土	黄土夯筑而成，含砂砾，夯层厚0.11~0.13米	矩形	梯形	台体底部东西8.49、南北7.33米，顶部东西4.96、南北4.66米，南侧残高7.15、北侧残高4.05米	无	无	保存一般。台体坍塌脱落严重，表面凹凸不平，有裂缝、沟槽、孔洞。中部有洞穴，宽0.9、高0.81、深3.72米；顶部有凹坑，直径2.09、深0.3米。台体上生长有杂草	自然原因主要有风雨侵蚀，人为因素主要有掏挖洞穴等
大路庄2号烽火台	西水界乡大路庄村东南0.15千米	1547米	东南距交界堡4.6千米，南距大路庄1号烽火台0.2千米	土	黄土夯筑而成，含少量料礓石，夯层厚0.13~0.18米，顶部夯土中夹有石块	矩形	梯形	台体底部东西13.8、南北12.33米，顶部东西6.42、南北6.56米，残高10.66米	台体周围有围墙，平面呈矩形，东西33.3、南北36.1米。黄土夯筑而成，夯层厚0.22米，底层宽2.2、顶部最宽0.6米	无	保存较好。台体有所坍塌脱落，表面凹凸不平，有裂缝、沟槽、孔洞。台体上生长有杂草、有树木。围墙保存，围墙内为耕地	自然原因主要有风雨侵蚀，植物生长等
大路庄3号烽火台	西水界乡大路庄村西北0.3千米	1534米	东南距交界堡5.9千米，距大路庄2号烽火台1.5千米	土	黄土夯筑而成，夯层厚0.18~0.22米，顶部夯土中夹有石块	椭圆形	梯形	台体底部东西6.58、南北5.74米，顶部东西2.8、南北2米，残高7.44米	台体周围有围墙，平面呈矩形，黄土夯筑而成，料礓石、碎石，夯层厚0.14~0.2米，底层宽2.5、顶宽0.6、残高2.8米；西南墙有豁口，宽6.82米	无	保存一般。台体坍塌脱落严重，表面凹凸不平，有裂缝、沟槽、孔洞。台体上生长有杂草，围墙内为农地	自然因素主要有风雨侵蚀，植物生长等，人为因素主要有农业生产活动破坏台体等
小路庄烽火台	西水界乡小路庄村东北1.15千米	1697米	东南距交界堡7.6千米，距大路庄3号烽火台1.8千米	土	黄土夯筑而成，含砂砾，夯层厚0.13~0.2米	矩形	梯形	台体底部东西1.3、南北9.8米，顶部西边残长2、西边残长4、北边残长3.2米，残高7.7米	无	无	保存一般。台体坍塌脱落严重，表面凹凸不平，有裂缝、沟槽、孔洞。东壁中部和东北角各有一个洞穴，直径分别为0.37、0.31米。台体上生长有杂草	自然因素主要有风雨侵蚀，植物生长等，人为因素主要有掏挖洞穴等

名称	地点	高程	与其他遗存的位置关系	材质	建筑方式	平面形制	剖面形制	尺寸	附属设施	修缮情况	保存状况	损毁原因及存在病害
半坡墩烽火台	西水界乡半坡墩村东北0.45千米	1618米	东南距交界堡7.4千米，西距小路庄烽火台0.87千米	土	黄土夯筑而成，含砂砾，夯层厚0.07~0.15米	矩形	梯形	台体底部东西11.91、南北11.42米，顶部东西6.81、南北4.28米，残高9.76米	台体周围有围墙，平面呈矩形，东西35.04米，南北0.5、顶宽1.3、底宽3.17米。台体底部有矩形台基	无	保存一般。台体坍塌脱落严重，表面凹凸不平，有裂缝、沟槽、孔洞。台体上生长有杂草，围墙保存	自然原因主要有风雨侵蚀、植物生长等
小石湖烽火台	西水界乡小石湖村北0.3千米	1556米	东南距交界堡7.1千米，西距半坡墩烽火台0.67千米	土	黄土夯筑而成，含砂砾，夯层厚0.2~0.24米	圆形	梯形	台体底部直径11.61、顶部直径6.1、残高9.03米	台体周围有围墙，平面呈圆形，黄土夯筑而成，含砂砾，夯层厚0.18~0.24米，底宽2.5、顶宽0.5、内侧最高2.6、外墙最高3.2米。北墙有豁口，宽3.73米。台体底部有台基，残高2.1米	无	保存一般。台体坍塌脱落严重，表面凹凸不平，有裂缝、沟槽、孔洞。顶部有凹坑，直径3.7，深1.4米。台体上生长有杂草。围墙保存，台基现为耕地	自然因素主要有风雨侵蚀等，人为因素主要有农业生产活动破坏台体等
付家庄2号烽火台	西水界乡付家庄村南0.85千米	1637米	南距交界堡6.3千米，西北距小石湖烽火台2.2千米	土	黄土夯筑而成，含砂砾，夯层厚0.17~0.2米	圆形	梯形	台体底部直径15.2、顶部直径5.5、残高9.4米	台体周围有围墙，平面呈圆形，黄土夯筑而成，含砂砾，夯层厚0.17~0.2米，底宽3.4、顶宽0.4、内侧最高5.43、外墙最高7.1米。东墙有豁口，宽3.3米。台体底部有台基，残高1.8米。台基外有环状浅沟，沟宽7.1、深1.8米	无	保存较好。台体有所坍塌脱落，表面凹凸不平，有裂缝、沟槽、孔洞。顶部南北2.8，东西1.6米。台体上生长有杂草，围墙保存	自然因素主要有风雨侵蚀、植物生长等
于家窑烽火台	西水界乡于家窑村西南0.85千米	1760米	西南距交界堡6.2千米，西北距家窑庄2号烽火台5.1千米	土	黄土夯筑而成，含砂砾、大量料礓石，夯层厚0.2~0.21米	矩形	梯形	台体底部东、南、西、北长12.1、9.1、11.6、10.7米，顶部东、南、西、北长6.1、7.5、2.7、8.6米，残高7.7米	台体底部有矩形台基，黄土夯筑而成，残高5.3米。台体附近有散落石块，顶部可能原有建筑物	无	保存一般。台体坍塌脱落严重，表面凹凸不平，有裂缝、沟槽、孔洞。台体上生长有杂草	自然因素主要有风雨侵蚀、植物生长等

续表176

名称	地点	高程	与其他遗存的位置关系	材质	建筑方式	平面形制	剖面形制	尺寸	附属设施	修缮情况	保存状况	损毁原因及存在病害
西夹道烽火台	西水界乡西夹道村西南1.25千米	1618米	东南距西夹道堡8.9千米。东北距小路庄烽火台3.5千米	土	黄土夯筑而成，含砂砾，少量料礓石，夯层厚0.22~0.25米	圆形	梯形	台体顶部直径5.2、残高8.9米	台体周围有围墙，平面呈圆形，黄土夯筑而成，夯层厚0.18~0.23米，底宽2.2，顶宽0.4，内高3.18，外高2.77米。台体底部有台基，底部有缓坡状，残高3.1米；顶部有0.4米厚的石块铺顶	无	保存一般。台体坍塌脱落严重，表面凹凸不平，有裂缝、沟槽，孔洞。顶部东西2.6、南北3，深2.4米。台体上生长杂草，台基下有大树。围墙内有小树	自然因素主要有风雨侵蚀、植物生长等
担子山烽火台	西水界乡担子山村北0.8千米	1637米	北距交界堡1.6千米	土	黄土夯筑而成，含砂砾，夯层厚0.15~0.2米	矩形	梯形	台体底部东西13.7、南北11.3米，顶部东西5.8、南北5.3米，残高8米	无	无	保存一般。台体坍塌脱落严重，表面凹凸不平，有裂缝、沟槽，孔洞。上生长杂草	自然因素主要有风雨侵蚀、植物生长等
泉子上3号烽火台	西水界乡泉子上村北0.8千米	1706米	北距交界堡3.7千米，距担子山烽火台2.1千米	土	黄土夯筑而成，夯层厚0.2米	矩形	梯形	台体底部东西8、南北9.6，残高3.6米	台体底部原有台基，现无存	无	保存较差。台体坍塌脱落严重，表面凹凸不平，有裂缝、沟槽，孔洞。上生长杂草。台体东北有一座通信铁架	自然因素主要有风雨侵蚀、植物生长等
泉子上2号烽火台	西水界乡泉子上村东北0.8千米	1669米	北距交界堡3.7千米，西距泉子上3号烽火台0.2千米	土	黄土夯筑而成，夯层厚0.16米	矩形	梯形	台体底部东西10、南北8.2米，顶部东西4.8、南北3.5米，残高8.9米	台体底部有矩形台基，边长20、残高3.9米	无	保存较好。台体有所坍塌脱落，表面凹凸不平，有裂缝、沟槽，孔洞。顶部有凹坑，直径1.2米。台体上生长杂草	自然原因主要有风雨侵蚀、植物生长等
泉子上1号烽火台	西水界乡泉子上村东北1.5千米	1669米	西北距交界堡3.9千米，西距泉2号烽火台0.87千米	土	黄土夯筑而成，含砂砾，夯层厚0.15~0.17米	矩形	梯形	台体底部东西12.5、南北12.7米，顶部东西6.8、南北6.1米，残高8米	台体周围有围墙，平面呈矩形，东西28.4、南北30.2米，夯筑而成，夯层厚0.13~017米，底宽1.8米。北墙低矮仅存地面痕迹；西墙有豁口，宽4米	无	保存较好。台体有所坍塌脱落，表面凹凸不平，有裂缝、沟槽，孔洞。顶部有凹坑，深3，直径2.5米。围墙保存	自然原因主要有风雨侵蚀、植物生长等

续表176

名称	地点	高程	与其他遗存的位置关系	材质	建筑方式	平面形制	剖面形制	尺寸	附属设施	修缮情况	保存状况	损毁原因及存在病害
泉子上4号烽火台	西水界乡泉子上村西北0.5千米	1690米	北距文界堡4.2千米，距泉子上3号烽火台0.58千米	土	黄土夯筑而成，含砂砾，夯层厚0.2米，夯层间有0.03米厚的夹层	矩形	梯形	台体底部东西5.7、南北4.6米，顶部东西1.7、南北1.4米，残高4.9米	无	无	保存一般。台体坍塌脱落严重，表面凹凸不平，有裂缝、沟槽、孔洞。台体上生长有杂草	自然因素主要有风雨侵蚀、植物生长等
计家窑2号烽火台（彩图五一七）	双碾乡计家窑村东南1.5千米	1717米	东北距文界堡7千米，距担子山烽火台6.6千米	土	黄土夯筑而成，夯层厚0.2米	圆形	梯形	台体底部直径15.56、顶部直径5.1，残高8.6米	台体周围有围墙，平面呈圆形，黄土夯筑，底宽2.35，顶宽0.9，残高2.13米；东南部豁口宽6.05米，西南部豁口宽1.94米，西北部有豁口。高台底部有圆形台基，1.26米。台体附近散落较多石块	无	保存较好。台体有所坍塌脱落，表面凹凸不平，有裂缝、沟槽、孔洞。顶部西北侧有矩形土坑，东西2.7、南北2.6、深0.7米。台体上生长有杂草，围墙保存	自然因素主要有风雨侵蚀、植物生长等
计家窑1号烽火台	双碾乡计家窑村东0.85千米	1737米	东北距文界堡9.3千米，东南距计家窑2号烽火台2.6千米	土	黄土夯筑而成，夯层厚0.2~0.26米	圆形	梯形	台体底部直径15.04米，顶部东西4.7、南北5.8米，残高9.47米	台体周围有围墙，平面呈圆形，底宽1.9，顶宽0.7，残高2.34米。台体底部有圆形台基，北侧高2.4米	无	保存较好。台体有所坍塌脱落，尤以东部坍塌严重，表面凹凸不平，有裂缝、沟槽、孔洞。台体上生长有杂草，围墙保存。台基西南部被耕地破坏。台基上围墙外南北两侧各有沟槽，为现代掏挖用于排水	自然因素主要有风雨侵蚀、植物生长等，人为因素主要有农业生产活动破坏台体，台基上掏挖沟槽等
井坪镇1号烽火台（彩图五一八）	井坪镇东北侧	1394米	西南距井坪城堡0.73千米	土	黄土夯筑而成，含砂砾，夯层厚0.16~0.2米	矩形	梯形	台体底部东西8.5、南北9米，顶部边长4.4米，残高9米	台体底部有台基，损毁严重，轮廓不清	无	保存较好。台体有所坍塌脱落，表面凹凸不平，有裂缝、沟槽、孔洞。南壁有一个洞穴，宽2.4、高2.2米；东壁有两个洞穴，南侧洞穴宽1、高2米，北侧洞穴宽0.9、高1.9米；西壁有两个洞穴。台体上生长有杂草	自然原因主要有风雨侵蚀、植物生长等，人为因素主要有掏挖洞穴

续表176

名称	地点	高程	与其他遗存的位置关系	材质	建筑方式	平面形制	剖面形制	尺寸	附属设施	修缮情况	保存状况	损毁原因及存在病害
西钟牌1号烽火台	向阳堡乡西钟牌村南1.3千米	1366米	西南距井坪堡2.9千米，距井坪镇1号烽火台2.2千米	土	黄土夯筑而成，含砂砾，夯层厚0.19~0.23米	矩形	梯形	台体底部东西13.2，南北13.6米，顶部东西5.5、南北5米，残高8米	台体周围有围墙，平面呈矩形，东西35.4、南北34.3米，夯筑而成，夯层底部厚0.16~0.21米，最高1.8，东墙中部有豁口，宽22.2米	无	保存较好。台体有所坍塌脱落，表面凹凸不平，有裂缝、沟槽、孔洞，围墙坍塌上生长有杂草严重	自然因素主要有风雨侵蚀、植物生长等
西钟牌2号烽火台	向阳堡乡西钟牌村东北0.3千米	1413米	西南距井坪堡4.7千米，南距西钟牌1号烽火台1.9千米	土	黄土夯筑而成，夯层层厚0.14~0.17米	矩形	梯形	台体底部东西8.9、南北9.2米，顶部东西5.4、南北3.7米，残高7米	台体底部有矩形台基，东西8.5、南北7.7，残高2.5米	无	保存一般。台体坍塌脱落严重，表面凹凸不平，有裂缝、沟槽、孔洞，南壁底部有洞穴，有杂草，台基西部遭耕地破坏	自然原因主要有风雨侵蚀、植物生长等，人为因素主要有掏挖洞穴、农业生产活动破坏台基等
西钟牌3号烽火台	向阳堡乡西钟牌村西北1.2千米	1494米	南距井坪堡5.8千米，东南距西钟牌2号烽火台1.5千米	土	黄土夯筑而成，夯层层厚0.14~0.2米，夯层间有0.03~0.04米厚的夹层	矩形	梯形	台体底部东西12.5、南北12.6米，顶部东西7.5、南北6.8米，残高9米	台体周围有围墙，平面呈矩形，东西30、南北30米，夯筑而成，夯层厚0.14~0.17米，夯层间有0.01米的夹层，底宽2.5，北墙内侧最高4.6米，外侧最高2.7，东墙中部有豁口，宽4.5米	无	保存较好。台体有所坍塌脱落，表面凹凸不平，有裂缝、沟槽、孔洞，顶部有凹坑，圆形，直径2.8，深2.4米。围墙保存	自然原因主要有风雨侵蚀、植物生长等
店梁1号烽火台	向阳堡乡店梁村北0.1千米	1553米	南距井坪堡7.3千米，东北距向阳6.9千米，距泉子上1号烽火台1.9千米，东南距西钟牌3号烽火台1.9千米	土	黄土夯筑而成，夯层厚0.16~0.21米	矩形	梯形	台体底部东西12.3、南北12.7米，顶部东西6.6、南北7.5米，残高7.5米	台体周围有围墙，平面呈矩形，夯筑而成，夯层厚0.2米，底宽2.3、内侧最高2.4米，外侧最高3，东墙中部有豁口，宽4.8米	无	保存一般。台体坍塌脱落严重，表面凹凸不平，有裂缝、沟槽、孔洞，台体上生长有杂草，围墙内为耕地	自然原因主要有风雨侵蚀、植物生长等

续表176

名称	地点	高程	与其他遗存的位置关系	材质	建筑方式	平面形制	剖面形制	尺寸	附属设施	修缮情况	保存状况	损毁原因及存在病害
下麻黄头烽火台	井坪镇化肥厂西北1.05千米	1358米	西南距井坪城堡3.1千米，西北距西钟牌1号烽火台1.3千米	土	黄土夯筑而成，夯层厚0.12~0.17米	矩形	梯形	台体底部东西8.7，南北8.96，残高8.8米	无	无	保存较好。台体有所坍塌脱落，表面凹凸不平，有裂缝、沟槽、孔洞。南壁底部有人挖洞穴	自然因素主要有风雨侵蚀、植物生长等，人为因素主要有掏挖洞穴等
向阳堡乡铺上烽火台	向阳堡乡铺上村北0.15千米	1477米	东南距井坪城堡5.1千米，东北距西钟牌3号烽火台1.4千米	土	黄土夯筑而成，夯层厚度不详	矩形	梯形	台体底部东西4.5，南北5.6，残高3.4米	无	无	保存较差。台体有所坍塌脱落，表面凹凸不平，有裂缝、沟槽、孔洞。南壁有斜坡可登顶，四壁遭耕地破坏，台体上生长有杂草	自然原因主要有风雨侵蚀、植物生长等，人为因素主要有人畜踩踏、农业生产活动破坏台体等
店梁2号烽火台（彩图五一九）	向阳堡乡店梁村西南0.85千米	1506米	东南距井坪城堡6.3千米，距阳坡乡铺上烽火台1.2千米	土	黄土夯筑而成，含砂砾，夯层厚0.13~0.15米	矩形	梯形	台体底部东西10.6，南北10米，顶部东西4.6，南北3.8米，残高7米	台体底部有矩形台基，边长24米，东侧残高3米	无	保存一般。台体坍塌脱落严重，表面凹凸不平，有裂缝、沟槽、孔洞。北壁下部有洞穴，宽1.6，高1.4，进深1.2米	自然原因主要有风雨侵蚀、植物生长等，人为因素主要有掏挖洞穴等
井坪镇2号烽火台	井坪镇旧城西北侧	1416米	东南距井坪城堡0.41千米	土	黄土夯筑而成，夯层厚0.19~0.23米	矩形	梯形	台体顶部东西5.8，南北5.3，残高5米	无	无	保存一般。台体坍塌脱落严重，表面凹凸不平，有裂缝、沟槽、孔洞。下部有废弃窑洞，台体上生长有杂草	自然因素主要有风雨侵蚀、植物生长等，人为因素主要有掏挖窑洞等
大梁烽火台	井坪镇大梁村西北1千米	1480米	东南距井坪城堡4.1千米，距井坪镇2号烽火台3.8千米	土	黄土夯筑而成，含砂砾，夯层厚0.1~0.13米	矩形	梯形	台体底部东西11.2，南北11.4米，边长5米，残高8.3米	台体周围有围墙，平面呈矩形，夯筑而成，夯层厚0.14米，西、北墙底宽2.3米，东墙外侧最高4.3，内侧最高1.9米。围墙坍塌损毁严重，东墙有豁口，宽2.5米	无	保存较好。台体有所坍塌脱落，表面凹凸不平，有裂缝、沟槽、孔洞。顶部有凹坑，直径3.2，深1.2米；顶部西南侧有水泥桩；东壁有斜坡可通顶，坍塌台体上生长有杂草，损毁严重	自然因素主要有风雨侵蚀、植物生长等，人为因素主要有踩踏等

续表176

名称	地点	高程	与其他遗存的位置关系	材质	建筑方式	平面形制	剖面形制	尺寸	附属设施	修缮情况	保存状况	损毁原因及存在病害
下红沟2号烽火台	井坪镇下红沟村东南0.6千米	1561米	东南距井坪城堡6.9千米，距大梁烽火台3.1千米	土	黄土夯筑而成，夯层厚0.16~0.2米	矩形	梯形	台体底部东西10.36，南北11.16米，顶部东西5.1，南北6.5米，残高8.36米	台体周围有围墙，平面呈矩形，东西32.19，南北31.68米。夯筑而成，碎石，底层宽1.6，顶宽0.5，外高3.68，内高2.17米。东墙有豁口，宽3.3米；南墙有豁口，宽4.68米。台体底部有矩形台基，北侧高1.4米	无	保存较好。台体有所坍塌脱落，沟槽、裂缝，孔洞，台体、围墙保存上生长有杂草	自然因素主要有风雨侵蚀、植物生长等
下红沟1号烽火台	井坪镇下红沟村中	1446米	东南距井坪城堡7.5千米，距下红沟2号烽火台0.66千米	土	黄土夯筑而成，夯层厚0.14~0.22米	矩形	梯形	台体底部东西11.34，南北9.57，残高7.67米	无	无	保存一般。台体坍塌脱落严重，表面凹凸不平，裂缝、沟槽，孔洞，底部东南、西南侧有洞穴。台体上生长有杂草	自然因素主要有风雨侵蚀，人为因素主要有掏挖洞穴等
高家坡烽火台（彩图五二〇）	井坪镇东家坡村东南0.85千米	1463米	东南距井坪城堡5.1千米，东距井坪镇2号烽火台5千米	土	黄土夯筑而成，夯层厚0.15~0.2米	矩形	梯形	台体底部东西5.94，南北6.46米，顶部东西2，南北2.2米，高7.61米	北壁有脚窝状登顶坡道	无	保存一般。台体坍塌脱落严重，表面凹凸不平，裂缝、沟槽，孔洞。台体上生长有杂草	自然因素主要有风雨侵蚀、植物生长等
元墩村烽火台	白堂乡元墩村北0.5千米	1418米	西北距井坪城堡4.8千米	土	黄土夯筑而成，含料礓石和砂砾，夯层厚0.18~0.2米，夯层间有0.05米厚的夹层	圆形	梯形	台体底径14.4，残高3.7米	台体周围有围墙，平面呈矩形而成，残存西、北墙，夯筑宽3，残高1.37米。台体底部有矩形台基，东西27.73，南北26.17，高2.7米	无	保存较差。台体坍塌脱落严重，表面凹凸不平，有裂缝、沟槽，孔洞，围墙残存西、北墙，台基。台体西南有水泥桩，未书"测量标志，山西省公安厅，未书"测量标志，山西省测绘局。严禁搬动。山西省公安厅，2005.6"。水泥桩南1米处有坑穴，直径0.5，深0.2米	自然因素主要有风雨侵蚀、植物生长等

续表 176

名称	地点	高程	与其他遗存的位置关系	材质	建筑方式	平面形制	剖面形制	尺寸	附属设施	修缮情况	保存状况	损毁原因及存在病害
安太堡烽火台	白堂乡安太堡新村西南 0.35 千米	1401 米	西北距井坪城 7.2 千米，距元墩村烽火台 2.4 千米	土	黄土夯筑而成，含料礓石，夯层厚 0.23~0.26 米	矩形	梯形	台体底部东西 10.34，南北 10.61 米，顶部东西 3.5，南北 1.6 米，残高 9.1 米	台体周围有围墙，平面呈矩形，东西 24.33，南北 23.71 米，黄土夯筑而成，夯层厚 0.24~0.28 米，残高 3 米。台体底部东西矩形台基，东西 32.33，南北 33.71 米	无	保存一般。台体坍塌脱落严重，表面凹凸不平，有裂缝、沟槽，孔洞。台体上生长杂草，南壁长有树木。围墙保存，台基西南部有电线杆	自然因素主要有风雨侵蚀、植物生长等
太西村烽火台	白堂乡太西村北 0.65 千米	1362 米	西北距井坪城堡 11 千米，距安太堡烽火台 4 千米	土	黄土夯筑而成，含料礓石，夯层厚 0.13~0.16 米	矩形	梯形	台体底部东西 5.97，南北 5.66，残高 6.55 米	无	无	保存一般。台体坍塌脱落严重，表面凹凸不平，有裂缝、沟槽，孔洞。台体上生长杂草	自然因素主要有风雨侵蚀、植物生长等
下黑水沟烽火台（彩图五二一）	白堂乡下黑水沟村南 0.03 千米	1290 米	西北距井坪城堡 12.7 千米，距太西村烽火台 2.1 千米	土	黄土夯筑而成，夯层厚 0.15~0.18 米	矩形	梯形	台体底部东西 7.79，南北 8.17 米，顶部东西 4.02，南北 4.37 米，残高 10.08 米	西壁有进台拱洞，可通台顶，拱洞距台体底部 2.34 米，拱洞宽 0.89，高 1.25 米	无	保存较好。台体所有坍塌脱落，表面凹凸不平，有裂缝、沟槽，孔洞。东、南、北壁底部有洞穴，上部长有沙棘。台体上生长杂草有洞穴等	自然因素主要有风雨侵蚀等，生长等，人为因素主要有掏挖洞穴等
上窑子烽火台（彩图五二二）	白堂乡大露天矿库西南角	1325 米	西北距井坪城堡 7.9 千米，西距大露天矿烽火台 1.9 千米	土	黄土夯筑而成，夯层厚 0.18~0.22 米，夯层间有 0.03 米厚的夹层	矩形	梯形	台体底部东西 9.87，南北 7.32 米，顶部东西 4.03，南北 3.53 米，残高 7.84 米	台体底部有矩形台基，东部残长 7.41，南部残长 8.22，高 1.44 米	无	保存一般。台体坍塌脱落严重，表面凹凸不平，有裂缝、沟槽，孔洞。台体东壁经现代不合理修缮，周围有水泥台阶，砖砌围墙，顶部有水泥桩	自然因素主要有风雨侵蚀、植物生长等，人为因素主要有不合理修缮等
马鞍山烽火台	白堂乡石崖湾村北 0.65 千米	1308 米	西北距井坪城堡 12.2 千米，距上窑子烽火台 4.5 千米	土	黄土夯筑而成，夯层厚 0.1~0.11 米	矩形	梯形	台体底部东西 6.99，南北 6.5，残高 7.81 米	台体底部有矩形台基，东西 25.96，南北 21.41，残高 2.2 米	无	保存一般。台体坍塌脱落严重，表面凹凸不平，有裂缝、沟槽，孔洞。台体上生长杂草	自然因素主要有风雨侵蚀、植物生长等

续表 176

名称	地点	高程	与其他遗存的位置关系	材质	建筑方式	平面形制	剖面形制	尺寸	附属设施	修缮情况	保存状况	损毁原因及存在病害
石崖湾1号烽火台（彩图五二三）	白堂乡石崖湾村东南0.25千米	1226米	西北距井坪城堡13.3千米、距马鞍山烽火台1.1千米	土	黄土夯筑而成，含砂砾，夯层厚0.18～0.24米	矩形	梯形	台体底部东西10.87、南北10.3、残高12.5米	无	无	保存较好。台体有所坍塌脱落，表面凹凸不平，有裂缝、沟槽、孔洞。东南壁近底部有洞穴，宽1.2、高1.1、进深1.6米。台体上生长有杂草，西北壁底部长有榆树	自然因素主要有风雨侵蚀、植物生长等，人为因素主要有掏挖洞穴、台体底部倒垃圾等
石崖湾2号烽火台	白堂乡石崖湾村东南0.27千米	1227米	西北距井坪城堡13.4千米，北距石崖湾1号烽火台0.02千米	土	黄土夯筑而成，夯层厚0.15～0.2米	矩形	梯形	台体底部东西11.69、南北9.4米，顶部北边长2.1米，残高8.9米	无	无	保存一般。台体坍塌脱落严重，表面凹凸不平，有裂缝、沟槽、孔洞。台体上长满杂草	自然原因主要有风雨侵蚀、植物生长等
中嘴山烽火台（彩图五二四）	下面高乡白草峁村南1千米	1639米	西距石崖湾1、2号烽火台24.5千米	土	黄土夯筑而成，含料礓石，夯层厚0.2～0.27米	矩形	梯形	台体底部东西7.92、南北5.7米，顶部东西3.2、南北2.7米，残高5.9米	无	无	保存一般。台体坍塌脱落严重，表面凹凸不平，有裂缝、沟槽、孔洞。东南壁底部有现代掏挖的洞穴，台体上生长有杂草	自然因素主要有风雨侵蚀、植物生长等，人为因素主要有掏挖洞穴等

第七章　灵丘县长城

灵丘县位于山西省东北部，东与河北省蔚县及涞源县、南与河北省阜平县交界，西与繁峙县和浑源县、北与广灵县相邻。河北省长城资源调查队对灵丘县与河北省阜平、涞源县交界区域的长城墙体及相关遗存进行了调查。山西省有两支调查队参与了灵丘县境内明代长城资源的调查工作。山西省明代长城资源调查二队从 2007 年 5 月 25~29 日对该县西南部明代长城墙体及敌台进行了调查，五队从 2008 年 5 月 26 日~6 月 9 日对该县其他区域明代长城资源进行了调查。

一　长城资源调查数据

灵丘县明代长城，一支沿繁峙县与灵丘县交界处向北延伸（详见繁峙县调查报告），一支在灵丘县西南部独峪乡牛帮口村呈半圆形和繁峙县与灵丘县交界处长城相接。县境南部下关乡铜绿崖村北和东南部与涞源县交界处有河北省调查队调查的 8 段长城，与涞源县交界处长城向东北与涞源县明代长城相接。

河北省调查队调查灵丘县南部长城墙体 1 段，长 102 米，敌台 2 座；调查灵丘县与涞源县交界处长城墙体 7 段，总长 10219 米，关 1 座、敌台 8 座、马面 1 座、烽火台 1 座、居住址 1 座等。

灵丘县南部有铜绿崖长城，位于灵丘县下关乡铜绿崖村北，大致呈西南—东北走向，全长 102 米，均保存差。墙体为石墙，现存墙体宽 3.1、残高 0.2~3.24 米。铜绿崖村 2 号敌台系铜绿崖长城起点，铜绿崖村 1 号敌台位于墙体西北 0.224 千米处。敌台均为砖质矩形台体。铜绿崖村 1 号敌台券门石匾有"号台"字样。

灵丘县与涞源县交界处有 7 段长城，即上黄树台村长城 3 段、上黄树台村山险 2 段、上黄树台村长城 2 段、上黄树台村山险 1 段、上黄树台村长城 1 段、拴马庄村山险、拴马庄村长城，其中拴马庄村山险位于交界处山西省境内，其余位于交界处。

上黄树台村长城 3 段，位于涞源县南马庄乡上黄树台村西南，大致呈西南—东北走向，全长 109 米，其中保存差 97、消失 12 米。墙体为石墙，现存墙体宽 0.9~1.6、残高 0.3~0.9 米。上黄树村 3 号敌台即"茨字叁号台"位于墙体上。

上黄树台村山险 2 段，位于涞源县南马庄乡上黄树台村西，大致呈西南—东北走向，全长 3200 米。为山险。

上黄树台村长城 2 段，位于涞源县南马庄乡上黄树台村北，大致呈西南—东北走向，全长 52 米，均保存较差。墙体为石墙，现存墙体宽 2~3、东侧残高 0.5~1.7、西侧残高 0.5~1.5 米。

上黄树台村山险1段，位于涞源县南马庄乡上黄树台村北，大致呈西南—东北走向，全长52米。为山险。

上黄树台村长城1段，位于涞源县南马庄乡上黄树台村北，大致呈西南—东北走向，全长505米，其中保存一般359、差146米。墙体为石墙，现存墙体宽2～4.6、东侧残高0.5～7.9、西侧残高0.5～8米。残存垛口墙，宽0.5～0.65米。上黄树台村马面位于墙体上。

拴马庄村山险，位于涞源县南马庄乡拴马庄村西，大致呈西南—东北走向，全长5500米。

拴马庄村长城，位于涞源县南马庄乡拴马庄村西，大致呈西南—东北走向，全长801米，均保存较差。墙体为石墙，现存墙体宽3～3.8、东侧残高2～3.9、西侧残高2.5～5.2米。残存垛口墙，宽0.6米。拴马庄村1～5号敌台，即"插字肆拾柒号台"至"插字伍拾壹号台"，位于墙体上。

狼牙口关，位于涞源县南马庄乡上黄树台村北，平面呈不规则形，周长1083米，占地面积57877平方米。关墙为石墙，东墙即为长城墙体（包括上黄树台村山险2段北段、上黄树台村长城2段、上黄树台村山险1段、上黄树台村长城1段）。东墙设城门1座，为石券拱门，宽8、进深11米，城门东侧石匾阴刻"狼牙险道"四字，西侧石匾阴刻"狼牙口"三字，上款为"钦差整饬井陉等处兵备兼理马政驿传山西提刑按察司副使乔严凤"，下款为"万历十三年岁次己酉中秋吉旦立"。上黄树台村1号敌台（"茨字壹号台"）和上黄树台村居住址位于狼牙口西墙上，上黄树台村2号敌台（"茨字贰号台"）位于狼牙口南墙上，上黄树台村烽火台位于狼牙口南侧、上黄树台村山险2段西侧。

上黄树台村1～3号敌台、拴马庄村1～5号敌台为砖质矩形台体；上黄树台村马面为石质、矩形台体。上黄树台村烽火台为石质、矩形台体；黄树台村居住址平面呈矩形，为石墙。

山西省调查队调查灵丘县西南部长城墙体3段，总长4298米；敌台4座；城堡6座；烽火台10座。本报告所述即山西省调查队调查的上述长城资源。

（一）长城墙体

详见下表（表208）。

表208　灵丘县长城墙体一览表（单位：米）

长城墙体段落名称	总长	保存较好	保存一般	保存较差	保存差	消失	类型	省/县属
红沙岭长城	2150	2150	0	0	0	0	山险	灵丘县
牛帮口长城	848	555	98	21	45	129	石墙	灵丘县
大黑尖岭长城	1300	1300	0	0	0	0	山险	灵丘县
合计	4298	4005	98	21	45	129		
百分比（％）	100	93.2	2.3	0.5	1	3		

1. 红沙岭长城

起点位于独峪乡花塔村西1千米处（马头山山峰），高程1079米；止点位于独峪乡牛帮口村南1千米处，高程743米。大致呈西南—东北走向。全长2150米，均保存较好。该段长城为山险，从马头山山峰，沿红沙岭山脊延伸至大沙河河谷。本段长城G0001（起点）处北接繁峙县与灵丘县交界处马头山长城（山险），G0002（止点）处北连牛帮口长城（石墙）（图二四二）。

图二四二　红沙岭长城走向示意图

　　本段墙体共测 GPS 点 2 个（G0001、G0002），仅 1 小段，叙述如下。

　　G0001（起点）—G0002（止点），长 2150 米，西南—东北走向，保存较好。长城沿山脊蜿蜒曲折而行，地势起伏不平，落差较大。

　　整体保存较好。造成损毁的自然因素有风雨侵蚀、植物生长等。

2. 牛帮口长城

起点位于独峪乡牛帮口村南1千米处，高程743米；止点位于牛帮口村南0.5千米处，高程774米。大致呈东南—西北转西南—东北的半圆形走向。全长848米，其中保存较好555、一般98、较差21、差45、消失129米。墙体为石墙，砂岩石块砌筑，白灰勾缝，中填碎石泥土。现存墙体剖面大致呈不规则梯形，底宽1.5~4、顶宽1~2.7、残高0.2~3.4米。本段长城南接红沙岭长城（山险），G0011（"茨字贰拾壹号台"敌台）处西连大黑尖岭长城（山险）。牛帮口长城"茨字拾捌号台""茨字拾玖号台""茨字贰拾号台""茨字贰拾壹号台"4座敌台位于长城墙体上，敌台间距0.083~0.233千米（图二四三）。

本段墙体共测GPS点11个（G0002~G0012），可分为10小段，分述如下。

第1小段：G0002（起点）—G0003（断点），长11米，南—北走向，保存较差。墙体底宽3.4、顶宽2.7、残高0.4~1.4米。

第2小段：G0003（断点）—G0004（"茨字拾捌号台"敌台），长11米，南—北走向。墙体被水泥路截断消失。

第3小段：G0004（"茨字拾捌号台"敌台）—G0005（拐点、断点），长10米，南—北走向，保存较差。墙体底宽4、顶宽2、残高3.4米。

第4小段：G0005（拐点、断点）—G0006（折点、断点），长65米，东—西走向。墙体被耕地和水泥路截断消失。

第5小段：G0006（折点、断点）—G0007（"茨字拾玖号台"敌台、断点），长45米，东—西走向，保存差。墙体残宽2.2~2.4、残高0.2~0.4米。

第6小段：G0007（"茨字拾玖号台"敌台、断点）—G0008（断点），长53米，东—西走向。墙体被108国道截断消失。

第7小段：G0008（断点）—G0009（"茨字贰拾号台"敌台），长30米，东南—西北走向，保存较好。墙体底宽1.5、顶宽1~1.2、残高1~1.8米。

第8小段：G0009（"茨字贰拾号台"敌台）—G0010（拐点），长135米，东南—西北走向，保存较好。墙体底宽2.8、顶宽1.2~1.6、残高1.2~1.7米（彩图五三一）。

第9小段：G0010（拐点）—G0011（"茨字贰拾壹号台"敌台），长98米，南—北走向，保存一般。墙体底宽2.7、顶宽2.3、残高0.4~1.3米。G0011（"茨字贰拾壹号台"敌台）处，牛帮口长城西接大黑尖岭长城（山险）。

第10小段：G0011（"茨字贰拾壹号台"敌台）—G0012（止点），长390米，西南—东北走向，保存较好。墙体底宽2.9、顶宽1.4~1.7、残高1.3米。

墙体整体保存一般。造成损毁的自然因素有洪水冲刷、风雨侵蚀、植物生长等；人为因素是耕地、修路挖断挖毁墙体致墙体消失等。

3. 大黑尖岭长城

起点位于独峪乡牛帮口村西南1千米，高程889米；止点位于独峪乡牛帮口村西南2.5千米（大黑尖山山峰），高程1038米。大致呈东南—西北走向，全长1300米，均保存较好。该段长城为山险，0011（起点、"茨字贰拾壹号台"敌台）处东接牛帮口长城、0013（止点）处西连繁峙县与灵丘县交界马头山长城和边墙梁长城1段（山险）（图二四四）。

本段墙体共测GPS点2个（G0011、G0013），仅1小段，叙述如下。

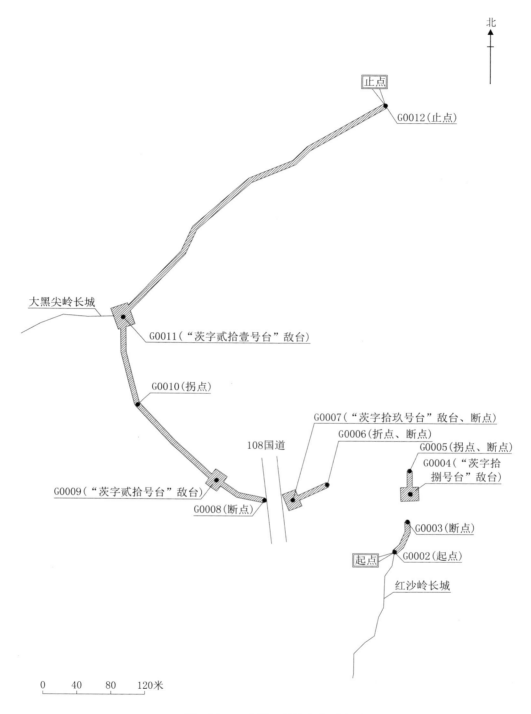

图二四三　牛帮口长城走向示意图

　　G0011（起点、"茨字贰拾壹号台"敌台）—G0013（止点），长1300米，东南—西北走向，保存较好。长城沿山脊蜿蜒曲折而行，地势起伏不平，落差较大。

　　整体保存较好。造成损毁的自然因素有风雨侵蚀、植物生长等。

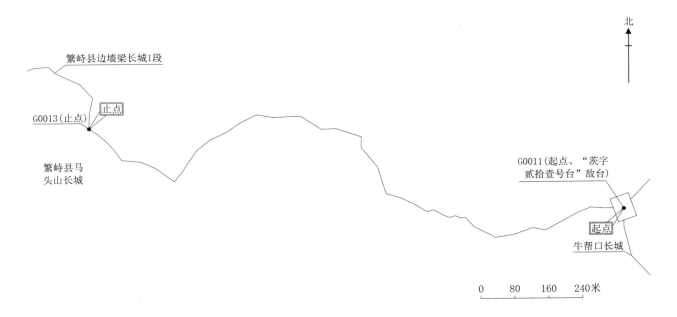

图二四四　大黑尖岭长城走向示意图

（二）关堡

详见下表（表209）。

表209　灵丘县城堡一览表

所属乡镇	城堡名称	数量（座）
柳科乡	柳科村堡	1
石家田乡	石家田村堡	1
落水河乡	落水河村堡、红墙儿堡	2
武灵镇	灵丘城	1
东河南镇	蔡家峪村堡	1
合计		6

1. 柳科村堡

位于柳科乡柳科村东北部的山坡上，高程1376米。

堡平面呈矩形，坐北朝南，方向为北偏东25°，周长189米，占地面积1376平方米。现存主要设施、遗迹有部分堡墙、角台1座、马面1座等（图二四五；彩图五三二）。堡墙为土墙，黄土夯筑而成。南墙无存。墙体底宽2.9、顶宽0.6、外高2.88～6.92、内高3.89～5.44米。仅存东北角台，斜向凸出于墙体，底部凸出墙体6.52米，顶宽3.59、凸出墙体3.2米，残高7.78米，夯层厚0.2～0.22

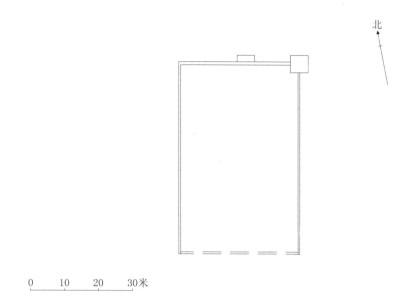

图二四五　柳科村堡平面示意图

米。北墙中部有马面1座，底宽7.99、凸出墙体5.52米，顶宽4.18、凸出墙体4.4米，残高7.5米。

堡整体保存一般。墙体坍塌损毁严重，南墙被洪水冲毁无存。堡内建筑无存，为耕地，有民居。造成损毁的自然因素主要是洪水冲刷、风雨侵蚀、植物生长等；人为因素主要是农业生产活动破坏墙体、取土挖损墙体等。

2. 石家田村堡

位于石家田乡石家田村西南0.25千米的耕地中，高程1193米。堡平面呈矩形，坐北朝南，方向为北偏东35°，周长270米，占地面积4517平方米。现存主要设施、遗迹有部分堡墙、马面1座等（图二四六）。堡墙为土墙，黄土夯筑而成，夯层厚0.12米，南墙无存，墙体底宽1.4、顶宽0.25 ～ 0.3、外高3.05 ～ 7.09、内高1.3 ～ 2.8米。北墙中部有马面1座，残宽3.73、凸出墙体1.7、外高6.07、内高4.68米。堡整体保存一般。墙体坍塌损毁严重，南墙被洪水冲毁无存。堡内建筑无存，为耕地。造成损毁的自然因素主要是洪水冲刷、风雨侵蚀、植物生长等；人为因素主要是农业生产活动破坏墙体、取土挖损墙体等。

3. 落水河堡

位于落水河乡落水河村中，高程955米。堡平面呈矩形，坐西朝东，周长452米，占地面积12753平方米。现存主要设施、遗迹仅部分堡墙（图二四七）。堡墙为土墙，黄土夯筑而成，夯层厚0.18 ～ 0.26米，墙体底宽2.9、残存最高9.7米。堡整体保存一般。墙体坍塌损毁严重，部分段无存，部分北墙外壁有现代包石；堡内建筑无存，有民居。造成损毁的自然因素主要是风雨侵蚀、植物生长等；人为因素主要是修建房屋破坏墙体、利用墙体修建房屋、不合理修缮等。

4. 红墙儿堡

位于落水河乡落水河村南1.35千米的耕地中，高程973米。堡平面呈矩形，坐北朝南，东墙长84、南墙长85、西墙长84、北墙长82米，周长335米，占地面积7007平方米。现存主要设施、遗迹

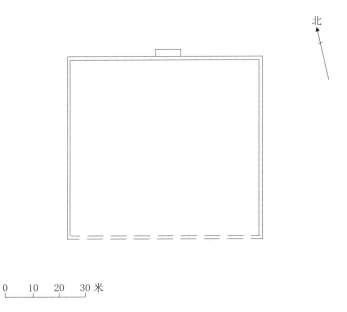

图二四六　石家田村堡平面示意图

图二四七　落水河堡平面示意图

有部分堡墙、城门 1 座等（图二四八）。堡墙为土墙，黄土夯筑而成，夯层厚 0.14～0.26 米。墙体顶宽 1、外高 2.89～3.19、内高 0.9～2.8 米。南墙中部设城门，现为豁口，宽 2.4、进深 4.9 米。堡整体保存一般。墙体坍塌损毁严重，部分段无存；堡内建筑无存，为耕地，无人居住。造成损毁的自然因素主要是风雨侵蚀、植物生长等；人为因素主要是农业生产活动破坏墙体、取土挖损墙体等。

5. 灵丘城

位于灵丘县城新华东街原灵丘县机械厂院内，高程 935 米。堡平面形状不详，朝向不明，周长、占地面积不详。现存主要设施、遗迹仅有部分城墙。城墙为土墙，黄土夯筑而成，夯层厚 0.07～0.14 米。残存部分东、北墙（彩图五三三），墙体顶部最宽 2.9、外侧最高 8.78、内侧最高 8.41 米。堡整体保存较

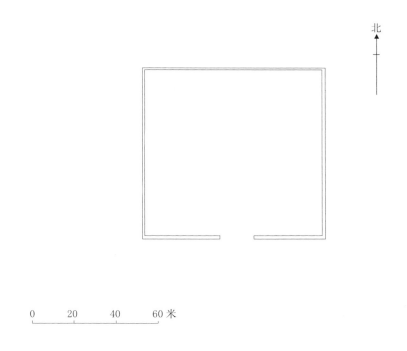

北

0　　20　　40　　60 米

图二四八　红墙儿堡平面示意图

差。墙体坍塌损毁严重，大部分段无存。城内建筑无存，城内外有工厂厂房和民居。造成损毁的自然因素主要是风雨侵蚀、植物生长等；人为因素主要是城市建设和工业生产活动破坏墙体等。

6. 蔡家峪村堡

位于东河南镇蔡家峪村西南0.1千米的山顶上，高程1130米。堡平面呈不规则梯形，朝向不明，周长242米，占地面积3231平方米。现存主要设施、遗迹有部分堡墙、角台2座、马面1座等。堡墙为土墙，黄土夯筑而成，夯层厚0.22米。残存东北、东南、西墙，西墙为南—北向，东南墙依山势呈"S"形，北墙系利用断崖。墙体顶宽1.7~1.8、外高6.62~10.37、内高6.38米。现存角台2座，东北墙和东南墙相交处、东南墙和西墙相交处，各有角台1座，即东北、西南角台，平面均呈三角形。东北角台宽2.8、凸出墙体2.8米，西南角台残高7.21米。西墙有马面1座，底宽8.3、凸出墙体8.48、残高12.92米。堡整体保存一般。墙体坍塌损毁严重。堡内建筑无存，为耕地和荒地。造成损毁的自然因素主要是风雨侵蚀、植物生长等；人为因素主要是农业生产活动破坏墙体等。

（三）单体建筑

1. 敌台

灵丘县共调查敌台4座（表210，见本章末附表）。

2. 烽火台

灵丘县共调查烽火台10座（表211，见本章末附表）。

二　长城资源调查资料分析

（一）长城墙体

灵丘县西南部独峪乡牛帮口村附近的 3 段长城墙体，有石墙和山险两类。石墙，即牛帮口长城，砂岩石块砌筑，白灰勾缝，中填碎石泥土。现存墙体剖面大致呈不规则梯形，底宽 1.5～4、顶宽 1～2.7、残高 0.2～3.4 米。这三段长城墙体大致呈半圆形和繁峙县与灵丘县交界区域长城相接，位于县境西南大沙河谷地及附近山地。

牛帮口长城整体保存一般。造成损毁的自然因素有洪水冲刷、风雨侵蚀、植物生长等；人为因素是耕地、修路挖断挖毁墙体致墙体消失等。

山险，即红沙岭长城和大黑尖岭长城，整体保存较好。造成损毁的自然因素有风雨侵蚀、植物生长等。

（二）关堡

灵丘县调查城堡 6 座。

1. 城堡的形制、残存设施和遗迹

灵丘县城堡除灵丘城平面形状不详外，其余均呈矩形。2 座朝向不明、3 座坐北朝南、1 座坐西朝东。城堡规模有测量数据者均不大，最大的落水河堡面积 12753 平方米。可见，灵丘县城堡的规模不大，可能是由于灵丘县地处内地，与边界地区相比，受战争威胁较少，城堡的建筑规模相对较小（表212）。

表 212　灵丘县城堡形状、尺寸、残存设施遗迹及保存状况一览表

名称	形状	朝向	边长（米）	周长（米）	面积（平方米）	残存设施遗迹	保存状况
柳科村堡	矩形	坐北朝南	不详	189	1376	部分堡墙、角台 1 座、马面 1 座等	一般
石家田村堡	矩形	坐北朝南	不详	270	4517	部分堡墙、马面 1 座等	一般
落水河堡	矩形	坐西朝东	不详	452	12753	部分堡墙	一般
红墙儿堡	矩形	坐北朝南	东墙长 84、南墙长 85、西墙长 84、北墙长 82	335	7007	部分堡墙、城门 1 座等	一般
灵丘城	不详	不详	不详	不详	不详	部分城墙	较差
蔡家峪村堡	不规则梯形	朝向不明	东墙84、西墙74	242	3231	部分堡墙、角台 2 座、马面 1 座等	一般

城堡墙体均为夯筑而成的土墙，5 座有夯层厚度数据者，夯层厚 0.07～0.26 米，其中 0.12～0.26 米较集中，有 4 座，一座夯层最薄，0.07 米（表213）。

表213 灵丘县城堡墙体建筑方式及尺寸一览表（单位：米）

名称	墙体建筑方式	底宽	顶宽	残高
柳科村堡	土墙。黄土夯筑而成	2.9	0.6	外高2.88~6.92、内高3.89~5.44
石家田村堡	土墙。黄土夯筑而成，夯层厚0.12	1.4	0.25~0.3	外高3.05~7.09、内高1.3~2.8
落水河堡	土墙。黄土夯筑而成，夯层厚0.18~0.26	2.9	不详	残存最高9.7
红墙儿堡	土墙。黄土夯筑而成，夯层厚0.14~0.26	不详	1	外高2.89~3.19、内高0.9~2.8
灵丘城	土墙。黄土夯筑而成，夯层厚0.07~0.14	不详	最宽2.9	外侧最高8.78、内侧最高8.41
蔡家峪村堡	土墙。黄土夯筑而成，夯层厚0.22	不详	1.7~1.8	外高6.62~10.37、内高6.38

至于除城堡墙体外的设施和遗迹，由于保存原因，现存并不能反映其原始风貌。主要设施遗迹的种类有城门、角台、马面等常见的墙体设施。

2. 城堡的分布特点

（1）城堡所处地势

落水河堡、红墙儿堡、灵丘城、蔡家峪村堡分布于县境中部唐河谷地，柳科村堡、石家田村堡位于唐河谷地东北部与恒山山地相接地带。

（2）城堡与烽火台的位置关系

灵丘县调查有10座烽火台，蔡家峪村堡附近分布有少量的烽火台，柳科村堡东北7.2千米有伊家店村烽火台。

3. 城堡的保存状况

灵丘县6座城堡中，保存一般5座、较差1座。城堡墙体坍塌损毁，部分段消失。城门多为豁口或消失，部分角台和马面消失，城堡内建筑无存。

造成损毁的自然因素主要有风雨侵蚀，植物生长，洪水冲刷等；人为因素主要是城市建设和工业生产活动破坏墙体、农业生产活动破坏墙体、取土挖损墙体、修建房屋破坏墙体、利用墙体修建房屋、不合理修缮等。

（三）单体建筑

1. 敌台

牛帮口长城的4座茨字号台均骑墙而建，均为砖质敌台，外部砖石砌筑，条石基础，上部包砖。平面形制均为矩形，剖面形制均呈梯形。敌台底部周长43.2~44.8、残高12.6~12.9米。由于保存方面的原因，这些数据不能完全反映敌台的原始尺寸（表214）。

表214 灵丘县敌台形制及保存状况一览表（单位：米）

名称	平面形制	剖面形制	底部周长	残高	保存状况
牛帮口"茨字拾捌号台"敌台	矩形	梯形	44.8	12.9	较好
牛帮口"茨字拾玖号台"敌台	矩形	梯形	不详	不详	较差
牛帮口"茨字贰拾号台"敌台	矩形	梯形	43.2	12.8	较好
牛帮口"茨字贰拾壹号台"敌台	矩形	梯形	43.6	12.6	较好

敌台附属设施有台基、石券拱门、箭窗、垛口墙、瞭望孔、射孔、排水孔等，石券拱门上方嵌有石匾，横书茨字号台，敌台内部为砖券拱顶回廊结构。

牛帮口长城的 4 座茨字号台的分布有以下特点。

①牛帮口长城，"茨字拾捌号台"敌台至"茨字贰拾壹号台"敌台，间距 0.083~0.233 千米，分布密集。"茨字贰拾壹号台"敌台西北距繁峙县竹帛口"茨字贰拾贰号台"敌台 7.9 千米。

②参照繁峙县敌台的大小分类，除牛帮口长城"茨字拾玖号台"敌台底部周长不详外，其余 3 座敌台依底部周长属中型敌台，这与繁峙县竹帛口长城的 13 座茨字号台以中型台体为主相一致。

牛帮口长城的 4 座茨字号台，除"茨字拾玖号台"敌台仅存台体底部台基、保存较差外，其余保存较好。敌台台体顶部垛口墙坍塌损毁。造成损毁的自然因素主要是风雨侵蚀、植物生长等；人为因素主要是修路破坏台体、拆毁台体砖石、游人乱写乱画等。

2. 烽火台

（1）烽火台的类型及建筑方式

灵丘县 10 座烽火台的材质类型均为土质，黄土夯筑而成，部分含有砂粒、碎石，夯层厚 0.17~0.3 米。与繁峙县土质烽火台夯层厚绝大多数 0.15~0.3 米相一致。

（2）烽火台形制

灵丘县 10 座烽火台的平面形制均为矩形，剖面形制均呈梯形。烽火台底部周长 21.7~41.5、残高 5.23~12.22 米。由于保存方面的原因，这些数据不能完全反映敌台的原始尺寸（表215）。

表215　灵丘县烽火台形制及保存状况一览表（单位：米）

名称	平面形制	剖面形制	底部周长	残高	保存状况
伊家店村烽火台	矩形	梯形	26	5.63	一般
青泥涧村烽火台	矩形	梯形	24.5	12.22	较好
韩淤地村烽火台	矩形	梯形	25.4	6.59	一般
蔡家峪村烽火台	矩形	梯形	41.5	6.67	一般
小寨村烽火台	矩形	梯形	37.7	6.4	一般
老爷庙 2 号烽火台	矩形	梯形	28.8	8.77	较好
老爷庙 1 号烽火台	矩形	梯形	36.8	11.84	较好
长城铺村烽火台	矩形	梯形	35.7	8.2	较好
南张庄村烽火台	矩形	梯形	37.1	11	较好
冉庄铺村烽火台	矩形	梯形	21.7	5.23~6.15	一般

烽火台的附属设施见有台基。

（3）烽火台的分布特点

灵丘县烽火台的分布有以下特点。

①从与长城的位置关系来说，灵丘县烽火台主要分布在繁峙县与灵丘县交界区域长城东侧，与西侧繁峙县境内的烽火台遥相呼应。距长城最近的是老爷庙 1 号烽火台，西南距平型关 3.2 千米。

②从分布地势而言，灵丘县烽火台主要分布在西部的唐河谷地和大沙河上游谷地，只有伊家店村烽火台位于县境东北恒山山地。

③传烽线路方面，灵丘县中西部的9座烽火台和蔡家峪村堡大致形成从南向北、从东向西的传烽线路。县境内中、东北部的5座城堡和伊家店村烽火台相距较远，大致形成从东北到西南的传烽线路。一方面是繁峙县与灵丘县交界区域长城东侧的烽火台，另一方面是以灵丘城为中心的城堡、烽火台的分布体系。

④参照繁峙县烽火台的大小分类，灵丘县烽火台均为中小型台体，与繁峙县烽火台以中小型台体为主相一致。

（4）烽火台保存状况

灵丘县10座烽火台中，保存较好5座、一般5座。

烽火台坍塌脱落，表面凹凸不平，有裂缝、沟槽、孔洞。部分烽火台有人为挖掘的洞穴或凹槽。个别有人为踩踏形成的坡道，可登台顶。一座烽火台东南壁底部有现代坟墓2座。造成损毁的自然因素主要有风雨侵蚀、植物生长等；人为因素主要是掏挖洞穴、人为踩踏、取土挖损、耕地破坏台基、修建坟墓破坏台体等。

三　自然与人文环境

（一）自然环境

灵丘县位于山西省东北部、大同市东南角。河流主要有横贯县境中部的唐河及其支流赵北河、泽水河、西河，县境南部有南北向的大沙河及其支流独峪河、下关河。县境地形主要有北部恒山山地、中部唐河及其支流谷地、南部大沙河及其支流谷地。灵丘县气候属北温带大陆性季风气候，年平均气温7℃，无霜期一般约150天，年平均降水量423毫米。县境土壤主要有山地淡栗钙土、灰褐土、淋溶褐土、山地褐土等。本县植被属于暖温带落阔叶林带向温带草原的过渡区域类型。

（二）人文环境

灵丘县长城资源分布于县境内3镇6乡，分别为柳科乡、石家田乡、落水河乡、武灵镇、东河南镇、白崖台乡、独峪乡、下关乡、上寨镇。灵丘县与阜平县、涞源县交界区域长城墙体及相关资源分布于下关乡和上寨镇，村庄居民以农业和家畜饲养业为主。花塔村有农村旅游项目，县境内中部有（北）京（太）原铁路、203省道东西横贯县境，201省道南北斜贯县境，南部有108国道东西横贯县境。

四　保护与管理状况

灵丘县长城资源的保护管理机构是灵丘县文物管理所。目前有关长城资源的保护范围、建设控制地带、保护标志、记录档案等工作有待规定或完善。

表210　灵丘县敌台一览表

名称	地点	高程	与其他遗存的位置关系	材质	建筑方式	平面形制	剖面形制	尺寸	附属设施	修缮情况	保存状况	损毁原因及存在病害
牛帮口"茨字拾捌号"敌台（图二四九；彩图五三四）	独峪乡牛帮口村东南1千米	727米	骑墙而建。位于牛帮口长城墙体上	砖、石	外部砖石砌筑，条石基础，上部包砖。条石长40～110，高40～50厘米，砖长43、宽21、厚10厘米	矩形	梯形	台体底部东西11.19、南北11.19米，周长44.8米，残高12.9米	台体底部有台基，条石砌筑而成，边长12.4米，周长49.6米。上部西壁有石券拱门，二伏二券，进深0.8米。拱门上方嵌有石匾，宽1，高0.5米，横题楷书阴刻"茨字拾捌号台"，匾周饰牡丹花纹。东、南、北壁各有箭窗2个，箭窗宽0.757，高1米。顶部有垛口墙，厚宽0.44，残高1.6米，口宽0.6、高0.7米。垛下设瞭望孔，宽0.6、高0.2米。瞭望孔下有射孔，宽0.24、高0.18米，宽0.24、高0.35米。台体内部各有排水孔两个，回廊为回廊结构，回廊为砖拱顶，宽0.98、高2.56米。台体内部地面和顶部地表错缝铺砖	无	保存较好。台体顶部垛口墙坍塌损毁。敌台南1米处有水泥路，东南5米处有水泥制旅游标志，长4、宽2米	自然因素主要是风雨侵蚀、植物生长等；人为因素主要是拆毁台体、游人乱刻石、写乱画画等
牛帮口"茨字拾玖号"敌台	独峪乡牛帮口村南1千米	749米	骑墙而建。位于牛帮口长城墙体上	砖、石	仅存底部台基，条石砌筑而成	矩形	梯形	不详	仅存台体底部台基，条石砌筑而成，边长9.5、残高2.1米	无	保存较差。仅存底部大部。敌台基，敌台大部分修建108国道时破坏拆毁	自然因素主要是风雨侵蚀，植物生长等；人为因素主要是修路破坏台体、拆石等

续表 210

名称	地点	高程	与其他遗存的位置关系	材质	建筑方式	平面形制	剖面形制	尺寸	附属设施	修缮情况	保存状况	损毁原因及存在病害
牛帮口"茨字贰拾号"敌台（图二五〇；彩图五三五）	独峪乡牛帮口村南1千米	798米	骑墙而建。位于牛帮口长城墙体上	砖	外部砖石砌筑，条石基础，上部包砖，条石长40～110、高40～50厘米，砖长43、宽21、厚10厘米	矩形	梯形	底部东西11.12、南北10.49米，周长43.2米，残高12.8米	台体底部有台基，条石砌筑而成，边长11.6米，周长46.4米。上部西壁有石券拱门，二伏二券，宽0.8、高1.9、进深0.8米。拱门上方嵌有石匾，宽1、高0.5米，横题楷书阴刻"茨字贰拾号台"，匾周饰牡丹花纹。东、南、北壁各有箭窗2个，西壁有箭窗2个，箭窗宽0.757～1.071、高0.8。顶部有垛口墙，厚0.44，残高1.7米，垛宽1.066～1.839米，口宽0.649～0.876、高0.7米。垛下设瞭望孔，宽0.22、高0.2米。瞭望孔下有射孔，宽0.24、高0.18米。四壁垛口墙底部各有排水孔2个，宽0.24、高0.35米。台体内部为回廊结构，回廊为砖券拱顶，宽0.98、高2.56米。台体内部地面和顶部地表错缝铺砖	无	保存较好。台体顶部垛口墙坍塌损毁	自然因素主要是风雨侵蚀、植物生长等；人为因素主要是拆毁台体砖石、游人乱写乱画等
牛帮口"茨字贰拾壹号"敌台	独峪乡牛帮口村西南1千米	889米	骑墙而建。位于牛帮口长城墙体上	砖	外部砖石砌筑，条石包砖，上部包砖，条石长40～110、高40～50厘米，砖长43、宽21、厚10厘米	矩形	梯形	底部东西10.978、南北10.816米，周长43.6米，残高12.6米	台体底部有台基，条石砌筑而成，边长11.6米，周长46.4米。上部北壁有石券拱门，二伏二券，宽0.8、高1.9、进深0.8米。拱门上方嵌有石匾，宽1、高0.5米，横题楷书阴刻"茨字贰拾壹号台"，匾周饰牡丹花纹。东、南、西壁各有箭窗2个，北壁有箭窗2个，箭窗宽0.6、高1米。顶部有垛口墙，厚0.44，残高1.6～1.9米，垛宽1.6、口宽0.6、高0.7米。垛下设瞭望孔，宽0.2、高0.2米。瞭望孔下有射孔，宽0.24、高0.18米。四壁垛口墙底部各有排水孔2个，宽0.24、高0.35米。台体内部为回廊结构，回廊为砖券拱顶。台体内部地面和顶部地表错缝铺砖	无	保存较好。台体顶部垛口墙坍塌损毁	自然因素主要是风雨侵蚀、植物生长等；人为因素主要是拆毁台体砖石、游人乱写乱画等

表 211　灵丘县烽火台一览表

名称	地点	高程	与其他遗存的位置关系	材质	建筑方式	平面形制	剖面形制	尺寸	附属设施	修缮情况	保存状况	损毁原因及存在病害
伊家店村烽火台（彩图五二六）	柳科乡伊家店村西北0.55千米的山顶上	1547米	西南距柳科村堡7.2千米	土	黄土夯筑，含少量碎石块，夯层厚0.22~0.28米	矩形	梯形	底部东西7.29、南北5.71米，顶部东西5.59、南北5.63米，残高2.61米	无	无	保存一般。台体坍塌脱落严重。台体表面凹凸不平，有裂缝、沟槽、孔洞	自然因素主要是风雨侵蚀、植物生长等
青泥涧村烽火台	东河南镇青泥涧村南1.4千米的山顶上	1152米	无	土	黄土夯筑，夯层厚0.2米	矩形	梯形	底部东西13.29、南北11.2米，顶部东西3.72、南北4.91米，残高12.22米	台体底部有台基，北边长19.75、高2.9米	无	保存较好。台体有所坍塌脱落，表面凹凸不平，有裂缝、沟槽、孔洞。东壁有坡道，可登顶；南壁有洞穴	自然因素主要是风雨侵蚀、植物生长等，人为因素主要是掏挖洞穴、踩踏等
韩淤地村烽火台	东河南镇韩淤地村西北0.5千米的山顶上	1168米	西距蔡家峪村堡2.8千米，东北距青泥涧村烽火台3.4千米	土	黄土夯筑，含砂粒，夯层厚0.2~0.29米	矩形	梯形	底部东西5.61、南北7.1米，顶部南北2.35米，残高6.59米	无	无	保存一般。台体坍塌脱落严重，表面凹凸不平，有裂缝、沟槽、孔洞。所在山体西坡有采石场	自然因素主要是风雨侵蚀、植物生长等
蔡家峪村烽火台（彩图五二七）	东河南镇蔡家峪村西南0.5千米的山顶上	1145米	东北距蔡家峪村堡0.27千米	土	黄土夯筑，夯层厚0.24~0.3米	矩形	梯形	底部东西10.6、南北10.13米，顶部东西2.8、南北3.6米，残高6.67米	台体底部有台基，东西16.42、南北16.22米。台基上散落碎砖。台基四周遭耕地破坏	无	保存一般。台体坍塌脱落严重，表面凹凸不平，有裂缝、沟槽、孔洞。台基四周地破坏	自然因素主要是风雨侵蚀、植物生长等，人为因素主要是耕地破坏等
小寨村烽火台（彩图五二八）	东河南镇小寨村南0.35千米的山顶上	1244米	东北距蔡家峪村烽火台2.4千米	土	黄土夯筑，夯层厚0.2~0.25米	矩形	梯形	底部东西8.98、南北9.85米，顶部东西1.8、南北2.9米，残高6.4米	台体底部有台基，东西17.45、南北17.34、高2.05米	无	保存一般。台体坍塌脱落严重，表面凹凸不平，有裂缝、沟槽、孔洞	自然因素主要是风雨侵蚀、植物生长等
老爷庙2号烽火台	东河南镇小寨村西南1.5千米处	1247米	东北距小寨村烽火台1.8千米	土	黄土夯筑，夯层厚0.17~0.19米	矩形	梯形	底部东西6.8、南北7.61米，顶部东西2.30、南北3米，残高8.77米	无	无	保存较好。台体坍塌脱落，表面凹凸不平，有裂缝、沟槽、孔洞，东壁底部有盗洞，口径1.1米；西壁南部是掏挖坡道，可登顶	自然因素主要是风雨侵蚀、植物生长等，人为因素主要是掏挖洞穴、踩踏等

续表 211

名称	地点	高程	与其他遗存的位置关系	材质	建筑方式	平面形制	剖面形制	尺寸	附属设施	修缮情况	保存状况	损毁原因及存在病害
老爷庙1号烽火台	白崖台乡白崖台村西北2.5千米的老爷庙西南山顶上	1452米	西南距平型关3.2千米，东北距老爷庙2号烽火台1千米	土	黄土夯筑，夯层厚0.17~0.24米	矩形	梯形	底部东南边长9.02、西南边长9.36米，顶部东南边长2.5、西南边长3.1米，残高11.84米	无	无	保存较好。台体有所坍塌脱落，表面凹凸不平，有裂缝、沟槽、孔洞。西北壁有洞穴	自然因素主要是风雨侵蚀、植物生长等，人为因素主要是掏挖洞穴、踩踏等
长城铺村烽火台（彩图五三九）	白崖台乡长城铺村北0.5千米的山顶上	1151米	西南距繁峙县与灵丘县交界平型关东段长城5千米，西北距老爷庙1号烽火台6.5千米	土	黄土夯筑，夯层厚0.2~0.24米	矩形	梯形	底部东西9.18、南北8.66、残高8.2米	台体底部有台基，东西11.84、南北13.44、高2.93米	无	保存较好。台体有所坍塌脱落，表面凹凸不平，有裂缝、沟槽、孔洞	自然因素主要是风雨侵蚀、植物生长等
南张庄村烽火台	白崖台乡南张庄村西北0.4千米的山坡上	1126米	西距长城铺村烽火台1.3千米	土	黄土夯筑而成，夯层厚0.24米	矩形	梯形	底部东北边长9.37、东南边长9.18米，顶部东北边长3.51、东南边长2.58米，残高11米	无	无	保存较好。台体有所坍塌脱落，表面凹凸不平，有裂缝、沟槽、孔洞。东南壁底部有现代坟墓2座、2棵柳树	自然因素主要是风雨侵蚀、植物生长等，人为因素主要是修建坟墓破坏台体等
冉庄铺村烽火台	白崖台乡冉庄铺村	1028米	西南距繁峙县与灵丘县交界西王梁长城4.7千米，北距南张庄村烽火台1.9千米	土	黄土夯筑，含少量碎石，夯层厚0.24米	矩形	梯形	底部东西5.65、南北5.2米，顶部东西2.5、南北2.3米，南壁残高6.15、北壁残高5.23米	无	无	保存一般。台体坍塌脱落严重，表面凹凸不平，孔洞。南壁裂缝、沟槽、孔洞。底部有挖掘形成的凹槽。西壁中部有雨水冲刷形成的浅沟槽，浅槽有脚窝可登顶	自然因素主要是风雨侵蚀、植物生长等，人为因素主要是取土挖损、踩踏等

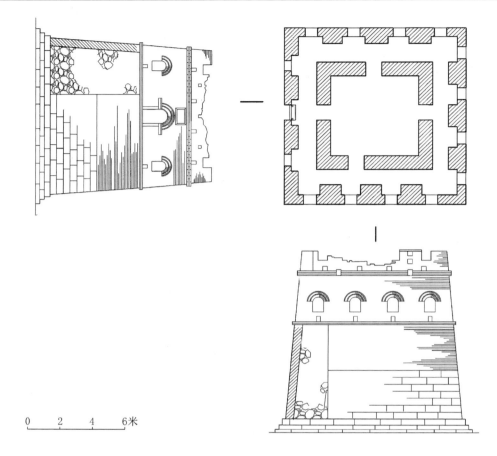

0　　2　　4　　6米

图二四九　牛帮口"茨字拾捌号台"敌台平、立面图

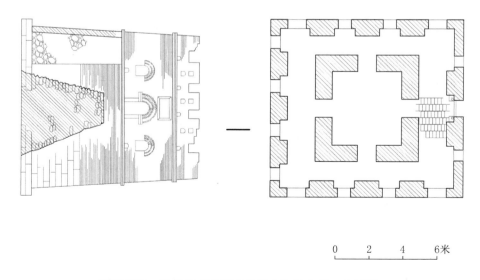

0　　2　　4　　6米

图二五〇　牛帮口"茨字贰拾号台"敌台平、立面图

第八章　繁峙县长城

繁峙县位于山西省东北部，北靠"五岳"之一的北岳恒山，与应县、浑源县相邻；东有泰戏山，与灵丘县、河北省阜平县交界；南依"四大佛教名山"之一的五台山，与五台县相邻，西与代县相邻。山西省明代长城资源调查二队从 2007 年 5 月 30 日～12 月 15 日，对该县明代长城资源进行了调查。

一　长城资源调查数据

繁峙县共调查长城墙体 17 段，全长 37907 米；关堡 13 座，其中关 2 座、堡 11 座；单体建筑 110 座，其中敌台 77 座、烽火台 33 座；相关遗存石碑 6 块（地图八）。

（一）长城墙体

繁峙县长城大致沿繁峙县和灵丘县交界处山脊从南向北延伸，经神堂堡乡神堂堡村东、茨老沟村东，横涧乡东水沟村、桥儿沟村东、马跑泉村、贾家沟村东、平型关村和东、西跑池村东，大营镇鹞涧村东至团城口村东南后，沿繁峙县与浑源县交界处，在浑源县王庄堡镇上牛还村西南入浑源县。是繁峙县的长城主线。有 5 段不与长城主线连接的支线长城墙体，位于神堂堡乡茨沟营村、韩庄村和横涧乡白坡头村附近（表216）。

表216　繁峙县长城墙体一览表（单位：米）

长城墙体段落名称	总长	保存较好	保存一般	保存较差	保存差	消失	类型	省/县属
马头山长城	2126	0	0	171	752	1203	石墙	繁峙县/灵丘县
边墙梁长城1段	1500	0	1500	0	0	0	山险	繁峙县/灵丘县
边墙梁长城2段	1198	70	40	188	0	900	石墙	繁峙县/灵丘县
镢柄尖山梁长城	10000	0	10000	0	0	0	山险	繁峙县/灵丘县
大王梁长城	3712	0	0	914	2485	313	石墙	繁峙县/灵丘县
大羊坡长城	1600	0	1600	0	0	0	山险	繁峙县/灵丘县
平型关东段长城	4233	0	651	880	2044	658	石墙	繁峙县/灵丘县

长城墙体段落名称	总长	保存较好	保存一般	保存较差	保存差	消失	类型	省/县属
平型关西段长城	2577	0	0	355	1541	681	石墙	繁峙县/灵丘县
西跑池长城	1244	394	478	372	0	0	砖墙	繁峙县/灵丘县
杏洼岭长城1段	1400	0	1400	0	0	0	山险	繁峙县/灵丘县
杏洼岭长城2段	1482	0	343	239	335	565	石墙	繁峙县/灵丘县
团城口长城	2707	0	0	620	1946	141	砖墙	繁峙县/浑源县
茨沟营南岭长城	126	0	76	50	0	0	石墙	繁峙县
茨沟营西岭长城	159	0	80	30	0	49	石墙	繁峙县
竹帛口长城	2479	626	697	559	180	417	石墙	繁峙县
白坡头长城1段	1084	0	0	0	1084	0	石墙	繁峙县
白坡头长城2段	380	0	110	33	0	237	土墙	繁峙县
合计	38007	1090	16975	4411	10367	5164		
百分比	100	2.87	44.66	11.6	27.28	13.59		

1. 马头山长城

起点位于神堂堡乡神堂堡村东南3千米（马头山山峰）处，高程1079米；止点位于神堂堡村东2千米（大黑尖山山峰）处，高程1038米。大致呈东南—西北走向。全长2126米，其中保存较差171、差752、消失1203米。本段长城系石墙，就地取材，用石灰岩石块或褐色片麻岩石块砌筑墙体，中间填杂碎石泥土。现存墙体剖面大致呈不规则梯形，底宽0.8～3.3、顶宽0.6～1.8、残高0.12～1米。石块长18～22、宽12～16厘米。本段长城G0001（起点）处东南接灵丘县红沙岭长城（山险），G0010（止点）处北连边墙梁长城1段（山险）、东接灵丘县大黑尖岭长城（山险）。马头山长城敌台位于墙体上（图二五一）。

本段墙体共测GPS点10个（G0001～G0010），可分为9小段，分述如下。

第1小段：G0001（起点）—G0002（断点），东南—西北走向，长255米，保存差。墙体沿山脊自南向北下降。墙体顶宽0.6～1.2、残高0.4～0.6米。石块长18～22、宽12～16厘米。

第2小段：G0002（断点）—G0003（断点），南—北走向，长9米。修筑108国道截断墙体致消失。

第3小段：G0003（断点）—G0004（拐点），东南—西北走向，长63米，保存较差。墙体沿山脊自南而北沿山坡上升。墙体底宽3.3、顶宽1.8、残高0.2～0.6米。

第4小段：G0004（拐点）—G0005（马头山长城敌台），东南—西北走向，长108米，保存较差。墙体整体呈二级阶梯状，外部一级宽3.6、残高0.6～1米，内部二级底宽1.6、顶宽0.9米。

第5小段：G0005（马头山长城敌台）—G0006（断点），东南—西北走向，长147米，保存差。墙体坍塌损毁严重，地表残存石块垒筑遗迹，残迹宽0.8～1、残高0.2～0.4米。

第6小段：G0006（断点）—G0007（断点），东南—西北走向，长84米，墙体消失。

第7小段：G0007（断点）—G0008（断点），东南—西北走向，长350米，保存差。墙体坍塌损毁严重，地表残存石块垒筑遗迹，残宽1.2、残高0.12米。

第8小段：G0008（断点）—G0009（拐点），南—北走向，长780米，墙体消失。

第9小段：G0009（拐点）—G0010（止点），南—北走向，长330米，墙体消失。

墙体整体保存差，坍塌损毁严重，部分段消失。造成损毁的自然因素主要是风雨侵蚀、植物生长

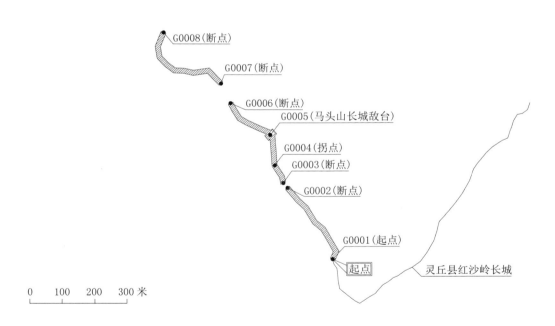

图二五一　马头山长城走向示意图

等；人为因素主要是修筑 108 国道截断墙体致墙体消失、放牧牛羊踩踏墙体等。

2. 边墙梁长城 1 段

起点位于神堂堡乡神堂堡村东 2 千米（大黑尖山山峰）处，高程 1038 米；止点位于神堂堡乡茨老沟村东 1 千米处，高程 1123 米。大致呈东南—西北走向。全长 1500 米，均保存一般。本段长城系山险，G0010（起点）处南接马头山长城、东南连灵丘县大黑尖岭长城（山险），G0011（止点）处北接边墙梁长城 2 段（图二五二）。

图二五二　边墙梁长城 1 段走向示意图

本段墙体共测 GPS 点 2 个（G0010、G0011），仅 1 小段，叙述如下。

G0010（起点）—G0011（止点），东南—西北走向，长 1500 米，保存一般。从大黑尖山山峰起，沿山脊延伸，地表未见墙体遗迹。

整体保存一般。造成损毁的自然因素主要是风雨侵蚀、植物生长等；人为因素主要是私挖滥采矿山、放牧牛羊踩踏等。沿线有采矿业，矿山开采导致长城所在山体破坏。

3. 边墙梁长城 2 段

起点位于神堂堡乡茨老沟村东 1 千米处，高程 1123 米；止点位于茨老沟村东北 1 千米处，高程 1261 米。大致呈西南—东北走向。全长 1198 米，其中保存较好 70、一般 40、较差 188、消失 900 米。本段长城系石墙，由片麻岩、砂岩石块砌筑，白灰勾缝，中间填杂碎石砂土。现存墙体剖面大致呈不规则梯形，底宽 1.4～6、顶宽 1.3～4、残高 0.3～3.1 米，G0013（断点）—G0014（断点）间墙体东北侧残高 1.5、西南侧残高 0.3～1 米。石块长 20～45、宽 25～36、厚 15～28 厘米。本段长城南接边墙梁长城 1 段，北连镢柄尖山梁长城（山险）（图二五三）。

本段墙体共测 GPS 点 8 个（G0011～G0018），可分为 7 小段，分述如下。

第 1 小段：G0011（起点）—G0012（断点），南—北走向，长 158 米，保存较差。墙体砌筑在山脊鞍部。墙体底宽 4、顶宽 3、残高 0.8 米。石块长 20～30 厘米。

第 2 小段：G0012（断点）—G0013（断点），西南—东北走向，长 120 米，墙体消失。

第 3 小段：G0013（断点）—G0014（断点），东南—西北走向，长 30 米，保存较差。墙体底宽 1.4、顶宽 1.3、东北侧残高 1.5、西南侧残高 0.3～1 米。

第 4 小段：G0014（断点）—G0015（断点），南—北走向，长 720 米，墙体消失。

第 5 小段：G0015（断点）—G0016（断点），西南—东北走向，长 40 米，保存一般。墙体底宽 6、顶宽 2.6、残高 1.6 米。

第 6 小段：G0016（断点）—G0017（断点），西南—东北北走向，长 60 米，墙体消失。

第 7 小段：G0017（断点）—G0018（止点），西南—东北走向，长 70 米，保存较好。片麻岩石块砌筑，白灰勾缝，中间填杂碎石砂土。墙体底宽 4.5、顶宽 4、残高 3.1 米。石块长 20～45、宽 25～36、厚 15～28 厘米（彩图五四〇）。

墙体整体保存差，坍塌损毁严重，大部分段消失。造成损毁的自然因素主要是风雨侵蚀、植物生长等；人为因素主要是放牧牛羊踩踏等。沿线有采矿业，矿山开采导致长城所在山体破坏。

4. 镢柄尖山梁长城

起点位于神堂堡乡茨老沟村东北 1 千米处，高程 1261 米；止点位于横涧乡水沟村东北 2.5 千米（大王梁山山峰）处，高程 1463 米。大致呈南—北走向。全长 10000 米，均保存一般。本段长城系山险，南接边墙梁长城 2 段，北连大王梁长城（图二五四）。

本段墙体共测 GPS 点 2 个（G0018、G0088），仅 1 小段，叙述如下。

G0018（起点）—G0088（止点），南—北走向，长 10000 米，保存一般。

墙体整体保存一般。造成损毁的自然因素主要是风雨侵蚀、植物生长等；人为因素主要是私挖滥采矿山、放牧牛羊踩踏等。沿线有采矿业，矿山开采导致长城所在山体破坏。

5. 大王梁长城

起点位于横涧乡东水沟村东北 2.5 千米（大王梁山山峰）处，高程 1463 米；止点位于横涧乡桥儿

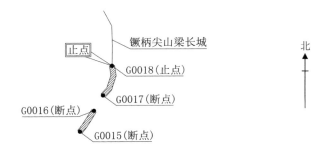

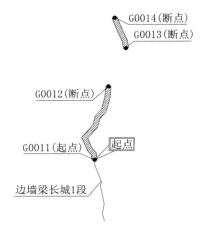

图二五三　边墙梁长城 2 段走向示意图

沟村东北 2.5 千米（大羊坡）处，高程 1520 米。大致呈西南—东北走向。全长 3712 米，其中保存较差 914、差 2485、消失 313 米。本段长城系石墙，由砂岩、片麻岩石块砌筑，中间为砂质夯土或填杂碎石砂土，夯层厚 0.2 ~ 0.22 米。现存墙体剖面大致呈不规则梯形，底宽 2 ~ 3、顶宽 0.4 ~ 2.2、残高 0.2 ~ 3.5 米。G0090（大王梁长城 1 号敌台）—G0091（大王梁长城 2 号敌台）间墙体东南侧残高 2 ~

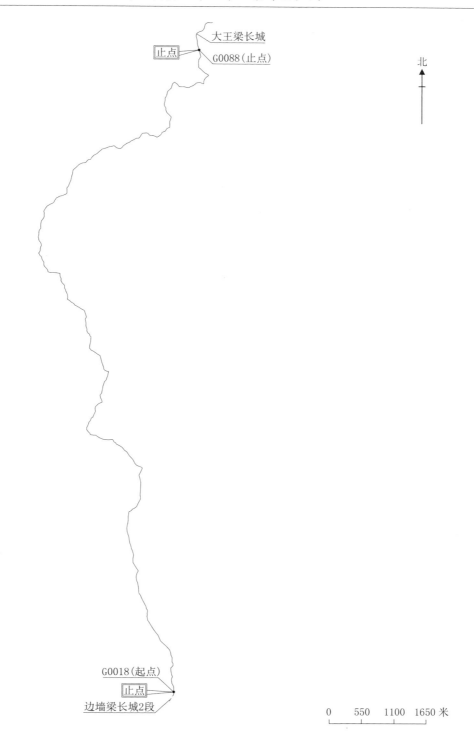

大王梁长城

止点　G0088 (止点)

北

G0018 (起点)

止点

边墙梁长城2段

0　　550　　1100　1650 米

图二五四　镢柄尖山梁长城走向示意图

3.5、西北侧残高 0.2 ~ 0.8 米。本段长城南接镢柄尖山梁长城（山险），北连大羊坡长城（山险）。大王梁长城 1 ~ 9 号敌台位于墙体上，敌台间距 0.13 ~ 0.73 千米。大王梁 1 号敌台南距马头山长城敌台 14.987 千米，大王梁烽火台位于墙体西 0.04 千米处（图二五五）。

本段墙体共测 GPS 点 12 个（G0088 ~ G0099），可分为 11 小段，分述如下。

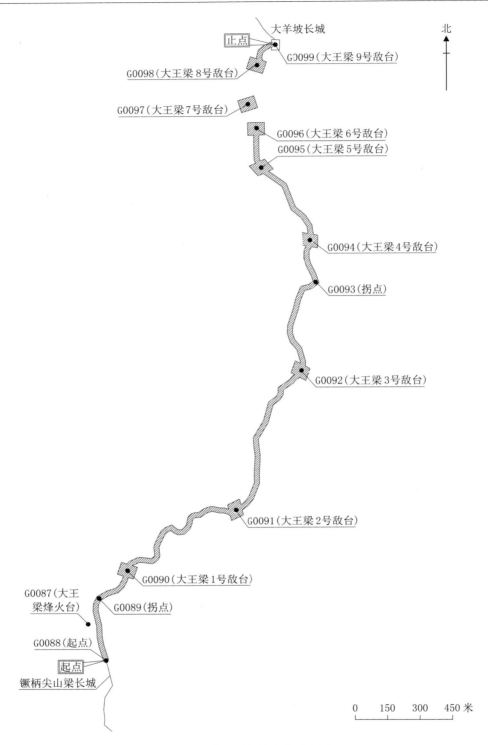

图二五五　大王梁长城走向示意图

　　第1小段：G0088（起点）—G0089（拐点），南—北走向，长500米，保存差。墙体坍塌损毁严重，仅存地表石块垒筑痕迹。墙体宽3、残高0.2～0.4米。墙体上有近现代用黑色片麻岩砌筑、水泥勾缝的石墙。

　　第2小段：G0089（拐点）—G0090（大王梁1号敌台），西南—东北走向，长198米，保存较差。

两侧石块不存，仅存内部的夯土墙。夯土墙为砂土夯筑，夯层厚 0.2 ~ 0.22 米，夯层中夹杂一层厚 0.05 米的碎石层。墙体底宽 2.4、顶宽 0.4 ~ 1.2、残高 2 米。有一处宽近 20 米的豁口，系将墙体截断形成土路。

第 3 小段：G0090（大王梁 1 号敌台）—G0091（大王梁 2 号敌台），西南—东北走向，长 570 米，保存较差。墙体底宽 2.6、顶宽 2.2、东南侧残高 2 ~ 3.5、西北侧残高 0.2 ~ 0.8 米。

第 4 小段：G0091（大王梁 2 号敌台）—G0092（大王梁 3 号敌台），西南—东北走向，长 730 米，保存差。墙体底宽 2、残高 0.3 ~ 1 米。

第 5 小段：G0092（大王梁 3 号敌台）—G0093（拐点），西南—东北走向，长 448 米，保存差。墙体底宽 2.2、残高 0.2 ~ 0.6 米。

第 6 小段：G0093（拐点）—G0094（大王梁 4 号敌台），南—北走向，长 207 米，保存差。墙体坍塌损毁严重，仅存地表石块垒筑痕迹。

第 7 小段：G0094（大王梁 4 号敌台）—G0095（大王梁 5 号敌台），东南—西北走向，长 400 米，保存差。墙体坍塌损毁严重，仅存地表石块垒筑痕迹。

第 8 小段：G0095（大王梁 5 号敌台）—G0096（大王梁 6 号敌台），南—北走向，长 200 米，保存差。墙体坍塌损毁严重，仅存地表石块垒筑痕迹。墙体底宽 2.4、残高 0.2 ~ 0.4 米。

第 9 小段：G0096（大王梁 6 号敌台）—G0097（大王梁 7 号敌台），南—北走向，长 130 米，墙体消失。

第 10 小段：G0097（大王梁 7 号敌台）—G0098（大王梁 8 号敌台），南—北走向，长 183 米，墙体消失。

第 11 小段：G0098（大王梁 8 号敌台）—G0099（止点、大王梁 9 号敌台），西南—东北走向，长 146 米，保存较差。部分段两侧石块不存，仅存内部的夯土墙，夯层厚 0.22 米。墙体底宽 3、顶宽 1、残高 3 米。

墙体整体保存差，坍塌损毁严重，部分段损毁消失。造成损毁的自然因素主要是风雨侵蚀、植物生长等；人为因素主要是修路截断墙体致墙体消失、农业生产活动等。沿线有采矿业，矿山开采导致长城所在山体破坏。

6. 大羊坡长城

起点位于横涧乡桥儿沟村东北 2.5 千米（大羊坡）处，高程 1520 米；止点位于横涧乡贾家沟村东 1 千米处，高程 1576 米。大致呈东南—西北走向。全长 1600 米，均保存一般。本段长城系山险，南接大王梁长城，西北连平型关东段长城（图二五六）。

本段墙体共测 GPS 点 2 个（G0099—G0100），仅 1 小段，叙述如下。

G0099（起点、大王梁 9 号敌台）—G0100（止点），东南—西北走向，长 1600 米，保存一般。

墙体整体保存一般。造成损毁的自然因素主要是风雨侵蚀、植物生长等；人为因素主要是私挖滥采矿山、放牧牛羊踩踏等。沿线有采矿业，矿山开采导致长城所在山体破坏。

7. 平型关东段长城

起点位于横涧乡贾家沟村东 1 千米处，高程 1576 米；止点位于横涧乡平型关村东北 2.5 千米处，高程 1546 米。大致呈东南—西北走向。全长 4233 米，其中保存一般 651、较差 880、差 2044、消失 658 米。本段长城系石墙，由砂岩石块、石片砌筑，白灰勾缝，中间为砂质夯土或填杂碎石砂土，夯

图二五六　大羊坡长城走向示意图

层厚 0.2 米。现存墙体剖面大致呈不规则梯形，底宽 1.5～5、顶宽 1.1～2.6、残高 0.1～3.7 米（彩图五四一）。G0103（拐点）—G0104（平型关东段 1 号敌台）间墙体东北侧残高 3、西南侧残高 1.1 米，G0113（断点）—G0114（平型关东段 3 号敌台）间墙体东北侧残高 3.7、西南侧残高 0.7～1.5 米，G0114（平型关东段 3 号敌台）—G0115（断点）间墙体东北侧残高 1.3、西南侧残高 0.4～0.8

米。G0106（拐点）—G0107（平型关东段2号敌台）间墙体为双重，西南侧墙体为主墙，东北侧还有一道墙体，其间有壕沟。本段长城东南接大羊坡长城（山险）、西北隔平型关连平型关西段长城。平型关东段1~3号敌台位于墙体上，敌台间距0.49~2.607千米。平型关东段1号敌台东南距大王梁9号敌台2.221千米。G0116（止点）处是平型关东南角台，平型关堡位于墙体西1.5千米，六郎城堡位于墙体西0.9千米，平型关堡东南、西南烽火台分别位于墙体西侧1.9、2.3千米处（图二五七）。

图二五七　平型关东段长城走向示意图

本段墙体共测GPS点17个（G0100~G0116），可分为16小段，分述如下。

第1小段：G0100（起点）—G0101（拐点），东南—西北走向，长273米，保存差。墙体坍塌损毁严重，仅存地表石块垒筑痕迹。墙体底宽2.4、残高0.1~0.2米。

第2小段：G0101（拐点）—G0102（拐点），东南—西北走向，长200米，保存差。本段墙体两端地势高，中段为山脊鞍部，地势较低。墙体底宽1.5、顶宽1.1、残高0.2~0.3米。

第3小段：G0102（拐点）—G0103（拐点），东南—西北走向，长40米，保存差。墙体底宽2、顶宽1.4、残高0.2~0.4米。

第4小段：G0103（拐点）—G0104（平型关东段1号敌台），东南—西北走向，长108米，保存较差。墙体内部为夯土墙，砂土夯筑，夯层厚0.2米。墙体底宽3.8、顶宽2.4、东北侧残高3、西南侧残高 1.1 米。

第 5 小段：G0104（平型关东段 1 号敌台）—G0105（拐点），南—北走向，长 90 米，保存差。墙体坍塌损毁严重，仅存地表石块垒筑痕迹。墙体底宽 2.4、残高 0.1 ~ 0.3 米。

第 6 小段：G0105（拐点）—G0106（拐点），东南—西北走向，长 257 米，保存较差。墙体底宽 2.6、顶宽 1.8、残高 0.4 ~ 1.5 米。

第 7 小段：G0106（拐点）—G0107（平型关东段 2 号敌台），东南—西北走向，长 143 米，保存一般。本段墙体为双重，西南侧墙体为主墙，石块垒筑，内部为夯土墙，砂土夯筑，夯层厚 0.2 米，墙体底宽 4.5、顶宽 2.4、残高 3.2 米；东北侧墙体石块垒筑，中间填杂砂土，墙体底宽 2.6、顶宽 1.4、东北侧残高 2、西南侧残高 0.5 ~ 0.8 米。西南侧墙体和东北侧墙体之间有壕沟，宽 7 ~ 8 米。

第 8 小段：G0107（平型关东段 2 号敌台）—G0108（拐点），东南—西北走向，长 750 米。保存差，墙体坍塌损毁严重，仅存地表石块垒筑痕迹。墙体底宽 2.3 米。

第 9 小段：G0108（拐点）—G0109（断点），南—北走向，长 300 米，保存差。墙体底宽 2.6、顶宽 1.8、残高 0.2 ~ 0.8 米。

第 10 小段：G0109（断点）—G0110（断点），东南—西北走向，长 268 米，墙体消失。

第 11 小段：G0110（断点）—G0111（拐点），南—北走向，长 33 米，保存差。

第 12 小段：G0111（拐点）—G0112（断点），西南—东北走向，长 358 米。保存差，墙体坍塌损毁严重，仅存地表石块垒筑痕迹。墙体底宽 2.3 米。

第 13 小段：G0112（断点）—G0113（断点），东南—西北走向，长 390 米，墙体消失。墙体附近有许多采矿点，墙体遭矿山开采和道路运输损毁无存。

第 14 小段：G0113（断点）—G0114（平型关东段 3 号敌台），东南—西北走向，长 508 米，保存一般。墙体顶宽 2.6、东北侧残高 3.7、西南侧残高 0.7 ~ 1.5 米。

第 15 小段：G0114（平型关东段 3 号敌台）—G0115（断点），东南—西北走向，长 260 米，保存较差。墙体底宽 3.4、顶宽 2.2 ~ 2.6 米，东北侧残高 1.3、西南侧残高 0.4 ~ 0.8 米。

第 16 小段：G0115（断点）—G0116（止点、平型关东南角台），东南—西北走向，长 255 米，保存较差。墙体底宽 4 ~ 5、顶宽 2、残高 3 米。G0115（断点）处为将墙体截断形成土路的豁口，豁口长 3 米。G0116（止点、平型关东南角台）处是平型关东南角台。

墙体整体保存差，坍塌损毁严重，部分段损毁消失。造成损毁的自然因素主要是风雨侵蚀、植物生长等；人为因素主要是墙体附近有许多采矿点，部分段墙体遭矿山开采和道路运输损毁无存。沿线有采矿业，矿山开采导致长城所在山体破坏。

8. 平型关西段长城

起点位于横涧乡平型关村东北 2.5 千米处，高程 1547 米；止点位于平型关村西北 2.1 千米处、西跑池村东南 1 千米处，高程 1501 米。大致呈东南—西北走向。全长 2577 米，其中保存较差 355、差 1541、消失 681 米。本段长城系石墙，由砂岩石块、石片砌筑，白灰勾缝，中间为砂质夯土或填杂碎石砂土。现存墙体剖面大致呈不规则梯形，底宽 4.2、顶宽 0.6、北侧残高 1 ~ 5 米。G0122（平型关西段 1 号敌台）—G0123（平型关西段 2 号敌台）间墙体顶部有女墙，砂土夯筑而成，夯层厚 0.2 米，女墙宽 0.4、残高 0.4 米。本段长城东南隔平型关接平型关东段长城，北连西跑池长城。G0121（起点）处是平型关西北角台。平型关西段 1 ~ 16 号敌台位于墙体上，敌台间距 0.07 ~ 0.33 千米。平型关西段 1 号敌台东南距平型关东段 3 号敌台 0.685 千米（图二五八）。

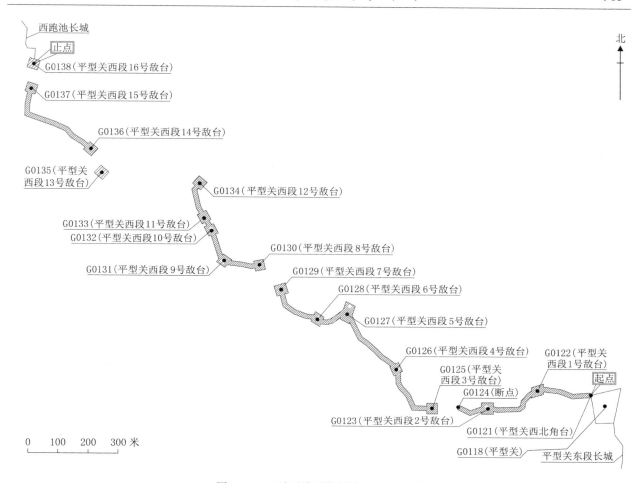

图二五八　平型关西段长城走向示意图

本段墙体共测 GPS 点 18 个（G0121～G0138），可分为 17 小段，分述如下。

第 1 小段：G0121（起点、平型关西北角台）—G0122（平型关西段 1 号敌台），东—西走向，长 170 米，保存较差。墙体底宽 4.2、顶宽 0.6、北侧残高 2.6 米。

第 2 小段：G0122（平型关西段 1 号敌台）—G0123（平型关西段 2 号敌台），东北—西南走向，长 185 米，保存较差。墙体北侧残高 5 米。墙体顶部现存有 10 余米的女墙，砂土夯筑而成，夯层厚 0.2 米，女墙宽 0.4、残高 0.4 米。

第 3 小段：G0123（平型关西段 2 号敌台）—G0124（断点），东—西走向，长 124 米，保存差。墙体北侧残高 1 米。

第 4 小段：G0124（断点）—G0125（平型关西段 3 号敌台），东—西走向，长 56 米，墙体消失。

第 5 小段：G0125（平型关西段 3 号敌台）—G0126（平型关西段 4 号敌台），东南—西北走向，长 173 米，保存差。

第 6 小段：G0126（平型关西段 4 号敌台）—G0127（平型关西段 5 号敌台），东南—西北走向，长 268 米，保存差。

第 7 小段：G0127（平型关西段 5 号敌台）—G0128（平型关西段 6 号敌台），东北—西南走向，长 112 米，保存差。

第 8 小段：G0128（平型关西段 6 号敌台）—G0129（平型关西段 7 号敌台），东南—西北走向，长 150 米，保存差。

第 9 小段：G0129（平型关西段 7 号敌台）—G0130（平型关西段 8 号敌台），东南—西北走向，长 130 米，墙体消失。

第 10 小段：G0130（平型关西段 8 号敌台）—G0131（平型关西段 9 号敌台），东—西走向，长 132 米，保存差。

第 11 小段：G0131（平型关西段 9 号敌台）—G0132（平型关西段 10 号敌台），东南—西北走向，长 75 米，保存差。

第 12 小段：G0132（平型关西段 10 号敌台）—G0133（平型关西段 11 号敌台），东南—西北走向，长 70 米，保存差。

第 13 小段：G0133（平型关西段 11 号敌台）—G0134（平型关西段 12 号敌台），东南—西北走向，长 155 米，保存差。

第 14 小段：G0134（平型关西段 12 号敌台）—G0135（平型关西段 13 号敌台），东南—西北走向，长 330 米，墙体消失。

第 15 小段：G0135（平型关西段 13 号敌台）—G0136（平型关西段 14 号敌台），东南—西北走向，长 86 米，墙体消失。

第 16 小段：G0136（平型关西段 14 号敌台）—G0137（平型关西段 15 号敌台），东南—西北走向，长 282 米，保存差。

第 17 小段：G0137（平型关西段 15 号敌台）—G0138（止点、平型关西段 16 号敌台），南—北走向，长 79 米，墙体消失。

墙体整体保存差，坍塌损毁严重，部分段损毁消失。造成损毁的自然因素主要是风雨侵蚀、植物生长等；人为因素主要是植树造林、农业生产活动等。沿线有采矿业，矿山开采导致长城所在山体破坏。

9. 西跑池长城

起点位于横涧乡西跑池村东南 1 千米处，高程 1501 米；止点位于西跑池村东北 1.5 千米处，高程 1565 米。大致呈东南—西北走向。全长 1244 米，其中保存较好 394、一般 478、较差 372 米。本段长城系砖墙，外部北侧砖石砌筑；内部为夯土墙，砂土或黄土夯筑而成，夯层厚 0.12～0.2 米。现存墙体剖面大致呈不规则梯形，底宽 1.6～6.4、顶宽 0.4～3.4、残高 0.3～5.4、东侧或北侧残高 1.6～5.4、西侧或南侧残高 0.3～1.6 米。本段长城南接平型关西段长城，西北连杏洼岭长城 1 段（山险）。平型关西段 16 号敌台和西跑池 1、3、4、6～11 号敌台位于墙体上，西跑池 2 号敌台位于墙体西一座小山丘上，西跑池 5 号敌台位于墙体西 0.015 千米，西跑池 1～11 号敌台间距 0.04～0.316 千米，西跑池 1 号敌台南距平型关西段 16 号敌台 0.084 千米（图二五九）。

本段墙体共测 GPS 点 13 个（G0139～G0151），可分为 12 小段，分述如下。

第 1 小段：G0139（起点、平型关西段 16 号敌台）—G0140（西跑池 1 号敌台），南—北走向，长 84 米，保存一般。外部砖石基本无存，附近散落有砖石；内部夯土墙，夯层厚 0.2 米。墙体顶宽 0.4～0.6、东侧残高 3、西侧残高 1 米。

第 2 小段：G0140（西跑池 1 号敌台）—G0141（西跑池 2 号敌台），东南—西北走向，长 61 米，保存较差。外部砖石砌筑，内部为夯土墙，夯层厚 0.2 米。墙体顶宽 0.4、东侧残高 3、西侧残高 0.4 米。西跑池 2 号敌台位于墙体西的一座小山丘上。

图二五九　西跑池长城走向示意图

　　第3小段：G0141（西跑池2号敌台）—G0142（西跑池3号敌台），南—北走向，长40米，保存较差。外部砖石无存，内部夯土墙，夯层厚0.2米。墙体顶宽1、残高2.6米。

　　第4小段：G0142（西跑池3号敌台）—G0143（西跑池4号敌台），东南—西北走向，长50米，保存较差。外部砖石无存，仅存内部夯土墙。墙体底宽3、顶宽1、残高2米。中段有一处豁口，宽10米，系墙体被截断形成土路，连接东跑池与西跑池村。

第 5 小段：G0143（西跑池 4 号敌台）—G0144（西跑池 5 号敌台），东南—西北走向，长 76 米，保存较差。外部砖石无存，仅存内部夯土墙。墙体底宽 2.6、顶宽 1、残高 2 米。西跑池 5 号敌台位于墙体西 0.015 千米处。

第 6 小段：G0144（西跑池 5 号敌台）—G0145（西跑池 6 号敌台），东南—西北走向，长 66 米，保存一般。外部砖石无存，仅存内部夯土墙，夯层厚 0.2 米。墙体底宽 3.6、顶宽 2.4、东侧残高 3.4、西侧残高 1.4～1.6 米。

第 7 小段：G0145（西跑池 6 号敌台）—G0146（西跑池 7 号敌台），东—西走向，长 122 米，保存一般。外部砖石无存，仅存内部夯土墙，夯层厚 0.12～0.2 米。墙体底宽 3.8、顶宽 2.4、残高 4.3 米。

第 8 小段：G0146（西跑池 7 号敌台）—G0147（西跑池 8 号敌台），东南—西北走向，长 145 米，保存较差。外部砖石无存，仅存内部夯土墙。墙体顶宽 2、北侧残高 1.6、南侧残高 0.3 米。

第 9 小段：G0147（西跑池 8 号敌台）—G0148（西跑池 9 号敌台），东南—西北走向，长 316 米，保存较好。外部砖石砌筑，存条石基础，高 2、厚 1 米，上部包砖无存，散落于附近；内部为夯土墙，黄土夯筑而成，夯层厚 0.12～0.2 米。墙体底宽 6.4、顶宽 3.2、东侧残高 5.4 米。附近散落的青砖长 36、宽 17、厚 7 厘米。

第 10 小段：G0148（西跑池 9 号敌台）—G0149（西跑池 10 号敌台），东南—西北走向，长 78 米，保存较好。外部砖石无存，仅存内部夯土墙，黄土夯筑而成。墙体底宽 4、顶宽 3.4、北侧残高 4.5、南侧残高 1 米。

第 11 小段：G0149（西跑池 10 号敌台）—G0150（西跑池 11 号敌台），东—西走向，长 83 米，保存一般。外部砖石无存；仅存内部夯土墙，黄土夯筑而成，夯层厚 0.2 米。墙体底宽 4、顶宽 3.3、北侧残高 4.5、南侧残高 1 米。

第 12 小段：G0150（西跑池 11 号敌台）—G0151（止点），东南—西北走向，长 123 米，保存一般。外部砖石砌筑，存条石基础，上部包砖无存；内部为夯土墙。墙体底宽 1.6、顶宽 1、北侧残高 4.3、南侧残高 1 米。

墙体整体保存一般，坍塌损毁严重，外部砖石基本无存。造成损毁的自然因素主要是风雨侵蚀、植物生长等；人为因素主要是拆除墙体砖石、农业生产活动、敌台上设龛供神、将墙体截断形成土路等。沿线有采矿业，矿山开采导致长城所在山体破坏。

10. 杏洼岭长城 1 段

起点位于横涧乡西跑池村东北 1.5 千米处，高程 1565 米；止点位于大营镇鹞涧村东南 2.5 千米处，高程 1592 米。大致呈东南—西北走向。全长 1400 米，保存一般。本段长城系山险，东南接西跑池长城，北连杏洼岭长城 2 段（图二六〇）。

本段墙体共测 GPS 点 2 个（G0151～G0152），仅 1 小段，叙述如下。

G0151（起点）—G0152（止点、杏洼岭 2 段 1 号敌台），东南—西北走向，长 1400 米，保存一般。

山险整体保存一般。造成损毁的自然因素主要是风雨侵蚀、植物生长等；人为因素主要是私挖滥采矿山、放牧牛羊踩踏等。沿线有采矿业，矿山开采导致长城所在山体破坏。

11. 杏洼岭长城 2 段

起点位于大营镇鹞涧村东南 2.5 千米处，高程 1592 米；止点位于大营镇团城口村东南 0.3 千米

图二六〇　杏洼岭长城1段走向示意图

处，高程1594米。大致呈西南一东北走向。全长1482米，其中保存一般343、较差239、差335、消失565米。本段长城系石墙，由砂岩石块砌筑，白灰勾缝；中间为夯土或填杂碎石砂土；内部夯土墙，砂土或黄土夯筑而成，夯层厚0.2～0.21米。现存墙体剖面大致呈不规则梯形，底宽2～4.6、顶宽0.8～2.9、残高0.4～5米。G0152（起点、杏洼岭2段1号敌台）—G0155（杏洼岭2段4号敌台）

间墙体东侧残高 3~5、西侧残高 1~2 米。本段长城西南接杏洼岭长城 1 段，北连团城口长城。杏洼岭 2 段 1~4 号敌台、团城口 1 号敌台位于墙体上，杏洼岭 2 段 1~4 号敌台间距 0.09~0.149 千米，杏洼岭 2 段 1 号敌台东南距西跑池 11 号敌台 1.523 千米，团城口 1 号敌台南距杏洼岭 2 段 4 号敌台 1.122 千米（图二六一）。

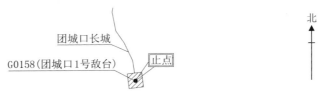

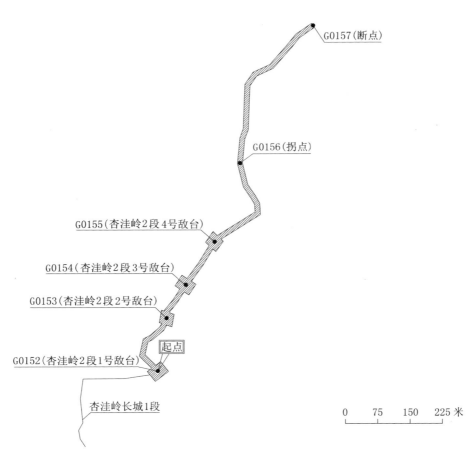

图二六一　杏洼岭长城 2 段走向示意图

本段墙体共测 GPS 点 7 个（G0152～G0158），可分为 6 小段，分述如下。

第 1 小段：G0152（起点、杏洼岭 2 段 1 号敌台）—G0153（杏洼岭 2 段 2 号敌台），西南—东北走向，长 149 米，保存较差。两侧石块不存，仅存内部的夯土墙，砂土夯筑而成，夯层厚 0.2 米。墙体顶宽 1、东侧残高 3.3、西侧残高 1 米。

第 2 小段：G0153（杏洼岭 2 段 2 号敌台）—G0154（杏洼岭 2 段 3 号敌台），西南—东北走向，长 90 米，保存较差。东侧石块保存，西侧石块无存；内部为夯土墙，黄土夯筑而成，夯层厚 0.2 米。墙体东侧残高 3、西侧残高 1～1.3 米。

第 3 小段：G0154（杏洼岭 2 段 3 号敌台）—G0155（杏洼岭 2 段 4 号敌台），西南—东北走向，长 121 米，保存一般。东侧底部石块保存，西侧石块无存；内部为夯土墙，黄土夯筑而成，夯层厚 0.21 米。墙体底宽 4.6、顶宽 1.6～2.9、东侧残高 5、西侧残高 2 米。

第 4 小段：G0155（杏洼岭 2 段 4 号敌台、折点）—G0156（拐点），西南—东北走向，长 222 米，保存一般。两侧石块砌筑，中间填杂碎石砂土。墙体底宽 2.2、顶宽 0.8～1.2、残高 0.5～2.4 米。

第 5 小段：G0156（拐点）—G0157（断点），西南—东北走向，长 335 米，保存差。两侧石块砌筑，中间填杂碎石砂土。墙体底宽 2～3.6、顶宽 1～2.2、残高 0.4～1 米。

第 6 小段：G0157（断点）—G0158（止点、团城口 1 号敌台），东南—西北走向，长 565 米，墙体消失。

墙体整体保存较差，坍塌损毁严重，部分段消失。造成损毁的自然因素主要是风雨侵蚀、植物生长等；人为因素主要是拆除墙体石块、将墙体挖低形成土路等。沿线有采矿业，矿山开采导致长城所在山体破坏。

12. 团城口长城

起点位于大营镇团城口村东南 0.3 千米处，高程 1594 米；止点位于团城口村西北 2 千米处，高程 1656 米。大致呈东南—西北走向。全长 2707 米，其中保存较差 620、差 1946、消失 141 米。本段长城系砖墙，外部北侧砖石砌筑；内部为夯土墙，砂土或黄土夯筑而成，夯层厚 0.18～0.22 米。现存墙体剖面大致呈不规则梯形，底宽 1.6～2.4、顶宽 0.3～1.4、残高 0.4～4.5 米。G0166（团城口 8 号敌台）—G0167（团城口 9 号敌台）间墙体北侧残高 3 米，G0169（团城口 11 号敌台）—G0170（团城口 12 号敌台）间墙体北侧残高 4.5、南侧残高 1 米。本段长城南接杏洼岭长城 2 段，北连浑源县上牛还村西长城。团城口关和团城口 1～3、5～19 号敌台位于墙体上，团城口长城 4 号敌台位于墙体东 0.004 千米，敌台间距 0.058～0.517 千米。团城口 1 号敌台南距杏洼岭 2 段 4 号敌台 1.122 千米（图二六二）。

本段墙体共测 GPS 点 21 个（G0158～G0178），可分为 20 小段，分述如下。

第 1 小段：G0158（起点、团城口 1 号敌台）—G0159（团城口 2 号敌台），东南—西北走向，长 140 米，保存较差。外部砖石无存，仅存内部夯土墙。墙体底宽 1.6、顶宽 1、残高 1 米。

第 2 小段：G0159（团城口 2 号敌台）—G0160（团城口关），东南—西北走向，长 265 米，保存差。外部砖石无存，仅存内部夯土墙，黄土夯筑而成。墙体底宽 2、顶宽 1、残高 1 米。

第 3 小段：G0160（团城口关）—G0161（团城口 3 号敌台），东南—西北走向，长 252 米，保存差。外部砖石无存，仅存内部夯土墙，黄土夯筑而成，夯层厚 0.22 米。墙体底宽 2.2、顶宽 0.6、残高 0.4～0.8 米。

第 4 小段：G0161（团城口 3 号敌台）—G0162（团城口 4 号敌台），东南—西北走向，长 58 米，

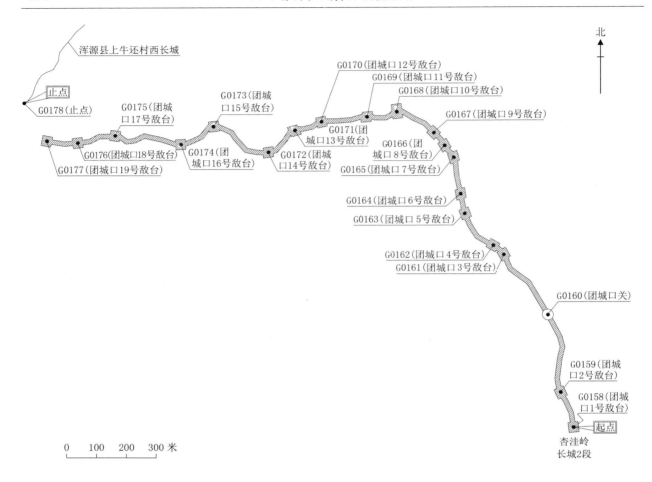

图二六二　团城口长城走向示意图

保存较差。外部砖石无存，内部夯土墙，夯层厚0.22米。墙体底宽2、顶宽0.3~0.8、残高2米。团城口4号敌台位于墙体东4米。

第5小段：G0162（团城口4号敌台）—G0163（团城口5号敌台），东南—西北走向，长123米，保存差。墙体仅存地面痕迹。

第6小段：G0163（团城口5号敌台）—G0164（团城口6号敌台），东南—西北走向，长92米，保存差。墙体仅存地面痕迹。

第7小段：G0164（团城口6号敌台）—G0165（团城口7号敌台），东南—西北走向，长188米，保存较差。外部砖石无存，仅存内部夯土墙，夯层厚0.2米。墙体底宽2.4、顶宽1.2、残高1.2米。

第8小段：G0165（团城口7号敌台）—G0166（团城口8号敌台），东南—西北走向，长61米，保存差。外部砖石无存，仅存内部夯土墙，夯层厚0.18米。墙体底宽1.6、顶宽0.4~0.6、残高0.4~0.8米。

第9小段：G0166（团城口8号敌台）—G0167（团城口9号敌台），东南—西北走向，长69米，保存较差。外部砖石无存，仅存内部夯土墙。墙体北侧残高3米。

第10小段：G0167（团城口9号敌台）—G0168（团城口10号敌台），东南—西北走向，长81米，保存差。墙体仅存地面痕迹。

第 11 小段：G0168（团城口 10 号敌台）—G0169（团城口 11 号敌台），东—西走向，长 103 米，保存差。墙体仅存地面痕迹。

第 12 小段：G0169（团城口 11 号敌台）—G0170（团城口 12 号敌台），东—西走向，长 165 米，保存较差。外部砖石尚存，内部为夯土墙。墙体顶宽 1.4、北侧残高 4.5、南侧残高 1 米。

第 13 小段：G0170（团城口 12 号敌台）—G0171（团城口 13 号敌台），东北—西南走向，长 90 米，保存差。墙体仅存地面痕迹。

第 14 小段：G0171（团城口 13 号敌台）—G0172（团城口 14 号敌台），东北—西南走向，长 174 米，保存差。墙体仅存地面痕迹。

第 15 小段：G0172（团城口 14 号敌台）—G0173（团城口 15 号敌台），东南—西北走向，长 169 米，保存差。墙体仅存地面痕迹。

第 16 小段：G0173（团城口 15 号敌台）—G0174（团城口 16 号敌台），东北—西南走向，长 220 米，保存差。墙体仅存地面痕迹。

第 17 小段：G0174（团城口 16 号敌台）—G0175（团城口 17 号敌台），东—西走向，长 95 米，保存差。墙体仅存地面痕迹。

第 18 小段：G0175（团城口 17 号敌台）—G0176（团城口 18 号敌台），东—西走向，长 138 米，保存差。墙体仅存地面痕迹。

第 19 小段：G0176（团城口 18 号敌台）—G0177（团城口 19 号敌台），东—西走向，长 83 米，保存差。墙体仅存地面痕迹。

第 20 小段：G0177（团城口 19 号敌台）—G0178（止点），东南—西北走向，长 141 米，墙体消失。

墙体整体保存一般，坍塌损毁严重，外部砖石基本无存，部分段消失。造成损毁的自然因素主要是风雨侵蚀、植物生长等；人为因素主要是拆除墙体砖石、农业生产活动、墙体或敌台上设龛供神、将墙体挖低形成土路等。沿线有采矿业，矿山开采导致长城所在山体破坏。

13. 茨沟营南岭长城

起点位于神堂堡乡茨沟营村东南 1 千米处，高程 944 米；止点位于茨沟营村东南 1 千米处，高程 932 米。大致呈西南—东北走向。全长 126 米，其中保存一般 76、较差 50 米。本段长城系石墙，由片麻岩、砂岩石块砌筑，白灰勾缝，中间填杂碎石砂土。现存墙体剖面大致呈不规则梯形，底宽 3、顶宽 2~2.2、残高 1~1.6 米。G0069 处为一关门。本段长城西北距茨沟营堡 0.5 千米（图二六三）。

本段墙体共测 GPS 点 3 个（G0068~G0070），可分为 2 小段，分述如下。

第 1 小段：G0068（起点）—G0069（关门），南—北走向，长 76 米，保存一般。墙体底宽 3、顶宽 2.2、残高 1~1.6 米。关门系用砂岩条石砌筑成拱形门洞，券顶塌毁，条石被拆除。

第 2 小段：G0069（关门）—G0070（止点），西南—东北走向，长 50 米，保存较差。墙体底宽 3、顶宽 2、残高 1~1.3 米（彩图五四二）。

墙体整体保存较差，坍塌损毁严重，关口券顶塌毁，条石被拆除。造成损毁的自然因素主要是风雨侵蚀、植物生长等；人为因素主要是拆除关门条石等。沿线有采矿业，矿山开采导致长城所在山体破坏。

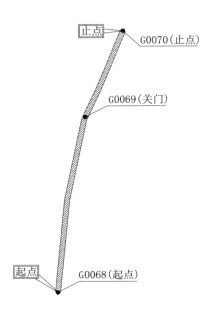

0　　15　　30　　45米

图二六三　茨沟营南岭长城走向示意图

14. 茨沟营西岭长城

起点位于神堂堡乡茨沟营村西 1 千米处，高程 1085 米；止点位于茨沟营村西 1 千米处，高程 1090 米。大致呈西南—东北走向。全长 159 米，其中保存一般 80、较差 30、消失 49 米。本段长城系石墙，由片麻岩、砂岩石块砌筑，白灰勾缝，中间填杂碎石砂土（彩图五四三）。现存墙体剖面大致呈不规则梯形，底宽 3.2、顶宽 2、残高 1.2～2.6 米。G0057 处为一关门，本段长城东距茨沟营堡 2 千米（图二六四）。

本段墙体共测 GPS 点 7 个（G0054～G0060），可分为 6 小段，分述如下。

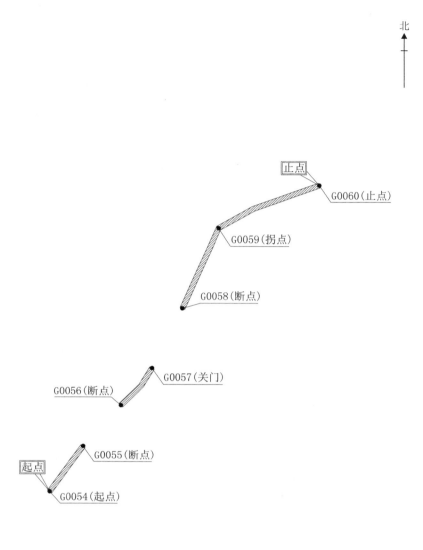

图二六四　茨沟营西岭长城走向示意图

　　第1小段：G0054（起点）—G0055（断点），西南—东北走向，长15米，保存一般。墙体底宽3.2、顶宽2、残高1.7米。

　　第2小段：G0055（断点）—G0056（断点），西南—东北走向，长28米，墙体消失。

　　第3小段：G0056（断点）—G0057（关门），西南—东北走向，长20米，保存一般。墙体底宽3.2、顶宽2、残高1.7~2.6米。关门系用砂岩条石砌筑成拱形门洞，券顶塌毁，条石被拆除。

　　第4小段：G0057（关门）—G0058（断点），西南—东北走向，长21米，墙体消失。

第 5 小段：G0058（断点）—G0059（拐点），西南—东北走向，长 45 米，保存一般。墙体底宽 3.2、顶宽 2、残高 1.7~2.2 米。

第 6 小段：G0059（拐点）—G0060（止点），西南—东北走向，长 30 米，保存较差。墙体底宽 3.2、顶宽 2、残高 1.2 米。

墙体整体保存较差，坍塌损毁严重，部分段消失。造成损毁的自然因素主要是洪灾、风雨侵蚀、植物生长等；人为因素主要是拆除关门条石等。沿线有采矿业，矿山开采导致长城所在山体破坏。

15. 竹帛口长城

起点位于神堂堡乡韩庄村东南 1 千米处，高程 1266 米；止点位于韩庄村东北 2 千米处，高程 1271 米。大致呈西南—东北走向。全长 2479 米，其中保存较好 626、一般 697、较差 559、差 180、消失 417 米。本段长城系石墙，由片麻岩、砂岩石块砌筑，白灰勾缝，中间填杂碎石砂土。现存墙体剖面大致呈不规则梯形，底宽 1.4~4.8、顶宽 0.9~3、残高 0.4~4.5 米。墙体顶部残存铺砖。墙体顶部西侧和东侧残存用片石砌筑的垛口墙和女墙，垛口墙残高 1~2 米，垛口宽 0.7~1.4、厚 0.4~0.48、高 0.66 米，女墙残高 1.5 米。"茨字贰拾叁号台"敌台至"茨字叁拾肆号台"敌台共 12 座敌台位于墙体上，敌台间距 0.12~0.351 千米（彩图五四四）。"茨字贰拾贰号台"敌台位于墙体东 0.083 千米处，西南距"茨字贰拾叁号台"敌台 0.083 千米（图二六五）。

本段墙体共测 GPS 点 27 个（G0019~G0045），可分为 25 小段，分述如下。

第 1 小段：G0019（起点）—G0020（"茨字叁拾肆号台"敌台），西南—东北走向，长 234 米。因农业耕地消失。

第 2 小段：G0020（"茨字叁拾肆号台"敌台）—G0021（拐点），东—西走向，长 62 米，保存一般。墙体底宽 1.4、顶宽 0.9、残高 0.8~2 米。

第 3 小段：G0021（拐点）—G0022（断点），西南—东北走向，长 126 米，保存一般。墙体底宽 1.4、顶宽 0.9、残高 0.8~2 米。

第 4 小段：G0022（断点）—G0023（断点），南—北走向，长 18 米，墙体消失。

第 5 小段：G0023（断点）—G0024（"茨字叁拾叁号台"敌台），西南—东北走向，长 145 米，保存一般。墙体底宽 2.9、顶宽 1.8、残高 1.5~2 米。墙体顶部西侧局部残存垛口墙，呈阶梯状，为黑色片麻岩石片砌筑，白灰勾缝，残高 1.5~1.7 米。

第 6 小段：G0024（"茨字叁拾叁号台"敌台）—G0025（拐点），西南—东北走向，长 75 米，保存一般。墙体底宽 3.4、顶宽 2.2、残高 1.5~2.1 米。墙体顶部有石砌阶梯状踏步，阶梯高 0.2~0.34、进深 0.28~0.38 米。墙体顶部西侧局部残存垛口墙，呈阶梯状，为黑色片麻岩石片砌筑，白灰勾缝，残高 2 米，垛口宽 1.4、厚 0.48、高 0.66 米。墙体顶部东内侧局部残存女墙，为黑色片麻岩石片砌筑，白灰勾缝，残高 1.5 米。

第 7 小段：G0025（拐点）—G0026（断点），西南—东北走向，长 40 米，保存较差。墙体底宽 2.4、顶宽 1.8、残高 1~1.6 米。

第 8 小段：G0026（断点）—G0027（断点），西南—东北走向，长 133 米，墙体消失。地处沟谷，南侧有 108 国道东西向穿过。

第 9 小段：G0027（断点）—G0028（"茨字叁拾贰号台"敌台），西南—东北走向，长 70 米，保存较差。墙体底宽 3.4、顶宽 1.6、残高 1.2~1.6 米。

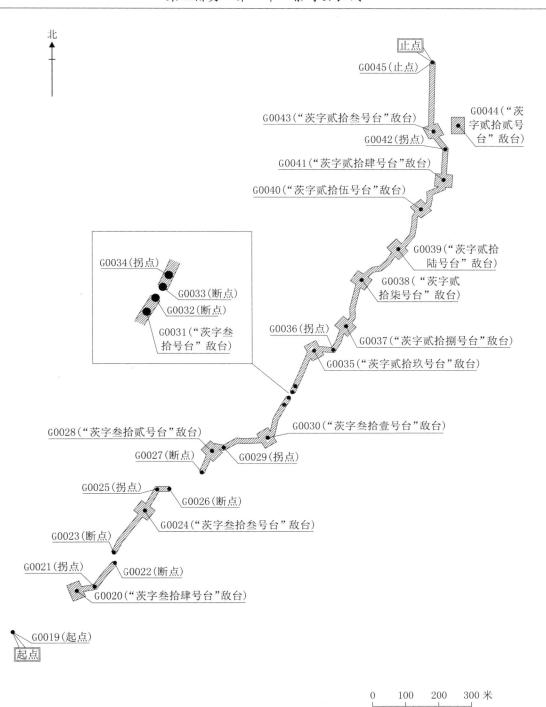

北

止点

G0045(止点)

G0043("茨字贰拾叁号台"敌台)

G0044("茨字贰拾贰号台"敌台)

G0042(拐点)

G0041("茨字贰拾肆号台"敌台)

G0040("茨字贰拾伍号台"敌台)

G0039("茨字贰拾陆号台"敌台)

G0038("茨字贰拾柒号台"敌台)

G0034(拐点)

G0033(断点)

G0032(断点)

G0031("茨字叁拾号台"敌台)

G0036(拐点)

G0037("茨字贰拾捌号台"敌台)

G0035("茨字贰拾玖号台"敌台)

G0028("茨字叁拾贰号台"敌台)

G0030("茨字叁拾壹号台"敌台)

G0027(断点)

G0029(拐点)

G0025(拐点)

G0026(断点)

G0024("茨字叁拾叁号台"敌台)

G0023(断点)

G0021(拐点)

G0022(断点)

G0020("茨字叁拾肆号台"敌台)

G0019(起点)

起点

0   100   200   300 米

图二六五　竹帛口长城走向示意图

第10小段：G0028（"茨字叁拾贰号台"敌台）—G0029（拐点），西南—东北走向，长50米，保存较差。墙体底宽3.2、顶宽1.6、残高1.2~1.6米。

第11小段：G0029（拐点）—G0030（"茨字叁拾壹号台"敌台），西南—东北走向，长106米，保存较差。墙体底宽3.2、顶宽1.6、残高1.2~1.6米。

第12小段：G0030（"茨字叁拾壹号台"敌台）—G0031（"茨字叁拾号台"敌台），西南—东北走向，长 120 米，保存一般。墙体底宽 3.5、顶宽 2、残高 4.5 米。

第 13 小段：G0031（"茨字叁拾号台"敌台）—G0032（断点），西南—东北走向，长 38 米，保存一般。墙体底宽 3.5、顶宽 2、残高 4.5 米。

第 14 小段：G0032（断点）—G0033（断点），西南—东北走向，长 32 米，墙体消失。

第 15 小段：G0033（断点）—G0034（拐点），西南—东北走向，长 14 米，保存较差。墙体底宽 1.5、顶宽 1、残高 0.8 米。

第 16 小段：G0034（拐点）—G0035（"茨字贰拾玖号台"敌台），西南—东北走向，长 131 米，保存较差。墙体底宽 1.5、顶宽 1、残高 0.8 米。

第 17 小段：G0035（"茨字贰拾玖号台"敌台）—G0036（拐点），西南—东北走向，长 55 米，保存一般。墙体底宽 3.3、顶宽 2、残高 3 米。

第 18 小段：G0036（拐点）—G0037（"茨字贰拾捌号台"敌台），西南—东北走向，长 85 米，保存较好。墙体底宽 4.6、顶宽 3、残高 3.7 米。墙体顶部残存铺砖，西侧部分残存垛口墙，残高 1 米，垛口宽 0.7、厚 0.4 米。

第 19 小段：G0037（"茨字贰拾捌号台"敌台）—G0038（"茨字贰拾柒号台"敌台），西南—东北走向，长 148 米，保存较差。墙体坍塌损毁严重。墙体底宽 3.5、顶宽 2.4、残高 1~3 米。

第 20 小段：G0038（"茨字贰拾柒号台"敌台）—G0039（"茨字贰拾陆号台"敌台），西南—东北走向，长 165 米，保存较好。墙体底宽 4.8、顶宽 2.4、残高 3.2~4.2 米。

第 21 小段：G0039（"茨字贰拾陆号台"敌台）—G0040（"茨字贰拾伍号台"敌台），西南—东北走向，长 168 米，保存较好。墙体底宽 4.8、顶宽 2.4、残高 3.2~4.2 米。

第 22 小段：G0040（"茨字贰拾伍号台"敌台）—G0041（"茨字贰拾肆号台"敌台），西南—东北走向，长 132 米，保存较好。墙体底宽 4.8、顶宽 2.4、残高 3.2~4.2 米。

第 23 小段：G0041（"茨字贰拾肆号台"敌台）—G0042（拐点），南—北走向，长 76 米，保存较好。墙体底宽 4.8、顶宽 2.4、残高 3.2~4.2 米。

第 24 小段：G0042（拐点）—G0043（"茨字贰拾叁号台"敌台），东南—西北走向，长 76 米，保存一般。墙体底宽 4、顶宽 2.2、残高 2~2.8 米。

第 25 小段：G0043（"茨字贰拾叁号台"敌台）—G0045（止点），南—北走向，长 180 米，保存差。墙体底宽 2.4、顶宽 1.3、残高 0.4~0.8 米。"茨字贰拾贰号台"敌台位于墙体东 0.083 千米，西南距"茨字贰拾叁号台"敌台 0.083 千米。

墙体整体保存较差，坍塌损毁严重，部分段消失。造成损毁的自然因素主要是洪灾、风雨侵蚀、植物生长等；人为因素主要是农业耕地致墙体消失、拆除墙体及敌台砖石、敌台被占用做牛羊圈舍等。沿线有采矿业，矿山开采导致长城所在山体破坏。

16. 白坡头长城 1 段

起点位于横涧乡白坡头村西南 1 千米处，高程 1391 米；止点位于白坡头村南 1 千米处，高程 1281 米。大致呈西—东走向。全长 1084 米，均保存差。本段长城系石墙，由片麻岩、砂岩石块砌筑，白灰勾缝，中间填杂碎石砂土。现存墙体剖面大致呈不规则梯形，底宽 1.6~2.4、残高 0.2~0.5 米。本段长城东南接白坡头长城 2 段，南距竹帛口长城 5 千米。白坡头敌台位于墙体上，系该段长城止点（图二六六）。

本段墙体共测 GPS 点 7 个（G0073~G0079），可分为 6 小段，分述如下。

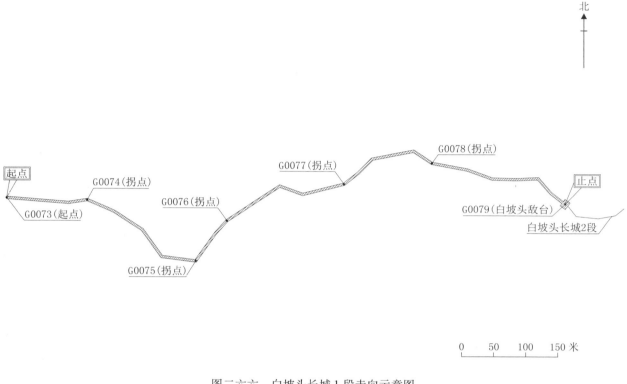

图二六六　白坡头长城1段走向示意图

第1小段：G0073（起点）—G0074（拐点），西—东走向，长104米，保存差。墙体底宽2.4、残高0.2~0.3米。

第2小段：G0074（拐点）—G0075（拐点），西北—东南西走向，长208米，保存差。墙体底宽2.4、残高0.2~0.5米。

第3小段：G0075（拐点）—G0076（拐点），西南—东北走向，长150米，保存差。墙体底宽2.4、残高0.2~0.3米。

第4小段：G0076（拐点）—G0077（拐点），西南—东北走向，长199米，保存差。墙体底宽2.4、残高0.2~0.3米。

第5小段：G0077（拐点）—G0078（拐点），西南—东北走向，长207米，保存差。墙体底宽1.6~2.4、残高0.2~0.3米。

第6小段：G0078（拐点）—G0079（止点、白坡头敌台），西北—东南走向，长216米，保存差。墙体底宽2.4、残高0.2~0.3米（彩图五四五）。

墙体整体保存差，坍塌损毁严重，仅存地表石块垒筑痕迹。造成损毁的自然因素主要是风雨侵蚀、植物生长等。

17. 白坡头长城2段

起点位于横涧乡白坡头村南1千米处，高程1281米；止点位于白坡头村东1千米处，高程1264米。大致呈西南—东北走向。全长380米，其中保存一般110、较差33、消失237米。本段长城系土墙，由红褐色、灰褐色砂土及碎石屑混合夯筑而成，夯层厚0.2米。现存墙体剖面大致呈不规则梯形，底宽2.6~3.6、顶宽1.2~2.4、残高1~3.2米。G0079（起点、白坡头敌台）—G0080（断点）间墙体南侧残高 3.2、北侧残高 1~2.2 米。本段长城墙体西北接白坡头长城 1 段，南距竹帛口长城 5 千米。白坡头敌台位于墙体上，系该段长城起点（图二六七）。

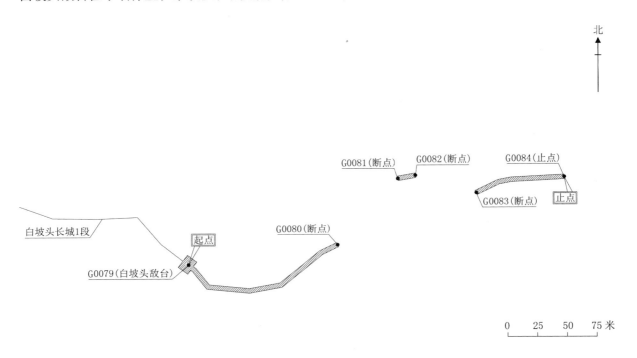

图二六七　白坡头长城 2 段走向示意图

本段墙体共测 GPS 点 6 个（G0079~G0084），可分为 5 小段，分述如下。

第 1 小段：G0079（起点、白坡头敌台）—G0080（断点），西—东走向，长 110 米，保存一般。红褐色砂土夯筑而成，夯层厚 0.2 米。墙体底宽 3.6、顶宽 2.4、南侧残高 3.2、北侧残高 1~2.2 米（彩图五四六）。

第 2 小段：G0080（断点）—G0081（断点），西南—东北走向，长 38 米，墙体消失。位于青羊河支流（当地俗称边墙河）河谷中，被洪水冲毁。

第 3 小段：G0081（断点）—G0082（断点），西—东走向，长 33 米，保存较差。灰褐色砂土、碎石屑混合夯筑而成，夯层厚 0.2 米。墙体底宽 2.6、顶宽 1.2、残高 1.1~1.4 米。墙体南侧因修建煤场被铲成陡壁，北侧有煤场，墙体上栽有水泥电线杆。

第 4 小段：G0082（断点）—G0083（断点），西北—东南走向，长 88 米。修筑 108 国道截断墙体致消失。

第 5 小段：G0083（断点）—G0084（止点），西南—东北走向，长 111 米，墙体消失。据当地村民杨乃生告知以前此处有土墙，修筑 108 国道时挖毁。

墙体整体保存差，坍塌损毁严重，大部分段消失。造成损毁的自然因素主要是洪灾、风雨侵蚀、植物生长等；人为因素主要是修筑 108 国道挖毁墙体致墙体消失、修建煤场挖损墙体、墙体上栽水泥电线杆。

（二）关堡

详见下表（表217）。

表217　繁峙县关堡一览表

乡镇	关	堡	合计（座）
神堂堡乡		茨沟营堡	1
横涧乡	平型关、团城口关	平型关堡、六郎城堡	4
大营镇		齐城堡	1
金山铺乡		贾家井堡	1
东山乡		山会堡	1
集义庄乡		下双井堡	1
下茹越乡		大沟堡、下寨堡、下寨西梁北堡、下寨西梁南堡	4
合计（座）	2	11	13

1. 茨沟营堡

位于神堂堡乡茨沟营村，高程840米。东南距茨沟营南岭长城0.5千米，西距茨沟营西岭长城2千米。茨沟营堡西北临山、东南临沟，地形险要，堡内地势北高南低。

堡平面呈不规则形，坐西北朝东南，周长1676米，占地面积16万平方米。现存设施、遗迹有部分堡墙、城门3座、东门城楼1座、敌台2座、军火库遗址1处、街道1条等（图二六八）。堡墙为石墙，石块砌筑而成，除南墙西段消失外，余皆保存，墙体底宽4.5、顶宽3、残高1~4.5米。原有东、南、西门，现南、西门为豁口，仅东门保存较好。东门上存城楼1座，门额有明万历年间（1573~1620年）石匾"应关城"（彩图五四七），城楼北壁有天启三年（1623年）嵌《新建楼阁碑记》石碑，据石碑碑文记载，"应关城"也称"茨沟营"，始建于万历初年。

堡墙上存2座敌台，北墙敌台为"茨字叁拾柒号台"敌台，外部砖石砌筑，条石基础，上部包砖，条石基础东壁5层，高2.3米，西壁9层，条石长120、厚30~50厘米。台体平面呈矩形，剖面呈梯形，底部边长10.7、残高9.6米。台体底部有台基，上部东壁有石券拱门，宽1.1、高1.94米。拱门上方嵌有石匾，宽1.1、高0.9米，横书"茨字叁拾柒号台"；台体东壁有箭窗2个、南壁有箭窗1个，箭窗宽0.6、高0.9米；顶部有垛口墙，残高0.5米；垛口墙下有滴水，滴水宽0.4、凸出墙体1.3、高0.3米（图二六九）；台体整体保存一般，上部坍塌损毁严重，仅东壁较完整，台体顶部垛口墙坍塌损毁严重，台体内部坍塌损毁严重，结构不明。南墙敌台外部砖石砌筑，条石基础，上部包砖；台体整体保存较差，仅存台体底部，条石大多无存，上部包砖部分无存。堡内有东西向街道一条连通东、西门。街道现为水泥路。东门内北侧有军火库遗址，存石砌基址。茨沟营堡东门外0.1千米处有碧霞宫祠，庙前立《东岳泰山庙碑记》石碑。

堡整体保存一般。堡墙除南墙西段消失外，余皆保存佀坍塌损毁较多，石块多无存。堡内建筑仅存街道和军火库遗址，街道现已为水泥路，军火库遗址仅存石砌基址。造成损毁的自然因素主要有洪灾、山体滑坡、风雨侵蚀、植物生长等；人为因素主要有居民拆毁堡墙、敌台砖石等。

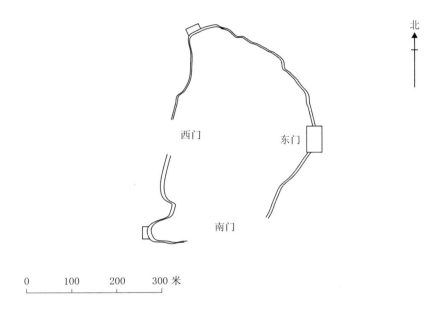

图二六八　茨营沟堡平面示意图

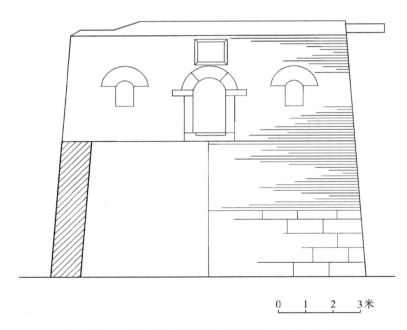

图二六九　茨沟营堡"茨字叁拾柒号台"敌台东立面图

　　茨沟营位于青羊河西岸的丘陵地区。堡内满布现代民居，有居民约150户，400余人。茨沟营村有水泥路向东与108国道相通。

　　2. 平型关

　　位于横涧乡平型关村东北2.5千米处，高程1531米。东南角台与平型关东段长城相连，西北角台与平型关西段长城相连。西南距平型关堡2千米、距六郎城堡1.4千米。

　　关平面呈不规则形，坐西朝东，周长430米，东墙长137、南墙长80、西墙长96、北墙长117米，占地面积 11475 平方米。现存设施、遗迹主要有部分关墙、城门 1 座、角台 3 座等（图二七〇；彩图五四八）。关墙为砖墙，外部砖石砌筑；内部为夯土墙，黄土夯筑而成，夯土中夹杂碎石，夯层厚 0.2 米。南墙保存基本连续，东、西墙南段由于修筑公路损毁，北墙坍塌无存；保存较好的墙体，底宽 5 ~8、顶宽 1 ~2、残高 2 ~5 米。城门有 2 座，西门损毁；东门经现代重修，为条石基础的砖券拱门，条石基础高 1.4 米，共 5 层，条石长 50 ~ 120、厚 15 ~ 40 厘米，砖券为三伏三券，门洞宽 2.8、高 3.79、进深 2.7 米。门拱上方嵌一块石匾，石匾呈横长方形，宽 1.1、高 0.6 米，横书 "平型关" 三字，黑底红字（彩图五四九）。门洞内北壁嵌水泥碑记一块，碑呈横长方形，宽 0.9、高 0.6 米，系保护标志碑记。存角台 3 座，平面均呈矩形，东北角台长 6、宽 6、残高 2.5 米；东南角台底部宽 7、凸出墙体 6、残高 7 米；西北角台底部宽 6、凸出墙体 7 米，顶部宽 4、凸出墙体 3 米，残高 8 米。

关整体保存一般。墙体除北墙和东、西墙南段外，其余均保存；东、西墙南段由于修筑公路损毁；墙体坍塌损毁，砖石大多无存。关内建筑无存。造成损毁的自然因素主要有风雨侵蚀、植物生长等；人为因素主要有居民拆毁堡墙砖石、修路挖毁墙体等。

平型关位于两山之间的山谷地带。关内无居民。繁峙县至灵丘县的公路穿东、西墙而过。

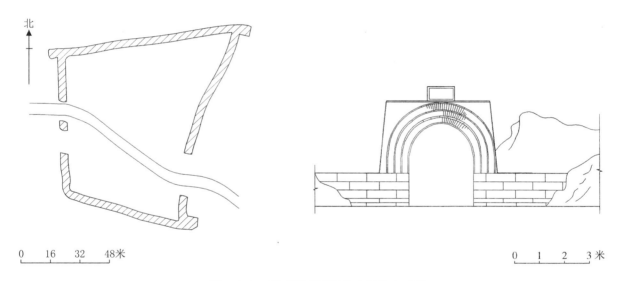

图二七〇　平型关平面图及东门外立面图

3. 平型关堡

位于横涧乡平型关村，平型关东段长城墙体西 1.5 千米、平型关西段长城西南 1.2 千米处，高程 1394 米。东北距平型关 2 千米，东距六郎城堡 0.67 千米，东南距平型关堡东南烽火台 0.96 千米，西南距平型关堡西南烽火台 0.86 千米。

堡平面呈矩形，坐西朝东，东西 206、南北 333 米，周长 1078 米，占地面积 68598 平方米。现存设施、遗迹主要有堡墙、城门 2 座、瓮城 1 座、铺舍 1 座、马面 2 座、角台 4 座、楼台 1 座等（图二七一）。堡墙为砖墙，外部砖石砌筑，内部为夯土墙，黄土夯筑而成，墙体底宽 9、顶宽 3 ~9、残高 2 ~9 米。原有东、南、北 3 座城门，其中东门损毁。南门原为砖券拱门，券顶塌毁，仅存条石基础和砖砌墙体，条石长 150、厚 25 厘米，砖长 49、宽 18、厚 9 厘米。门洞外宽 3.5、内宽 2.5、高 3.4、外进深 5.6、内进深 2.5 米（图二七二）。门洞东壁嵌石碑一块，记录了清道光十三年（1833 年）维修南门的事件。门洞地面有铺石；门洞顶部有平铺的木板，木板上方有现代堆叠的砖。北门为砖券拱门，

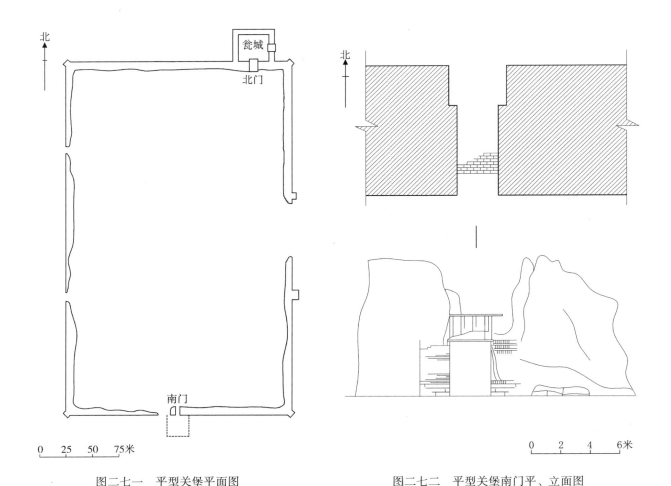

图二七一　平型关堡平面图　　　　　　　　　图二七二　平型关堡南门平、立面图

条石基础高 1 米，条石长 80~120、厚 25 厘米，砖券为五伏五券，门洞外宽 2.8、内宽 3.5、外高 3、内高 3.2、外进深 4、内进深 9.8 米（图二七三、二七四）。门洞东壁嵌石碑一块，记录了明天启七年（1627 年）重修平型关堡的情况。北门内两侧有登城步道，宽 3.5~5 米，铺砖而成。北门内门洞两侧墙体各嵌石碑一块，碑呈横长方形，系保护标志碑记，西侧一块横书"平型关战役遗址"7 字，东侧一块漫漶不清。北门墙体顶部有现代砖砌城楼，成为供奉神灵之所。南北门外原均设瓮城，现南门外瓮城损毁；北门外瓮城平面呈矩形，东、西、北墙长 98 米。瓮城墙为砖墙，外部砖石砌筑；内部为夯土墙，夯层厚 0.1~0.3 米，墙体底宽 9、顶宽 1~8、残存最高 9 米。瓮城东墙设门，为砖券拱门，三伏三券，门洞外宽 3.1、内宽 4、外高 4.1、内高 7.1、外进深 4.7、内进深 4.2 米（彩图五五〇）。门洞内有两扇门板，门板宽 1.7、高 4.4、厚 0.25 米，门栓高 1.7、栓径 0.2 米。瓮城东门墙体底宽 7、顶宽 6.6、残高 9.8 米。北墙顶部距北门东侧 9 米处有铺舍 1 座，东西 19、南北 18 米，南北两端凸出墙体，高 9 米。东墙在东门两侧各有 1 座马面，南马面宽 9、凸出墙体 6、高 8 米，北马面宽 6、凸出墙体 3.7、高 8 米。堡墙四角设角台，东北角台宽 6、凸出墙体 2.9、高 9 米；东南角台宽 6、凸出墙体 2.7、残高 4 米；西南角台宽 6、凸出墙体 2.9、高 9 米；西北角台宽 6、凸出墙体 2.7、残高 5 米。堡内有楼台 1 座，系过街戏台，南北通透，面阔三间，8.6 米，进深两间，8.7 米，上下两层。戏台东西壁为砖墙，其中东壁砖墙无存；存戏台立柱、横梁；顶部为硬山顶，出檐 0.8 米。平型关堡东北侧有

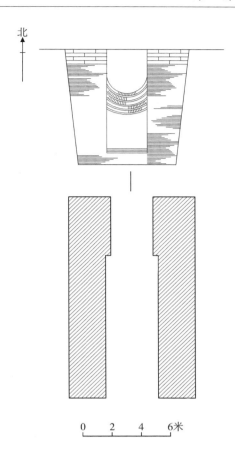

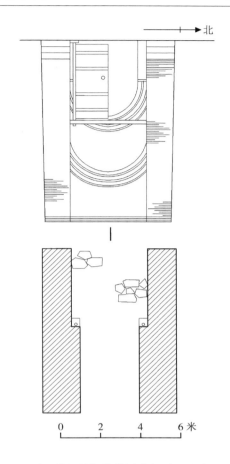

图二七三　平型关堡北门平、外立面图　　　图二七四　平型关堡北门外瓮城东门平面及内立面图

碧霞宫，存清代记录重修庙宇情况的石碑 2 块。

堡整体保存一般。堡墙坍塌损毁，砖石大多无存；东门损毁，南门券顶塌毁；南门外瓮城无存；堡内楼台坍塌严重。造成损毁的自然因素主要有风雨侵蚀、植物生长等；人为因素主要有居民拆毁堡墙砖石等。

平型关堡位于恒山山区地势开阔的丘陵地带。堡内满布现代民居，有居民 500 余人。

4. 六郎城堡

位于横涧乡平型关村东 1 千米、平型关东段长城墙体西 0.9 千米、平型关西段长城西南 0.55 千米处，高程 1419 米。西距平型关堡 0.67 千米，东北距平型关 1.4 千米，西南距平型关堡东南烽火台 1.4 千米，西南距平型关堡东南烽火台 1.5 千米。

堡平面呈矩形，坐西朝东，东西 120、南北 220 米，周长 680 米，占地面积 26400 平方米。现存设施、遗迹主要有部分堡墙（图二七五）。堡墙为土墙，黄土夯筑而成，夯层厚 0.2 米。南墙保存较好，长 120、底宽 6、顶宽 2～3 米；西墙存长 128、底宽 6、顶宽 1～2 米；北墙仅存数米，残高 8.5 米；东墙无存。

堡整体保存差。堡墙坍塌损毁严重。城门及堡内建筑无存。造成损毁的自然因素主要有风雨侵蚀、植物生长等；人为因素主要是堡内为耕地、农业生产活动破坏堡墙。

六郎城堡位于恒山山区地势较高的台地上，堡内无居民。

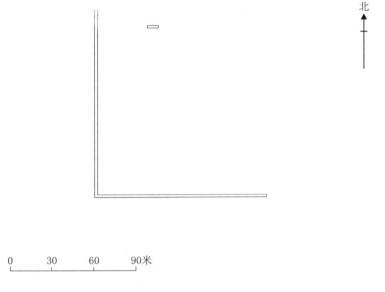

0　　　30　　　60　　　90米

图二七五　六郎城堡平面示意图

5. 团城口关

位于横涧乡团城口村，团城口长城墙体上，高程1581米。

关平面呈圆形，坐西北朝东南，周长125.6米，占地面积1256平方米。现存设施、遗迹主要有关墙、城门1座等（图二七六）。关墙为砖墙（彩图五五一），外部砖石砌筑；内部为夯土墙，黄土夯筑而成，夯土中夹杂碎石，夯层厚0.2~0.4米。关墙底宽5、顶宽2~3、外侧残高6、内侧残高2~2.5米。关墙东南有豁口，宽6米，可能为城门所在。

关整体保存一般。关墙仍较连续，坍塌损毁严重，砖石大多无存；城门为豁口。造成损毁的自然

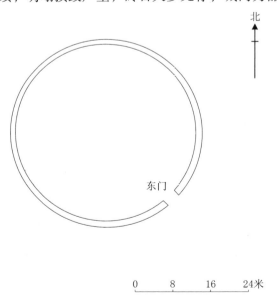

0　　　8　　　16　　　24米

图二七六　团城口关平面示意图

因素主要有风雨侵蚀、植物生长等；人为因素主要有居民拆毁堡墙砖、石等。

团城口关位于地势较高的一处山顶上关内原有居民，现外迁。

6. 齐城堡

位于大营镇齐城村中，高程 1206 米。

堡平面呈矩形，坐西朝东，周长 300 米，占地面积 3161 平方米。现存设施、遗迹主要有部分堡墙（图二七七）。堡墙为砖墙，外部砖石砌筑；内部为夯土墙，黄土夯筑而成。东墙中部有宽 30 米的豁口，豁口南端有长 30、北端有长 7 米的残墙；南墙中部为民房，民房东端有长 20、西端有长 10 米残墙，东段墙体底宽 4、顶宽 0.5~1.5、残存最高 8 米；西墙存南段 15 米；北墙中部有 18 米宽的豁口。

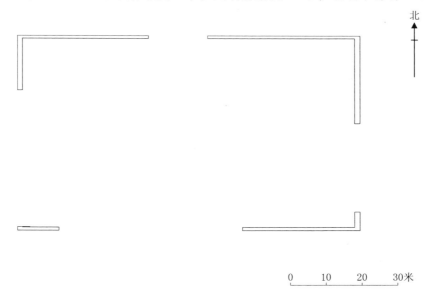

北

0　　10　　20　　30米

图二七七　齐城堡平面示意图

堡整体保存较差。堡墙坍塌损毁严重，断断续续，砖石大多无存，城门及堡内建筑无存。造成损毁的自然因素主要有风雨侵蚀、植物生长等；人为因素主要有居民拆毁堡墙砖石、利用堡墙建筑房屋等。

齐城堡位于滹沱河谷地北侧地势平坦的缓坡上，堡内满布现代民居，有居民 700 余人。齐城村紧邻 240 省道，交通便利。

7. 贾家井堡

位于金山铺乡贾家井村西，高程 1157 米。

堡平面呈矩形，坐北朝南，边长 61 米，周长 244 米，占地面积 3721 平方米。现存设施、遗迹主要有部分堡墙（图二七八）。堡墙为土墙，黄土夯筑而成，夯层厚 0.2~0.22 米。存西、北墙（彩图五五二），东、南墙消失。堡墙底宽 2.6~3.2、顶宽 0.4~1.2、残存最高 3.4 米。

堡整体保存较差。堡墙坍塌损毁严重，城门及堡内建筑无存。造成损毁的自然因素主要有风雨侵蚀、植物生长等；人为因素主要是堡内为耕地、农业生产活动破坏堡墙等。

贾家井堡位于滹沱河谷地，堡内无居民。贾家井村位于贾家井堡东，有居民 320 余人。贾家井村北邻 108 国道和京原铁路，交通便利。

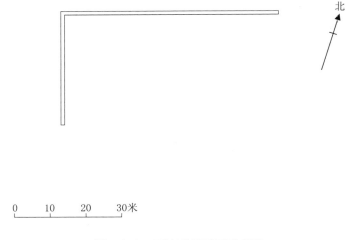

图二七八　贾家井堡平面示意图

8. 山会堡

位于东山乡山会村东，高程 1115 米。

堡平面呈矩形，坐北朝南，边长 61 米，周长 244 米，占地面积 3721 平方米。现存设施、遗迹主要有部分堡墙、城门 1 座、敌台 1 座等（图二七九）。堡墙为砖墙，外部砖石砌筑；内部为夯土墙，黄土夯筑而成，夯层厚 0.18～0.2 米。墙体底宽 3.8、顶宽 2.2、残存最高 3.2 米。西南、西北部分墙体

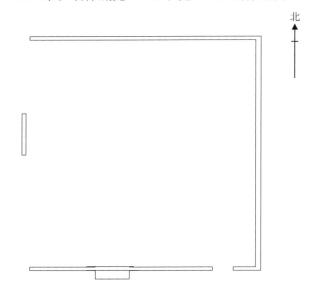

图二七九　山会堡平面示意图

消失。南墙东段设城门，现为豁口，宽5、进深4米。南墙正中有敌台1座，骑墙而建，平面呈矩形，底部东西10、南北9米，顶部东西4.5、南北4米，高出墙体3米。

堡整体保存较差。堡墙坍塌损毁严重，砖石大多无存。造成损毁的自然因素主要有风雨侵蚀、植物生长等；人为因素主要是堡内为耕地、农业生产活动破坏堡墙、居民拆毁堡墙砖石等。

山会堡位于滹沱河谷地南侧地势平坦的缓坡上，堡内无居民。山会村位于山会堡西，有居民560余人。贾家井村北邻108国道和（北）京（太）原铁路，西邻205省道，交通便利。

9. 下双井堡

位于集义庄乡下双井村西0.6千米处，高程1133米。

堡平面呈椭圆形，坐西朝东，东西86、南北62米，周长232米，占地面积4300平方米。现存设施、遗迹主要有堡墙、城门1座、马面1座、烽火台1座等（图二八〇）。堡墙为砖墙，外部砖石砌筑；内部为夯土墙，黄土夯筑而成，夯层厚0.2～0.22米。墙体底宽2.6～3.2、顶宽0.4～0.8、残高1～6.6米。东墙正中设城门1座，现为豁口，宽2.3、高2.2、进深3.2米。北墙西侧有马面1座，倚墙而建，平面呈矩形，底部东西4.2、凸出堡墙4.2米。堡内东南部有下双井烽火台（彩图五五三）。

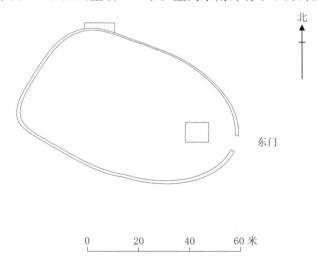

图二八〇　下双井堡平面示意图

堡整体保存较差。堡墙坍塌损毁严重，砖石无存。造成损毁的自然因素主要有风雨侵蚀、植物生长等；人为因素主要是堡内为耕地、农业生产活动破坏堡墙、居民拆毁堡墙砖石等。

下双井堡位于滹沱河谷地北侧地势平坦之处，堡内无居民。下双井村位于下双井堡东，有居民500余人。下双井村南邻108国道和京原铁路（彩图五五三）。

10. 大沟堡

位于下茹越乡大沟村东0.1千米处，高程1034米。

堡平面呈矩形，坐北朝南，东西70、南北90米，周长320米，占地面积6300平方米。现存设施、遗迹主要有堡墙、城门1座、敌台3座、角台4座等（图二八一；彩图五五四）。堡墙为土墙，黄土夯筑而成，夯层厚0.18～0.22米，底宽2.4～3.6、顶宽0.6～1.4、残高3～8米。南墙正中设城门1座，现为豁口，宽20米。东、西、北墙正中各设敌台1座。堡墙四角各设角台一座。敌台、角台平面均呈

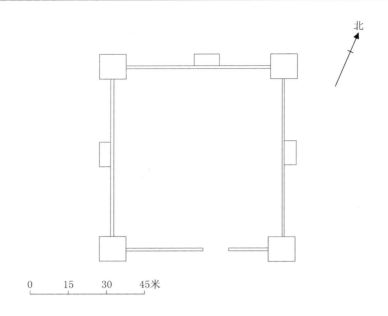

图二八一　大沟堡平面示意图

矩形，凸出墙体 4~6、高出墙体 2 约米。

　　堡整体保存较差。堡墙坍塌损毁严重，西、北墙保存一般，东、南墙保存差。堡墙设施基本完整，南门已为豁口。造成损毁的自然因素主要有风雨侵蚀、植物生长等；人为因素主要是堡内原为耕地，现为松林，农业生产和植树造林活动破坏堡墙，堡内西部有通信塔架等。堡南墙外有 1 座新建寺庙。

　　大沟堡位于滹沱河谷地北侧地势略高的一处台地上，堡内无居民。大沟村位于大沟堡西，现有村民 800 余人。大沟村和大沟堡北侧紧邻 108 国道，南邻京原铁路。

11. 下寨堡

　　位于下茹越乡下寨村内，高程 1148 米。西北距下寨西梁南堡、北堡 0.4 千米。

　　堡平面呈矩形，坐南朝北，边长约 70 米，周长 280 米，占地面积 4900 平方米。现存设施、遗迹主要有堡墙、城门 1 座、角台 4 座等（图二八二）。堡墙为石墙，底部石块砌筑，石块基础高 2.4 米；上部为夯土墙，黄土夯筑而成。墙体底宽 6、顶宽 0.6~1.4、残高 7.4~9.8 米，堡墙基本连续。北墙中部设城门 1 座，为石券拱门，条石基础，石券为一伏一券。堡墙四角各有角台 1 座。

　　堡整体保存一般。堡墙基本连续，堡墙坍塌损毁严重，堡墙设施基本完整。造成损毁的自然因素主要有风雨侵蚀、植物生长等；人为因素主要是利用堡墙建筑房屋、取土挖损堡墙等。

　　下寨堡位于滹沱河谷地北侧山坡，西临季节性河流。堡内有现代民居，有居民 10 余人；堡外有居民 500 余人。下寨村南邻 108 国道和京原铁路，西侧紧邻通往下茹越乡的乡村公路。

12. 下寨西梁北堡

　　位于下茹越乡下寨村西北 0.3 千米处，高程 1194 米。南距下寨西梁南堡 0.008 千米，东南距下寨堡 0.4 千米，西北距下寨烽火台 0.4 千米。

　　堡平面呈矩形，坐北朝南，周长 230 米，占地面积 2550 平方米。现存要设施、遗迹主要有堡墙、马面 1 座、角台 2 座等（图二八三；彩图五五五）。堡墙为土墙，黄土夯筑而成，夯层厚 0.18~0.22

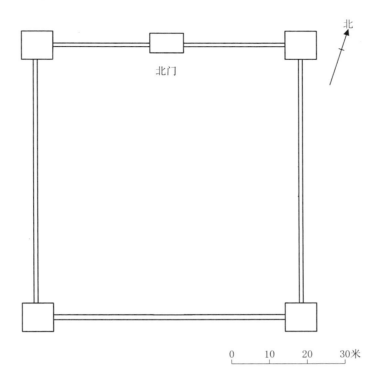

图二八二　下寨堡平面示意图

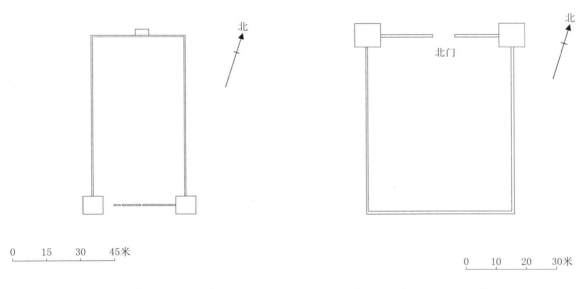

图二八三　下寨西梁北堡平面示意图　　　　　　图二八四　下寨西梁南堡平面示意图

米。北墙保存一般，底宽2.6~3.6、顶宽0.3~1.2、残高6.6米；东墙残高3.4米；南墙残高3.4米，有两个豁口；西墙外侧残高2.6~3.6米。北墙设马面1座，马面平面呈矩形，残高8.2米。堡墙东南、西南角有角台，角台平面呈矩形，底部东西30、南北85米。堡整体保存较差。堡墙基本连续。堡墙坍塌损毁严重。城门无存。造成损毁的自然因素主要有风雨侵蚀、植物生长等，人为因素主要是堡内为耕地、农业生产活动破坏堡墙等。下寨西梁北堡位于滹沱河谷地北侧山坡地区，东临季节性河流，堡内无居民。下寨村位于下寨西梁北堡东南，有居民 500 余人。下寨村南邻 108 国道和京原铁路，西侧紧邻通往下茹越乡的乡村公路（彩图五五五）。

13. 下寨西梁南堡

位于下茹越乡下寨村西北 0.3 千米处，高程 1193 米。北距下寨西梁北堡 0.008 千米，东南距下寨堡 0.4 千米，西北距下寨烽火台 0.4 千米。

堡平面呈矩形，坐南朝北，东西 46、南北 65 米，周长 222 米，占地面积 2990 平方米。现存设施、遗迹主要有堡墙、城门 1 座、角台 2 座等（图二八四；参见彩图五五五）。堡墙为土墙，砂土夯筑而成，夯土中夹杂黑色碎石，夯层厚 0.26 米，夯层间有石灰岩、砂岩石块层。墙体底宽 2.2、顶宽 0.3～0.8、残高 0.4～6.1 米。西墙坍塌损毁，仅存地面痕迹，东、南、北墙较连续。北墙设城门 1 座，现为豁口，宽 3.2 米。堡墙东北、西北角有角台。

堡整体保存较差。造成损毁的自然因素主要有风雨侵蚀、植物生长等；人为因素主要是堡内为耕地、农业生产活动破坏堡墙等。

下寨西梁南堡位于滹沱河谷地北侧山坡地区，东临季节性河流，堡内无居民。下寨村位于下寨西梁南堡东南，有居民 500 余人。下寨村南邻 108 国道和京原铁路，西侧紧邻通往下茹越乡的乡村公路。

（三）单体建筑

1. 敌台

繁峙县共调查敌台 79 座（表 218，见本章末附表）。

2. 烽火台

繁峙县共调查烽火台 33 座（表 219、220，见本章末附表）。

（四）相关遗存

在繁峙县茨沟营堡和平型关堡发现明清碑碣，茨沟营堡有明代碑碣 2 块，平型关堡有明代碑碣 1 块、清代碑碣 3 块。

1. 茨沟营堡东门城楼《新建楼阁碑记》石碑，嵌于茨沟营东门城楼北壁，高程 832 米。石碑青石质，碑身呈矩形，宽 0.58、高 0.43 米。碑文楷书阴刻，19 行，行 20 字。保存较好。局部有村民刻划字迹。

碑文如下（彩图五六五）。

新建楼阁碑记

关圣之崇祀遍天下矣惟边城则崇祀最尊有恢宏/其殿宇而庄严庙貌奉为香火者比比是也茨/沟何地也前后左右环列以山城以内外合流/而流军民杂处特一偏隅耳万历初年始建城/楼台及修盖衙宇改茨沟村为茨沟营设官/募士统辖龙固二关地方予初临兹土礼谒/关圣乃知殿宇设于城之东门上借城为/址规模狭/隘堂内仅容数人檐外偪接墙垣愕然曰可/以称/大圣之居乎故命旗鼓官别卜大地为改奉计/而地/卒不可得说者谓/圣像之设于斯也四十年所与其卜不可得地奚若仍/捨贯之为便予然其说及覆思

之终不安其说/遂命旗鼓官相度本殿之前接其滴水从空中/建一小阁较前稍竟阔充祭祷亦竟方便悬匾/勒石记其盛挂袍东带尊其瞻视庙貌至此焕/然一新/安其神神安其位而泽民福/岂曰小补我仰/圣之灵永卫斯城予之愿毕庶无　于去后去谨识/天启三年岁次癸亥菊月朔日吉旦/钦差分守龙固二关参将河东仇时明立/掾书李鸣鹤　刘生兰/曹荣　耿德/旗鼓高示显　李斌/督工旗牌范万师

2. 茨沟营堡碧霞宫祠《东岳泰山庙碑记》石碑，位于茨沟营堡东门外 0.1 千米的碧霞宫祠庙前，仍竖立，高程 832 米。石碑青石质，碑身呈矩形，下有龟趺座。碑身宽 0.72、高 1.5、厚 0.18 米。碑文楷书阴刻，18 行，行 44 字。保存较好。局部有村民刻划字迹。

碑文如下（彩图五六六）。

东岳泰山庙碑记

盖五岳者惟泰山诸仙者惟碧霞其至灵乃掌握幽明之权柄主宰阴阳之造化威灵感应于天公正赫/耀乎乾坤纠察善恶降监祸福注生死寿夭之数造贫富贵贱之基保/皇图巩固佑国家兴隆诚有罔极天恩愧无补报德今茨沟营尼僧同名秀善人郝大书徐凤山等深知惟神尊欲建庙庭尽夜存诚善化众信于是合营军民并十方客旅先舍资财置灵地址启建/玉帝殿阁天仙庙宇十王两庑四尉三门钟鼓楼堂自嘉靖四十四年兴工至万历四年少有告完气象辉煌每年/四月十八日至圣诞感格有余人四远乡来进香至祭上供神人咸悦保障无虞奈因碑记未勒善名未永于万/历三年蒙/帝命简阅参府何舍升茨沟守巡方期四载化行俗美恒好道于玄门爱内外之真理常致斋醮奉祀各庙神明/捐舍俸资济贫援苦忠孝廉谨宽裕容忍诚与天地合其德日月合其明与圣贤合其心志者也实迺为/帝王之干城将相之拔萃军士之慈祖者也每遇朝圣行香见各庙墙垣未备其心歉然亦不足为美观者也于是/自万历五年四月内命彼名秀之纠功仍复化于十方信善各发虔诚即岁筑实百堵修尔垣墙甚为乎甚壮观/矣遂命石工立碑刻铭自兹以始流芳千载播誉万年遗后人之遐想重古今之不民孰曰非/何参尊之创建而若是乎滹沱郡繁邑双进庠生海安子张桴密居邻属屡访/参尊圣德昭彰今闻洋溢触耳目之惊骇形笔砚之妄作拙笔谨撰略为碑记/钦差分守北直隶真定等处地方副总兵兼管茨沟龙固二关参将事务都指挥何舍　中军　王承禄　左右千总　傅廷相　罗宗道/钦差分守北直隶真定等处地方兼管茨沟龙固贰关参将署都指挥　事尹志等/皇明万历九年岁次辛巳季夏吉旦立　主持尼僧真受化缘女善人贾妙善　石匠刘廷　张大江/焚修道人　李乾灵　僧人　选择阴阳生李孝明

3. 平型关堡北门门洞"天启七年"石碑，嵌于平型关堡北门门洞东壁，高程 1402 米。石碑青石质，碑身呈矩形，宽 0.96、高 0.67 米。碑文楷书阴刻，19 行，行 16 字。保存较好。

碑文如下。

天启七年分议修/钦限砖石包砌城工丈尺数目分管职各勒石于后/散委防守胡忻分管东门起迤北至西门/止砖漫城顶共长二百二十九丈里面/土筑外面砖石包砌北瓮城二十五丈/建盖大城楼一座小角楼二座铺房三间东面敌台二座/散委提燉把总刘安分管东门迤南起至/西门止砖漫城顶共长二百二十九丈/里面土筑外面砖石包砌南瓮城二十五丈建盖大城楼一座小角楼二座南门/外卧羊台一处城周围凿补小裂缝四十七处/巡抚山西右佥都御史牟/雁平兵备道右参政张/总理钱粮东路通判邢/总理工程北楼参将马/总委平刑守备沈/泥石匠任坤　张成　闫行智　殷世详　李伏义　孟世美等

据平型关堡北门门洞"天启七年"石碑所记,平型关堡周长 458 丈,南、北瓮城各 1 座,瓮城周长均为 25 丈;城楼 2 座;铺舍 3 间;角楼 4 座;敌台 2 座;南门外有卧羊台 1 处。

4. 平型关堡南门门洞"道光十三年"石碑,嵌于平型关堡南门门洞东壁,高程 1385 米。石碑青石质,碑身呈矩形,宽 0.7、高 0.4 米。碑文楷书阴刻,11 行,行 14 字。保存较好。

碑文如下。

甲午天雨浩大潢水涨溢将此地/基冲为深沟城门坍塌阻妨出入/都府惠大老爷不胆辛劳亲督监修/会通延司王老爷令城中军民/按门派丁平填深沟实筑地基因/隆冬息工于乙未之夏又令将门洞引路四漫浆灌洞壁外石瓮砖/砌内泥土筑实上架棚木木上砖/砌工筑虽工程不大然而辛苦异/常除城中集有公项外□将助□/助工平勤者一併垂名后世矣/郭有成助十千文/杨待年助四千文/李裕荣助二千文/张□□助二千文/于银助一千文/白章助一千文/郭有贵助七千文/卖废罕巷五千文/经理人李凤龄　赵瑞　王文大　张尚年　李福　韩维时/助工人　于义　师奉义　温光太　刘太智　得宝翟明德/道光十三年闰二月　吉立

5. 平型关堡碧霞宫"乾隆四十六年"重修石碑,位于平型关堡东北碧霞宫,高程 1395 米。石碑青石质,圆首长方形,宽 0.53、高 1.13、厚 0.13 米。碑首楷书阴刻"碑记"二字,周有卷草纹。碑文楷书阴刻,13 行,行 27 字。保存较好。

碑文如下。

序/盖谓福田不植天道无由报施善缘不培因果何时彰著亦本关旧有/城娘神庙贰座虽云矧自明代至今相传三百余年噫从前重修□□□□目今殿宇为之/倾圮墙壁迤恐颓败余等目睹大为痛惜况庙貌俨然基址□□□□□时□修不惟有拂/前人之创制而且一关四分之香火又何赖为于是众人共勤胜事但愿倡/之者慨施于前和之者乐助于后诸立名以垂久矣/分镇山西北楼路参府明/分守平刑关都司带纪录三次傅/原任平刑关都司纪录七次花助银壹两/平刑关巡检军功纪录三次许助银伍两/平刑营外委千总加三级牛福助银二两/平刑营外委把总加一级毛世有助银二两/大清乾隆四十六年仲夏谷旦立。碑末有施舍善人、工匠名录

6. 平型关堡碧霞宫"咸丰四年"重修石碑,位于平型关堡东北碧霞宫,高程 1395 米。石碑青石质,碑身呈矩形,宽 0.63、高 1.4、厚 0.14 米。碑首楷书阴刻"壬子重修"四字,周有葡萄、莲花、牡丹纹。碑文楷书阴刻,18 行,行 37 字。保存较好。

碑文如下。

粤稽平刑原有碧霞/圣母神官所以育婴儿保赤子蛰蛰绳绳绵绵世派于无际也然世远年湮不知建自何代嗣后时/为补葺而历季已久殿宇为之倾委神像亦为减色城中军民目睹残塌无不心伤议/欲整修但工程浩大独力难支所幸本城吴巡司因子出生天花赴庙祷祝毕见/其颓败亦有修理之意即为恭议慨然创建然工力难大特募善土慨为施助以/成其美将见殿宇虽不离乎旧基而画栋雕梁神像为之一新真碧霞之神官为/圣母之所棲耳庠生向薰沐敬撰/前署平型关都司印务浑源城守备加三级纪录二次岳陞助钱贰千文/署平型关都司印务北楼营世袭云骑尉闫文魁助钱一千文/前任平型关巡检加三级纪录五次吴开泰助钱伍拾千文/平型关巡检加三级纪录五次张作宾助钱一千文/平型关外委千总加

一级宋魁助钱一千伍百文/平型营外委把总加一级孟玉来助钱一千伍百文/署平型营外委把总秦秉忠助钱五百文/台怀营额外外委崔发财助钱一千文/平型关居士王珏沐洛敬书/大清咸丰四年孟秋谷旦立。碑末有经理、工匠名录。

二　长城资源调查资料分析

（一）长城墙体

1. 长城墙体的材质类型、建筑方式、形制及墙体设施

繁峙县长城墙体类型主要有石墙、砖墙、土墙和山险四类。以石墙为主，山险次之，砖墙有2段，土墙仅1段（表221）。

表221　繁峙县长城墙体类型一览表

类型	段数	长度（米）	百分比（％）
石墙	10	19176	50.4
砖墙	2	3951	10.4
土墙	1	380	1
山险	4	14500	38.2
合计	17	38007	100

（1）石墙

繁峙县石墙共10段，长19176米，是最多的一种墙体类型，占全部墙体的50.4%。石墙均系土石混筑而成，自然基础，两侧用砂岩、片麻岩或石灰岩石块砌筑，白灰勾缝；中间填充碎石泥土，或为夯土墙，砂土或黄土夯筑而成，夯层厚0.2~0.22米。大王梁长城G0089（拐点）—G0090（大王梁长城1号敌台）间墙体夯层中夹杂一层厚0.05米的碎石层。现存墙体剖面大致呈不规则梯形。石墙中有墙体两侧高度数据的段，通常北侧或东侧要高于南侧或西侧，粗略统计，墙体北侧或东侧残高1~5、南侧或西侧残高0.2~2米。这充分说明长城墙体的防御方向是北或东北。

（2）砖墙

繁峙县砖墙共2段，长3951米，占全部墙体的10.4%。墙体为砖、石、土混筑而成，外部砖石砌筑，条石基础，上部包砖；内部为夯土墙，砂土或黄土夯筑而成，夯层厚多为0.2~0.22米，个别为0.12~0.2米。现存墙体剖面大致呈不规则梯形。

（3）土墙

繁峙县土墙仅1段，长380米，占全部墙体的1%，是最少的墙体类型。系由红褐色、灰褐色砂土、碎石屑夯筑而成，夯层厚0.2米。现存墙体剖面大致呈不规则梯形，保存一般的段墙体底宽3.6、顶宽2.4、残高1~3.2米，较差段墙体底宽2.6、顶宽1.2、残高1.1~1.4米。白坡头长城2段G0079（起点、白坡头长城敌台）—G0080（断点）间墙体南侧残高3.2、北侧残高1~2.2米。白坡头长城2段墙体两侧高度不一的情况与繁峙县石墙相反，南侧高于北侧。对于这种现象，认为是因为这段长城是保卫滹沱河上游谷地及平型关的设施，防御方向是南。

（4）山险

繁峙县山险共4段，长14500米。均利用自然山脊，将两端的石墙连接。

石墙、砖墙、土墙的设施，除敌台、关和关门外，竹帛口长城有垛口墙和女墙，平型关西段长城有女墙。竹帛口长城墙体顶部西、东侧残存片石砌筑的垛口墙和女墙，垛口墙残高1~2米，垛口宽0.7~1.4、厚0.4~0.48、高0.66米，女墙残高1.5米。平型关西段长城墙体顶部有女墙，砂土夯筑而成，夯层厚0.2米，女墙宽0.4、残高0.4米。

平型关东段长城有部分为双重墙体，西侧墙体为主墙，西侧墙体和东侧墙体之间有壕沟。

2. 长城墙体的分布特点

繁峙县长城墙体可分成两部分，一部分是长城主线，在繁峙县和灵丘县交界处从南向北沿山脊延伸至繁峙县与浑源县交界处，有12段，长33679米。墙体类型有石墙、砖墙和山险，未见土墙（表222）。

表222　繁峙县主线长城一览表（单位：米）

长城墙体段名称	总长	保存较好	保存一般	保存较差	保存差	消失	类型	省/县属
马头山长城	2126	0	0	171	752	1203	石墙	繁峙县/灵丘县
边墙梁长城1段	1500	0	1500	0	0	0	山险	繁峙县/灵丘县
边墙梁长城2段	1198	70	40	188	0	900	石墙	繁峙县/灵丘县
镢柄尖山梁长城	10000	0	10000	0	0	0	山险	繁峙县/灵丘县
大王梁长城	3712	0	0	914	2485	313	石墙	繁峙县/灵丘县
大羊坡长城	1600	0	1600	0	0	0	山险	繁峙县/灵丘县
平型关东段长城	4233	0	651	880	2044	658	石墙	繁峙县/灵丘县
平型关西段长城	2577	0	0	355	1541	681	石墙	繁峙县/灵丘县
西跑池长城	1244	394	478	372	0	0	砖墙	繁峙县/灵丘县
杏洼岭长城1段	1400	0	1400	0	0	0	山险	繁峙县/灵丘县
杏洼岭长城2段	1482	0	343	239	335	565	石墙	繁峙县/灵丘县
团城口长城	2707	0	0	620	1946	141	砖墙	繁峙县/浑源县
合计	33779	464	16012	3739	9103	4461		

另有一部分不与长城主线连接，较零散的支线长城，有5段，长4228米。墙体类型有石墙和土墙，未见砖墙（表223）。白坡头长城1、2段可能是从南面保卫滹沱河上游谷地及平型关的设施。茨沟营西岭、南岭长城是茨沟营堡的外围防御设施。竹帛口长城有13座敌台，有垛口墙和女墙，顶部残存铺砖，是繁峙县境内发现的构造最为复杂的一段墙体，有可能是保卫神堂堡、茨沟营堡和大沙河谷地及其支流谷地的设施。

表 223　繁峙县支线长城一览表（单位：米）

长城墙体段名称	总长	保存较好	保存一般	保存较差	保存差	消失	类型	省/县属
茨沟营南岭长城	126	0	76	50	0	0	石墙	繁峙县
茨沟营西岭长城	159	0	80	30	0	49	石墙	繁峙县
竹帛口长城	2479	626	697	559	180	417	石墙	繁峙县
白坡头长城 1 段	1084	0	0	0	1084	0	石墙	繁峙县
白坡头长城 2 段	380	0	110	33	0	237	土墙	繁峙县
合　计	4228	626	963	672	1264	703		

　　石墙是长城主线和支线段中为最主要的一种墙体类型，砖墙和土墙数量很少。如果说长城主线无土墙，支线长城无砖墙似乎很勉强。

3. 长城墙体的保存状况

（1）石墙

详见下表（表 224）。

表 224　繁峙县石墙保存状况一览表（单位：米）

长城墙体段名称	总长	保存较好	保存一般	保存较差	保存差	消失	类型	省/县属
马头山长城	2126	0	0	171	752	1203	石墙	繁峙县/灵丘县
边墙梁长城 2 段	1198	70	40	188	0	900	石墙	繁峙县/灵丘县
大王梁长城	3712	0	0	914	2485	313	石墙	繁峙县/灵丘县
平型关东段长城	4233	0	651	880	2044	658	石墙	繁峙县/灵丘县
平型关西段长城	2577	0	0	355	1541	681	石墙	繁峙县/灵丘县
杏洼岭长城 2 段	1482	0	343	239	335	565	石墙	繁峙县/灵丘县
茨沟营南岭长城	126	0	76	50	0	0	石墙	繁峙县
茨沟营西岭长城	159	0	80	30	0	49	石墙	繁峙县
竹帛口长城	2479	626	697	559	180	417	石墙	繁峙县
白坡头长城 1 段	1084	0	0	0	1084	0	石墙	繁峙县
合　计	19176	696	1887	3386	8421	4786		
百分比（%）	100	3.6	9.8	17.7	43.9	25		

（2）砖墙

详见下表（表 225）。

表 225　繁峙县砖墙保存状况一览表（单位：米）

长城墙体段名称	总长	保存较好	保存一般	保存较差	保存差	消失	类型	省/县属
西跑池长城	1244	394	478	372	0	0	砖墙	繁峙县/灵丘县
团城口长城	2707	0	0	620	1946	141	砖墙	繁峙县/浑源县
合　计	3951	394	478	992	1946	141		
百分比（%）	100	10	12.1	25.1	49.3	3.5		

（3）土墙

详见下表（表226）。

表226　繁峙县土墙保存状况一览表（单位：米）

长城墙体段名称	总长	保存较好	保存一般	保存较差	保存差	消失	类型	省/县属
白坡头长城2段	380	0	110	33	0	237	土墙	繁峙县
合计	380	0	110	33	0	237		
百分比（%）	100	0	28.9	8.7	0	62.4		

（4）山险

详见下表（表227）。

表227　繁峙县山险保存状况一览表（单位：米）

长城墙体段名称	总长	保存较好	保存一般	保存较差	保存差	消失	类型	省/县属
边墙梁长城1段	1500	0	1500	0	0	0	山险	繁峙县/灵丘县
镢柄尖山梁长城	10000	0	10000	0	0	0	山险	繁峙县/灵丘县
大羊坡长城	1600	0	1600	0	0	0	山险	繁峙县/灵丘县
杏洼岭长城1段	1400	0	1400	0	0	0	山险	繁峙县/灵丘县
合计	14500	0	14500	0	0	0		
百分比（%）	100	0	100	0	0	0		

长城墙体中石墙多数保存差或较差，占61.6%，消失段占25%，保存较好和一般者有13.4%。砖墙保存情况与石墙大致相似，保存差或较差者占74.4%，保存较好和一般者22.1%，消失段占3.5%。土墙1段，长80米，消失段占62.4%，其余为保存一般或较差。山险均保存一般。

石墙、砖墙、土墙坍塌损毁严重，部分段消失。造成损毁的自然因素主要有洪灾、风雨侵蚀、植物生长等；人为因素主要有将墙体挖断或挖低形成道路、拆除墙体砖石、植树造林、农业生产活动、牛羊踩踏等。长城沿线有采矿业，矿山开采导致长城所在山体破坏，甚至直接破坏长城墙体。其他有利用墙体、敌台做为牛羊圈舍、墙体或敌台上设龛供神等现象，白坡头长城2段存在修建煤场挖损墙体、墙体上栽水泥电线杆等现象。

山险面临损毁的自然因素主要有风雨侵蚀、植物生长等；人为因素主要是私挖滥采矿山、牛羊踩踏等。沿线有采矿业，矿山开采导致长城所在山体破坏。

（二）关堡

繁峙县共调查关堡13座，其中关2座，堡11座。

1. 关堡的形制、残存设施和遗迹

详见下表（表228）。

表228　繁峙县关堡形状、尺寸、残存设施遗迹及保存状况一览表

名称	形状	朝向	边长（米）	周长（米）	面积（平方米）	残存设施遗迹	保存状况
平型关	不规则形	坐西朝东	东137、南80、西96、北117	430	11475	部分关墙、城门1座、角台3座等	一般
团城口关	圆形	坐西北朝东南	不详	125.6	1256	关墙、城门1座	一般
茨沟营堡	不规则形	坐西北朝东南	不详	1676	16万	部分堡墙、城门3座、东门城楼1座、敌台2座、军火库遗址1处、街道1条等	一般
平型关堡	矩形	坐西朝东	东西206、南北333	1078	68598	堡墙、城门2座、瓮城1座、铺舍1座、马面2座、角台4座、楼台1座等	一般
六郎城堡	矩形	坐西朝东	东西120、南北220	680	26400	部分堡墙	差
齐城堡	矩形	坐西朝东	不详	300	3161	部分堡墙	较差
贾家井堡	矩形	坐北朝南	61	244	3721	部分堡墙	较差
山会堡	矩形	坐北朝南	61	244	3721	部分堡墙、城门1座、敌台1座等	较差
下双井堡	椭圆形	坐西朝东	东西86、南北62	232	4300	堡墙、城门1座、马面1座、烽火台1座等	较差
大沟堡	矩形	坐北朝南	东西70、南北90	320	6300	堡墙、城门1座、敌台3座，角台4座等	较差
下寨堡	矩形	坐南朝北	70	280	4900	堡墙、城门1座、角台4座等	一般
下寨西梁北堡	矩形	坐北朝南	不详	230	2550	堡墙、马面1座、角台2座等	较差
下寨西梁南堡	矩形	坐南朝北	东西46、南北65	222	2990	堡墙、城门1座、角台2座等	较差

关一座呈不规则形，一座呈圆形，朝向为坐西朝东或坐西北朝东南。堡平面绝大多数呈矩形，茨沟营堡呈不规则形，下双井堡呈椭圆形，朝向多坐北朝南或坐西朝东（坐西北朝东南），仅下寨堡为坐南朝北。能辨认出城门的堡城门大多设在东墙或南墙，北墙或西墙设门者非常少。这反映出城堡的防御方向是北或西北。分析长城墙体时，曾指出长城墙体的防御方向是北或东北。对于这种相矛盾的情况难以解释，只能将这个问题在这里提出。

堡的规模按周长和面积大致可区分为大、中、小三类，我们的划分以周长900、1500米为界，面

积以5万、10万平方米为界。可以看出堡以小型者居多（表229）。按照这种标准，关为小型。

表229　繁峙县堡大小分类一览表

分类	标准	周长（米）	面积（平方米）	关堡	数量（座）
大型	周长1500米以上 面积10万平方米以上	1676	16万	茨沟营堡	1
中型	周长900~1500米 面积5万~10万平方米	1078	68598	平型关堡	1
小型	周长900米以下 面积5万平方米以下	222~680	2550~26400	六郎城堡、齐城堡、贾家井堡、山会堡、下双井堡、大沟堡、下寨堡、下寨西梁北堡、下寨西梁南堡	9

　　关墙均为砖墙。外部砖石砌筑；内部为夯土墙，黄土夯筑而成，夯土中夹杂碎石。平型关的夯层厚0.2米，团城口关的夯层厚0.2~0.4米。

　　堡墙中石墙2座、砖墙4座、土墙5座。茨沟营堡石墙系石块砌筑；下寨堡底部石块砌筑，上部为夯土墙，黄土夯筑而成。砖墙形制均是外部砖石砌筑，内部为夯土墙，黄土夯筑而成。土墙为黄土或砂土夯筑而成，下寨西梁南堡夯土中夹杂黑色碎石，夯层之间有石灰岩、砂岩石块层。石墙、砖墙、土墙夯筑的，夯层厚0.18~0.26米（表230）。关、堡墙体的类型、建筑特点与本县长城墙体一致。繁峙县长城墙体和关堡墙体，凡夯筑的，包括墙体内部的夯土墙体，均为黄土或砂土夯筑而成，少数夯土中夹杂碎石，个别夯层中夹杂一层碎石，夯层厚多为0.18~0.26米，个别薄者0.12、厚者0.4米。

表230　繁峙县城堡墙体建筑方式及尺寸一览表（单位：米）

名称	墙体建筑方式	夯筑材料	夯层厚度	尺寸		
				底宽	顶宽	残高
平型关	砖墙。外部砖石砌筑，内部为夯土墙	黄土夯筑而成，夯土中夹杂碎石	0.2	5~8	1~2	2~5
团城口关	砖墙。外部砖石砌筑，内部为夯土墙	黄土夯筑而成，夯土中夹杂碎石	0.2~0.4	5	2~3	2~6
茨沟营堡	石墙	无	无	4.5	3	1~4.5
平型关堡	砖墙。外部砖石砌筑，内部为夯土墙	黄土夯筑而成	不详	9	3~9	2~9
六郎城堡	土墙	黄土夯筑而成	0.2	6	1~3	8.5
齐城堡	砖墙。外部砖石砌筑，内部为夯土墙	黄土夯筑而成	不详	4	0.5~1.5	8
贾家井堡	土墙	黄土夯筑而成	0.2~0.22	2.6~3.2	0.4~1.2	3.4
山会堡	砖墙。外部砖石砌筑，内部为夯土墙	黄土夯筑而成	0.18~0.2	3.8	2.2	3.2
下双井堡	砖墙。外部砖石砌筑，内部为夯土墙	黄土夯筑而成	0.2~0.22	2.6~3.2	0.4~0.8	1~6.6
大沟堡	土墙	黄土夯筑而成	0.18~0.22	2.4~3.6	0.6~1.4	3~8
下寨堡	石墙。底部石块砌筑，上部为夯土墙	黄土夯筑而成	不详	6	0.6~1.4	7.4~9.8

续表 230

名称	墙体建筑方式	夯筑材料	夯层厚度	尺寸		
				底宽	顶宽	残高
下寨西梁北堡	土墙	黄土夯筑而成	0.18~0.22	2.6~3.6	0.3~1.2	6.6
下寨西梁南堡	土墙	砂土夯筑而成，夯土中夹杂黑色碎石，夯层间有石灰岩、砂岩石块层	0.26	2.2	0.3~0.8	0.4~6.1

　　至于除关、堡墙体外的设施和遗迹，由于保存原因，现存并不能反映其原始风貌。主要设施遗迹的种类有城门、敌台、角台、马面等常见的墙体设施，其他有城楼、瓮城、铺舍等。关、堡内建筑多无存，茨沟营堡、平型关堡存楼台、军火库遗址、街道等，原始格局难明确。

　　下寨西梁北堡和南堡，南北相距仅 8 米，城门相对，角台设置相对应，堡的规模大致相当，堡墙均为土墙，墙体宽、高基本一致，很可能两堡是一组连城，应筑于同一时期。土墙的建筑材料、建筑方法和夯层厚度存在一定差异，北堡为黄土夯筑而成；南堡为砂土夯筑而成，含有石块和夹层，夯层要略厚于北堡，应该是不同人群建筑的反映。

2. 关堡的分布特点

　　平型关和团城口关位于长城墙体上。茨沟营堡、平型关堡、六郎城堡距长城墙体较近，在 0.5~2 千米。齐城堡东距西跑池长城、杏树洼长城 1~2 段 8 千米，其余堡距长城墙体很远，在 22~45 千米。即使与北侧的应县长城，距离也在 30~40 千米。

　　繁峙县的堡依相互距离远近，以下几座大致成组分布，平型关堡和六郎城堡相距 0.67 千米，应是一组，下寨堡和下寨西梁北堡、南堡相距 0.4 千米，应是一组。除茨沟营堡独处县境东南外，其余堡或组之间的距离在 4~14 千米。

　　平型关位于两山之间的山谷地带，团城口关位于地势较高的一处山顶上，均控扼险要。

　　茨沟营堡位于青羊河西岸的丘陵地区，西北临山，东南临沟。平型关堡、六郎城堡位于恒山山区地势开阔的丘陵地带。其余堡则均位于滹沱河谷地及两侧的平川丘陵地区，向东与平型关堡、六郎城堡及平型关联系起来。

3. 关堡的保存状况

　　2 座关保存一般，3 座堡保存一般，其余保存较差或差。关、堡墙体坍塌损毁，部分段消失，砖、石墙者砖石大多无存。城门为豁口或消失。关、堡内建筑几乎无存，仅茨沟营堡、平型关堡存有楼台、军火库遗址、街道等。造成损毁的自然因素主要有洪灾、山体滑坡、风雨侵蚀、植物生长等；人为因素主要是因为关、堡内满布现代民居或成为耕地、居民拆毁堡墙砖石、利用堡墙建筑房屋、农业生产活动破坏堡墙、取土挖损墙体等，平型关的东、西墙由于修筑公路损毁。

（三）单体建筑

1. 敌台

（1）敌台的类型及建筑方式
　　繁峙县 77 座敌台绝大多数骑墙而建。有 16 座倚墙而建，位于长城墙体的东侧或北侧，有 9 座位于长城墙体东、北侧，有短墙将敌台和长城墙体连接起来，有 4 座敌台位于长城墙体两侧 0.004 ~ 0.083 千米。

敌台绝大多数为砖质，达 75 座，石质和土质各 1 座。砖质敌台外部砖石砌筑，条石或石块基础，上部包砖，内部为夯土台体。夯土台体系黄土或砂土夯筑而成，约有 2/3 夯土中夹杂碎石或砖，个别夯层中夹杂一层碎石。夯层厚 0.05 ~ 0.4 米，多数 0.15 ~ 0.3 米，夯层厚 0.3 米以上者也较多，0.15 米以下者很少（表 231）。

表 231　繁峙县砖质敌台内部夯土台体夯层厚度统计表

	夯层厚度分类	夯层厚度（米）	数量（座）	百分比（%）
A 类	0.15 ~ 0.3 米	0.15 ~ 0.3	46	61.3
B 类	最薄 <0.15、≥0.1 米	0.1 ~ 0.25	3	4
C 类	最薄 <0.1 米	0.05 ~ 0.2	1	1.3
D 类	最厚 >0.3 米	0.15 ~ 0.4	11	14.7
E 类	不详	不详	14	18.7
合计		0.05 ~ 0.4	75	100

马头山长城敌台为石质，外部石块砌筑。白坡头长城敌台为土质，夯层厚 0.2 ~ 0.25 米。

（2）敌台形制

繁峙县敌台的平面形制均呈矩形，剖面形制均呈梯形。敌台底部周长 16 ~ 66、残高 1.2 ~ 12.1 米。由于保存方面的原因，这些数据不能完全反映敌台的原始尺寸（表 232）。

表 232　繁峙县敌台形制及保存状况一览表（单位：米）

名称	平面形制	剖面形制	底部周长	残高	保存状况
马头山敌台（石质）	矩形	梯形	32	3	较差
大王梁 1 号敌台	矩形	梯形	44	3	一般
大王梁 2 号敌台	矩形	梯形	24	2.5	较差
大王梁 3 号敌台	矩形	梯形	22	5	一般
大王梁 4 号敌台	矩形	梯形	44	6.5	一般
大王梁 5 号敌台	矩形	梯形	48	9	一般
大王梁 6 号敌台	矩形	梯形	60	6	一般
大王梁 7 号敌台	矩形	梯形	40	4.5	一般
大王梁 8 号敌台	矩形	梯形	52	9	一般
大王梁 9 号敌台	矩形	梯形	52	3	较差
平型关东段 1 号敌台	矩形	梯形	50	4 ~ 11	一般
平型关东段 2 号敌台	矩形	梯形	44	2.5	较差
平型关东段 3 号敌台	矩形	梯形	36	6	一般
平型关西段 1 号敌台	矩形	梯形	37.2	8	一般
平型关西段 2 号敌台	矩形	梯形	25.4	3.5	一般
平型关西段 3 号敌台	矩形	梯形	27	5	一般

名称	平面形制	剖面形制	底部周长	残高	保存状况
平型关西段 4 号敌台	矩形	梯形	31	4 ~ 9	一般
平型关西段 5 号敌台	矩形	梯形	36	6.5	一般
平型关西段 6 号敌台	矩形	梯形	28	5	一般
平型关西段 7 号敌台	矩形	梯形	34	6	一般
平型关西段 8 号敌台	矩形	梯形	24	6	一般
平型关西段 9 号敌台	矩形	梯形	44	8	较好
平型关西段 10 号敌台	矩形	梯形	20	3.5	一般
平型关西段 11 号敌台	矩形	梯形	48	5.5	一般
平型关西段 12 号敌台	矩形	梯形	36	9	一般
平型关西段 13 号敌台	矩形	梯形	40	5.5	一般
平型关西段 14 号敌台	矩形	梯形	42	8	一般
平型关西段 15 号敌台	矩形	梯形	52	12	较好
平型关西段 16 号敌台	矩形	梯形	66	9	一般
西跑池 1 号敌台	矩形	梯形	48	1.5 ~ 6	一般
西跑池 2 号敌台	矩形	梯形	48	6.6	一般
西跑池 3 号敌台	矩形	梯形	34	1.2 ~ 5.5	一般
西跑池 4 号敌台	矩形	梯形	26	5.5	一般
西跑池 5 号敌台	矩形	梯形	16	6.5	一般
西跑池 6 号敌台	矩形	梯形	34	4 ~ 9	一般
西跑池 7 号敌台	矩形	梯形	36	6	一般
西跑池 8 号敌台	矩形	梯形	38	4	一般
西跑池 9 号敌台	矩形	梯形	36	6	一般
西跑池 10 号敌台	矩形	梯形	32	9	一般
西跑池 11 号敌台	矩形	梯形	32	4	一般
杏洼岭 2 段 1 号敌台	矩形	梯形	31	5.2	一般
杏洼岭 2 段 2 号敌台	矩形	梯形	26	2.5 ~ 7	一般
杏洼岭 2 段 3 号敌台	矩形	梯形	48	5.4 ~ 9.4	一般
杏洼岭 2 段 4 号敌台	矩形	梯形	40	2 ~ 7	一般
团城口 1 号敌台	矩形	梯形	32	2.8	较差
团城口 2 号敌台	矩形	梯形	36	5.5	一般
团城口 3 号敌台	矩形	梯形	36	6	一般
团城口 4 号敌台	矩形	梯形	52	5 ~ 7	一般
团城口 5 号敌台	矩形	梯形	26	5	一般
团城口 6 号敌台	矩形	梯形	48	2.5 ~ 5	一般
团城口 7 号敌台	矩形	梯形	26	3.5	较差
团城口 8 号敌台	矩形	梯形	28	4	一般
团城口 9 号敌台	矩形	梯形	32	9	一般
团城口 10 号敌台	矩形	梯形	32	6	一般
团城口 11 号敌台	矩形	梯形	17	3	较差

名称	平面形制	剖面形制	底部周长	残高	保存状况
团城口 12 号敌台	矩形	梯形	24	7	一般
团城口 13 号敌台	矩形	梯形	28	3	较差
团城口 14 号敌台	矩形	梯形	48	8	一般
团城口 15 号敌台	矩形	梯形	31	3	较差
团城口 16 号敌台	矩形	梯形	22	4	较差
团城口 17 号敌台	矩形	梯形	16	1.5	较差
团城口 18 号敌台	矩形	梯形	40	7.5	一般
团城口 19 号敌台	矩形	梯形	32	7	一般
竹帛口"茨字叁拾肆号台"敌台	矩形	梯形	41.4	9.6	较好
竹帛口"茨字叁拾叁号台"敌台	矩形	梯形	37	8	一般
竹帛口"茨字叁拾贰号台"敌台	矩形	梯形	44	6	一般
竹帛口"茨字叁拾壹号台"敌台	矩形	梯形	47	2	较差
竹帛口"茨字叁拾号台"敌台	矩形	梯形	54	5	一般
竹帛口"茨字贰拾玖号台"敌台	矩形	梯形	26	4	一般
竹帛口"茨字贰拾捌号台"敌台	矩形	梯形	42	5	一般
竹帛口"茨字贰拾柒号台"敌台	矩形	梯形	42	5.4	一般
竹帛口"茨字贰拾陆号台"敌台	矩形	梯形	41.3	11	较好
竹帛口"茨字贰拾伍号台"敌台	矩形	梯形	45.7	12.1	较好
竹帛口"茨字贰拾肆号台"敌台	矩形	梯形	42.8	10.9	较好
竹帛口"茨字贰拾叁号台"敌台	矩形	梯形	45.4	10.6	较好
竹帛口"茨字贰拾贰号台"敌台	矩形	梯形	41.5	11.65	较好
白坡头敌台（土质）	矩形	梯形	54	4～5	一般

敌台附属设施见于砖质敌台，主要分为两大类，一类是竹帛口长城 6 座敌台的附属设施，一类是 9 座敌台有短墙与长城墙体连接。竹帛口长城 6 座敌台的附属设施有台基、石券拱门、箭窗、射孔、垛口墙等，石券拱门上方嵌有石匾，横书"茨字××号台"，敌台内部为砖券拱顶回廊结构。竹帛口"茨字叁拾肆号台"敌台东、西壁还有滴水。有短墙与长城墙体连接的 9 座敌台位于平型关西段长城、西跑池长城、杏洼岭长城 2 段、团城口长城墙体上，短墙长 4～12 米。

平型关西段长城 11 号敌台发现作为地域界标的界石，台体西壁石墙下有一块黑色岩石，宽 0.3、高 0.6、厚 0.12 米，阴刻"东跑池南界"。敌台北有东跑池村（灵丘县白崖台乡），南为西跑池村。

（3）敌台的分布特点

繁峙县敌台的分布有以下特点。

①繁峙县敌台与长城墙体相一致，有主线和支线两部分，绝大多数（61 座）沿长城主线分布，支线长城中竹帛口长城的 13 座茨字号台单独成群分布，白坡头长城 1 段止点和白坡头长城 2 段起点的白坡头长城敌台单独分布。

长城主线敌台中，除马头山敌台位于县境东南一隅外，其余均分布在县境东部从大王梁长城—团城口长城墙体上，作为平型关的外围防御设施的作用非常明显。

②长城主线敌台中，除马头山敌台（北距大王梁 1 号敌台 14.987 千米）外，其余间距均在 0.04～2.607 千米。不考虑平型关东段 2 号和 3 号敌台间距 2.607 千米，平型关东段 1 号敌台和大王梁

9 号敌台间距 2.221 千米，杏洼岭 2 段 1 号敌台和西跑池 11 号敌台间距 1.523 千米，团城口 1 号敌台和杏洼岭 2 段 4 号敌台间距 1.122 千米，那么敌台间距主要集中在 0.04 ~ 0.73 千米，分布较密集。

竹帛口"茨字贰拾贰号台"敌台至"茨字叁拾肆号台"敌台，间距 0.083 ~ 0.351 千米，分布更密集。"茨字叁拾肆号台"敌台东南距茨沟营堡"茨字叁拾柒号台"敌台 6.9 千米，其间原应有敌台设施。

③繁峙县敌台的底部周长相差很悬殊，最小者 24、最大者 58 米。尝试对敌台进行大小划分，依据台体的底部周长，按 ≥50、40 ~ 50、< 40 米三个标准进行分类，以残高作为参考。这种划分肯定不全面，反映的信息不一定准确。硬性的按 40、50 米进行分类很主观，因为当时的长度计量与今天不同，只求能从中约略窥见当时的某种特点（表 233）。

表 233　繁峙县敌台分类统计表

	底部周长分类	底部周长（米）	数量（座）	百分比（%）	残高（米）
大型台体	≥50 米	50 ~ 66	9	11.7	3 ~ 12
中型台体	40 ~ 50 米	40 ~ 48	26	33.8	1.5 ~ 12.1
小型台体	< 40 米	16 ~ 38	42	54.5	1.2 ~ 9
合计		16 ~ 66	77	100	1.2 ~ 12.1

从该表中可以看出，繁峙县敌台以中小型台体为主，占 79.3%。竹帛口的 13 座茨字号台中，1 座为大型台体、2 座为小型台体，其余均为中型台体，是繁峙县中小型台体分布的重要区域。

（4）敌台保存状况

繁峙县 77 座敌台中，保存较好 8 座、一般 57 座、较差 12 座。保存较好者集中分布在竹帛口长城，有 6 座，保存较差者集中分布在团城口长城，有 7 座。

砖质敌台台体坍塌损毁严重，75 座敌台中有 52 座外部砖石无存，有 17 座仅存底部的部分条石、石块，上部包砖部分不存，竹帛口长城有 6 座茨字号台存有砖石结构。少数敌台台体有现代掏挖修建的小庙，在台体顶部挖坑，或有土路破坏台体。造成损毁的自然因素主要有风雨侵蚀、植物生长等；人为因素主要有拆毁台体砖石、台体上修建小庙或挖坑、修路破坏台体、敌台内圈养牲畜等。

石质和土质敌台坍塌损毁严重。

2. 烽火台

（1）烽火台的材质类型及建筑方式

繁峙县 33 座烽火台的材质类型有砖质和土质两大类，其中砖质烽火台 12 座、土质烽火台 21 座。

砖质烽火台为外部砖石砌筑；内部为夯土台体，黄土夯筑而成，少数在夯土中夹杂碎石或砖；夯层厚 0.1 ~ 0.33 米，绝大多数为 0.15 ~ 0.3 米（表 234）。

表 234　繁峙县砖质烽火台内部夯土台体夯层厚度统计表

	夯层厚度分类	夯层厚度（米）	数量（座）	百分比（%）
A 类	0.15 ~ 0.3 米	0.15 ~ 0.3	6	50
B 类	最薄 < 0.15、≥0.1 米	0.1 ~ 0.3	5	41.7

	夯层厚度分类	夯层厚度（米）	数量（座）	百分比（%）
C 类	最薄 <0.1 米	无	0	0
D 类	最厚 >0.3 米	0.3～0.33	1	8.3
E 类	不详	不详	0	0
合计		0.1～0.33	12	100

土质烽火台均为黄土夯筑而成，夯层厚集中在 0.15～0.3 米（表 235）。

表 235　繁峙县土质烽火台夯层厚度统计表

	夯层厚度分类	夯层厚度（米）	数量（座）	百分比（%）
A 类	0.15～0.3 米	0.15～0.3	19	90.4
B 类	最薄 <0.15、≥0.1 米	0.12～0.14	1	4.8
C 类	最薄 <0.1 米	无	0	0
D 类	最厚 >0.3 米	无	0	0
E 类	不详	不详	1	4.8
合计		0.12～0.3	21	100

与敌台相比较，繁峙县烽火台以土质台体居多，敌台绝大多数为砖质台体。砖质台体中的夯土台体和土质台体所用建筑材料，烽火台和敌台有所区别。敌台的夯土台体系黄土或砂土夯筑而成，约2/3夯土中夹杂碎石或砖，个别夯层中夹杂一层碎石；烽火台基本由黄土夯筑而成，仅少数夯土中夹杂碎石或砖。夯层厚度敌台和烽火台大致相当，敌台夯层厚 0.3 米以上者较多，0.15 米以下者很少；烽火台 0.15 米以下者有一定数量，多于夯层厚 0.3 以米上者。

（2）烽火台形制

繁峙县 33 座烽火台的平面形制均呈矩形，剖面形制均呈梯形。烽火台底部周长 24～58、残高 3.2～12.5 米。由于保存方面的原因，这些数据不能完全反映敌台的原始尺寸（表 236、237）。

表 236　繁峙县砖质烽火台形制及保存状况一览表（单位：米）

名称	平面形制	剖面形制	底部周长	残高	保存状况
大王梁烽火台	矩形	梯形	48	7	一般
平型关堡东南烽火台	矩形	梯形	38	5.6	一般
平型关堡西南烽火台	矩形	梯形	58	12.5	较好
白坡头村西烽火台	矩形	梯形	24	5	一般
西连仲村南烽火台	矩形	梯形	37.5	4	一般
小孤山烽火台	矩形	梯形	44	8	一般
孤山烽火台	矩形	梯形	52	8.04	较好
迷回村烽火台	矩形	梯形	44	7.5	一般
迷回村北烽火台	矩形	梯形	40	5.5	一般
龙山烽火台	矩形	梯形	52	10.5	较好

名称	平面形制	剖面形制	底部周长	残高	保存状况
川草坪烽火台	矩形	梯形	40.4	6	一般
净林烽火台	矩形	梯形	48	8.2	一般

表 237　繁峙县土质烽火台形制及保存状况一览表（单位：米）

名称	平面形制	剖面形制	底部周长	残高	保存状况
烟墩梁烽火台	矩形	梯形	36	9	较好
金山铺烽火台	矩形	梯形	24.8	3.2	较差
下狼涧烽火台	矩形	梯形	50.4	7.2	一般
小南川烽火台	矩形	梯形	32.8	8.2	一般
西砂河烽火台	矩形	梯形	32	4.6	一般
杨家窑烽火台	矩形	梯形	36.8	7.8	一般
长咀烽火台	矩形	梯形	24	5.2	一般
石塔沟烽火台	矩形	梯形	48	8.8	一般
上双井烽火台	矩形	梯形	52.8	8.1	一般
下双井烽火台	矩形	梯形	26	5.6	一般
大沟烽火台	矩形	梯形	42	12	一般
瓦磁地烽火台	矩形	梯形	30.8	5.1	一般
下寨烽火台	矩形	梯形	34.6	6.8	一般
南关烽火台	矩形	梯形	46	8.2	一般
杏园烽火台	矩形	梯形	48	8.1	一般
魏家窑烽火台	矩形	梯形	36.8	5.9	一般
安家山烽火台	矩形	梯形	33.4	5.2	一般
三祝烽火台	矩形	梯形	34	4.2	一般
三祝北梁烽火台	矩形	梯形	44	5.6	一般
三祝西梁烽火台	矩形	梯形	52	6.3	一般
东魏村烽火台	矩形	梯形	48	8.8	一般

烽火台的附属设施主要有围墙、台基和壕沟等，3 座砖质烽火台有围墙，一座砖质和土质烽火台有台基和壕沟。

（3）烽火台的分布特点

繁峙县烽火台的分布有以下一些特点。

①从与长城的位置关系来说，大致可分成两大部分，即长城沿线烽火台（10 座）和腹里烽火台（23 座）。长城沿线烽火台距长城 0.04~6.9 千米，腹里烽火台中距长城最近的龙山烽火台东距西跑池长城 15.6 千米。

②从分布地理位置而言，长城沿线烽火台分布于长城西侧的山地地势较高或地势开阔处，腹里烽火台的大多数分布于滹沱河谷地及两侧的平川丘陵地区，少数位于滹沱河谷地北侧的高山地带（如小南川烽火台、川草坪烽火台、长嘴烽火台等）。

③结合烽火台的材质类型，长城沿线烽火台以砖质台体为主，有 9 座；腹里烽火台有 3 座是砖质

台体。

　　④传烽线路方面，长城沿线烽火台和长城墙体、敌台、长城沿线关堡共同组成长城沿线的军事信息传递与防御体系，长城沿线烽火台主要集中在平型关、团城口关附近，结合这一带敌台分布较密集，反映出平型关占有重要的战略地位。

　　腹里烽火台和滹沱河谷地诸堡联系起来，组成沿滹沱河谷地的传烽线路。向东与长城沿线烽火台及平型关堡等相联系。

　　⑤长城沿线烽火台的间距为 0.66~5.5 千米。

　　⑥腹里烽火台大致以堡为中心成群分布，一些分布在古代或现繁峙县城周围。烽火台的群烽火台的数量及与中心城堡距离、烽火台间距可见下表（表 238）。贾家井堡东北侧烽火台群的龙山烽火台东距齐城堡 7.7 千米，下双井堡东北侧烽火台群的西砂河烽火台东南距山会堡 8.5 千米，大沟堡附近烽火台群的大沟堡和大沟烽火台东北距下双井堡和下双井烽火台 3.9 千米，瓦磁地烽火台西北距下寨堡 3.9 千米。繁峙县城附近烽火台群的安家山烽火台东距下寨堡附近烽火台群的魏家窑烽火台 5.6 千米。由此可知，各烽火台群烽火台之间相互联系，有些通过堡联系。

表 238　繁峙县腹里烽火台分布及间距一览表

烽火台群	数量（座）	烽火台名称	与分布中心距离（千米）	烽火台间距（千米）
贾家井堡东北侧烽火台群	4	龙山烽火台、金山铺烽火台、下狼涧烽火台、小南川烽火台	3.9~10.6	3.4~6.5
下双井堡东北侧烽火台群	8	西砂河烽火台、杨家窑烽火台、川草坪烽火台、长咀烽火台、石塔沟烽火台、下双井烽火台、净林烽火台、上双井烽火台	0~8.3	1.1~4.4
大沟堡附近烽火台群	2	大沟烽火台、瓦磁地烽火台	0.2~2.7	2.7
下寨堡附近烽火台群	2	下寨烽火台、魏家窑烽火台	1.1~1.4	0.94
繁峙县城附近烽火台群	7	安家山烽火台、三祝烽火台、三祝北梁烽火台、三祝西梁烽火台、东魏村烽火台、南关烽火台、杏园烽火台	3~6	0.18~7.7

　　⑦繁峙县烽火台底部周长相差很悬殊，最小者 24、最大者 58 米。尝试对敌台进行大小划分，分依据台体的底部周长，按 ≥50、40~50、< 40 米三个标准进行分类，以残高作为参考。这种划分肯定不全面，所反映的信息不一定准确。硬性的按 40、50 米进行分类很主观，因为当时的长度计量与今天不同，只求能从中约略窥见当时的某种特点（表 239、240）。

表 239　繁峙县砖质烽火台分类统计表

	底部周长分类	底部周长（米）	数量（座）	百分比（%）	残高（米）
大型台体	≥50 米	52~58	3	25	8.04~12.5
中型台体	40~50 米	40.4~48	6	50	5.5~8.2
小型台体	< 40 米	24~38	3	25	4~5.6
合计		24~58	12	100	4~12.5

表 240　繁峙县土质烽火台分类统计表

	底部周长分类	底部周长（米）	数量（座）	百分比（%）	残高（米）
大型台体	≥50 米	50.4 ~ 52.8	3	14.3	6.3 ~ 8.1
中型台体	40 ~ 50 米	42 ~ 48	6	28.6	5.6 ~ 12
小型台体	< 40 米	24 ~ 36.8	12	57.1	3.2 ~ 9
合计		24 ~ 52.8	21	100	1.5 ~ 12

从该表中可以看出，繁峙县烽火台不论是砖质还是土质，以中小型台体为主，全部烽火台中小型有 27 座，占 81.8%。这个特点与敌台以中小型台体为主一致。

（4）烽火台保存状况

繁峙县 33 座烽火台中，保存较好 4 座、一般 28 座、较差 1 座。

砖质烽火台台体坍塌损毁严重，2 座存条石、包砖。西连仲村南烽火台、孤山烽火台台体顶部有现代修建的小庙。白坡头村西烽火台位于煤场内。造成损毁的自然因素主要有风雨侵蚀、植物生长等；人为因素主要是拆毁台体砖石等、台体上修建小庙等。

土质烽火台台体坍塌损毁严重。造成损毁的自然因素主要有风雨侵蚀、植物生长等。

三　自然与人文环境

（一）自然环境

繁峙县位于山西省东北部，地势东北高、西南低，北、东、南三面高山环绕，北、东为恒山山脉，南为五台山山脉。中部是狭长的滹沱河谷地，为忻定盆地的边缘部分。繁峙县属北温带半干旱大陆性气候，气候干寒，年平均气温 6.8℃，无霜期约 130 天，降水量约 400 毫米。县境河流主要有从东向西贯穿全境的滹沱河，其支流涧头河、双井河、下寨河、赵庄河、羊眼河、峨河等南北汇入滹沱河，县境东南有大沙河支流青羊河等。长城主要位于大沙河支流青羊河和滹沱河上游以东的恒山山地，部分段附近有季节性河流，或位于季节性河谷中。

繁峙县主线长城沿繁峙县和灵丘县、浑源县交界处恒山山脉从南向北延伸，马头山长城位于马头山和大黑尖山，边墙梁长城 1、2 段位于边墙梁，镢柄尖山梁长城位于镢柄尖山，大王梁长城位于大王梁山，大羊坡长城位于泰戏山，平型关东和西段长城、西跑池长城位于平型岭，杏洼岭长城 1、2 段位于杏洼岭，团城口长城位于目泪沱山。

（二）人文环境

繁峙县主线长城分布于神堂堡乡神堂堡村、茨老沟村，横涧乡水沟村、桥儿沟村、马跑泉村、贾家沟村、平型关村、西跑池村，大营镇鹞涧村、团城口村。支线长城分布在神堂堡乡茨沟营村、韩庄村和横涧乡白坡头村。

神堂堡村是神堂堡乡所在，人口较多，约 1300 人。神堂堡乡茨老沟村，横涧乡东水沟村、桥儿沟村、马跑泉村，大营镇团城口村整体搬迁，村内无常住居民。神堂堡乡茨沟营村有 400 余人，韩庄村有 100 余人，横涧乡白坡头村有 400 余人，贾家沟村 400 余人，平型关村有 500 余人，西跑池村有

100 余人，大营镇鹞涧村有 200 余人，这些村庄的居民大多外迁。

    村庄居民以农业和牧业为主。繁峙县境内金、铁、铜矿等矿产资源丰富，开采业发达，长城沿线矿山多被开采，很多属于私挖滥采，导致长城所在山体破坏，甚至直接破坏长城墙体。神堂堡乡神堂堡村、茨老沟村、茨沟营村、韩庄村和横涧乡白坡头村邻近 108 国道，少数村民经营交通运输业或服务业。108 国道是连接山西、河北省的交通要道，运输繁忙，经常发生堵车现象。神堂堡乡神堂堡村、茨老沟村附近还有通往河北省阜平县的 203 省道，平型关村有繁峙县通往灵丘县的公路，各村有村村通公路或土路与乡镇相通。长城沿线还有一些将墙体挖断或挖低形成的山间土路。（北）京（太）原铁路以隧道形式穿过平型关东段长城所在山体。

四　保护与管理状况

    繁峙县长城资源的保护管理机构是繁峙县文物管理所。目前有关长城资源的保护范围、建设控制地带、保护标志、记录档案等工作有待规定或完善。

表218　繁峙县敌台一览表

名称	地点	高程	与其他遗存的位置关系	材质	建筑方式	平面形制	剖面形制	尺寸	附属设施	修缮情况	保存状况	损毁原因及存在病害
马头山敌台	神堂堡乡神堂堡村东	997米	骑墙而建。位于马头山长城墙体上	石	外部石块砌筑而成,石块长30~50,厚20~30厘米	矩形	梯形	台体底部边长8,残高3米	无	无	保存较差。仅存台体底部	自然因素主要是风雨侵蚀、植物生长等;人为因素主要是拆毁台体石块等
大王梁1号敌台	横涧乡东水沟村东北2.5千米	1409米	骑墙而建。位于大王梁长城墙体上,在墙体东侧	砖	外部砖石砌筑;内部为夯土筑而成,黄土夹杂碎石,夯层厚0.2米	矩形	梯形	台体底部东西13、南北9米,顶部东西10、南北7米,东壁残高3米	无	无	保存一般。台体坍塌损毁严重,外部砖石无存	自然因素主要是风雨侵蚀、植物生长等;人为因素主要是拆毁台体砖石等
大王梁2号敌台	横涧乡东水沟村东北3千米	1479米	骑墙而建。位于大王梁长城墙体上,在墙体东侧	砖	外部砖石砌筑;内部为夯土台体,砂石夯筑而成,夯层厚0.2米	矩形	梯形	台体底部东边长6、顶部边长4,残高2.5米	无	无	保存较差。台体东、南、北坍塌损毁严重,外部砖石无存	自然因素主要是风雨侵蚀、植物生长等;人为因素主要是拆毁台体砖石等
大王梁3号敌台	横涧乡东水沟村东北3.6千米	1516米	骑墙而建。位于大王梁长城墙体上	砖	外部砖石砌筑;内部为夯土台体,砂石夯筑而成,夯层厚0.2米	矩形	梯形	台体底部东西5、南北6米,顶部东西2、南北3米,东壁残高5米	无	无	保存一般。台体坍塌损毁严重,外部砖石无存	自然因素主要是风雨侵蚀、植物生长等;人为因素主要是拆毁台体砖石等
大王梁4号敌台	横涧乡桥儿沟村东2.5千米	1622米	骑墙而建。位于大王梁长城墙体上	砖	外部砖石砌筑;内部为夯土台体,夯层厚0.2米	矩形	梯形	台体底部边长11、顶部边长2,残高6.5米	无	无	保存一般。台体坍塌损毁严重,外部砖石无存	自然因素主要是风雨侵蚀、植物生长等;人为因素主要是拆毁台体砖石等

续表218

名称	地点	高程	与其他遗存的位置关系	材质	建筑方式	平面形制	剖面形制	尺寸	附属设施	修缮情况	保存状况	损毁原因及存在病害
大王梁5号敌台	横涧乡桥儿沟村东北2.3千米	1596米	倚墙而建。位于大王梁长城墙体上，在墙体北侧	砖	外部砖石砌筑；内部为夯土台体，砂层夯筑而成，夯土筑面厚0.2米	矩形	梯形	台体底部边长12米，顶部东西2.5、南北6米，残高9米	无	无	保存一般。台体坍塌损毁严重，外部砖石无存	自然因素主要是风雨侵蚀、植物生长等；人为因素主要是拆毁台体砖石等
大王梁6号敌台	横涧乡桥儿沟村东北2.3千米	1586米	倚墙而建。位于大王梁长城墙体上，在墙体东侧	砖	外部砖石砌筑；内部为夯土台体，砂层夯筑而成，夯土筑面厚0.2米	矩形	梯形	台体底部边长15、顶部边长8、残高6米	无	无	保存一般。台体坍塌损毁严重，外部砖石无存，顶部中央有人为挖成的坑	自然因素主要是风雨侵蚀、植物生长等；人为因素主要是拆毁台体砖石、台体上挖坑等
大王梁7号敌台	横涧乡桥儿沟村东北2.3千米	1552米	倚墙而建。位于大王梁长城墙体上，在墙体东侧	砖	外部砖石砌筑；内部为夯土台体，砂层夯筑而成，夯土筑面厚0.2米	矩形	梯形	台体底部边长10、顶部边长4、残高4.5米	无	无	保存一般。台体坍塌损毁严重，外部砖石无存	自然因素主要是风雨侵蚀、植物生长等；人为因素主要是拆毁台体砖石等
大王梁8号敌台	横涧乡桥儿沟村东北2.3千米	1518米	骑墙而建。位于大王梁长城墙体上	砖	外部砖石砌筑；内部为夯土台体，砂层夯筑而成，夯土筑面厚0.2米	矩形	梯形	台体底部东西12、南北14米，顶部东西2、南北6米，残高9米	无	无	保存一般。台体坍塌损毁严重，外部砖石无存	自然因素主要是风雨侵蚀、植物生长等；人为因素主要是拆毁台体砖石等
大王梁9号敌台	横涧乡桥儿沟村东北2.5千米	1520米	骑墙而建。位于大王梁长城墙体上，系大王梁长城止点和大羊坡长城起点	砖	外部砖石砌筑；内部为夯土台体，砂层夯筑而成，夯层厚0.2~0.25米	矩形	梯形	台体底部边长13米，顶部东西8、南北6米，残高3米	无	无	保存较差。台体坍塌损毁严重，外部砖石无存	自然因素主要是风雨侵蚀、植物生长等；人为因素主要是拆毁台体砖石等

续表218

名称	地点	高程	与其他遗存的位置关系	材质	建筑方式	平面形制	剖面形制	尺寸	附属设施	修缮情况	保存状况	损毁原因及存在病害
平型关东段1号敌台	横涧乡贾家沟村东北1.5千米	1574米	骑墙而建。位于平型关东段长城墙体上	砖	外部砖石砌筑;内部为夯土台体,夯筑而成,夹杂碎石,夯层厚0.2~0.4米	矩形	梯形	台体底部东西14,南北11米,顶部东西11,南北8米,南壁残高11,北壁残高4米	无	无	保存一般。台体坍塌损毁严重,外部砖石无存	自然因素主要是风雨侵蚀,植物生长等;人为因素主要是拆毁台体砖石等
平型关东段2号敌台	横涧乡贾家沟村东北1.8千米	1631米	骑墙而建。位于平型关东段长城墙体上	砖	外部砖石砌筑;内部为夯土台体,夯筑而成,夹杂碎石,夯层厚0.2~0.3米	矩形	梯形	台体底部边长11,顶部边长4,残高2.5米	无	无	保存较差。台体坍塌损毁严重,外部砖石无存	自然因素主要是风雨侵蚀,植物生长等;人为因素主要是拆毁台体砖石等
平型关东段3号敌台	横涧乡平型关村东北1.5千米	1622米	骑墙而建。位于平型关东段长城墙体上	砖	外部砖石砌筑;内部为夯土台体,夯筑而成,夹杂碎石,夯层厚0.2~0.3米	矩形	梯形	台体底部边长9,顶部边长2,残高6米	无	无	保存一般。台体坍塌损毁严重,外部砖石无存	自然因素主要是风雨侵蚀,植物生长等;人为因素主要是拆毁台体砖石等
平型关西段1号敌台	横涧乡平型关村东北1.4千米	1550米	骑墙而建。位于平型关西段长城墙体上	砖	外部砖石砌筑;内部为夯土台体,夯筑而成,夹杂碎石,夯层厚0.2~0.3米	矩形	梯形	台体底部边长9.3,顶部边长8,残高8米	无	无	保存一般。台体坍塌损毁严重,外部砖石无存	自然因素主要是风雨侵蚀,植物生长等;人为因素主要是拆毁台体砖石等
平型关西段2号敌台	横涧乡平型关村东北1.2千米	1554米	骑墙而建。位于平型关西段长城墙体上	砖	外部砖石砌筑;内部为夯土台体	矩形	梯形	台体底部东西7,南北5.7米,顶部东西5,南北3.7米,残高3.5米	无	无	保存一般。台体坍塌损毁严重,外部砖石无存	自然因素主要是风雨侵蚀,植物生长等;人为因素主要是拆毁台体砖石等

续表218

名称	地点	高程	与其他遗存的位置关系	材质	建筑方式	平面形制	剖面形制	尺寸	附属设施	修缮情况	保存状况	损毁原因及存在病害
平型关西段3号敌台	横涧乡平型关西村东北1.1千米	1556米	倚墙而建。位于平型关西段长城墙体上，在墙体北侧	砖	外部砖石砌筑；内部为夯土台体，砂土夯筑而成，夹杂碎石，夯层厚0.1~0.16米	矩形	梯形	台体底部东西7，南北6.5米，顶部东西3、南北2米，残高5米	无	无	保存一般。台体坍塌损毁严重，外部砖石无存	自然因素主要是风雨侵蚀、植物生长等；人为因素主要是拆毁台体砖石等
平型关西段4号敌台	横涧乡平型关西村东北1.2千米	1567米	倚墙而建。位于平型关西段长城墙体上，在墙体北侧	砖	外部砖石砌筑；内部为夯土台体，砂土夯筑而成，夹杂碎石，夯层厚0.2~0.24米	矩形	梯形	台体底部东西5~8，南北9米，顶部东西2~3、南北7米，残高4~9米	无	无	保存一般。台体坍塌损毁严重，外部砖石无存	自然因素主要是风雨侵蚀、植物生长等；人为因素主要是拆毁台体砖石等
平型关西段5号敌台	横涧乡平型关西村东北1.2千米	1540米	倚墙而建。位于平型关西段长城墙体上，在墙体北侧	砖	外部砖石砌筑；内部为夯土台体，砂土夯筑而成，夹杂碎石，夯层厚0.2~0.3米	矩形	梯形	台体底部东西10，南北9米，顶部东西6米，残高6.5米	无	无	保存一般。台体坍塌损毁严重，外部砖石无存	自然因素主要是风雨侵蚀、植物生长等；人为因素主要是拆毁台体砖石等
平型关西段6号敌台	横涧乡平型关西村东北1.3千米	1544米	骑墙而建。位于平型关西段长城墙体上	砖	外部砖石砌筑；内部为夯土台体，砂土夯筑而成，夹杂碎石，夯层厚0.2米	矩形	梯形	台体底部东西8，南北6米，顶部东西5、南北4米，残高5米	无	无	保存一般。台体坍塌损毁严重，外部砖石无存	自然因素主要是风雨侵蚀、植物生长等；人为因素主要是拆毁台体砖石等
平型关西段7号敌台	横涧乡平型关西村东北1.3千米	1538米	倚墙而建。位于平型关西段长城墙体上，在墙体北侧	砖	外部砖石砌筑；内部为夯土台体，砂土夯筑而成，夹杂碎石，夯层厚0.25~0.4米	矩形	梯形	台体底部东西9，南北8米，顶部东西5.5、南北6米，残高6米	无	无	保存一般。台体坍塌损毁严重，外部砖石无存	自然因素主要是风雨侵蚀、植物生长等；人为因素主要是拆毁台体砖石等

续表218

名称	地点	高程	与其他遗存的位置关系	材质	建筑方式	平面形制	剖面形制	尺寸	附属设施	修缮情况	保存状况	损毁原因及存在病害
平型关西段8号敌台	横涧乡平型关西村东北1.4千米	1526米	倚墙而建。位于平型关西段长城墙体上,在墙体北侧	砖	外部砖石砌筑;内部为夯土台体,砂土夯筑而成,夹杂碎石,夯层厚度不详	矩形	梯形	台体底部东西5,南北7米,顶部东西2,南北5米,残高6米	无	无	保存一般。台体坍塌损毁严重,外部包砖石无存	自然因素主要是风雨侵蚀,植物生长等;人为因素主要是拆毁台体砖石等
平型关西段9号敌台(彩图五五六)	横涧乡平型关西村北1.4千米	1540米	骑墙而建。位于平型关西段长城墙体上	砖	外部砖石砌筑,条石基础,上部包砖,条石基础9层,条石长50~90,厚15~20厘米;内部为夯土台体,砂土夯筑而成,夹杂碎石,夯层厚0.1~0.25米	矩形	梯形	台体底部东西10,南北12,顶部东西5,南北7米,残高8米	无	无	保存较好。台体部分条石,上部包砖部分无存	自然因素主要是风雨侵蚀,植物生长等;人为因素主要是拆毁台体砖石等
平型关西段10号敌台	横涧乡平型关西村北1.4千米	1509米	骑墙而建。位于平型关西段长城墙体上	砖	外部砖石砌筑;内部为夯土台体,砂土夯筑而成,夹杂碎石,夯层厚0.2~0.25米	矩形	梯形	台体底部边长5,顶部边长3,3.5米	无	无	保存一般。台体坍塌损毁严重,外部包砖石无存	自然因素主要是风雨侵蚀,植物生长等;人为因素主要是拆毁台体砖石等
平型关西段11号敌台	横涧乡平型关西村北1.5千米	1505米	倚墙而建。位于平型关西段长城墙体上,在墙体北侧	砖	外部砖石砌筑;石块基础,石块基础为白灰勾缝,石块长40~70厘米,厚10~50厘米;内部为夯土台体,砂土夯筑而成,夹杂碎石,夯层厚0.2米	矩形	梯形	台体底部边长12米,顶部东西8,南北6米,残高5.5米	台体西壁石墙下有一块黑色岩石,宽0.3,高0.6,厚0.12米,阴刻"东跑池南界",敌台北有东跑池村(灵丘县白崖台乡)	无	保存一般。台体坍塌损毁严重,底部存部分石块,西壁石块较完整,上部砖包砖部分无存	自然因素主要是风雨侵蚀,植物生长等;人为因素主要是拆毁台体砖石等

续表218

名称	地点	高程	与其他遗存的位置关系	材质	建筑方式	平面形制	剖面形制	尺寸	附属设施	修缮情况	保存状况	损毁原因及存在病害
平型关西段12号敌台	横涧乡平型关西村北1.6千米	1504米	位于平型关西段长城东侧,有短墙将敌台和长城墙体连接	砖	外部砖石砌筑;内部为夯土台体,夹杂碎石,夯层厚0.2~0.3米,夯层中夹杂一层碎石块	矩形	梯形	台体底部边长9米,顶部东西6,南北5米,残高9米	敌台位于平型关西段长城东侧,有短墙将敌台和长城墙体连接。短墙长12,底宽3,顶宽2米	无	保存一般。台体西壁坍塌损毁严重,外部砖砖石无存	自然因素主要是风雨侵蚀,植物生长等;人为因素主要是拆毁台体砖石等
平型关西段13号敌台	横涧乡平型关西村西北1.7千米	1522米	倚墙而建。位于平型关西段长城墙体上,在墙体北侧	砖	外部砖石砌筑,条石基础,上部包砖;内部为夯土台体,砂土筑成,夹杂碎石,夯层厚0.14~0.25米	矩形	梯形	台体底部东西12,南北8米,顶部东西10,南北6米,残高5.5米	无	无	保存一般。台体底部条石大多无存,上部砖部分无存。台体附近散落砖	自然因素主要是风雨侵蚀,植物生长等;人为因素主要是拆毁台体砖石等
平型关西段14号敌台	横涧乡平型关西村西北1.8千米	1519米	倚墙而建。位于平型关西段长城墙体上,在墙体北侧	砖	外部砖石砌筑,条石基础,上部包砖;内部为夯土台体,夯层厚0.15~0.4米	矩形	梯形	台体底部东西12,南北9米,顶部东西3,南北2米,残高8米	无	无	保存一般。台体底部条石大多无存,上部砖部分无存。台体附近散落砖	自然因素主要是风雨侵蚀,植物生长等;人为因素主要是拆毁台体砖石等
平型关西段15号敌台	横涧乡平型关西村西北2千米	1505米	倚墙而建。位于平型关西段长城墙体上,在墙体北侧	砖	外部砖石砌筑,上部为夯土台体,石块基础,石块西壁高2.2米,石块长30~50,厚10~15厘米;内部为夯土台体,夯层厚0.2~0.3米	矩形	梯形	台体底部东西12,南北14米,顶部东西7,南北2米,残高12米	无	无	保存较好。台体部分石块,西部石块较完整,上部包砖部分无存	自然因素主要是风雨侵蚀,植物生长等;人为因素主要是拆毁台体砖石等
平型关西段16号敌台	横涧乡平型关西村西北2.1千米,西跑池村东南1千米	1501米	骑墙而建。位于平型关西段长城墙体上,系平型关西段长城止点,西跑池是起点	砖	外部砖石砌筑,石块基础,上部为夯土台体,内部包砖,夯层厚0.05~0.2米	矩形	梯形	台体底部东西16,南北17米,顶部东西14,南北15米,残高9米	无	无	保存一般。坍塌损毁严重,外部砖石无存	自然因素主要是风雨侵蚀,植物生长等;人为因素主要是拆毁台体砖石等

续表 218

名称	地点	高程	与其他遗存的位置关系	材质	建筑方式	平面形制	剖面形制	尺寸	附属设施	修缮情况	保存状况	损毁原因及存在病害
西跑池 1 号敌台	横涧乡西跑池村东 1 千米	1493 米	骑墙而建。位于西跑池长城墙体上	砖	外部砖石砌筑,石块基础,上部包砖,石块基础,西壁残高 3.5 米;内部为夯土台体,砂土夯筑而成,夹杂碎石,夯层厚 0.2~0.3 米	矩形	梯形	台体底部东西 14,南北 10 米,顶部东西 10,南北 3.5 米,东壁残高 6,西壁残高 1.5 米	无	无	保存一般。台体坍塌损毁严重,台体底部存部分石块,上部包砖顶部分无存	自然因素主要是风雨侵蚀,植物生长等;人为因素主要是拆毁台体包砖石等
西跑池 2 号敌台	横涧乡西跑池村东	1499 米	位于西跑池长城墙体西侧的一座小山丘	砖	外部砖石砌筑,条石基础,上部包砖,南壁条石基础 10 层,白灰勾缝,高 2.2 米,条石长 60~80,厚 20~22 厘米;内部为夯土台体,黄土夯筑而成,夹杂碎石,夯层厚 0.2~0.3 米	矩形	梯形	台体底部边长 12,残高 6.6 米	无	无	保存一般。台体底部分条石,上部包砖部分无存。台体南壁有现代掏挖修建的小庙	自然因素主要是风雨侵蚀,植物生长等;人为因素主要是拆毁台体包砖石,台体上修建小庙等
西跑池 3 号敌台	横涧乡西跑池村东	1485 米	骑墙而建。位于西跑池长城墙体上	砖	外部砖石砌筑,石块基础,上部包砖;内部为夯土台体,黄土夯筑而成,夯层厚 0.15~0.25 米	矩形	梯形	台体底部边长 10 米,顶部东西 7,南北 5 米,东壁残高 5.5,西壁残高 1.2 米	无	无	保存一般。台体坍塌损毁严重,外部砖石无存	自然因素主要是风雨侵蚀,植物生长等;人为因素主要是拆毁台体包砖石等
西跑池 4 号敌台	横涧乡西跑池村东	1478 米	骑墙而建。位于西跑池长城墙体上	砖	外部砖石砌筑;内部为夯土台体,砂土夯筑而成,夹杂碎石,夯层厚 0.15~0.25 米	矩形	梯形	台体底部东西 6 米,顶部东西 2,南北 2.5 米,残高 5.5 米	无	无	保存一般。台体坍塌损毁严重,外部砖石无存,附近散落砂石。东壁被土路破坏,路砖破坏	自然因素主要是风雨侵蚀,植物生长等;人为因素主要是拆毁台体包砖石、修路破坏台体等

续表218

名称	地点	高程	与其他遗存的位置关系	材质	建筑方式	平面形制	剖面形制	尺寸	附属设施	修缮情况	保存状况	损毁原因及存在病害
西跑池5号敌台	横涧乡西跑池村东	1500米	位于西跑池长城墙体西0.015千米	砖	外部砖石砌筑;内部为夯土台体,黄土夯筑而成,夯层厚0.2米	矩形	梯形	台体底部边长4、顶部边长3、残高6.5米	无	无	保存一般。台体坍塌损毁严重,外部砖石南南壁有现代掏挖修建有小庙	自然因素主要是风雨侵蚀、植物生长等;人为因素主要是拆毁台体砖石,台体上修建小庙等
西跑池6号敌台	横涧乡西跑池村东	1500米	位于西跑池长城墙体东侧,有短墙将敌台和长城墙体连接	砖	外部砖石砌筑;内部为夯土台体,黄土夯筑而成,夯层厚0.2米,夯层中夹杂一层厚0.02米的碎石细沙	矩形	梯形	台体底部边长8.5、顶部边长6、南壁残高4、北壁残高9米	敌台位于西跑池长城东侧,有短墙将敌台和长城墙体连接;短墙长8、底宽3.5、顶宽1.2、残高5米	无	保存一般。台体坍塌损毁严重,外部砖石无存	自然因素主要是风雨侵蚀、植物生长等;人为因素主要是拆毁台体砖石等
西跑池7号敌台	横涧乡西跑池村东	1495米	骑墙而建。位于西跑池长城墙体上	砖	外部砖石砌筑;内部为夯土台体,黄土夯筑而成,夯层厚0.2~0.3米	矩形	梯形	台体底部边长9、顶部边长7、残高6米	无	无	保存一般。台体坍塌损毁严重,外部砖石无存	自然因素主要是风雨侵蚀、植物生长等;人为因素主要是拆毁台体砖石等
西跑池8号敌台	横涧乡西跑池村东	1496米	骑墙而建。位于西跑池长城墙体上	砖	外部砖石砌筑;内部为砂土台体,夹杂碎石,夯层厚0.2米	矩形	梯形	台体底部东西9、南北9米,顶部东西10、南北9米,残高4米	无	无	保存一般。台体坍塌损毁严重,以东壁尤甚,外部砖石无存	自然因素主要是风雨侵蚀、植物生长等;人为因素主要是拆毁台体砖石等
西跑池9号敌台	横涧乡西跑池村北	1502米	骑墙而建。位于西跑池长城墙体上	砖	外部砖石砌筑,上部残存部分石块,石块为基础,仅东壁残存部分砖;内部夯土台体,砂土夹杂碎石而成,夯层厚0.2米	矩形	梯形	台体底部边长9、顶部边长8、残高6米	无	无	保存一般。台体坍塌损毁严重,底部残存部分石块。上部包砖部分无存	自然因素主要是风雨侵蚀、植物生长等;人为因素主要是拆毁台体砖石等

续表218

名称	地点	高程	与其他遗存的位置关系	材质	建筑方式	平面形制	剖面形制	尺寸	附属设施	修缮情况	保存状况	损毁原因及存在病害
西跑池10号敌台(彩图五七)	横涧乡西跑池村东北	1507米	骑墙而建。位于西跑池长城墙体上	砖	外部砖石砌筑，石块基础，上部包砖，仅南壁残存部分石块；内部为夯土台体	矩形	梯形	台体底部东西9，南北7米，顶部东西7，南北5米，残高9米	无	无	保存一般。台体坍塌损毁严重，台体部分存石块，上部包砖台体部分无存	自然因素主要是风雨侵蚀、植物生长等；人为因素主要是拆毁台体石等
西跑池11号敌台	横涧乡西跑池村东北1.5千米	1520米	位于西跑池长城北侧，有短墙将敌台和长城墙体连接	砖	外部砖石砌筑；内部为夯土台体，黄土夯筑而成，夯层厚0.2~0.4米	矩形	梯形	台体底部边长8，顶部边长7，残高4米	敌台子于西跑池长城北侧，有短墙将敌台和长城墙体连接，短墙长5，底宽3.5米	无	保存一般。台体坍塌损毁严重，外部砖石无存	自然因素主要是风雨侵蚀、植物生长等；人为因素主要是拆毁台体石等
杏洼岭2段1号敌台	大营镇鹞涧村东南2.5千米	1592米	骑墙而建。位于杏洼岭长城墙体上，系杏洼岭长城1段止点、杏洼岭长城2段起点	砖	外部砖石砌筑；内部为夯土台体，砂土夯筑而成，夹杂碎石，夯层厚0.15~0.2米	矩形	梯形	台体底部边长8，顶部南北5.5，东西4.5米，东壁残高5.2米	无	无	保存一般。台体坍塌损毁严重，外部砖石无存	自然因素主要是风雨侵蚀、植物生长等；人为因素主要是拆毁台体石等
杏洼岭2段2号敌台	大营镇鹞涧村东南	1567米	位于杏洼岭长城2段东侧山坡上，有短墙将敌台和长城墙体连接	砖	外部砖石砌筑；内部为夯土台体，黄土夯筑而成，夯层厚0.2~0.3米	矩形	梯形	台体底部边长6.5，东顶部边长0.5，东壁高7，西壁残高2.5米	敌台位于杏洼岭长城2段东侧山坡上，有短墙将敌台和长城墙体连接，短墙长5，宽1.5，残高0.5米	无	保存一般。台体坍塌损毁严重，外部砖石无存	自然因素主要是风雨侵蚀、植物生长等；人为因素主要是拆毁台体石等

续表218

名称	地点	高程	与其他遗存的位置关系	材质	建筑方式	平面形制	剖面形制	尺寸	附属设施	修缮情况	保存状况	损毁原因及存在病害
杏连岭2段3号敌台	大营镇鹞洞村东南	1564米	骑墙而建。位于杏连岭2段东墙墙体上	砖	外部砖石砌筑，石块基础，上部包砖。石块残存部分石块，石块长30~50，厚20厘米，内部为夯土台体，夯层厚0.22米	矩形	梯形	台体底部边长12，顶部边长6，东壁残高1.5米，东壁底部残存部分石块，西壁残高5.4米	无	无	保存一般。台体损毁严重，壁坍塌。底部残存部分石块，上部包砖部分无存	自然因素主要是风雨侵蚀，植物生长等；人为因素主要是拆毁台体砖石等
杏连岭2段4号敌台	大营镇鹞洞村东南	1573米	位于杏连岭2段东侧山坡上。有短墙将敌台和长城墙墙体连接	砖	外部砖石砌筑；内部为夯土台体，砂夹杂碎石，夯层层厚0.2米	矩形	梯形	台体底部边长10米，顶部东西6，南北7，南壁残高7，北壁高2米	敌台位于杏连岭长城2段东侧山坡上，有短墙将敌台和长城墙体连接。短墙长5，底宽1.5，顶宽1~1.5，残高7米	无	保存一般。台体坍塌损毁严重，外部砖石无存	自然因素主要是风雨侵蚀，植物生长等；人为因素主要是拆毁台体砖石等
团城口1号敌台	大营镇团城口村东南0.3千米	1594米	位于团城口长城东侧，有短墙将敌台和长城墙墙体连接，系长城2段止点，团城口长城起点	砖	外部砖石砌筑；内部为夯土台体，黄土夯筑而成，夯层厚0.2~0.3米	矩形	梯形	台体底部边长8，顶部边长6，残高2.8米	敌台位于团城口长城东侧，有短墙将敌台连接。短墙长7，底宽2.3，顶宽4.5，残高1.5米	无	保存较差。台体坍塌损毁严重，外部砖石无存	自然因素主要是风雨侵蚀，植物生长等；人为因素主要是拆毁台体砖石等
团城口2号敌台	大营镇团城口村东	1573米	骑墙而建。位于团城口长城墙体上	砖	外部砖石砌筑，内部为夯土台体，黄土夯筑而成，夯层厚0.2~0.3米	矩形	梯形	台体底部边长9，顶部边长7米，残高5.5米	无	无	保存一般。台体坍塌损毁严重，外部砖石无存	自然因素主要是风雨侵蚀，植物生长等；人为因素主要是拆毁台体砖石等

续表218

名称	地点	高程	与其他遗存的位置关系	材质	建筑方式	平面形制	剖面形制	尺寸	附属设施	修缮情况	保存状况	损毁原因及存在病害
团城口3号敌台	大营镇团城口村东	1536米	骑墙而建。位于团城口长城墙体上	砖	外部砖石砌筑；内部为夯土台体，黄土夯筑而成，夯层厚0.2~0.3米	矩形	梯形	台体底部东西6，南北12米，顶部东西5，南北10米，残高6米	无	无	保存一般。台体坍塌损毁严重，外部砖石无存	自然因素主要是风雨侵蚀，植物生长等；人为因素主要是拆毁台体砖石等
团城口4号敌台	大营镇团城口村东	1567米	位于西跑池长城墙体东0.004千米	砖	外部砖石砌筑；内部为夯土台体，砂土夯筑而成，夹杂碎石，夯层厚0.2~0.3米	矩形	梯形	台体底部边长13，顶部边长8，南壁残高7，北壁残高5米	无	无	保存一般。台体坍塌损毁严重，以北壁尤甚。外部砖石无存	自然因素主要是风雨侵蚀，植物生长等；人为因素主要是拆毁台体砖石等
团城口5号敌台	大营镇团城口村东北	1550米	倚墙而建。位于团城口长城墙体上，在墙体东侧	砖	外部砖石砌筑；内部为夯土台体，砂土夯筑而成，夹杂碎石，夯层厚0.2~0.3米	矩形	梯形	台体底部边长8，南北5，顶部东西6，南北3米，残高5米	无	无	保存一般。台体坍塌损毁严重，外部砖石无存	自然因素主要是风雨侵蚀，植物生长等；人为因素主要是拆毁台体砖石等
团城口6号敌台	大营镇团城口村东北	1555米	骑墙而建。位于团城口长城墙体上	砖	外部砖石砌筑；内部为夯土台体，砂土夯筑而成，夹杂碎石，夯层厚0.2~0.4米	矩形	梯形	台体底部边长12，顶部边长8，东壁残高5，西壁残高2.5米	无	无	保存一般。台体坍塌损毁严重，以东、北壁尤甚。外部砖石无存	自然因素主要是风雨侵蚀，植物生长等；人为因素主要是拆毁台体砖石等
团城口7号敌台	大营镇团城口村东北	1550米	骑墙而建。位于团城口长城墙体上	砖	外部砖石砌筑；内部为夯土台体，砂土夯筑而成，夹杂碎石，夯层厚0.2~0.4米	矩形	梯形	台体底部东西5，南北8米，顶部东西4，南北7米，残高3.5米	无	无	保存较差。台体坍塌损毁严重，以东壁尤甚。外部砖石无存	自然因素主要是风雨侵蚀，植物生长等；人为因素主要是拆毁台体砖石等

续表218

名称	地点	高程	与其他遗存的位置关系	材质	建筑方式	平面形制	剖面形制	尺寸	附属设施	修缮情况	保存状况	损毁原因及存在病害
团城口8号敌台	大营镇团城口村东北	1542米	倚墙而建。位于团城口长城，有短墙将墙体上，在墙体东侧	砖	外部砖石砌筑；内部为夯土台体，黄土夯筑而成，夹杂碎石，夯层厚0.2米	矩形	梯形	台体底部东西8、南北6、顶部东西6、南北4米，东壁残高4米	无	无	保存一般。台体坍塌损毁严重，以东、北壁尤甚。外部砖石无存	自然因素主要是风雨侵蚀，植物生长等；人为因素主要是拆毁台体砖石等
团城口9号敌台	大营镇团城口村东北	1554米	位于团城口长城东侧，有短墙将敌台和长城墙体连接	砖	外部砖石砌筑；内部为夯土台体，砂土夯筑而成，夹杂碎石，夯层厚0.2~0.4米	矩形	梯形	台体底部边长8、顶部边长6、残高9米	敌台位于团城口长城东侧，有短墙将敌台和长城墙体连接。短墙宽5、底宽4、顶宽2、残高4米	无	保存一般。台体坍塌损毁严重，尤以东、北壁明损毁严重。外部砖石无存	自然因素主要是风雨侵蚀，植物生长等；人为因素主要是拆毁台体砖石等
团城口10号敌台	大营镇团城口村东北	1577米	骑墙而建。位于团城口长城墙体上	砖	外部砖石砌筑；内部为夯土台体，黄土夯筑而成，夹杂碎石，夯层厚0.2~0.3米	矩形	梯形	台体底部边长8、顶部边长6、残高6米	无	无	保存一般。台体坍塌损毁严重，以东、西壁尤甚。外部砖石无存	自然因素主要是风雨侵蚀，植物生长等；人为因素主要是拆毁台体砖石等
团城口11号敌台	大营镇团城口村北	1576米	骑墙而建。位于团城口长城墙体上	砖	外部砖石砌筑；内部为夯土台体，砂土夯筑而成，夹杂碎石，夯层厚0.2~0.4米	矩形	梯形	台体底部东西4、南北4.5米，顶部东西2、南北1米，残高3米	无	无	保存较差。台体坍塌损毁严重，外部砖石无存	自然因素主要是风雨侵蚀，植物生长等；人为因素主要是拆毁台体砖石等
团城口12号敌台	大营镇团城口村北	1572米	位于团城口长城北侧，有短墙将敌台和长城墙体连接	砖	外部砖石砌筑；内部为夯土台体，黄土夯筑而成，夯层厚0.2~0.4米	矩形	梯形	台体底部东西7、南北5米，顶部东西6、南北4米，残高7米	敌台位于团城口长城北侧，有短墙将敌台和长城墙体连接。短墙长7米	无	保存一般。台体坍塌损毁严重，外部砖石无存	自然因素主要是风雨侵蚀，植物生长等；人为因素主要是拆毁台体砖石等

续表218

名称	地点	高程	与其他遗存的位置关系	材质	建筑方式	平面形制	剖面形制	尺寸	附属设施	修缮情况	保存状况	损毁原因及存在病害
团城口13号敌台	大营镇团城口村北	1564米	骑墙而建。位于团城口长城墙体上	砖	外部砖石砌筑；内部为夯土台体	矩形	梯形	台体底部东西6、南北8米，顶部东西4、南北5，残高3米	无	无	保存较差。台体坍塌损毁严重，外部砖石无存	自然因素主要是风雨侵蚀、植物生长等；人为因素主要是拆毁台体砖石等
团城口14号敌台	大营镇团城口村西北	1576米	骑墙而建。位于团城口长城墙体上	砖	外部砖石砌筑；内部为夯土台体，黄土层夯筑而成，夯层厚0.2~0.4米	矩形	梯形	台体底部东西14、南北10米，顶部东西9、南北7米，残高8米	无	无	保存一般。台体坍塌损毁严重，外部砖石无存	自然因素主要是风雨侵蚀、植物生长等；人为因素主要是拆毁台体砖石等
团城口15号敌台	大营镇团城口村西北	1572米	骑墙而建。位于团城口长城墙体上	砖	外部砖石砌筑；内部为夯土台体，黄土层夯筑而成，夯层厚0.2米	矩形	梯形	台体底部长10、宽5.5、残高3米	无	无	保存较差。台体坍塌损毁严重，外部砖石无存	自然因素主要是风雨侵蚀、植物生长等；人为因素主要是拆毁台体砖石等
团城口16号敌台	大营镇团城口村西北	1575米	位于团城口长城北侧，有短墙将敌台和长城墙体连接	砖	外部砖石砌筑；内部为夯土台体，黄土层夯筑而成，夯层厚0.2~0.3米	矩形	梯形	台体底部东西6、南北5米，顶部东西4、南北3米，残高4米	敌台位于团城口长城北侧，有短墙将敌台和长城墙体连接，短墙长5米	无	保存较差。台体坍塌损毁严重，外部砖石无存	自然因素主要是风雨侵蚀、植物生长等；人为因素主要是拆毁台体砖石等
团城口17号敌台	大营镇团城口村西北	1578米	骑墙而建。位于团城口长城墙体上	砖	外部砖石砌筑；内部为夯土台体	矩形	梯形	台体底部东西5、南北3、残高1.5米	无	无	保存较差。台体坍塌损毁严重，外部砖石无存	自然因素主要是风雨侵蚀、植物生长等；人为因素主要是拆毁台体砖石等

续表218

名称	地点	高程	与其他遗存的位置关系	材质	建筑方式	平面形制	剖面形制	尺寸	附属设施	修缮情况	保存状况	损毁原因及存在病害
团城口18号敌台	大营镇团城口村西北	1586米	骑墙而建。位于团城口长城墙体上	砖	外部砖石砌筑；内部为夯土台体，黄土夯筑而成	矩形	梯形	台体底部边长10米，顶部东西6，南北6米，残高7.5米	无	无	保存一般。台体坍塌损毁严重，外部砖石无存	自然因素主要是风雨侵蚀、植物生长等；人为因素主要是拆毁台体砖石等
团城口19号敌台	大营镇团城口村西北2千米	1593米	骑墙而建。位于团城口长城墙体上	砖	外部砖石砌筑；内部为夯土台体，砂土夯筑而成，夹杂碎石，夯层厚0.2~0.4米	矩形	梯形	台体底部边长8米，顶部东西5，南北6米，东壁残高7米	无	无	保存一般。台体坍塌损毁严重，外部砖石无存	自然因素主要是风雨侵蚀、植物生长等；人为因素主要是拆毁台体砖石等
竹帛口"茨叁肆字叁叁号"敌台（彩图五五八）	神堂堡乡韩庄村东南2千米	1189米	骑墙而建。位于竹帛口长城墙体上	砖	外部砖石砌筑，条石基础，上部包砖。条石基础有8层，高3米，条长50~110，厚30~40厘米，砖长42，宽22，厚9厘米	矩形	梯形	台体底部长10.4，宽10.3米，顶部长9.7，宽9.9米，残高9.6米	有台基，两层条石砌筑而成，长11.2，宽10.8，凸出台体0.6，高0.6米。东壁有石券拱门，门上方原有匾额，宽1.8米。现无存。南、北壁有滴水，滴水宽0.2，高0.5米。凸出墙体0.7，宽0.2米。东、西、北壁有前窗4个，箭窗前窗宽0.62，高0.9米，箭窗下设射孔。顶部设有垛口墙，残高0.8米。垛口下设射孔，射孔宽0.3，高0.35米。台体内部为回廊结构，回廊为砖券拱顶，宽1.2~1.4，高2.2米	无	保存较好。台体顶部垛口墙坍塌损毁严重	自然因素主要是风雨侵蚀、植物生长等
竹帛口"茨叁叁字叁叁号"台	神堂堡乡韩庄村南1.5千米	1057米	骑墙而建。位于竹帛口长城墙体上	砖	外部砖石砌筑，条石基础，上部包砖。内部为夯土台体，夹杂碎石砖	矩形	梯形	台体底部长11.5，宽7，残高8米	无	无	保存一般。台体底部存部分条石，上部包砖部分无存。台体附近砖散落存	自然因素主要是风雨侵蚀、植物生长等；人为因素主要是拆毁台体砖石等

续表218

名称	地点	高程	与其他遗存的位置关系	材质	建筑方式	平面形制	剖面形制	尺寸	附属设施	修缮情况	保存状况	损毁原因及存在病害
竹帛口"茨字叁拾贰号"敌台	神堂堡乡韩庄村东南1千米	982米	骑墙而建。位于竹帛口长城墙体上	砖	外部砖石砌筑,条石基础,上部包砖;内部为夯土台体,夹杂碎石砖,夯层厚0.2~0.3米	矩形	梯形	台体底部长15,宽7,残高6米	无	无	保存一般。台体底部条石大多无存,上部包砖部分近散落砖;台体附近散落砖	自然因素主要是风雨侵蚀,植物生长等;人为因素主要是拆毁台体砖石等
竹帛口"茨字叁拾壹号"敌台	神堂堡乡韩庄村东1千米	1065米	骑墙而建。位于竹帛口长城墙体上	砖	外部砖石砌筑,条石基础,上部包砖;内部为夯土台体	矩形	梯形	台体底部长18,宽5.5,残高2米	无	无	保存较差。台体底部条石大多无存,上部包砖部分无存	自然因素主要是风雨侵蚀,植物生长等;人为因素主要是拆毁台体砖石等
竹帛口"茨字叁拾号"敌台	神堂堡乡韩庄村东1千米	1089米	骑墙而建。位于竹帛口长城墙体上	砖	外部砖石砌筑,条石基础,上部包砖;内部为夯土台体,夹杂碎石砖,夯层厚0.2~0.3米	矩形	梯形	台体底部长17,宽10,残高5米	无	无	保存一般。台体底部条石大多无存,上部包砖部分无存	自然因素主要是风雨侵蚀,植物生长等;人为因素主要是拆毁台体砖石等
竹帛口"茨字贰拾玖号"敌台	神堂堡乡韩庄村东1千米	1130米	骑墙而建。位于竹帛口长城墙体上	砖	外部砖石砌筑,条石基础,上部包砖;内部为夯土台体,夹杂碎石砖	矩形	梯形	台体底部边长6.5,残高4米	无	无	保存一般。台体底部条石大多无存,上部包砖部分无存	自然因素主要是风雨侵蚀,植物生长等;人为因素主要是拆毁台体砖石等
竹帛口"茨字贰拾捌号"敌台	神堂堡乡韩庄村东1千米	1092米	骑墙而建。位于竹帛口长城墙体上	砖	外部砖石砌筑,条石基础,上部为夯土台体,夹杂碎石砖,夯层厚0.2米	矩形	梯形	台体底部边长10.5,条石层残高2米,残高5米	无	无	保存部分条石、条石层残高2米,上部包砖部分无存	自然因素主要是风雨侵蚀,植物生长等;人为因素主要是拆毁台体砖石等

续表218

名称	地点	高程	与其他遗存的位置关系	材质	建筑方式	平面形制	剖面形制	尺寸	附属设施	修缮情况	保存状况	损毁原因及存在病害
竹帛口"茨字拾柒号"敌台	神堂堡乡韩庄村东1千米	1136米	骑墙而建。位于竹帛口长城墙体上	砖	外部砖石砌筑，条石基础，上部包砖，石条层残高1.8~2.5米，条石长80~120，厚40~60厘米；内部为夯土台体，夹杂碎石砖，夯层厚0.2~0.3米	矩形	梯形	台体底部边长10.5，残高5.4米	无	无	保存一般。台体底部条石1.8~2.5米，上部包砖部分无存	自然因素主要是风雨侵蚀，植物生长等；人为因素主要是拆毁台体砖石等
竹帛口"茨字拾陆号"敌台（图二八五）	神堂堡乡韩庄村东1千米	1140米	骑墙而建。位于竹帛口长城墙体上	砖	外部砖石砌筑，条石基础，上部包砖，条石基础有7层，高3.4米，条石长80~120，厚40~50厘米	矩形	梯形	台体底部长11.57，宽9.08米，顶部长10，宽8米，残高11米	底部有台基，条石砌筑而成，高0.4米。上部南，北壁有石券拱门，宽0.88，高1.8米。拱门上方嵌有石匾，书"茨字拾陆号台"。南，北壁有箭窗2个，东，西壁有箭窗4个，箭窗宽0.62，高1米。残高顶部有垛口墙，射孔宽0.3，0.4米。垛口下设射孔，射孔宽0.35米。台体内部为回廊结构，回廊为砖券拱顶，宽1.2~1.4，高2.4米	无	保存较好。台体上部包砖脱落严重。台体顶部垛口墙坍塌，损毁严重	自然因素主要是风雨侵蚀，植物生长等；人为因素主要是拆毁台体砖石等
竹帛口"茨字拾伍号"敌台（图二八六；彩图五五九）	神堂堡乡韩庄村东1千米	1140米	骑墙而建。位于竹帛口长城墙体上	砖	外部砖石砌筑，条石基础，上部包砖，条石基础有7层，高3.5米，条石长80~110，厚40~60厘米	矩形	梯形	台体底部长12.14，宽10.68，残高12.1米	底部有台基，条石砌筑而成，长11.8，宽10.6，高0.35米。上部南，北壁有石券拱门，宽0.82，高1.8米，拱门上方嵌有石匾，书"茨字拾伍号台"。东，西壁有箭窗2个，南，北壁有箭窗4个，箭窗宽0.62，高1.1米，西壁有箭窗4个，箭窗宽0.62，高1.1米。顶部有垛口墙，残高0.4米。垛口下设射孔，台体内部为回廊结构，回廊为砖券拱顶，宽1.2米	无	保存较好。台体上部包砖脱落严重。台体顶部垛口墙坍塌，损毁严重	自然因素主要是风雨侵蚀，植物生长等；人为因素主要是拆毁台体砖石，敌台内圈养性畜等

续表 218

名称	地点	高程	与其他遗存的位置关系	材质	建筑方式	平面形制	剖面形制	尺寸	附属设施	修缮情况	保存状况	损毁原因及存在病害
竹帛口"茨字貳拾肆号"台（图二八七）	神堂堡乡韩庄村东北1千米	1134米	骑墙而建。位于竹帛口长城墙体上	砖	外部砖石砌筑，上部包石，条石基础有7层，高2.7米，条石长60～110，厚20～40厘米	矩形	梯形	台体底部长12.265，宽9.15，残高10.9米	底部有台基，两层条石砌筑而成，长11.8，宽0.6米，高0.9，上部南、北壁有石券拱门，门上方嵌有匾额，宽1.95米。拱书"茨字貳拾肆号台"。横书"茨字貳拾肆号台"。东、西壁有箭窗4个，箭窗宽0.62，东、西壁有箭窗4个，箭窗下设射孔。顶部有垛口墙，残高0.9米。垛口下设射孔。宽0.3，高0.35米。垛口内部为回廊结构，回廊为砖券拱顶，宽1.8，高2.4米	无	保存较好。台体上部包砖脱落严重，台体顶部垛口墙口墙坍塌损毁严重	自然因素主要是风雨侵蚀，植物生长等；人为因素主要是拆毁台体砖石，致台内圈养牲畜等
竹帛口"茨字貳拾叁号"台	神堂堡乡韩庄村东北1千米	1189米	骑墙而建。位于竹帛口长城墙体上	砖	外部砖石砌筑，上部包石基础，条石基础有7层，高2.6米，条石长70～110，厚30～40厘米	矩形	梯形	台体底部长12.65，宽10，残高10.6米	底部有台基，高0.7米。拱门上方有匾书，拱门上方嵌有匾额，横书"茨字貳拾叁号台"。北壁有箭窗2个，东、西壁有箭窗4个，箭窗下设射孔。顶部有垛口墙，残高1米。垛口下设射孔	无	保存较好。台体上部包砖脱落严重，台体顶部垛口墙口墙坍塌损毁严重，内部坍塌损毁严重，结构不明	自然因素主要是风雨侵蚀，植物生长等；人为因素主要是拆毁台体砖石，致台内圈养牲畜等
竹帛口"茨字貳拾贰号"台	神堂堡乡韩庄村东北1千米	1215米	位于竹帛口长城墙体东0.083千米，西南距"茨字貳拾叁号"台0.083千米	砖	外部砖石砌筑，上部包石基础，条石基础有9层，高4.1米，条石长80～120，砖长45～50厘米，宽20，厚10厘米	矩形	梯形	台体底部长10.7，宽10.6，残高11.65米	底部有台基，长11，宽10.6，高0.35米。上部南、北壁有石券拱门，拱门上方嵌有匾额，北壁有箭窗2个，东、西壁有箭窗4个。顶部有垛口墙，残高1米。垛口下设射孔	无	保存较好。台体上部包砖脱落严重，台体顶部垛口墙口墙坍塌损毁严重，台体内部坍塌损毁严重，结构不明	自然因素主要是风雨侵蚀，植物生长等；人为因素主要是拆毁台体砖石等
白坡头台	横涧乡白坡头村南1千米处	1281米	骑墙而建。位于白坡头长城1段，系白坡头长城1段止点，2段起点	土	夯筑而成，夯层厚0.2～0.25米	矩形	梯形	台体底部长14.5，宽12.5，宽10米，顶部长12，顶部残高4～5米	无	无	保存一般。台体西南壁坍塌损毁严重	自然因素主要是风雨侵蚀，植物生长等

表219　繁峙县长城沿线烽火台一览表

名称	地点	高程	与其他遗存的位置关系	材质	建筑方式	平面形制	剖面形制	尺寸	附属设施	修缮情况	保存状况	损毁原因及存在病害
大王梁烽火台	横涧乡东水沟村东北3千米的山顶上	1435米	位于大王梁长城东西0.04千米	砖	外部砖石砌筑；内部为夯土台体，黄土夯筑而成，夯层厚0.1~0.2米	矩形	梯形	台体底部边长12米，顶部东西5、南北6米，残高7米	无	无	保存一般。台体坍塌损毁严重，外部砖石无存	自然因素主要有是风雨侵蚀，植物生长等；人为因素主要是拆毁台体砖石等
平型关堡东烽火台（当地俗称东烟墩）	横涧乡平型关村东南0.96千米	1415米	位于平型关东段长城西1.9千米，西北距平型关堡0.96千米	砖	外部砖石砌筑、条石基础，上部包砖；内部为夯土台体，夯层厚0.2米。附近散落的条石长80~120，宽40~60，厚30~50厘米	矩形	梯形	台体底部边长9.5、顶部边长7，残高5.6米	台体四周有围墙，平面呈方矩形，边长28，底宽1.3、顶宽2.7米。外侧残高1，围墙系条石墙，条石无存，散落于附近	无	保存一般。台体坍塌损毁严重，外部砖石无存，围墙条石无存	自然因素主要有是风雨侵蚀，植物生长等；人为因素主要是拆毁台体砖石等
平型关堡西南烽火台（当地俗称羊台）（彩图五〇）	横涧乡平型关村西0.86千米	1390米	位于平型关东段长城西2.3千米，东北距平型关堡0.86千米，东南距平型关堡南烽火台0.66千米	砖	外部砖石砌筑；内部为夯土台体，夯层厚0.1~0.3米。台体四壁有数处纵向长方形沟槽，宽0.4~0.7，高1.4~1.7，进深0.5米	矩形	梯形	台体底部边长14.5、残高12.5米	无	无	保存较好。台体所坍塌损毁，外部砖石无存	自然因素主要有是风雨侵蚀，植物生长等；人为因素主要是拆毁台体砖石等
白坡头村西烽火台（当地俗称白坡头烽火台）	横涧乡白坡头村西1千米的煤场内	1308米	位于白坡头长城1段北2.2千米	砖	外部砖石砌筑；内部为夯土台体，夯层厚0.15~0.2米	矩形	梯形	台体底部边长6、顶部边长2.2，残高5米	无	无	保存一般。台体坍塌损毁严重，尤以西、南、北三面为甚，外部砖石无存。位于煤场内，附近有108国道，通讯塔架及防合利小庙	自然因素主要有是风雨侵蚀，植物生长等；人为因素主要是拆毁台体砖石等
西连仲村南烽火台（彩图五六）	横涧乡西连仲村南1千米	1265米	位于白坡头长城1段北2.8千米，西南距白坡头村西烽火台1千米	砖	外部砖石砌筑；内部为夯土台体，夯层厚0.1~0.15米	矩形	梯形	台体底部东10.5、南北6米；顶部东西9.5、南北5米，残高4米	台体四周有围墙，平面呈矩形，底宽1.6，边长30、顶宽0.6~1.2，残高2~3米	无	保存一般。台体坍塌损毁严重，外部砖石无存，顶部有现代修建的小庙	自然因素主要有是风雨侵蚀，植物生长等；人为因素主要是拆毁台体砖石，台体顶部修建小庙等

续表 219

名称	地点	高程	与其他遗存的位置关系	材质	建筑方式	平面形制	剖面形制	尺寸	附属设施	修缮情况	保存状况	损毁原因及存在病害
小孤山山烽火台	横涧乡横涧村东约1千米的小孤山山顶上	1264 米	位于平型关东段长城西南4.6千米，东南距大王梁烽火台5.5千米	砖	外部砖石砌筑；内部为夯土台体，黄土夯筑而成，夹杂碎石、砖块，夯层厚0.2米。	矩形	梯形	台体底部边长11，顶部边长9，残高8米	无	无	保存一般。台体坍塌损毁严重，砖石无存，台体四壁有数处纵向长方形沟槽，宽0.5~0.7，高2.5~3，进深0.5~0.6米	自然因素主要有是风雨侵蚀，植物生长等；人为因素主要是拆毁台体砖石等
孤山烽火台（当地俗称大孤山烽火台）	横涧乡孤山铺村南孤山山顶上	1343 米	位于白坡头长城1段西北6.9千米	砖	外部砖石砌筑；条石基础，上部包砖，北壁条石基础有9层，高1.6米，南壁条石基础高1.2米。条石长50~110，厚15~20厘米。东壁砖墙高2.4，北壁砖墙存高3.2米；内部为夯土台体，夹杂碎石，夯层厚0.1~0.2米	矩形	梯形	台体底部边长13，顶部边长8.8，残高8.04米	底部有台基，凸出台体0.08，高0.14米	无	保存较好。台体部分条石和包砖，顶部有现代修建的小庙	自然因素主要有是风雨侵蚀，植物生长等；人为因素主要是拆毁台体砖石，台体顶部修建小庙等
烟墩梁烽火台	横涧乡小西沟村北2千米	1538 米	位于平型关东段长城西南4.5千米	土	夯筑而成，夯层厚0.15~0.2米	矩形	梯形	台体底部东西8，南北10米，顶部东西6.5，南北8.5米，残高9米	台体四周有壕沟，距台体6，壕沟宽3，深3米	无	保存较好。台体有所阴塌损毁	自然因素主要有是风雨侵蚀，植物生长等
迷涧村烽火台	大营镇迷涧村东2.5千米	1346 米	位于杏洼岭长城2段西2.5千米	砖	外部砖石砌筑；内部为夯土台体，黄土夯筑而成，夯层厚0.2~0.3米	矩形	梯形	底部东西10，南北12米，顶部东西6，南北7米，残高7.5米	无	无	保存一般。台体坍塌损毁严重，砖石无存，顶部长有树木	自然因素主要有是风雨侵蚀，植物生长等；人为因素主要是拆毁台体砖石等
迷涧村北烽火台	大营镇迷涧村北1.5千米	1473 米	位于杏洼岭长城2段西南距迷涧烽火台1.2千米	砖	外部砖石砌筑；内部为夯土台体，黄土夯筑而成，夯层厚0.1米	矩形	梯形	台体底部边长10，顶部边长8，残高5.5米	台体四周有围墙，平面呈矩形，边长30，面宽2.5，顶宽0.2~0.5，底宽1.5，外侧残高1.5，内侧残高0.5米	无	保存一般。台体坍塌损毁严重，砖石无存，围墙有多处豁口	自然因素主要有是风雨侵蚀，植物生长等；人为因素主要是拆毁台体砖石等

表220　繁峙县腹里烽火台一览表

名称	地点	高程	与其他遗存的位置关系	材质	建筑方式	平面形制	剖面形制	尺寸	附属设施	修缮情况	保存状况	损毁原因及存在病害
龙山烽火台	大营镇南洪水村西龙山山顶上	1289米	贾家井堡东北7.8千米，齐城堡西7.7千米	砖	外部砖石砌筑，条石基础，上部砌砖包砖，条石基础高1.3米，高9.2米；内部为夯土台体，黄土夯筑而成，夯层厚0.2~0.3米	矩形	梯形	台体底部边长13，顶部边长10，残高10.5米	台体周围有壕沟，距台体6，宽3，深3米	无	保存较好。台体条石和包砖仍存。	自然因素主要有是风雨雨侵蚀、植物生长等；人为因素主要是拆毁台体砖、石等
金山铺烽火台	金山铺乡金山铺村北0.25千米	1167米	贾家井堡东北3.9千米，东北龙山烽火台4.1千米	土	黄土夯筑而成，夯层厚0.26~0.28米	矩形	梯形	台体底部东西5.2，南北7.2，顶部东西4.2，南北6米，残高3.2米	无	无	保存较差。台体坍塌损毁严重	自然因素主要有是风雨侵蚀、植物生长等
下狼洞烽火台	金山铺乡下狼洞村西南0.9千米	1134米	贾家井堡西北4.1千米，东南距金山铺烽火台3.4千米	土	黄土夯筑而成，夯层厚0.26~0.28米	矩形	梯形	台体底部边长12.6，顶部边长8.8，残高7.2米	无	无	保存一般。台体坍塌损毁严重	自然因素主要有是风雨侵蚀、植物生长等
小南川烽火台	柏家庄乡小南川村西南2千米	1515米	贾家井堡西北10.6千米，东南距下狼洞烽火台6.5千米	土	黄土夯筑而成，夯层厚0.2米	矩形	梯形	台体底部边长8.2，顶部边长3.6，残高8.2米	无	无	保存较差。台体坍塌损毁严重	自然因素主要有是风雨侵蚀、植物生长等
西砂河烽火台	砂河镇西砂河村北0.1千米	1089米	下双井堡东北5.9千米，山会堡西北8.5千米	土	黄土夯筑而成，夯层厚0.2米	矩形	梯形	台体底部边长8，顶部边长6，残高4.6米	无	无	保存一般。台体坍塌损毁严重	自然因素主要有是风雨侵蚀、植物生长等
杨家窑烽火台（彩图五六二）	砂河镇杨家窑村北0.5千米	1350米	下双井堡东北7.5千米，南距西砂河烽火台3.6千米	土	黄土夯筑而成，夯层厚0.18米	矩形	梯形	台体底部边长9.2，顶部边长4，残高7.8米	无	无	保存一般。台体坍塌损毁严重	自然因素主要有是风雨侵蚀、植物生长等

续表 220

名称	地点	高程	与其他遗存的位置关系	材质	建筑方式	平面形制	剖面形制	尺寸	附属设施	修缮情况	保存状况	损毁原因及现存在病害
川草坪烽火台	砂河镇川草坪村西0.6千米	1496米	下双井堡东北8千米，南距上双井烽火台3.7千米	砖	外部砖石砌筑；内部为夯土台体，黄土夯筑而成，夯层厚0.18~0.2米	矩形	梯形	台体底部东西9.2、南北11米，顶部东西3、南北3米，残高6米	无	无	保存一般。台体坍塌损毁严重，外部砖石无存	自然因素主要有植物生风雨侵蚀；人为因素主要是拆毁台体砖石等
长嘴烽火台	砂河镇长嘴村西南1.5千米	1672米	下双井堡东北8.3千米，东南距川草坪烽火台1.4千米	土	黄土夯筑而成，夯层厚0.22~0.25米	矩形	梯形	台体底部边长6、顶部边长1.5、残高5.2米	无	无	保存一般。台体坍塌损毁严重	自然因素主要有植物生风雨侵蚀等
石塔沟烽火台	集义庄乡石塔沟村东	1102米	下双井堡东4.4千米，东距西砂河烽火台1.6千米	土	黄土夯筑而成，夯层厚0.18~0.22米	矩形	梯形	台体底部边长12、顶部边长6.2、残高8.8米	无	无	保存一般。台体坍塌损毁严重	自然因素主要有植物生风雨侵蚀等
下双井烽火台	集义庄乡下双井村西下双井堡内东侧	1130米	下双井堡中，东距塔沟烽火台4.4千米	土	黄土夯筑而成，夯层厚0.18~0.3米	矩形	梯形	台体底部东西7，南北6米，顶部东西4.8、南北5.6米，残高	无	无	保存一般。台体坍塌损毁严重	自然因素主要有植物生风雨侵蚀等
净林烽火台	集义庄乡净林村西1.5千米	1231米	下双井堡西北2.6千米，东南距下双井烽火台2.6千米	砖	外部砖石砌筑，内部为夯土台体，黄土夯筑而成，夯层厚0.3~0.33米	矩形	梯形	台体底部边长12、顶部边长8、残高8.2米	无	无	保存一般。台体坍塌损毁严重，外部砖石无存	自然因素主要有植物生风雨侵蚀；人为因素主要是拆毁台体砖石等
上双井烽火台（彩图五六三）	集义庄乡上双井村中	1303米	下双井堡东北4.5千米，东北距杨家窑烽火台3.8千米，西南距净林烽火台3.1千米，北距川草坪烽火台3.7千米	土	黄土夯筑而成，夯层厚0.28~0.3米	矩形	梯形	台体底部边长13.2、顶部边长6.2、残高8.1米	无	无	保存一般。台体坍塌损毁严重	自然因素主要有植物生风雨侵蚀等

续表220

名称	地点	高程	与其他遗存的位置关系	材质	建筑方式	平面形制	剖面形制	尺寸	附属设施	修缮情况	保存状况	损毁原因及存在病害
大沟烽火台	下茹越乡大沟村北0.6千米	1069米	大沟堡北0.2千米，下双井堡西南3.9千米	土	黄土夯筑而成，夯层厚0.18～0.2米	矩形	梯形	台体底部东西10，南北11米，顶部东西7，南北8米，残高12米	无	无	保存一般。台体坍塌损毁严重，南邻108国道与砖瓦厂	自然因素主要有是风雨侵蚀、植物生长等
瓦磁地烽火台	下茹越乡瓦磁地村西0.5千米	1021米	大沟堡西南2.7千米，下寨堡东南3.9千米，东北距大沟烽火台2.7千米	土	黄土夯筑而成，夯层厚0.18米	矩形	梯形	台体底部边长7.7，顶部边长5，残高5.1米	无	无	保存一般。台体坍塌损毁严重	自然因素主要有是风雨侵蚀、植物生长等
下寨烽火台	下茹越乡下寨村北0.8千米	1308米	下寨堡西北1.1千米	土	黄土夯筑而成，夯层厚0.2～0.25米	矩形	梯形	台体底部东西8.5，南北8.8米，顶部东西3.8，南北4米，残高6.8米	无	无	保存一般。台体坍塌损毁严重	自然因素主要有是风雨侵蚀、植物生长等
魏家窑烽火台	繁城镇魏家窑村东0.9千米	1329米	下寨西南1.4千米，东北距下寨烽火台0.94千米	土	黄土夯筑而成，夯层厚0.18～0.2米	矩形	梯形	台体底部长9.2，顶部边长3.8，残高5.9米	底部有台基，石块垒砌而成，高1.5米	无	保存一般。台体坍塌损毁严重	自然因素主要有是风雨侵蚀、植物生长等
安家山烽火台	繁城镇安家山村东0.8千米	1169米	繁峙县城北4千米，东距魏家窑烽火台5.6千米	土	黄土夯筑而成，分层厚0.26米	矩形	梯形	台体底部东西7.6，南北9.1米，顶部东西3.6，南北4.2米，残高5.2米	无	无	保存一般。台体坍塌损毁严重	自然因素主要有是风雨侵蚀、植物生长等
三祝烽火台（彩图五六四）	繁城镇三祝村北1千米	1207米	繁峙县城西北4.5千米，东距安家山烽火台2.5千米	土	黄土夯筑而成，夯层厚0.2米	矩形	梯形	台体底部东西9，南北8米，顶部东西7，南北2米，残高4.2米	无	无	保存一般。台体坍塌损毁严重	自然因素主要有是风雨侵蚀、植物生长等

续表 220

名称	地点	高程	与其他遗存的位置关系	材质	建筑方式	平面形制	剖面形制	尺寸	附属设施	修缮情况	保存状况	损毁原因及存在病害
三祝北梁烽火台	繁城镇三祝村北2.5千米	1515米	繁峙县城西北5.6千米，东距三祝西梁烽火台2.3千米	土	黄土夯筑而成，夯层厚0.24米	矩形	梯形	台体底部东西11，南北13，顶部边长5，残高5.6米	无	无	保存一般。台体坍塌损毁严重	自然因素主要有是风雨侵蚀、植物生长等
三祝西梁烽火台	繁城镇三祝村西	1310米	繁峙县城西北6千米，东距三祝北梁烽火台0.52千米	土	黄土夯筑而成，夯层厚度不详	矩形	梯形	台体底部边长13，顶部边长10，残高6.3米	无	无	保存一般。台体坍塌损毁严重	自然因素主要有是风雨侵蚀、植物生长等
东魏村烽火台	繁城镇东魏村东0.3千米的山顶上	1082米	繁峙县城西北5.9千米，东北距三祝西梁烽火台1.8千米	土	黄土夯筑而成，夯层厚0.12~0.14米	矩形	梯形	台体底部边长12米，顶部东西1.5，南北2米，残高8.8米	无	无	保存一般。台体坍塌损毁严重，西邻一座现代房屋	自然因素主要有是风雨侵蚀、植物生长等
南关烽火台	杏园乡南关村南0.6千米	940米	繁峙县城南3.1千米，北距安家山烽火台7千米	土	黄土夯筑而成，夯层厚0.2米	矩形	梯形	台体底部东西12，南北11米，顶部东西4，南北8.2米，残高3.5米	无	无	保存一般。台体坍塌损毁严重，西距京原铁路0.008千米	自然因素主要有是风雨侵蚀、植物生长等
杏园烽火台	杏园乡杏园村东0.1千米	942米	繁峙县城南3千米，东距南关烽火台0.18千米，西北距东魏村烽火台7.7千米	土	黄土夯筑而成，夯层厚0.2米	矩形	梯形	台体底部边长12，顶部边长4，残高8.1米	无	无	保存一般。台体坍塌损毁严重，南部通讯塔架及房舍相距3米	自然因素主要有是风雨侵蚀、植物生长等

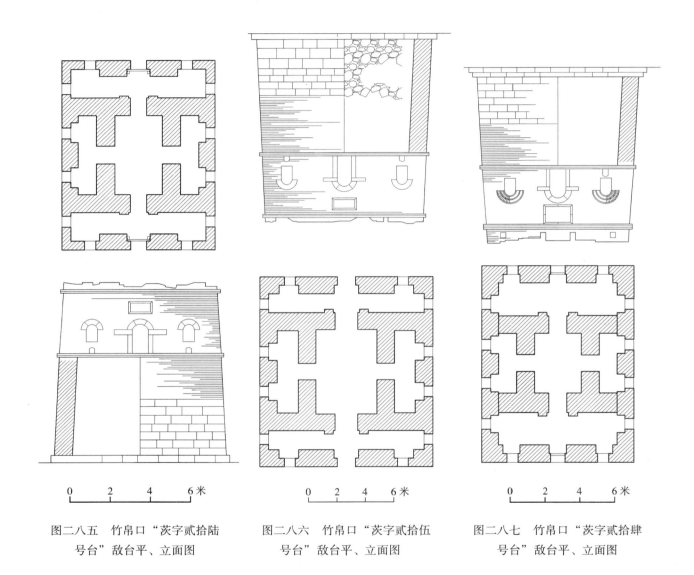

图二八五　竹帛口"茨字贰拾陆　　　图二八六　竹帛口"茨字贰拾伍　　　图二八七　竹帛口"茨字贰拾肆
　　　号台"敌台平、立面图　　　　　　　号台"敌台平、立面图　　　　　　　号台"敌台平、立面图

第九章 浑源县长城

浑源县位于山西省东北部，东与广灵县及灵丘县接壤，西与应县和怀仁县为界，南邻繁峙县，北与大同县及阳高县相接。山西省明长城资源调查二队于 2007 年 7 月 8 日～9 月 18 日，调查五队于 2008 年 4 月 14 日～5 月 7 日，对该县明长城资源进行了调查。

一 长城资源调查数据

浑源县共调查长城墙体 25 段，长 80309 米；堡 21 座、关 5 座；单体建筑共 133 座，其中敌台 95 座、烽火台 38 座（地图九）。

（一）长城墙体

长城墙体从繁峙县大营镇团城口村东南，沿繁峙县与浑源县交界处（繁峙县团城口长城）延伸，在浑源县王庄堡镇上牛还村西南进入浑源县。浑源县长城墙体起点为上牛还村西，向西北经王庄堡镇西河口村，千佛岭乡杨庄村至上桦岭村，大致从目泪沱山北麓、唐河谷地西侧山脉，从西南向东北延伸至岗年口河谷。由上桦岭村开始分支，一支经青磁窑乡东葫芦头村、西葫芦头村、破兑臼村至大西沟掌村，从恒山山地沿山脊延伸；另外一支经青磁窑乡正沟村、大川岭村，大磁窑镇黄土坡村、南元坨村、柳村，东坊城乡常柴岭村至落子宓村，由马鬃岩山岭越过恒山腹地、翠屏山，向恒山西北的黄土台塬延伸。至此，长城墙体的走向开始变化，由东南—西北走向变为东北—西南走向，沿浑河谷地东南侧、恒山山脉西侧的边墙山、龙山西麓的低山丘陵地带延伸，途经东坊城乡东湾村、玉门村，裴村乡的凌云口村，至西坊城镇黄沙口村，出浑源县接应县徐峪长城（表241）。

表241 浑源县长城墙体一览表（单位：米）

长城墙体段落名称	总长	保存较好	保存一般	保存较差	保存差	消失	类型	县属
上牛还村西长城	3500	0	3500	0	0	0	山险	浑源县
西河口南段长城	1509	0	446	678	144	241	石墙	浑源县
西河口北长城 1 段	1263	0	176	762	0	325	砖墙	浑源县
西河口北长城 2 段	283	283	0	0	0	0	石墙	浑源县

长城墙体段落名称	总长	保存较好	保存一般	保存较差	保存差	消失	类型	县属
小东坡长城	361	0	0	361	0	0	土墙	浑源县
明尖梁—黑狗背长城	12500	12500	0	0	0	0	山险	浑源县
岗年口长城	1210	0	0	0	0	1210	消失墙体	浑源县
上、下桦岭长城	4307	0	200	3891	0	216	石墙	浑源县
马鬃岩长城	4396	0	1680	2328	0	388	砖墙	浑源县
正沟北长城 1 段	1720	0	0	1720	0	0	砖墙	浑源县
正沟北长城 2 段	2330	0	1086	684	490	70	砖墙	浑源县
大川岭长城	2414	0	720	1694	0	0	砖墙	浑源县
黄土坡长城	3000	3000	0	0	0	0	山险	浑源县
南元坨—孟家窑长城	3170	3170	0	0	0	0	土墙	浑源县
柳林—常柴岭长城	2092	0	0	23	238	1831	土墙	浑源县
落子宨长城	1104	0	214	130	0	760	土墙	浑源县
败杨峪长城	1042	0	0	370	0	672	土墙	浑源县
李峪长城	752	0	53	235	126	338	砖墙	浑源县
玉门长城	1552	0	0	0	0	1552	消失墙体	浑源县
关沟长城	9000	9000	0	0	0	0	山险	浑源县
凌云口长城	1739	0	80	0	0	1659	石墙	浑源县
凌云口—黄沙口长城	7500	7500	0	0	0	0	山险	浑源县
东葫芦头南梁长城	2728	0	166	1093	1298	171	石墙	浑源县
西葫芦头西岭长城	4802	0	0	2201	2601	0	石墙	浑源县
破兑臼西梁长城	6035	0	0	3097	2080	858	石墙	浑源县
合计	80309	35453	8321	19267	6977	10291		
百分比（%）	100	44.2	10.3	24.0	8.7	12.8		

1. 上牛还村西长城

起点位于王庄堡镇上牛还村西南 2.5 千米处，高程 1656 米；止点位于王庄堡镇西河口村东南 1.5 千米处，高程 1685 米。大致呈东南—西北走向。全长 3500 米，均保存一般。本段长城为山险，南接繁峙县团城口长城，北连浑源县西河口南段长城（图二八八）。

本段墙体共测 GPS 点 2 个（G0001—G0002），仅 1 小段，叙述如下。

G0001（起点）—G0002（止点），长 3500 米，东南—西北走向，保存一般。此段长城为山险，山脊有为开采运输矿石修建的简易道路。

墙体整体保存一般。造成损毁的主要原因是在山险所在山体上开采花岗岩矿、修建简易道路等。

上牛还村西长城位于山脉山脊上，呈东南—西北走向。长城周围植被稀疏，有零星生长的杨科及榆科树木等。

2. 西河口南段长城

起点位于王庄堡镇西河口村东南 1.5 千米处，高程 1685 米；止点位于西河口村南 0.1 千米处，高

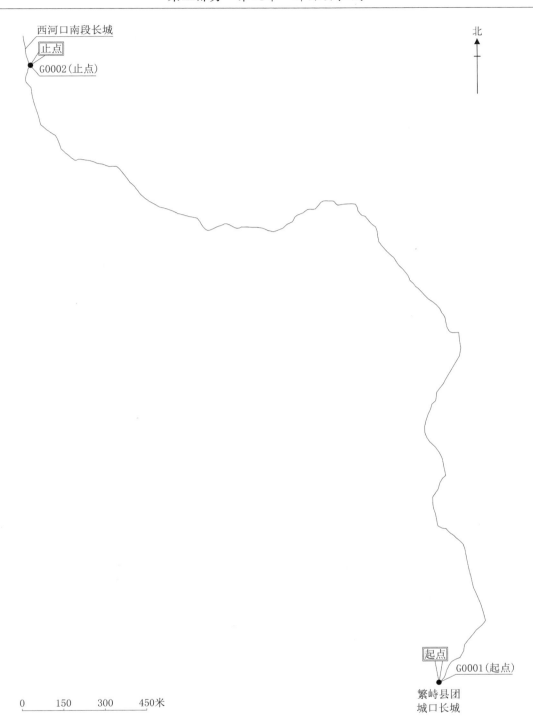

图二八八　上牛还村西长城走向示意图

程 1392 米。大致呈东南—西北走向。全长 1509 米，其中保存一般 446、较差 678、差 144、消失 241
米。墙体为石墙，两侧石块垒砌，白灰勾缝，中间填以碎石、砂土。现存墙体剖面大致呈不规则梯形，
底宽 2 ~ 2.8、顶宽 0.4 ~ 2.4、残高 0.3 ~ 4 米，G0004（拐点、断点）—G0007（拐点）间墙体北外侧
残高 3.7 ~ 4、南内侧残高 0.4 ~ 1 米。本段长城南接上牛还村西长城，西北连西河口北长城 1 段。西河
口南段 1 ~ 3 号敌台位于墙体上，敌台间距 0.674 ~ 0.687 千米。G0005（西河口南段 2 号敌台、拐

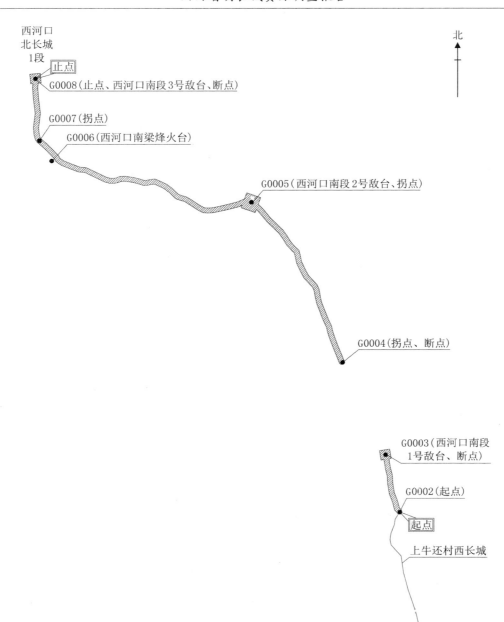

图二八九　西河口南段长城走向示意图

点）—G0007（拐点）墙体南内侧0.005千米处为西河口南梁烽火台（图二八九）。

本段墙体共测GPS点6个（G0002~G0005、G0007、G0008），可分为5小段，分述如下。

第1小段：G0002（起点）—G0003（西河口南段1号敌台、断点），长148米，东南—西北走向，保存较差。墙体底宽3、顶宽2.4、残高1米。

第2小段：G0003（西河口南段1号敌台、断点）—G0004（拐点、断点），长241米，东南—西北走向，墙体消失。

第3小段：G0004（拐点、断点）—G0005（西河口南段2号敌台、拐点），长446米，东南—西北走向，保存一般。墙体底宽 2.8、顶宽 1.7、北外侧残高 3.7~4、南内侧残高 0.4~1 米。

第 4 小段：G0005（西河口南段 2 号敌台、拐点）—G0007（拐点），长 530 米，东南—西北走向，保存较差。墙体底宽 2、顶宽 1.2、北外侧残高 3、南内侧残高 0.7 米。顶部残存台阶，阶高 0.8、进深 2.5~3 米。

第 5 小段：G0007（拐点）—G0008（止点、西河口南段 3 号敌台、断点），长 144 米，南—北走向，保存差。墙体底宽 2、顶宽 0.4~1.1、残高 0.3~0.7 米。

墙体整体保存较差，坍塌损毁严重，部分段消失。造成损毁的自然因素主要有洪水冲刷、风雨侵蚀、植物生长等；人为因素主要是在墙体附近开采花岗岩矿、修建简易道路。

西河口南段长城位于王庄堡镇西河口村南的大山山巅上。植被主要为杨树、稀疏草本植物和灌木等。西河口河穿长城而过，向东北汇入唐河。

3. 西河口北长城 1 段

起点位于王庄堡镇西河口村南 0.1 千米处，高程 1392 米；止点位于西河口村西北 1 千米（大疙瘩山），高程 1517 米。大致呈东南—西北走向。全长 1263 米，其中保存一般 176、较差 762、消失 325 米。墙体为砖墙，外侧砖石砌筑，底部砌筑青石条，残高 0.6 米，条石上再砌筑砖，砖被拆毁。条石长 70~80 厘米，青砖长 38、宽 19、厚 9 厘米；内部为黄土夯筑墙体，夯层厚 0.18~0.22 米。现存墙体剖面大致呈不规则梯形，底宽 3~5、顶宽 1.2~2.2、残高 1~6 米，G0009（断点、拐点）—0013（拐点）、G0016（西河口北 1 段 5 号敌台）—G0019（断点）间墙体东或北外侧高 2.4~6、西或南内侧高 1~4 米。本段长城南接西河口南段长城，西北连西河口北长城 2 段。西河口北 1 段 1~7 号敌台位于墙体上，敌台间距 0.034~0.187 千米。西河口北 1 段 1 号敌台东南距西河口南段 3 号敌台 0.206 千米。G0010（西河口北 1 段 1 号敌台、拐点）—G0012（西河口北 1 段 2 号敌台、拐点）西 0.07 千米处为西河口堡、0.7 千米处为寺坡烽火台（图二九〇）。

本段墙体共测 GPS 点 12 个（G0008~G0010、G0012~G0020），可分为 11 小段，分述如下。

第 1 小段：G0008（起点、断点、西河口南段 3 号敌台）—G0009（断点、拐点），长 149 米，东南—西北走向，消失。据当地村民讲述，此处原有砖墙沿山崖而下过河，后因修筑王大公路（浑源县王庄堡镇至繁峙县大营镇）、村民拆毁砖石、洪水冲刷等因素墙体未保存。

第 2 小段：G0009（断点、拐点）—G0010（西河口北 1 段 1 号敌台、拐点），长 57 米，南—北走向，保存较差。墙体为砖墙，外侧原包砖石无存，内部夯土墙体保存，为黄土夯筑而成，夯层厚 0.22 米。墙体底宽 3、顶宽 1.5、北外侧残高 4、南内侧残高 2.5 米。

第 3 小段：G0010（西河口北 1 段 1 号敌台、拐点）—G0012（西河口北 1 段 2 号敌台、拐点），长 130 米，南—北走向，保存较差。墙体为砖墙，外侧原包砖石无存，内部夯土墙体保存，为黄土夯筑而成。墙体底宽不详，顶宽 1.2、北外侧残高 5.3、南内侧残高 1.5 米。

第 4 小段：G0012（西河口北 1 段 2 号敌台、拐点）—G0013（拐点），长 43 米，东南—西北走向，保存较差。墙体为砖墙，外侧原包砖石无存，内部夯土墙体保存，为黄土夯筑而成。墙体底宽 3、顶宽 1.6、北外侧残高 5、南内侧残高 2 米。

第 5 小段：G0013（拐点）—G0014（西河口北 1 段 3 号敌台），长 144 米，东南—西北走向，保存较差。墙体为砖墙，外侧原包砖石无存，内部夯土墙体保存，为黄土夯筑而成，夯层厚 0.18 米。墙体底宽 3.6、顶宽 1.2、残高 2.2 米。

第 6 小段：G0014（西河口北 1 段 3 号敌台）—G0015（西河口北 1 段 4 号敌台），长 138 米，东

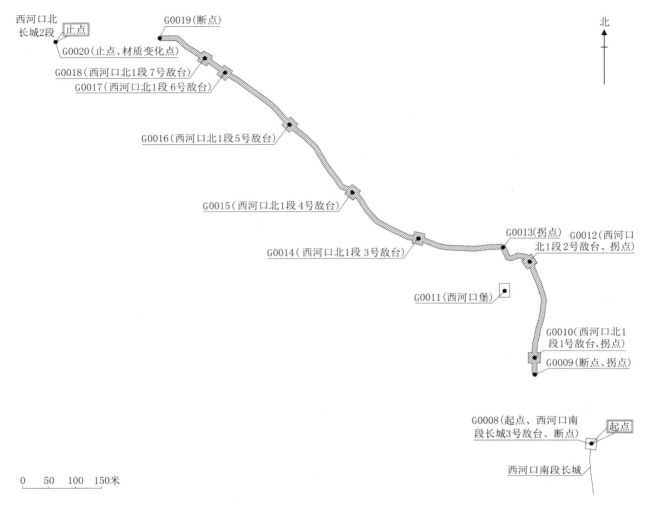

图二九〇　西河口北长城 1 段走向示意图

南—西北走向，保存较差。墙体为砖墙，外侧原包砖石无存；内部夯土墙体保存，为黄土夯筑而成，夯层厚 0.18 米。墙体底宽 3、顶宽 1.6、残高 3 米。

　　第 7 小段：G0015（西河口北 1 段 4 号敌台）—G0016（西河口北 1 段 5 号敌台），长 153 米，东南—西北走向，保存较差。墙体为砖墙，外侧原包砖石无存；内部夯土墙体保存，为黄土夯筑而成，夯层厚 0.18 米。墙体底宽 3.4、顶宽 1.2、残高 3 米。

　　第 8 小段：G0016（西河口北 1 段 5 号敌台）—G0017（西河口北 1 段 6 号敌台），长 142 米，东南—西北走向，保存一般。墙体为砖墙，外侧底部条石保存；上部包砖无存，散落于附近地面，青砖长 38、宽 19、厚 9 厘米。内部夯土墙体保存，黄土夯筑而成。墙体底宽 5、顶宽 2.2、北外侧高 4～6、南内侧高 3～4 米。

　　第 9 小段：G0017（西河口北 1 段 6 号敌台）—G0018（西河口北 1 段 7 号敌台），长 34 米，东南—西北走向，保存一般。墙体为砖墙，外侧底部条石保存；上部包砖无存，散落于附近地面，青砖长 38、宽 19、厚 9 厘米；内部夯土墙体保存，黄土夯筑而成。墙体底宽 5、顶宽 2.2、北外侧高 4～6、南内侧高 3～4 米（彩图五六七、五六八）。

　　第 10 小段：G0018（西河口北 1 段 7 号敌台）—G0019（断点），长 97 米，东南—西北走向，保存较差。墙体为砖墙，外侧底部条石保存；上部包砖无存，散落于附近地面，青砖长 38、宽 19、厚 9

厘米；内部夯土墙体保存，黄土夯筑而成，夯层厚 0.18 米。墙体底宽 3.2、顶宽 1.3、北外侧高 2.4、南内侧高 1 米。

第 11 小段：G0019（断点）—G0020（止点、材质变化点），长 177 米，东南—西北走向，消失。地表未见墙体遗存。

墙体整体保存较差，坍塌损毁严重，部分段消失。造成损毁的自然因素主要有洪水冲刷、风雨侵蚀、植物生长等；人为因素主要有拆除墙体砖石、修建公路致墙体消失、山间小路损毁墙体、农业生产活动破坏墙体等。

西河口北长城 1 段依西河口村北部山脊而行，长城周围为耕地。

4. 西河口北长城 2 段

起点位于王庄堡镇西河口村西北 1 千米处，高程 1517 米；止点位于西河口村西北 1.5 千米处，高程 1578 米。大致呈东南—西北走向。全长 283 米，均保存较好。墙体为石墙，两侧为黑色片麻岩石块垒筑，中间填以泥土、碎石等。现存墙体剖面大致呈不规则梯形，底宽 2 ~ 2.4、顶宽 0.5 ~ 1.1、残高 1.3 ~ 2.4 米。部分段墙体顶部呈阶梯形垛口状，垛口宽 1.5 ~ 2、高 0.6 ~ 0.9 米。本段长城东南接西河口北长城 1 段，北连明尖梁—黑狗背长城（图二九一）。

本段墙体共测 GPS 点 4 个（G0020 ~ G0023），可分为 3 小段，分述如下。

第 1 小段：G0020（起点、材质变化点）—G0021（拐点），长 145 米，东南—西北走向，保存较好。墙体底宽 2、顶宽 0.5 ~ 0.7、残高 2.4 米。

第 2 小段：G0021（拐点）—G0022（拐点），长 68 米，东南—西北走向，保存较好。墙体底宽 2.4、顶宽 1.1、残高 1.3 米。

第 3 小段：G0022（拐点）—G0023（止点、材质变化点），长 70 米，东南—西北走向，保存较好。墙体底宽 2.2、顶宽 1、残高 1.3 米。

墙体有所坍塌损毁，整体保存较好。造成损毁的自然因素主要有风雨侵蚀、植物生长等。

西河口北长城 2 段依西河口村北部山岭脊部而行。长城周围为耕地，有零星生长的杨科及榆科树木等。

5. 小东坡长城

起点位于王庄堡镇西河口村西南 0.8 千米处，高程 1433 米；止点位于西河口村西南 0.5 千米处，高程 1370 米。大致呈东南—西北走向。全长 361 米，均保存较差。墙体为土墙，黄土夯筑而成，夯土中含细沙，夯层厚 0.12 ~ 0.18 米，部分段夯层中间夹杂一层石英碎屑石。现存墙体剖面大致呈不规则梯形，底宽 1.5 ~ 2.4、顶宽 0.6 ~ 1、残高 0.6 ~ 3 米。本段长城东距西河口南段长城 0.5 千米。小东坡长城敌台位于长城墙体上，东北距西河口南段 2 号敌台 0.763 千米（图二九二；彩图五六九）。

本段墙体共测 GPS 点 4 个（G0025 ~ G0028），可分为 3 小段，分述如下。

第 1 小段：G0025（起点）—G0026（拐点），长 138 米，东北—西南走向，保存较差。墙体夯层厚 0.12 米，夯层中间夹杂一层石英碎屑石，底宽 1.5、顶宽 0.8 ~ 1、残高 0.6 ~ 1.1 米。

第 2 小段：G0026（拐点）—G0027（小东坡敌台），长 68 米，东—西走向，保存较差。墙体夯层厚 0.12 米，底宽 2.4、顶宽 1、残高 2.5 ~ 3 米。

第 3 小段：G0027（小东坡敌台）—G0028（止点），长 155 米，东南—西北走向，保存较差。墙体夯层厚 0.18 米，底宽 1.8、顶宽 0.6、残高 1.3 米。G0028（止点）东邻公路。

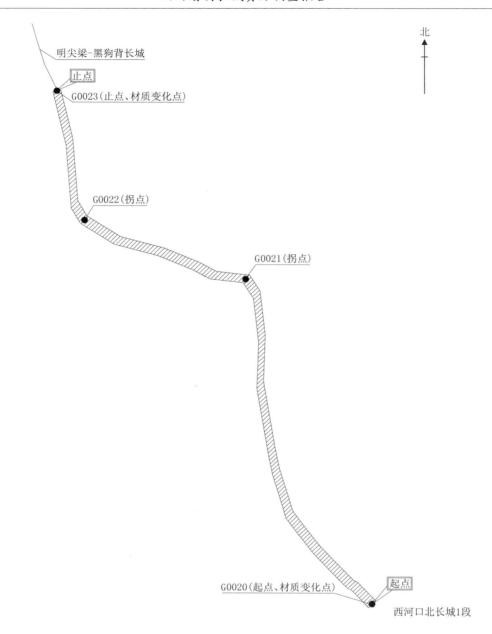

图二九一　西河口北长城 2 段走向示意图

　　墙体整体保存较差，坍塌损毁严重。造成损毁的自然因素主要有风雨侵蚀、植物生长等；人为因素主要有农业生产活动破坏墙体、山间小路损毁墙体等。

　　小东坡长城沿目泪沱山北麓延伸向西河口河谷的一条山脊而行。长城周围为耕地。

6. 明尖梁—黑狗背长城

　　起点位于王庄堡镇西河口村西北 1.5 千米处（大疙瘩山），高程 1578 米；止点位于千佛岭乡杨庄

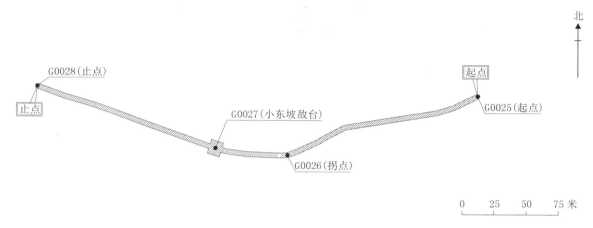

图二九二　小东坡长城走向示意图

村西南 0.5 千米处（千佛岭北端山脚），高程 1524 米。大致呈东南—西北走向。全长 12500 米，均保存较好。此段长城为山险，东南接西河口北长城 2 段，北连岗年口长城（图二九三）。

本段墙体共测 GPS 点 2 个（G0023、G0030），仅 1 小段，叙述如下。

G0023（起点、材质变化点）—G0030（止点、岗年口 1 号敌台），长 12500 米，东南—西北走向，保存较好。山险起自西河口村北 1.5 千米处大疙瘩山，西北经董家沟村西山梁、贵沟村东山梁、窑沟村西山梁、千佛岭乡臭水圪坨村西山梁、管仲沟村东山梁，过上村镇东山梁到黑狗背村东北岗年口河谷。

明尖梁—黑狗背长城依西河口村北部山脊延伸。植被主要为稀疏草本植物、灌木等。

7. 岗年口长城

起点位于千佛岭乡杨庄村西南 0.5 千米处（千佛岭北端山脚），高程 1524 米；止点位于杨庄村西南 2 千米处（老君店山顶），高程 1956 米。大致呈东南—西北走向。全长 1210 米，均消失。本段长城南接明尖梁—黑狗背长城，西北连上、下桦岭长城。岗年口 1～4 号敌台位于墙体上，敌台间距 0.116～0.123 千米。岗年口 1 号敌台东南距西河口北 1 段 7 号敌台 13.057 千米（图二九四）。

本段墙体共测 GPS 点 5 个（G0030～G0032、G0034、G0035），可分为 4 小段，分述如下。

第 1 小段：G0030（起点、岗年口 1 号敌台）—G0031（岗年口 2 号敌台、拐点），长 121 米，南—北走向，墙体消失。

第 2 小段：G0031（岗年口 2 号敌台）—G0032（岗年口 3 号敌台），长 123 米，东—西走向。位于岗年口河谷中，由于洪水冲刷等，墙体消失。

第 3 小段：G0032（岗年口 3 号敌台）—G0034（岗年口 4 号敌台），长 116 米，东北—西南走向。由于修建公路、农业生产活动等墙体消失。

第 4 小段：G0034（岗年口 4 号敌台）—G0035（止点，上、下桦岭 1 号敌台），长 850 米，东—西走向，墙体消失。

墙体整体消失，仅存 4 座敌台。造成墙体消失的自然因素主要有洪水冲刷、风雨侵蚀、植物生长等；人为因素主要有在墙体附近开采花岗岩矿、修建简易道路、农业生产活动等致墙体消失。

岗年口长城从千佛岭北端山脚，跨岗年口河谷，沿山脊而上止于老君店村东山巅。长城所经地段植被茂密，主要有灌木丛、桦木、松树等。岗年口河为常流河，向东汇入唐河。

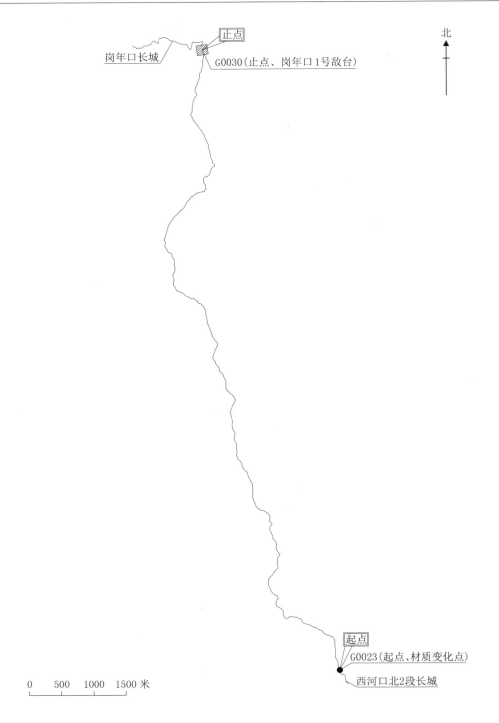

图二九三　明尖梁—黑狗背长城走向示意图

8. 上、下桦岭长城

起点位于千佛岭乡杨庄村西南 2 千米处（老君店山顶），高程 1956 米；止点位于千佛岭乡上桦岭村西北 1 千米处，高程 2223 米。大致呈东—西走向。全长 4307 米，其中保存一般 200、较差 3891、消失 216 米。墙体为石墙，两侧石块垒筑，白灰勾缝；内部黄土夯筑，夹杂碎石块等，夯层厚 0.2 ~ 0.22

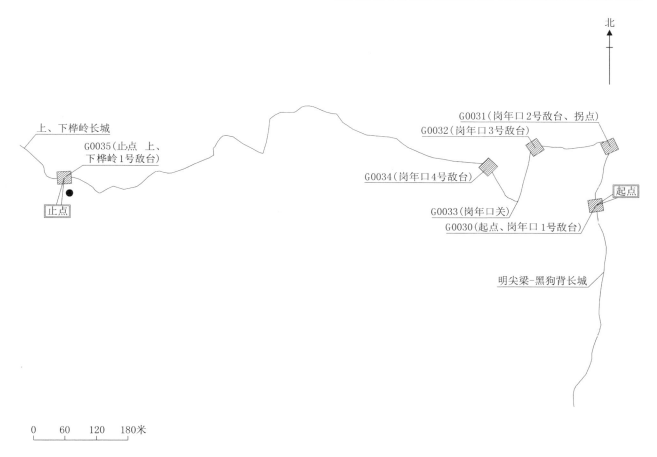

图二九四　岗年口长城走向示意图

米。现存墙体剖面大致呈不规则梯形，底宽1.4～4、顶宽1～2.8、残高0.3～3.6米，G0035（起点，上、下桦岭长城1号敌台）—G0036（断点）间墙体北外侧残高2.5～3.6、南内侧残高1.5米。部分段墙体顶部残存铺砖。本段长城东接岗年口长城，G0042（止点、节点）处北接马鬃岩长城、西南连东葫芦头南梁长城。上、下桦岭1～4号敌台位于墙体上，敌台间距0.709～1.31千米，上、下桦岭1号敌台东距岗年口4号敌台0.85千米（图二九五）。

本段墙体共测GPS点9个（G0035～G0042），可分为7小段，分述如下。

第1小段：G0035（起点，上、下桦岭1号敌台）—G0036（断点），长200米，东南—西北走向，保存一般。墙体夯层厚0.2～0.22米，底宽4、顶宽2.8、北外侧残高2.5～3.6、南内侧残高1.5米。

第2小段：G0036（断点）—G0037（断点、拐点），长216米，东南—西北走向，消失。因此处旧时为老君店村民到杨庄村必经之地，村民修建道路，墙体被拆毁。

第3小段：G0037（断点、拐点）—G0038（上、下桦岭2号敌台），长293米，东南—西北走向，保存较差。墙体底宽2.2、顶宽1.5、残高1.3～2米。

第4小段：G0038（上、下桦岭2号敌台）—G0039（上、下桦岭3号敌台），长948米，东北—西南走向，保存较差。墙体为石墙，两侧石块垒筑，白灰勾缝，内部黄土夯筑，夹杂碎石块等，夯层厚0.2米。墙体底宽1.8、顶宽1.1、残高0.3～1.7米（彩图五七○）。顶部残存铺砖，存2～3层，青砖长40、宽18、厚6厘米。

第5小段：G0039（上、下桦岭3号敌台）—G0040（上、下桦岭4号敌台），长1310米，东北—

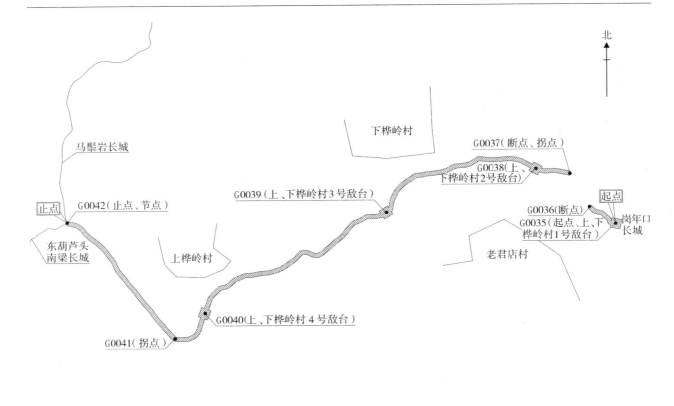

图二九五　上、下桦岭长城走向示意图

西南走向，保存较差。墙体底宽 2、顶宽 1~1.5、残高 0.3~1.6 米。

　　第 6 小段：G0040（上、下桦岭 4 号敌台）—G0041（拐点），长 280 米，东北—西南走向，保存较差。墙体底宽 3.6、顶宽 1.3、残高 1.6 米。

　　第 7 小段：G0041（拐点）—G0042（止点、节点），长 1060 米，东南—西北走向，保存较差。墙体为石墙，两侧石块垒筑，白灰勾缝，内部黄土夯筑，夹杂碎石块等。墙体底宽 1.4~2、顶宽 1~1.2、残高 0.5~1 米，顶部残存铺砖。

　　墙体整体保存较差，坍塌损毁严重，部分段消失。造成损毁的自然因素主要为风雨侵蚀、植物生长等；人为因素主要是修建公路致墙体消失、农业生产活动破坏墙体、人为拆毁等。

　　上、下桦岭长城沿山脊延伸。长城周围植被有松树、桦木、灌木丛等。长城南侧山脚有岗年口河。

9. 马鬃岩长城

　　起点位于千佛岭乡上桦岭村西北 1 千米处，高程 2223 米；止点位于青磁窑乡正沟村西 0.7 千米处，高程 2152 米。大致呈西南—东北走向。全长 4396 米，其中保存一般 1680、较差 2328、差 388 米。墙体为砖墙，外侧砖石砌筑，底部砌筑青石条，条石上砌筑砖，包砖大部分被拆毁，条石长 100~130、厚 30~35 厘米；内部黄土夯筑，夹杂砂砾等。现存墙体剖面大致呈不规则梯形，底宽 5、顶宽 3、残高 1~5 米，G0042（起点、节点）—G0043（拐点）间墙体东外侧高 3~5、西内侧高 1~4.5 米（彩图五七一）。本段长城东南接上、下桦岭长城，西南连东葫芦头南岭长城，北连正沟北长城 1 段。

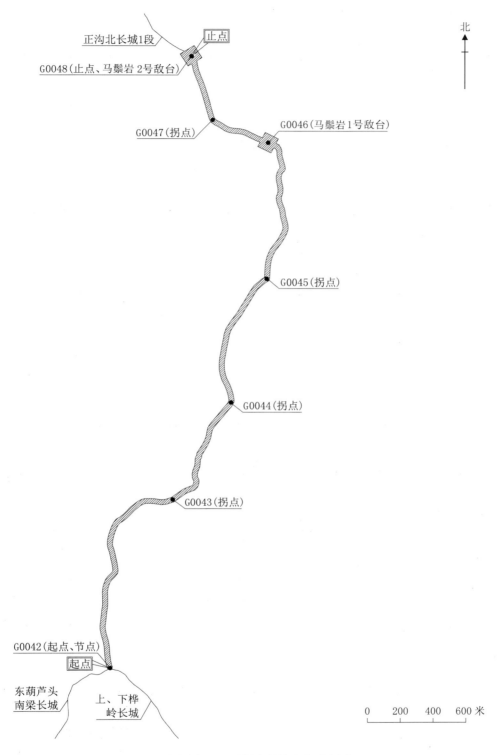

图二九六　马鬃岩长城走向示意图

马鬃岩1、2号敌台位于墙体上，敌台间距0.706千米。马鬃岩1号敌台南距上、下桦岭4号敌台0.492千米（图二九六）。

本段墙体共测 GPS 点 7 个（G0042～G0048），可分为 6 小段，分述如下。

第 1 小段：G0042（起点、节点）—G0043（拐点），长 1100 米，西南—东北走向，保存较差。墙体底宽 5、顶宽 3、东外侧高 3 ~ 5、西内侧高 1 ~ 1.3 米。

第 2 小段：G0043（拐点）—G0044（拐点），长 800 米，西南—东北走向，保存较差。墙体顶部被泥土、杂草覆盖。

第 3 小段：G0044（拐点）—G0045（拐点），长 820 米，西南—东北走向，保存一般。墙体顶部被泥土、杂草覆盖。

第 4 小段：G0045（拐点）—G0046（马鬃岩 1 号敌台），长 860 米，南—北走向，保存一般。墙体为砖墙，外侧砖石砌筑，底部砌筑青石条，条石上再砌筑砖，砖墙厚 0.7 米；内部黄土夯筑，夹杂砂砾等。墙体东外侧高 4.5 米。墙体东 0.5 千米处有一采石厂。

第 5 小段：G0046（马鬃岩 1 号敌台）—G0047（拐点），长 388 米，东南—西北走向，保存差。墙体顶部被泥土、杂草覆盖。

第 6 小段：G0047（拐点）—G0048（止点、马鬃岩 2 号敌台），长 418 米，东南—西北走向，保存较差。墙体顶部被泥土、杂草覆盖。

墙体整体保存较差，坍塌损毁严重，多数段落被灌木、泥土覆盖。造成损毁的自然因素主要有风雨侵蚀、植物生长等；人为因素主要是在墙体附近开采花岗岩矿对墙体破坏很大、农业生产活动破坏墙体、人为拆毁等。

马鬃岩长城沿马鬃岩山岭延伸。长城周围林木茂密，有松树、桦树、灌木丛等。

10. 正沟北长城 1 段

起点位于青磁窑乡正沟村西 0.7 千米处，高程 2152 米；止点位于正沟村西北 1 千米处，高程 2110 米。大致呈东南—西北走向。全长 1720 米，均保存差。墙体为砖墙，外侧砖石砌筑，内部黄土夯筑，夹杂砂砾等。现存墙体剖面大致呈不规则梯形。本段长城东南接马鬃岩长城，西北连正沟北长城 2 段（图二九七）。

本段墙体共测 GPS 点 2 个（G0048 ~ G0049），仅 1 小段，叙述如下。

G0048（起点、马鬃岩 2 号敌台）—G0049（止点、正沟北 2 段 1 号敌台），长 1720 米，东南—西北走向，保存差。

墙体整体保存差，坍塌损毁严重。造成损毁的自然因素主要为风雨侵蚀、植物生长等；人为因素主要是修建道路、农业生产活动破坏墙体、人为拆毁外包条石青砖、墙体附近开采花岗岩矿等。

正沟北长城 1 段依正沟北山岭东外侧延伸。长城周围林木茂密，有松树、桦树、灌木丛等。

11. 正沟北长城 2 段

起点位于青磁窑乡正沟村西北 1 千米处，高程 2110 米；止点位于青磁窑乡大川岭村东南 1.1 千米处，高程 1871 米。大致呈东南—西北走向。全长 2330 米，其中保存一般 1086、较差 684、差 490、消失 70 米。墙体为砖墙，外侧砖石砌筑；内部黄土夯筑，夹杂砂砾等，夯层厚 0.08 ~ 0.22 米。墙体剖面大致呈不规则梯形，底宽 2 ~ 4.6、顶宽 0.6 ~ 3、残高 0.4 ~ 6 米，G0050（拐点）—G0053（正沟北长城 2 段 2 号敌台）间墙体东外侧残高 2.5 ~ 4.6、西内侧残高 0.4 ~ 1.5 米。墙体顶部原有垛口墙。本段长城东南接马鬃岩长城，北连大川岭长城。正沟北 2 段 1 ~ 4 号敌台位于墙体上，敌台间距 0.231 ~ 1.673 千米。正沟北 2 段 1 号敌台东南距马鬃岩 2 号敌台 1.72 千米（图二九八）。

本段墙体共测 GPS 点 10 个（G0049 ~ G0058），可分为 9 小段，分述如下。

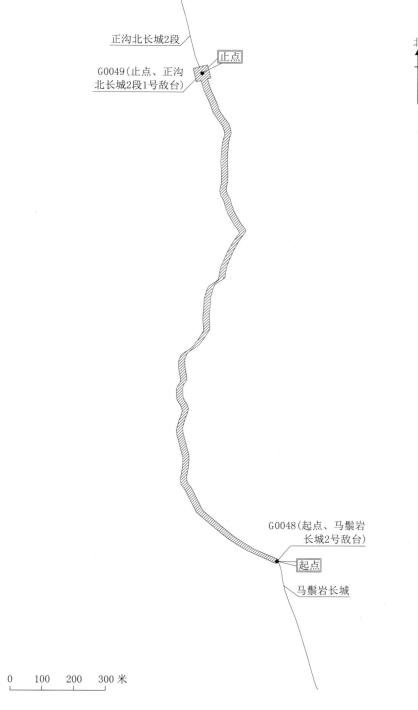

正沟北长城2段

G0049（止点、正沟
北长城2段1号敌台）

止点

北

G0048（起点、马鬃岩
长城2号敌台）

起点

马鬃岩长城

0　100　200　300 米

图二九七　正沟北长城1段走向示意图

　　第1小段：G0049（起点、正沟北2段1号敌台）—G0050（拐点），长490米，东南—西北走向，保存差。地表残存墙体遗迹。

　　第2小段：G0050（拐点）—G0051（拐点），长168米，东南—西北走向，保存较差。包砖厚0.7米，夯层厚0.2米。墙体底宽4.6、顶宽3、东外侧残高2.7、西内侧残高0.4～1.5米。

　　第3小段：G0051（拐点）—G0052（拐点），长215米，东南—西北走向，保存较差。墙体底宽

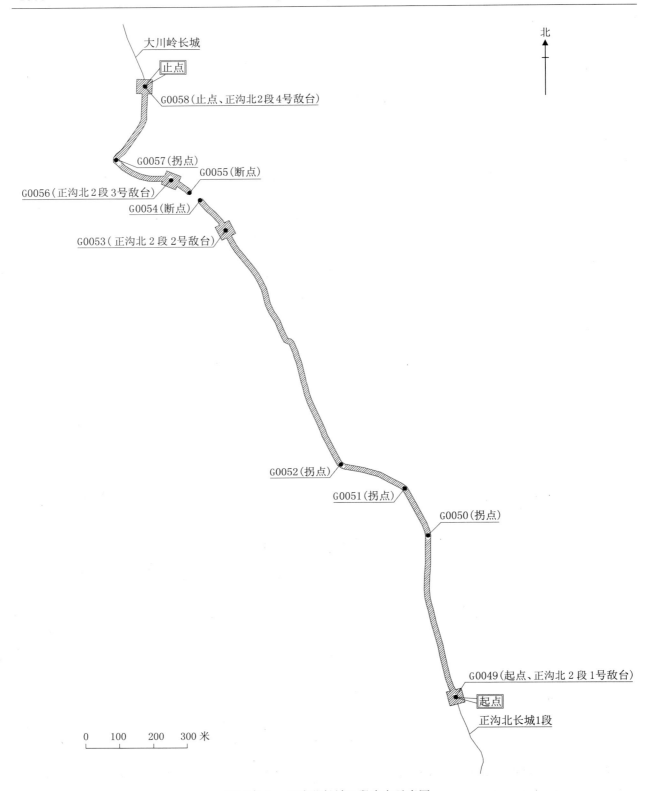

图二九八　正沟北长城 2 段走向示意图

2、顶宽0.6、东外侧残高2.5、西内侧残高1～1.5米。

　　第4小段：G0052（拐点）—G0053（正沟北 2 段 2 号敌台），长800米，东南—西北走向，保存一般。墙体夯层厚 0.22 米，底部东西 6.5、南北 5.5 米，顶部东西 5.5、南北 4.5 米，高 6 米，顶宽 1.5 米。东外侧残高 3.5～4.6、西内侧残高 1.3～1.5 米。

第 5 小段：G0053（正沟北 2 段 2 号敌台）—G0054（断点），长 120 米，东南—西北走向，保存较差。墙体夯层厚 0.22 米，底宽 4、顶宽 1.1、残高 1.5 米。

第 6 小段：G0054（断点）—G0055（断点），长 70 米，东南—西北走向，墙体消失。通往恒山林场公路和耕地将墙体截断。

第 7 小段：G0055（断点）—G0056（正沟北 2 段 3 号敌台），长 41 米，东南—西北走向，保存较差。墙体夯层厚 0.18 米，底宽 2.6、顶宽 0.6～1.2、残高 2～3.4 米。

第 8 小段：G0056（正沟北 2 段 3 号敌台）—G0057（拐点），长 140 米，东南—西北走向，保存较差。墙体夯层厚 0.18 米，底宽 2.6、顶宽 0.6～1.2、残高 2.3～3.4 米。

第 9 小段：G0057（拐点）—G0058（止点、正沟北 2 段 4 号敌台），长 286 米，西南—东北走向，保存一般。墙体为砖墙，外侧砖石砌筑，底部砌筑青石条，条石有 9 层，高 2.1 米；条石上为青砖错缝砌筑，砖墙高 3 米；内部黄土夯筑。墙体通高 5～6 米（彩图五七二）。

墙体整体保存一般，坍塌损毁严重，部分段消失。造成损毁的自然因素主要为风雨侵蚀、植物生长等；人为因素主要有修建公路致墙体消失、在墙体附近开采花岗岩矿、农业生产活动破坏墙体、人为拆毁及在墙体上掏挖窑洞、避雨洞等。

正沟北长城 2 段依正沟北山岭东外侧延伸。长城周围林木茂密，有松树、桦树、灌木丛等。

12. 大川岭长城

起点位于青磁窑乡大川岭村东南 1.1 千米处，高程 1871 米；止点位于大磁窑镇黄土坡村东南 1.3 千米处，高程 1988 米。大致呈东南—西北走向。全长 2414 米，其中保存一般 720、较差 1694 米。墙体为砖墙，外侧砖石砌筑，底部砌筑青石条，高 2 米，条石上再砌筑砖，砖已被拆毁，条石长 80～120、厚 30 厘米，青砖长 40、宽 18、厚 8 厘米；内部黄土夯筑，夹杂砂砾等，夯层厚 0.18 米。墙体剖面大致呈不规则梯形，底宽 3～3.2、顶宽 0.7～1.6、残高 0.3～4.5 米，G0058（起点、正沟北 2 段 4 号敌台）—G0060（大川岭 1 号敌台）间墙体东外侧残高 3～4.5、西内侧残高 0.3～1.3 米。本段长城南接正沟北长城 2 段，西北连黄土坡长城（山险）。大川岭 1、2 号敌台位于墙体上，敌台间距 0.656 千米。大川岭 1 号敌台南距正沟北 2 段 4 号敌台 1.298 千米（图二九九）。

本段墙体共测 GPS 点 5 个（G0058～G0062），可分为 4 小段，分述如下。

第 1 小段：G0058（起点、正沟北 2 段 4 号敌台）—G0059（拐点），长 720 米，西南—东北走向，保存一般。墙体东外侧残高 4.5、西内侧残高 0.3～1.3 米。

第 2 小段：G0059（拐点）—G0060（大川岭 1 号敌台），长 578 米，东南—西北走向，保存较差。墙体外侧包砖厚 0.7 米，顶宽 1.5、东外侧残高 3～4、西内侧残高 0.3～1.3 米。

第 3 小段：G0060（大川岭 1 号敌台）—G0061（大川岭 2 号敌台），长 656 米，东南—西北走向，保存较差。墙体外侧原包砖石无存；内部夯土墙体保存，为黄土夯筑而成，夹杂砂砾等，夯层厚 0.18 米。墙体底宽 3、顶宽 1.3、残高 1.6 米。

第 4 小段：G0061（大川岭 2 号敌台）—G0062（止点、材质变化点），长 460 米，东南—西北走向，保存较差。墙体外侧原包砖石无存，内部夯土墙体保存，为黄土夯筑而成，夹杂砂砾等。墙体底宽 3.2、顶宽 1.3、残高 0.3～1.2 米。

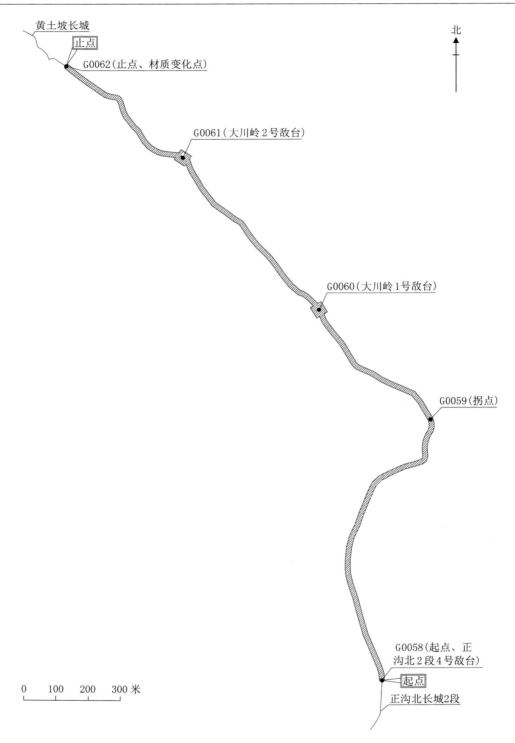

图二九九　大川岭长城走向示意图

　　墙体整体保存较差，坍塌损毁严重。造成损毁的自然因素主要为风雨侵蚀、植物生长等；人为因素主要是农业生产活动破坏墙体、人为拆毁等。

　　大川岭长城沿山梁延伸。此段长城所经地段为封山禁牧区域，周围植被茂密，有落叶松、桦树、灌木丛、野玫、黄芪等。

13. 黄土坡长城

起点位于大磁窑镇黄土坡村东南 1.3 千米处,高程 1988 米;止点位于大磁窑镇南元坨村西南 0.6 千米处,高程 1668 米。大致呈东南—西北走向。全长 3000 米,均保存较好。此段长城为山险,东南接大川岭长城,东北连南元坨—孟家窑长城(图三〇〇)。

图三〇〇 黄土坡长城走向示意图

本段墙体共测 GPS 点 2 个(G0062、G0107),仅 1 小段,叙述如下。

G0062(起点、材质变化点)—G0107(止点、南元坨敌台),长 3000 米,东南—西北走向,为山险,地表未见墙体遗存。

黄土坡长城位于恒山山脉腹地山岭,东西两侧为沟谷,长城两侧为耕地。

14. 南元坨—孟家窑长城

起点位于大磁窑镇南元坨村西南 0.6 千米处,高程 1668 米;止点位于大磁窑镇柳村南 0.3 千米处,高程 1498 米。大致呈西南—东北走向。全长 3170 米,均消失。墙体原为土墙,黄土夯筑而成,含砂砾、碎石等。本段长城西南接黄土坡长城,北连柳林—常柴岭长城。南元坨敌台位于墙体上,南元坨敌台东南距大川岭长城 2 号敌台 3.46 千米(图三〇一)。

本段墙体共测 GPS 点 3 个(G0107～G0109),可分为 2 小段,分述如下。

第 1 小段:G0107(起点、南元坨敌台)—G0108(拐点),长 950 米,西南—东北走向,墙体消

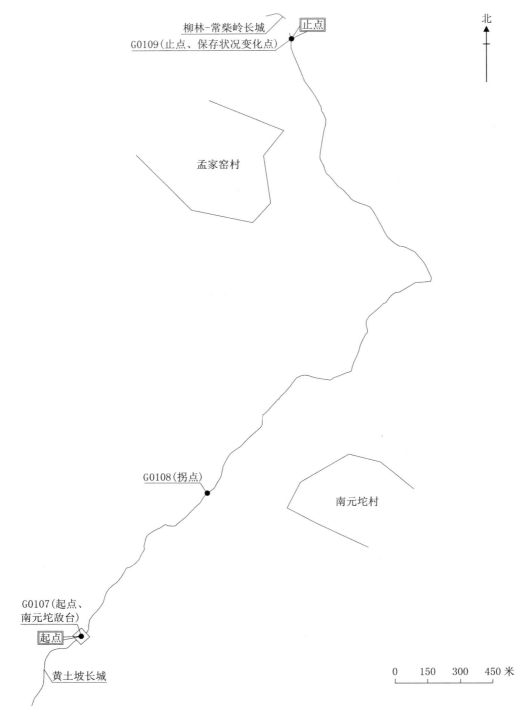

图三〇一　南元坨—孟家窑长城走向示意图

失。沿山脊经南元坨村中到村东北拐点。据当地村民讲述，墙体原为黄土夯筑，残高近 3 米，20 世纪五六十年代，村民修建房舍将墙体全部拆毁。

　　第 2 小段：G0108（拐点）—G0109（止点、保存状况变化点），长 2220 米，南—北走向。墙体经孟家窑村东山梁而过。据当地村民讲述，墙体原为黄土夯筑，由于村民开垦耕地、取土等原因消失。

　　墙体整体消失，仅存 1 座敌台。造成损毁的自然因素主要为风雨侵蚀、植物生长等；人为因素主要是取土挖损墙体、农业生产活动破坏墙体、人为拆毁等。

南元坨—孟家窑长城沿山脊经南元坨村、孟家窑村东山梁而过，长城两侧为耕地。

15. 柳林—常柴岭长城

起点位于大磁窑镇柳村南 0.3 千米处，高程 1498 米；止点位于东坊城乡常柴岭村西 1 千米处，高程 1387 米。大致呈东南—西北走向。全长 2092 米，其中保存较差 23、差 238、消失 1831 米。墙体为土墙，黄土夯筑而成，下面为沙砾层，夯层厚 0.06 米。现存墙体剖面大致呈不规则梯形，底宽 6、顶宽 2 ~ 2.6、残高 0.8 ~ 4.5 米。本段长城东南接南元坨—孟家窑长城、西北连落子宸长城。柳林—常柴岭 1 号敌台位于墙体上，南距南元坨敌台 4.012 千米（图三〇二）。

图三〇二　柳林—常柴岭长城走向示意图

本段墙体共测 GPS 点 6 个（G0109 ~ G0110、G0112 ~ G0115），可分为 5 小段，分述如下。

第 1 小段：G0109（起点、保存状况变化点）—G0110（断点），长 23 米，南—北走向，保存较差。墙体为土墙，黄土夯筑而成，下面为沙砾层，夯层厚 0.06 米。墙体底宽 6、顶宽 2、残高 4.5 米；夯层间有椽孔，椽孔间距 0.4、直径 0.06 米。

第 2 小段：G0110（断点）—G0112（断点），长 23 米，南—北走向，消失。墙体被柳村通往外界的乡村公路挖毁而消失。

第 3 小段：G0112（断点）—G0113（断点），长 238 米，东南—西北走向，保存差。墙体底宽 6、顶宽 2 ~ 2.6、残高 0.8 ~ 2.6 米。

第 4 小段：G0113（断点）—G0114（柳林—常柴岭 1 号敌台），长 558 米，东南—西北走向。墙体由于耕作、修路消失。

第 5 小段：G0114（柳林—常柴岭 1 号敌台）—G0115（止点、落子宬关东南角），长 1250 米，东南—西北走向，墙体消失。

墙体整体保存差，坍塌损毁严重，大部分段消失。造成损毁的自然因素主要为风雨侵蚀、植物生长等；人为因素主要是修建公路致墙体消失、农业生产活动破坏墙体等。

柳林—常柴岭长城所经为恒山山脉的翠屏山，沿山脊延伸，长城两侧为耕地。

16. 落子宬长城

起点位于东坊城乡落子宬村东南 0.7 千米的落子宬关东南角，高程 1387 米；止点位于落子宬村西 0.5 千米处，高程 1200 米。大致呈东南—西北走向。全长 1104 米，其中保存一般 214、较差 130、消失 760 米。墙体为土墙，黄土夯筑而成，夯层厚 0.16~0.2 米。现存墙体剖面大致呈不规则梯形，底宽 2~6、顶宽 0.5~1.5、残高 1~4.5 米，G0119（落子宬 2 号敌台）—G0120（落子宬 3 号敌台）间墙体北外侧残高 4、南内侧残高 1~1.6 米。本段长城东南接柳林—常柴岭长城，G0121（落子宬 4 号敌台）处西南连败杨峪长城。落子宬 1~6 号敌台位于墙体上，敌台间距 0.093~0.54 千米。落子宬 1 号敌台东南距柳林—常柴岭 1 号敌台 1.371 千米（图三〇三）。

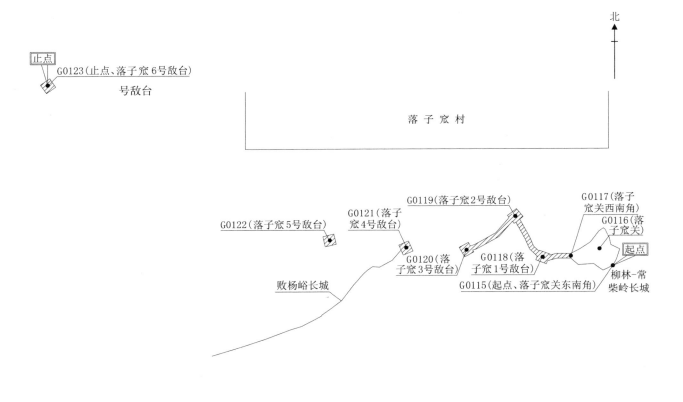

图三〇三　落子宬长城走向示意图

本段墙体共测 GPS 点 8 个（G0115、G0117~G0123），可分为 7 小段，分述如下。

第 1 小段：G0115（起点、落子宬关东南角）—G0117（落子宬关西南角），长 80 米，东—西走向，保存一般。此段墙体为落子宓关南墙，底宽 6、顶宽 1.5、残高 4 米。

第 2 小段：G0117（落子宓关西南角）—G0118（落子宓 1 号敌台），长 41 米，东—西走向，保存一般。墙体底宽 4、顶宽 1.2、残高 3.5 米。

第 3 小段：G0118（落子宓 1 号敌台）—G0119（落子宓 2 号敌台），长 93 米，东南—西北走向，保存一般。墙体底宽 4、顶宽 0.5、残高 4.5 米。

第 4 小段：G0119（落子宓 2 号敌台）—G0120（落子宓 3 号敌台），长 130 米，东北—西南走向，保存较差。墙体底宽 2、顶宽 0.5 ~ 1、北外侧残高 4、南内侧残高 1 ~ 1.6 米。

第 5 小段：G0120（落子宓 3 号敌台）—G0121（落子宓 4 号敌台），长 98 米，东—西走向。墙体因洪水冲刷而消失。

第 6 小段：G0121（落子宓 4 号敌台）—G0122（落子宓 5 号敌台），长 122 米，东—西走向，墙体消失。地表未见墙体遗存，据村民讲述，原有夯土墙体。

第 7 小段：G0122（落子宓 5 号敌台）—G0123（止点、落子宓 6 号敌台），长 540 米，东南—西北走向，墙体消失。地表未见墙体遗存，据村民讲述，原有夯土墙体。

墙体整体保存一般，坍塌损毁严重，大部分段消失。造成损毁的自然因素主要为洪水冲刷、风雨侵蚀、植物生长等；人为因素主要是农业生产活动破坏墙体、修建乡村公路拆毁墙体等。

落子宓长城位于黄土台塬前沿大山与平川相交壤山口的山体上，是当时扼守这些山口的设施。长城两侧为耕地。

17. 败杨峪长城

起点位于东坊城乡落子宓村南 0.7 千米处，高程 1341 米；止点位于东坊城乡东湾村东南 0.6 千米处，高程 1291 米。大致呈东北—西南走向。全长 1042 米，其中保存较差 370、消失 672 米。墙体为土墙，黄土夯筑而成，夯层厚 0.16 ~ 0.2 米。现存墙体剖面大致呈不规则梯形，底宽 2.6 ~ 3、顶宽 0.5 ~ 1、残高 2 ~ 3.5 米。本段长城 G0121（起点、落子宓 4 号敌台）处接落子宓长城，G0130（止点、李峪长城 1 号敌台）处连李峪长城。败杨峪长城 1 ~ 6 号敌台位于墙体上，敌台间距 0.098 ~ 0.222 千米。败杨峪长城 1 号敌台东北距落子宓 4 号敌台 0.148 千米（图三〇四）。

本段墙体共测 GPS 点 8 个（G0121、G0124 ~ G0130），可分为 7 小段，分述如下。

第 1 小段：G0121（起点、落子宓 4 号敌台）—G0124（败杨峪 1 号敌台），长 148 米，东北—西南走向，保存较差。墙体底宽 3、顶宽 0.5 ~ 1、残高 3 ~ 3.5 米。

第 2 小段：G0124（败杨峪 1 号敌台）—G0125（败杨峪 2 号敌台），长 222 米，东北—西南走向，保存较差。墙体底宽 2.6、顶宽 0.5、残高 2 ~ 2.5 米（彩图五七三）。

第 3 小段：G0125（败杨峪 2 号敌台）—G0126（败杨峪 3 号敌台），长 162 米，东北—西南走向，墙体消失。

第 4 小段：G0125（败杨峪 3 号敌台）—G0126（败杨峪 4 号敌台），长 162 米，东北—西南走向，墙体消失。

第 5 小段：G0127（败杨峪 4 号敌台）—G0128（败杨峪 5 号敌台），长 174 米，东北—西南走向，墙体位于败杨峪河谷中，消失。

第 6 小段：G0128（败杨峪 5 号敌台）—G0139（败杨峪 6 号敌台），长 98 米，东北—西南走向，墙体消失。

第 7 小段：G0129（败杨峪 6 号敌台）—G0130（止点、李峪 1 号敌台），长 198 米，东—西走向，

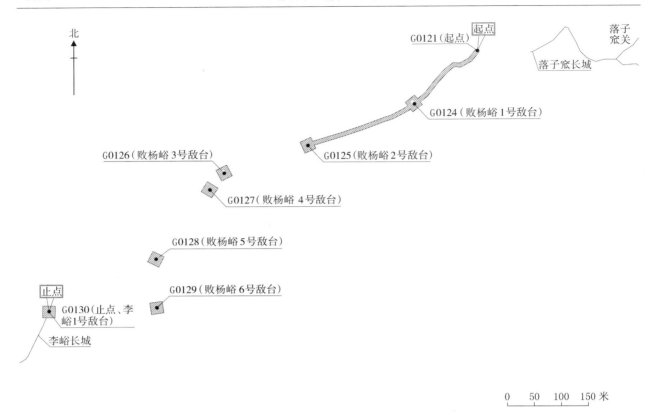

图三〇四　败杨峪长城走向示意图

墙体消失。

墙体整体保存较差，坍塌损毁严重，大部分段消失。造成损毁的自然因素主要为洪水冲刷、风雨侵蚀、植物生长等；人为因素主要是修建公路致墙体消失、农业生产活动破坏墙体、人为拆毁等。

败杨峪长城所经地段为恒山山脉的翠屏山，长城周围植被稀少，北侧为浑河，南侧为败杨峪沟。

18. 李峪长城

起点位于东坊城乡东湾村东南 0.6 千米处，高程 1291 米；止点位于东坊城乡李峪村南 0.6 千米处，高程 1222 米。大致呈东北—西南走向。全长 752 米，其中保存一般 53、较差 235、差 126、消失 338 米。墙体为砖墙，外侧砖石砌筑，底部砌筑青石条，条石上再砌筑砖，砖已被拆毁，条石长 80～110、宽 16 厘米，赤色，青色砂岩质，青砖长 36、宽 18、厚 8 厘米；内部为黄土夯筑，夹杂砂砾，碎石等，夯层厚 0.16～0.18 米。现存墙体剖面大致呈不规则梯形，底宽 3.2～8、顶宽 1.2～3、残高 1.2～4 米。本段长城 G0130（起点、李峪 1 号敌台）处接败杨峪长城，G0140（止点、李峪 11 号敌台）西北距玉门长城 G0142（起点、玉门 1 号敌台）0.68 千米。李峪 1～11 号敌台位于墙体上，敌台间距 0.025～0.132 千米。李峪 1 号敌台东距败杨峪 6 号敌台 0.198 千米（图三〇五）。

本段墙体共测 GPS 点 11 个（G0130—G0140），可分为 10 小段，分述如下。

第 1 小段：G0130（起点、李峪 1 号敌台）—G0131（李峪 2 号敌台），长 132 米，东南—西北走向，墙体消失。

第 2 小段：G0130（起点、李峪 1 号敌台）—G0132（李峪 3 号敌台），长 64 米，东北—西南走

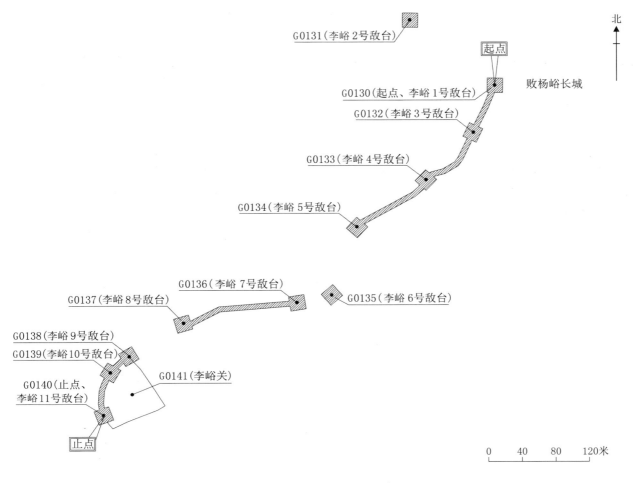

图三〇五　李峪长城走向示意图

向，保存较差。墙体底宽 3.4、顶宽 1.3、残高 2 米。

第 3 小段：G0132（李峪 3 号敌台）—G0133（李峪 4 号敌台），长 61 米，东北—西南走向，保存较差。墙体夯层厚 0.16 米，底宽 3.2、顶宽 1.2、残高 1.3 米。

第 4 小段：G0133（李峪 4 号敌台）—G0134（李峪 5 号敌台），长 110 米，东北—西南走向，保存较差。

第 5 小段：G0134（李峪 5 号敌台）—G0135（李峪 6 号敌台），长 77 米，东北—西南走向，墙体消失。

第 6 小段：G0135（李峪 6 号敌台）—G0136（李峪 7 号敌台），长 46 米，东北—西南走向，墙体消失。

第 7 小段：G0136（李峪 7 号敌台）—G0137（李峪 8 号敌台），长 126 米，东北—西南走向，保存差。墙体夯层厚 0.16 米，底宽 1.6、顶宽 1、残高 1.2 米。

第 8 小段：G0137（李峪 8 号敌台）—G0138（李峪 9 号敌台），长 83 米，东北—西南走向，墙体位于李峪河谷中，消失。

第 9 小段：G0138（李峪 9 号敌台）—G0139（李峪 10 号敌台），长 28 米，东北—西南走向，保存一般。墙体底宽 8、顶宽 3、残高 4 米。

第 10 小段：G0139（李峪 10 号敌台）—G0140（止点、李峪 11 号敌台），长 25 米，东北—西南走向，保存一般。墙体夯层厚 0.18 米，底宽 4、顶宽 1.4、残高 3.2 米。李峪 11 号敌台为李峪关西南角，西邻边墙山（当地人对玉门长城的俗称）山脚。

墙体整体保存较差，坍塌损毁严重，部分段消失。造成损毁的自然因素主要为洪水冲刷、风雨侵蚀、植物生长等；人为因素主要是农业生产活动破坏墙体、人为拆毁及在墙体上掏挖窑洞和避雨洞等。

李峪长城位于李峪村峪口两侧的山坡上，在高山与平川相接壤地带，是当时扼守李峪村峪口的重要军事设施。长城周围为耕地，李峪河为季节性河流。

19. 玉门长城

起点位于东坊城乡玉门村西 0.2 千米处，高程 1187 米；止点位于玉门村西南 1.2 千米处，高程 1336 米。大致呈东北—西南走向。全长 1552 米，均消失。本段长城东邻李峪长城，南连关沟长城。玉门 1~4 号敌台位于墙体上，敌台间距 0.343~0.693 千米。玉门 1 号敌台东南距李峪 11 号敌台 0.68 千米（图三〇六）。

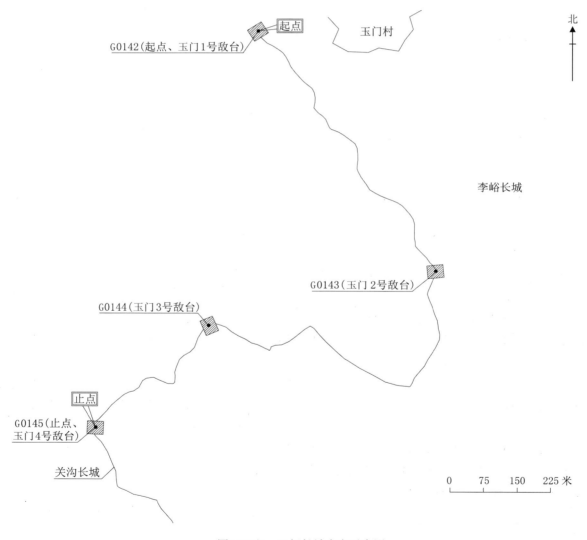

图三〇六　玉门长城走向示意图

本段墙体共测 GPS 点 4 个（G0142~G0145），可分为 3 小段，分述如下。

第 1 小段：G0142（起点、玉门 1 号敌台）—G0143（玉门 2 号敌台），长 693 米，西北—东南走向，墙体消失。据村民讲述原有墙体，名为烽台坡，又名边墙山，现地表墙体痕迹无存。

第 2 小段：G0143（玉门 2 号敌台）—G0144（玉门 3 号敌台），长 516 米，东北—西南走向，墙体消失。为山谷冲沟，地表墙体痕迹无存。

第 3 小段：G0144（玉门 3 号敌台）—G0145（止点、玉门 4 号敌台），长 343 米，东北—西南走向，墙体消失。隔冲沟，其间地表无墙体遗存。

墙体整体消失。造成损毁的自然因素主要为洪水冲刷、风雨侵蚀、植物生长等。

玉门长城沿边墙山延伸，东侧为李峪河谷，北侧为浑河河川，是大山与平川相交接处。长城周围植被稀疏，有零星生长的杨科及榆科树木等。

20. 关沟长城

起点位于东坊城乡玉门村西南 1.2 千米处，高程 1336 米；止点位于裴村乡凌云口村东 1.1 千米处，高程 1164 米。大致呈东北—西南走向。全长 9000 米，均保存较好。此段长城为山险，东北接玉门长城，西南连凌云口长城。长城北侧有关沟烽火台，东北距 G0145（起点、玉门 4 号敌台）4.8 千米，西南距 G0147（止点、凌云口 1 号敌台）4.2 千米（图三〇七）。

图三〇七　关沟长城走向示意图

本段墙体共测 GPS 点 2 个（G0145、G0147），仅 1 小段，叙述如下。

G0145（起点、玉门 4 号敌台）—G0147（止点、凌云口 1 号敌台），长 9000 米，东北—西南走向，保存较好。

山险整体保存较好。造成损毁的自然因素主要为风雨侵蚀、植物生长等。

关沟长城沿边墙山延伸，长城周围植被稀疏，有零星生长的杨科及榆科树木等。

21. 凌云口长城

起点位于裴村乡凌云口村东 1.1 千米处，高程 1164 米；止点位于凌云口村西南 0.8 千米处，高程 1334 米。大致呈东北—西南走向。全长 1739 米，其中保存较一般 80、消失 1659 米。墙体为石墙，两侧为片麻岩石块垒砌，内部为黄土夯筑，夹杂砂砾、碎石等。现存墙体剖面大致呈不规则梯形，底宽 3、顶宽 1~1.2、残高 2 米。本段长城东北接关沟长城，东南连凌云口—黄沙口长城。凌云口关、凌云口 1~7 号敌台位于墙体上，敌台间距 0.05~0.6 千米。凌云口 1 号敌台东北距玉门长城 4 号敌台 9 千米（图三〇八）。

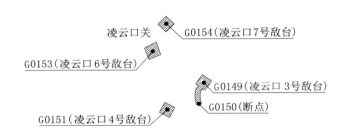

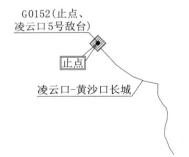

图三〇八　凌云口长城走向示意图

本段墙体共测 GPS 点 8 个（G0147～G0154），可分为 7 小段，分述如下。

第 1 小段：G0147（起点、凌云口 1 号敌台）—G0148（凌云口 2 号敌台），长 155 米，东北—西南走向，墙体消失。位于大峪河河谷中，地表未见墙体遗存。

第 2 小段：G0148（凌云口 2 号敌台）—G0149（凌云口 3 号敌台），长 600 米，东北—西南走向，墙体消失。有南北向乡村公路通过，地表未见墙体遗存。

第 3 小段：G0149（凌云口 3 号敌台）—G0150（断点），长 80 米，东北—西南走向，保存一般。墙体底宽 3、顶宽 1～1.2、高 2 米。

第 4 小段：G0150（断点）—G0151（凌云口 4 号敌台），长 108 米，东北—西南走向，墙体消失。所处地势为山坡，地表未见墙体遗存。

第 5 小段：G0151（凌云口 4 号敌台）—G0153（凌云口 6 号敌台），长 240 米，南—北走向，墙体消失。山势陡峻，地表未见墙体遗存。

第 6 小段：G0153（凌云口 6 号敌台）—G0154（凌云口 7 号敌台），长 106 米，南—北走向，墙体消失，地表未见墙体遗存。

第 7 小段：G0151（凌云口 4 号敌台）—G0152（止点、凌云口 5 号敌台），长 50 米，东北—西南走向，墙体消失，地表未见墙体遗存。

墙体整体保存一般，坍塌损毁严重，大部分段消失。造成损毁的自然因素主要为洪水冲刷、风雨侵蚀、植物生长等；人为因素主要是修建公路致墙体消失、农业生产活动破坏墙体、人为拆毁等。

凌云口长城位于凌云口村大、小峪沟中及村南南梁上，长城周围为耕地。凌云口村东南有大峪河。

22. 凌云口—黄沙口长城

起点位于裴村乡凌云口村西南 0.8 千米处，高程 1334 米；止点位于西坊城镇黄沙口村南 0.5 千米处，高程 1353 米。大致呈东北—西南走向。全长 7500 米，均保存较好。本段长城为山险，北接凌云口长城，G0157（止点）处北连应县徐峪长城。G0157（止点）处也是黄沙口村南烽火台所在（图三〇九）。

本段墙体共测 GPS 点 2 个（G0152、G0157），仅 1 小段，叙述如下。

G0152（起点、凌云口 5 号敌台）—G0157（止点），长 7500 米，东北—西南走向，保存较好。

山险整体保存较好。造成损毁的自然因素主要为风雨侵蚀、植物生长等。

凌云口—黄沙口长城沿龙山山脉延伸，长城周围为耕地。

23. 东葫芦头南梁长城

起点位于青磁窑乡东葫芦头村东 1.5 千米处，高程 2223 米；止点位于东葫芦头村西南 2 千米处，高程 2171 米。大致呈东北—西南走向。全长 2728 米，其中保存一般 166、较差 1093、差 1298、消失 171 米。墙体为石墙，两侧为石灰岩石块垒砌，石块长宽近 30 厘米；内部为黄土夯筑，夹杂碎石、砂砾等，夯层厚 0.16～0.26 米。现存墙体剖面大致呈不规则梯形，底宽 2～6、顶宽 0.3～3、残高 0.4～6.7 米，G0067（东葫芦头南梁 3 号敌台）—G0068（东葫芦头南梁 4 号敌台）、G0069（东葫芦头南梁 5 号敌台）—G0072（东葫芦头南梁 7 号敌台）间墙体北外侧残高 3～6.7、南内侧残高 0.3～3 米。本段长城 G0042（起点、节点）处东南接上、下桦岭长城，北连马鬃岩长城，G0077（止点、东葫芦头南梁 12 号敌台）处西南接西葫芦头西岭长城。东葫芦头南梁 1～12 号敌台位于墙体上，敌台间距 0.095～0.4 千米。东葫芦头关位于长城墙体南侧。东葫芦头南梁 1 号敌台东距上、下桦岭 4 号敌台

图三〇九　凌云口—黄沙口长城走向示意图

2.29 千米（图三一〇）。

　　本段墙体共测 GPS 点 13 个（G0042、G0065 ~ G0069、G0071 ~ G0077），可分为 12 小段，分述如下。

　　第 1 小段：G0042（起点、节点）—G0065（东葫芦头南梁 1 号敌台），长 950 米，东北—西南走向，保存差。墙体底宽 2 ~ 3、顶宽 0.4 ~ 1.2、残高 0.3 ~ 0.6 米。

　　第 2 小段：G0065（东葫芦头南梁 1 号敌台）—G0066（东葫芦头南梁 2 号敌台），长 238 米，东北—西南走向，保存差。墙体底宽 2 ~ 2.5、顶宽 0.3 ~ 1.1、残高 0.4 米。

　　第 3 小段：G0066（东葫芦头南梁 2 号敌台）—G0067（东葫芦头南梁 3 号敌台），长 177 米，东北—西南走向，保存较差。墙体底宽 3.5、顶宽 1、北外侧残高 3 ~ 3.5、南内侧残高 0.3 ~ 1 米。

　　第 4 小段：G0067（东葫芦头南梁 3 号敌台）—G0068（东葫芦头南梁 4 号敌台），长 163 米，东北—西南走向，保存较差。墙体底宽 4.6、顶宽 1、北外侧残高 3.5、南内侧残高 1 米。

　　第 5 小段：G0068（东葫芦头南梁 4 号敌台）—G0069（东葫芦头南梁 5 号敌台），长 171 米，东—西走向，墙体消失。

　　第 6 小段：G0069（东葫芦头南梁 5 号敌台）—G0071（东葫芦头南梁 6 号敌台），长 88 米，东—西走向，保存一般。为东葫芦头关北墙。墙体夯层厚 0.24 米，底宽 5、顶宽 2.1、北外侧残高 6.7、南

图三一〇　东葫芦头南梁长城走向示意图

内侧残高 2.8 米。

第 7 小段：G0071（东葫芦头南梁 6 号敌台）—G0072（东葫芦头南梁 7 号敌台、节点），长 78 米，东—西走向，保存一般。墙体夯层厚 0.16 米，底宽 6、顶宽 2 ~ 3、北外侧残高 5 ~ 6、南内侧残高 2 ~ 3 米。

第 8 小段：G0072（东葫芦头南梁 7 号敌台、节点）—G0073（东葫芦头南梁 8 号敌台），长 138 米，南—北走向，保存较差。墙体夯层厚 0.2 ~ 0.26 米，底宽 4、顶宽 2、残高 2 ~ 3 米。

第 9 小段：G0073（东葫芦头南梁 8 号敌台）—G0074（东葫芦头南梁 9 号敌台），长 120 米，南—北走向，保存较差。墙体夯层厚 0.16 米，底宽 6、顶宽 2、残高 3.8 米。

第 10 小段：G0074（东葫芦头南梁 9 号敌台）—G0075（东葫芦头南梁 10 号敌台），长 95 米，南—北走向，保存较差。墙体底宽 2、顶宽 1、残高 1 米。

第 11 小段：G0072（东葫芦头南梁 7 号敌台、节点）—G0076（东葫芦头南梁 11 号敌台），长 110 米，东北—西南走向，保存差。

第 12 小段：G0076（东葫芦头南梁 11 号敌台）—G0077（止点、东葫芦头南梁 12 号敌台），长 400 米，东北—西南走向，保存较差。墙体底宽 5、顶宽 2、残高 2 米。

墙体整体保存差，坍塌损毁严重，部分段消失。造成损毁的自然因素主要为风雨侵蚀、植物生长等；人为因素主要是修建公路致墙体消失、农业生产活动破坏墙体、人为拆毁等。

东葫芦头南梁长城沿山脊顶部或山脊前沿延伸，长城周围为封山禁牧区，属恒山林场管理区，植被有松林、灌木等。

24. 西葫芦头西岭长城

起点位于青磁窑乡东葫芦头村西南 2 千米处，高程 2171 米；止点位于西葫芦头村西北 2.1 千米处，高程 2090 米。大致呈东南—西北走向。全长 4802 米，其中保存较差 2201、差 2601 米。墙体为石墙，两侧石块垒筑；内部为黄土夯筑，夹杂碎石、砂砾等，夯层厚 0.15 ~ 0.2 米。现存墙体剖面大致呈不规则梯形，底宽 0.5 ~ 5、顶宽 0.4 ~ 2、残高 0.3 ~ 4.5 米，G0084（西葫芦头西岭 4 号敌台）—G0085（西葫芦头西岭 5 号敌台）、G0089（拐点）—G0090（止点）东外侧残高 2 ~ 4.5、西内侧残高 0.3 ~ 1.5 米。本段长城东北接东葫芦头南岭长城，西北连破兑臼西梁长城。西葫芦头西岭 1 ~ 8 号敌台位于墙体上，敌台间距 0.23 ~ 0.731 千米。西葫芦头西岭 1 号敌台东北距东葫芦头南梁 12 号敌台 0.525 千米（图三一一）。

本段墙体共测 GPS 点 14 个（G0077 ~ G0090），可分为 13 小段，分述如下。

第 1 小段：G0077（起点、东葫芦头南梁 12 号敌台）—G0078（拐点），长 200 米，东北—西南走向，保存差。墙体底宽 2、顶宽 1 ~ 1.3、残高 0.6 ~ 0.8 米。

第 2 小段：G0078（拐点）—G0079（西葫芦头西岭 1 号敌台），长 325 米，东北—西南走向，保存较差。墙体底宽 4、顶宽 1.5 ~ 2、残高 1.3 ~ 2.2 米。

第 3 小段：G0079（西葫芦头西岭 1 号敌台）—G0080（拐点），长 530 米，东北—西南走向，保存差。墙体底宽不详，顶宽 0.5 ~ 0.7、残高 0.5 ~ 1 米。

第 4 小段：G0080（拐点）~ G0081（西葫芦头西岭 2 号敌台），长 201 米，东南—西北走向，保存较差。墙体夯层厚 0.15 米，底宽 4 ~ 5、顶宽 0.7 ~ 2、残高 1 ~ 3 米。

第 5 小段：G0081（西葫芦头西岭 2 号敌台）—G0082（拐点），长 279 米，东南—西北走向，保存差。墙体东外侧高 2 ~ 3 米。

第 6 小段：G0082（拐点）—G0083（西葫芦头西岭 3 号敌台），长 254 米，南—北走向，保存差。墙体坍塌严重，残宽 1、高 0.4 米。

第 7 小段：G0083（西葫芦头西岭 3 号敌台）—G0084（西葫芦头西岭 4 号敌台），长 230 米，东南—西北走向，保存差。墙体底宽、顶宽不详，残高 0.7 米。

第 8 小段：G0084（西葫芦头西岭 4 号敌台）—G0085（西葫芦头西岭 5 号敌台），长 630 米，东南—西北走向，保存较差。墙体底宽不详，顶宽 1.5 ~ 2、东外侧高 2.5 ~ 4.5、西内侧高 0.3 ~ 1.5 米。

第 9 小段：G0085（西葫芦头西岭 5 号敌台）—G0086（西葫芦头西岭 6 号敌台），长 340 米，东南—西北走向，保存差。墙体底宽 1 ~ 2、顶宽 0.5 ~ 1、高 0.3 ~ 1 米。

第 10 小段：G0086（西葫芦头西岭 6 号敌台）—G0087（西葫芦头西岭 7 号敌台），长 288 米，西南—东北走向，保存差。墙体夯层厚 0.16 ~ 0.2 米，底宽 2 ~ 3.5、顶宽 1 ~ 1.3、残高 0.7 ~ 1.6 米。

第 11 小段：G0087（西葫芦头西岭 7 号敌台）—G0088（西葫芦头西岭 8 号敌台），长 480 米，西南—东北走向，保存差。墙体底宽 2、顶宽 0.6、残高 1 米。

第 12 小段：G0088（西葫芦头西岭 8 号敌台）—G0089（拐点），长 465 米，东南—西北走向，保存较差。墙体底宽 2.2 ~ 2.8、顶宽 1.3 ~ 1.5、残高 1.5 ~ 2.5 米。

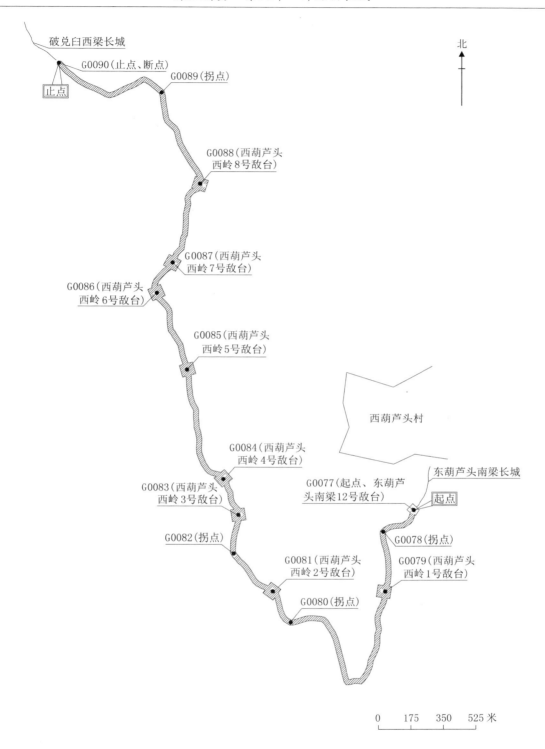

北

破兑臼西梁长城
G0090（止点、断点）
G0089（拐点）
止点

G0088（西葫芦头
西岭8号敌台）

G0087（西葫芦头
西岭7号敌台）
G0086（西葫芦头
西岭6号敌台）

G0085（西葫芦头
西岭5号敌台）

西葫芦头村

G0084（西葫芦头
西岭4号敌台）
G0077（起点、东葫芦
头南梁12号敌台）
东葫芦头南梁长城
G0083（西葫芦头
西岭3号敌台）
起点

G0082（拐点）
G0078（拐点）
G0081（西葫芦头
西岭2号敌台）
G0079（西葫芦头
西岭1号敌台）
G0080（拐点）

0　　175　　350　　525 米

图三一一　西葫芦头西岭长城走向示意图

第 13 小段：G0089（拐点）—G0090（止点、断点），长 580 米，东南—西北走向，保存较差。墙体底宽不详，顶宽 0.4~0.8、东外侧残高 2~3、西内侧残高 0.7 米。

墙体整体保存差，坍塌损毁严重。造成损毁的自然因素主要为风雨侵蚀、植物生长等；人为因素主要有农业生产活动破坏墙体、人为拆毁及踩踏等。

西葫芦头西岭长城沿山脊延伸，长城周围为封山禁牧区域，有松林、桦林、灌木等，野生蘑菇较多。

25. 破兑臼西梁长城

起点位于青磁窑乡西葫芦头村西北2.1千米处，高程2090米；止点位于青磁窑乡大西沟掌村西北0.8千米处，高程2166米。大致呈东南—西北走向。全长6035米，其中保存较差3097、差2080、消失858米。墙体为石墙，两侧为石块垒砌；内部黄土夯筑，夹杂碎石、砂砾等，夯层厚0.1~0.2米。现存墙体剖面大致呈不规则梯形，底宽1.8~4、顶宽0.8~10.8、残高0.3~3.6米，G0093（拐点）—G0094（破兑臼西梁2号敌台）间墙体北外侧残高2.3~3.6、南内侧残高0.4~1.3米。本段长城东南接西葫芦头西岭长城，破兑臼西梁1~12号敌台位于墙体上，敌台间距0.202~0.93千米。破兑臼西梁1号敌台东南距西葫芦头西岭8号敌台1.437千米（图三一二）。

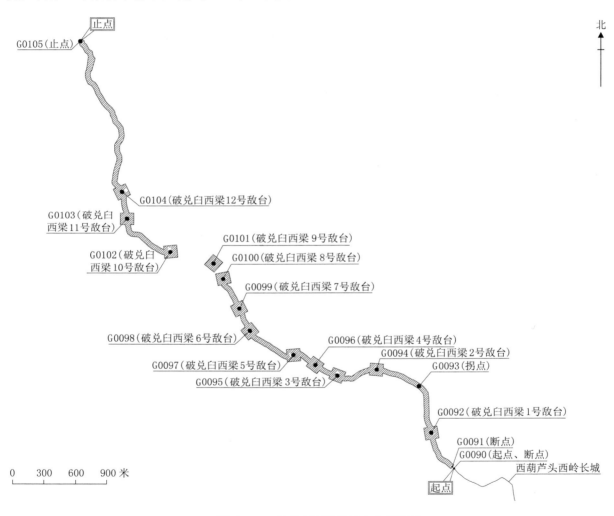

图三一二　破兑臼西梁长城走向示意图

本段墙体共测GPS点16个（G0090~G0105），可分为15小段，分述如下。

第1小段：G0090（起点、断点）—G0091（断点），长22米，东南—西北走向，墙体消失。通往恒山林场的公路从墙体处穿过致消失。

第 2 小段：G0091（断点）—G0092（破兑臼西梁 1 号敌台），长 370 米，东南—西北走向，保存较差。墙体夯层厚 0.2 米，顶宽 1~2.2、外侧高 2.5~3.5 米。

第 3 小段：G0092（破兑臼西梁 1 号敌台）—G0093（拐点），长 330 米，东南—西北走向，保存较差。墙体底宽 3、顶宽 1、残高 0.4~1.2 米。

第 4 小段：G0093（拐点）—G0094（破兑臼西梁 2 号敌台），长 600 米，东南—西北走向，保存较差。墙体底宽 3~4、顶宽 0.6~1.3、北外侧残高 2.3~3.6、南内侧残高 0.7~1.3 米。

第 5 小段：G0094（破兑臼西梁 2 号敌台）—G0095（破兑臼西梁 3 号敌台），长 370 米，东—西走向，保存较差。墙体底宽、顶宽不详，北外侧残高 2.3~3.6 米。

第 6 小段：G0095（破兑臼西梁 3 号敌台）—G0096（破兑臼西梁 4 号敌台），长 228 米，东南—西北走向，保存较差。墙体底宽、顶宽不详，北外侧残高 2.3~3.6 米。

第 7 小段：G0096（破兑臼西梁 4 号敌台）—G0097（破兑臼西梁 5 号敌台），长 262 米，东南—西北走向，保存较差。墙体夯层厚 0.1 米，底宽 2~2.6、顶宽 0.8~1、残高 1 米。

第 8 小段：G0097（破兑臼西梁 5 号敌台）—G0098（破兑臼西梁 6 号敌台），长 530 米，东南—西北走向，保存差。墙体底宽 1.8、顶宽 0.6~10.8、残高 0.4~0.8 米。

第 9 小段：G0098（破兑臼西梁 6 号敌台）—G0099（破兑臼西梁 7 号敌台），长 350 米，东南—西北走向，保存较差。墙体底宽 2.2~2.6、顶宽 0.8~1.2、残高 0.6~1 米。

第 10 小段：G0099（破兑臼西梁 7 号敌台）—G0100（破兑臼西梁 8 号敌台），长 388 米，东南—西北走向，墙体消失。

第 11 小段：G0100（破兑臼西梁 8 号敌台）—G0101（破兑臼西梁 9 号敌台），长 448 米，东南—西北走向，墙体消失。

第 12 小段：G0101（破兑臼西梁 9 号敌台）—G0102（破兑臼西梁 10 号敌台），长 325 米，东南—西北走向，保存较差。墙体底宽、顶宽不详，北外侧残高 3~3.6 米。

第 13 小段：G0102（破兑臼西梁 10 号敌台）—G0103（破兑臼西梁 11 号敌台），长 202 米，东南—西北走向，保存较差。墙体底宽、顶宽不详，北外侧残高 2.5~3.5 米。

第 14 小段：G0103（破兑臼西梁 11 号敌台）—G0104（破兑臼西梁 12 号敌台），长 290 米，南—北走向，保存差。墙体底宽 0.8~1、残高 0.3~0.7 米。

第 15 小段：G0104（破兑臼西梁 12 号敌台）—G0105（止点），长 1260 米，东南—西北走向，保存差。墙体残高 2~3.5 米。

墙体整体保存较差，坍塌损毁严重，部分段消失。造成损毁的自然因素主要为风雨侵蚀、植物生长等；人为因素主要有修建公路致墙壁体消失、农业生产活动破坏墙体、人为拆毁等。

破兑臼西梁长城沿山岭脊部延伸，长城周围为封山禁牧区域，有松林、桦林、灌木等，野生蘑菇较多。

（二）关堡

浑源县共调查关堡 26 座，其中关 5 座、堡 21 座。详见下表（表 242）。

表 242　浑源县关堡一览表

乡镇	关	堡	数量（座）
千佛岭乡	岗年口关		1
青磁窑乡	东葫芦头关		1
东坊城乡	落子宧关、李峪关	李峪堡	3
裴村乡	凌云口关		1
王庄堡镇		太安岭堡、西河口堡、王庄堡、下达枝1号堡、下达枝2号堡	5
千峰岭乡		宽坪村堡、杨庄堡	2
青磁窑乡		青磁窑堡	1
沙圪坨镇		照壁村堡、沙河村堡	2
永安镇		张庄村堡、顾册村堡	2
浑源县城		浑源城	1
吴城乡		翟家宧堡	1
下韩乡		中韩村堡	1
西留乡		宝峰寨堡	1
南榆林乡		紫峰堡、北榆村堡	2
榆林乡		贾庄堡	1
驼峰乡		西堡	1
合计	5	21	26

1. 岗年口关

位于千佛岭乡杨庄村西南 0.5 千米处，岗年口长城墙体上，高程 1475 米。

关平面呈矩形，朝向不详，周长、面积不详。现存主要设施、遗迹主要是关墙等。关墙为砖墙，外侧砖石砌筑，底部砌筑青石条，条石上砌筑砖，砖被拆毁。现存墙体平面呈"工"字形，东西走向长 61 米，两端分别向南北伸出一截墙体残段，残长 1～4 米。东西向墙体南壁现存 12 层石条，条石长 50～120、厚 30～40 厘米。墙体底宽 3.5～6、顶宽 1.5～4、残高 4.5～6 米。墙体南侧紧邻岗年口河，石条应为防洪固壁之用，形成三面墙、一面险。关内建筑无存。

关整体保存一般，墙体坍塌损毁严重。造成损毁的自然因素主要为河水冲刷、风雨侵蚀、植物生长等；人为因素主要是在关墙附近开采花岗岩矿、修建公路致关墙消失以及农业生产活动破坏墙体、人为拆毁砖石等。

岗年口关修建在岗年口河谷北岸边，扼河谷口。关附近谷口处两侧有黄土堆积，为耕地。岗年口关位于杨庄村西南 0.5 千米处，杨庄村有居民 500 余人，关北有杨庄村土路通往乡镇。

2. 东葫芦头关

位于青磁窑乡东葫芦头村西南 1 千米的山脊凹处，东葫芦头南梁长城墙体上，高程 2062 米。

关平面呈不规则形，朝向不详，周长 220 米，占地面积 2400 平方米。现存主要设施、遗迹有关墙及关门 1 座等（图三一三）。关墙为石墙，外侧石块垒砌；内部黄土夯筑，夯层厚 0.15～0.18 米，中间夹杂砾石层，厚 0.06 米，或夹杂片石，厚 0.03～0.05 米。存东墙长 30 米，西、南连成一弧形墙，长 110 米，北墙长 80 米。墙体底宽 2～4、顶宽 0.5～1、残高 1～2.8 米。关的东南角有一断口，应为关门所在，断口宽 40 米。关内建筑无存。

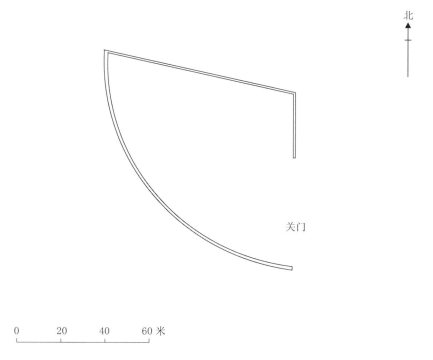

北

关门

0　　20　　40　　60 米

图三一三　东葫芦头关平面示意图

　　关整体保存较差，墙体坍塌损毁严重。造成损毁的自然因素主要为风雨侵蚀、植物生长等；人为因素主要农业生产活动破坏墙体、人为拆毁砖石作为其建筑材料等。关内无人居住，早先为耕地，现为荒地，为由北向南逐渐降落的坡地，无建筑痕迹。

　　东葫芦头村位于东葫芦头关东北，有居民约400人。东葫芦头村有水泥路与外界相通。

3. 落子宨关

　　位于东坊城乡落子宨村南0.5千米，落子宨长城墙体上，高程1381米。

　　关平面呈不规则形，朝向不详，周长380米，占地面积9000平方米。现存主要设施、遗迹主要为关墙（图三一四）。关墙为土墙，黄土夯筑而成，夯层厚0.15~0.2米。存东、西墙墙基和南墙。东墙长100、南墙长90、西墙长100、北墙估长90米。墙体底宽3、顶宽0.5~1.2、残高0.5~3米。关内建筑无存。

　　关整体保存较差。关墙坍塌损毁严重，甚至消失。造成损毁的自然因素主要为风雨侵蚀、植物生长等；人为因素主要有农业生产活动破坏墙体等。

　　落子宨关建于山坡上，关内外为耕地，无人居住。落子宨村位于落子宨关北，有居民约200人。落子宨村有土路与外界相通。

4. 李峪关

　　位于东坊城乡李峪村南0.6千米处，李峪长城墙体上，高程1208米。

　　关平面呈矩形，东西80、南北60米，朝向不详，周长280米，占地面积4800平方米。现存主要设施、遗迹主要为关墙（图三一五）。关墙为砖墙，外部砖石砌筑，砖石被拆毁；内部为黄土夯筑而成，夯层厚0.2米。存南墙基和北墙。墙体底宽4、顶宽0.5~1、残高2.5~4.2米。关内建筑无存。

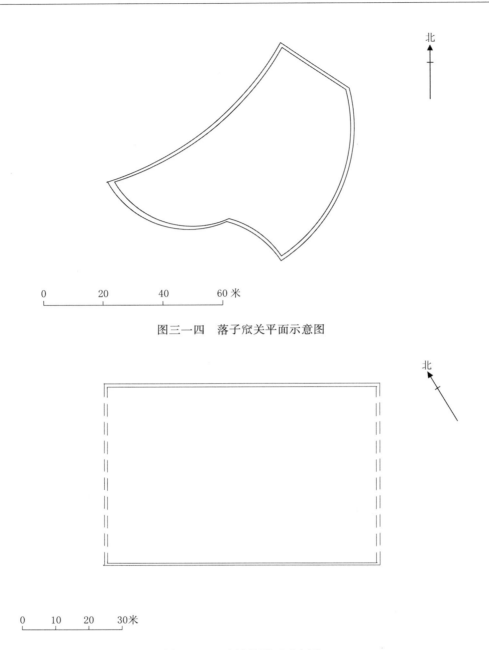

图三一四　落子寙关平面示意图

图三一五　李峪关平面示意图

　　整体保存较差。造成损毁的自然因素主要有风雨侵蚀、植物生长等；人为因素主要有农业生产活动破坏墙体、人为拆毁砖石作为建筑材料等。

　　李峪关位于李峪山谷的西岸上，是建在李峪长城上的一道关口，负责把守李峪口的军事设施。关内无人居住，为耕地。李峪村位于李峪关北，有居民约300人。李峪村有土路与外界相通。

5. 凌云口关

　　位于裴村乡凌云口村南0.3千米的山梁上，凌云口长城墙体上，高程1217米。

　　关平面呈矩形，边长40米，朝向不详，周长160米，占地面积1600平方米。现存主要设施、遗

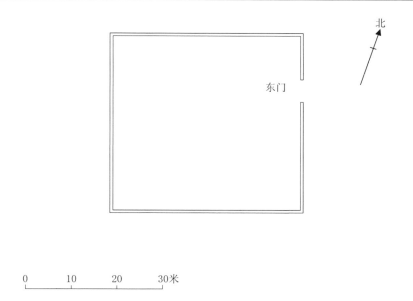

图三一六　凌云口关平面示意图

迹有关墙和东门 1 座（图三一六；彩图四五七）。关墙为砖墙，外部砖石混筑；内部为黄土夯筑，夯层厚 0.2 米。墙体边长 40、底宽 4、顶宽 0.5~1.5 米，残高 4~9 米。东墙设门，现为豁口，门宽 4、进深 6 米，未凸出外墙，凸出内墙 2 米，凸出部分两侧各 2 米宽，门上建筑毁坏。关内建筑无存。

　　关整体保存一般。造成损毁的自然因素主要有风雨侵蚀、植物生长等；人为因素主要有农业生产活动破坏墙体、人为拆毁砖石作为其建筑材料等。

　　凌云口关位于凌云口村南山梁上，东邻大、小峪沟峪口，该关是当时扼守这些峪口的重要军事设施。现关内无人居住，为耕地。凌云口村位于凌云口关北，有居民约 200 人。凌云口村有乡村公路与朔蔚公路（山西省朔县—河北省蔚县公路）相通。

6. 李峪堡

　　位于东坊城乡李峪村北部，李峪长城北外侧 2.2 千米处，高程 1108 米。

　　堡平面呈矩形，坐北朝南，保存很差，无法测量周长和面积。现存主要设施、遗迹有堡墙和角台 3 座（图三一七）。堡墙为土墙，黄土夯筑而成，含有较多小石块，夯层厚 0.14~0.18 米。存东墙长 79、西墙长 14.44、北墙长 76 米，南墙不存。墙体底宽 1.4、顶宽 0.5、残高 4.2~6.2 米。存东北、西北、西南角台，东北角台底宽 2.9、凸出墙体 2.7、残高 4.8 米；西南角台呈土堆状；西北角台较低矮，风蚀严重。

　　堡整体保存差，墙体坍塌损毁严重，堡内建筑无存。造成损毁的自然因素主要为风雨侵蚀、植物生长等；人为因素主要是农业生产活动破坏墙体、人为拆毁及在墙体上掏挖洞穴等。

　　李峪堡位于李峪村中，堡内为果园，南墙处为民房。李峪村有居民 300 余人，有土路与外界相通。

7. 太安岭堡

　　位于王庄堡镇太安岭村中山顶上，高程 1480 米。东南距太安岭烽火台 1.8 千米，西北距西河村烽火台 1.8 千米。

　　堡平面呈不规则形，坐东朝西，周长 480 米，占地面积 30672 平方米。现存主要设施、遗迹有堡

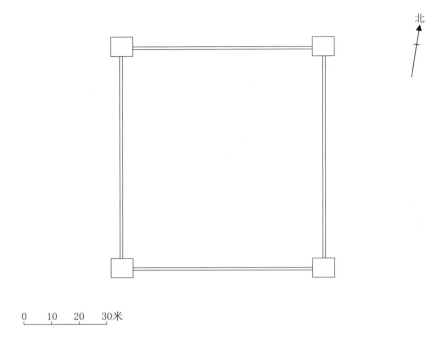

0   10   20   30米

图三一七　李峪堡平面示意图

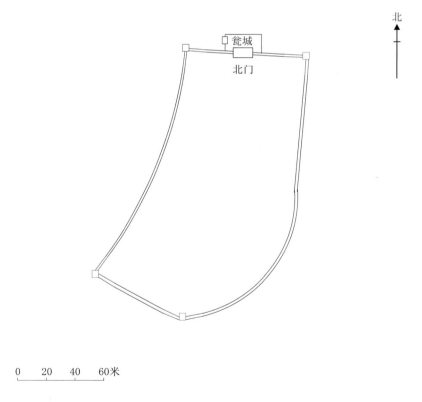

0   20   40   60米

图三一八　太安岭堡平面示意图

墙、北门1座、瓮城1座、角台4座（图三一八）。堡墙为土墙，为黄土夯筑而成，夯层厚0.16～0.23米，存东墙158、西墙168、南墙52、北墙102米，底宽不详，顶宽2.3、残高4.2米。北墙设门，中部有 1 座瓮城，瓮城呈矩形，西墙中部设一拱门，底部石砌，高 1.58 米，顶部砖券，三伏三券，分为内外两券，外券宽 1.7、高 2.42 米，内券宽 2.5、高 3.94 米，进深 8.73 米。青砖长 40、宽 18、厚 8 厘米。门墙底宽 7.79、顶宽 7.44、高 5.5、凸出墙体 5.99 米。堡四角设角台，呈土堆状，东南角台残高 6.09 米，西南角台残高 12.25 米，西北角台残高 10.33 米。该堡建于一个正方形平台上，宽约 5、高 2 米。

堡整体保存一般，堡墙设施基本完整，堡内建筑无存。造成损毁的自然因素主要为风雨侵蚀、植物生长等；人为因素主要是农业生产活动破坏墙体、人为拆毁砖石作为其建筑材料及在墙体上掏挖洞穴、避雨洞等。

太安岭堡建于山顶上，随山顶自然形状修建，南北长、东西窄。太安岭村有居民两三户，太安岭堡南侧山谷中有水泥路。

8. 西河口堡

位于王庄堡镇西河口村北 0.1 千米，西河口北长城 1 段西内侧 0.07、南内侧 0.03 千米处，高程 1364 米。

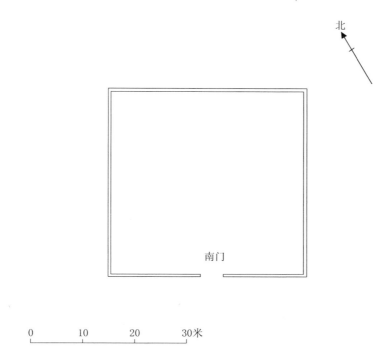

图三一九　西河口堡平面示意图

堡平面呈矩形，朝向不详，边长 38 米，周长 152 米，占地面积 1444 平方米。现存主要设施、遗迹有堡墙和南门 1 座（图三一九）。堡墙原为砖墙，现仅存内部的夯土墙，为黄土夯筑而成，土质纯净，夯层厚 0.2～0.3 米。墙体底宽 3、顶宽 0～1.5、残高 6 米。东、北墙保存较完整，高出堡内平台 1～2 米；西、南墙高度与堡内平台相当。堡南墙正中有宽 7 米的豁口，疑为堡门，坍塌严重，结构不详。其余三面墙体上均无豁口。堡建于平台上，比堡墙外地面高 4 米，平台上无任何建筑，现为耕地。

堡整体保存一般，墙体坍塌损毁严重，堡内建筑无存。造成损毁的自然因素主要有风雨侵蚀、植物生长等；人为因素主要是在墙体附近开采花岗岩矿、农业生产活动破坏墙体、人为拆毁砖石及在墙体上掏挖窑洞、避雨洞等。

西河口堡位于西河口村北梁土山顶部，堡内无人居住，为耕地。西河口村有王大（浑源县王庄堡镇至繁峙县大营镇）公路通过。

9. 王庄堡

位于王庄堡镇王庄堡村西南0.1千米低山上的耕地中，高程1170米。南距下牛还村烽火台2.4千米，西北距王庄堡1、2号烽火台0.249千米。

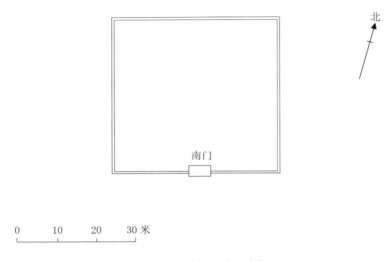

北

南门

0　　10　　20　　30 米

图三二〇　王庄堡平面示意图

堡平面呈矩形，坐北朝南，周长161米，占地面积1621平方米。现存主要设施、遗迹有堡墙和南门1座（图三二〇）。堡墙为土墙，黄土夯筑而成，夯层厚0.1~0.2米，东、西、南墙基本完好，北墙中部坍塌较严重。南门宽1.61、高1.92~3.35、进深6.66米（彩图五七五）。东墙内侧有一个斜坡道可通堡东南角，宽约1.2米。南墙顶部偶见铺砖。堡建于正方形高台上，高台自墙外底部起，向东伸出4.3、向北伸出6.64米，高台西部高2.2、东部高4.3米。

堡整体保存较好，堡内建筑无存。造成损毁的自然因素主要为风雨侵蚀、植物生长等；人为因素主要是农业生产活动破坏墙体等。

王庄堡位于山谷中低浅山平地上。堡内无人居住，为耕地。王庄堡村位于王庄堡东北，有居民约5000人。王庄堡村地处浑源、灵丘、繁峙三县交界处，村东有大同县到灵丘县倒马关公路和王大公路（浑源县王庄堡镇至繁峙县大营镇）通过。

10. 下达枝1号堡

位于王庄堡镇下达枝村东南0.25千米山梁顶部，高程1243米。西北0.4千米处为下达枝2号堡。

堡平面呈圆形，朝向西南，周长268米，占地面积4126平方米。现存主要设施、遗迹有堡墙、西南门1座、瓮城1座等（图三二一）。堡墙为土墙，黄土夯筑而成，夯层厚0.18~0.23米。堡墙连续，东墙底宽3.9、顶宽1.4、内高5.73、外高10.73米。西南墙设一门，有瓮城，平面呈矩形，瓮城墙内高1.6、外高2.84米；瓮城开西南门，现为缺口，门宽4.36米。两侧各有一土台，呈不规则状，底宽9.5、凸出墙体7.1、残高5.17~5.9米。堡中央有一个近矩形平台，残高1.8米，南部呈缓坡状，与

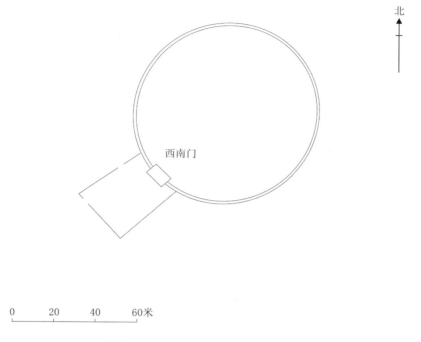

图三二一 下达枝 1 号堡平面示意图

堡内平面相连，西南部堆积有大量碎砖瓦，应为原有建筑的残迹。

堡整体保存较好，墙体有所坍塌。造成损毁的自然因素主要为风雨侵蚀、植物生长等；人为因素主要是农业生产活动破坏墙体、墙体掏挖洞穴等。堡内无人居住，为耕地。

下达枝村位于下达枝 1 号堡西北，有居民约七八十户。下达枝村中有浑源县通往灵丘县的公路穿过。

11. 下达枝 2 号堡

位于王庄堡镇下达枝村西南 0.3 千米山梁顶部，高程 1256 米。东南 0.4 千米处的山梁上为下达枝 1 号堡。

堡平面呈矩形，朝向不详，周长 221 米，占地面积 2815 平方米。现存主要设施、遗迹有堡墙和东门 1 座（图三二二）。堡墙为土墙，黄土夯筑而成，夯层厚 0.2 ~ 0.22 米。东墙残存墙基，长 39 米，南墙长 66、西墙长 42、北墙长 74 米，墙体底宽 1.7、顶宽 0.6 ~ 1、外高 2.16 ~ 4.24、内高 1.17 ~ 2.14 米。从残存的墙体判断，堡门应在东墙。堡内建筑无存。

堡整体保存一般。造成损毁的自然因素主要为风雨侵蚀、植物生长等；人为因素主要是农业生产活动破坏墙体等。

下达枝 2 号堡位于山梁顶部。堡内无人居住，为耕地。下达枝村位于下达枝 2 号堡东北，有居民约七八十户。下达枝村中有浑源县通往灵丘县的公路穿过。

12. 宽坪村堡

位于千佛岭乡宽坪村东北 0.34 千米的山顶上，高程 1765 米。西距宽坪村烽火台 0.02 千米。

堡平面呈矩形，坐北朝南，周长 210 米，占地面积 2409 平方米。现存主要设施、遗迹有堡墙、东门 1 座、角台 3 座（图三二三；彩图五七六）。堡墙为土墙，黄土夯筑而成，夯层厚 0.17 ~ 0.2 米，部分夯层中夹杂 0.01 米厚的沙粒层。东墙大部分无存，西墙长 34 米，北墙残存小段，南墙坍塌严重。

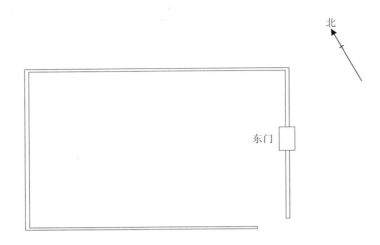

图三二二　下达枝 2 号堡平面示意图

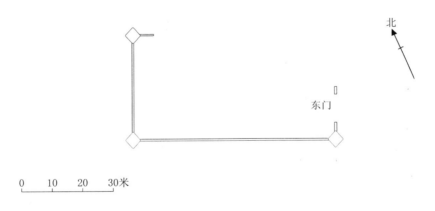

图三二三　宽坪村堡平面示意图

墙体底宽不详，顶宽 0.4 ~ 0.6、残高 1.24 ~ 1.8 米。堡内东南角有一个大深沟，宽 13.9、深 5 米，应为雨水冲刷所致，堡门可能在此处。东南角台残高 6.34 米，西南角台坍塌严重，西北角台保存相对较好，与堡墙成 135°向外斜出，顶宽 1.15、凸出墙体 2.4 ~ 4.14、残高 2.67 米，夯层厚 0.16 ~ 0.2 米。

　　堡整体保存较差，堡内建筑无存。造成损毁的自然因素主要为风雨侵蚀、植物生长等；人为因素主要是农业生产活动破坏墙体等。

　　宽坪村堡位于山顶上。堡内无人居住，为耕地。宽坪村位于宽坪村堡西南，有居民约 10 余户。宽坪村有土路与外界相通。

13. 杨庄堡

位于千佛岭乡杨庄村东南 0.6 千米的山谷中，岗年口长城东 0.175 千米处，高程 1473 米。东北距杨庄 2 号烽火台 0.035 千米、杨庄 3 号烽火台 0.153 千米、杨庄 4 号烽火台 0.255 千米，西北距杨庄 1 号烽火台 0.106 千米。

该堡平面呈不规则形，朝向不详，周长、面积不详。现存主要设施、遗迹有堡墙、角台 2 座。堡墙为石墙，两侧石块垒筑，白灰勾缝；内部为黄土夯筑，夯层厚 0.17 ~ 0.22 米。堡墙壁面斜直。东南墙保存较好，顶宽 2.3、内高 6.34、外高 5.3 米，包石厚 0.5 米。东角台平面为矩形，长 6.2、宽 3.7、残高 5.4 米；南角台长 8.1、宽 7.89 米，南角台向西北方向伸出一小段墙体。

堡整体保存较差，墙体坍塌损毁严重，堡内建筑无存。造成损毁的自然因素主要为河流冲刷、风雨侵蚀、植物生长等；人为因素主要是农业生产活动破坏墙体。

杨庄堡位于山谷之中，堡内无人居住，为荒地。杨庄村位于杨庄堡西北，有居民约 100 人。杨庄村山谷中为土路，可走大车，向东通往浑源县到广灵县的公路。

14. 青磁窑堡

位于青磁窑乡青磁窑村西 0.2 千米的小山头上，高程 1407 米。

堡平面呈不规则形，坐西朝东，周长 232 米，占地面积 2535 平方米。现存主要设施、遗迹有堡墙、西南门、角台 2 座、马面 1 座等（图三二四）。堡墙为土墙，黄土夯筑而成，夯层厚 0.07 ~ 0.13 米。北墙长 31、东墙长 89、南墙长 23、西墙长 89 米。堡墙底宽 4.52、顶宽 0.8 ~ 2.1、残高 3.48 ~ 11.75 米。南堡墙较短，中部偏东有一个豁口，应为堡门遗迹，宽 5.62 米。东南角台和西南角台保存较好，平面呈矩形，西南角台顶宽 2.8、凸出墙体 2.6、残高 12.04 米。北堡墙中部有 1 座马面，坍塌成土堆状，高于墙体，凸出墙体 3.66、残高 15.84 米。

堡整体保存较好，堡墙设施基本完整，部分墙体坍塌与山坡连为一体。堡内建筑无存。造成损毁的自然因素主要为风雨侵蚀、植物生长等；人为因素主要是农业生产活动破坏墙体等。

青磁窑堡位于山谷交汇区域，处于该区域偏北的山体下方小山顶部。堡内无人居住，为耕地。青磁窑村位于青磁窑堡东，青磁窑堡正对通往浑源县的公路（彩图五七七）。

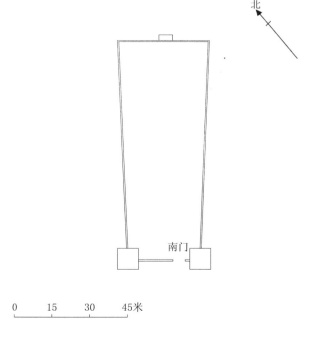

图三二四　青磁窑堡平面示意图

15. 照壁村堡

位于沙圪坨镇照壁村西南 0.25 千米的浅山坡上，高程 1361 米。东南距水沟村烽火台 2.7 千米。

堡平面呈矩形，坐西朝东，周长 171 米，占地面积 3539 平方米。现存主要设施、遗迹有堡墙、角台 2 座、马面 3 座（图三二五）。堡墙为土墙，黄土夯筑而成，夯层厚 0.18 ~ 0.24 米。东墙残长 15、南墙长 46、西墙长 55、北墙长 55 米，墙体顶宽 0.9 ~ 2.7、残高 1.7 ~ 7.95、外高 3.8 ~ 7.95、内高 1.7 ~ 5.1 米。南墙东段有两个 3 米宽的豁口，墙体底部仍然连接。东南角台呈土堆状，残高 5.44 米；西北角台底部宽 6.8、凸出墙体 6.69 米，顶部宽 0.9、凸出墙体 1.8 米，残高 5.98 米。南、西、北墙各存 1 座马面，南马面底宽 11.18、凸出墙体 9.2 米，顶部宽 5.2、凸出墙体 2.7 米，外高 10.35、内高 11.02 米；西马面几乎坍塌殆尽，底宽 4.44、凸出墙体 1.4、残高 5.68 米；北马面较小，坍塌成土堆状，底宽 4.6、凸出墙体 4.64、顶宽 2.1、残高 4.73 米。

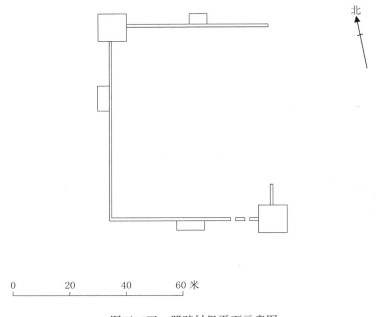

图三二五　照壁村堡平面示意图

　　堡整体保存一般，墙体坍塌损毁严重，堡内建筑无存。造成损毁的自然因素主要为风雨侵蚀、植物生长等；人为因素主要是农业生产活动破坏、人为挖损墙体等。

　　照壁村堡位于浅山坡上。堡内无人居住，为耕地。照壁村位于照壁村堡东北，照壁村堡东北一小山背后为水沟村通往沙圪坨镇的公路。

16. 沙河村堡

　　位于沙圪坨镇沙河村西南 0.6 千米的耕地中，高程 1246 米。东北距沙河村烽火台 0.8 千米。

　　堡平面呈矩形，坐北朝南，周长 303 米，占地面积 8235 平方米。现存主要设施、遗迹有堡墙等（图三二六）。堡墙为土墙，黄土夯筑而成，夯层厚 0.16 ~ 0.27 米；东墙长 92、南墙残长 33、西墙长 83、北墙长 95 米；墙体底宽 2.8、顶宽 0.5 ~ 1.8、残高 0.75 ~ 3.92、外高 2.21 ~ 3.5、内高 0.75 ~ 3.92 米。

　　堡整体保存一般。南墙大段无存，其余堡墙保存，基本连续，堡墙多数有不同程度坍塌，南墙西半部被河水冲刷坍塌。堡内建筑无存。造成损毁的自然因素主要为洪水冲刷、风雨侵蚀、植物生长等；人为因素主要是农业生产活动破坏、人为挖损墙体等。沙河村堡位于平地上。堡内无人居住，为耕地。沙河村位于沙河村堡东北，有居民约 100 人。沙河村堡南边可见浑源县通往广灵县的公路。

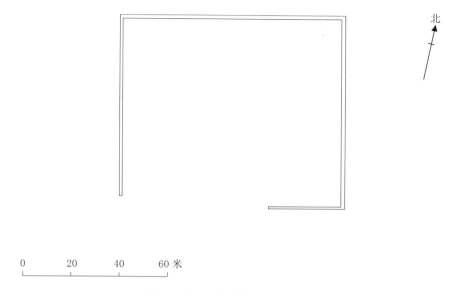

0   20   40   60 米

图三二六　沙河村堡平面示意图

17. 张庄村堡

位于永安镇张庄村北的耕地中，高程1106米。西北距顾册村堡1.1千米。

堡平面呈矩形，坐北朝南，周长175米，占地面积3456平方米。现存主要设施、遗迹有堡墙、角台3座、马面1座等（图三二七）。堡墙为土墙，黄土夯筑而成，夯层厚0.11～0.18米；东墙长54、南墙长31、西墙长26、北墙长64米，墙体底宽2.6、顶宽0.8～1.1、残高1.69～5.07米。角台残存3座，东北角台残高5.8米，西北角台残高4.94米，东南角台残高5.14米。北墙中部设有1座大型马面，黄土夯筑而成，夹杂大量石块，夯层厚0.11～018米，马面底宽13.3、凸出墙体13米，顶宽7.31、凸出墙体8.56米，残高12.19米，保存较好。

堡整体保存一般，墙体坍塌损毁严重，堡内建筑无存。造成损毁的自然因素主要为风雨侵蚀、植物生长等；人为因素主要是农业生产活动破坏、人为挖损墙体等。

张庄村堡位于张庄村北的耕地中。堡内有五、六户人家，靠近堡墙一周多为废弃的老房子和院落，四周为耕地。张庄村西有乡村公路。

18. 顾册村堡

位于永安镇顾册村北耕地中，高程1094米。东南距张庄村堡1.1千米。

堡平面呈不规则形，坐北朝南。堡破坏严重，周长、面积等无法量测。现存主要设施、遗迹有部分堡墙、马面1座等。堡墙为土墙，黄土夯筑而成，夯层厚0.15～0.2米。东、西、南墙不存，北墙存10.02米，顶宽0.5、残高2.39米。北墙马面平面呈矩形，剖面为梯形，底部东西11.49米，南北东边残长8.43、西边残长5.43米，残高7.7米。顶部原有一座庙，现不存。马面东壁南侧有掏挖的窑洞，宽1.43、进深1.82、高1.77米。

堡整体保存差，墙体坍塌损毁严重，部分段消失。堡内建筑无存。造成损毁的自然因素主要为风雨侵蚀、植物生长等；人为因素主要是农业生产活动破坏墙体、人为拆毁及在墙体上掏挖窑洞等。

顾册村堡位于顾册村北边的耕地中，与村庄紧邻，堡内无人居住，为耕地。顾册村位于顾册村堡

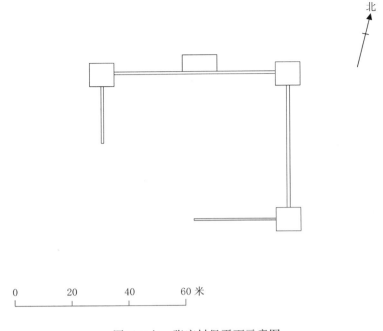

图三二七　张庄村堡平面示意图

南，顾册村有乡村公路与外界相通。

19. 浑源城

位于县城中偏西北部，高程 1130 米。

堡平面呈不规则形。据清乾隆年间《浑源州志》记载，平面呈八角形，坐东朝西，堡的面积及周长无法量测。现存主要设施、遗迹有部分堡墙等。堡墙为土墙，黄土夯筑而成，夯层厚 0.16 ~ 0.21米。残存东墙长 91、西墙长 4.2、北墙长 32 米，墙体顶宽 4.18、残高 2 ~ 6.55 米。据载嘉靖四十五年（1566 年）、万历二十年（1592 年）曾重修过浑源城，当时城的设施有垛口 707 个、观台 17 座、楼橹11 座、铺舍 9 间，东门署名 "望恒"，西门署名 "平川"，东西门城墙上各筑城楼一座，外城东叫 "瓮城"，西叫 "月城"，都用青砖石砌成。万历二十九年（1601 年）御史崔邦亮又辟南门，署名 "引翠"。

城内祠庙较多。先农坛，在城南 0.5 千米；社稷坛，在城西 0.5 千米；风云雷雨山川城隍坛，在城南 1 千米；城隍庙，在城内西北角；三皇庙，在南门内；元帝庙，在城墙北面的高台上；三官庙，在东门瓮城内；关帝庙 4 座，东、西、南门各 1 座；木市 1 座；勒马庙，在木市西面；龙王庙，在西门外顺城街；圣母庙，在东门外；上帝阁，在城中央；文昌阁 2 座，1 座在学宫，1 座在南门外；玉皇阁，在城内石桥南巷；二神祠，在城西南角；恒岳庙，在城南门外。此外还有财神庙、药王庙等。城外有东、西、南关。现在浑源城的历史设施已经全部无存。

城整体保存差，墙体坍塌损毁严重，仅存零星的三小段墙体，较低矮，且长度很短。造成损毁的自然因素主要有风雨侵蚀等；人为因素主要有历史战火毁坏、现代城市建设扩张、人类生产生活活动等。

浑源县城在原先的浑源城基础上扩建，县城及所在永安镇人口约 6 万。浑源城有大涞公路（山西省大同市—河北省涞源县）纵贯南北，朔蔚公路（山西省朔州市—河北省蔚县）横穿东西。

20. 翟家窊堡

位于翟家窊旧村中，吴城乡振兴村（即翟家窊村新村）西北 1 千米的浅山平地上，高程 1272 米。

堡平面呈矩形，朝向不详，周长 169 米，占地面积 1668 平方米。现存主要设施、遗迹有堡墙等（图三二八）。堡墙为土墙，黄土夯筑而成，夹杂大小不等的石块，夯层厚 0.17 ~ 0.19 米；东墙长 56、南墙长 26、西墙长 55、北墙长 32 米；墙体底宽 2.7、残高 1.1 ~ 6.1、内高 1.1 ~ 4.1、外高 2.18 ~ 6.1 米。

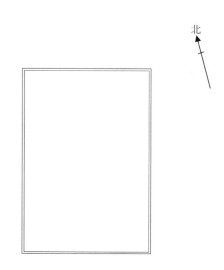

北

0　　10　　20　　30米

图三二八　翟家窊堡平面示意图

堡整体保存差，墙体坍塌损毁严重，堡内建筑无存。造成损毁的自然因素主要为风雨侵蚀、植物生长等；人为因素主要是农业生产活动、盖房修路破坏墙体等。

翟家窊堡位于浅山平地上，堡内无人居住，为荒地。翟家窊新村位于翟家窊堡东南，翟家窊村于 20 世纪 90 年代搬迁到东南方向的山梁上，改名为"振兴村"。翟家窊堡东侧一条土路从村中穿过，向北下到沟内，向南可上至振兴村，村东有通往吴城乡的乡镇公路。

21. 中韩村堡

位于下韩乡中韩村北部，高程 1104 米。

堡平面呈矩形，坐北朝南，周长 256 米，占地面积 5000 平方米。现存主要设施、遗迹有堡墙、南门、角台 4 座、马面 2 座等（图三二九）。堡墙为土墙，黄夯筑而成，夯层厚 0.17 ~ 0.23 米；东墙长 81、南墙长 68、西墙长 71、北墙长 36 米；墙体顶宽 0.7 ~ 2.2、残高 4.66 ~ 11.24 米。西墙南段近角台处有一个现代用机械设备推出的豁口，为出入堡内的通道，宽 3.68 米。南门为砖券顶，底部砌有条石，上部用灰砖起券，原券顶无存，现存为现代红砖券顶，门宽 2.3、高 3.76、进深 15.49 米。南门低于堡内平面。存角台 4 座，与堡墙呈 135°向外斜出。东北角台残高 11.2、东南角台残高 11.27、西南角台残高 14.6、西北角台残高 9.04 米，底宽 7.26、凸出墙体 6.57 米，顶宽 2.2、凸出墙体 2.7 米。

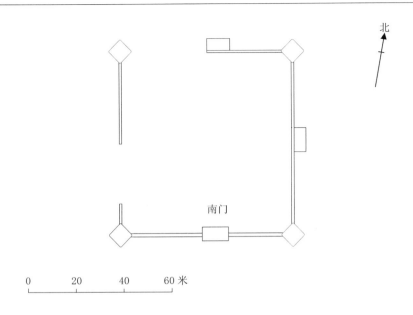

图三二九　　中韩村堡平面示意图

东马面距东北角台40米，宽5.6、凸出墙体2、残高6.3米，夯层厚0.13~0.17米。北马面距西北角台36米，宽4.79、凸出墙体2米。堡内建筑无存。

堡整体保存较好，堡墙设施基本完整，墙体坍塌损毁严重，部分消失。造成损毁的自然因素主要为风雨侵蚀、植物生长等；人为因素主要是砖厂取土、修建乡村便道致墙体消失、农业生产活动破坏墙体、人为拆毁等。

中韩村堡位于中韩村中北部平地上，北部临沟。堡内无人居住，为耕地。中韩村位于中韩村堡南，村西为浑源县通往大同县的公路。

22. 宝峰寨堡

位于西留乡宝峰寨村西南0.2千米的小山顶上，高程1177米。

堡平面呈不规则形，坐南朝北，周长114米，占地面积774平方米。现存主要设施、遗迹有堡墙等（图三三〇）。堡墙为土墙，黄土夯筑而成，夯层厚0.23~0.3米。东墙较直，保存较好；西墙整体略向外弧，外壁斜直；南墙保存较好，外壁斜直；北墙西段平面呈"V"形，顶宽0.3~0.7、残高1.86~6.3米。北墙东端有一个缺口，原应设一门，其余堡墙连续。

堡整体保存一般，堡墙设施基本完整，但墙体有多处坍塌成缓坡，墙体上有多处豁口。堡内建筑无存。造成损毁的自然因素主要为风雨侵蚀、植物生长等。

宝峰寨堡建于小山顶，堡内无人居住，为荒地。宝峰寨村位于宝峰寨堡东北，有居民约100人。宝峰寨堡北有西留乡通往下韩乡的公路，西有西留乡通往付家坡的乡村公路。

23. 紫峰堡

位于南榆林乡南紫峰村和北紫峰村之间山沟北侧台体上，距北紫峰村0.3千米，高程1206米。

堡平面呈矩形，朝向不详。堡西南墙坍塌，原先范围不详，周长及面积无法测量。现存主要设施、遗迹有堡墙等（图三三一）。堡墙为土墙，黄土夯筑而成，夯层厚0.21~0.25米；东北墙长61米，东

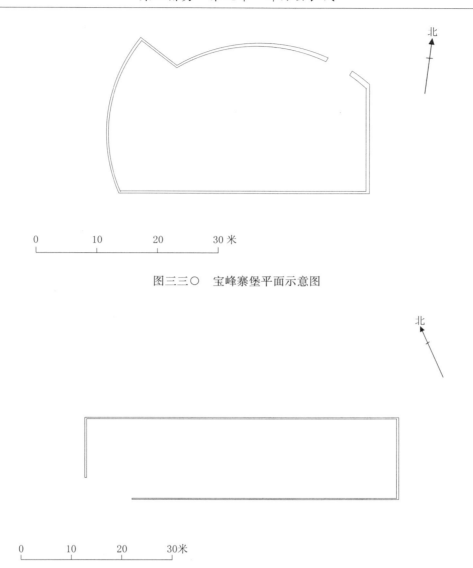

图三三〇　宝峰寨堡平面示意图

图三三一　紫峰堡平面示意图

南墙仅存墙基，西北墙长 12.71 米；墙体底宽 3.1、顶宽 0.7 ~ 0.9、残高 3.9 ~ 4.67 米。西北墙靠近拐角处有一个豁口，上大下小，疑为堡门。

堡整体保存较差，墙体坍塌损毁严重，堡内建筑无存。造成损毁的自然因素主要为风雨侵蚀、植物生长等；人为因素主要是农业生产活动破坏墙体、人为拆毁等。

紫峰堡位于山沟北台体上，堡内无人居住，为耕地。紫峰堡村位于紫峰堡南，南侧沟内有通往南榆林乡的乡村水泥路。南紫峰村东有通往西留乡的乡村水泥路，村北有土路通往北紫峰村。

24. 北榆林村堡

位于南榆林乡北榆村南 0.35 千米冲沟间的平地上，高程 1165 米。

堡平面呈矩形，坐北朝南，周长、面积不详。现存主要设施、遗迹有堡墙、角台 1 座等（图三三二；彩图五七八）。堡墙为土墙，黄土夯筑而成；东墙基本无存，南墙长 23.8、西墙长 30.63 米，北墙不存；墙体底宽 6.1 ~ 6.27、残高 7.8 ~ 16.36 米。仅存东南角台，平面呈矩形，剖面为梯形，与堡

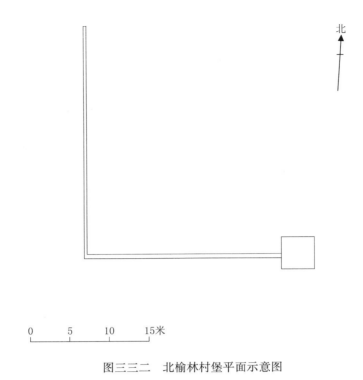

图三三二　北榆林村堡平面示意图

墙呈90°向外斜出。

　　堡整体保存较差，墙体坍塌损毁严重，部分墙体消失。堡内建筑无存。造成损毁的自然因素主要为风雨侵蚀、植物生长等；人为因素主要是修建乡村便道致墙体消失、农业生产活动破坏墙体、人为拆毁等。

　　北榆村堡位于冲沟间平地上。堡内为废弃的民房和窑洞院落，约有七八户人家。北榆村位于北榆村堡北。北榆村堡内有一条东西向乡村水泥路通往下韩乡，堡外有通往北榆村的乡村水泥路。

25. 贾庄堡

　　位于西留乡贾庄村中偏南部，高程1069米。西北距西堡3.9千米，东北距宝峰寨堡5.4千米。

　　堡平面呈矩形，坐北朝南，由于保存原因，堡的面积及周长无法量测。现存主要设施、遗迹有堡墙、角台1座、马面2座。堡墙为土墙，黄土夯筑而成，夯层厚0.17~0.2米，存西、南、北墙，墙体底宽7.2、顶宽3.1、残高2.6~12.24米。仅存西北角台，坍塌成土堆状，残高12.24米，仅存1/3。存西墙、北墙2座马面。西墙马面外部保存较好，底宽16.25、凸出墙体4.84、残高11.1米；北墙马面保存较好，平面呈矩形，顶部北高南低，底部宽16.88、凸出墙体7.56米，顶宽8.05、凸出墙体5.23米，残高12.07米。马面内侧有一道斜坡墙与马面相连，可能是登马面的斜坡道，残长6.8、宽1.9米。

　　堡整体保存一般，墙体坍塌损毁严重。造成损毁的自然因素主要为风雨侵蚀、植物生长等；人为因素主要是农业生产活动破坏墙体、墙体上掏挖窑洞等。

　　贾庄堡位于贾庄村中，堡内为贾庄村的一部分，住有十几户人家。贾庄堡村有东西向乡村公路。

26. 西堡

　　位于驼峰乡西堡村中，高程1047米。东北距贾庄村堡3.9千米。

　　堡平面呈矩形，坐北朝南，因保存原因，堡的面积及周长无法测量。现存主要设施、遗迹有堡墙和角台1座（图三三三）。堡墙为土墙，黄土夯筑而成，夯层厚0.19~0.26米；东、南墙不存，西墙长11、北墙长38米；墙体底宽4.96、顶宽2.5、残高5.9米。仅存西北角台，平面呈矩形，剖面为梯形，底部北边长9.13、南边长8.05、残高8.8米，夯层厚0.18~0.23米。堡内建筑无存。

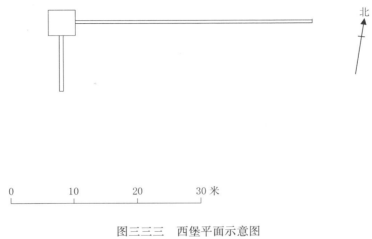

图三三三　西堡平面示意图

　　堡整体保存较差，墙体坍塌损毁严重。造成损毁的自然因素主要为风雨侵蚀、植物生长等；人为因素主要是修建乡村道路挖断墙体、农业生产活动破坏墙体等。

　　西堡位于西堡村中，四周为民房，堡内有废弃的民房和新建房屋，废弃房屋多依墙而建。西堡村南有乡村水泥路。

（三）单体建筑

1. 敌台

浑源县共调查敌台95座（表243，见本章末附表）。

2. 烽火台

浑源县共调查烽火台38座（表244，见本章末附表）。

二　长城资源调查资料分析

（一）长城墙体

1. 长城墙体的材质类型及建筑方式、形制

　　浑源县长城墙体有25段，除岗年口长城、玉门长城消失之外，其余23段长城墙体类型有石墙、砖墙、土墙和山险4类。人工构筑的防御长城占54.2%，以石墙和砖墙为主，天然防御占45.8%（表245）。

表 245　浑源县长城墙体类型一览表

类型	段数	长度（米）	百分比（%）
石墙	7	21403	27.6
砖墙	6	12875	16.6
土墙	5	7769	10
山险	5	35500	45.8
合计	23	77547	100

（1）石墙

浑源县石墙共 7 段，长 21403 米。墙体系土石混筑而成，自然基础，结构为两侧石块垒砌，白灰勾缝；内部黄土夯筑而成，部分夹杂石块、砂砾等。现存墙体剖面大致呈不规则梯形，保存较好者底宽 2～2.4、顶宽 0.5～1.1、残高 1.3～2.4 米，保存一般者底宽 3、顶宽 1～1.2、残高 2 米，保存较差者底宽 1.4～4、顶宽 1～2.8、残高 1.5～3.6 米，保存差者底宽 0.5～4、顶宽 0.3～10.8、残高 0.4～4.5 米。石墙墙体两侧高度有测量数据的段，北侧或东侧高于南侧或西侧，北侧或东侧残高 2～4.5 米，南侧或西侧残高 0.4～1.3 米，说明长城墙体的防御方向是北或东北（表 246）。

浑源县长城主要分布于恒山山区，石墙最多，应是就近采石修建长城。

表 246　浑源县石墙建筑方式、形制及保存状况一览表（单位：米）

长城墙体段名称	建筑材料	夯层厚度	剖面形制	尺寸			保存状况
				底宽	顶宽	残高	
西河口南段长城	两侧石块垒砌，白灰勾缝；内部黄土夯筑而成，部分夹杂石块、砂砾等	不详	不规则梯形	2～2.8	0.4～2.4	残高 0.3～4、北外侧高 3.7～4、南内侧高 0.4～1	较差
西河口北长城 2 段	两侧石块垒砌，白灰勾缝；内部黄土夯筑而成，部分夹杂石块、砂砾等	不详	不规则梯形	2～2.4	0.5～1.1	1.3～2.4	较好
上、下桦岭长城	两侧石块垒砌，白灰勾缝；内部黄土夯筑而成，部分夹杂石块、砂砾等	0.2～0.22	不规则梯形	1.4～4	1～2.8	残高 0.3～3.6、北外侧高 2.5～3.6、南内侧高 1.5	较差

长城墙体段名称	建筑材料	夯层厚度	剖面形制	尺寸			保存状况
				底宽	顶宽	残高	
东葫芦头南梁长城	两侧石块垒砌，石块长、宽约30厘米，白灰勾缝；内部黄土夯筑而成，部分夹杂石块、砂砾等	0.16～0.26	不规则梯形	2～6	0.3～3	残高0.4～6.7、北外侧残高3～6.7、南内侧残高0.3～3	差
西葫芦头西岭长城	两侧石块垒砌，白灰勾缝；内部黄土夯筑而成，部分夹杂石块、砂砾等	0.15～0.2	不规则梯形	0.5～5	0.4～2	残高0.3～4.5、东外侧高2～4.5、西内侧高0.3～1.5	差
破兑臼西梁长城	两侧石块垒砌，白灰勾缝；内部黄土夯筑而成，部分夹杂石块、砂砾等	0.1～0.2	不规则梯形	1.8～4	0.8～10.8	残高0.3～3.6、北外侧残高2.3～3.6、南内侧残高0.4～1.3	差
凌云口长城	两侧石块垒砌，白灰勾缝；内部黄土夯筑而成，部分夹杂石块、砂砾等	不详	不规则梯形	3	1～1.2	2	一般

（2）砖墙

浑源县砖墙共6段，长12875米。墙体外部为砖石，部分底部砌筑青石条；内部黄土夯筑，部分夹杂砂砾等，夯层厚0.16～0.22米。现存墙体剖面大致呈不规则梯形，保存一般者底宽2～4.6、顶宽0.6～3、残高0.4～4.6米，保存较差者底宽2～8、顶宽0.7～3、残高0.4～6米。北侧或东侧要高于南侧或西侧，北侧或东侧残高2.5～6米，南侧或西侧残高0.4～4.5米，说明长城墙体的防御方向是北或东北（表247）。

表247　浑源县砖墙建筑方式、形制及保存状况一览表（单位：米）

长城墙体段名称	建筑材料	夯层厚度	剖面形制	尺寸			保存状况
				底宽	顶宽	残高	
西河口北长城1段	外部砖石砌筑，底部砌筑青石条，条石上再砌筑砖；内部为黄土夯筑	0.18～0.22	不规则梯形	3～5	1.2～2.2	残高1～6、北外侧高2.4～6、南内侧高1～4	较差
马鬃岩长城	外部砖石砌筑，底部砌筑青石条，条石上再砌筑砖；内部为黄土夯筑	不详	不规则梯形	5	3	残高1～5、东外侧高3～5、西内侧高1～4.5	较差
正沟北长城1段	墙体外部为砖石；内部黄土夯筑，部分夹杂砂砾等	不详	不规则梯形	不详	不详	不详	较差
正沟北长城2段	墙体外部为砖石；内部黄土夯筑，部分夹杂砂砾等	0.08～0.22	不规则梯形	2～4.6	0.6～3	残高0.4～6、东外侧高2.5～4.6、西内侧高0.4～1.5	一般

长城墙体段名称	建筑材料	夯层厚度	剖面形制	尺寸			保存状况
				底宽	顶宽	残高	
大川岭长城	墙体外部为砖石，部分底部砌筑青石条；内部黄土夯筑，部分夹杂砂砾等	0.18	不规则梯形	3～3.2	0.7～1.6	残高 0.3～4.5、东外侧高 3～4.5、西内侧高 0.3～1.3	较差
李峪长城	墙体外部为砖石，部分底部砌筑青石条；内部黄土夯筑，部分夹杂砂砾等	0.16～0.18	不规则梯形	3.2～8	1.2～3	1.2～4	较差

（3）土墙

浑源县土墙共 5 段，长 7769 米。墙体黄土夯筑，多数含有砂砾等，夯层厚多 0.12～0.2 米。柳林—常柴岭长城较特殊，夯层厚 0.06 米，夯层间有椽孔，椽孔间距 0.4 米。墙体剖面大致呈不规则梯形，底宽 1.5～6、顶宽 0.5～2.6、残高 0.6～4.5 米（表 248）。

表 248　浑源县土墙建筑方式、形制及保存状况一览表（单位：米）

长城墙体段名称	建筑材料	夯层厚度	剖面形制	尺寸			保存状况
				底宽	顶宽	残高	
小东坡长城	黄土夯筑而成，含细沙，部分段夯层中间夹杂一层石英碎屑石	0.12～0.18	不规则梯形	1.5～2.4	0.6～1	0.6～3	较差
南元坨一孟家窑长城	黄土夯筑而成，含砂土	不详	不详	不详	不详	不详	消失
柳林一常柴岭长城	褐色土夯筑而成，含砂砾	0.06	不规则梯形	6	2～2.6	0.8～4.5	差
落子宠长城	黄土夯筑而成	0.16～0.2	不规则梯形	2～6	0.5～1.5	残高 1～4.5、北外侧残高 4、南内侧残高 1～1.6	一般
败杨峪长城	黄土夯筑而成	0.16～0.2	不规则梯形	2.6～3	0.5～1	2～3.5	较差

（4）山险

浑源县山险共 5 段，长 35500 米，占全县长城的 44.1%，因有恒山山脉分布，依山脉为天然屏障作为军事设施。

（5）墙体设施

浑源县长城的墙体设施保存较少，由于保存方面的原因，目前保存很少，仅有台阶、垛口、底部铺砖等。

西河口南段长城，部分段墙体顶部残存台阶，阶高 0.8、宽 2.5～3 米。西河口北长城 2 段部分墙体顶部呈阶梯形垛口状，垛口宽 1.5～2、高 0.6～0.9 米。上、下桦岭长城，部分段墙体顶部残存铺砖。

2. 长城墙体的分布特点

浑源县长城墙体可分成两部分，一部分是长城主线，由目泪沱山开始，由东南向西北，经马鬃岩山岭、恒山山脉腹地至翠屏山，向恒山西北的黄土台塬延伸。接着长城走向变化，由东南—西北走向转为东北—西南走向，沿恒山山脉西侧的边墙山、龙山修筑，有22段，长66744米。墙体有石墙、砖墙、土墙和山险（另有两段消失），砖墙和山险较多。小东坡长城东距西河口南段长城0.5千米，将其归为主线长城（表249）。

表249 浑源县主线长城一览表（单位：米）

长城墙体段名称	总长	保存较好	保存一般	保存较差	保存差	消失	类型	县属
上牛还村西长城	3500	0	3500	0	0	0	山险	浑源县
西河口南段长城	1509	0	446	678	144	241	石墙	浑源县
西河口北长城1段	1263	0	176	762	0	325	砖墙	浑源县
西河口北长城2段	283	283	0	0	0	0	石墙	浑源县
小东坡长城	361	0	0	361	0	0	土墙	浑源县
明尖梁—黑狗背长城	12500	12500	0	0	0	0	山险	浑源县
岗年口长城	1210	0	0	0	0	1210	消失	浑源县
上、下桦岭长城	4307	0	200	3891	0	216	石墙	浑源县
马鬃岩长城	4396	0	1680	2328	0	388	砖墙	浑源县
正沟北长城1段	1720	0	0	1720	0	0	砖墙	浑源县
正沟北长城2段	2330	0	1086	684	490	70	砖墙	浑源县
大川岭长城	2414	0	720	1694	0	0	砖墙	浑源县
黄土坡长城	3000	3000	0	0	0	0	山险	浑源县
南元坨—孟家窑长城	3170	3170	0	0	0	0	土墙	浑源县
柳林—常柴岭长城	2092	0	0	23	238	1831	土墙	浑源县
落子宾长城	1104	0	214	130	0	760	土墙	浑源县
败杨峪长城	1042	0	0	370	0	672	土墙	浑源县
李峪长城	752	0	53	235	126	338	砖墙	浑源县
玉门长城	1552	0	0	0	0	1552	消失	浑源县
关沟长城	9000	9000	0	0	0	0	山险	浑源县
凌云口长城	1739	0	80	0	0	1659	石墙	浑源县
凌云口—黄沙口长城	7500	7500	0	0	0	0	山险	浑源县
合计	66744	35453	8155	12876	998	9262		

另一条为长城支线，在上桦岭村与主线分开，经青磁窑乡的东葫芦头村、西葫芦头村、破兑臼村至大西沟掌村，这条支线在恒山腹地延伸，地势较高，为石墙（表250）。

表 250　浑源县支线长城一览表（单位：米）

长城墙体段名称	总长	保存较好	保存一般	保存较差	保存差	消失	类型	省/县属
东葫芦头南梁长城	2728	0	166	1093	1298	171	石墙	浑源县
西葫芦头西岭长城	4802	0	0	2201	2601	0	石墙	浑源县
破兑臼西梁长城	6035	0	0	3097	2080	858	石墙	浑源县
合计	13565	0	166	6391	5979	1029		

3. 长城墙体的保存状况

（1）石墙

石墙保存状况见下表（表 251）。

表 251　浑源县石墙保存状况一览表（单位：米）

长城墙体段名称	总长	保存较好	保存一般	保存较差	保存差	消失	类型	省/县属
西河口南段长城	1509	0	446	678	144	241	石墙	浑源县
西河口北长城 2 段	283	283	0	0	0	0	石墙	浑源县
上、下桦岭长城	4307	0	200	3891	0	216	石墙	浑源县
东葫芦头南梁长城	2728	0	166	1093	1298	171	石墙	浑源县
西葫芦头西岭长城	4802	0	0	2201	2601	0	石墙	浑源县
破兑臼西梁长城	6035	0	0	3097	2080	858	石墙	浑源县
凌云口长城	1739	0	80	0	0	1659	石墙	浑源县
合计	21403	283	892	10960	6123	3145		
百分比（%）	100	1.3	4.2	51.2	28.6	14.7		

（2）砖墙

砖墙保存状况见下表（表 252）。

表 252　浑源县砖墙保存状况一览表（单位：米）

长城墙体段名称	总长	保存较好	保存一般	保存较差	保存差	消失	类型	省/县属
西河口北长城 1 段	1263	0	176	762	0	325	砖墙	浑源县
马鬃岩长城	4396	0	1680	2328	0	388	砖墙	浑源县
正沟北长城 1 段	1720	0	0	1720	0	0	砖墙	浑源县
正沟北长城 2 段	2330	0	1086	684	490	70	砖墙	浑源县
大川岭长城	2414	0	720	1694	0	0	砖墙	浑源县
李峪长城	752	0	53	235	126	338	砖墙	浑源县
合计	12875	0	3715	7423	616	1121		
百分比（%）	100	0	28.8	57.7	4.8	8.7		

（3）土墙

土墙保存状况见下表（表253）。

表253　浑源县土墙保存状况一览表（单位：米）

长城墙体段名称	总长	保存较好	保存一般	保存较差	保存差	消失	类型	省/县属
小东坡长城	361	0	0	361	0	0	土墙	浑源县
南元坨—孟家窑长城	3170	3170	0	0	0	0	土墙	浑源县
柳林—常柴岭长城	2092	0	0	23	238	1831	土墙	浑源县
落子宿长城	1104	0	214	130	0	760	土墙	浑源县
败杨峪长城	1042	0	0	370	0	672	土墙	浑源县
合计	7769	3170	214	884	238	3263		
百分比	100	40.8	2.8	11.4	3	42		

（4）山险

山险保存状况见下表（表254）。

表254　浑源县山险保存状况一览表（单位：米）

长城墙体段名称	总长	保存较好	保存一般	保存较差	保存差	消失	类型	省/县属
上牛还村西长城	3500	0	3500	0	0	0	山险	浑源县
明尖梁—黑狗背长城	12500	12500	0	0	0	0	山险	浑源县
黄土坡长城	3000	3000	0	0	0	0	山险	浑源县
关沟长城	9000	9000	0	0	0	0	山险	浑源县
凌云口—黄沙口长城	7500	7500	0	0	0	0	山险	浑源县
合计	35500	32000	3500	0	0	0		
百分比	100	90.1	9.9	0	0	0		

　　长城墙体，土墙在浑源县境内分布较少，占全县长城的10%，保存较好的占40.8%，消失段较多，占42%。石墙则大多数保存差，占75.6%；消失段较多，占19.2%；保存较好或一般的占5.2%。砖墙保存一般的占25.7%；大多数保存较差或差，占55.8%；消失占18.5%。土墙遭受损毁消失的自然因素主要有洪水冲刷、风雨侵蚀、植物生长等；人为因素除人为拆毁墙体外，农业生产、取土、修建公路或山间小路等导致墙体消失或损毁。石墙和砖墙遭受损毁消失的自然因素与土墙相似；人为因素除修建公路或山间小路致墙体消失外，在墙体附近开采花岗岩矿、农业生产活动、拆毁墙体砖石、墙壁体上掏挖洞穴等也造成墙体损毁或消失。

（二）关堡

　　浑源县共调查关5座、堡21座。

1. 关堡的形制、残存设施和遗迹

详见下表（表255）。

表255　浑源县关堡形状、尺寸、残存设施遗迹及保存状况一览表

名称	平面形状	朝向	边长	周长（米）	面积（平方米）	残存设施遗迹	保存状况
岗年口关	矩形	朝向不详	不详	不详	不详	部分关墙墙基	一般
东葫芦头关	不规则形	朝向不详	东墙30米，西、南墙连成弧形墙，长110米，北墙80米	220	2400	部分关墙、关门	较差
落子宨关	不规则形	朝向不详	东西100、南北90米	380	9000	部分关墙	较差
李峪关	矩形	朝向不详	东西60、南北80米	280	4800	部分关墙	较差
凌云口关	矩形	朝向不详	边长40米	160	1600	部分关墙、东门	一般
李峪堡	矩形	坐北朝南	不详	不详	不详	部分堡墙、角台3座	差
太安岭堡	不规则形	坐东朝西	东墙158、南墙52、西墙168、北墙102米	480	30672	部分堡墙、北门、瓮城、角台4座	一般
西河口堡	矩形	朝向不详	边长38米	152	1444	部分堡墙、南门	一般
王庄堡	矩形	坐北朝南	不详	161	1621	部分堡墙、南门	一般
下达枝1号堡	圆形	朝向为西南	不详	268	4126	部分堡墙、西南门、瓮城	较好
下达枝2号堡	矩形	朝向不详	东墙39、南墙66、西墙42、北墙74米	221	2815	部分堡墙、东门	一般
宽坪村堡	矩形	坐北朝南	不详	210	2409	部分堡墙、东门、角台3座	较差
杨庄堡	不规则形	朝向不详	不详	不详	不详	部分堡墙、角台2座	较差
青磁窑堡	不规则形	坐西朝东	不详	232	2535	部分堡墙、南门、角台2座、马面1座	较好
照壁村堡	矩形	坐西朝东	东墙15、南墙46、西墙55、北墙55米	171	3539	部分堡墙、角台2座、马面3座	一般
沙河村堡	矩形	坐北朝南	东墙92、南墙33、西墙83、北墙95米	303	8235	部分堡墙	一般
张庄村堡	矩形	坐北朝南	东墙54、南墙31、西墙26、北墙64米	175	3456	部分堡墙、角台3座、马面1座	一般

名称	平面形状	朝向	边长	周长（米）	面积（平方米）	残存设施遗迹	保存状况
顾册村堡	不规则形	坐北朝南	不详	不详	不详	部分堡墙、马面1座	差
浑源城	不规则形	坐东朝西	不详	不详	不详	部分堡墙	差
翟家疃堡	矩形	朝向不详	东墙56、南墙26、西墙55、北墙32米	169	1668	部分堡墙、角台3座、马面2座	差
中韩村堡	矩形	坐北朝南	东墙81、南墙68、西墙71、北墙36米	256	5000	部分堡墙、南门、角台4座、马面2座	较好
宝峰寨堡	不规则形	坐南朝北	不详	114	774	部分堡墙	一般
紫峰堡	矩形	朝向不详	不详	不详	不详	部分堡墙	较差
北榆林村堡	矩形	坐西朝东	东墙基本无存，南墙长23.8、西墙长30.63米，北墙不存	不详	不详	部分堡墙、角台1座	较差
贾庄堡	矩形	坐北朝南	不详	不详	不详	部分堡墙、角台1座、马面2座	一般
西堡	矩形	坐北朝南	不详	不详	不详	部分堡墙、角台1座	较差

浑源县关堡共26座，平面形状可以分为三类，17座为矩形、1座为圆形、8座为不规则形。坐北朝南9座、坐西朝东3座、坐东朝西2座、坐东北朝西南1座、坐南朝北1座。17座关堡有周长和面积的测量数据，关堡规模按周长和面积大致可区分为大、中、小三类，划分以周长200、300米为界，面积以2000、8000平方米为界，浑源县境内关堡主要以中型为主，有9座；大型和小型占少数，分别为3座和5座（表256）。其余因保存状况的原因不详。

表 256　浑源县关堡规模一览表

分类	标准	周长（米）	面积（平方米）	关堡	数量（座）
大型	周长300米以上，面积6000平方米以上	303～480	8235～30672	沙河村堡、落子疃关、太安岭堡	3
中型	周长200～300米，面积2000～6000平方米	210～280	2400～5000	中韩村堡，李峪关，下达枝1、2号堡，青磁窑堡，东葫芦头关，宽坪村堡，张庄村堡，照壁村堡	9
小型	周长200米以下，面积2000平方米以下	114～169	774～1668	翟家疃堡、王庄堡、凌云口关、西河口堡、宝峰寨堡	5

关堡墙体有土墙、石墙、砖墙，其中有21座土墙，黄土夯筑，部分含砂砾、小石块等，夯层厚0.07～0.27米；4座砖墙，外部砖石混砌，内部黄土夯筑，夯层厚0.2～0.3米；1座石墙，其构筑方

式、尺寸不详。这种夯层厚度的特点与长城墙体相符（表257）。

表 257　浑源县关堡墙体建筑方式及尺寸一览表（单位：米）

名称	墙体材质、建筑方式	夯筑材料	夯层厚度	底宽	顶宽	残高
岗年口关	砖墙	不详	不详	3.5~6	1.5~4	4.5~6
东葫芦头关	石墙。外部石块垒砌，内部黄土夯筑	不详	不详	2~4	0.5~1	1~2.8
落子宸关	土墙	黄土夯筑	0.15~0.2	3	0.5~1.2	0.5~3
李峪关	砖墙。外部砖石混砌；内部为夯土墙	黄土夯筑	0.2	4	0.5~1	2.5~4.2
凌云口关	砖墙。外部砖石混砌；内部为夯土墙	黄土夯筑	0.2	4	0.5~1.5	4~9
李峪堡	土墙	黄土夯筑，含石块	0.14~0.18	1.4	0.5	4.2~6.2
太安岭堡	土墙	黄土夯筑	0.16~0.23	不详	2.3	4.2
西河口堡	砖墙。外部砖石混砌；内部为夯土墙	黄土夯筑	0.2~0.3	3	0~1.5	6
王庄堡	土墙	黄土夯筑	0.1~0.2	不详	不详	不详
下达枝1号堡	土墙	黄土夯筑	0.18~0.23	3.9	1.4	5.73~10.73
下达枝2号堡	土墙	黄土夯筑	0.2~0.22	1.7	0.6~1	1.17~4.24
宽坪村堡	土墙	黄土夯筑，含砂砾	0.17~0.2	不详	0.4~0.6	1.24~1.8
杨庄堡	土墙	黄土夯筑	0.17~0.22	不详	2.3	5.3~6.34
青磁窑堡	土墙	黄土夯筑	0.07~0.13	4.52	0.8~2.1	3.48~11.75
照壁村堡	土墙	黄土夯筑	0.18~0.24	不详	0.9~2.7	1.7~7.95
沙河村堡	土墙	黄土夯筑	0.16~0.27	2.8	0.5~1.8	0.75~3.92
张庄村堡	土墙	黄土夯筑	0.11~0.18	2.6	0.8~1.1	1.69~5.07
顾册村堡	土墙	黄土夯筑	0.15~0.2	不详	0.5	2.39
浑源城	土墙	黄土夯筑	0.16~0.21	不详	4.18	2~6.55
翟家宸堡	土墙	黄土夯筑，含石块	0.17~0.19	2.7	不详	1.1~6.1
中韩村堡	土墙	黄土夯筑	0.17~0.23	不详	0.7~2.2	4.66~11.24
宝峰寨堡	土墙	黄土夯筑	0.23~0.3	不详	0.3~0.7	1.86~6.3
紫峰堡	土墙	黄土夯筑	0.21~0.25	3.1	0.7~0.9	3.9~4.67
北榆林村堡	土墙	黄土夯筑	不详	6.1~6.27	不详	7.8~16.36
贾庄堡	土墙	黄土夯筑	0.17~0.2	7.2	3.1	2.6~12.24
西堡	土墙	黄土夯筑	0.19~0.26	4.96	2.5	5.9

关堡墙体外的设施和遗迹，由于保存原因，现存并不能反映其原始风貌。主要墙体设施遗迹常见的种类有城门、角台、马面和瓮城等。

2. 关堡的分布特点

（1）关堡所处地势及与长城的位置关系

浑源县关堡多数分布于唐河谷地和浑源盆地的平川地带及两侧的山脚缓坡地带和地势较高的山顶，视野开阔，扼守险要。岗年口关、东葫芦头关、落子宸关、李峪关、凌云口关位于长城墙体上，西河口堡、杨庄堡、李峪堡距长城墙体较近，约0.014~2.2千米。太安岭堡、王庄堡、下达枝1号堡、下达枝2号堡、宽坪村堡、青磁窑堡、西堡、贾庄堡、宝峰寨堡、浑源城、张庄村堡、顾册村堡、中韩村堡、紫峰堡、北榆林村堡、照壁村堡、沙河村堡、翟家宸堡18座堡距长城墙体较远，在2.9~19.6千米，与附近的烽火台相联系。

（2）关堡与烽火台的位置关系

多数堡附近分布有或多或少的烽火台，将关堡和长城墙体联系起来，形成多个烽火台群。

3. 关堡的保存状况

关堡多数保存较差或差。损毁的自然因素有洪水冲刷、风雨侵蚀、植物生长等；另外由于多数关堡仍有居民居住或距村庄较近，或关堡内辟为耕地，人为因素的损毁比较严重，如农业生产活动、盖房、修路、墙体上掏挖洞穴、拆毁墙壁体砖石等。个别关堡由于附近开采花岗岩矿，或砖厂取土也影响关堡的保存。

（三）单体建筑

1. 敌台

（1）敌台的类型及建筑方式

敌台类型主要为土质、砖质，也有就地取材用石块作为建筑材料的。浑源县有土质敌台51座、砖质敌台41座、石质敌台3座。

①土质敌台的建筑材料主要是黄土，多数含有砂砾、碎石等，夯筑而成。如果与长城土墙进行对比，浑源县土质敌台所用的建筑材料与其一致。

土质敌台夯层厚0.06~0.4米，将夯层厚度划分为A、B、C、D、E五类进行统计，后文的夯层分析统一采用这个分类。通过下表可以看出，土质敌台的夯层多数为0.15~0.25米（A类），占52.9%；夯层最厚>0.25米（D类），占7.8%（表258）。

总体而言，浑源县土质敌台的建筑材料、夯层厚度显示出与长城土墙较大的一致性，尽管浑源县境内的土质墙体较少。

表258　浑源县土质敌台夯层厚度统计表

	夯层厚度分类	夯层厚度（米）	数量（座）	百分比（%）
A类	0.15~0.25米	0.15~0.25	27	52.9
B类	最薄<0.15、>0.1米	0.1~0.22	1	2

	夯层厚度分类	夯层厚度（米）	数量（座）	百分比（%）
C类	最薄 < 0.1	0.06 ~ 0.2	1	2
D类	最厚 > 0.25	0.2 ~ 0.4	4	7.8
E类	不详	不详	18	35.3
合计		0.06 ~ 0.4	51	100

②砖质敌台的建筑材料分为两部分，外部石、砖包砌台体，内部用土夯筑，主要是黄土，多数含有砂砾、碎石等。

砖质敌台内部夯层厚 0.06 ~ 0.26 米，大多数为 0.15 ~ 0.25 米（A类），占 59%，其次是夯层最薄 < 0.1 米（C类），占 15%（表 259）。

可以看出，浑源县土质敌台、砖质敌台内部以及长城土墙的建筑材料、夯层厚度显示出较大的一致性。

表 259　浑源县砖质敌台夯层厚度统计表

	夯层厚度分类	夯层厚度（米）	数量（座）	百分比（%）
A类	0.15 ~ 0.25 米	0.2	24	59
B类	最薄 < 0.15、> 0.1 米	0.1 ~ 0.2	1	2
C类	最薄 < 0.1 米	0.06 ~ 0.12	6	15
D类	最厚 > 0.25 米	0.26	3	7
E类	不详	不详	7	17
合计		0.06 ~ 0.26	41	100

③石质敌台有 3 座，外部用石垒筑，白灰勾缝；内部为砂土夯筑，夯层厚 0.2 米。夯层厚度与土质、砖质敌台及长城土墙相一致。

浑源县敌台共 95 座，绝大多数骑墙而建或倚墙而建，仅少数除外。例如：落子宨长城 1 号敌台位于落子宨长城南侧 0.01 千米的山梁上，破兑臼西梁长城 11 号敌台位于破兑臼西梁长城西侧 0.005 千米的山梁上；落子宨长城 2 号敌台位于落子宨长城北侧，败杨峪长城 1 号敌台位于败杨峪长城北侧，两座敌台有短墙与长城连接。

（2）敌台形制

浑源县敌台的平面形制有矩形、圆形两类，剖面形制均呈梯形。矩形台体 94 座（表 260 ~ 262），圆形台体仅 1 座，为李峪长城 2 号敌台，台体直径 4、残高 2.3 米，保存较差。

表 260　浑源县土质矩形敌台形制及保存状况一览表（单位：米）

名称	平面形制	剖面形制	底部周长	残高	保存状况
西河口南段 3 号敌台	矩形	梯形	36	4.8	较差
小东坡敌台	矩形	梯形	32	6	一般
马鬃岩 1 号敌台	矩形	梯形	13.8	1.5	较差
马鬃岩 2 号敌台	矩形	梯形	6	2.5	较差
正沟北 2 段 1 号敌台	矩形	梯形	36	6	较差

名称	平面形制	剖面形制	底部周长	残高	保存状况
柳林—常柴岭 1 号敌台	矩形	梯形	40	8	一般
落子宎 1 号敌台	矩形	梯形	28	7	一般
落子宎 2 号敌台	矩形	梯形	38	7	较好
落子宎 3 号敌台	矩形	梯形	40	10	较好
落子宎 4 号敌台	矩形	梯形	32	6	一般
落子宎 5 号敌台	矩形	梯形	32	11	较好
败杨峪 1 号敌台	矩形	梯形	32	8	一般
败杨峪 2 号敌台	矩形	梯形	40	7	一般
败杨峪 3 号敌台	矩形	梯形	38	9	较好
败杨峪 4 号敌台	矩形	梯形	57.2	11.5	较好
败杨峪 5 号敌台	矩形	梯形	33.4	6.8	一般
败杨峪 6 号敌台	矩形	梯形	48.7	7.2	较好
李峪 1 号敌台	矩形	梯形	30	11	较好
东葫芦头南梁 1 号敌台	矩形	梯形	48	不详	一般
东葫芦头南梁 2 号敌台	矩形	梯形	58	11	一般
东葫芦头南梁 3 号敌台	矩形	梯形	48	8	一般
东葫芦头南梁 4 号敌台	矩形	梯形	38	6	一般
东葫芦头南梁 5 号敌台	矩形	梯形	26	7	一般
东葫芦头南梁 6 号敌台	矩形	梯形	40	5	一般
东葫芦头南梁 7 号敌台	矩形	梯形	56	9	一般
东葫芦头南梁 8 号敌台	矩形	梯形	34	6	一般
东葫芦头南梁 9 号敌台	矩形	梯形	30	2	较差
东葫芦头南梁 10 号敌台	矩形	梯形	32	4	较差
东葫芦头南梁 11 号敌台	矩形	梯形	40	7	一般
东葫芦头南梁 12 号敌台	矩形	梯形	48	5	一般
西葫芦头西岭 1 号敌台	矩形	梯形	36	3	较差
西葫芦头西岭 2 号敌台	矩形	梯形	44	6	一般
西葫芦头西岭 3 号敌台	矩形	梯形	32	5.5	一般
西葫芦头西岭 4 号敌台	矩形	梯形	40	5	一般
西葫芦头西岭 5 号敌台	矩形	梯形	48	8	一般
西葫芦头西岭 6 号敌台	矩形	梯形	46	8	一般
西葫芦头西岭 7 号敌台	矩形	梯形	44	5	一般
西葫芦头西岭 8 号敌台	矩形	梯形	32	2	较差
破兑臼西梁 1 号敌台	矩形	梯形	44	6	一般
破兑臼西梁 2 号敌台	矩形	梯形	52	8	一般
破兑臼西梁 3 号敌台	矩形	梯形	44	8	一般
破兑臼西梁 4 号敌台	矩形	梯形	48	6	一般
破兑臼西梁 5 号敌台	矩形	梯形	52	9	一般
破兑臼西梁 6 号敌台	矩形	梯形	46	6	一般
破兑臼西梁 7 号敌台	矩形	梯形	40	6	一般
破兑臼西梁 8 号敌台	矩形	梯形	48	7	一般

名称	平面形制	剖面形制	底部周长	残高	保存状况
破兑臼西梁 9 号敌台	矩形	梯形	50	7	一般
破兑臼西梁 10 号敌台	矩形	梯形	40	8	一般
破兑臼西梁 11 号敌台	矩形	梯形	40	5	一般
破兑臼西梁 12 号敌台	矩形	梯形	34	4.5	一般

表 261　浑源县砖质矩形敌台形制及保存状况一览表（单位：米）

名称	平面形制	剖面形制	底部周长	残高	保存状况
西河口北段 1 号敌台	矩形	梯形	20.6	4	较差
西河口北段 2 号敌台	矩形	梯形	24	7	一般
西河口北段 3 号敌台	矩形	梯形	11.4	5	较差
西河口北段 4 号敌台	矩形	梯形	36	3.4	一般
西河口北段 5 号敌台	矩形	梯形	44	11	较好
西河口北段 6 号敌台	矩形	梯形	21	7	较好
西河口北段 7 号敌台	矩形	梯形	20	5	一般
岗年口 2 号敌台	矩形	梯形	50	6.8	一般
岗年口 3 号敌台	矩形	梯形	56	5.5	一般
岗年口 4 号敌台	矩形	梯形	20	5.5	一般
上、下桦岭 1 号敌台	矩形	梯形	20	2	较差
上、下桦岭 2 号敌台	矩形	梯形	34	4	较差
上、下桦岭 3 号敌台	矩形	梯形	28	3	较差
上、下桦岭 4 号敌台	矩形	梯形	22.6	4.2	一般
正沟北 2 段 2 号敌台	矩形	梯形	12	6	一般
正沟北 2 段 3 号敌台	矩形	梯形	36	6	一般
正沟北 2 段 4 号敌台	矩形	梯形	24	5.5	一般
大川岭 1 号敌台	矩形	梯形	24	2	较差
大川岭 2 号敌台	矩形	梯形	24	3	较差
南元坨敌台	矩形	梯形	40	6.5	一般
落子窊 6 号敌台	矩形	梯形	48	9	较好
李峪 3 号敌台	矩形	梯形	27	6.2	一般
李峪 4 号敌台	矩形	梯形	28	5	一般
李峪 5 号敌台	矩形	梯形	30	6	一般
李峪 6 号敌台	矩形	梯形	36	6	一般
李峪 7 号敌台	矩形	梯形	31.2	4.6	一般
李峪 8 号敌台	矩形	梯形	34.4	9	一般
李峪 9 号敌台	矩形	梯形	31.2	5	一般
李峪 10 号敌台	矩形	梯形	30	5.2	一般

名称	平面形制	剖面形制	底部周长	残高	保存状况
李峪 11 号敌台	矩形	梯形	32.4	7.8	一般
玉门 1 号敌台	矩形	梯形	30	5	一般
玉门 2 号敌台	矩形	梯形	30	4.5	较差
玉门 3 号敌台	矩形	梯形	39.2	8	一般
玉门 4 号敌台	矩形	梯形	53.6	9.8	一般
凌云口 1 号敌台	矩形	梯形	41	9.2	一般
凌云口 2 号敌台	矩形	梯形	50	8	一般
凌云口 3 号敌台	矩形	梯形	35.2	7.2	一般
凌云口 4 号敌台	矩形	梯形	51.6	6	一般
凌云口 5 号敌台	矩形	梯形	58	10	一般
凌云口 6 号敌台	矩形	梯形	41.4	15.6	一般
凌云口 7 号敌台	矩形	梯形	56	10	一般

表 262　浑源县石质矩形敌台形制及保存状况一览表（单位：米）

名称	平面形制	剖面形制	底部周长	残高	保存状况
西河口南段 1 号敌台	矩形	梯形	32	3.5	较差
西河口南段 2 号敌台	矩形	梯形	26	3	较差
岗年口 1 号敌台	矩形	梯形	32	6	一般

（3）敌台的附属设施

浑源县敌台的附属设施保存较少，由于保存方面的原因，仅见短墙、登顶踏道等。

落子寂 2 号敌台位于落子寂长城北侧，有短墙与长城墙体连接，短墙长 30 米。败杨峪 1 号敌台位于败杨峪长城北侧，有短墙与长城墙体连接起来，短墙长 5、底宽 3、顶宽 1~1.5、高 3.8 米。

凌云口 7 号敌台南壁有登顶坡道，宽 1.5 米，内部结构被破坏。

（4）敌台的分布特点

浑源县长城墙体上敌台分布及间距以长城段进行划分，如下。

西河口南段长城墙体上分布有敌台 3 座（西河口南段 1~3 号敌台），敌台间距 0.674~0.687 千米。西河口北长城 1 段墙体上分布有敌台 7 座（西河口北 1 段 1~7 号敌台），敌台间距 0.034~0.187 千米，西河口北 1 段 1 号敌台西南距西河口南段 3 号敌台 0.206 千米。

小东坡长城墙体上分布有敌台 1 座（小东坡敌台），东北距西河口南段 2 号敌台 0.763 千米。岗年口长城墙体上分布有敌台 4 座（岗年口 1~4 号敌台），敌台间距 0.116~0.123 千米，岗年口 1 号敌台东南距西河口北 1 段 7 号敌台 13.057 千米。

上、下桦岭长城墙体上分布有敌台 4 座（上、下桦岭 1~4 号敌台），敌台间距 0.709~1.31 千米。上、下桦岭 1 号敌台东距岗年口 4 号敌台 0.85 千米。马鬃岩长城墙体上分布有敌台 2 座（马鬃岩 1、2

号敌台），敌台间距0.706千米，马鬃岩1号敌台南距上、下桦岭长城4号敌台0.492千米。

正沟北长城2段墙体上分布有敌台4座（正沟北2段1～4号敌台），敌台间距0.231～1.673千米，正沟北2段1号敌台东南距马鬃岩2号敌台1.72千米。大川岭长城墙体上分布有敌台2座（大川岭1、2号敌台），敌台间距0.656千米，大川岭1号敌台南距正沟北2段4号敌台1.298千米。

南元坨—孟家窑长城墙体消失，存1座敌台（南元坨敌台），东南距大川岭长城2号敌台3.46千米。柳林—常柴岭长城墙体上分布有敌台1座（柳林—常柴岭1号敌台），南距南元坨敌台4.012千米。落子宸长城墙体上分布有敌台6座（落子宸1～6号敌台），敌台间距0.093～0.54千米，落子宸长城1号敌台西北距柳林—常柴岭1号敌台1.371千米。

败杨峪1～6号敌台位于墙体上，敌台间距0.098～0.222千米，败杨峪1号敌台东北距落子宸6号敌台0.148千米。李峪长城墙体上分布有敌台11座（李峪1～11号敌台），敌台间距0.025～0.132千米，李峪1号敌台东南距败杨峪6号敌台0.198千米。

玉门长城墙体上分布有敌台4座（玉门1～4号敌台），敌台间距0.343～0.693千米，玉门1号敌台东南距李峪11号敌台0.68千米。凌云口长城墙体上分布有敌台7座（凌云口1～7号敌台），敌台间距0.05～0.6千米，凌云口1号敌台东南距玉门4号敌台9千米。

东葫芦头南梁长城墙体上分布有敌台12座（东葫芦头南梁1～12号敌台），敌台间距0.095～0.4千米，东葫芦头南梁1号敌台东距上、下桦岭4号敌台2.29千米。西葫芦头西岭长城墙体上分布有敌台8座（西葫芦头西岭1～8号敌台），敌台间距0.23～0.731千米，西葫芦头西岭1号敌台东北距东葫芦头南梁12号敌台0.525千米。破兑臼西梁长城墙体上分布有敌台12座（破兑臼西梁1～12号敌台），敌台间距0.202～0.93千米，破兑臼西梁1号敌台西南距西葫芦头西岭8号敌台1.437千米。

综上所述，结合敌台形制、材质和大小分类，可以看出，浑源县敌台的分布有以下特点。

①主线长城敌台间距多在2千米以内，其中西河口南段长城、西河口北长城1段和小东坡长城的敌台间距为0.034～0.763千米，岗年口长城和上、下桦岭长城、马鬃岩长城、正沟北长城2段和大川岭长城的敌台间距为0.116～1.72千米，南元坨—孟家窑长城、柳林—常柴岭长城、落子宸长城、败杨峪长城、李峪长城和玉门长城的敌台间距为0.025～4.012千米，凌云口长城的敌台间距0.05～0.6千米。这几组敌台群之间以山险相间隔，间距较远，岗年口1号敌台东南距西河口北1段7号敌台13.057千米，南元坨敌台东南距大川岭2号敌台3.46千米，凌云口1号敌台东南距玉门4号敌台9千米。柳林—常柴岭1号敌台南距南元坨敌台4.012千米，间距较远，南元坨—孟家窑长城和柳林—常柴岭长城的敌台原来可能各非一座。支线长城敌台间距0.095～1.437千米，东葫芦头南梁1号敌台东距上、下桦岭4号敌台2.29千米。

②浑源县境内土质敌台51座、砖质敌台41座、石质敌台3座。可以看出，浑源县砖质敌台占有相当的数量。

③土质敌台大多分布于恒山山脉的山脊上，海拔多约2000米，砖质和石质敌台大部分位于恒山东南侧与唐河谷地的交汇处以及恒山西北侧与浑河谷地的交汇处。

④土质敌台有圆形，只有一座；砖质和石质敌台均为矩形。

⑤由于保存状况的原因，尝试对现存敌台进行大小划分，依据台体的底部周长，按50、40、30米三个标准进行分类，以残高作为参考（表263、264）。

表263　浑源县土质矩形敌台分类统计表

	底部周长分类	底部周长（米）	数量（座）	百分比（%）	残高（米）
大型台体	≥50米	50~56	7	14	7~11.5
中型台体	40~50米	40~48.7	22	44	5~10
小型台体	<40米	6~38	21	42	1.5~11
合计		6~58	50	100	1.5~11.5

从该表中可以看出，土质矩形敌台以中、小型台体为主，占86%。此类敌台大多分布在恒山山脉的山脊处。

表264　浑源县砖质矩形敌台分类统计表

	底部周长分类	底部周长（米）	数量（座）	百分比（%）	残高（米）
大型台体	≥50米	50~58	7	17.1	5.5~10
中型台体	40~50米	40~48	5	12.2	6.5~15.6
小型台体	<40米	11.4~39.2	29	70.7	2~9
合计		11.4~58	41	100	2~15.6

从该表中可以看出，砖质矩形敌台以中、小型台体为主，占82.9%。此类敌台多分布于高山与平川的交汇地带。

浑源县石质矩形敌台仅有3座，底部周长26~32米，与砖质敌台相比，属小型台体。

（5）敌台保存状况

浑源县共95座敌台，分为土质、砖质、石质三类。按照敌台材质论述其保存状况。

①土质敌台共51座，分为矩形台体和圆形台体，矩形台体50座、圆形台体仅1座。矩形台体保存较好的7座、一般的35座、较差的8座。圆形台体1座，保存较差（表265）。

表265　浑源县土质敌台保存状况统计表

保存状况	矩形		圆形		合计	
	数量（座）	百分比（%）	数量（座）	百分比（%）	数量（座）	百分比（%）
保存较好	7	14	0	0	7	13.7
保存一般	35	70	0	0	35	68.6
保存较差	8	16	1	100	9	17.7
合计	50	100	0	100	51	100

②砖质敌台均为矩形台体。保存较好的3座、一般的30座、较差的8座（表266）。

表266　浑源县砖质敌台保存状况统计表

保存状况	矩形	
	数量（座）	百分比（%）
保存较好	3	7.3

保存状况	矩形	
	数量（座）	百分比（％）
保存一般	30	73.2
保存较差	8	19.5
合计	41	100

③石质敌台均为矩形台体。保存一般的 1 座、较差的 2 座。

2. 烽火台

浑源县共调查烽火台 38 座。

（1）烽火台的类型及建筑方式

浑源县有 38 座烽火台，其中土质烽火台 28 座、砖质烽火台 8 座、石质烽火台 2 座。

①土质烽火台的建筑材料主要是黄土，17 座含有砂砾、碎石等；11 座为纯净黄土，夯筑而成。有少量烽火台黄土夯层间夹杂砂石层，厚 0.03～0.08 米。

土质烽火台夯层厚 0.07～0.3 米。按土质敌台的五类夯层厚度进行统计，夯层厚集中于 0.15～0.25 米（A 类），占 40.7%；其次是夯层最厚大于 0.25 米（D 类），占 29.7%（表 267）。

表 267　浑源县土质烽火台夯层厚度统计表

	夯层厚度分类	夯层厚度（米）	数量（座）	百分比（％）
A 类	0.15～0.25 米	0.17～0.25	11	40.7
B 类	最薄 <0.15、>0.1 米	0.1～0.22	3	11.1
C 类	最薄 <0.1 米	0.07～0.16	2	7.4
D 类	最厚 >0.25 米	0.18～0.3	8	29.7
E 类	不详	不详	3	11.1
合计		0.07～0.3	27	100

总体而言，浑源县土质烽火台的建筑材料、夯层厚度显示出与土质敌台较大的一致性，如夯层厚更集中于 0.17～0.3 米（A 类和 D 类，70.4%）。另外，烽火台自身特点也很明显，其建筑材料基本为黄土，含有砂砾、碎石等，使用纯净黄土夯筑的台体也占有相当部分。

土质敌台、烽火台的夯层厚度的集中范围，土质敌台是 0.15～0.4（60.7%），土质烽火台是 0.17～0.3（70.4%），可以看出，大体是一致的。

②砖质烽火台的建筑材料分为两部分，外部石、砖包砌，内部用土夯筑，主要是黄土，多数含有砂砾、碎石等。

砖质烽火台内部台体夯层厚 0.15～0.2 米（A 类），与土质烽火台此类夯层厚度多基本一致。

③石质烽火台有 3 座，外部用石垒筑，内部黄土夯筑，其中一座夯层厚 0.19～0.23 米，另一座夯层厚度不详。夯层厚度基本与土质、砖质烽火台及长城土墙相一致。

（2）烽火台形制

浑源县 38 座烽火台的平面形制有矩形、圆形两类，剖面形制均以梯形为主。矩形台体 37 座、圆形台体仅 1 座（表268）。

表268　浑源县烽火台形制一览表（单位：座）

烽火台形制	土质烽火台		砖质烽火台		石质烽火台		合计
	矩形	圆形	矩形	圆形	矩形	圆形	
数量	26	1	8	0	3	0	38

　　土质烽火台中，矩形台体底部周长 17.46 ~ 57.98、残高 5.4 ~ 13.1 米，圆形台体底部周长 50.24、残高 6 米；砖质烽火台中，矩形台体底部周长 18 ~ 52、残高 6 ~ 10 米；石质烽火台中，矩形台体底部周长 28.46 ~ 34.84、残高 5.44 ~ 7.26 米。由于保存方面的原因，这些数据不能完全反映烽火台的原始尺寸（表269 ~ 271）。

表269　浑源县土质烽火台形制及保存状况一览表（单位：米）

名称	平面形制	剖面形制	底部周长	残高	保存状况
太安岭烽火台	矩形	梯形	24.82	8.56	一般
下牛还村烽火台	矩形	梯形	36.76	8.7	一般
王庄堡 1 号烽火台	矩形	梯形	44.36	8.89	一般
王庄堡 2 号烽火台	矩形	梯形	50.22	11.99	一般
洪水村烽火台	矩形	梯形	36.64	8.21	较好
下达枝村烽火台	矩形	梯形	17.46	7.6	一般
后庄村烽火台	矩形	梯形	26.46	6.46	一般
南堡村烽火台	矩形	梯形	41.34	5.4	一般
宽坪村烽火台	矩形	梯形	31.99	6.8	一般
杨庄 3 号烽火台	矩形	梯形	26	9.05	一般
杨庄 4 号烽火台	矩形	梯形	39.34	5.77	较好
水沟村烽火台	矩形	梯形	51.56	10.3	一般
乱岭关 1 号烽火台	矩形	梯形	30.28	8.09	较好
乱岭关 2 号烽火台	矩形	梯形	51.96	13.1	一般
乱岭关 3 号烽火台	矩形	梯形	32.6	8.9	较好
乱岭关 4 号烽火台	矩形	梯形	45.24	7.99	一般
乱岭关 5 号烽火台	矩形	梯形	31.54	9.5	一般
沙河村烽火台	矩形	梯形	34.06	7.4	一般
沙岭铺村烽火台	矩形	梯形	45.88	9.86	一般
王千庄村烽火台	矩形	梯形	33.06	8.68	一般
上辛安村烽火台	矩形	梯形	26.2	6.2	一般
碾槽沟村 1 号烽火台	矩形	梯形	32.84	8.94	一般
碾槽沟村 2 号烽火台	矩形	梯形	18.6	5.4	一般
东圪坨铺烽火台	矩形	梯形	48.52	9.61	一般
三岭村烽火台	矩形	梯形	58.02	11.9	较好
二岭村烽火台	矩形	梯形	35.86	8.11	较好
寺坡烽火台	圆形	梯形	50.24	6	一般

表 270　浑源县砖质矩形烽火台形制及保存状况一览表（单位：米）

名称	平面形制	剖面形制	底部周长	残高	保存状况
西河口南梁烽火台	矩形	梯形	18	6.4	一般
黄土坡 1 号烽火台	矩形	梯形	48	9	较好
黄土坡 2 号烽火台	矩形	梯形	52	9	较好
黄沙口村东烽火台	矩形	梯形	38	10	一般
黄沙口村南烽火台	矩形	梯形	32	9	一般
大峪口村西烽火台	矩形	梯形	26	7	一般
关沟烽火台	矩形	梯形	48	7	一般
柳林烽火台	矩形	梯形	40	6	一般

表 271　浑源县石质烽火台形制及保存状况一览表（单位：米）

名称	平面形制	剖面形制	底部周长	残高	保存状况
西河村烽火台	矩形	梯形	42.94	6.96	一般
杨庄 1 号烽火台	矩形	梯形	28.46	7.26	一般
杨庄 2 号烽火台	矩形	梯形	34.84	5.44	一般

（3）烽火台的附属设施

烽火台的附属设施有围墙、台基及登顶坡道和四壁上部的券洞等。存围墙的有 7 座、存台基的有 11 座。有围墙者均为土质烽火台；有台基者除石质的西河村烽火台外，其余均为土质烽火台。可见，浑源县烽火台的附属设施主要见于土质烽火台，且有附属设施的均为矩形台体，台基均呈矩形。宽坪村烽火台的台基系砖石结构，与其他台基均为土质的不同（表 272）。

表 272　浑源县烽火台附属设施统计表

名称	平面形制	围墙	台基	其他
西河村烽火台	矩形		●	矩形台基，台体西南有登顶坡道，宽 2.57 米
下牛还村烽火台	矩形	●	●	矩形台基
王庄堡 1 号烽火台	矩形			台体上部四壁有券洞
王庄堡 2 号烽火台	矩形			台体上部四壁有券洞
下达枝村烽火台	矩形	●		
后庄村烽火台	矩形	●		
南堡村烽火台	矩形	●	●	矩形台基
宽坪村烽火台	矩形		●	矩形台基，砖石结构
黄土坡 1 号烽火台	矩形			台体南壁原有登顶通道，现塌毁
水沟村烽火台	矩形		●	矩形台基
乱岭关 1 号烽火台	矩形		●	矩形台基
乱岭关 2 号烽火台	矩形	●		
乱岭关 3 号烽火台	矩形		●	矩形台基
乱岭关 4 号烽火台	矩形		●	矩形台基

名称	平面形制	围墙	台基	其他
王千庄村烽火台	矩形	●		
碾槽沟村 2 号烽火台	矩形		●	矩形台基
三岭村烽火台	矩形	●	●	矩形台基
二岭村烽火台	矩形		●	矩形台基

（4）烽火台的分布特点

①传烽线路

太安岭堡、西河口堡附近烽火台群，有 4 座烽火台：太安岭烽火台、西河村烽火台、寺坡烽火台、西河口南梁烽火台。分布于唐河支流的西河口谷地，传烽线路大致是太安岭烽火台—太安岭堡—西河村烽火台—寺坡烽火台—西河口南梁烽火台—西河口堡。

王庄堡、下达枝堡、青磁窑堡附近烽火台群，有 6 座烽火台：下牛还村烽火台、王庄堡 1 号烽火台、王庄堡 2 号烽火台、洪水村烽火台、下达枝村烽火台、后庄村烽火台。主要分布在唐河谷地及上游地区，传烽线路大致为下牛还村烽火台—王庄堡—王庄堡 1 号烽火台—王庄堡 2 号烽火台—洪水村烽火台—下达枝 1 号堡—下达枝 2 号堡—下达枝村烽火台—后庄村烽火台—青磁窑堡。在下达枝村烽火台—后庄村烽火台—青磁窑堡的传递区间，间隔较大，烽火台的分布常与现在的国道、省道相一致，这条线路恰恰是灵丘县通往浑源县的省道所在，因此，下达枝村烽火台—后庄村烽火台—青磁窑堡的传递区间内应该有烽火台，可能消失了。

宽坪村堡、杨庄堡附近烽火台群，有 8 座烽火台：南堡村烽火台、宽坪村烽火台、杨庄 1～4 号烽火台、黄土坡 1 号和 2 号烽火台。主要分布于恒山山脉的山脊上，传烽线路大致是南堡村烽火台—宽坪村堡—宽坪村烽火台—杨庄 1 号烽火台—杨庄 3 号烽火台—杨庄 2 号烽火台—杨庄 4 号烽火台—杨庄堡—黄土坡 2 号烽火台—黄土坡 1 号烽火台。

黄沙口村南烽火台—柳林烽火台烽火台群，有 5 座烽火台：黄沙口村东烽火台、黄沙口村南烽火台、大峪口村西烽火台、关沟烽火台、柳林烽火台。主要分布在浑河谷地的东侧和恒山西侧山脉的交汇处，传烽线路大致是黄沙口村东烽火台—黄沙口村南烽火台—大峪口村西烽火台—关沟烽火台—李峪堡—柳林烽火台。

以上这 4 条传烽路线基本与长城走向一致，距长城墙体较近。太安岭堡、西河口堡附近的烽火台群位于主线长城西南侧；王庄堡、下达枝堡、青磁窑堡附近的烽火台群位于主线长城的东侧；宽坪村堡、杨庄堡附近的烽火台群，除杨庄 1～4 号烽火台位于主线长城的东侧外，其余均位于主线长城的西侧；黄沙口村南烽火台—柳林烽火台群位于主线长城的北侧。

水沟村烽火台—浑源城，有 9 座烽火台：水沟村烽火台、乱岭关 1～5 号烽火台、沙河村烽火台、沙岭铺村烽火台、王千庄村烽火台。主要分布在浑河谷地的东侧和恒山西侧山脉的交汇处。传烽线路大致是水沟村烽火台—乱岭关 1～5 号烽火台—沙河村烽火台—沙岭铺村烽火台—王千庄村烽火台—张庄村堡—顾册村堡—浑源城。

上辛安村烽火台—浑源城，有 3 座烽火台：上辛安村烽火台、碾槽沟村 2 号烽火台、碾槽沟村 1 号烽火台。主要分布于浑河谷地西侧北部，传烽线路大致是辛安村烽火台—碾槽沟村 2 号烽火台—碾槽沟村 1 号烽火台—中韩村堡—浑源城，这条线路的走向与浑源县通往大同市的县道大致相同。

东圪坨铺烽火台—浑源城，有 3 座烽火台：东圪坨铺烽火台、三岭村烽火台、二岭村烽火台，主要分布于浑河谷地的西侧中部，传烽线路大致是东圪坨铺烽火台—三岭村烽火台—二岭村烽火台—中韩村堡—浑源城，这条线路的走向与浑源县通往大同市的省道大致相同。

以上 3 条传烽路线距长城墙体较远，均位于主线长城北侧。

由上可见，浑源县境内烽火台的传烽路线沿河谷设置，以河谷之间高地上的烽火台作为连接。浑源县境内的省道、县道多沿这些河谷分布，这种情况说明今天的省道、县道也是当时重要的交通线，烽火台的信息传递功能非常明显。烽火台多以城堡为中心形成烽火台群，或者以城堡为连接纽带，将烽火台联系起来（表273）。

表 273　　浑源县烽火台分布及传烽线路一览表

	数量（座）	传烽线路
西河口堡附近烽火台群	4	太安岭烽火台—太安岭堡—西河村烽火台—寺坡烽火台—西河口南梁烽火台—西河口堡
王庄堡—下达枝堡附近烽火台群	6	下牛还村烽火台—王庄堡—王庄堡 1 号烽火台—王庄堡 2 号烽火台—洪水村烽火台—下达枝 1 号堡—下达枝 2 号堡—下达枝村烽火台—后庄村烽火台—青磁窑堡
杨庄堡附近烽火台群	8	南堡村烽火台—宽坪村堡—宽坪村烽火台—杨庄 1 号烽火台—杨庄 3 号烽火台—杨庄 2 号烽火台—杨庄 4 号烽火台—杨庄堡—黄土坡 2 号烽火台—黄土坡 1 号烽火台
黄沙口村南烽火台—柳林烽火台	5	黄沙口村东烽火台—黄沙口村南烽火台—大峪口村西烽火台—关沟烽火台—李峪堡—柳林烽火台
水沟村烽火台—浑源城	9	水沟村烽火台—乱岭关 1~5 号烽火台—沙河村烽火台—沙岭铺村烽火台—王千庄村烽火台—张庄村堡—浑源城
上辛安村烽火台—浑源城	3	辛安村烽火台—碾槽沟村 2 号烽火台—碾槽沟村 1 号烽火台—顾册村堡—浑源城
东圪坨铺烽火台—浑源城	3	东圪坨铺烽火台—三岭村烽火台—二岭村烽火台—中韩村堡—浑源城

②唐河支流的西河口河两侧上游地区分布有太安岭烽火台、西河村烽火台、西河口南梁烽火台、寺坡烽火台，唐河谷地分布有洪水村烽火台、下牛还村烽火台、王庄堡 1 号和 2 号烽火台、下达枝村烽火台。浑河谷地东侧和恒山西侧山脉的交汇处分布有柳林烽火台、关沟烽火台、黄沙口村东烽火台、黄沙口村南烽火台、大峪口村西烽火台、乱岭关 1~5 号烽火台、水沟村烽火台、沙河村烽火台、沙岭铺村烽火台、王千庄村烽火台，浑河谷地西侧分布有上辛安村烽火台、碾槽沟村 1 号和 2 号烽火台、二岭村烽火台、三岭村烽火台、东圪坨铺烽火台，岗年口河谷中分布有杨庄 1~4 号烽火台、宽坪村烽火台。黄土坡 1、2 号烽火台、南堡村烽火台所处地势较高，位于恒山山脉山脊上。

可以看出，浑源县内烽火台主要沿唐河及其支流的谷地、浑河谷地和恒山山脉的交汇处分布。

③因圆形烽火台仅有一座，烽火台的平面形制与其分布位置二者之间是否存在一定的关系，尚不能作出推断。

④浑源县烽火台的底部周长相差很悬殊，最小者 17.46、最大者 58.02 米。尝试对矩形烽火台进行了大小的划分，依据台体的底部周长，按 ≥50、30~50、<30 米三个标准进行分类，以残高作为参考。这种划分肯定不全面，所反映出来的信息不一定准确。硬性的按 30、50 米进行分类很主观，因为当时的长度计量与今天不同，只求能从中约略窥见当时的某种特点（表 274~276）。

表 274　浑源县土质矩形烽火台分类统计表

	底部周长分类	底部周长（米）	数量（座）	百分比（%）	残高（米）
大型台体	≥50 米	50.22 ~ 58.02	4	15.4	10.3 ~ 13.2
中型台体	30 ~ 50 米	30.28 ~ 48.52	16	61.5	5.77 ~ 9.86
小型台体	< 30 米	17.46 ~ 26.2	6	23.1	6.2 ~ 9.05
合计		17.46 ~ 58.02	26	100	6.2 ~ 13.2

表 275　浑源县砖质矩形烽火台分类统计表

	底部周长分类	底部周长（米）	数量	百分比	残高（米）
大型台体	≥50 米	52	1	12.5	9
中型台体	30 ~ 50 米	32 ~ 48	5	62.5	6 ~ 10
小型台体	< 30 米	18 ~ 26	2	25	6.4 ~ 7
合计		18 ~ 52	8	100	6 ~ 10

表 276　浑源县土石质矩形烽火台分类统计表

	底部周长分类	底部周长（米）	数量	百分比	残高（米）
大型台体	≥50 米	不详	0	0	不详
中型台体	30 ~ 50 米	42.94	2	67	5.44
小型台体	< 30 米	28.46	1	33	7.26
合计		28.46 ~ 42.94	3	100	5.44 ~ 7.26

从该表中可以看出，浑源县烽火台不论是土质还是砖石质，都以中小型台体为主，矩形烽火台中，中小型有 32 座，占 86.5%。这个特点与敌台以中小型台体为主相一致。

3. 烽火台保存状况

浑源县共 38 座烽火台，分为土质、砖质、石质三类。按照烽火台材质论述其保存状况。

①土质烽火台共 27 座，分为矩形台体和圆形台体。矩形台体 26 座、圆形台体 1 座。矩形台体保存较好的 6 座、一般的 20 座。圆形台体 1 座，保存一般（表 277）。

表 277　浑源县土质烽火台保存状况统计表

保存状况	矩形		圆形		合计	
	数量（座）	百分比（座）	数量（座）	百分比（座）	数量（座）	百分比（座）
保存较好	6	23.1	0	0	6	22.2
保存一般	20	76.9	1	100	21	77.8
合计	26	100	1	100	27	100

②砖质烽火台共 8 座，均为矩形台体。保存较好的 2 座、一般的 6 座。

③石质烽火台共 3 座，均为矩形台体，均保存一般。

土质、砖质敌台保存一般者最多，占 2/3 以上，其次是保存较差的，保存较好的较少。石质敌台 3 座，保存一般的 1 座、较差的 2 座。土质、砖质烽火台保存一般者最多，占 3/4 以上，其余保存较好。石质烽火台 3 座，均保存一般。敌台和烽火台遭受损毁的自然因素主要有风雨侵蚀、植物生长等；人为因素主要是台体的砖石遭到人为拆毁，此外还有在台体上挖掘洞穴、取土或踩踏现象，个别烽火台由于修路、农业生产活动等造成损毁。

三　自然与人文环境

（一）自然环境

浑源县位于山西省东北部，属于太古界地层和第四纪地层交相分布区域，太古界地层由变质程度很深的各种正副片麻岩和结晶片岩组成，第四纪地层由细砂、泥灰岩、红色土、黄土及近代冲积层组成。县境东、南、北三面环山，南北两山之间为浑河谷地，属大同盆地的组成部分。恒山山脉沿东北—西南走向，将全县分为南北两个部分。河流主要为浑河、大峪河、唐河等，浑河位于县境内中部偏西北，大峪河位于县境内中部偏西，唐河位于县境内东南部。浑源县属中温带大陆性季风气候，气候干寒，年均气温 5℃，年均降水量 425 毫米。县境土壤主要有浅色草甸土、山地淡栗钙土、淡栗钙土性土。长城主要位于唐河的西、北侧，恒山山脊及浑河河谷东南侧，部分段附近有季节性河流，或位于季节性河谷之中。长城所在山体生长有杂草灌木，树木有松树、杨树、榆树等。

浑源县主线长城从目泪沱山开始由东南向西北，经过马鬃岩山岭、恒山山脉腹地至翠屏山，向恒山西北的黄土台塬延伸。接着长城走向开始变化，由东南—西北转为东北—西南走向，沿恒山山脉西侧的边墙山、龙山修筑。上牛还村西长城、小东坡长城位于目泪沱山，明尖梁—黑狗背长城、岗年口长城位于千佛岭，马鬃岩长城、正沟北长城 1 段位于马鬃岩山岭，大川岭长城位于大川岭，柳林—常柴岭长城、落子宦长城、李峪长城、玉门长城、关沟长城位于翠屏山及边墙山，凌云口长城、凌云口—黄沙口长城位于龙山，支线长城东葫芦头南梁长城、西葫芦头西岭长城、破兑臼西梁长城位于恒山腹地。

（二）人文环境

浑源县主线长城分布于王庄堡镇上牛还村、西河口村，千佛岭乡杨庄村、上桦岭村，青磁窑乡正沟村、大川岭村，大磁窑镇黄土坡村、南元圪村、柳林村，东坊城乡常柴岭村、落子宦村、东湾村、玉门村，裴村乡凌云口村，西坊城镇黄沙口村。支线长城分布于青磁窑乡东葫芦头村、西葫芦头村、破兑臼村、大西沟掌村。

上牛还村居民约 200 人，以农业和牧业为主。长城所在的目泪沱山附近有采矿业，上牛还村有通往王庄堡镇的水泥路。

西河口村居民约 500 人，西河口村附近山体有花岗岩矿开采业，西河口村有王大公路（浑源县王庄堡镇至繁峙县大营镇）经过。

杨庄村居民 500 余人，村民多外出打工，或在附近采石厂做工。杨庄村有土路可通往乡镇。

老君店村现已无人居住，下桦岭村有村民 30 余人，上桦岭村有村民 30 余人，居民以农业和外出打工为主。

马鬃岩长城墙体 1 千米范围内无村庄，距离长城最近的为正沟村。正沟村居民 500 余人。

正沟村居民有 500 余人，外来打工、采矿者多。附近有多座采矿厂，正沟村有土路通往乡镇。

桦皮沟有 3 户居民，黄土坡村有 100 余人。居民以农业为主。

黄土坡村村民有 100 余人，南元坨村村民有 100 余人，居民以农业和牧业为主以及外出打工。黄土坡村、南元坨村有水泥路可通外界。

南元坨村村民有 100 余人，孟家窑村村民有 200 余人，居民大多外迁，居民以农业和牧业为主。南元坨村、孟家窑村有水泥路可通外界。

柳林村村民有 300 余人，常柴岭村村民有 200 余人，吃水困难，居民大多外迁。居民以农业和牧业为主。柳林村有通往外界的乡村公路。

落子宨村村民有 200 余人，吃水困难，居民大多外迁。居民以农业和牧业为主。落子宨村有乡村公路可通外界。

落子宨村村民有 200 余人，吃水困难，居民大多外迁。居民以农业和牧业为主。落子宨村有乡村公路可通外界。

李峪村村民有 300 余人，居民以农业和牧业为主。李峪村有乡村公路与朔蔚公路（山西省朔县—河北省蔚县）相通。

玉门村村民有 300 余人，居民以农业和牧业为主。玉门村有乡村公路与朔蔚公路（山西省朔州市—河北省蔚县）相通。

关沟村村民有 100 余人。居民以农业和牧业为主，外出打工较多。关沟村有乡村公路与朔蔚公路（山西省朔县—河北省蔚县）相通。

凌云口村村民有 2300 余人。居民以农业和牧业为主。凌云口村有乡村公路与朔蔚公路（山西省朔县—河北省蔚县）相通。

东葫芦头村村民约有 400 余人，大多外出打工，居民以农业和牧业为主。此地自然资源丰富，有铁矿、金矿、花岗岩矿等。东葫芦头村有水泥路通往恒山林场。

西葫芦头村村民约有 150 余人，大多外出打工，居民以农业和牧业为主。此地自然资源丰富，有铁矿、金矿、花岗岩矿等。西葫芦头村有水泥路可连接交通干道。

破兑臼村村民有 500 余人，尹子沟、道士沟、大西沟掌村居民大多外迁。居民以农业和牧业为主。种植的黄芪是质地上乘的中药材。破兑臼村有水泥路可连接交通干道。

四　保护与管理状况

浑源县长城资源的保护管理机构是浑源县文物局。目前有关长城资源的保护范围、建设控制地带、保护标志、记录档案等工作有待规定或完善。

表 243　浑源县敌台一览表

名称	地点	高程	与其他遗存的位置关系	材质	建筑方式	平面形制	剖面形制	尺寸	附属设施	修缮情况	保存状况	损毁原因及存在病害
西河口南段1号敌台	王庄堡镇西河口村东南1.3千米	1674米	骑墙而建。位于西河口南段长城墙体上	石	外部石块砌筑；内部为夯土台体，黄土夯筑而成	矩形	梯形	台体底部边长8，顶部边长6，残高3.5米	无	无	保存较差。台体坍塌损毁严重	自然因素主要有风雨侵蚀、植物生长等
西河口南段2号敌台	王庄堡镇西河口村南0.5千米	1534米	倚墙而建。位于西河口南段长城墙体上	石	外部石块砌筑，白灰抹缝，石块长30~70，厚10~20厘米。内部为夯土台体，黄土夯筑而成	矩形	梯形	台体底部东西7，南北6，顶部东西6，南北5米，残高3米	无	无	保存较差。台体坍塌损毁严重，存底部石块，上部石块无存	自然因素主要有风雨侵蚀、植物生长等；人为因素主要是挖掘掏穴等
西河口南段3号敌台	王庄堡镇西河口村南0.1千米	1392米	骑墙而建。位于西河口南段长城墙体上，是该段长城止点	土	黄土夯筑而成，含大量砂砾、碎石，夯层厚0.2~0.4米	矩形	梯形	台体底部东西10，南北8米，顶部东西5，南北3米，残高4.8米	无	无	保存较差。台体坍塌损毁严重，表面凹凸不平，有裂缝、沟槽、孔洞	自然因素主要有风雨侵蚀、植物生长等；人为因素主要是挖掘掏穴等
西河口北1段1号敌台	王庄堡镇西河口村中	1338米	骑墙而建。位于西河口北长城1段墙体上	砖	外部砖石砌筑；内部为夯土台体，黄土夯筑而成，夯层厚0.2米	矩形	梯形	台体底部东西4.3，南北6米，顶部东西3，南北4米，残高4米	无	无	保存较差。台体坍塌损毁严重，砖石无存，表面凹凸不平，有裂缝、沟槽、孔洞	自然因素主要有风雨侵蚀、植物生长等；人为因素主要是拆毁等
西河口北1段2号敌台	王庄堡镇西河口村北0.1千米	1357米	倚墙而建。位于西河口北长城1段墙体上	砖	外部砖石砌筑，砖石无存。黄土夯筑而成，夯层厚0.1~0.2米	矩形	梯形	台体底部边长6米，顶部东西5，南北2.5米，东壁残高7米	无	无	保存一般。台体坍塌损毁严重，砖石无存	自然因素主要有风雨侵蚀、植物生长等；人为因素主要是拆毁等
西河口北1段3号敌台	王庄堡镇西河口村西北0.3千米	1382米	倚墙而建。位于西河口北长城1段墙体上	砖	外部砖石砌筑，砖石无存；内部为夯土台体，夯层厚0.2米	矩形	梯形	台体底部东西2.7，南北3，顶部东西1.7，南北2米，残高5米	无	无	保存较差。台体坍塌损毁严重，砖石无存	自然因素主要有风雨侵蚀、植物生长等；人为因素主要是拆毁等
西河口北1段4号敌台	王庄堡镇西河口村西北0.4千米	1390米	骑墙而建。位于西河口北长城1段墙体上	砖	外部砖石砌筑，砖石无存；内部为夯土台体，黄土夯筑而成，夯层厚0.2米	矩形	梯形	台体底部东西10，南北8，顶部东西8，南北6米，残高3.4米	无	无	保存一般。砖石无存	自然因素主要有风雨侵蚀、植物生长等；人为因素主要是拆毁等

续表243

名称	地点	高程	与其他遗存的位置关系	材质	建筑方式	平面形制	剖面形制	尺寸	附属设施	修缮情况	保存状况	损毁原因及存在病害
西河口北1段5号敌台	王庄堡镇西河口村西北0.6千米	1420米	骑墙而建。位于西河口北长城1段墙体上	砖	外部砖石砌筑，内部为夯土台体，黄土夯筑而成，夯层厚0.2米	矩形	梯形	台体底部东西10，南北12米，顶部东西2.4，南北5米，西壁残高11米	无	无	保存较好。台体有所坍塌损毁，砖石无存	自然因素主要有风雨侵蚀、植物生长等；人为因素主要是人为拆毁等
西河口北1段6号敌台	王庄堡镇西河口村西北0.7千米	1451米	骑墙而建。位于西河口北长城1段墙体上	砖	外部砖石砌筑，砖石无存；内部为夯土台体，黄土夯筑而成，夯层厚0.2米	矩形	梯形	台体底部东西9.5，南北11.5米，顶部东西9.2，南北10.8米，残高7米	无	无	保存较好。砖石无存	自然因素主要有风雨侵蚀、植物生长等；人为因素主要是人为拆毁等
西河口北1段7号敌台	王庄堡镇西河口村西北0.8千米	1462米	骑墙而建。位于西河口北长城1段墙体上	砖	外部砖石砌筑，砖石无存；内部为夯土台体，黄土夯筑而成，夯层厚0.2米	矩形	梯形	台体底部边长5，顶部边长3，残高5米	无	无	保存一般。台体有所坍塌损毁，砖石无存	自然因素主要有风雨侵蚀、植物生长等；人为因素主要是人为拆毁等
小东坡敌台	王庄堡镇西河口村南0.6千米	1403米	骑墙而建。位于小东坡长城墙体上	土	黄土夯筑而成，夯层厚0.2~0.3米	矩形	梯形	台体底部东西8，南北6米，顶部东西6，南北4米，残高6米	无	无	保存一般。台体坍塌损毁严重，尤以东壁为甚	自然因素主要有风雨侵蚀、植物生长等；人为因素主要是人为拆毁等
岗车口1号敌台	千佛岭乡杨庄村西0.5千米（千佛岭北端山脊脚下）	1524米	骑墙而建。位于岗车口长城墙体上	石	外部石块砌筑；内部为夯土台体，黄土夯筑而成，含砂砾，夯层厚0.2米	矩形	梯形	台体底部东西8，南北6米，顶部东西6，残高6米	无	无	保存一般。台体坍塌损毁严重	自然因素主要有风雨侵蚀、植物生长等；人为因素主要是人为拆毁等
岗车口2号敌台	千佛岭乡杨庄村西南岗车口河东岸	1470米	骑墙而建。位于岗车口长城墙体上	砖	外部砖石砌筑，石条长50~70，宽30，厚20厘米，砖长40，宽12，厚8厘米；内部为夯土台体，黄土夯筑而成，含砂砾，夯层厚0.26米	矩形	梯形	台体底部东西12，南北13米，顶部东西10，南北11米，残高6.8米	无	无	保存一般。台体坍塌损毁严重	自然因素主要有风雨侵蚀、植物生长等；人为因素主要是人为拆毁等

续表 243

名称	地点	高程	与其他遗存的位置关系	材质	建筑方式	平面形制	剖面形制	尺寸	附属设施	修缮情况	保存状况	损毁原因及存在病害
岗年口3号敌台	千佛岭乡杨庄村西南0.5千米岗年口河西岸	1477米	骑墙而建。位于岗年口长城墙体上	砖	外部砖石砌筑，底部为石块垒砌，上部包砖；内部为夯土台体，黄土夯筑而成，夯层厚0.26米	矩形	梯形	台体底部边长14米，顶部宽东西5、南北3.5米，残高5.5米	无	无	保存一般。台体坍塌损毁严重，南、北壁包砖石不存	自然因素主要有风雨侵蚀，植物生长等；人为因素主要是人为拆毁等
岗年口4号敌台（彩图五七九）	千佛岭乡杨庄村西南0.6千米	1503米	骑墙而建。位于岗年口长城墙体上	砖	外部砖石垒砌，上部包砖；内部为夯土台体，黄土夯筑而成	矩形	梯形	台体底部边长5、顶部5.5米	无	无	保存一般。台体坍塌损毁严重，南壁无存砖	自然因素主要有风雨侵蚀，植物生长等；人为因素主要是人为拆毁等
上、下桦岭1号敌台	千佛岭乡老君店村东0.5千米	1956米	倚墙而建。位于上、下桦岭长城墙体上，系该段长城起点	砖	外部砖石砌筑，底部为石块垒砌，上部包砖；内部为夯土台体，黄土夯筑而成，夯层厚0.2~0.22米	矩形	梯形	台体底部边长5、残高2米	无	无	保存较差。台体坍塌损毁严重，包砖无存	自然因素主要有风雨侵蚀，植物生长等；人为因素主要是人为拆毁等
上、下桦岭2号敌台	千佛岭乡君店村北0.2千米	2012米	倚墙而建。位于上、下桦岭长城墙体上	砖	外部砖石包砌，底部包砖，包砖无存，内部为夯土台体，含碎石黄土夯筑而成，夯层厚0.2~0.22米	矩形	梯形	台体底部东西8、南北9米，顶部东西4、南北5米，残高4米	无	无	保存较差。台体所剩塌损毁，砖石无存	自然因素主要有风雨侵蚀，植物生长等；人为因素主要是人为拆毁等
上、下桦岭3号敌台	千佛岭乡下桦岭村南0.5千米	2036米	倚墙而建。位于上、下桦岭长城墙体上	砖	外部砖石砌筑，底部包砖，上部包砖；内部为夯土台体，条石长50~90、厚20~25厘米	矩形	梯形	台体底部东西7、南北7米，顶部东西3、南北5米，残高3米	无	无	保存较差。西、东壁存，部分砖石	自然因素主要有风雨侵蚀，植物生长等；人为因素主要是人为拆毁等
上、下桦岭4号敌台（彩图五八〇）	千佛岭乡上桦岭村南0.3千米	2099米	倚墙而建。位于上、下桦岭长城墙体上	砖	外部砖石砌筑，共8层，底部条石高1.6米，上部包砖，高2.6米；内部为夯土台体，黄土夯筑而成，含碎石	矩形	梯形	台体底部东西6.1、南北5.2米，顶部东西4.8米，南北4.2米	无	无	保存一般。外部砖石大多无存	自然因素主要有风雨侵蚀，植物生长等；人为因素主要是人为拆毁等

续表243

名称	地点	高程	与其他遗存的位置关系	材质	建筑方式	平面形制	剖面形制	尺寸	附属设施	修缮情况	保存状况	损毁原因及存在病害
马鬃岩1号敌台	青磁窑乡正沟村西南1.3千米	2219米	骑墙而建。位于马鬃岩岩石长城墙体上	土	黄土夯筑而成，夯层厚度不详	矩形	梯形	台体底部面积16，顶部面积14平方米，残高1.5米	无	无	保存较差。台体坍塌损毁严重	自然因素主要有风雨侵蚀、植物生长等；人为因素主要是人为拆毁等
马鬃岩2号敌台	青磁窑乡正沟村西0.7千米	2152米	骑墙而建。位于马鬃岩长城墙体上，系该段长城墙止点	土	黄土夯筑而成，夯层厚度不详	矩形	梯形	台体底部面积12，顶部面积9平方米，残高2.5米	无	无	保存较差。台体坍塌损毁严重	自然因素主要有风雨侵蚀、植物生长等；人为因素主要是人为拆毁等
正沟北2段1号敌台	青磁窑乡正沟村西北1千米	2110米	骑墙而建。位于正沟北长城墙体上，系该段长城墙起点	土	黄土夯筑而成，夯层厚度不详	矩形	梯形	台体底部面积18，顶部面积10平方米，残高6米	无	无	保存较差。台体坍塌损毁严重	自然因素主要有风雨侵蚀、植物生长等；人为因素主要是人为拆毁等
正沟北2段2号敌台（彩图五八一）	青磁窑乡柴树沟村东0.5千米公路南侧	2110米	骑墙而建。位于正沟北长城墙体上	砖	外部砖石砌筑，砖石无存；内部为夯土台体，含碎石，夯层厚0.1米	矩形	梯形	台体底部东西6.5，南北5.5，顶部东西4.5，南北5.5，东壁残高6米	无	无	保存一般。砖石无存	自然因素主要有风雨侵蚀、植物生长等；人为因素主要是人为拆毁等
正沟北2段3号敌台	青磁窑乡柴树沟村东0.5千米	1830米	骑墙而建。位于正沟北长城墙体上	砖	外部砖石砌筑，砖石无存；内部为夯土台体，黄土夯筑而成，夯层厚0.08~0.1米	矩形	梯形	台体底部边长9，顶部边长6，残高6米	无	无	保存一般。外部包砖无存	自然因素主要有风雨侵蚀、植物生长等；人为因素主要是人为拆毁等
正沟北2段4号敌台	青磁窑乡大川岭村东南1.1千米	1871米	骑墙而建。位于正沟北长城墙体上，系该段长城墙止点	砖	外部砖石砌筑，砖石无存；内部为夯土台体，黄土夯筑而成，夯层厚0.08~0.12米	矩形	梯形	台体底部边长6，顶部边长3，残高5.5米	无	无	保存一般。北壁存部分砖石	自然因素主要有风雨侵蚀、植物生长等；人为因素主要是人为拆毁等
大川岭1号敌台	青磁窑乡大川岭村北0.5千米	1933米	骑墙而建。位于大川岭长城墙体上	砖	外壁砖石少部分为砖石，内部为夯土台体，黄土夯筑而成，夯层厚度不详	矩形	梯形	台体底部呈正方形，边长6米，顶部东西6，南北2米，残高4米	无	无	保存较差。台体坍塌损毁严重，外壁存少部分砖石	自然因素主要有风雨侵蚀、植物生长等；人为因素主要是人为拆毁等

续表243

名称	地点	高程	与其他遗存的位置关系	材质	建筑方式	平面形制	剖面形制	尺寸	附属设施	修缮情况	保存状况	损毁原因及存在病害
大川岭2号敌台	青磁窑乡大川岭村北0.7千米	1917米	骑墙而建。位于大川岭长城墙体上	砖	外部砖石砌筑，外壁存少部分砖石；内部为夯土台体，夯土厚度不详	矩形	梯形	台体底部边长6米，顶部东西3，南北4米，残高3米	无	无	保存较差。台体坍塌损毁严重，西壁存少部分砖石	自然因素主要有风雨侵蚀、植物生长等；人为因素主要是人为拆毁等
南元圪垯敌台	大磁窑镇南元圪垯村西南0.6千米	1668米	骑墙而建。位于南元圪垯一孟家窑长城墙体上，系该长城墙段起点	砖	外部砖石砌筑，砖石无存；内部为夯土台体，黄土夯筑而成，夯层厚0.2米	矩形	梯形	台体底部边长10米，顶部东西3，南北3米，残高6.5米	无	无	保存一般。砖石无存	自然因素主要有风雨侵蚀、植物生长等；人为因素主要是人为拆毁等
柳林一常柴岭1号敌台	东坊城乡柳林村西南2千米	1466米	骑墙而建。位于柳林一常柴岭长城墙体上	土	黄土夯筑而成，夯层厚0.1~0.15米	矩形	梯形	台体底部边长10，顶部边长8米，残高8米	无	无	保存一般。台体坍塌损毁严重	自然因素主要有风雨侵蚀、植物生长等；人为因素主要是人为拆毁等
落子峁1号敌台	东坊城乡落子峁村南0.7千米	1376米	位于落子峁长城南侧0.01千米的山梁上	土	黄土夯筑而成，夯层厚0.2~0.24米	矩形	梯形	台体底部东西8，南北6米，顶部东西6，南北4米，残高7米	无	无	保存一般	自然因素主要有风雨侵蚀、植物生长等；人为因素主要是人为拆毁等
落子峁2号敌台(彩图五八二)	东坊城乡落子峁村南0.6千米	1355米	位于落子峁长城北侧，有短墙将敌台和长城连接起来	土	黄土夯筑而成，含砂砾，夯层厚0.16米	矩形	梯形	台体底部东西9，南北7米，顶部边长5米，残高8米	敌台位于长城北侧，有短墙将敌台和长城连接，短墙长30米	无	保存较好。南壁有所坍塌损毁	自然因素主要有风雨侵蚀、植物生长等
落子峁3号敌台	东坊城乡落子峁村南0.7千米	1350米	骑墙而建。位于落子峁长城墙体上	土	黄土夯筑而成，含砂砾，夯层厚0.2米	矩形	梯形	台体底部东西11，南北9米，顶部东西5，南北6米，残高10米	无	无	保存较好。台体表面凹凸不平，有裂缝、沟槽、孔洞	自然因素主要有风雨侵蚀、植物生长等
落子峁4号敌台	东坊城乡落子峁村南0.7千米	1341米	骑墙而建。位于落子峁长城墙体上	土	黄土夯筑而成，含砂砾，夯层厚0.2米	矩形	梯形	台体底部边长8米，顶部东西2，南北6米，残高6米	无	无	保存一般。台体坍塌损毁严重，表面凹凸不平，有裂缝、沟槽、孔洞	自然因素主要有风雨侵蚀、植物生长等

续表243

名称	地点	高程	与其他遗存的位置关系	材质	建筑方式	平面形制	剖面形制	尺寸	附属设施	修缮情况	保存状况	损毁原因及存在病害
落子洼5号敌台	东坊城乡落子洼村南0.7千米	1325米	骑墙而建。位于落子洼长城墙体上	土	黄土夯筑而成，含砂砾，夯层厚0.2米	矩形	梯形	台体底部边长8，顶部边长4，残高11米	无	无	保存较好。台体表面凹凸不平，有裂缝、沟槽、孔洞	自然因素主要有风雨侵蚀、植物生长等；人为因素主要是人为拆毁等
落子洼6号敌台（彩图五八）	东坊城乡落子洼村西0.5千米	1200米	骑墙而建。位于落子洼长城墙体上，系该段墙体止点	砖	外部砖石砌筑，砖石无存；内部为夯土台体，含砂砾，夯层厚0.2米	矩形	梯形	台体底部边长12，顶部边长6.8，残高9米	无	无	保存较好。台体有所坍塌损毁，砖石无存	自然因素主要有风雨侵蚀、植物生长等；人为因素主要是人为拆毁
败杨峪1号敌台	东坊城乡落子洼村南1.2千米	1306米	位于败杨峪长城北侧，有短墙将敌台和长城连接起来	土	黄土夯筑而成，含砂砾，夯层厚0.2米	矩形	梯形	台体底部边长8，顶部边长5，残高8米	敌台位于长城北侧，有短墙将敌台和长城连接起来。短墙长5，底宽3，顶宽1~1.5，高3.8米	无	保存一般。台体表面凹凸不平，有裂缝、沟槽、孔洞	自然因素主要有风雨侵蚀、植物生长等
败杨峪2号敌台	东坊城乡落子洼村南1.3千米	1276米	骑墙而建。位于败杨峪长城墙体上	土	黄土夯筑而成，夯层厚0.2米	矩形	梯形	台体底部边长10，顶部边长6，残高7米	无	无	保存一般。台体坍塌损毁严重	自然因素主要有风雨侵蚀、植物生长等
败杨峪3号敌台	东坊城乡落子洼村西南1.4千米	1239米	骑墙而建。位于败杨峪长城墙体上	土	黄土夯筑而成，夯层厚0.2米	矩形	梯形	台体底部东西5，南北14米，顶部东西3，南北12米，北壁残高9米	无	无	保存较好。台体有所坍塌损毁	自然因素主要有风雨侵蚀、植物生长等；人为因素主要是人为拆毁等
败杨峪4号敌台	东坊城乡落子洼村西南1.4千米	1231米	骑墙而建。位于败杨峪长城墙体上	土	黄土夯筑而成，夯层厚0.2米	矩形	梯形	台体底部东西14.6，南北14米，顶部东西8.2，南北8.5米，残高11.5米	无	无	保存较好。台体有所坍塌损毁	自然因素主要有风雨侵蚀、植物生长等；人为因素主要是人为拆毁等
败杨峪5号敌台	东坊城乡落子洼村西南1.5千米	1224米	骑墙而建。位于败杨峪长城墙体上	土	黄土夯筑而成，夯层厚0.2米	矩形	梯形	台体底部东西8.5，南北8.2米，顶部东西6，南北5.8米，残高6.8米	无	无	保存一般。台体坍塌损毁严重，表面凹凸不平，有裂缝、沟槽、孔洞	自然因素主要有风雨侵蚀、植物生长等；人为因素主要是人为拆毁等

续表243

名称	地点	高程	与其他遗存的位置关系	材质	建筑方式	平面形制	剖面形制	尺寸	附属设施	修缮情况	保存状况	损毁原因及存在病害
败杨峪6号敌台	东城乡洛子岔村西南1.6千米	1255米	骑墙而建。位于败杨峪长城墙体上	土	黄土筑而成，夯层厚0.2米	矩形	梯形	台体底部东西7.2、南北7.8米，顶部东西5.8、南北6米，残高8米	无	无	保存较好。台体有所坍塌损毁，有裂缝、凹凸不平，孔洞	自然因素主要有风雨侵蚀、植物生长等；人为因素主要是人为拆毁等
李峪1号敌台	东坊城乡东湾村东南0.6千米	1291米	骑墙而建。位于李峪长城墙体上，系该段长城起点	土	黄土夯筑而成，夯层厚0.18~0.22米	矩形	梯形	台体底部东西13.2、南北12.8米，顶部东西6.2、南北7.4米，残高11米	无	无	保存较好。台体有所坍塌损毁，有裂缝、凹凸不平，沟槽、孔洞	自然因素主要有风雨侵蚀、植物生长等；人为因素主要是人为拆毁等
李峪2号敌台	东坊城乡东湾村东南0.5千米	1294米	骑墙而建。位于李峪长城墙体上	土	黄土夯筑而成，夯层厚度不详	圆形	梯形	台体底部直径4、残高2.3米	无	无	保存较差。台体坍塌损毁严重，有裂缝、凹凸不平，沟槽、孔洞	自然因素主要有风雨侵蚀、植物生长等
李峪3号敌台	东坊城乡东湾村东南0.6千米	1284米	骑墙而建。位于李峪长城墙体上	砖	外部砖石砌筑，砖长38、宽8厘米，高；内部为夯土台体夯筑而成，含砂砾，夯层厚0.06~0.12米	矩形	梯形	台体底部东西6、南北6.5米，顶部东西5、南北6.2米，残高6米	无	无	保存一般。台体外部存部分包砖，南侧有人为揭挖的浅沟，宽3米	自然因素主要有风雨侵蚀、植物生长等；人为因素主要是人为拆毁等
李峪4号敌台	东坊城乡东湾村东南0.6千米	1282米	骑墙而建。位于李峪长城墙体上	砖	外部砖石砌筑，砖石无存；内部为夯土台体，含砂砾，黄土夯筑而成，夯层厚0.06~0.12米	矩形	梯形	台体底部边长7米，顶部东西6、南北5米，残高5米	无	无	保存一般。砖石无存	自然因素主要有风雨侵蚀、植物生长等；人为因素主要是人为拆毁等
李峪5号敌台	东坊城乡东湾村南0.7千米	1275米	骑墙而建。位于李峪长城墙体上	砖	外部砖石砌筑，砖长38、宽8厘米，高；内部为夯土台体，含砂砾，黄土夯筑而成，夯层厚0.06~0.12米	矩形	梯形	台体底部东西7、南北8米，顶部东西5、南北6米，残高6米	无	无	保存一般。外部存部分包砖	自然因素主要有风雨侵蚀、植物生长等；人为因素主要是人为拆毁等
李峪6号敌台	东坊城乡东湾村南0.8千米	1291米	骑墙而建。位于李峪长城墙体上	砖	外部砖石砌筑，砖石无存；内部为夯土台体而成，含砂砾，夯土层厚0.2米	矩形	梯形	台体底部东西9.2、南北8.8米，顶部东西5、南北4.8米，残高6米	无	无	保存一般。砖石无存	自然因素主要有风雨侵蚀、植物生长等；人为因素主要是人为拆毁等

名称	地点	高程	与其他遗存的位置关系	材质	建筑方式	平面形制	剖面形制	尺寸	附属设施	修缮情况	保存状况	损毁原因及存在病害
李峪7号敌台	东坊城乡李峪村东南0.6千米	1280米	倚墙而建。位于李峪长城墙体上	砖	外部砖石砌筑，砖石无存；内部为夯土台体，含砂砾黄土夯筑而成，夯层厚0.2米	矩形	梯形	台体底部东西7.8、南北6.8米，顶部东西4.2、南北4.2米，残高4.6米	无	无	保存一般。砖石无存	自然因素主要有风雨侵蚀、植物生长等；人为因素主要是人为拆毁等
李峪8号敌台(彩图五八四)	东坊城乡李峪村南0.6千米	1211米	骑墙而建。位于李峪长城墙体上	砖	外部砖石砌筑，石条厚20厘米，砖长38、宽18、高8厘米；内部为夯土台体，含砂砾黄土夯筑而成，夯层厚0.2米	矩形	梯形	台体底部东西8、南北9.2米，顶部东西6、南北8.4米，残高9米	无	无	保存一般。外部存部分砖石	自然因素主要有风雨侵蚀、植物生长等；人为因素主要是人为拆毁等
李峪9号敌台(彩图五八五)	东坊城乡李峪村南0.6千米	1208米	骑墙而建。位于李峪长城墙体上	砖	外部砖石砌筑，砖石无存；内部为夯土台体，含砂砾黄土夯筑而成，夯层厚0.2米	矩形	梯形	台体底部东西6.8、南北4.2米，顶部东西6、南北5米，残高5米	无	无	保存一般。台体损毁，尤以东壁为甚，砖石无存	自然因素主要有风雨侵蚀、植物生长等；人为因素主要是人为拆毁等
李峪10号敌台	东坊城乡李峪村南0.6千米	1216米	倚墙而建。位于李峪长城墙体上	砖	外部砖石砌筑，砖石无存；内部为夯土台体，含砂砾黄土夯筑而成，夯层厚0.2米	矩形	梯形	台体底部东西6、南北7米，顶部东西3、南北3.4米，残高5.2米	无	无	保存一般。台体有所坍塌损毁，砖石无存	自然因素主要有风雨侵蚀、植物生长等；人为因素主要是人为拆毁等
李峪11号敌台	东坊城乡李峪村南0.6千米	1222米	倚墙而建。位于李峪长城墙体上，系该段长城止点	砖	外部砖石砌筑，砖石无存；内部为夯土台体，含砂砾黄土夯筑而成，夯层厚0.2米	矩形	梯形	台体底部东西8、南北8.2米，顶部东西5、南北6.2米，残高7.8米	无	无	保存一般。台体有所坍塌损毁，砖石无存	自然因素主要有风雨侵蚀、植物生长等；人为因素主要是人为拆毁等
玉门1号敌台	东坊城乡玉门村西0.2千米	1187米	骑墙而建。位于玉门长城墙体上，系该段长城起点	砖	外部砖石砌筑，砖石无存；内部为夯土台体，含砂砾黄土夯筑而成，夯层厚0.2米	矩形	梯形	台体底部边长7.5米，顶部东西4.2、南北3.8米，残高5米	无	无	保存一般。台体有所坍塌损毁，砖石无存	自然因素主要有风雨侵蚀、植物生长等；人为因素主要是人为拆毁等

续表243

名称	地点	高程	与其他遗存的位置关系	材质	建筑方式	平面形制	剖面形制	尺寸	附属设施	修缮情况	保存状况	损毁原因及存在病害
玉门2号敌台	东坊城乡玉门村南0.7千米	1377米	骑墙而建。位于玉门长城墙体上	砖	外部砖石砌筑，砖石无存；内部为夯土台体，含砂砾，夯层厚0.2米	矩形	梯形	台体底部东西8，南北7米，顶部东西6，南北3米，残高4.5米	无	无	保存较差。台体有所坍塌损毁，砖石无存	自然因素主要有风雨侵蚀、植物生长等；人为因素主要是人为拆毁等
玉门3号敌台(彩图五(六))	东坊城乡玉门村西南1千米	1291米	骑墙而建。位于玉门长城墙体上	砖	外部砖石砌筑，砖石无存；内部为夯土台体，黄土夯筑而成，夯层厚0.2米	矩形	梯形	台体底部边长9.8，顶部边长6.2，残高8米	无	无	保存一般。砖石无存，有台体表面凹凸不平，有裂缝、沟槽、孔洞	自然因素主要有风雨侵蚀、植物生长等；人为因素主要是人为拆毁、挖掘洞穴等
玉门4号敌台	东坊城乡玉门村西南1.2千米	1336米	骑墙而建。位于玉门长城墙体上，系该段长城止点	砖	外部砖石砌筑，砖石无存；内部为夯土台体，黄土夯筑而成，夯层厚0.2米	矩形	梯形	台体底部东西14，南北12.8米，顶部东西8.2，南北4.8米，残高9.8米	无	无	保存一般，砖石无存	自然因素主要有风雨侵蚀、植物生长等；人为因素主要是人为拆毁等
凌云口1号敌台	裴村乡凌云口村东1.1千米	1164米	骑墙而建。位于凌云口长城墙体上，系该段长城起点	砖	外部砖石砌筑，砖石无存；内部为夯土台体，黄土夯筑而成，夯层厚0.2米	矩形	梯形	台体底部东西10，南北10.5米，顶部东西6.2，南北5.9米，残高9.2米	无	无	保存一般。台体有所坍塌损毁，砖石无存	自然因素主要有风雨侵蚀、植物生长等；人为因素主要是人为拆毁等
凌云口2号敌台	裴村乡凌云口村东0.8千米	1132米	骑墙而建。位于凌云口长城墙体上	砖	外部砖石砌筑，砖石无存；内部为夯土台体，黄土夯筑而成，夯层厚0.2米	矩形	梯形	台体底部边长12.5，顶部边长8，残高8米	无	无	保存一般。砖石无存	自然因素主要有风雨侵蚀、植物生长等；人为因素主要是人为拆毁等
凌云口3号敌台	裴村乡凌云口村南0.5千米	1207米	骑墙而建。位于凌云口长城墙体上	砖	外部砖石砌筑，砖石无存；内部为夯土台体，黄土夯筑而成，夯层厚0.2米	矩形	梯形	台体底部东西9.2，南北8.4米，顶部东西6.3，南北5.8米，残高7.2米	无	无	保存一般。台体有所坍塌损毁，尤以东、西壁为甚，砖石无存	自然因素主要有风雨侵蚀、植物生长等；人为因素主要是人为拆毁等
凌云口4号敌台	裴村乡凌云口村南0.5千米	1270米	骑墙而建。位于凌云口长城墙体上	砖	外部砖石砌筑，砖石无存；内部为夯土台体，黄土夯筑而成，夯层厚0.2米	矩形	梯形	台体底部东西13.8，南北12米，顶部东西8，南北9米，残高6米	无	无	保存一般。台体有所坍塌损毁，砖石无存	自然因素主要有风雨侵蚀、植物生长等；人为因素主要是人为拆毁等

续表 243

名称	地点	高程	与其他遗存的位置关系	材质	建筑方式	平面形制	剖面形制	尺寸	附属设施	修缮情况	保存状况	损毁原因及存在病害
凌云口5号敌台	裴村乡凌云口村西南0.8千米	1334米	骑墙而建。位于凌云口长城该段墙止点	砖	外部砖石砌筑，砖石无存；内部为夯土台体，黄土夯筑而成，夯层厚0.2米	矩形	梯形	台体底部东西14.8、南北14.2米，顶部东西12、南北10米，残高10米	无	无	保存一般。砖石无存	自然因素主要有风雨侵蚀、植物生长等；人为因素主要是人为拆毁等
凌云口6号敌台	裴村乡凌云口村南0.3千米	1217米	骑墙而建。位于凌云口长城墙体上（也即凌云口关南墙上）	砖	外部砖石砌筑，砖石无存；内部为夯土台体，黄土夯筑而成，夯层厚0.2米	矩形	梯形	台体底部东西10.2、南北10.5米，顶部东西4、南北4.3米，残高15.6米	无	无	保存一般。砖石无存	自然因素主要有风雨侵蚀、植物生长等；人为因素主要是人为拆毁等
凌云口7号敌台	裴村乡凌云口村南0.1千米	1193米	骑墙而建。位于凌云口长城墙体上	砖	外部砖石砌筑，砖石无存；内部为夯土台体，黄土夯筑而成，夯层厚度不详	矩形	梯形	台体底部边14、顶部边11、残高10米	南壁有登顶坡道，宽1.5米，其内部结构已破坏	无	保存一般。砖石无存	自然因素主要有风雨侵蚀、植物生长等；人为因素主要是人畜踩踏、挖掘洞穴等
东葫芦头南梁1号敌台	青磁窑乡东葫芦头村南0.8千米	2134米	骑墙而建。位于东葫芦头南梁长城墙体上	土	黄土夯筑而成，含细小的石块，夯层厚度不详	矩形	梯形	台体底部边12、顶部边1米	无	无	保存一般。台体坍塌损毁严重，表面凹凸不平，有裂缝、沟槽、孔洞	自然因素主要有风雨侵蚀、植物生长等；人为因素主要是人为拆毁等
东葫芦头南梁2号敌台	青磁窑乡东葫芦头村南0.8千米	2123米	骑墙而建。位于东葫芦头南梁长城墙体上	土	黄土夯筑而成，含细小的石块，夯层厚度不详	矩形	梯形	台体底部东西15、南北6，顶部东西6、南北4，残高11米	无	无	保存一般。台体坍塌损毁严重，表面凹凸不平，有裂缝、沟槽、孔洞	自然因素主要有风雨侵蚀、植物生长等；人为因素主要是人为拆毁等
东葫芦头南梁3号敌台	青磁窑乡东葫芦头村南0.9千米	2067米	骑墙而建。位于东葫芦头南梁长城墙体上	土	黄土夯筑而成，含细小的石块，夯层厚度不详	矩形	梯形	台体底部东西12、南北12米，顶部东西7、南北7，残高8米	无	无	保存一般。台体坍塌损毁严重，表面凹凸不平，有裂缝、沟槽、孔洞	自然因素主要有风雨侵蚀、植物生长等；人为因素主要是人为拆毁等
东葫芦头南梁4号敌台	青磁窑乡东葫芦头村西南1千米	2052米	骑墙而建。位于东葫芦头南梁长城墙体上	土	黄土夯筑而成，含细小的石块，夯层厚度不详	矩形	梯形	台体底部东西11、南北8米，顶部东西6、南北3米，残高6米	无	无	保存一般。台体坍塌损毁严重，表面凹凸不平，有裂缝、沟槽、孔洞	自然因素主要有风雨侵蚀、植物生长等；人为因素主要是人为拆毁等

续表 243

名称	地点	高程	与其他遗存的位置关系	材质	建筑方式	平面形制	剖面形制	尺寸	附属设施	修缮情况	保存状况	损毁原因及存在病害
东葫芦头南梁5号敌台	青磁窑乡东葫芦头村西南1千米	2063米	倚墙而建。位于东葫芦头南梁长城墙体上	土	黄土夯筑而成，夯层厚度不详	矩形	梯形	台体底部东西8，南北10米，顶部东西3，南北7米，残高7米	无	无	保存一般。台体坍塌损毁严重，有裂缝、表面凹凸不平，沟槽、孔洞	自然因素主要有风雨侵蚀、植物生长等；人为因素主要是人为拆毁等
东葫芦头南梁6号敌台	青磁窑乡东葫芦头村西南1千米	2072米	倚墙而建。位于东葫芦头南梁长城墙体上	土	黄土夯筑而成，夯层厚度不详	矩形	梯形	台体底部东西10，南北10米，顶部东西6，南北6米，残高5米	无	无	保存一般。台体坍塌损毁严重，有裂缝、表面凹凸不平，沟槽、孔洞	自然因素主要有风雨侵蚀、植物生长等；人为因素主要是人为拆毁等
东葫芦头南梁7号敌台	青磁窑乡东葫芦头村西南1千米	2086米	骑墙而建。位于东葫芦头南梁长城墙体上	土	黄土夯筑而成，含砂，夯层厚0.08~0.1米	矩形	梯形	台体底部东西15，南北13米，顶部东西12，南北8米，残高9米	无	无	保存一般。台体坍塌损毁严重，有裂缝、表面凹凸不平，沟槽、孔洞	自然因素主要有风雨侵蚀、植物生长等；人为因素主要是人为拆毁等
东葫芦头南梁8号敌台	青磁窑乡东葫芦头村西南1千米	2076米	倚墙而建。位于东葫芦头南梁长城墙体上	土	黄土夯筑而成，含砂，夯层厚0.2~0.26米	矩形	梯形	台体底部东西9，南北8米，顶部东西5，南北4米，残高6米	无	无	保存一般。台体坍塌损毁严重，有裂缝、表面凹凸不平，沟槽、孔洞，顶部有凹坑	自然因素主要有风雨侵蚀、植物生长等；人为因素主要是人为拆毁等
东葫芦头南梁9号敌台	青磁窑乡东葫芦头村西0.8千米	2068米	倚墙而建。位于东葫芦头南梁长城墙体上	土	黄土夯筑而成，含砂，夯层厚0.2~0.26米	矩形	梯形	台体底部东西12，南北8米，顶部东西9，残高2米	无	无	保存较差。台体坍塌损毁严重，有裂缝、表面凹凸不平，沟槽、孔洞	自然因素主要有风雨侵蚀、植物生长等；人为因素主要是人为拆毁等
东葫芦头南梁10号敌台	青磁窑乡东葫芦头村西0.7千米	2068米	骑墙而建。位于东葫芦头南梁长城墙体上	土	黄土夯筑而成，含砂，夯层厚0.2米	矩形	梯形	台体底部东西4，顶部东西4，南北3米，残高4米	无	无	保存较差	自然因素主要有风雨侵蚀、植物生长等；人为因素主要是人为拆毁等
东葫芦头南梁11号敌台	青磁窑乡东葫芦头村西南1千米	2102米	倚墙而建。位于东葫芦头南梁长城墙体上	土	黄土夯筑而成，含砂，夯层厚度不详	矩形	梯形	台体底部边长10，顶部边长1，残高7米	无	无	保存一般	自然因素主要有风雨侵蚀、植物生长等；人为因素主要是人为拆毁等

续表 243

名称	地点	高程	与其他遗存的位置关系	材质	建筑方式	平面形制	剖面形制	尺寸	附属设施	修缮情况	保存状况	损毁原因及存在病害
东葫芦头12号南梁敌台	青磁窑乡东葫芦头南2千米	2171米	骑墙而建。位于东葫芦头南梁长城墙体上，系该段墙体止点	土	黄土夯筑而成，含砂砾，夯层厚度不详	矩形	梯形	台体底部边长12，顶部边长2，残高5米	无	无	保存一般。台体坍塌损毁严重，表面凹凸不平，有裂缝、沟槽、孔洞	自然因素主要有风雨侵蚀、植物生长等；人为因素主要是人为拆毁等
西葫芦头1号西葫芦岭敌台	青磁窑乡西葫芦头南	2146米	骑墙而建。位于西葫芦岭长城墙体上	土	黄土夯筑而成，含砂砾，夯层厚度不详	矩形	梯形	台体底部东西10，南北8米，顶部东西6，南北4米，残高3米	无	无	保存较差。台体坍塌损毁严重，表面凹凸不平，有裂缝、孔洞	自然因素主要有风雨侵蚀、植物生长等
西葫芦头2号西葫芦岭敌台	青磁窑乡西葫芦头南	2165米	倚墙而建。位于西葫芦岭长城墙体上	土	黄土夯筑而成，含砂砾，夯层厚0.1~0.2米	矩形	梯形	台体底部东西10，南北12米，顶部边长6米，残高6米	无	无	保存较差。台体坍塌损毁严重，表面凹凸不平，有裂缝、孔洞	自然因素主要有风雨侵蚀、植物生长等；人为因素主要是取土、挖掘洞穴等
西葫芦头3号西葫芦岭敌台	青磁窑乡西葫芦头西	2151米	倚墙而建。位于西葫芦岭长城墙体上	土	黄土夯筑而成，夯层厚度不详	矩形	梯形	台体底部边长8，顶部边长5，残高5.5米	无	无	保存一般。台体坍塌损毁严重，表面凹凸不平，有裂缝、沟槽、孔洞	自然因素主要有风雨侵蚀、植物生长等
西葫芦头4号西葫芦岭敌台	青磁窑乡西葫芦头南	2151米	骑墙而建。位于西葫芦岭长城墙体上	土	黄土夯筑而成，夯层厚约0.2米	矩形	梯形	台体底部东西8，南北12米，顶部东西6，南北8米，残高5米	无	无	保存一般。台体表面凹凸不平，有裂缝、沟槽、孔洞	自然因素主要有风雨侵蚀、植物生长等
西葫芦头5号西葫芦岭敌台	青磁窑乡西葫芦头西	2085米	倚墙而建。位于西葫芦岭长城墙体上	土	黄土夯筑而成，含碎小石块，夯层厚0.2米	矩形	梯形	台体底部东西13，南北11米，顶部边长4米，残高8米	无	无	保存一般。台体坍塌损毁严重，表面凹凸不平，有裂缝、孔洞	自然因素主要有风雨侵蚀、植物生长等
西葫芦头6号西葫芦岭敌台	青磁窑乡西葫芦头北	2096米	倚墙而建。位于西葫芦岭长城墙体上	土	黄土夯筑而成，含砂砾，夯层厚0.2米	矩形	梯形	台体底部东西13，南北10米，顶部东西8，南北6米，残高8米	无	无	保存一般。台体坍塌损毁严重	自然因素主要有风雨侵蚀、植物生长等

续表243

名称	地点	高程	与其他遗存的位置关系	材质	建筑方式	平面形制	剖面形制	尺寸	附属设施	修缮情况	保存状况	损毁原因及存在病害
西葫芦头西岭7号敌台	青磁窑乡西葫芦头村西北	2105米	倚墙而建。位于西葫芦头村西城墙墙体上	土	黄土夯筑而成，含砂砾、碎石，夯层厚0.2米	矩形	梯形	台体底部东西10、南北12米，顶部边长残高5米	无	无	保存一般。台体坍塌损毁严重，有裂缝、沟槽、孔洞，表面凹凸不平	自然因素主要有风雨侵蚀、植物生长等
西葫芦头西岭8号敌台	青磁窑乡西葫芦头村西北1.1千米	2159米	骑墙而建。位于西葫芦头村西城墙墙体上	土	黄土夯筑而成，含砂砾、碎石，夯层厚0.2米	矩形	梯形	台体底部边长8米，顶部东西2、南北3米，残高2米	无	无	保存较差。台体坍塌损毁严重，有裂缝、沟槽、孔洞，表面凹凸不平	自然因素主要有风雨侵蚀、植物生长等
破兑白西梁1号敌台	青磁窑乡破兑白村西北1.2千米	2109米	骑墙而建。位于破兑白西梁长城墙体上	土	黄土夯筑而成，含砂砾、碎石，夯层厚0.2米	矩形	梯形	台体底部东西12、南北10米，顶部东西8、南北6米，残高6米	无	无	保存一般。台体坍塌损毁严重，有裂缝、沟槽、孔洞，表面凹凸不平	自然因素主要有风雨侵蚀、植物生长等
破兑白西梁2号敌台	青磁窑乡破兑白村西1.3千米	2133米	骑墙而建。位于破兑白西梁长城墙体上	土	黄土夯筑而成，含砂砾、碎石，夯层厚0.2米	矩形	梯形	台体底部东西12、南北14米，顶部边长4、残高8米	无	无	保存一般。台体坍塌损毁严重，有裂缝、沟槽、孔洞，表面凹凸不平	自然因素主要有风雨侵蚀、植物生长等
破兑白西梁3号敌台	青磁窑乡尹子沟村西0.5千米	2126米	倚墙而建。位于破兑白西梁长城墙体上	土	黄土夯筑而成，含砂砾、碎石，夯层厚0.2米	矩形	梯形	台体底部东西10、南北12米，顶部东西4、南北8米，残高7米	无	无	保存一般。台体坍塌损毁严重，有裂缝、沟槽、孔洞，表面凹凸不平	自然因素主要有风雨侵蚀等；人为因素主要是人为拆毁等
破兑白西梁4号敌台	青磁窑乡尹子沟村西0.5千米	2129米	骑墙而建。位于破兑白西梁长城墙体上	土	黄土夯筑而成，含砂砾、碎石，夯层厚0.2米	矩形	梯形	台体底部东西12、顶部边长6、残高6米	无	无	保存一般。台体坍塌损毁严重，有裂缝、沟槽、孔洞，表面凹凸不平	自然因素主要有风雨侵蚀、植物生长等
破兑白西梁5号敌台	青磁窑乡尹子沟村西北0.7千米	2166米	倚墙而建。位于破兑白西梁长城墙体上	土	黄土夯筑而成，含砂砾、碎石，夯层厚0.2米	矩形	梯形	台体底部东西12、南北14米，顶部东西1、南北6米，残高9米	无	无	保存一般。台体坍塌损毁严重，有裂缝、沟槽、孔洞，表面凹凸不平	自然因素主要有风雨侵蚀、植物生长等

续表 243

名称	地点	高程	与其他遗存的位置关系	材质	建筑方式	平面形制	剖面形制	尺寸	附属设施	修缮情况	保存状况	损毁原因及存在病害
破兑白西梁6号敌台	青磁窑乡尹子沟村西北1千米	2072米	倚墙而建。位于破兑白西梁长城墙体上	土	黄土夯筑而成，含砂砾、碎石，夯层厚0.2米	矩形	梯形	台体底部东西12，南北11米，顶部东西6，南北5米，残高6米	无	无	保存一般。台体坍塌损毁严重，表面凹凸不平，有裂缝、沟槽、孔洞	自然因素主要有风雨侵蚀、植物生长等
破兑白西梁7号敌台	青磁窑乡尹子沟村西北1.3千米	2076米	倚墙而建。位于破兑白西梁长城墙体上	土	黄土夯筑而成，含砂砾、碎石，夯层厚0.2米	矩形	梯形	台体底部东西10米，顶部东西6，南北4米，残高6米	无	无	保存一般。台体坍塌损毁严重，表面凹凸不平，有裂缝、沟槽、孔洞	自然因素主要有风雨侵蚀、植物生长等
破兑白西梁8号敌台	青磁窑乡尹子沟村西北1.8千米	2125米	骑墙而建。位于破兑白西梁长城墙体上	土	黄土夯筑而成，含砂砾、碎石，夯层厚度不详	矩形	梯形	台体底部边长12米，顶部东西1，南北6米，残高7米	无	无	保存一般。台体坍塌损毁严重，表面凹凸不平，有裂缝、沟槽、孔洞	自然因素主要有风雨侵蚀、植物生长等
破兑白西梁9号敌台	青磁窑乡道土沟村西0.6千米	2071米	倚墙而建。位于破兑白西梁长城墙体上	土	黄土夯筑而成，含砂砾、碎石，夯层厚度不详	矩形	梯形	台体底部东西12，南北13米，顶部东西4，南北6米，残高7米	无	无	保存一般。台体坍塌损毁严重，表面凹凸不平，有裂缝、沟槽、孔洞	自然因素主要有风雨侵蚀、植物生长等
破兑白西梁10号敌台	青磁窑乡道土沟村西0.5千米	2101米	倚墙而建。位于破兑白西梁长城墙体上	土	黄土夯筑而成，含砂砾、碎石，夯层厚0.2米	矩形	梯形	台体底部东西11，南北9米，顶部东西8，南北6米，残高5米	无	无	保存一般。台体坍塌损毁严重，表面凹凸不平，有裂缝、沟槽、孔洞	自然因素主要有风雨侵蚀、植物生长等
破兑白西梁11号敌台	青磁窑乡道土沟村西北1千米	2103米	位于破兑白西城长0.005千米的山梁上	土	黄土夯筑而成，含砂砾、碎石，夯层厚0.2米	矩形	梯形	台体底部边长10，顶部东西5，残高5米	无	无	保存一般。台体坍塌损毁严重，表面凹凸不平，有裂缝、沟槽、孔洞	自然因素主要有风雨侵蚀、植物生长等
破兑白西梁12号敌台	青磁窑乡道土沟村西北1.2千米	2112米	倚墙而建。位于破兑白西梁长城墙体上	土	黄土夯筑而成，含砂砾、碎石，夯层厚0.2米	矩形	梯形	台体东西8，南北9米，顶部东西4，南北5米，残高4.5米	无	无	保存一般。台体坍塌损毁严重，表面凹凸不平，有裂缝、沟槽、孔洞	自然因素主要有风雨侵蚀、植物生长等

表244　浑源县烽火台一览表

名称	地点	高程	与其他遗存的位置关系	材质	建筑方式	平面形制	剖面形制	尺寸	附属设施	修缮情况	保存状况	损毁原因及存在病害
大安岭烽火台（彩图五八七）	王庄堡镇大安岭村南1.6千米的山顶上	1593米	无	土	黄土夯筑而成，含碎石，夯层厚0.2~0.25米	矩形	梯形	台体底部南边长5.77，西边长6.64米，顶部，残高3.2米，其余边呈斜坡状，范围不明显，无法量测	无	无	保存一般。东壁下部有洞穴，宽0.62，高0.93，深0.86米	自然因素主要有风雨侵蚀、植物生长等；人为因素主要是人为拆毁、掏挖洞穴等
西河村烽火台	王庄堡镇西河村东北1.05千米的山梁上	1447米	无	石	外部石块垒砌，包石层厚0.8，残高2.45米；内部为夯筑台体，黄土夯筑而成，夯层厚度不详	矩形	梯形	台体底部东西长10.74，南北长10.73，顶部东西长4.58，南北长4.92米，残高6.96米	台体底部有矩形台基，东边长24.91，南边长26.71米，夯筑而成，夯层厚0.18~0.2米，顶3.2米。台体附近散落砖瓦，顶部可能原有建筑物。台体西南壁有登顶坡道，宽2.57米	无	保存一般。台体下部存包石	自然因素主要有风雨侵蚀、植物生长等；人为因素主要是在台基上掏挖沟渠
寺坡烽火台	王庄堡镇西河口村西北0.5千米	1408米	无	土	黄土夯筑而成，夯层厚0.2米	圆形	梯形	台体底部直径8，顶部直径3.5，残高6米	无	无	保存一般	自然因素主要有风雨侵蚀、植物生长等；人为因素主要是人为拆毁等
西河口南梁烽火台	王庄堡镇西河口村西南0.6千米（南梁山上）	1457米	无	砖	外部砖石砌筑，石无存；内部为夯筑台体，黄土夯筑而成，夯层厚0.2米	矩形	梯形	台体底部边长4.5，顶部边长3，残高6.4米	无	无	保存一般。砖石无存	自然因素主要有风雨侵蚀、植物生长等；人为因素主要是人为拆毁等
下牛还村烽火台	王庄堡镇下牛还村东北0.3千米的小山顶上	1223米	无	土	黄土夯筑而成，夯层厚0.22~0.28米	矩形	梯形	台体底部西边长9.26，北边长9.12米，顶部东边长3.25，南边长3.51米，残高8.7米	台体底部有矩形台基，残长4.73米。台基上有围墙，仅存部分西墙，残高0.6米	无	保存一般。围墙仅存部分西墙	自然因素主要有风雨侵蚀、植物生长等；人为因素有踩踏等
王庄堡1号烽火台	王庄堡村中公路西侧的小台体上	1168米	无	土	黄土夯筑而成，夯层厚0.23~0.26米	矩形	梯形	台体底部西边长11.75，北边长10.43米，顶部东边长8.71，北边长8.71米，残高8.89米	台体上部四壁有券洞，砖券而成，残长1.87，高2.54，进深3.75米，宽19，厚8厘米，青砖长43，券洞坍塌损毁严重	无	保存一般	自然因素主要有风雨侵蚀、植物生长等；人为因素主要有踩踏、取土挖洞等

续表 244

名称	地点	高程	与其他遗存的位置关系	材质	建筑方式	平面形制	剖面形制	尺寸	附属设施	修缮情况	保存状况	损毁原因及存在病害
王庄堡2号烽火台(彩图五八八)	王庄堡镇王庄堡村中公路边村民院中	不详	无	土	黄土夯筑而成,夯层厚0.23~0.28米	矩形	梯形	台体底部东边长12.52,南边长12.59,残高11.99米	台体上部四壁有券洞,砖券而成,坍塌损毁严重	无	保存较好	自然因素主要有风雨侵蚀、植物生长等;人为因素有踩踏,取土挖损等
洪水村烽火台(彩图五八九)	王庄堡镇洪水村北1.1千米的山梁上	1313米	无	土	黄土夯筑而成,夯层厚0.18~0.25米,部分夯层间有厚0.04~0.08米的砂石夹层	矩形	梯形	台体底部东北边长9.13,东南边长9.19米,西南部东南边长6.17,西南边长5.2米,残高8.21米	无	无	保存一般。东南壁中部有洞穴,宽1.61,高1.36,进深2.89米	自然因素主要有风雨侵蚀、植物生长等;人为因素主要有取土挖损和掏挖洞穴等
下达枝村烽火台(彩图五九〇)	王庄堡镇下达枝村西北0.75千米河谷西侧台地上	1232米	无	土	黄土夯筑而成,夯层厚度不详	矩形	梯形	台体底部南边长5.6米,顶部东边长3.19,南边长3.13米,残高7.6米	台体西壁中部有相连的东西向短墙,黄土夯筑而成,长5.74,底宽3.99米	无	保存一般。东壁下部有洞穴,宽0.91,高0.89,进深1.99米	自然因素主要有风雨侵蚀、植物生长等;人为因素主要是掏挖洞穴等
后庄村烽火台	千佛岭乡后庄村东北0.75千米的公路西侧	1448米	无	土	黄土夯筑而成,夯层厚度不详	矩形	梯形	台体底部南边长3.83,西边长6.14,顶部西边长7.09米,北边长1.9,北边长2.5米,残高6.46米	台体北壁有相连的短墙,长6.28,高4.5米	无	保存一般	自然因素主要有风雨侵蚀、植物生长等
南堡村烽火台	千佛岭乡南堡村北0.2千米的低山坡上	1853米	无	土	黄土夯筑而成,含碎石,夯层厚0.1~0.18米	矩形	梯形	台体底部东边长10.11,北边长10.56,残高5.4米	台体底部有矩形台基,边长24.84,最高5.7米。台上有围墙,东墙残长7.26米,黄土夯筑而成,夯层厚0.14~0.16米,底宽0.8,顶宽0.35,残高1.4米	无	保存一般。台体坍塌损毁严重,围墙仅存部分东墙	自然因素主要有风雨侵蚀、植物生长等;人为因素主要是取土挖损等
宽坪村烽火台(彩图五九一)	千佛岭乡宽坪村东北0.5千米的山顶上	1774米	东距宽坪村堡0.02千米	土	黄土夯筑而成,夯层厚0.09~0.16米	矩形	梯形	台体底部南边长11.87,西边长13.3米,顶部南边长3.19,北边长3.63米,残高6.8米	台体底部有矩形台基,东、南壁损毁,与周围圃耕地连为一体,东边长22.32,高2.2米。台体附近散落砖块,顶部可能为原建筑物,砖边长39,宽19,厚7~8厘米	无	保存一般。台体坍塌损毁严重	自然因素主要有风雨侵蚀、植物生长等;人为因素主要是农业生产活动破坏台基等

续表244

名称	地点	高程	与其他遗存的位置关系	材质	建筑方式	平面形制	剖面形制	尺寸	附属设施	修缮情况	保存状况	损毁原因及存在病害
杨庄1号烽火台	千佛岭乡杨庄村西南0.75千米的半山腰上	1503米	无	石	外部石块砌筑,包石层厚0.7~0.95米;内部为夯土台体,黄土夯筑而成,夯层厚0.19~0.23米	矩形	梯形	台体底部西边长7.64,北边长6.59米,顶部西边长3.5、北边长3.3米,残高7.26米	无	无	保存一般	自然因素主要有风雨侵蚀、植物生长等
杨庄2号烽火台(彩图五九二)	千佛岭乡杨庄村西南0.35千米的山谷东侧半山腰上	1517米	无	石	外部石块砌筑;内部为夯土台体,黄土夯筑而成,含砂砾,夯层厚度不详	矩形	梯形	台体底部西南边长7.51,西北边长9.91米,顶部东北边长6.6,西北边长5.89米,残高5.44米	无	无	保存一般。外部包石保存	自然因素主要有风雨侵蚀、植物生长等
杨庄3号烽火台	千佛岭乡杨庄村西南0.5千米的山谷中西侧平地中	1471米	无	土	黄土夯筑而成,含砂砾,夯层厚0.23~0.25米	矩形	梯形	台体底部西边长14.2,北边长14.79米,顶部西边长5.23,南边长5.16米,残高9.05米	无	无	保存较好。南壁有洞穴	自然因素主要有风雨侵蚀、植物生长等;人为因素主要是掏挖洞穴等
杨庄4号烽火台	千佛岭乡杨庄村西南0.25千米的山谷中东侧耕地中	1463米	无	土	黄土夯筑而成,含大量碎石,夯层厚0.25~0.28米。部分夯层间有0.03米厚的砂石夹层	矩形	梯形	台体底部南边长10.39,西边长9.28米,顶部东边长7.22、北边长5.63米,残高5.77米	无	无	保存一般。西北、西南角被耕地破坏	自然因素主要有风雨侵蚀、植物生长等;人为因素主要是农业生产活动破坏等
黄土坡1号烽火台	大磁窑镇黄土坡村西南0.7千米处,青溪沟南、磁窑乡大川岭村南1千米	1552米	西北距黄土坡2号烽火台0.18千米	砖	外部砖砌筑,底部条石22层,上部包砖4.5米;高4.5米。内部为夯筑台体,黄土夯筑而成,含碎石,夯层厚0.15米	矩形	梯形	台体底部边长12,顶部边长5,残高9米	南壁原有登顶通道,现塌毁。台体附近散落残瓦,顶部可能原有建筑物	无	保存较好。东壁由于修路挖毁	自然因素主要有风雨侵蚀、植物生长等;人为因素主要是修路挖毁、人为拆毁等

续表244

名称	地点	高程	与其他遗存的位置关系	材质	建筑方式	平面形制	剖面形制	尺寸	附属设施	修缮情况	保存状况	损毁原因及存在病害
黄土坡2号烽火台	青磁窑乡大川岭村南1.2千米	1522米	东南距黄土坡1号烽火台0.18千米	砖	外部砖石垒砌筑，底部条石包砌，上部为夯筑台体，黄土夯筑而成，含碎石，夯层厚0.15米	矩形	梯形	台体底部边长13，顶部边长9，残高9米	无	无	保存较好	自然因素主要有风雨侵蚀，植物生长等；人为因素主要是人为拆毁等
黄沙口村东烽火台	西坊城镇黄沙口村东1千米处的山梁上	1432米	无	砖	外部砖石砌筑，砖石无存；内部为夯筑台体，黄土夯筑而成，夯层厚0.2米	矩形	梯形	台体底部东西9，南北10米，顶部边长4米，残高10米	无	无	保存一般。台体坍塌损毁严重，砖石无存	自然因素主要有风雨侵蚀，植物生长等；人为因素主要是人为拆毁等
黄沙口村南烽火台	西坊城镇黄沙口村南0.5千米	1353米	也是凌云口—黄沙口长城止点所在	砖	外部砖石砌筑，砖石无存；内部为夯筑台体，黄土夯筑而成，夯层厚0.2米	矩形	梯形	台体底部边长8，顶部边长3.8，残高9米	无	无	保存一般。砖石无存。台体坍塌损毁严重	自然因素主要有风雨侵蚀，植物生长等；人为因素主要是人为拆毁等
大峪口村西烽火台	西坊城镇大峪口村西1千米处的山梁上	1550米	无	砖	外部砖石砌筑，砖石无存；内部为夯筑台体，黄土夯筑而成，夯层厚0.18米	矩形	梯形	台体底部东西、南北8米，顶部边长1米，残高7米	无	无	保存一般。砖石无存。台体坍塌损毁严重	自然因素主要有风雨侵蚀，植物生长等；人为因素主要是人为拆毁等
关沟烽火台	东坊城乡关沟村西南1千米，长条村南1千米	1272米	无	砖	外部砖石砌筑，砖石无存；内部为夯筑台体，黄土夯筑而成，夯层厚0.15~0.2米	矩形	梯形	台体底部边长12，顶部边长6，残高7米	无	无	保存一般。台体上部坍塌损毁严重，砖石无存	自然因素主要有风雨侵蚀，植物生长等；人为因素主要是人为拆毁等
柳林烽火台	东坊城乡柳林村北的山梁上	1518米	无	砖	外部砖石砌筑，砖石无存；内部为夯筑台体，黄土夯筑而成，夯层厚0.18米	矩形	梯形	台体底部边长10，顶部边长2，残高6米	无	无	保存一般。台体坍塌损毁严重，砖石无存	自然因素主要有风雨侵蚀，植物生长等；人为因素主要是人为拆毁等

续表244

名称	地点	高程	与其他遗存的位置关系	材质	建筑方式	平面形制	剖面形制	尺寸	附属设施	修缮情况	保存状况	损毁原因及存在病害
水沟村烽火台	沙圪坮镇水沟村东南1.05千米的山梁中部	1551米	无	土	黄土夯筑而成，夯层厚0.11~0.22米	矩形	梯形	台体底部东边长12.72、南边长13.06米，顶部东边长6.92、北边长10.3米	台体底部有矩形台基，东边长30.71、高7.35米，南边长22.81、高2.5米	无	保存较好	自然因素主要有风雨侵蚀、植物生长等
乱岭关1号烽火台	沙圪坮镇乱岭关村东北0.75千米山体半山腰的平地上	1533米	无	土	黄土夯筑而成，夯层厚0.25~0.3米	矩形	梯形	台体底部南边长7.44、西边长7.7米，顶部南边长3.4、西边长4.1米，残高8.09米	台体底部有矩形台基，南边长22.59、西边长21.97、高3.03米	无	保存一般。东壁有洞穴	自然因素主要有风雨侵蚀、植物生长等；人为因素主要是掏挖洞穴等
乱岭关2号烽火台（彩图五九三）	沙圪坮镇乱岭关村东北0.25千米的小山顶上	1523米	无	土	黄土夯筑而成，夯层厚0.10~0.16米	矩形	梯形	台体底部东边长12.79、南边长13.19、残高13.1米	台体周围有围墙，黄土夯筑而成，部分夯层有厚0.03米的小碎石夹层。东墙长27.58、内高6.35、外高6.35、北墙长33.17、内高7.93米；西墙长4.44、外高10.16、内高11.08、28.60、外高5.49、内高6.35、南墙长32.64、内高6.85、外高7.99米。围墙底宽4.15米。顶部最宽宽0.9米	无	保存较好。围墙保存	自然因素主要有风雨侵蚀、植物生长等
乱岭关3号烽火台	沙圪坮镇乱岭关村北0.5千米的小山顶上	不详	无	土	黄土夯筑而成，夯层厚0.19~0.23米	矩形	梯形	台体底部南边长7.04、西边长9.26米，顶部南边长3.81、西边长5米，残高8.9米	台体底部有矩形台基，南边长16.05、高3米；中部有豁口，宽5.87米	无	保存一般	自然因素主要有风雨侵蚀、植物生长等
乱岭关4号烽火台	沙圪坮镇乱岭关村东0.05千米的小土台上	1528米	无	土	黄土夯筑而成，夯层厚0.18~0.25米	矩形	梯形	台体底部东边长12.42、南边长10.2米，顶部东边长5.2、南边长4.1米，残高7.99米	台体底部有矩形台基，高3.1米，东北角和东南角无存	无	保存一般。台体坍塌损毁严重	自然因素主要有风雨侵蚀、植物生长等
乱岭关5号烽火台	沙圪坮镇乱岭关村西北1.1千米山顶上	1473米	无	土	黄土夯筑而成，台体下部夯土中含细小的石块，夯层厚0.24~0.26米	矩形	梯形	台体底部西边长9.18、北边长6.59、残高9.5米	无	无	保存一般。台体坍塌损毁严重	自然因素主要有风雨侵蚀、植物生长等

续表 244

名称	地点	高程	与其他遗存的位置关系	材质	建筑方式	平面形制	剖面形制	尺寸	附属设施	修缮情况	保存状况	损毁原因及存在病害
沙河村烽火台	沙圪坨镇沙河村中东北部	1258米	西南距沙河村堡0.8千米	土	黄土夯筑而成，夯层厚0.2~0.24米	矩形	梯形	台体底部西边长8.43、北边长8.6，残高7.4米	无	无	保存一般。台体坍塌损毁严重	自然因素主要有风雨侵蚀、植物生长等
沙岭铺村烽火台	沙圪坨镇沙岭铺村西	1150米	无	土	黄土夯筑而成，含大量碎石，夯层厚0.2~0.29米	矩形	梯形	台体底部南边长10.5、西边长12.44米，顶部东西6.37、南北6.06米，残高9.86米	无	无	保存一般。东壁洞穴宽1.64、高1.94，进深3.57米	自然因素主要有风雨侵蚀、植物生长等；人为因素主要是掏挖洞穴等
王千庄村烽火台（彩图五九四）	永安镇王千庄村东1.05千米的小山顶上	1226米	无	土	黄土夯筑而成，含大量碎石，夯层厚0.17~0.24米	矩形	梯形	台体底部西边长8.53、北边长8米，顶部东西3.98、南北4.63米，残高8.68米	台体北侧13.23米处山坡上有一道东向护墙，两侧西向延伸至山边。护墙黄土夯筑而成，含大量碎石，夯层厚0.2~0.26米。护墙长35米，底宽2.2，顶宽0.3，最高4.05米	无	保存一般。北壁底部洞穴宽1.37、高2.01，进深3.1米，南壁底部洞穴宽1.38、高1.54，进深4.05米	自然因素主要有风雨侵蚀、植物生长等；人为因素主要是掏挖洞穴等
上羊安村烽火台	吴城乡上羊安村中北部	1268米	无	土	黄土夯筑而成，夯层厚0.2~0.24米	矩形	梯形	台体底部东北边长5.37、西北边长7.73、东北边长3.04、西北边长4.49米，残高6.2米	无	无	保存一般	自然因素主要有风雨侵蚀、植物生长等
碾槽沟沟村1号烽火台	蔡村镇碾槽沟沟村西北1千米的半山腰上	1276米	无	土	黄土夯筑而成，夯层厚0.2米	矩形	梯形	台体底部西边长5.71、北边长10.71米，顶部西边长2.25、北边长3.86米，残高8.94米	无	无	保存一般。台体坍塌损毁严重，有现代修建的小庙	自然因素主要有风雨侵蚀、植物生长等；人为因素主要是在台体下部、南壁修建小庙
碾槽沟沟村2号烽火台	蔡村镇碾槽沟沟村北2千米的山顶上	1410米	西南距碾槽沟沟村1号烽火台0.873千米	土	黄土夯筑而成，夯层厚0.07~0.13米	矩形	梯形	台体顶部东西4.3、南北残高5.4米	台体底部有矩形台基，东边长24.24、南边长15.05，高1.2米	无	保存一般。台基和台顶部东侧有盗洞	自然因素主要有风雨侵蚀、植物生长等；人为因素主要是掏挖洞穴等

续表244

名称	地点	高程	与其他遗存的位置关系	材质	建筑方式	平面形制	剖面形制	尺寸	附属设施	修缮情况	保存状况	损毁原因及存在病害
东圪坨铺烽火台	南榆林乡东圪坨铺村东北1.5千米的山谷一侧半山腰上	1189米	无	土	黄土夯筑而成,含较多石块,夯层厚0.18~0.24米	矩形	梯形	台体底部南边长12.77、西边长11.49米,顶部南边长5.2、北边长5.5米,残高9.61米	无	无	保存较好。南壁下部有洞穴,宽1.77、高1.46、进深4.04米;顶部上长有小松树	自然因素主要有风雨侵蚀、植物生长等;人为因素主要是掏挖洞穴等
三岭村烽火台(彩图五九五)	南榆林乡三岭村中北部	1413米	东南距二岭村烽火台3.1千米	土	黄土夯筑而成,夯层厚0.22~0.26米	矩形	梯形	台体底部南边长15.36、西边长13.65米,顶部东边长7.35、北边长8.02米,残高11.9米	台体底部有矩形台基,台基上有围墙。围墙南墙长30.46、顶宽0.6、外高4.7、内高2.35米,夯层厚0.26~0.3米;西墙长31、底宽1.9、顶宽0.8、外高6.84、内高2.1米;东墙中部有豁口,宽3.3米	无	保存较好。围墙保存。台体有两个洞穴,南壁有两个洞穴,西侧洞穴宽1.1、高1.24、进深6.13米;东侧洞穴宽1.12、高1.2、进深4.62米	自然因素主要有洪水冲刷、风雨侵蚀、植物生长等;主要是掏挖洞穴等
二岭村烽火台	南榆林乡二岭村东0.15千米的平地中	1292米	西北距三岭村烽火台3.1千米	土	黄土夯筑而成,夯层厚0.22~0.25米	矩形	梯形	台体底部西边长9.64、北边长8.29米,顶部东边长2.86、北边长2.88米,残高8.11米	台体底部有矩形台基,夯筑而成,南边长20.4、高3.96米,西边长18.18米	无	保存一般。台基西北侧底部有掏挖的地道,口部宽1、高1.4米	自然因素主要有风雨侵蚀、植物生长等;人为因素主要是掏挖地道等

第十章　应县长城

应县位于山西省北中部，东与浑源县、南与繁峙县、西南与代县、西与山阴县、北与怀仁县相邻。共有两支调查队参与了应县境内明代长城资源的调查工作。山西省明代长城资源调查二队从 2007 年 9 月 19 日~10 月 24 日，对县境南部明代长城墙体及其南北两侧各 1000 米内的长城资源进行了调查，调查五队从 2007 年 11 月 27 日~12 月 13 日，对该县其他区域明代长城资源进行了调查。

一　长城资源调查数据

应县共调查长城墙体 19 段，长 49400 米；关堡 27 座，其中关 2 座、城堡 25 座；单体建筑有敌台 57 座、烽火台 136 座；采集文物标本 1 件（地图一○）。

（一）长城墙体

应县共调查墙体 19 段，其中砖墙 6 段，石墙 1 段，土墙 2 段，山险 6 段，山险墙 3 段，消失 1 段（表 278）。

表 278　应县长城墙体一览表（单位：米）

长城墙体段落名称	总长	保存较好	保存一般	保存较差	保存差	消失	类型	县属
徐峪长城	2000	2000	0	0	0	0	山险	应县
康峪长城	2100	2100	0	0	0	0	山险墙	应县
北楼口南长城	2033	0	0	252	0	1781	土墙	应县
北楼口东长城	1800	0	0	0	0	1800	消失墙体	应县
北楼口北长城	3798	0	382	400	98	2918	土墙	应县
王家窑—兴旺坡长城	2200	2200	0	0	0	0	山险墙	应县
牛槽峪长城	6000	6000	0	0	0	0	山险	应县
大石口长城	867	0	0	171	88	608	石墙	应县
大石口—小石口长城	1500	1500	0	0	0	0	山险	应县
小石口长城	1672	0	738	0	0	934	砖墙	应县
狼峪长城 1 段	2098	0	1515	0	0	583	砖墙	应县
狼峪长城 2 段	2073	0	833	278	0	962	砖墙	应县
护驾岗长城	2029	0	304	168	0	1557	砖墙	应县

长城墙体段落名称	总长	保存较好	保存一般	保存较差	保存差	消失	类型	县属
护驾岗—茹越口长城	1500	1500	0	0	0	0	山险	应县
茹越口长城	512	0	0	0	470	42	砖墙	应县
茹越口南长城	503	503	0	0	0	0	山险墙	应县
茹越口—马兰口长城	12000	12000	0	0	0	0	山险	应县
马兰口长城	715	0	92	113	40	470	砖墙	应县
东安峪长城	4000	4000	0	0	0	0	山险	应县
合计	49400	31803	3864	1382	696	11655		
百分比（%）	100	64.4	7.8	2.8	1.4	23.6		

1. 徐峪长城

起点位于浑源县西坊城镇黄沙口村南 0.5 千米处，高程 1353 米；止点位于应县大临河乡康峪村东南 1 千米处，高程 1478 米。大致呈东北—西南走向。全长 2000 米，均保存较好。本段长城为山险，南接浑源县凌云口—黄沙口长城，东南连康峪长城。浑源县 G0157（起点）处也是浑源县黄沙口村南烽火台所在（图三三四）。

本段墙体共测 GPS 点 2 个（浑源县 G0157、应县 G0001），仅 1 小段，叙述如下。

浑源县 G0157（起点）—应县 G0001（止点、康峪 1 号敌台），长 2000 米，东北—西南走向，保存较好。

2. 康峪长城

起点位于大临河乡康峪村东南 1 千米处，高程 1478 米；止点位于大临河乡北楼口村东南 0.8 千米处，高程 1502 米。大致呈东北—西南走向。全长 2100 米，均保存较好。墙体为山险墙，山脊有铲削加工痕迹。本段长城 G0001（起点、康峪 1 号敌台）处北接徐峪长城，G0009（止点、北楼口南 1 号敌台）处西北接北楼口东长城、西南连北楼口南长城。康峪 1~8 号敌台、北楼口南 1 号敌台位于墙体上，敌台间距 0.083~0.47 千米，康峪 1 号敌台系康峪长城起点，北楼口南 1 号敌台系康峪长城止点（图三三五）。

本段墙体共测 GPS 点 9 个（G0001~G0009），仅 1 小段，叙述如下。

G0001（起点、康峪 1 号敌台）—G0009（止点、北楼口南 1 号敌台），长 2100 米，东北—西南走向，保存较好。康峪 1~8 号敌台、北楼口南 1 号敌台位于墙体上。

3. 北楼口南长城

起点位于大临河乡北楼口村东南 0.8 千米处，高程 1502 米；止点位于北楼口村西南 1.4 千米处，高程 1443 米。大致呈东北—西南走向。全长 2033 米，其中保存较差 252、消失 1781 米。墙体为土墙，黄土夯筑而成，含砂砾，夯层厚 0.2 米。墙体剖面大致呈不规则梯形，底宽 1.5、顶宽 0.6~0.8、残高 1.5~2.3 米。本段长城 G0009（起点、北楼口南 1 号敌台）东接康峪长城、北连北楼口东长城，G0026（止点、北楼口北 2 号敌台）处北接北楼口北长城。北楼口南 1~4 号敌台、北楼口北 2 号敌台位于墙体上，敌台间距 0.105~0.911 千米，北楼口南 1 号敌台系北楼口南长城起点，北楼口北 2 号敌台系北楼口南长城止点。北楼口东山堡关骑墙而建，关北墙中部敌台即北楼口南 2 号敌台。北楼口堡

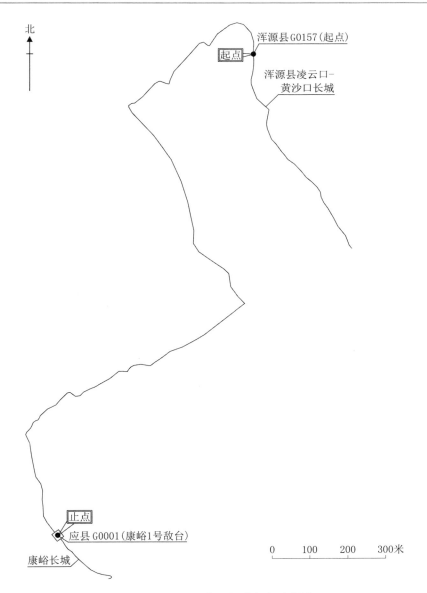

图三三四　徐峪长城走向示意图

位于墙体北 0.8 千米处（图三三六）。

本段墙体共测 GPS 点 6 个（G0009～G0013、G0026），可分为 4 小段，分述如下。

第 1 小段：G0009（起点、北楼口南 1 号敌台）—G0011（北楼口南 2 号敌台），长 105 米，东北—西南走向，墙体消失。

第 2 小段：G0011（北楼口南 2 号敌台）—G0012（北楼口南 3 号敌台），长 911 米，东北—西南走向，墙体消失。

第 3 小段：G0012（北楼口南 3 号敌台）—G0013（北楼口南 4 号敌台），长 252 米，东—西走向，保存差。墙体底宽 1.5、顶宽 0.6～0.8、残高 1.5～2.3 米。

第 4 小段：G0013（北楼口南 4 号敌台）—G0026（止点、北楼口北 2 号敌台），长 765 米，东南—西北走向，墙体消失。

墙体整体保存差。造成损毁的自然因素有洪水冲刷、风雨侵蚀、植物生长等；人为因素有农业生

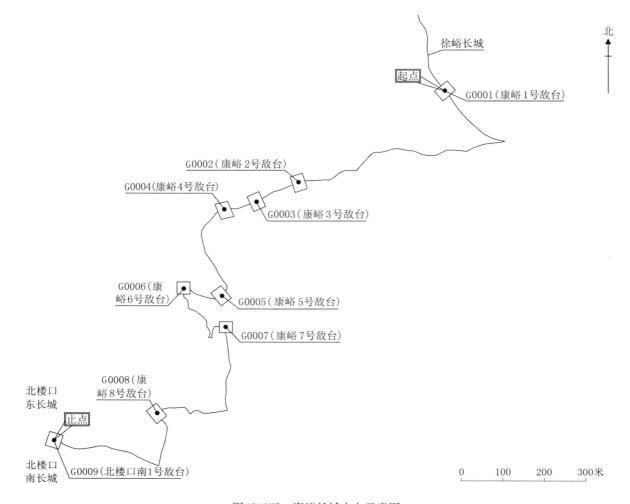

图三三五　　康峪长城走向示意图

产活动破坏等。

4. 北楼口东长城

起点位于大临河乡北楼口村东南 0.8 千米处，高程 1502 米；止点位于北楼口村北 0.1 千米处，高程 1183 米。大致呈东南—西北走向，全长 1800 米，全部消失。根据相邻长城墙体推断及村民讲述，该段原应为土墙。本段长城 G0009（起点、北楼口南 1 号敌台）处东南接康峪长城、西南连北楼口南长城，G0015（止点、断点）处西南接北楼口北长城。北楼口南 1 号敌台位于墙体上，系北楼口东长城起点。北楼口堡位于墙体南侧（图三三七）。

本段墙体共测 GPS 点 2 个（G0009、G0015），仅 1 小段，叙述如下。

G0009（起点、北楼口南 1 号敌台）—G0015（止点、断点），长 1800 米，东南—西北走向，墙体消失。

该段墙体整体消失。造成损毁的自然因素有风雨侵蚀、植物生长等；人为因素有农业生产活动破坏、取土挖损等。

图三三六　北楼口南长城走向示意图

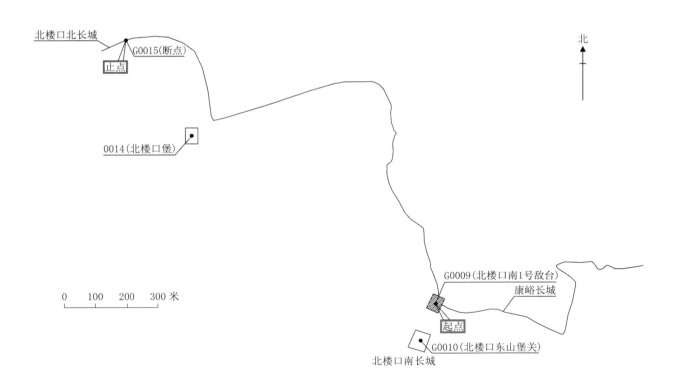

图三三七　北楼口东长城走向示意图

5. 北楼口北长城

起点位于大临河乡北楼口村北 0.1 千米处，高程 1183 米；止点位于北楼口村西 1.4 千米处，高程 1338 米。大致呈东北—西南走向。全长 3798 米，其中保存一般 382、较差 400、差 98、消失 2918 米。墙体为土墙，黄土夯筑而成，含砂砾，夯层厚 0.06~0.24 米。墙体剖面大致呈不规则梯形，底宽 1.6 ~6.4、顶宽 0.4~4.3、残高 1.2~7.8 米。本段长城 G0015（起点、断点）处东接北楼口东长城，G0032（止点、北楼口北 7 号敌台）处西接王家窑—兴旺坡长城，G0026（北楼口北 2 号敌台）亦为北楼口南长城 G0026（止点、北楼口北 2 号敌台）。北楼口北 1~7 号敌台位于墙体上，敌台间距 0.182~0.546 千米，北楼口北 7 号敌台系北楼口北长城止点。北楼口堡位于墙体南 0.1 千米处（图三三八）。

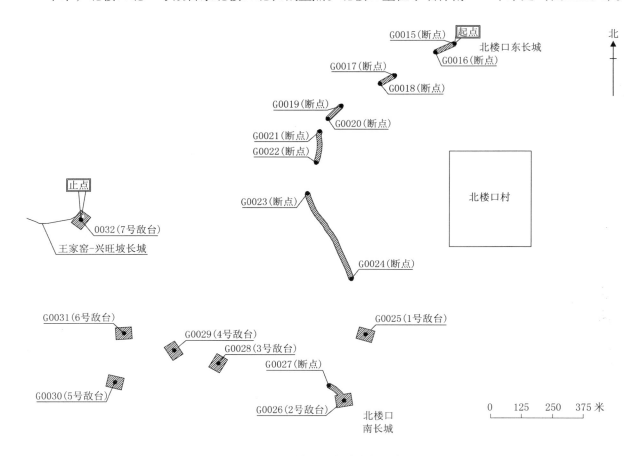

图三三八　北楼口北长城走向示意图

本段墙体共测 GPS 点 18 个（G0015~G0032），可分为 17 小段，分述如下。

第 1 小段：G0015（起点、断点）—G0016（断点），长 86 米，东北—西南走向，保存一般。墙体底宽 6.4、顶宽 3.5~4.3、残高 7.8 米，夯层厚 0.22 米。

第 2 小段：G0016（断点）—G0017（断点），长 183 米，东北—西南走向。墙体被洪水冲刷损毁消失。

第 3 小段：G0017（断点）—G0018（断点），长 76 米，东北—西南走向，保存一般。墙体底宽 6、顶宽 3、残高 5.2 米，夯层厚 0.06~0.2 米。

第 4 小段：G0018（断点）—G0019（断点），长 182 米，东北—西南走向。墙体被洪水冲刷损毁消失。

第 5 小段：G0019（断点）—G0020（断点），长 79 米，东北—西南走向，保存一般。墙体底宽
6.2、顶宽 3.4、残高 5.2 米，夯层厚 0.06～0.2 米。

第 6 小段：G0020（断点）—G0021（断点），长 58 米，东北—西南走向。墙体被洪水冲刷损毁消
失。

第 7 小段：G0021（断点）—G0022（断点），长 141 米，东北—西南走向，保存一般。墙体底宽
6、顶宽 1.5、残高 7.6 米，夯层厚 0.18 米。

第 8 小段：G0022（断点）—G0023（断点），长 331 米，东北—西南走向，墙体消失。现为耕地。

第 9 小段：G0023（断点）—G0024（断点），长 400 米，西北—东南走向，保存较差。墙体底宽
2～4、顶宽 0.6～1.5、残高 2～5 米，夯层厚 0.24 米。

第 10 小段：G0024（断点）—G0025（北楼口北 1 号敌台），长 232 米，西北—东南走向，墙体消
失。

第 11 小段：G0025（北楼口北 1 号敌台）—G0026（北楼口北 2 号敌台），长 290 米，东北—西南
走向，墙体消失。

第 12 小段：G0026（北楼口北 2 号敌台）—G0027（断点），长 98 米，东南—西北走向，保存差。
墙体底宽 1.6、顶宽 0.4、残高 1.2～1.6 米，夯层厚 0.2 米。

第 13 小段：G0027（断点）—G0028（北楼口北 3 号敌台），长 448 米，东南—西北走向，墙体消
失。

第 14 小段：G0028（北楼口北 3 号敌台）—G0029（北楼口北 4 号敌台），长 182 米，东南—西北
走向，墙体消失。

第 15 小段：G0029（北楼口北 4 号敌台）—G0030（北楼口北 5 号敌台），长 281 米，东北—西南
走向，墙体消失。

第 16 小段：G0030（北楼口北 5 号敌台）—G0031（北楼口北 6 号敌台），长 201 米，南—北走
向，墙体消失。现为耕地。

第 17 小段：G0031（北楼口北 6 号敌台）—G0032（止点、北楼口北 7 号敌台），长 530 米，东
南—西北走向，墙体消失。现为耕地。

墙体整体保存差。造成损毁的自然因素有洪水冲刷、风雨侵蚀、植物生长等；人为因素有农业生
产活动破坏等。

6. 王家窑—兴旺坡长城

起点位于大临河乡北楼口村西 1.4 千米处，高程 1338 米；止点位于大临河乡兴旺坡村东南 0.3 千
米处，高程 1279 米。大致呈东—西走向。全长 2200 米，均保存较好。墙体为山险墙，山脊有铲削加
工痕迹。本段长城东南接北楼口北长城，西南连牛槽峪长城。北楼口北 7 号敌台、王家窑—兴旺坡
1～10 号敌台位于墙体上，敌台间距 0.11～0.88 千米，北楼口北 7 号敌台系王家窑—兴旺坡长城起点，
王家窑—兴旺坡 10 号敌台系王家窑—兴旺坡长城止点。兴旺坡村东堡位于墙体北 0.64 千米处，兴旺
坡村东烽火台位于墙体北侧（图三三九）。

本段墙体共测 GPS 点 11 个（G0032～G0042），仅 1 小段，叙述如下。

G0032（起点、北楼口北 7 号敌台）—G0042（止点、王家窑—兴旺坡 10 号敌台），长 2200 米，
东—西走向，保存较好。北楼口北 7 号敌台、王家窑—兴旺坡 1～10 号敌台位于墙体上。

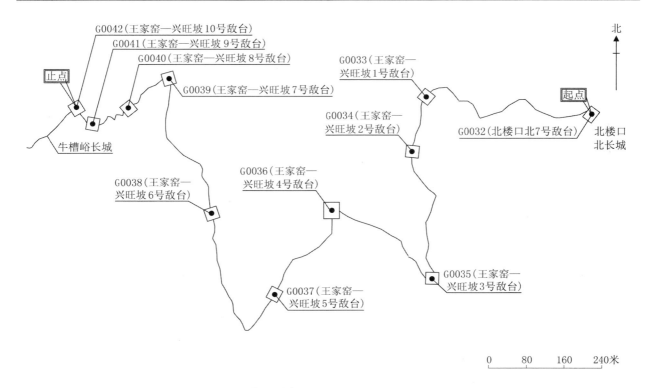

图三三九　王家窑—兴旺坡长城走向示意图

7. 牛槽峪长城

起点位于大临河乡兴旺坡村东南 0.3 千米处，高程 1279 米；止点位于下社镇大石口村东北 0.9 千米处，高程 1334 米。大致呈东北—西南走向。全长 6000 米，均保存较好。该段长城为山险，东南接王家窑—兴旺坡长城，西南连大石口长城。留义堡、丰寨堡、新堡村堡位于墙体北侧或西北侧，兴旺村南烽火台、神峪村南烽火台、牛槽峪 1～5 号烽火台位于长城沿线（图三四〇）。

本段墙体共测 GPS 点 2 个（G0042、G0052），仅 1 小段，叙述如下。

G0042（起点、王家窑—兴旺坡 10 号敌台）—G0052（止点、大石口 1 号敌台），长 6000 米，东北—西南走向，保存较好。

8. 大石口长城

起点位于下社镇大石口村东北 0.9 千米处，高程 1334 米；止点位于大石口村西南，高程 1146 米。大致呈东北—西南走向。全长 867 米，其中保存较差 171、差 88、消失 608 米。墙体为石墙，外部条石或石块砌筑；内部填以碎石泥土或为夯土墙体，夯层厚 0.22 米。墙体剖面大致呈不规则梯形，底宽 2.1～5、顶宽 0.9～1.4、残高 0.3～4.1 米。本段长城东北接牛槽峪长城，西南连大石口—小石口长城。大石口 1～4 号敌台位于墙体上，敌台间距 0.088～0.378 千米。大石口 1 号敌台系大石口长城起点，东北距王家窑—兴旺坡 10 号敌台 6 千米（图三四一）。

本段墙体共测 GPS 点 6 个（G0052～G0057），可分为 5 小段，分述如下。

第 1 小段：G0052（起点、大石口 1 号敌台）—G0053（大石口 2 号敌台），长 88 米，东北—西南走向，保存差。墙体底宽 2.1、顶宽 0.9、北外侧残高 0.6～1.1、南内侧残高 0.3～0.5 米。

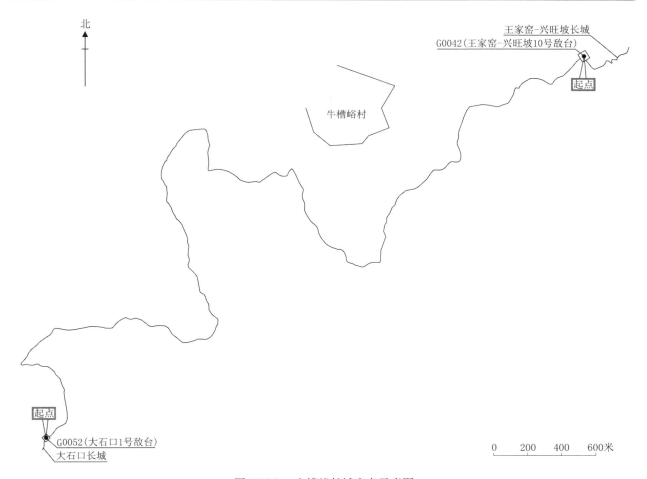

图三四○　牛槽峪长城走向示意图

第 2 小段：G0053（大石口 2 号敌台）—G0054（大石口 3 号敌台），长 378 米，东北—西南走向，墙体消失。

第 3 小段：G0054（大石口 3 号敌台）—G0055（断点），长 230 米，东北—西南走向，墙体消失。现为公路。

第 4 小段：G0055（断点）—G0056（大石口 4 号敌台），长 101 米，东—西走向，保存较差。墙体底宽 2.4、顶宽 1.4、残高 4.1 米，夯层厚 0.22 米。

第 5 小段：G0056（大石口 4 号敌台）—G0057（止点、材质变化点），长 70 米，东北—西南走向，保存较差。墙体底宽 5、顶宽 1、残高 2.2~3 米。

墙体整体保存差。造成损毁的自然因素有风雨侵蚀、植物生长等；人为因素有拆毁包石、农业生产活动破坏、修建道路破坏等。

9. 大石口—小石口长城

起点位于下社镇大石口村西南，高程 1146 米；止点位于南河种镇小石口村东南 0.5 千米处，高程 1295 米。大致呈北—南走向。全长 1500 米，均保存较好。本段长城为山险，东北接大石口长城，西南连小石口长城（图三四二）。

本段墙体共测 GPS 点 2 个（G0057、G0059），仅 1 小段，叙述如下。

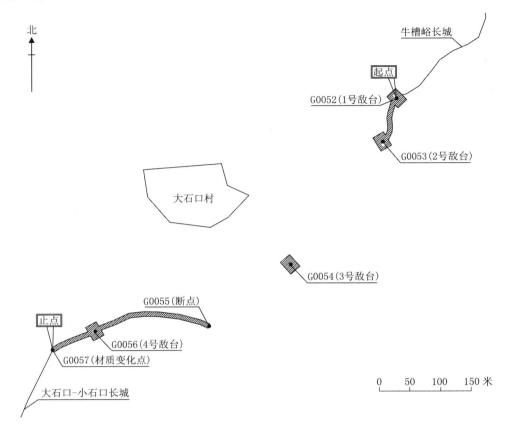

图三四一　大石口长城走向示意图

G0057（起点、材质变化点）—G0059（止点、小石口 1 号敌台），长 1500 米，北—南走向，保存较好。

10. 小石口长城

起点位于南河种镇小石口村东南 0.5 千米处，高程 1295 米；止点位于小石口村西南 1.5 千米处，高程 1297 米。大致呈东北—西南走向。全长 1672 米，其中保存一般 738、消失 934 米。墙体为砖墙，外部砖石砌筑；内部为夯土墙体，夯层厚 0.18 米。墙体剖面大致呈不规则梯形，底宽 3.1 ~ 4.2、顶宽 0.8 ~ 2.2、残高 3 ~ 5.5 米。本段长城东北接大石口—小石口长城，西南连狼峪长城 1 段。小石口 1 ~ 6 号敌台位于墙体上，敌台间距 0.22 ~ 0.381 千米。小石口 1 号敌台系小石口长城起点，北距大石口 4 号敌台 1.54 千米。小石口堡位于墙体西北 0.67 千米处，小石口南烽火台位于墙体西北 0.14 千米处，闻名山烽火台位于墙体南 0.61 千米处（图三四三）。

本段墙体共测 GPS 点 12 个（G0059 ~ G0069、0072），可分为 11 小段，分述如下。

第 1 小段：G0059（起点、小石口 1 号敌台）—G0060（小石口 2 号敌台），长 308 米，东北—西南走向，墙体消失。

第 2 小段：G0060（小石口 2 号敌台）—G0061（小石口 3 号敌台），长 231 米，东北—西南走向，墙体被洪水冲刷损毁消失。

第 3 小段：G0061（小石口 3 号敌台）—G0062（断点），长 164 米，北—南走向，保存一般。墙体西侧残高 4.5 ~ 5.5 米。

图三四二　大石口—小石口长城走向示意图

第 4 小段：G0062（断点）—G0063（断点），长 38 米，东—西走向。墙体被洪水冲刷损毁消失。

第 5 小段：G0063（断点）—G0064（断点），长 99 米，东—西走向，保存一般。墙体附近散落有砖石，砖长 34、宽 16、厚 8 厘米。墙体底宽 4.2、顶宽 2.2、北外侧残高 4.4~5.4 米，夯层厚 0.18 米。

第 6 小段：G0064（断点）—G0065（小石口 4 号敌台），长 51 米，东北—西南走向。墙体被洪水冲刷损毁消失。

第 7 小段：G0065（小石口 4 号敌台）—G0066（断点），长 185 米，东北—西南走向，保存一般。墙体西外侧残高 3.5~4.5 米。

第 8 小段：G0066（断点）—G0067（断点），长 126 米，东北—西南走向。墙体被洪水冲刷损毁消失。

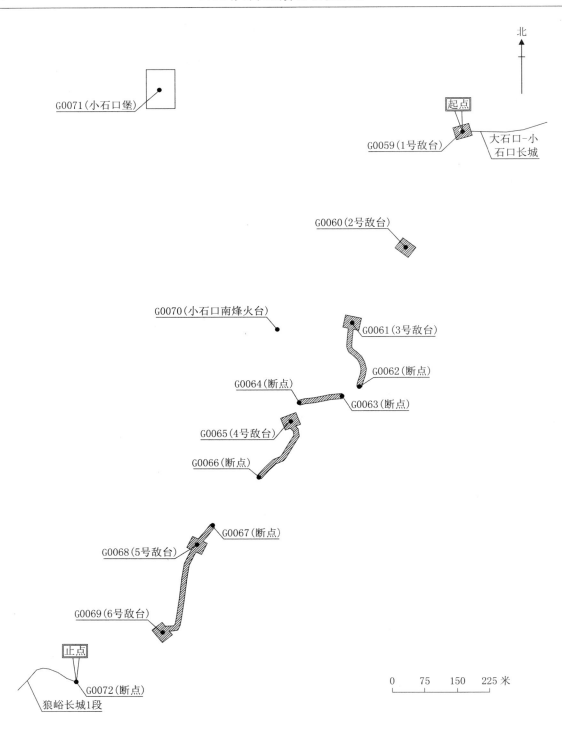

图三四三　小石口长城走向示意图

　　第 9 小段：G0067（断点）—G0068（小石口 5 号敌台），长 70 米，东北—西南走向，保存一般。墙体底宽 3.1、顶宽 0.8～1.6、残高 3～4.5 米，夯层厚 0.18 米。

　　第 10 小段：G0068（小石口 5 号敌台）—G0069（小石口 6 号敌台），长 220 米，东北—西南走向，保存一般。墙体西外侧残高 4.5～5.2 米。

第 11 小段：G0069（小石口 6 号敌台、断点）—G0072（止点、断点），长 180 米，东北—西南走向，墙体被洪水冲刷损毁消失。

墙体整体保存较差。造成损毁的自然因素有洪水冲刷、风雨侵蚀、植物生长等；人为因素有拆毁砖石、农业生产活动破坏等。

11. 狼峪长城 1 段

起点位于南河种镇小石口村西南 1.5 千米处，高程 1297 米；止点位于南河种镇狼峪村东 1.3 千米处，高程 1258 米。大致呈东北—西南走向。全长 2098 米，其中保存一般 1515、消失 583 米。墙体为砖墙，外部砖石砌筑；内部为夯土墙体，夯层厚 0.12 ~ 0.18 米。墙体剖面大致呈不规则梯形，底宽 4.5 ~ 7、顶宽 1.8 ~ 4.5、残高 2 ~ 8.2 米。本段长城东南接小石口长城，西连狼峪长城 2 段。狼峪 1 段 1 ~ 5 号敌台位于墙体上，敌台间距 0.297 ~ 0.458 千米，狼峪 1 段 1 号敌台东北距小石口 6 号敌台 0.295 千米，狼峪 1 ~ 11 号烽火台位于长城沿线（图三四四）。

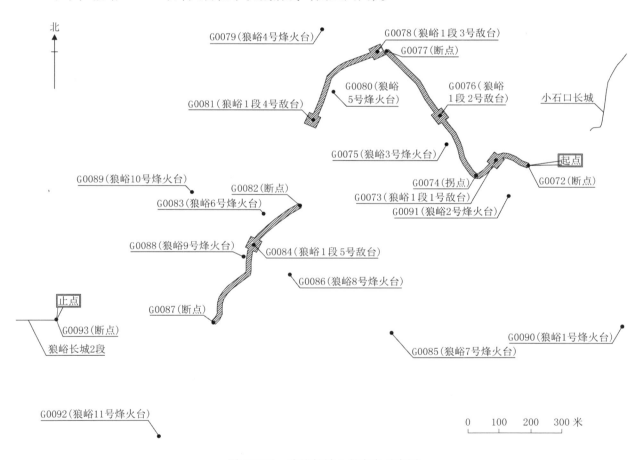

图三四四　狼峪长城 1 段走向示意图

本段墙体共测 GPS 点 11 个（G0072 ~ G0074、G0076 ~ G0078、G0081、G0082、G0084、G0087、G0093），可分为 10 小段，分述如下。

第 1 小段：G0072（起点、断点）—G0073（狼峪 1 段 1 号敌台），长 115 米，东南—西北走向，保存一般。墙体底宽 7、顶宽 4.5、北外侧残高 8.2 米，夯层厚 0.12 米。

第 2 小段：G0073（狼峪长城 1 段 1 号敌台、拐点）—G0074（拐点），长 84 米，东北—西南走向，保存一般。墙体顶宽2.4、北外侧残高5.2米，夯层厚0.2米。

第3小段：G0074（拐点）—G0076（狼峪1段2号敌台），东南—西北走向，长236米，保存一般。墙体底宽5、顶宽2.6、东外侧残高5.3~6、西内侧残高2~2.7米，夯层厚0.18米（彩图五九六）。

第4小段：G0076（狼峪1段2号敌台）—G0077（断点），长272米，东南—西北走向，保存一般。墙体底宽4.5、顶宽2.2、东外侧残高5.3~6、西内侧残高2~2.6米，夯层厚0.18米。

第5小段：G0077（断点）—G0078（狼峪1段3号敌台），25米，东—西走向，墙体被洪水冲刷损毁消失。

第6小段：G0078（狼峪1段3号敌台）—G0081（狼峪1段4号敌台），长320米，东北—西南走向，保存一般。墙体底宽4.6、顶宽1.8~2.2、北外侧残高4.5~5.2、南内侧残高3米，夯层厚0.14~0.18米。

第7小段：G0081（狼峪1段4号敌台）—G0082（断点），长278米，东北—西南走向，墙体被洪水冲刷损毁消失。

第8小段：G0082（断点）—G0084（狼峪1段5号敌台），长180米，东北—西南走向，保存一般。墙体底宽5~7、顶宽2.4~2.8、残高5.2~5.6米，夯层厚0.18米。

第9小段：G0084（狼峪1段5号敌台）—G0087（断点），长308米，东北—西南走向，保存一般。墙体底宽5.2~6、顶宽1.8~2.3、残高5.2~5.6米，夯层厚0.16米。

第10小段：G0087（断点）—G0093（止点、断点），长280米，东—西走向。墙体被洪水冲刷损毁消失。

墙体整体保存较差。造成损毁的自然因素有洪水冲刷、风雨侵蚀、植物生长等；人为因素有拆毁砖石、农业生产活动破坏等。

12. 狼峪长城2段

起点位于南河种镇狼峪村东1.3千米处，高程1258米；止点位于狼峪村西南1.2千米处，高程1263米。大致呈东北—西南走向。全长2073米，其中保存一般833、较差278、消失962米。墙体为砖墙，外部砖石砌筑；内部为夯土墙体，夯层厚0.18~0.22米。墙体剖面大致呈不规则梯形，底宽4~7.6、顶宽0.6~3.1、残高2~6.6米。本段长城东北接狼峪长城1段，西南连护驾岗长城。狼峪2段1~4号敌台位于墙体上，敌台间距0.175~0.605千米，狼峪2段1号敌台东北距狼峪1段5号敌台0.768千米，狼峪东山堡位于墙体南0.23千米处，门寨堡位于墙体西北4.3千米处，狼峪12~14号烽火台、长彦1~3号烽火台位于长城沿线（图三四五）。

本段墙体共测GPS点17个（G0093、G0094、G0096、G0098~G0102、G0105~G0113），可分为16小段，分述如下。

第1小段：G0093（起点、断点）—G0094（狼峪2段1号敌台），长180米，东—西走向，保存一般。墙体底宽6.2、顶宽2.6、北外侧残高5.8~6、南内侧残高3.5米，夯层厚0.18米（彩图五九七）。

第2小段：G0094（狼峪2段1号敌台）—G0096（断点），长67米，东北—西南走向，保存一般。墙体底宽5.8、顶宽2.2~2.4、北外侧残高6.2、南内侧残高2.7米，夯层厚0.18米。

第3小段：G0096（断点）—G0098（断点），长280米，东北—西南走向。墙体被洪水冲刷损毁消失。

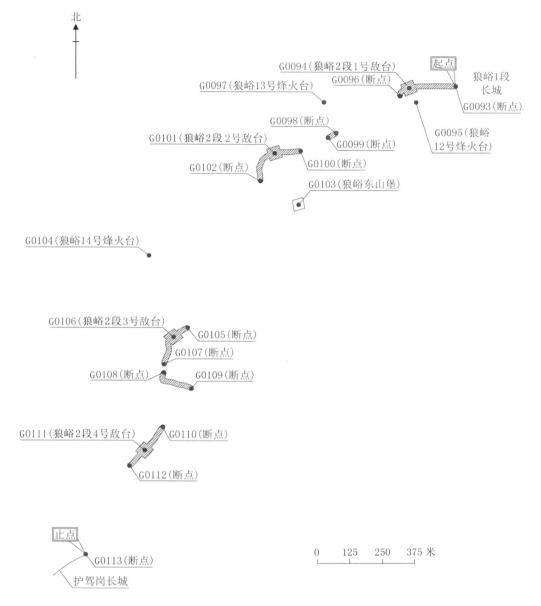

图三四五　狼峪长城2段走向示意图

第4小段：G0098（断点）—G0099（断点），长40米，东—西走向，保存较差。墙体底宽4.6、顶宽2.2、残高4.2米，夯层厚0.18米。

第5小段：G0099（断点）—G0100（断点），长95米，东北—西南走向。墙体被洪水冲刷损毁消失。

第6小段：G0100（断点）—G0101（狼峪2段2号敌台），长123米，东—西走向，保存一般。墙体底宽5.2、顶宽2.1、北外侧残高5.8、南外侧残高3.1米，夯层厚0.18米。

第7小段：G0101（狼峪2段2号敌台）—G0102（断点），长122米，东北—西南走向，保存一般。墙体底宽6.3、顶宽2.4~2.8、西外侧残高6.5、东内侧残高2~3米，夯层厚0.18米。

第8小段：G0102（断点）—G0105（断点），长105米，东北—西南走向。墙体被洪水冲刷损毁消失。

第 9 小段：G0105（断点）—G0106（狼峪 2 段 3 号敌台），长 53 米，东北—西南走向，保存一般。墙体底宽 7.6、顶宽 2.8、北外侧残高 6.1、南内侧残高 3.4 米，夯层厚 0.2 米。

第 10 小段：G0106（狼峪 2 段 3 号敌台）—G0107（断点），长 138 米，东北—西南走向，保存一般。墙体底宽 6.4、顶宽 3.1、西外侧残高 6.6、东内侧残高 2.4 米，夯层厚 0.18 米（彩图五九八）。

第 11 小段：G0107（断点）—G0108（断点），长 31 米，北—南走向。墙体被洪水冲刷损毁消失。

第 12 小段：G0108（断点）—G0109（断点），长 150 米，西北—东南走向，保存一般。墙体底宽 6.2、顶宽 2.6、南外侧残高 6.2、北内侧残高 3 米，夯层厚 0.18 ~ 0.22 米。

第 13 小段：G0109（断点）—G0110（断点），长 171 米，东北—西南走向。墙体被洪水冲刷损毁消失。

第 14 小段：G0110（断点）—G0111（狼峪 2 段 4 号敌台），长 113 米，东北—西南走向，保存较差。墙体底宽 4.2、顶宽 0.6 ~ 1.2、残高 2.3 米，夯层厚 0.2 米。

第 15 小段：G0111（狼峪 2 段 4 号敌台）—G0112（断点），长 124 米，东北—西南走向，保存较差。墙体底宽 4、顶宽 1、残高 2.2 米。

第 16 小段：G0112（断点）—G0113（止点、断点），长 280 米，东北—西南走向。墙体被洪水冲刷损毁消失。

整体保存较差。造成损毁的自然因素有洪水冲刷、风雨侵蚀、植物生长等；人为因素有拆毁砖石、农业生产活动破坏等。

13. 护驾岗长城

起点位于南河种镇护驾岗村东南 0.8 千米处，高程 1263 米；止点位于护驾岗村西南 0.9 千米处，高程 1334 米。大致呈东北—西南走向。全长 2029 米，其中保存一般 304、较差 168、消失 1557 米。墙体为砖墙，外部砖石砌筑；内部为夯土墙体，夯层厚 0.18 米。墙体剖面大致呈不规则梯形，底宽 4.1 ~ 5.6、顶宽 0.4 ~ 2.2、残高 2.2 ~ 5.6 米。本段长城北接狼峪长城 2 段，西南连护驾岗—茹越口长城。护驾岗 1 ~ 4 号敌台位于墙体上，敌台间距 0.45 ~ 0.77 千米，护驾岗 1 号敌台东北距狼峪 2 段 4 号敌台 0.482 千米，护驾岗 4 号敌台系护驾岗长城止点，小白滩 1 ~ 8 号烽火台位于长城沿线（图三四六）。

本段墙体共测 GPS 点 10 个（G0113 ~ G0122），可分为 9 小段，分述如下。

第 1 小段：G0013（起点、断点）—G0014（护驾岗 1 号敌台），长 78 米，东北—西南走向，保存较差。墙体底宽 4.6、顶宽 0.4 ~ 0.8、残高 2.2 米，夯层厚 0.18 米。

第 2 小段：G0114（护驾岗 1 号敌台）—G0115（断点），长 75 米，东北—西南走向，保存一般。墙体底宽 5.6、顶宽 1.8、残高 5.6 米，夯层厚 0.18 米。

第 3 小段：G0115（断点）—G0116（断点），长 512 米，东北—西南走向。墙体被洪水冲刷损毁消失。

第 4 小段：G0116（断点）—G0117（护驾岗 2 号敌台），长 144 米，东北—西南走向，保存一般。墙体底宽 5.6、顶宽 1.2 ~ 1.8、残高 4.8 米，夯层厚 0.18 米（彩图五九九）。

第 5 小段：G0117（护驾岗 2 号敌台）—G0118（断点），长 55 米，东北—西南走向，保存一般。墙体底宽 4.8、顶宽 1.1 ~ 2.2、残高 4.5 米，夯层厚 0.18 米。

第 6 小段：G0118（断点）—G0119（断点），长 625 米，东北—西南走向。墙体被洪水冲刷损毁消失。

第 7 小段，G0119（断点）—G0120（护驾岗 3 号敌台），长 90 米，北—南走向，保存较差。墙体

图三四六　护驾岗长城走向示意图

底宽4.2、顶宽0.8～1.1、残高3.4米，夯层厚0.18米。

第8小段，G0120（护驾岗3号敌台）—G0121（断点），长30米，北—南走向，保存一般。墙体底宽4.1、顶宽1、残高5.3米，夯层厚0.18米。

第9小段，G0121（断点）—G0122（止点、护驾岗4号敌台），长420米，东北—西南走向。墙体被洪水冲刷损毁消失。

墙体整体保存差。造成损毁的自然因素有洪水冲刷、风雨侵蚀、植物生长等；人为因素有拆毁砖石、农业生产活动破坏等。

14. 护驾岗—茹越口长城

起点位于南河种镇护驾岗村西南0.9千米处，高程1334米；止点位于南泉乡茹越口村东0.1千米处，高程1168米。大致呈东北—西南走向。全长1500米，全部保存较好。本段长城为山险，东北接护驾岗长城，南连茹越口长城。段树洼烽火台位于墙体东0.73千米处，茹越口4、7号烽火台、观口前烽火台分别位于墙体西北0.5、0.85、1.1千米处（图三四七）。

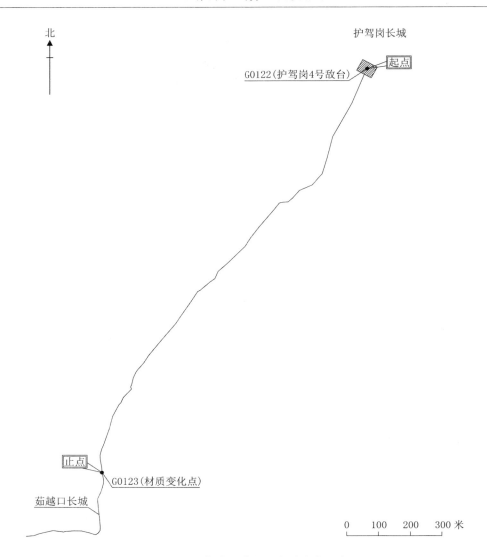

图三四七　护驾岗—茹越口长城走向示意图

本段墙体共测 GPS 点 2 个（G0122、G0123），仅 1 小段，叙述如下。

G0122（起点、护驾岗 4 号敌台）—G0123（止点、材质变化点），长 1500 米，东北—西南走向，保存较好。

15. 茹越口长城

起点位于南泉乡茹越口村东 0.1 千米处，高程 1168 米；止点位于茹越口村南 0.1 千米处，高程 1183 米。大致呈东北—西南走向。全长 512 米，其中保存较差 470、消失 42 米。墙体为砖墙，外部砖石砌筑；内部为夯土墙体，夯层厚 0.18 ~ 0.26 米。墙体剖面大致呈不规则梯形，底宽 4 ~ 4.4、顶宽 0.4 ~ 2、残高 2 ~ 3.6 米。本段长城北接护驾岗—茹越口长城、西南连茹越口—马兰口长城。茹越口 1 号敌台位于墙体上，茹越口 1 号敌台东北距护驾岗 4 号敌台 1.82 千米，茹越口堡位于墙体北 0.24 千米，茹越口 1 ~ 3 号烽火台和孙家窑烽火台分别位于墙体东南 0.05、0.11、0.28、2.5 千米（彩图六〇〇；图三四八）。

本段墙体共测 GPS 点 6 个（G0123、G0125、G0136 ~ G0139），可分为 5 小段，分述如下。

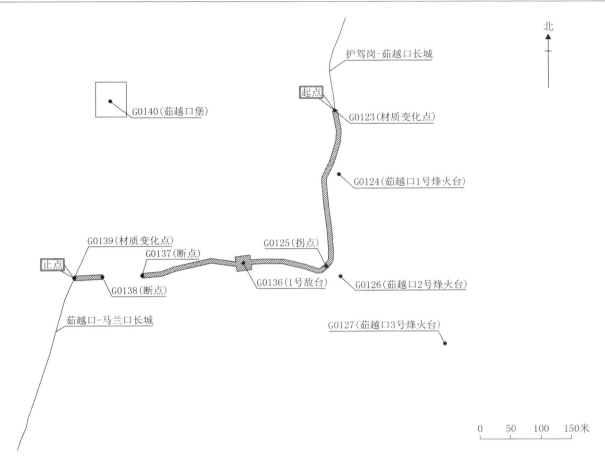

图三四八　茹越口长城走向示意图

第1小段：G0123（起点、材质变化点）—G0125（拐点），长215米，东北—西南走向，保存较差。墙体底宽4、顶宽1.3~1.6、西外侧残高3.6、东内侧残高2.2米，夯层厚0.18~0.26米。

第2小段：G0125（拐点）—G0136（茹越口1号敌台），长105米，东—西走向，保存较差。墙体底宽4.4、顶宽0.4~1.5、残高2~2.7米，夯层厚0.18~0.22米。

第3小段：G0136（茹越口1号敌台）—G0137（断点），长128米，东—西走向，保存较差。墙体底宽4.2、顶宽0.6、残高2.6米，夯层厚0.18米。墙体北外侧底部残存加砌的包石墙体，厚0.75、残高1米。

第4小段：G0137（断点）—G0138（断点），长42米，东—西走向，墙体消失。现为道路。

第5小段：G0138（断点）—G0139（止点、材质变化点），长22米，东—西走向，保存较差。墙体底宽4.2、顶宽1.8~2、残高2~3.6米，夯层厚0.22米。

墙体整体保存较差。造成损毁的自然因素有风雨侵蚀、植物生长等；人为因素有拆毁砖石、农业生产活动破坏、修建道路破坏等。

16. 茹越口南长城

起点位于南泉乡茹越口村东南0.9千米处，高程1434米；止点位于茹越口村东南1.1千米处，高程1318米。大致呈东北—西南走向。全长503米，全部保存较好。墙体为山险墙，山脊有铲削加工痕迹。本段长城北距茹越口长城0.8千米。茹越口南1、2号敌台位于墙体上，敌台间距0.503千米，茹越口南1号敌台系茹越口南长城起点，茹越口南2号敌台系茹越口南长城止点（图三四九）。

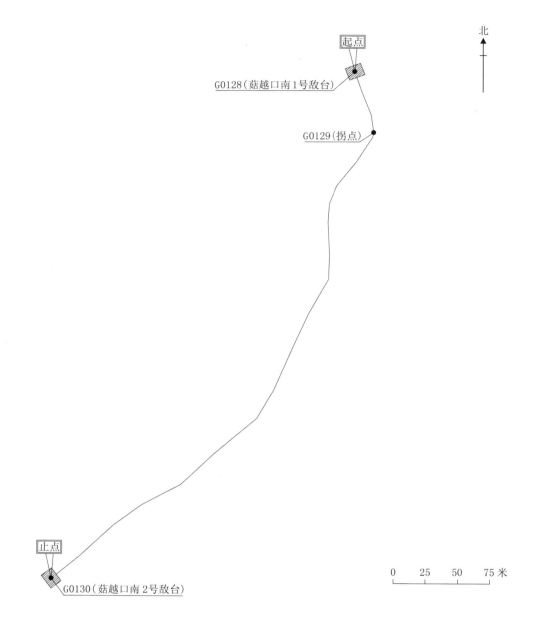

图三四九　茹越口南长城走向示意图

　　本段墙体共测 GPS 点 2 个（G0128~G0130），可分为 2 小段，分述如下。

　　第 1 小段：G0128（起点、茹越口南 1 号敌台）—G0129（拐点），长 53 米，北—南走向，保存较好。

　　第 2 小段：G0129（拐点）—G0130（止点、茹越口南 2 号敌台），长 450 米，东北—西南走向，保存较好。

17. 茹越口—马兰口长城

　　起点位于南泉乡茹越口村南 0.1 千米处，高程 1183 米；止点位于下马峪乡马兰口村东北 0.2 千米处，高程 1143 米。大致呈东北—西南走向。全长 12000 米，均保存较好。本段长城为山险，东接茹越口长城，西南连马兰口长城。茹越口西南堡、品泉沟堡位于墙体南侧，钗里堡、马兰庄堡位于墙体北侧，茹越口 5、6、8、9 号烽火台、南上寨烽火台、小山门 1 ~ 3 号烽火台、品泉沟 1 ~ 4 号烽火台、窨子沟 1 ~ 5 号烽火台、瓦窑沟 1 ~ 8 号烽火台、西贾庄 1 ~ 6 号烽火台、西窑村 1 ~ 4 号烽火台、马兰庄 1 ~ 10 号烽火台、马兰口 1 ~ 4 号烽火台位于长城沿线（图三五〇）。

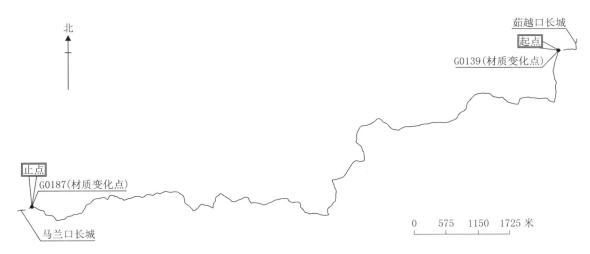

图三五〇　茹越口—马兰口长城走向示意图

本段墙体共测 GPS 点 2 个（G0139—G0187），仅 1 小段，叙述如下。

G0139（起点、材质变化点）—G0187（止点、材质变化点），长 12000 米，东北—西南走向，保存一般。地表未见墙体遗存，依山险为障，沿山脊前沿及腰部分布大量烽火台，间距 0.5 ~ 0.8 千米。

18. 马兰口长城

起点位于下马峪乡马兰口村东北 0.2 千米处，高程 1143 米；止点位于马兰口村西 0.3 千米处，高程 1155 米。大致呈东北—西南走向。全长 715 米，其中保存一般 92、较差 113、消失 470 米。墙体为砖墙，外部砖石砌筑；内部为夯土墙体，夯层厚 0.16 ~ 0.26 米。墙体剖面大致呈不规则梯形，底宽 1 ~ 4.2、顶宽 0.4 ~ 2.1、残高 1.3 ~ 3.8 米。本段长城东北接茹越口—马兰口长城，西南连东安峪长城。马兰口 1、2 号敌台位于墙体上，敌台间距 0.645 千米，马兰口 1 号敌台东北距茹越口 1 号敌台 12.322 千米，马兰口 2 号敌台系马兰口长城止点。马兰口关倚墙而建，位于墙体南侧。马兰口 5、6 号烽火台位于墙体南 0.284、0.119 千米处（图三五一）。

本段墙体共测 GPS 点 9 个（G0187 ~ G0195），可分为 7 小段，分述如下。

第 1 小段：G0187（起点、材质变化点）—G0188（断点），长 70 米，东北—西南走向，保存较差。墙体底宽 3.2、顶宽 0.4 ~ 1.2、北外侧残高 1.5 ~ 2、南内侧残高 1.3 ~ 1.6 米，夯层厚 0.18 米。

第 2 小段：G0188（断点）—G0189（马兰口 1 号敌台），长 60 米，东—西走向。墙体被农业生产活动破坏消失。

第 3 小段：G0189（马兰口 1 号敌台）—G0191（断点），长 92 米，东北—西南走向，保存一般。墙体底宽 4.2、顶宽 1 ~ 2.1、残高 3.5 ~ 3.8 米，夯层厚 0.26 米。

第 4 小段：G0191（断点）—G0192（断点），长 362 米，东北—西南走向。墙体被洪水冲刷损毁消失。

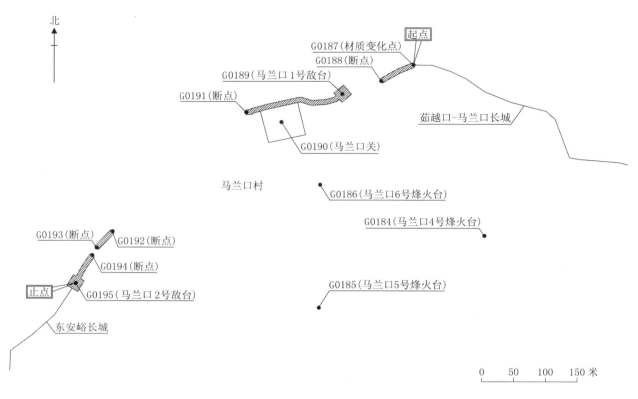

图三五一　马兰口长城走向示意图

第 5 小段：G0192（断点）—G0193（断点），长 40 米，东北—西南走向，保存差。墙体底宽 1 ~ 2.6、顶宽 0.3 ~ 1.6、残高 2.1 米，夯层厚 0.16 米。墙体底部附近散落碎砖，砖长 38、宽 19、厚 8 厘米。

第 6 小段：G0193（断点）—G0194（断点），长 48 米，东北—西南走向。墙体被洪水冲刷损毁消失。

第 7 小段：G0194（断点）—G0195（止点、马兰口 2 号敌台），长 43 米，东北—西南走向，保存较差。墙体底宽 2.3、顶宽 1.4、残高 2.2 米，夯层厚 0.16 米。

墙体整体保存差。造成损毁的自然因素有洪水冲刷、风雨侵蚀、植物生长等；人为因素有拆毁砖石、农业生产活动破坏等。

19. 东安峪长城

起点位于下马峪乡马兰口村西 0.3 千米处，高程 1155 米；止点位于下马峪乡东安峪村南 1.3 千米处，高程 1246 米。大致呈东北—西南走向。全长 4000 米，均保存较好。本段长城为山险，东北接马兰口长城，西南连山阴县苏家场长城。马兰口 7 号烽火台、水泉沟村 1 ~ 6 号烽火台、刘海窑村 1 ~ 7 号烽火台、东安峪 1 ~ 7 号烽火台位于长城沿线（图三五二）。

本段墙体共测 GPS 点 2 个（G0195、G0222），仅 1 小段，叙述如下。

G0195（起点、马兰口 2 号敌台）—G0222（止点），长 4000 米，东北—西南走向，保存较好。

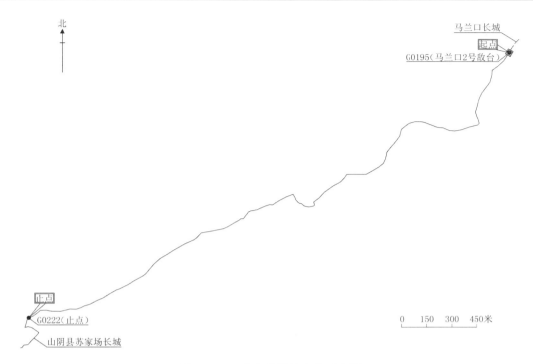

图三五二 东安峪长城走向示意图

（二）关堡

应县共调查关堡27座，其中关2座，堡25座（表279）。

表279 应县关堡一览表

乡镇	关堡名称	数量（座）
大临河乡	北楼口东山堡关、北楼口堡、兴旺坡村东堡、留义堡、东小寨村堡、北小寨村堡	6
下社镇	丰寨堡、新堡村堡	2
南河种镇	小石口堡、狼峪东山堡、门寨堡	3
南泉乡	茹越口堡、茹越口西南堡、品泉沟堡、钗里堡	4
下马峪乡	马兰庄堡、马兰口关	2
杏寨乡	安营堡	1
镇子梁乡	泉子头村堡	1
金城镇	应州城	1
大黄巍乡	大黄巍村堡、北湛村堡	2
义井乡	边耀村堡、三门城村堡	2
臧寨乡	曹娘村堡、薛家营村1、2号堡	3
合计		27

1. 北楼口东山堡关

俗称"六朗城",位于大临河乡北楼口村东南 0.8 千米处,北楼口南长城墙体上,骑墙而建,高程 1504 米。北墙中部敌台即北楼口南 2 号敌台。

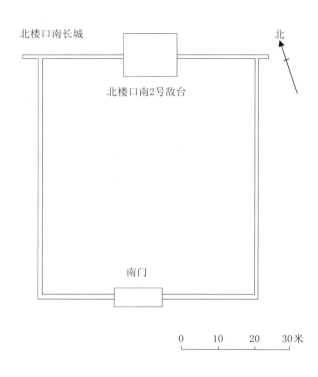

图三五三　北楼口东山堡关平面示意图

关平面呈矩形,坐北朝南,东西 60、南北 70 米,周长 260 米,面积 4200 平方米。现存主要设施、遗迹有关墙和城门 1 座（图三五三；彩图六〇一）。关墙为砖墙,外部砖石砌筑;内部为夯土墙体,夯层厚 0.18 ~ 0.22 米。北墙即长城墙体,墙体底宽 4.5、顶宽 1 ~ 2.3、残高 1 ~ 7 米。南墙设城门 1 座,现为豁口,宽 6、进深 10 米。

关整体保存一般。关墙外部包砖无存,关内建筑无存,为耕地。造成损毁的自然因素有风雨侵蚀、植物生长等;人为因素有拆毁砖石、农业生产活动破坏等。

2. 北楼口堡

位于大临河乡北楼口村中,北楼口南长城北 0.8 千米、北楼口东长城南侧、北楼口北长城南 0.1 千米处,高程 1223 米。

堡由南北相连的北堡、南堡和南小堡组成。整体平面均呈矩形,坐北朝南,北堡边长 260 米,南堡东西 140、南北 200 米,南小堡东西 70、南北 185 米,总周长 2020 米,总面积 94550 平方米。现存主要设施、遗迹有堡墙、瓮城 1 座、角台 1 座、马面 1 座等（图三五四）。堡墙为砖墙,外部砖石砌筑,内部为夯土墙体。墙体底宽 4 ~ 9、顶宽 1.3 ~ 4、残高 4 ~ 8 米。北堡东墙残长 100、西墙残长 70、北墙残长 200 米,南墙也是南堡北墙,残长 90 米,西墙尚存部分包砖墙体底宽 4、顶宽 1.3 ~ 3.3、残高 5 米。南堡东墙残长 16 米,西墙基本完整,南墙也是南小堡北墙,残长 70 米,北墙也是北堡南墙,残长90米；墙体底宽6、顶宽2、残高8米。南小堡东、西墙基本完整，南墙残长55米，北墙也是南堡的南墙，残长70米；墙体底宽9、顶宽2~4、残高4米。北堡北墙原设城门1座，现无存。北门外有瓮城，平面呈矩形，东西40、南北25米，瓮城东墙残长15、西墙残长5、北墙残长25米。瓮城西墙原设瓮城门，现无存。北堡西墙正中存马面1座，宽15、凸出墙体12、残高1米。南小堡存东北角台，宽10、凸出墙体10、残高9米。

堡整体保存较差。堡墙部分段无存，外部包砖大多无存。城门无存，角台、马面仅各存1座。堡内建筑无存，有民居。造成损毁的自然因素有风雨侵蚀、植物生长等；人为因素有拆毁砖石、取土挖损等。

3. 兴旺坡村东堡

位于大临河乡兴旺坡村东，王家窑—兴旺坡长城北0.64千米处，高程1137米。西北距留义堡2.8千米，南距兴旺坡村东烽火台0.075千米。

堡平面呈矩形，坐北朝南，东西35、南北75米，周长220米，面积2625平方米。现存主要设施、遗迹有堡墙和城门1座。堡墙为砖墙，外部砖石砌筑；内部为夯土墙体，夯层厚0.16~0.28米。墙体底宽5~6、顶宽0.3~0.5、残存最高5.5米。南墙设城门1座，现为豁口，宽4.5、进深6米。

堡整体保存较差。堡墙外部砖石无存，堡内建筑无存。造成损毁的自然因素有风雨侵蚀、植物生长等；人为因素有拆毁砖石、农业生产活动破坏等。

4. 留义堡

位于大临河乡留义村中，牛槽峪长城北侧，高程1043米。东南距兴旺坡村东堡2.8千米。

堡平面呈矩形，朝向不详。现存主要设施、遗迹仅有堡墙。堡墙为土墙，黄土夯筑而成，多仅残存1.5、最高2米。

堡整体保存差。堡内建筑无存，有民居。造成损毁的自然因素有风雨侵蚀、植物生长等；人为因素有取土挖损等。

5. 东小寨村堡

位于大临河乡东小寨村西北0.5千米处，高程1035米。西北距北小寨村堡1.9千米。

堡平面呈矩形，坐西朝东，周长360米，面积7571平方米。现存主要设施、遗迹有堡墙、角台3座和马面3座（图三五五）。堡墙为土墙，黄土夯筑而成。墙体底宽3.87、顶宽1.6、残高3.89~8.45米。东墙残长19、南墙残长39、西墙残长64、北墙残长113米。堡墙四角设角台，西南角台无存，东北角台残高9.4米，西北角台底部西边长10.93、北边长13.93、残高10.77米。南、西、北墙中部各设马面1座，南墙马面残存少部分，残宽3.37、凸出墙体3.97、残高5.5米；西墙马面底部东西8.8、南北11.3米，顶部东西5.2、南北6.5米，残高8.27米；北墙马面底宽8.16、凸出墙体2.56、残高9.49米。

堡整体保存较差。堡墙部分段无存。堡内建筑无存，为荒地。造成损毁的自然因素有洪水冲刷、风雨侵蚀、植物生长等；人为因素有农业生产活动破坏、修建水渠破坏、取土挖损等。

6. 北小寨村堡

位于大临河乡北小寨村西南1.6千米处，高程1044米。东南距东小寨村堡1.9千米。

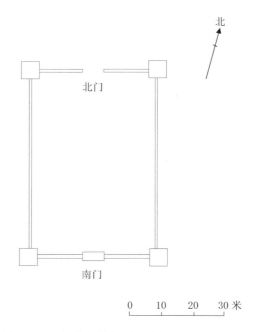

图三五四　北小寨村堡平面示意图

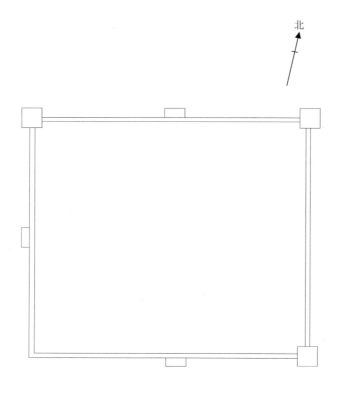

图三五五　东小寨村堡平面示意图

堡平面呈矩形，坐北朝南，东墙长 67、南墙长 42、西墙长 66、北墙长 44 米，周长 219 米，面积 2797 平方米。现存主要设施、遗迹有堡墙、城门 2 座和角台 4 座。堡墙为土墙，黄土夯筑而成，夯层厚 0.13~0.19 米。墙体底宽 1.9、顶宽 0.5、残高 3.2~5.14 米。南、北墙中部各设城门 1 座，南门宽 2.1、高 1.8 米；北门现为豁口，宽 8.05 米。堡墙四角设角台，形制相同，以东北角台为例，底宽 4.1、凸出墙体 2.5、残高 4.66 米。

堡整体保存一般。堡内建筑无存，堡内现为荒地和废弃的房屋院落或牲畜圈，堡外为耕地。造成损毁的自然因素有洪水冲刷、风雨侵蚀、植物生长等；人为因素有农业生产活动破坏、修建房屋破坏、取土挖损等。

7. 丰寨堡

位于下社镇丰寨村中，牛槽峪长城西北侧，高程 1057 米。北距新堡村堡 0.4 千米。

堡平面呈矩形，朝向不详。现存主要设施、遗迹有堡墙。堡墙为土墙，黄土夯筑而成。西墙残长 75、残存最高 3.98 米，北墙残长 72、残存最高 4.36 米，东、南墙无存。

堡整体保存差。西、北墙部分段无存，东、南墙全部无存，遭房屋破坏。堡内建筑无存，有民居。造成损毁的自然因素有风雨侵蚀、植物生长等；人为因素有修建房屋破坏、取土挖损等。

8. 新堡村堡

位于下社镇新堡村中，牛槽峪长城西北侧，高程 1023 米。南距丰寨堡 0.4 千米。

堡平面呈矩形，坐北朝南。现存主要设施、遗迹有堡墙和城门 1 座等。堡墙为土墙，黄土夯筑而成，夯层厚 0.07~0.13，墙体底宽 6.6、顶宽 1.5~2.6、残高 2.6~9.37 米。南墙设城门 1 座，残存南门墙体西侧部分，东西 7.12、南北 8.29、残高 5.6 米。南门墙体西侧部分与南墙西段不相连，其间豁口宽 10.8 米。南门附近村民院中，存有石质匾额一块，横书"永泰"二字，右侧竖书"万历乙酉（1585 年）奉"等字，左侧纵书"创建"等字（彩图六〇二、六〇三）。

堡整体保存差。堡墙部分段损毁消失，被房屋或窑洞破坏。堡内建筑无存，有民居。造成损毁的自然因素有风雨侵蚀、植物生长等；人为因素有修建房屋及窑洞破坏、取土挖损等。

9. 小石口堡

位于南河种镇小石口村中，小石口长城西北 0.67 千米处，高程 1045 米。东南距小石口南烽火台 0.65 千米。

堡由堡城和北关城组成，平面均呈矩形，坐北朝南，堡城东西 240、南北 250 米，北关城东西 200、南北 120 米，总周长 1620 米，总面积 84000 平方米。现存主要设施、遗迹有堡墙、城门 1 座、瓮城 2 座、关城 1 座、角台 8 座、马面 1 座等（图三五六）。堡墙为砖墙，外部砖石砌筑，内部为夯土墙体，墙体底宽 5~7、顶宽 4、残高 3~5 米。北关城东墙残长 60、南墙残长 30、西墙残长 70 米，北墙基本完整。堡城东墙设城门 1 座，为条石基础的砖券拱门，条石仍存，包砖无存，宽 6、高 4、进深 10 米。北墙原设城门 1 座，现无存。东、北门外均有瓮城。东门外瓮城平面呈矩形，东西 30、南北 45 米；瓮城南墙设城门，为条石基础的砖券拱门，宽 6、残高 3、进深 7 米（彩图六〇四）。北门外瓮城平面呈矩形，东西 35、南北 25 米。堡城、北关城墙四角均设角台，堡城东北角台底宽 15、凸出墙体 5、残高 4 米。堡城南墙中部设马面 1 座，底宽 8、凸出墙体 8、残高 7 米。

堡整体保存一般。堡墙部分段无存，外部砖石无存。堡内建筑无存，有民居。造成损毁的自然因

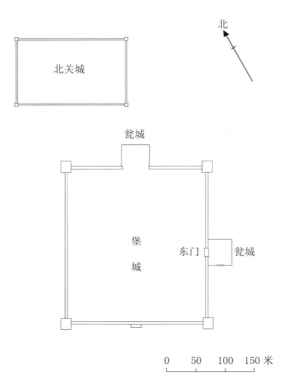

图三五六　小石口堡平面示意图

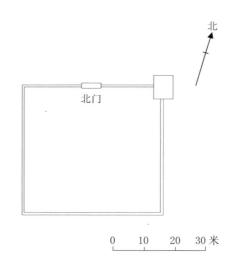

图三五七　狼峪东山堡平面示意图

素有风雨侵蚀、植物生长等；人为因素有拆毁砖石等。

10. 狼峪东山堡

位于南河种镇狼峪村南，狼峪长城2段南0.23千米处，高程1252米。

堡平面呈矩形，坐南朝北，边长43米，周长172米，面积1849平方米。现存主要设施、遗迹有堡墙、城门1座、角台1座等（图三五七）。堡墙为砖墙，外部砖石砌筑；内部为夯土墙体，夯层厚

0.2~0.28 米。墙体底宽 4.5、顶宽 1.2~3.2、残高 2.5~7 米。北墙设城门 1 座，宽 4.5、残高 4.5 米。堡墙东北角存角台 1 座，外部砖石砌筑，内部为夯土台体，底部东西 10、南北 12 米，顶部东西 8、南北 10 米，残高 9 米。

堡整体保存一般。堡墙外部砖石无存，堡内建筑无存，为荒地。造成损毁的自然因素有风雨侵蚀、植物生长等；人为因素有拆毁砖石等。

11. 门寨堡

位于南河种镇门寨村中，狼峪长城 2 段西北 4.3 千米处，高程 1052 米。

堡平面呈矩形，朝向不详。现存主要设施、遗迹仅有堡墙。堡墙为土墙，黄土夯筑而成。墙体残存最高 4.3 米，西墙北段残长 12.7、北墙东段残长 31、西段残长 23 米。

堡整体保存差。堡墙大多数无存，遭房屋破坏。堡内建筑无存，为荒地。造成损毁的自然因素有风雨侵蚀、植物生长等；人为因素有修建房屋破坏、取土挖损等。

12. 茹越口堡

位于南泉乡茹越口村中，茹越口长城北 0.24 千米处，高程 1173 米。

堡平面呈梯形，坐北朝南，东墙长 85 米，南、西、北墙长 120 米，周长 445 米，面积 12300 平方米。现存主要设施、遗迹有堡墙、城门 2 座、瓮城 2 座、角台 3 座、马面 1 座等（图三五八）。堡墙为砖墙，外部砖石砌筑，内部为夯土墙体。墙体底宽 3~4、顶宽 2、残高 1~5 米。东、北墙基本完整，南墙残长 100 米，西墙无存。南、北墙各设城门 1 座，现为豁口，分别宽 15、7 米。南、北门外均有

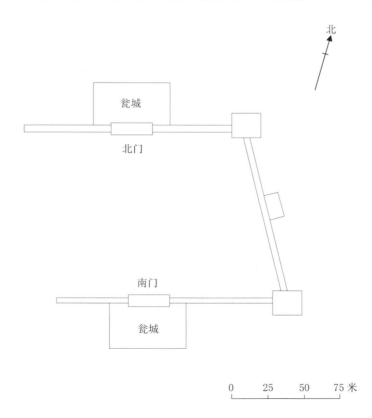

图三五八　茹越口堡平面示意图

瓮城，南门外瓮城平面呈矩形，东西40、南北27 米，墙体底宽1~2、顶宽0.5、残高2~4 米，东墙残长7、南墙残长8 米。北门外瓮城残存瓮城北墙10 米。堡存角台3 座，东南角台底宽10、凸出墙体4、残高4 米。东墙存马面1 座，底宽12、凸出墙体4、残高4 米。

　　堡整体保存一般。南墙部分段无存，堡墙外部砖石无存。堡内建筑无存，有民居。造成损毁的自然因素有风雨侵蚀、植物生长等；人为因素有拆毁砖石、取土挖损等。

13. 茹越口西南堡

　　位于南泉乡茹越口村西南0.5 千米处，茹越口—马兰口长城南侧，高程1260 米。

　　堡平面呈矩形，坐西朝东，边长50 米，周长200 米，面积2500 平方米。现存主要设施、遗迹有堡墙、城门1 座、马面1 座等（图三五九；彩图六〇五）。堡墙为砖墙，外部砖石砌筑；内部为夯土墙

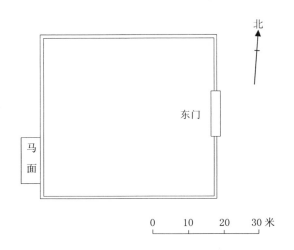

图三五九　茹越口西南堡平面示意图

体，夯层厚0.2~0.26 米。墙体底宽6、顶宽2~4、残高4~9.2 米。东墙设城门1 座，砖券拱门，宽3.5、残高2.5、进深11 米。西墙南段存马面1 座，底宽13、凸出墙体6、顶宽1~2.3、残高6.2 米。

　　堡整体保存一般。堡墙外部砖石无存。堡内建筑无存，为荒地。造成损毁的自然因素有风雨侵蚀、植物生长等；人为因素有拆毁砖石等。

14. 品泉沟堡

　　位于南泉乡品泉沟村西0.3 千米处，茹越口—马兰口长城南侧，高程1215 米。

　　堡平面呈矩形，坐北朝南，东西31、南北53 米，周长168 米，面积1643 平方米。现存主要设施、遗迹仅有堡墙。堡墙为土墙，黄土夯筑而成，夯层厚0.2~0.26 米。墙体底宽3.6、顶宽1.2~1.7、残高2.8~6.2 米。南墙基本完整，北墙残长28 米，东、西墙无存。

　　堡整体保存差。堡内建筑无存，为荒地。造成损毁的自然因素有风雨侵蚀、植物生长等；人为因素有取土挖损等。

15. 钗里堡

　　位于南泉乡钗里村中，茹越口—马兰口长城北侧，高程1083 米。

　　堡平面呈矩形，坐北朝南，周长318 米，面积6176 平方米。现存主要设施、遗迹有堡墙和瓮城1

座。堡墙为土墙，黄土夯筑而成，含细沙，夯层厚 0.13 ~ 0.2 米。墙体顶宽 1 米，南墙残存最高 8.4、北墙残存最高 7.76 米，南墙残长 88、北墙残长 74 米，东、西墙无存。南墙原设城门 1 座，现无存。南门外有瓮城，平面呈矩形，东西残长 14.53、南北残长 22.18 米。

堡整体保存较差。南墙外壁、北墙内壁遭房屋破坏。堡内建筑无存，有民居。造成损毁的自然因素有风雨侵蚀、植物生长等；人为因素有修建房屋破坏、取土挖损等。

16. 马兰庄堡

位于下马峪乡马兰庄村中西北部，茹越口—马兰口长城北侧，高程 1057 米。

堡平面呈矩形，朝向不详。现存主要设施、遗迹有堡墙。堡墙为土墙，黄土夯筑而成，含细沙，夯层厚 0.18 ~ 0.25 米。西墙残长 8、残存最高 1.5 米，北墙残长 29、顶宽 0.5 ~ 1.5、残存最高 4.9 米。东、南墙无存。

堡整体保存差。北墙被利用为居民院墙。堡内建筑无存，有民居。造成损毁的自然因素有风雨侵蚀、植物生长等；人为因素有修建房屋破坏、取土挖损等。

17. 马兰口关

位于下马峪乡马兰口村中，马兰口长城南侧，倚墙而建，高程 1137 米。

关平面呈矩形，坐东朝西，东西 55、南北 50 米，周长 210 米，面积 2750 平方米。现存主要设施、遗迹有关墙、城门 1 座、角台 3 座等（图三六〇；彩图六〇六）。关墙为砖墙，外部砖石砌筑，内部为夯土墙体，南墙顶部有厚 0.5 米的土石层。北墙即为长城墙体。墙体底宽 4 ~ 6、顶宽 0.8 ~ 1.5、残高 2 ~ 5 米。西墙中部设城门 1 座，现为豁口，宽 5、进深 7 米。角台存 3 座，东北角台底部东西 4.5、南北 4 米，顶部东西 4、南北 3 米，残高 8 米；东南角台底宽 4.5、凸出墙体 4、残高 5 米。

关整体保存一般。关墙外部砖石无存，关内建筑无存，有民居。造成损毁的自然因素有风雨侵蚀、

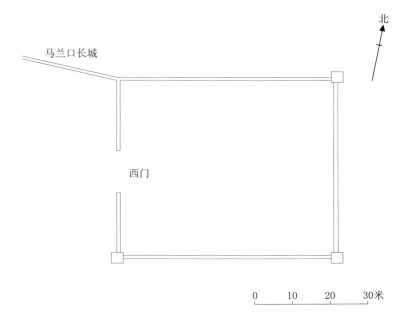

图三六〇　马兰口关平面示意图

植物生长等；人为因素有拆毁砖石等。

18. 安营堡

位于杏寨乡安营村中，高程 1007 米。西北距北湛村堡 5 千米，东北距郑庄烽火台 5 千米。

堡平面呈矩形，朝向不详。现存主要设施、遗迹有堡墙和角台 1 座等。堡墙为土墙，黄土夯筑而成，夯层厚 0.15~0.23 米。墙体底宽 4.34、残高 4.3~6.21 米，东墙残长 39、西墙残长 7、北墙残长 276 米。存东北角台，底宽 4.21、凸出墙体 3.5、残高 3.7 米。

堡整体保存较差。堡墙部分段无存，遭房屋、道路破坏。堡内建筑无存，有民居。造成损毁的自然因素有风雨侵蚀、植物生长等；人为因素有修建房屋、道路破坏等。

19. 泉子头村堡

位于镇子梁乡泉子头村中，高程 1043 米。东北距泉子头村烽火台 1.3 千米，西南距镇子梁村烽火台 3.3 千米。

堡平面呈矩形，坐北朝南。现存主要设施、遗迹仅有堡墙。堡墙为土墙，黄土夯筑而成，夯层厚 0.2~0.26 米。残存东北角和西北角小段墙体，东北角东墙残长 6.5、北墙残长 5、底宽 3.1、残存最高 4.66 米；西北角墙体宽 3.1、残存最高 4.73 米。

堡整体保存差。堡内建筑无存，有民居。造成损毁的自然因素有风雨侵蚀、植物生长等；人为因素有修建房屋破坏、取土挖损等。

20. 应州城

位于金城镇应县木塔西 0.06 千米处，高程 1007 米。

堡平面呈矩形，朝向不详。现存主要设施、遗迹有城墙、城门 1 座、角台 2 座等。城墙为土墙，黄土夯筑而成，含大量小炭粒，夯层厚 0.2 米。残存西墙两小段。西墙设城门 1 座，残存西门墙体北侧部分，东西 10.23、南北 7.43、凸出西墙外侧 4.4、残存最高 8.75 米；西门墙体北侧部分相连的一段西墙长 11.63、残存最高 7.02 米。角台存东北角台、西北角台，东北角台残高 12.46 米，西北角台东西 14.05、残高 10.56 米。与西北角台相连的一段西墙长 6.01 米（彩图六〇七~六〇九）。

古城整体保存差。西门墙体顶部栽立有水泥桩。西墙、西门墙体、西北角台底部有现代包砖。城内建筑无存。造成损毁的自然因素有风雨侵蚀、植物生长等；人为因素有城市建设破坏、不合理修缮等。

21. 大黄巍村堡

位于大黄巍乡大黄巍村中，高程 999 米。西南距北湛村堡 4.8 千米、东南距郑庄烽火台 4.3 千米，西北距曹庄铺烽火台 3.2 千米。

堡平面呈矩形，朝向不详。现存主要设施、遗迹有堡墙、角台 1 座、马面 1 座等。堡墙为土墙，黄土夯筑而成，夯层厚 0.2 米。墙体底宽 3.1、顶宽 1.6、残高 4.14~12.31 米，东墙北段残长 62、西墙残长 25、北墙残长 136 米。存西北角台。北墙中部设马面 1 座，砖砌而成，宽 7.99、凸出墙体 12.08、残高 4.5 米。

堡整体保存较差。堡墙部分段无存，遭房屋破坏；北墙马面顶部新建有庙宇。堡内建筑无存，有民居。造成损毁的自然因素有风雨侵蚀、植物生长等；人为因素有修建房屋破坏、取土挖损等。

22. 北湛村堡

位于大黄巍乡北湛村西北，高程 1009 米。东北距大黄巍村堡 4.8 千米，东南距安营堡 5 千米，西北距梁亭村烽火台 2.9 千米。

堡平面呈矩形，朝向不详。现存主要设施、遗迹有堡墙、角台 1 座、马面 2 座等。堡墙为土墙，黄土夯筑而成，夯层厚 0.1 ~ 0.18 米。墙体宽 1.05 ~ 1.3、残高 2 ~ 7.57 米。残存西、北墙，存西北角台。西、北墙各存马面 1 座，西墙马面顶部东西 1.4、南北 3.5、残高 7.87 米。

堡整体保存较差。堡内建筑无存，有民居。造成损毁的自然因素有风雨侵蚀、植物生长等；人为因素有取土挖损等。

23. 边耀村堡

位于义井乡边耀村北 0.2 千米的山顶上，高程 1118 米。西北距三门城村堡 8 千米。

堡平面呈矩形，坐东朝西，周长 243 米，面积 3122 平方米。现存主要设施、遗迹有堡墙和城门 1 座。堡墙为土墙，黄土夯筑而成，夯层厚 0.2 ~ 0.24 米，墙体残高 0.2 ~ 9 米。堡墙东北角内侧有登顶坡道，宽 2.5 米。西墙中部设城门 1 座，现为豁口，宽 10.08、进深 6.58 米。西墙夯层中采集到明代青花瓷碗残片 1 组（2 片），一片为碗口沿残片，一片为碗下腹部残片（彩图六一〇、六一一）。

堡整体保存较差。堡墙部分段无存。堡内建筑无存，为耕地。造成损毁的自然因素有风雨侵蚀、植物生长等；人为因素有农业生产活动破坏等。

24. 三门城村堡

位于义井乡三门城村中小学南 0.1 千米处，高程 993 米。东南距边耀村堡 8 千米，东北距南柳会村烽火台 2.3 千米。

堡平面呈矩形，朝向不详，周长 672 米，面积 28224 平方米。现存主要设施、遗迹仅有堡墙。堡墙为土墙，黄土夯筑而成，夯层厚 0.2 ~ 0.27 米。墙体底宽 1.5、残高 3.4 ~ 5.2 米。残存东北角、西南角和西北角小段墙体，东北角墙体残长 32、西南角墙体残长 11、西北角墙体残长 19 米。

堡整体保存差。残存东北角、西南角和西北角的小段墙体，遭房屋破坏。堡内建筑无存，有民居。造成损毁的自然因素有风雨侵蚀、植物生长等；人为因素有修建房屋破坏、取土挖损等。

25. 曹娘村堡

位于臧寨乡曹娘村中北部，高程 979 米。西距薛家营村 1、2 号堡分别为 3.1、3 千米。

堡平面呈矩形，朝向不详。现存主要设施、遗迹有堡墙、角台 1 座、马面 1 座（图三六一）。堡墙为土墙，黄土夯筑而成，夯层厚 0.18 ~ 0.24 米。墙体底宽 4.46、顶宽 1.6、残高 11 ~ 13.58 米，东墙残长 28、西墙残长 45、北墙残长 126 米。西北角台底部东西 11.95、南北 12.38、凸出西墙 5.34、凸出北墙 7.74、残高 13.77 米。北墙中部设马面 1 座，底宽 16.69、凸出墙体 9.09、顶部凸出墙体 1.6、残高 15.09 米。

堡整体保存较差。堡墙部分段无存，遭房屋破坏。角台仅存西北角台 1 座，马面仅存北墙马面一座，马面顶部有真武庙 1 座。堡内建筑无存，有民居。造成损毁的自然因素有风雨侵蚀、植物生长等；人为因素有修建房屋破坏、挖掘洞穴、取土挖损等。

26. 薛家营村 1 号堡

位于臧寨乡薛家营村中北部，高程 1006 米。东距薛家营村 2 号堡 0.09 千米。

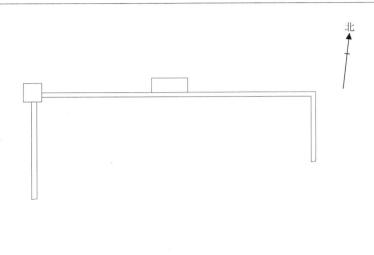

北

0　10　20　30 米

图三六一　曹娘村堡平面示意图

　　堡平面呈矩形，朝向不详。现存主要设施、遗迹有堡墙、角台2座。堡墙为土墙，黄土夯筑而成。墙体残存最高5.4米，东墙仅存部分地面痕迹，西墙残长13、北墙残长40米。仅存东北、西北2座角台，东北角台底部东西9.17、南北9.07、凸出墙体8.22、残高8.14米；西北角台仅存地面痕迹。

　　堡整体保存较差。堡墙大多段落无存。堡内建筑无存，有民居。造成损毁的自然因素有风雨侵蚀、植物生长等；人为因素有挖掘洞穴、取土挖损等。

27. 薛家营村2号堡

　　位于臧寨乡薛家营村中西北部，高程1000米。东距曹娘村堡3千米，西距薛家营村1号堡0.09千米。

　　堡平面呈矩形，朝向不详，周长172米，面积1714平方米。现存主要设施、遗迹有堡墙和角台2座等。堡墙为土墙，黄土夯筑而成。墙体底宽4.61、残高6.22~10.45米。存东北角台、西北角台，东北角台残高12.46米，西北角台仅存地面痕迹。

　　堡整体保存较差。堡墙部分段无存。堡内建筑无存，有民居。造成损毁的自然因素有风雨侵蚀、植物生长等；人为因素有取土挖损等。

（三）单体建筑

1. 敌台

　　应县共调查敌台57座（表280，见本章末附表）。

2. 烽火台

　　应县共调查烽火台136座，其中长城沿线烽火台115座、腹里烽火台21座（表281、282，见本章末附表）。徐峪长城浑源县G0157（起点）处也是浑源县黄沙口村南烽火台所在，浑源县黄沙口村南烽火台信息详见浑源县调查报告。

（四）采（征）集标本

应县采集文物标本1组（2片）。

边耀村堡西墙夯层中采集到明代青花瓷碗残片1组（2片），一片为碗口沿残片，一片为碗下腹部残片（彩图六二六）。

二　长城资源调查资料分析

（一）长城墙体

1. 长城墙体的材质类型及建筑方式、形制

应县长城除北楼口东长城整段消失外，其余18段长城墙体类型有砖墙、石墙、土墙、山险和山险墙5类。以山险和山险墙为主，其次是砖墙和土墙，石墙仅见一段（表283）。其中整段消失的北楼口东长城，根据相邻长城墙体推断及村民讲述，原应为土墙。

表283　应县长城墙体类型一览表

类型	段数（段）	长度（米）	百分比（%）
砖墙	6	9099	19.1
石墙	1	867	1.8
土墙	2	5831	12.3
山险	6	27000	56.7
山险墙	3	4803	10.1
合计	18	47600	100

（1）砖墙

应县砖墙共6段，长9099米。墙体外部砖石砌筑；内部为夯土墙体，夯层厚0.12~0.26米。现存墙体剖面大致呈不规则梯形，底宽1~7.6、顶宽0.4~4.5、残高1.3~8.2米（表284）。

表284　应县砖墙建筑方式及形制一览表（单位：米）

长城墙体段落名称	建筑材料及方式	剖面形制	尺寸		
			底宽	顶宽	残高
小石口长城	外部砖石砌筑；内部为夯土墙体，夯层厚0.18	不规则梯形	3.1~4.2	0.8~2.2	3~5.5
狼峪长城1段	外部砖石砌筑；内部为夯土墙体，夯层厚0.12~0.18	不规则梯形	4.5~7	1.8~4.5	2~8.2
狼峪长城2段	外部砖石砌筑；内部为夯土墙体，夯层厚0.18~0.22	不规则梯形	4~7.6	0.6~3.1	2~6.6
护驾岗长城	外部砖石砌筑；内部为夯土墙体，夯层厚0.18	不规则梯形	4.1~5.6	0.4~2.2	2.2~5.6
茹越口长城	外部砖石砌筑；内部为夯土墙体，夯层厚0.18~0.26	不规则梯形	4~4.4	0.4~2	2~3.6
马兰口长城	外部砖石砌筑；内部为夯土墙体，夯层厚0.16~0.26	不规则梯形	1~4.2	0.4~2.1	1.3~3.8

（2）石墙

应县石墙仅1段，即大石口长城，长867米。墙体外部条石或石块砌筑；内部填以碎石泥土或为夯土墙体，夯层厚0.22米。墙体剖面大致呈不规则梯形，底宽2.1~5、顶宽0.9~1.4、残高0.3~4.1米。

（3）土墙

应县土墙有2段，即北楼口南长城和北楼口北长城，长5831米。墙体系黄土夯筑而成，含砂砾，夯层厚0.06~0.24米。墙体剖面大致呈不规则梯形，底宽1.5~6.4、顶宽0.4~4.3、残高1.2~7.8米。

（4）山险和山险墙

应县山险有6段，即徐峪长城、牛槽峪长城、大石口—小石口长城、护驾岗—茹越口长城、茹越口—马兰口长城和东安峪长城，长27000米。山险墙有3段，即康峪长城、王家窑—兴旺坡长城和茹越口南长城，长4803米，山脊有铲削加工痕迹。

2. 长城墙体的分布特点

应县明长城分布于县境南部恒山山地北麓与桑干河盆地相交地带，大致呈东北—西南向延伸。大临河乡北楼口村周围，北楼口南长城、北楼口东长城和北楼口北长城呈环状分布，与主线长城相连。主线长城茹越口长城南，有茹越口南长城与主线长城不相连接。

应县长城多数利用自然山险或将山脊铲削加工后形成山险墙，其他以砖墙为主，其次是土墙，石墙最少。砖墙分布于小石口长城以西；土墙分布于大临河乡北楼口村周围，有北楼口南长城和北楼口北长城；石墙见于大石口长城。

3. 长城墙体的保存状况

（1）砖墙

应县砖墙保存状况见下表（表285）。

表285　应县砖墙保存状况一览表（单位：米）

长城墙体段落名称	总长	保存较好	保存一般	保存较差	保存差	消失	类型	县属
小石口长城	1672	0	738	0	0	934	砖墙	应县
狼峪长城1段	2098	0	1515	0	0	583	砖墙	应县
狼峪长城2段	2073	0	833	278	0	962	砖墙	应县
护驾岗长城	2029	0	304	168	0	1557	砖墙	应县
茹越口长城	512	0	0	0	470	42	砖墙	应县
马兰口长城	715	0	92	113	40	470	砖墙	应县
合计	9099	0	3482	559	510	4548		
百分比（%）	100	0	38.3	6.1	5.6	50		

砖墙半数墙体消失，其余以保存一般较多，占38.3%，保存较差或差者很少。造成损毁的自然因素有洪水冲刷、风雨侵蚀、植物生长等；人为因素有拆毁砖石、农业生产活动破坏等。

（2）石墙

石墙大多数墙体消失，其余保存较差或差。造成损毁的自然因素有风雨侵蚀、植物生长等；人为因素有拆毁包石、农业生产活动破坏、修建道路破坏等。

（3）土墙

应县土墙保存状况见下表（表286）。

表286　应县土墙保存状况一览表（单位：米）

长城墙体段落名称	总长	保存较好	保存一般	保存较差	保存差	消失	类型	县属
北楼口南长城	2033	0	0	252	0	1781	土墙	应县
北楼口北长城	3798	0	382	400	98	2918	土墙	应县
合计	5831	0	382	652	98	4699		
百分比（%）	100	0	6.5	11.2	1.7	80.6		

土墙绝大多数墙体消失，占85.2%，其余保存一般占5%、较差占8.5%、差占1.3%。造成损毁的自然因素有洪水冲刷、风雨侵蚀、植物生长等；人为因素有农业生产活动破坏、取土挖损等。

（4）山险和山险墙

山险6段、山险墙3段，均保存较好。

（二）关堡

应县有关堡27座，其中，关2座、城堡25座。

1. 关堡的形制、残存设施和遗迹（表287）

表287　应县关堡形状、尺寸、残存设施遗迹及保存状况一览表

名称	形状	朝向	周长（米）	面积（平方米）	残存设施遗迹	保存状况
北楼口东山堡关	矩形	坐北朝南	260	4200	关墙、城门1座等	一般
马兰口关	矩形	坐东朝西	210	2750	关墙、城门1座、角台3座等	一般
北楼口堡	由南北相连的北堡、南堡和南小堡组成，平面均呈矩形	坐北朝南	总2020	总94550	堡墙、瓮城1座、角台1座、马面1座等	较差
兴旺坡村东堡	矩形	坐北朝南	220	2625	堡墙、城门1座等	较差
留义堡	矩形	朝向不详	不详	不详	堡墙	差
东小寨村堡	矩形	坐西朝东	360	7571	堡墙、角台3座、马面3座等	较差
北小寨村堡	矩形	坐北朝南	219	2797	堡墙、城门2座、角台4座等	一般
丰寨堡	矩形	朝向不详	不详	不详	堡墙	差
新堡村堡	矩形	坐北朝南	不详	不详	堡墙、城门1座等	差
小石口堡	由堡城和北关城组成，平面均呈矩形	坐北朝南	总1620	总84000	堡墙、城门1座、瓮城2座、关城1座、角台8座、马面1座等	一般
狼峪东山堡	矩形	坐南朝北	172	1849	堡墙、城门1座、角台1座等	一般
门寨堡	矩形	朝向不详	不详	不详	堡墙	差
茹越口堡	梯形	坐北朝南	445	12300	堡墙、城门2座、瓮城2座、角台3座、马面1座等	一般
茹越口西南堡	矩形	坐西朝东	200	2500	堡墙、城门1座、马面1座等	一般
品泉沟堡	矩形	坐北朝南	168	1643	堡墙	差

名称	形状	朝向	周长（米）	面积（平方米）	残存设施遗迹	保存状况
钗里堡	矩形	坐北朝南	318	6176	堡墙、瓮城 1 座等	较差
马兰庄堡	矩形	朝向不详	不详	不详	堡墙	差
安营堡	矩形	朝向不详	不详	不详	堡墙、角台 1 座等	较差
泉子头村堡	矩形	坐北朝南	不详	不详	堡墙	差
应州城	矩形	朝向不详	不详	不详	城墙、城门 1 座、角台 2 座等	差
大黄巍村堡	矩形	朝向不详	不详	不详	堡墙、角台 1 座、马面 1 座等	较差
北湛村堡	矩形	朝向不详	不详	不详	堡墙、角台 1 座、马面 2 座等	较差
边耀村堡	矩形	坐东朝西	243	3122	堡墙、城门 1 座等	较差
三门城村堡	矩形	朝向不详	672	28224	堡墙	差
曹娘村堡	矩形	朝向不详	不详	不详	堡墙、角台 1 座、马面 1 座等	较差
薛家营村 1 号堡	矩形	朝向不详	不详	不详	堡墙、角台 2 座等	较差
薛家营村 2 号堡	矩形	朝向不详	172	1714	堡墙、角台 2 座等	较差

　　应县关堡平面绝大多数呈矩形，仅茹越口堡平面呈梯形；北楼口堡由南北相连的北、南堡和南小堡组成，小石口堡由堡城和北关城组成。关堡朝向除 12 座不详外，其余 15 座均以坐北朝南为主，有 10 座，坐西朝东和坐东朝西各 2 座，坐南朝北 1 座。

　　关堡规模方面，有测量数据者除北楼口堡和小石口堡的总面积超过 5 万平方米，茹越口堡和三门城村堡面积在 1 万平方米以上外，其余均在 1 万平方米以内。可见，应县关堡的规模不大，可能是由于应县地处内地，与边界地区相比，受战争威胁较少，关堡的建筑规模也相对较小。

　　关堡有 8 座墙体为砖墙，19 座为土墙。砖墙外部砖石砌筑；内部为夯土墙体，夯层厚 0.16～0.28 米。土墙均为夯筑而成，夯层厚 0.07～0.27 米（表 288）。

表 288　应县关堡墙体建筑方式及尺寸一览表（单位：米）

名称	墙体建筑方式	尺寸		
		底宽	顶宽	残高
北楼口东山堡关	砖墙。外部砖石砌筑；内部为夯土墙体，夯层厚 0.18～0.22	4.5	1～2.3	1～7
马兰口关	砖墙。外部砖石砌筑；内部为夯土墙体，南墙顶部有厚 0.5 米的土石层	4～6	0.8～1.5	2～5
北楼口堡	砖墙。外部砖石砌筑；内部为夯土墙体	4～9	1.3～4	4～8
兴旺坡村东堡	砖墙。外部砖石砌筑；内部为夯土墙体，夯层厚 0.16～0.28	5～6	0.3～0.5	残存最高 5.5
留义堡	土墙。黄土夯筑而成	不详	不详	残存最高 2
东小寨村堡	土墙。黄土夯筑而成	3.87	1.6	3.89～8.45
北小寨村堡	土墙。黄土夯筑而成，夯层厚 0.13～0.19	1.9	0.5	3.2～5.14
丰寨堡	土墙。黄土夯筑而成	不详	不详	残存最高 4.36
新堡村堡	土墙。黄土夯筑而成，夯层厚 0.07～0.13	6.6	1.5～2.6	2.6～9.37
小石口堡	砖墙。外部砖石砌筑；内部为夯土墙体	5～7	4	3～5
狼峪东山堡	砖墙。外部砖石砌筑；内部为夯土墙体，夯层厚 0.2～0.28	4.5	1.2～3.2	2.5～7

名称	墙体建筑方式	尺寸		
		底宽	顶宽	残高
门寨堡	土墙。黄土夯筑而成	不详	不详	残存最高 4.3
茹越口堡	砖墙。外部砖石砌筑；内部为夯土墙体	3~4	2	1~5
茹越口西南堡	砖墙。外部砖石砌筑；内部为夯土墙体，夯层厚 0.2~0.26	6	2~4	4~9.2
品泉沟堡	土墙。黄土夯筑而成，夯层厚 0.2~0.26	3.6	1.2~1.7	2.8~6.2
钗里堡	土墙。黄土夯筑而成，含细砂，夯层厚 0.13~0.2	不详	1	残存最高 8.4
马兰庄堡	土墙。黄土夯筑而成，含细砂，夯层厚 0.18~0.25	不详	0.5~1.5	残存最高 4.9
安营堡	土墙。黄土夯筑而成，夯层厚 0.15~0.23	4.34	不详	4.3~6.21
泉子头村堡	土墙。黄土夯筑而成，夯层厚 0.2~0.26	3.1	不详	残存最高 4.73
应州城	土墙。黄土夯筑而成，含大量小炭粒，夯层厚 0.2	不详	不详	残存最高 7.02
大黄巍村堡	土墙。黄土夯筑而成，夯层厚 0.2	3.1	1.6	4.14~12.31
北湛村堡	土墙。黄土夯筑而成，夯层厚 0.1~0.18	1.05~1.3	不详	2~7.57
边耀村堡	土墙。黄土夯筑而成，夯层厚 0.2~0.24	不详	不详	0.2~9
三门城村堡	土墙。黄土夯筑而成，夯层厚 0.2~0.27	1.5	不详	3.4~5.2
曹娘村堡	土墙。黄土夯筑而成，夯层厚 0.18~0.24	4.46	1.6	11~13.58
薛家营村 1 号堡	土墙。黄土夯筑而成	不详	不详	残存最高 5.4
薛家营村 2 号堡	土墙。黄土夯筑而成	4.61	不详	6.22~10.45

至于除关堡墙体外的设施和遗迹，由于保存原因，现存并不能反映其原始风貌。主要设施遗迹的种类有城门、瓮城、角台、马面等常见的墙体设施，小石口堡有关城。

2. 关堡的分布特点

应县北楼口东山堡关和马兰口关倚长城墙体而建。长城沿线有堡 13 座，即北楼口堡、兴旺坡村东堡、留义堡、丰寨堡、新堡村堡、小石口堡、狼峪东山堡、门寨堡、茹越口堡、茹越口西南堡、品泉沟堡、钗里堡和马兰庄堡，位于县境南部长城两侧，距长城最远 4.3 千米内，多数在 2 千米内。其余 12 座属非长城沿线城堡。

长城沿线关堡与长城一样，分布于县境南部桑干河盆地与恒山北麓相交的低山丘陵或平川盆地。非长城沿线的城堡分布于县境中北部桑干河盆地。

就关堡墙体类型而言，8 座砖墙者属长城沿线关堡，非长城沿线城堡均为土墙，未见砖墙。

3. 关堡的保存状况

关堡保存一般 7 座、较差 1 座、差 9 座。关堡墙体坍塌损毁，部分段消失，砖墙者砖石大多损毁。城门多为豁口或消失，部分角台、马面消失。关堡内建筑无存。造成损毁的自然因素有洪水冲刷、风雨侵蚀、植物生长等；人为因素有拆毁砖石、农业生产活动破坏、修建房屋及窑洞和道路、水渠破坏、挖掘洞穴、取土挖损、城市建设破坏、不合理修缮等。

（三）单体建筑

1. 敌台

（1）敌台的类型与形制

应县调查敌台 57 座，骑墙或倚墙而建。材质类型有砖质和土质两种。砖质敌台数量最多，有 49 座，土质敌台有 8 座。敌台平面形制均呈矩形，剖面形制均呈梯形（表 289）。

砖质敌台，外部砖石砌筑；内部为夯土台体，夯层厚 0.1~0.26 米。砖质敌台底部周长 28~80、残高 4.2~15 米。

土质敌台，均为夯筑而成，夯层厚 0.1~0.26 米，底部周长 22~40.8、残高 2.8~8.2 米。

表 289　应县敌台材质、形制及保存状况一览表（单位：米）

名称	材质	平面形制	剖面形制	底部周长	残高	保存状况
康峪 1 号敌台	土	矩形	梯形	24	6	一般
康峪 2 号敌台	土	矩形	梯形	27.2	3.5	较差
康峪 3 号敌台	土	矩形	梯形	36	8.2	一般
康峪 4 号敌台	土	矩形	梯形	30	7.2	一般
康峪 5 号敌台	土	矩形	梯形	40.8	5.8	一般
康峪 6 号敌台	土	矩形	梯形	27	2.8	较差
康峪 7 号敌台	土	矩形	梯形	22	2.8	较差
康峪 8 号敌台	土	矩形	梯形	32.8	6.1	一般
北楼口南 1 号敌台	砖	矩形	梯形	37.6	8.5	一般
北楼口南 2 号敌台	砖	矩形	梯形	54	10	一般
北楼口南 3 号敌台	砖	矩形	梯形	73.6	13	一般
北楼口南 4 号敌台	砖	矩形	梯形	30	8.6	一般
北楼口北 1 号敌台	砖	矩形	梯形	49.6	8.5	一般
北楼口北 2 号敌台	砖	矩形	梯形	32	8.2	一般
北楼口北 3 号敌台	砖	矩形	梯形	41	7.5	一般
北楼口北 4 号敌台	砖	矩形	梯形	44	10.2	一般
北楼口北 5 号敌台	砖	矩形	梯形	44	8.5	一般
北楼口北 6 号敌台	砖	矩形	梯形	44	8.5	一般
北楼口北 7 号敌台	砖	矩形	梯形	40	7.5	一般
王家窑—兴旺坡 1 号敌台	砖	矩形	梯形	56.4	10	一般
王家窑—兴旺坡 2 号敌台	砖	矩形	梯形	51.4	9	一般
王家窑—兴旺坡 3 号敌台	砖	矩形	梯形	30.4	5	一般
王家窑—兴旺坡 4 号敌台	砖	矩形	梯形	66	7.8	一般

名称	材质	平面形制	剖面形制	底部周长	残高	保存状况
王家窑—兴旺坡 5 号敌台	砖	矩形	梯形	46.4	8.2	一般
王家窑—兴旺坡 6 号敌台	砖	矩形	梯形	56	7.2	一般
王家窑—兴旺坡 7 号敌台	砖	矩形	梯形	58.4	8.6	一般
王家窑—兴旺坡 8 号敌台	砖	矩形	梯形	43.2	9.8	一般
王家窑—兴旺坡 9 号敌台	砖	矩形	梯形	50.4	7.8	一般
王家窑—兴旺坡 10 号敌台	砖	矩形	梯形	48.8	4.2	一般
大石口 1 号敌台	砖	矩形	梯形	32.8	6.8	一般
大石口 2 号敌台	砖	矩形	梯形	31.2	4.6	一般
大石口 3 号敌台	砖	矩形	梯形	49.6	6.2	一般
大石口 4 号敌台	砖	矩形	梯形	31.6	5.5	一般
小石口 1 号敌台	砖	矩形	梯形	31	6.5	一般
小石口 2 号敌台	砖	矩形	梯形	39	8	一般
小石口 3 号敌台	砖	矩形	梯形	36	6	一般
小石口 4 号敌台	砖	矩形	梯形	48	6.6	一般
小石口 5 号敌台	砖	矩形	梯形	49.6	4.5	一般
小石口 6 号敌台	砖	矩形	梯形	28	7	一般
狼峪 1 段 1 号敌台	砖	矩形	梯形	36.8	7.5	一般
狼峪 1 段 2 号敌台	砖	矩形	梯形	60	8.9	一般
狼峪 1 段 3 号敌台	砖	矩形	梯形	33	4.2	一般
狼峪 1 段 4 号敌台	砖	矩形	梯形	40	8.8	一般
狼峪 1 段 5 号敌台	砖	矩形	梯形	不详	不详	一般
狼峪 2 段 1 号敌台	砖	矩形	梯形	40	6.8	一般
狼峪 2 段 2 号敌台	砖	矩形	梯形	28	11	一般
狼峪 2 段 3 号敌台	砖	矩形	梯形	34.4	6.7	一般
狼峪 2 段 4 号敌台	砖	矩形	梯形	35.2	6.8	一般
护驾岗 1 号敌台	砖	矩形	梯形	38	8.2	一般
护驾岗 2 号敌	砖	矩形	梯形	80	15	较好
护驾岗 3 号敌台	砖	矩形	梯形	72	9.2	一般
护驾岗 4 号敌台	砖	矩形	梯形	52	8.5	一般
茹越口 1 号敌台	砖	矩形	梯形	32	7	一般
茹越口南 1 号敌台	砖	矩形	梯形	40	6.5	一般
茹越口南 2 号敌台	砖	矩形	梯形	28	4.7	一般
马兰口 1 号敌台	砖	矩形	梯形	32	5.8	一般
马兰口 2 号敌台	砖	矩形	梯形	28.6	4.2	一般

　　附属设施仅见于砖质敌台，有台顶建筑基址和围墙。台顶建筑基址见于狼峪 1 段 1、4、5 号敌台和狼峪 2 段 1、3 号敌台，围墙见于护驾岗 3 号敌台。

　　（2）敌台的分布特点

　　应县长城墙体上敌台的分布及间距如下。

　　康峪长城，康峪 1～8 号敌台、北楼口南 1 号敌台位于墙体上，敌台间距 0.083～0.47 千米，康峪 1 号敌台系康峪长城起点，北楼口南 1 号敌台系康峪长城止点。北楼口南长城，北楼口南 1～4 号敌台、北楼口北 2 号敌台位于墙体上，敌台间距 0.105～0.911 千米，北楼口南 1 号敌台系北楼口南长城起点，北楼口北 2 号敌台系北楼口南长城止点。

　　北楼口东长城，北楼口南 1 号敌台位于墙体上，系北楼口东长城起点。北楼口北长城，北楼口北 1～7 号敌台位于墙体上，敌台间距 0.182～0.546 千米，北楼口北 7 号敌台系北楼口北长城止点。

　　王家窑—兴旺坡长城，北楼口北 7 号敌台、王家窑—兴旺坡 1～10 号敌台位于墙体上，敌台间距 0.11～0.88 千米，北楼口北 7 号敌台系王家窑—兴旺坡长城起点，王家窑—兴旺坡 10 号敌台系王家窑—兴旺坡长城止点。大石口长城，大石口长城 1～4 号敌台位于墙体上，敌台间距 0.088～0.378 千米。大石口 1 号敌台系大石口长城起点，东北距王家窑—兴旺坡 10 号敌台 6 千米。

　　小石口长城，小石口 1～6 号敌台位于墙体上，敌台间距 0.22～0.381 千米，小石口 1 号敌台系小石口长城起点，北距大石口 4 号敌台 1.54 千米。狼峪长城 1 段，狼峪 1 段 1～5 号敌台位于墙体上，敌台间距 0.297～0.458 千米，狼峪 1 段 1 号敌台东北距小石口 6 号敌台 0.295 千米。

　　狼峪长城 2 段，狼峪 2 段 1～4 号敌台位于墙体上，敌台间距 0.175～0.605 千米，狼峪 2 段 1 号敌台东北距狼峪 1 段 5 号敌台 0.768 千米。护驾岗长城，护驾岗 1～4 号敌台位于墙体上，敌台间距 0.45～0.77 千米，护驾岗 1 号敌台东北距狼峪 2 段 4 号敌台 0.482 千米，护驾岗 4 号敌台系护驾岗长城止点。

　　茹越口长城，茹越口 1 号敌台位于墙体上，茹越口 1 号敌台东北距护驾岗 4 号敌台 1.82 千米。茹越口南长城，茹越口南 1、2 号敌台位于墙体上，敌台间距 0.503 千米，茹越口南 1 号敌台系茹越口南长城起点，茹越口南 2 号敌台系茹越口南长城止点。

　　马兰口长城，马兰口 1、2 敌台位于墙体上，敌台间距 0.645 千米，马兰口 1 号敌台东北距茹越口 1 号敌台 12.322 千米，马兰口 2 号敌台系马兰口长城止点。

　　综上所述，结合敌台材质类型、大小分类，可以看出，应县敌台的分布有以下特点。

　　①主线长城敌台间距 0.088～6 千米，其中大石口 1 号敌台东北距王家窑—兴旺坡 10 号敌台 6 千米，小石口 1 号敌台北距大石口 4 号敌台 1.54 千米，茹越口 1 号敌台东北距护驾岗 4 号敌台 1.82 千米，马兰口 1 号敌台东北距茹越口 1 号敌台 12.322 千米。除此之外，敌台间距均在 0.911 千米以内。上述 4 组间距较大的敌台之间，均分布有较长的山险。

　　②应县敌台以砖质为主。砖质敌台见于砖墙、石墙和土墙以及山险墙上，数量很少的土质敌台见于山险墙的康峪长城墙体上。

　　③尝试对砖质敌台进行了大小的划分，依据敌台的底部周长，按≥50、40～50、＜40 米三个标准进行分类，以残高作为参考（表 290）。

表290　应县砖质敌台分类统计表

	底部周长分类	底部周长（米）	数量（座）	百分比（%）	残高（米）
大型敌台	≥50 米	50.4~80	12	24.5	7.2~15
中型敌台	40~50 米	40~49.6	15	30.6	4.2~10.2
小型敌台	<40 米	28~39	21	42.8	4.2~11
不详	不详	不详	1	2.1	不详
合计		28~80	49	100	4.2~15

从上表中可以看出，应县砖质敌台以中小型为主。与此相对应的是，土质敌台均为中小型敌台。

（3）敌台保存状况

应县敌台绝大多数保存一般，有53座，其余保存较好1座、较差者3座。造成损毁的自然因素有风雨侵蚀、植物生长等；人为因素有拆毁砖石、农业生产活动破坏、挖掘洞穴等。

2. 烽火台

应县调查烽火台136座，其中长城沿线烽火台115座、腹里烽火台21座。

（1）烽火台的类型与形制

应县136座烽火台的材质类型有土质和砖质两类，以土质烽火台为主，有97座，占71.3%；砖质烽火台有39座，占28.7%（表291）。

表291　应县烽火台材质类型一览表

材质类型	长城沿线烽火台（座）	腹里烽火台（座）	合计（座）	百分比（%）
土质烽火台	76	21	97	71.3
砖质烽火台	39	0	39	28.7
合计	115	21	136	100

长城沿线烽火台以土质为主，有76座，夯筑而成，夯层厚0.1~0.28米。砖质烽火台有39座，外部砖石砌筑，内部为夯土台体，夯层厚0.06~0.3米。

腹里烽火台均为土质烽火台，有21座，夯筑而成，夯层厚0.12~0.35米。

长城沿线土质、砖质烽火台的平面形制均呈矩形，剖面形制均呈梯形。土质矩形烽火台底部周长14.4~61.2、残高0.8~12.97米；砖质矩形烽火台底部周长10~69.6、残高2~12.5米。

腹里土质烽火台的平面形制绝大多数呈矩形，仅2座为圆形，剖面形制均呈梯形。土质矩形烽火台底部周长12.2~96.5、残高1.4~11.67米，土质圆形烽火台底部周长33.5~35.5、残高3~8.64米（表292、293）。

表292　应县长城沿线烽火台材质、形制及保存状况一览表（单位：米）

名称	材质	平面形制	剖面形制	底部周长	残高	保存状况
兴旺坡村东烽火台	砖	矩形	梯形	24	7.8	一般
兴旺坡村南烽火台	砖	矩形	梯形	46.4	6.2	一般

名称	材质	平面形制	剖面形制	底部周长	残高	保存状况
神峪村南烽火台	土	矩形	梯形	47.8	8	一般
牛槽峪 1 号烽火台	砖	矩形	梯形	44.8	4.5	较差
牛槽峪 2 号烽火台	砖	矩形	梯形	69.6	8.2	一般
牛槽峪 3 号烽火台	砖	矩形	梯形	33.6	2.5~9	一般
牛槽峪 4 号烽火台	砖	矩形	梯形	10	2	较差
牛槽峪 5 号烽火台	砖	矩形	梯形	49.6	4.8	一般
小石口南烽火台	砖	矩形	梯形	28	4.2	较差
闻名山烽火台	土	矩形	梯形	46.7	7.95	较好
狼峪 1 号烽火台	砖	矩形	梯形	40	6.2	一般
狼峪 2 号烽火台	砖	矩形	梯形	28	5.5	一般
狼峪 3 号烽火台	砖	矩形	梯形	48	10.2	较好
狼峪 4 号烽火台	砖	矩形	梯形	45.6	7.8	一般
狼峪 5 号烽火台	砖	矩形	梯形	29.2	8.2	一般
狼峪 6 号烽火台	砖	矩形	梯形	43.2	7.4	一般
狼峪 7 号烽火台	砖	矩形	梯形	36	9	一般
狼峪 8 号烽火台	砖	矩形	梯形	39.2	9.2	一般
狼峪 9 号烽火台	砖	矩形	梯形	38	8.5	一般
狼峪 10 号烽火台	砖	矩形	梯形	56	12.5	较好
狼峪 11 号烽火台	砖	矩形	梯形	40	8.2	一般
狼峪 12 号烽火台	砖	矩形	梯形	56	11.5	较好
狼峪 13 号烽火台	砖	矩形	梯形	48	7.5	一般
狼峪 14 号烽火台	砖	矩形	梯形	39.2	8.2	一般
长彦 1 号烽火台	土	矩形	梯形	49.3	8.98~11.55	一般
长彦 2 号烽火台	土	矩形	梯形	61.2	10.06	较好
长彦 3 号烽火台	土	矩形	梯形	50.6	11.1	较好
小白滩 1 号烽火台	土	矩形	梯形	44.9	4.43~9.2	一般
小白滩 2 号烽火台	土	矩形	梯形	29.5	3.41~7.39	一般
小白滩 3 号烽火台	土	矩形	梯形	40.5	8.45	一般
小白滩 4 号烽火台	土	矩形	梯形	41	7.97	一般
小白滩 5 号烽火台	土	矩形	梯形	35.5	8.21	一般
小白滩 6 号烽火台	土	矩形	梯形	28.7	6.35	一般
小白滩 7 号烽火台	土	矩形	梯形	不详	6.51	一般
小白滩 8 号烽火台	土	矩形	梯形	不详	2.97	较差
段树洼烽火台	土	矩形	梯形	33.6	12.97	一般
茹越口 4 号烽火台	砖	矩形	梯形	30.4	4	较差
茹越口 7 号烽火台	砖	矩形	梯形	31.2	7.4	一般
观口前烽火台	土	矩形	梯形	34.6	9.9	较好

续表 292

名称	材质	平面形制	剖面形制	底部周长	残高	保存状况
茹越口 1 号烽火台	砖	矩形	梯形	56	6.5	一般
茹越口 2 号烽火台	砖	矩形	梯形	52	8.5	一般
茹越口 3 号烽火台	砖	矩形	梯形	36	11	较好
孙家窑烽火台	土	矩形	梯形	28.2	8.04	一般
茹越口 5 号烽火台	砖	矩形	梯形	40	6.2	一般
茹越口 6 号烽火台	砖	矩形	梯形	52	8.2	一般
茹越口 8 号烽火台	砖	矩形	梯形	42	9	一般
茹越口 9 号烽火台	砖	矩形	梯形	32	6.8	一般
南上寨烽火台	砖	矩形	梯形	38	不详	一般
小山门 1 号烽火台	土	矩形	梯形	34.4	6.8	一般
小山门 2 号烽火台	土	矩形	梯形	34	7.2	一般
小山门 3 号烽火台	土	矩形	梯形	36	8.2	一般
品泉沟 1 号烽火台	土	矩形	梯形	30	5.8	一般
品泉沟 2 号烽火台	土	矩形	梯形	36.8	4 ~ 8.2	一般
品泉沟 3 号烽火台	土	矩形	梯形	29.2	6.2	一般
品泉沟 4 号烽火台	土	矩形	梯形	29	6.2	一般
窨子沟 1 号烽火台	土	矩形	梯形	27.6	6	一般
窨子沟 2 号烽火台	土	矩形	梯形	48	6.8	一般
窨子沟 3 号烽火台	土	矩形	梯形	32.8	0.8 ~ 6.5	一般
窨子沟 4 号烽火台	土	矩形	梯形	15.6	1 ~ 4.8	较差
窨子沟 5 号烽火台	土	矩形	梯形	24	5.8	一般
瓦窑沟 1 号烽火台	土	矩形	梯形	26	5.8	一般
瓦窑沟 2 号烽火台	土	矩形	梯形	23.2	0.8 ~ 3.6	较差
瓦窑沟 3 号烽火台	土	矩形	梯形	26.4	5.2	一般
瓦窑沟 4 号烽火台	土	矩形	梯形	32	8	一般
瓦窑沟 5 号烽火台	砖	矩形	梯形	42	7.8	一般
瓦窑沟 6 号烽火台	土	矩形	梯形	60	9.8	一般
瓦窑沟 7 号烽火台	土	矩形	梯形	24	5	一般
瓦窑沟 8 号烽火台	土	矩形	梯形	32	6.4	一般
西贾庄 1 号烽火台	土	矩形	梯形	40	8.5	一般
西贾庄 2 号烽火台	土	矩形	梯形	33.4	1.5 ~ 4.8	一般
西贾庄 3 号烽火台	土	矩形	梯形	25.2	1.4 ~ 4.6	一般
西贾庄 4 号烽火台	土	矩形	梯形	17	2.3	较差
西贾庄 5 号烽火台	土	矩形	梯形	32	2.5 ~ 6.2	一般
西贾庄 6 号烽火台	土	矩形	梯形	27.2	4.2 ~ 5.7	一般
西窑村 1 号烽火台	土	矩形	梯形	34.6	6.8	一般
西窑村 2 号烽火台	土	矩形	梯形	24.8	6.1	一般
西窑村 3 号烽火台	土	矩形	梯形	23.6	6.3	一般

名称	材质	平面形制	剖面形制	底部周长	残高	保存状况
西窑村 4 号烽火台	土	矩形	梯形	22.4	5.6	一般
马兰庄 1 号烽火台	土	矩形	梯形	30.6	5.3	一般
马兰庄 2 号烽火台	土	矩形	梯形	25.4	5.6	一般
马兰庄 3 号烽火台	土	矩形	梯形	14.4	4.2	较差
马兰庄 4 号烽火台	土	矩形	梯形	49.4	8.1	一般
马兰庄 5 号烽火台	土	矩形	梯形	29.6	5.1	一般
马兰庄 6 号烽火台	土	矩形	梯形	41.2	7.6	一般
马兰庄 7 号烽火台	土	矩形	梯形	40	9	一般
马兰庄 8 号烽火台	土	矩形	梯形	40	8.5	一般
马兰庄 9 号烽火台	土	矩形	梯形	39.6	8.2	一般
马兰庄 10 号烽火台	土	矩形	梯形	40	8	一般
马兰口 1 号烽火台	土	矩形	梯形	40	9.8	一般
马兰口 2 号烽火台	土	矩形	梯形	29.6	4.1	较差
马兰口 3 号烽火台	土	矩形	梯形	26.6	7.8	一般
马兰口 4 号烽火台	土	矩形	梯形	41.6	4.2	较差
马兰口 5 号烽火台	砖	矩形	梯形	41.6	7.8	一般
马兰口 6 号烽火台	砖	矩形	梯形	41.6	8.6	一般
马兰口 7 号烽火台	土	矩形	梯形	37.6	8	一般
水泉沟 1 号烽火台	砖	矩形	梯形	56	5.8	一般
水泉沟 2 号烽火台	砖	矩形	梯形	16	6.8	一般
水泉沟 3 号烽火台	土	矩形	梯形	20	3.8	较差
水泉沟 4 号烽火台	土	矩形	梯形	35.2	1.8~7.2	一般
水泉沟 5 号烽火台	土	矩形	梯形	29.2	6.4	一般
水泉沟 6 号烽火台	土	矩形	梯形	38.6	10.2	较好
刘海窑村 1 号烽火台	土	矩形	梯形	32.8	6.8~8.2	一般
刘海窑村 2 号烽火台	土	矩形	梯形	35.2	6.5	一般
刘海窑村 3 号烽火台	土	矩形	梯形	22	2.8	较差
刘海窑村 4 号烽火台	土	矩形	梯形	19.2	3.8	较差
刘海窑村 5 号烽火台	土	矩形	梯形	36	8.2	一般
刘海窑村 6 号烽火台	土	矩形	梯形	30.8	6.8	一般
刘海窑村 7 号烽火台	土	矩形	梯形	50.2	8.1	一般
东安峪 1 号烽火台	土	矩形	梯形	56.8	8.6	一般
东安峪 2 号烽火台	土	矩形	梯形	52.4	7.8	一般
东安峪 3 号烽火台	土	矩形	梯形	28.6	4.8	较差
东安峪 4 号烽火台	土	矩形	梯形	32.8	1.5~6.8	一般
东安峪 5 号烽火台	土	矩形	梯形	18	3.2	较差
东安峪 6 号烽火台	砖	矩形	梯形	56	8.2	一般
东安峪 7 号烽火台	砖	矩形	梯形	24.8	5.8	一般

表 293　应县腹里烽火台材质、形制及保存状况一览表（单位：米）

名称	材质	平面形制	剖面形制	底部周长	残高	保存状况
上黑峪村烽火台	土	矩形	梯形	34.8	4.46	较差
白马石烽火台	土	矩形	梯形	27.1	10.2	较好
化沟村烽火台	土	矩形	梯形	39.7	4.17	较差
双台梁烽火台	土	矩形	梯形	29.2	8.2	一般
北小寨村烽火台	土	矩形	梯形	32.4	9.08	一般
吕花疃村烽火台	土	矩形	梯形	22.9	7.7	一般
泉子头村烽火台	土	矩形	梯形	58	9.71	较好
镇子梁村烽火台	土	矩形	梯形	44.4	10.3	较好
魏庄烽火台	土	矩形	梯形	不详	10.09	一般
北曹山烽火台	土	矩形	梯形	48.1	11.67	较好
胡寨村烽火台	土	矩形	梯形	不详	6.82	一般
郑庄烽火台	土	矩形	梯形	37.3	7.37	一般
梁亭村烽火台	土	矩形	梯形	96.5	4.2	较差
曹庄铺烽火台	土	矩形	梯形	48.2	4.2	较差
栗家坊烽火台	土	圆形	梯形	35.5	3	较差
南柳会村烽火台	土	圆形	梯形	33.5	8.64	一般
杨庄村1号烽火台	土	矩形	梯形	42	4.97	一般
杨庄村2号烽火台	土	矩形	梯形	12.2	4.5	较差
韩家坊村烽火台	土	矩形	梯形	不详	1.4	差
小清水河村烽火台	土	矩形	梯形	38.3	8.59	一般
马庄村烽火台	土	矩形	梯形	26.5	6.1	一般

　　烽火台的附属设施种类简单、数量少，长城沿线的土质烽火台有3座见登顶坡道或登顶脚窝和台基，砖质烽火台有3座见登顶坡道和壕沟；腹里土质烽火台有5座见围墙、台基和登顶脚窝。

　　（2）烽火台的分布特点

　　①长城沿线烽火台的走向大致与长城墙体一致，距长城2.5千米内。长城沿线烽火台以土质为主，砖质烽火台也有一定数量。大致以狼峪长城2段和护驾岗长城为界，狼峪长城2段以东长城沿线烽火台有27座，以砖质为主，共22座（占81.5%）；土质烽火台数量少，共5座（占18.5%）。护驾岗长城以西长城沿线烽火台88座，以土质为主，共71座（占80.7%）；砖质烽火台数量少，共17座（占19.3%）。

　　②长城沿线烽火台主要集中分布在县境中西部长城沿线，大致以狼峪长城1段为界，狼峪长城1段以东长城23970米，仅有10座烽火台；狼峪长城1段以西长城25430米，有烽火台105座。

　　③腹里烽火台均为土质烽火台，未见砖质烽火台。

　　④腹里烽火台大部分位于县境中北部桑干河盆地，在应县长城北侧；少数位于县境南部恒山山地，在应县长城南侧，即上黑峪村烽火台、白马石烽火台、化沟村烽火台和双台梁烽火台。腹里烽火台主要分布在城堡周围以及交通要道沿线。

　　⑤尝试对烽火台进行了大小的划分，依据烽火台的底部周长，按≥50、40~50、<40米三个标准进行分类，以残高作为参考（表294~296）。

表294　应县长城沿线砖质矩形烽火台分类统计表

	底部周长分类	底部周长（米）	数量（座）	百分比（%）	残高（米）
大型台体	≥50 米	52～69.6	8	20.5	5.8～12.5
中型台体	40～50 米	40～49.6	14	35.9	4.5～10.2
小型台体	＜40 米	10～39.2	17	43.6	2～11
合计		10～69.6	39	100	2～12.5

表295　应县长城沿线土质矩形烽火台分类统计表

	底部周长分类	底部周长（米）	数量（座）	百分比（%）	残高（米）
大型台体	≥50	50.2～61.2	6	8	7.8～11.1
中型台体	40～50	40～49.4	15	19.7	4.2～11.55
小型台体	＜40	14.4～39.6	53	69.7	0.8～12.97
不详	不详	不详	2	2.6	2.97～6.51
合计		14.4～61.2	76	100	0.8～12.97

表296　应县腹里土质矩形烽火台分类统计表

	底部周长分类	底部周长（米）	数量（座）	百分比（%）	残高（米）
大型台体	≥50	58～96.5	2	10.5	4.2～9.71
中型台体	40～50	42～48.2	4	21.1	4.2～11.67
小型台体	＜40	12.2～39.7	10	52.6	4.17～10.2
不详	不详	不详	3	15.8	1.4～10.09
合计		12.2～96.5	19	100	1.4～11.67

从上表中可以看出，无论砖质还是土质烽火台，无论长城沿线还是腹里烽火台，中小型台体占大多数。土质烽火台无论长城沿线还是腹里烽火台，小型台体占多数，大型台体数量很少，中型台体数量不多。长城沿线的砖质烽火台小型台体虽数量最多，但所占比例要低于土质烽火台小型台体的比例，中型台体数量较多，大型台体有一定数量，即大中型台体所占比例要大于土质烽火台大中型台体的比例。

（3）烽火台保存状况

应县烽火台保存一般居多，有100座，其余保存较好13座、较差22座、差1座。造成损毁的自然因素有风雨侵蚀、植物生长等；人为因素有拆毁砖石、农业生产活动破坏、修建窑洞、道路破坏、挖掘洞穴、取土挖损、利用台体修建神龛、台体顶部修建凉亭、不合理修缮、人为踩踏等。

三　自然与人文环境

（一）自然环境

应县位于山西省北中部，主要是第四纪地层和太古界地层分布区域。第四纪地层由细砂、泥灰岩、红色土、黄土及近代冲积层组成。太古界地层由变质程度很深的各种正副片麻岩和结晶片岩组成。应县地势南高北低，南部为恒山山地，中北部为桑干河谷的平川盆地。应县明代长城分布于县境南部恒山北麓与桑干河盆地相交地带。主要河流有桑干河及其支流浑河、黄水河等。境内气候寒冷，年均气温约7℃，1月 -9 ~ -10℃，7月 23 ~ 24℃。年降水量 360 毫米。南部恒山山地土壤主要有山地淡栗钙土和盐化浅色草甸沼泽土，中北部桑干河盆地土壤主要为盐化浅色草甸土。植被属暖温带落阔叶林带向温带草原的过渡区域类型。野生动物有野鸡、猪獾、野兔、蛇、鼠类等。

（二）人文环境

应县面积 1671 平方公里，人口约 30 万。下辖 3 镇 9 乡：金城镇、下社镇、南河种镇、白马石乡、大临河乡、南泉乡、下马峪乡、杏寨乡、镇子梁乡、义井乡、臧寨乡、大黄巍乡，县政府驻金城镇。有 10 个社区居委会、298 个行政村、377 个自然村。村庄居民以农业和家畜饲养业为主，农作物以玉、谷子、莜麦、甜菜、胡麻为主。应县交通运输以公路为主，县境西端有大（同）运（城）高速公路，205 省道和 210 省道纵贯县境，303 省道横贯县境。长城沿线村庄多有县乡公路、土路与外界相通。

四　保护与管理状况

应县区长城的保护管理机构是应县文物局。目前有关长城资源的保护范围、建设控制地带、保护标志、记录档案等工作有待规定或完善。

表280　应县敌台一览表

名称	地点	高程	与其他遗存的位置关系	材质	建筑方式	平面形制	剖面形制	尺寸	附属设施	修缮情况	保存状况	损毁原因及存在病害
康峪1号敌台	大临河乡康峪村东南1千米	1478米	骑墙而建。位于康峪长城墙体上,系徐峪长城止点,康峪长城起点	土	夯筑而成,夯层厚0.2米	矩形	梯形	底部边长6米,顶部东西1.5米,南北1米,残高6米	无	无	保存一般	自然因素有风雨侵蚀、植物生长等
康峪2号敌台	大临河乡康峪村东南0.4千米	1465米	骑墙而建。位于康峪长城墙体上	土	夯筑而成,夯层厚0.18~0.2米	矩形	梯形	底部东西7.2、南北6.4米,顶部东西5.4、南北4.6米,残高3.5米	无	无	保存较差	自然因素有风雨侵蚀、植物生长等
康峪3号敌台	大临河乡康峪村南0.2千米	1409米	骑墙而建。位于康峪长城墙体上	土	夯筑而成,夯层厚0.12~0.26米	矩形	梯形	底部东西8、南北10米,顶部东西4.5、南北3.6米,残高8.2米	无	无	保存一般	自然因素有风雨侵蚀、植物生长等
康峪4号敌台	大临河乡康峪村西南0.2千米	1330米	骑墙而建。位于康峪长城墙体上	土	夯筑而成	矩形	梯形	底部东西8.2、南北6.8,残高7.2米	无	无	保存一般	自然因素有风雨侵蚀、植物生长等
康峪5号敌台	大临河乡康峪村西南0.5千米	1481米	骑墙而建。位于康峪长城墙体上	土	夯筑而成,夯层厚0.2米	矩形	梯形	底部边长10.2,顶部边长7.2,残高5.8米	无	无	保存一般	自然因素有风雨侵蚀、植物生长等
康峪6号敌台	大临河乡康峪村西南0.6千米	1449米	骑墙而建。位于康峪长城墙体上	土	夯筑而成,夯层厚0.2米	矩形	梯形	底部东西6.5、南北7米,顶部东西2.5、南北3.8米,残高2.8米	无	无	保存较差	自然因素有风雨侵蚀、植物生长等
康峪7号敌台	大临河乡康峪村西南1千米	1477米	骑墙而建。位于康峪长城墙体上	土	夯筑而成,夯层厚0.16米	矩形	梯形	底部东西4、南北7米,顶部东西3、南北6米,残高2.8米	无	无	保存较差	自然因素有风雨侵蚀、植物生长等
康峪8号敌台	大临河乡康峪村西南1.2千米	1504米	骑墙而建。位于康峪长城墙体上	土	夯筑而成,夯层厚0.1~0.2米	矩形	梯形	底部边长4.5、顶部边长8.2,残高6.1米	无	无	保存一般	自然因素有风雨侵蚀、植物生长等
北楼口南1号敌台	大临河乡北楼口村东南0.8千米	1502米	骑墙而建。位于康峪长城墙体上,系康峪长城止点,北楼口南长城、北楼口东长城起点	砖	外部砖石砌筑;内部夯为夯土台体,夯层厚0.1~0.2米	矩形	梯形	底部东西10.6、南北8.2米,顶部东西7、南北3米,残高8.5米	无	无	保存一般。外部砖石无存	自然因素有风雨侵蚀、植物生长等;人为因素有拆毁砖石等

续表280

名称	地点	高程	与其他遗存的位置关系	材质	建筑方式	平面形制	剖面形制	尺寸	附属设施	修缮情况	保存状况	损毁原因及存在病害
北楼口南2号敌台	大临河乡北楼口村东南0.8千米	1515米	骑墙而建。位于北楼口南长城墙体上，系北楼口东山堡美北墙中部敌台	砖	外部砖石砌筑，石条最长50，宽约30，厚12～15厘米；内部为夯土台体，夯层厚0.18～0.2米	矩形	梯形	底部边长13.5米，顶部东西7南北6米,残高10米	无	无	保存一般。底部包石大多保存，上部包砖有无存。北壁有挖掘洞穴	自然因素有风雨侵蚀、植物生长等；人为因素有拆毁砖石、挖掘洞穴等
北楼口南3号敌台	大临河乡北楼口村南1千米	1358米	骑墙而建。位于北楼口南长城墙体上	砖	外部砖石砌筑；内部为夯土台体，夯层厚0.1～0.2米	矩形	梯形	底部边长18.4,顶部边长12.8,残高13米	无	无	保存一般。外部砖石无存	自然因素有风雨侵蚀、植物生长等；人为因素有拆毁砖石等
北楼口南4号敌台	大临河乡北楼口村南1千米	1396米	骑墙而建。位于北楼口南长城墙体上	砖	外部砖石砌筑；内部为夯土台体，夯层厚0.2米	矩形	梯形	底部东西6.8、南北8.2米,顶部东西4、南北5.4米,残高8.6米	无	无	保存一般。外部砖石无存	自然因素有风雨侵蚀、植物生长等；人为因素有拆毁砖石等
北楼口北1号敌台	大临河乡北楼口村西南	1392米	骑墙而建。位于北楼口北长城墙体上	砖	外部砖石砌筑，石条长40～80,厚15～25厘米；砖长38、宽18、厚8厘米；内部为夯土台体，夯层厚0.2米	矩形	梯形	底部边长12.4,残高8.5米	无	无	保存一般。底部包石大多保存，上部包砖无存	自然因素有风雨侵蚀、植物生长等；人为因素有拆毁砖石等
北楼口北2号敌台	大临河乡北楼口村西南	1443米	骑墙而建。位于北楼口北长城墙体上，系北楼口长城止点	砖	外部砖石砌筑；内部为夯土台体，夯层厚0.2米	矩形	梯形	底部东西9,南北7米,顶部东西2,南北5米,残高8.2米	无	无	保存一般。外部砖石无存	自然因素有风雨侵蚀、植物生长等；人为因素有拆毁砖石等
北楼口北3号敌台	大临河乡北楼口村西南	1377米	骑墙而建。位于北楼口北长城墙体上	砖	外部砖石砌筑；内部为夯土台体，夯层厚0.2米	矩形	梯形	底部东西10,南北10.5米,顶部东西5.8、南北6.2米,残高7.5米	无	无	保存一般。外部砖石无存	自然因素有风雨侵蚀、植物生长等；人为因素有拆毁砖石等
北楼口北4号敌台	大临河乡北楼口村西南	1405米	骑墙而建。位于北楼口北长城墙体上	砖	外部砖石砌筑；内部为夯土台体，夯层厚0.2米	矩形	梯形	底部东西10,南北12米,顶部东西8.2、南北6.8米,残高10.2米	无	无	保存一般。外部砖石无存	自然因素有风雨侵蚀、植物生长等；人为因素有拆毁砖石等

续表 280

名称	地点	高程	与其他遗存的位置关系	材质	建筑方式	平面形制	剖面形制	尺寸	附属设施	修缮情况	保存状况	损毁原因及存在病害
北楼口北 5 号敌台	大临河乡北楼口村西南	1472 米	骑墙而建。位于北楼口北长城墙体上	砖	外部砖石砌筑;内部为夯土台体,夯层厚 0.2 米	矩形	梯形	底部边长 11。顶部边长 2 残高 8.5 米	无	无	保存一般。外部砖石无存	自然因素有风雨侵蚀,植物生长等;人为因素有拆毁砖石等
北楼口北 6 号敌台	大临河乡北楼口村西南	1418 米	骑墙而建。位于北楼口北长城墙体上	砖	外部砖石砌筑;内部为夯土台体,夯层厚 0.2 米	矩形	梯形	底部边长 11。顶部边长 6 残高 8.5 米	无	无	保存一般。外部砖石无存	自然因素有风雨侵蚀,植物生长等;人为因素有拆毁砖石等
北楼口北 7 号敌台	大临河乡北楼口村西 1.4 千米	1338 米	骑墙而建。位于北楼口北长城墙体上,系北楼口北长城止点,王家窑一兴旺坡长城起点	砖	外部砖石砌筑;内部为夯土台体,夯层厚 0.2 米	矩形	梯形	底部边长 10。顶部边长 3 残高 7.5 米	无	无	保存一般。外部砖石无存	自然因素有风雨侵蚀,植物生长等;人为因素有拆毁砖石等
王家窑一兴旺坡 1 号敌台	大临河乡王家窑村东南 0.5 千米	1295 米	骑墙而建。位于王家窑一兴旺坡长城墙体上	砖	外部砖石砌筑;内部为夯土台体,夯层厚 0.15 ~0.2 米	矩形	梯形	底部东西 14.2,南北 14 米,顶部边长 8 米,残高 10 米	无	无	保存一般。外部砖石无存	自然因素有风雨侵蚀,植物生长等;人为因素有拆毁砖石等
王家窑一兴旺坡 2 号敌台	大临河乡王家窑村东南 0.75 千米	1339 米	骑墙而建。位于王家窑一兴旺坡长城墙体上	砖	外部砖石砌筑;内部为夯土台体,夯层厚 0.15 ~0.2 米	矩形	梯形	底部东西 12.9,南北 3.8,顶部东西 3.8,南北 4 米,残高 9 米	无	无	保存一般。外部砖石无存	自然因素有风雨侵蚀,植物生长等;人为因素有拆毁砖石等
王家窑一兴旺坡 3 号敌台	大临河乡王家窑村东南 1.5 千米	1497 米	骑墙而建。位于王家窑一兴旺坡长城墙体上	砖	外部砖石砌筑;内部为夯土台体,夯层厚 0.15 ~0.2 米	矩形	梯形	底部东西 7.2,南北 8 米,顶部东西 1.9,南部 3.1 米,残高 5 米	无	无	保存一般。外部砖石无存	自然因素有风雨侵蚀,植物生长等;人为因素有拆毁砖石等
王家窑一兴旺坡 4 号敌台	大临河乡王家窑村南 0.6 千米	1342 米	骑墙而建。位于王家窑一兴旺坡长城墙体上	砖	外部砖石砌筑;内部为夯土台体,夯层厚 0.12 米	矩形	梯形	底部边长 16.5,顶部边长 9,残高 7.8 米	无	无	保存一般。外部砖石无存	自然因素有风雨侵蚀,植物生长等;人为因素有拆毁砖石,农业生产活动破坏等
王家窑一兴旺坡 5 号敌台	大临河乡王家窑村西南 1.5 千米	1473 米	骑墙而建。位于王家窑一兴旺坡长城墙体上	砖	外部砖石砌筑;内部为夯土台体,夯层厚 0.16 ~0.2 米	矩形	梯形	底部边长 11.6,顶部边长 3.5,残高 8.2 米	无	无	保存一般。外部砖石无存	自然因素有风雨侵蚀,植物生长等;人为因素有拆毁砖石等

续表280

名称	地点	高程	与其他遗存的位置关系	材质	建筑方式	平面形制	剖面形制	尺寸	附属设施	修缮情况	保存状况	损毁原因及存在病害
王家窑—兴旺坡6号敌台	大临河乡王家窑村西南1.1千米	1495米	骑墙而建。位于王家窑—兴旺坡长城墙体上	砖	外部砖石砌筑;内部为夯土台体,夯层厚0.18~0.22米	矩形	梯形	底部边长14,顶部边长6.8,残高7.2米	无	无	保存一般。底部包石无存	自然因素有风雨侵蚀、植物生长等;人为因素有拆毁砖石等
王家窑—兴旺坡7号敌台	大临河乡王家窑村西1.3千米	1309米	骑墙而建。位于王家窑—兴旺坡长城墙体上	砖	外部砖石砌筑;内部为夯土台体,夯层厚0.18~0.22米	矩形	梯形	底部东西14.6,顶部边长4.2,残高8.6米	无	无	保存一般。底部包石部分保存,上部包砖无存	自然因素有风雨侵蚀、植物生长等;人为因素有拆毁砖石等
王家窑—兴旺坡8号敌台	大临河乡兴旺坡村东南0.8千米	1320米	骑墙而建。位于王家窑—兴旺坡长城墙体上	砖	外部砖石砌筑;内部为夯土台体,夯层厚0.16~0.2米	矩形	梯形	底部边长10.8,顶部边长5.8,残高9.8米	无	无	保存一般。外部砖石无存	自然因素有风雨侵蚀、植物生长等;人为因素有拆毁砖石等
王家窑—兴旺坡9号敌台	大临河乡兴旺坡村东南0.5千米	1300米	骑墙而建。位于王家窑—兴旺坡长城墙体上	砖	外部砖石砌筑;内部为夯土台体,夯层厚0.16~0.2米	矩形	梯形	底部边长12.6,顶部边长6.8,残高7.8米	无	无	保存一般。外部砖石无存	自然因素有风雨侵蚀、植物生长等;人为因素有拆毁砖石等
王家窑—兴旺坡10号敌台	大临河乡兴旺坡村东南0.3千米	1279米	骑墙而建。位于王家窑—兴旺坡长城墙体上,系王家窑—兴旺坡长城止点	砖	外部砖石砌筑;内部为夯土台体,夯层厚0.2~0.26米	矩形	梯形	底部边长12.2,顶部边长8.2,残高4.2米	无	无	保存一般。外部砖石无存	自然因素有风雨侵蚀、植物生长等;人为因素有拆毁砖石等
大石口1号敌台	下社镇大石口村东北0.9千米	1334米	骑墙而建。位于大石口长城墙体上,系大石口长城起点	砖	外部砖石砌筑;内部为夯土台体,夯层厚0.16~0.18米	矩形	梯形	底部边长8.2,顶部东西2.1,南北2.3米,残高6.8米	无	无	保存一般。外部砖石无存	自然因素有风雨侵蚀、植物生长等;人为因素有拆毁砖石等
大石口2号敌台	下社镇大石口村东南	1353米	骑墙而建。位于大石口长城墙体上	砖	外部砖石砌筑;内部为夯土台体	矩形	梯形	底部边长7.8,顶部边长2.6,残高4.6米	无	无	保存一般。外部砖石无存	自然因素有风雨侵蚀、植物生长等;人为因素有拆毁砖石等
大石口3号敌台	下社镇大石口村东南	1295米	骑墙而建。位于大石口长城墙体上	砖	外部砖石砌筑;内部为夯土台体,夯层厚0.2米	矩形	梯形	底部边长12.4,顶部边长7.8,残高6.2米	无	无	保存一般。底部包石部分保存,上部包砖无存	自然因素有风雨侵蚀、植物生长等;人为因素有拆毁砖石等
大石口4号敌台	下社镇大石口村西南	1172米	骑墙而建。位于大石口长城墙体上	砖	外部砖石砌筑;内部为夯土台体	矩形	梯形	底部东西8,顶部东西5.8,南北4.8米,残高5.5米	无	无	保存一般。外部砖石无存	自然因素有风雨侵蚀、植物生长等;人为因素有拆毁砖石等

续表280

名称	地点	高程	与其他遗存的位置关系	材质	建筑方式	平面形制	剖面形制	尺寸	附属设施	修缮情况	保存状况	损毁原因及存在病害
小石口1号敌台	南河种镇小石口村东南0.5千米	1295米	骑墙而建。位于小石口长城墙体上,系小石口长城起点	砖	外部砖石砌筑;内部为夯土台体,夯层厚0.2米	矩形	梯形	底部东西7.5、南北8米,顶部东西5、南北6米,残高6.5米	无	无	保存一般。台体外部砖石无存	自然因素有风雨侵蚀、植物生长等;人为因素有拆毁砖石等
小石口2号敌台	南河种镇小石口村东南	1203米	骑墙而建。位于小石口长城墙体上	砖	外部砖石砌筑;内部为夯土台体,夯层厚0.16~0.2米	矩形	梯形	底部东西10、南北9.5米,顶部东西7.8、南北7米,残高8米	无	无	保存一般。台体外部砖石无存	自然因素有风雨侵蚀、植物生长等;人为因素有拆毁砖石等
小石口3号敌台	南河种镇小石口村东南	1229米	倚墙而建。位于小石口长城墙体上	砖	外部砖石砌筑;内部为夯土台体,夯层厚0.2~0.24米	矩形	梯形	底部边长9、顶部边长8,残高6米	无	无	保存一般。台体外部砖石无存	自然因素有风雨侵蚀、植物生长等;人为因素有拆毁砖石等
小石口4号敌台	南河种镇小石口村东南	1263米	倚墙而建。位于小石口长城墙体上	砖	外部砖石砌筑;内部为夯土台体,夯层厚0.18米	矩形	梯形	底部边长12、顶部边长9.2,残高6.6米	无	无	保存一般。台底部包石部分保存,上部包砖无存	自然因素有风雨侵蚀、植物生长等;人为因素有拆毁砖石等
小石口5号敌台	南河种镇小石口村南	1295米	骑墙而建。位于小石口长城墙体上	砖	外部砖石砌筑;内部为夯土台体,夯层厚0.2~0.26米	矩形	梯形	底部边长12.4、顶部边长10.4,残高4.5米	无	无	保存一般。台体外部砖石无存	自然因素有风雨侵蚀、植物生长等;人为因素有拆毁砖石等
小石口6号敌台	南河种镇小石口村南	1295米	骑墙而建。位于小石口长城墙体上	砖	外部砖石砌筑;内部为夯土台体,夯层厚0.2~0.26米	矩形	梯形	底部边长7、顶部边长5,残高7米	无	无	保存一般。台体外部砖石无存	自然因素有风雨侵蚀、植物生长等;人为因素有拆毁砖石等
狼峪1段1号敌台	南河种镇小石口村西1.5千米	1297米	倚墙而建。位于狼峪长城1段墙体上	砖	外部砖石砌筑;内部为夯土台体,夯层厚0.2米	矩形	梯形	底部边长9.2、顶部边长9.2,残高7.5米	台体顶部有建筑基址,残存土墙。东墙残长1、残宽1.2、顶宽0.8、残高1米;南墙残长6、底宽1.5、顶宽1.2、残高5米;西墙残长1、残宽1.5、底宽1、顶宽0.5米;北墙残长0.8、残高1.8米	无	保存一般。台体外部砖石无存,西、北壁有矩形洞穴	自然因素有风雨侵蚀、植物生长等;人为因素有毁砖石、挖掘洞穴等
狼峪1段2号敌台	南河种镇狼峪岭东	1338米	骑墙而建。位于狼峪长城1段墙体上	砖	外部砖石砌筑;内部为夯土台体,夯层厚0.2米	矩形	梯形	底部东西20、南北20,顶部东西10、南北10米,残高8.9米	无	无	保存一般。台体外部砖石无存	自然因素有风雨侵蚀、植物生长等;人为因素有毁砖石等

续表 280

名称	地点	高程	与其他遗存的位置关系	材质	建筑方式	平面形制	剖面形制	尺寸	附属设施	修缮情况	保存状况	损毁原因及存在病害
狼峪1段3号敌台	南河种镇狼峪村东	1298米	倚墙而建。位于狼峪长城1段墙体上	砖	外部砖石砌筑;内部为夯土台体,夯层厚0.2米	矩形	梯形	底部东西7.2,南北9.3米,顶部东西3,南北4.2米,残高4.2米	无	无	保存一般。台体外部砖石无存	自然因素有风雨侵蚀,植物生长等;人为因素有拆毁砖石等
狼峪1段4号敌台	南河种镇狼峪村东	1271米	骑墙而建。位于狼峪长城1段墙体上	砖	外部砖石砌筑;内部为夯土台体,夯层厚0.2米	矩形	梯形	底部边长10,顶部边长10,残高8.8米	台体顶部有建筑基址,中央有边长1.5米的矩形土柱,顶部东南角残长3.5米,顶部有土墙,残长1.5,宽1.2,残高3.5米,夯层厚0.2米	无	保存一般。台体外部砖石无存	自然因素有风雨侵蚀,植物生长等;人为因素有拆毁砖石等
狼峪1段5号敌台	南河种镇狼峪村东	1338米	骑墙而建。位于狼峪长城1段墙体上	砖	外部砖石砌筑;内部为夯土台体,夯层厚0.2~0.26米	矩形	梯形	不详	台体顶部有建筑基址。残存土墙址,顶宽0.5,残宽1.5,顶宽0.5,残宽1.2~3.2米	无	保存一般。台体外部砖石无存	自然因素有风雨侵蚀,植物生长等;人为因素有拆毁砖石等
狼峪2段1号敌台	南河种镇狼峪村东	1263米	倚墙而建。位于狼峪长城2段墙体上	砖	外部砖石砌筑;内部为夯土台体,夯层厚0.2~0.26米	矩形	梯形	底部边长10,残高6.8米	台体顶部有建筑基址:西南侧有土堆,长2,宽0.8,残高1.5米	无	保存一般。台体外部砖石无存	自然因素有风雨侵蚀,植物生长等;人为因素有拆毁砖石等
狼峪2段2号敌台	南河种镇狼峪村南	1234米	倚墙而建。位于狼峪长城2段墙体上	砖	外部砖石砌筑;内部为夯土台体,夯层厚0.2~0.26米	矩形	梯形	底部东西7,南北11米	无	无	保存一般。台体外部砖石无存,东南角有坑穴	自然因素有风雨侵蚀,植物生长等;人为因素有拆毁砖石等
狼峪2段3号敌台	南河种镇狼峪村南	1253米	倚墙而建。位于狼峪长城2段墙体上	砖	外部砖石砌筑;内部为夯土台体,夯层厚0.2米	矩形	梯形	敌台底部东西7,南北10.2,残高6.7米	台体顶部有建筑基址;西侧中央有土堆,长1.2,宽1,残高1米	无	保存一般。台体外部砖石无存	自然因素有风雨侵蚀,植物生长等;人为因素有拆毁砖石等
狼峪2段4号敌台	南河种镇狼峪村西	1263米	倚墙而建。位于狼峪长城2段墙体上	砖	外部砖石砌筑;内部为夯土台体,夯层厚0.2~0.26米	矩形	梯形	底部边长8.8,顶部边长6.2,残高6.8米	无	无	保存一般。台体外部砖石无存	自然因素有风雨侵蚀,植物生长等;人为因素有拆毁砖石等
护驾岗1号敌台	南河种镇护驾岗村东南0.8千米	1282米	倚墙而建。位于长城墙体上	砖	外部砖石砌筑;内部为夯土台体,夯层厚0.2~0.26米	矩形	梯形	底部东西9,南北10米,顶部东西7,南北8.2米,残高8米	无	无	保存一般。台体外部砖石无存	自然因素有风雨侵蚀,植物生长等;人为因素有拆毁砖石等

续表280

名称	地点	高程	与其他遗存的位置关系	材质	建筑方式	平面形制	剖面形制	尺寸	附属设施	修缮情况	保存状况	损毁原因及存在病害
护驾岗2号敌台	南河种镇护驾岗村南	1302米	骑墙而建。位于护驾岗长城墙体上	砖	外部砖石砌筑;内部为夯土台体,夯层厚0.1~0.26米	矩形	梯形	底部边长20,顶部边长18,北壁残高15米	无	无	保存较好。台体外部砖石无存	自然因素有风雨侵蚀、植物生长等;人为因素有拆毁砖石等
护驾岗3号敌台	南河种镇护驾岗村南	1331米	骑墙而建。位于护驾岗长城墙体上	砖	外部砖石砌筑;内部为夯土台体	矩形	梯形	底部边长18,顶部边长14,残高9.2米	台体南侧有围墙,平面呈矩形,边长35米,北墙即长城墙体,底宽3.5,顶宽0.5~1.2,外高2~5,内高1~2.2米	无	保存一般。台体外部砖石无存	自然因素有风雨侵蚀、植物生长等;人为因素有拆毁砖石等
护驾岗4号敌台	南河种镇护驾岗村西南0.9千米	1334米	倚墙而建。位于护驾岗长城墙体上,系护驾岗长城止点	砖	外部砖石砌筑;内部为夯土,夯层厚0.2~0.26米	矩形	梯形	底部边长13,顶部边长10,残高8.5米	无	无	保存一般。台体外部砖石无存	自然因素有风雨侵蚀、植物生长等;人为因素有拆毁砖石等
茹越口1号敌台	南泉乡茹越口村南	1261米	倚墙而建。位于茹越口长城墙体上	砖	外部砖石砌筑;内部为夯土,夯层厚0.2~0.26米	矩形	梯形	底部边长8,顶部边长5,残高7米	无	无	保存一般。台体外部砖石无存	自然因素有风雨侵蚀、植物生长等;人为因素有拆毁砖石等
茹越口南1号敌台	南泉乡茹越口村东南0.9千米	1434米	骑墙而建。位于南长城墙体上,系茹越口南长城起点	砖	外部砖石砌筑;内部为夯土,夯层厚0.2~0.26米	矩形	梯形	底部边长10,顶部边长6.8,残高6.5米	无	无	保存一般。台体外部砖石无存	自然因素有风雨侵蚀、植物生长等;人为因素有拆毁砖石等
茹越口南2号敌台	南泉乡茹越口村南0.9千米	1318米	骑墙而建。位于南长城墙体上,系茹越口南长城止点	砖	外部砖石砌筑;内部为夯土,夯层厚0.2~0.26米	矩形	梯形	底部东西8,南北6米,顶部边长3米,残高4.7米	无	无	保存一般。台体外部砖石无存	自然因素有风雨侵蚀、植物生长等;人为因素有拆毁砖石等
马兰口1号敌台	下马峪乡马兰口村东北	1138米	倚墙而建。位于马兰口长城墙体上	砖	外部砖石砌筑;内部为夯土,夯层厚0.2~0.26米	矩形	梯形	底部边长8,顶部边长5.6,残高5.8米	无	无	保存一般。台体外部砖石无存	自然因素有风雨侵蚀、植物生长等;人为因素有拆毁砖石等
马兰口2号敌台	下马峪乡马兰口村西0.3千米	1155米	倚墙而建。位于马兰口长城墙体上,系马兰口长城止点	砖	外部砖石砌筑;内部为夯土,夯层厚0.2~0.26米	矩形	梯形	底部东西8.1,南北6.2米,顶部边长1.3米,残高4.2米	无	无	保存一般。台体外部砖石无存	自然因素有风雨侵蚀、植物生长等;人为因素有拆毁砖石等

表281　应县长城沿线烽火台一览表

名称	地点	高程	与其他遗存的位置关系	材质	建筑方式	平面形制	剖面形制	尺寸	附属设施	修缮情况	保存状况	损毁原因及存在病害
兴旺坡村东烽火台	大临河乡兴旺坡村东0.3千米	1143米	位于王家窑—兴旺坡长城北侧,北距兴旺坡村东城堡0.075千米	砖	外部砖石砌筑;内部为夯土台体,含夯土层厚0.16~0.2米	矩形	梯形	底部东西5,南北7米,顶部东西1.6,南北1.6米,残高7.8米	无	无	保存一般。台体外部砖石无存	自然因素有风雨侵蚀、植物生长等;人为因素有拆毁砖石等
兴旺坡村南烽火台	大临河乡兴旺坡村南1.2千米	1502米	位于牛槽峪长城沿线	砖	外部砖石砌筑;内部为夯土台体,含砂砾,夯层厚0.12~0.15米	矩形	梯形	底部东西12,南北11.2米,顶部东西3.1,南北4米,残高6.2米	无	无	保存一般。台体外部砖石无存	自然因素有风雨侵蚀、植物生长等;人为因素有拆毁砖石等
神峪村南烽火台	大临河乡神峪村南0.5千米	1319米	位于牛槽峪长城沿线	土	夯筑而成,含砂砾,夯层厚0.15米	矩形	梯形	底部东西11.9,南北12米,顶部东西8,南北7米,残高8米	无	无	保存一般。台体东壁北侧有洞穴,宽1.5,高1.2,进深0.7米	自然因素有风雨侵蚀、植物生长等;人为因素有挖掘洞穴等
牛槽峪1号烽火台	下社镇牛槽峪村西南	1374米	位于牛槽峪长城沿线	砖	外部砖石砌筑;内部为夯土台体,夯层厚0.2~0.26米	矩形	梯形	底部边长11.2,顶部边长3.2,残高4.5米	无	无	保存较差。台体底部包石大多保存,上部包砖无存	自然因素有风雨侵蚀、植物生长等;人为因素有拆毁砖石等
牛槽峪2号烽火台	下社镇牛槽峪村西南	1390米	位于牛槽峪长城沿线	砖	外部砖石砌筑;内部为夯土台体,夯层厚0.16~0.2米	矩形	梯形	底部东西16.6,南北18.2米,顶部东西10.4,南北12.3米,残高8.2米	无	无	保存一般。台体外部砖石无存	自然因素有风雨侵蚀、植物生长等;人为因素有拆毁砖石等
牛槽峪3号烽火台	下社镇牛槽峪村西南	1375米	位于牛槽峪长城沿线	砖	外部砖石砌筑;内部为夯土台体,夯层厚0.16~0.18米	矩形	梯形	底部东西8.2,南北8.6米,顶部东西3.6,南北4.2米,南侧残高2.5,北侧残高9米	无	无	保存一般。台体外部砖石无存	自然因素有风雨侵蚀、植物生长等;人为因素有拆毁砖石等
牛槽峪4号烽火台	下社镇牛槽峪村西南	1363米	位于牛槽峪长城沿线	砖	外部砖石砌筑;内部为夯土台体,夯层厚0.2米	矩形	梯形	底部东西3,南北2米,顶部边长1.5,残高2米	无	无	保存较差。台体外部砖石无存	自然因素有风雨侵蚀、植物生长等;人为因素有拆毁砖石等
牛槽峪5号烽火台	下社镇牛槽峪村西南	1237米	位于牛槽峪长城沿线	砖	外部砖石砌筑;内部为夯土台体,含夯土层厚0.16~0.22米	矩形	梯形	底部边长12.4,顶部边长4.2,残高4.8米	无	无	保存一般。台体外部砖石无存。南壁底部有砖砌神龛,供奉有观音菩萨	自然因素有风雨侵蚀、植物生长等;人为因素有拆毁砖石,利用台体底部神龛,修建神龛供奉菩萨
小石口南烽火台	南河种镇小石口村东南	1222米	位于小石口长城西北0.14千米	砖	外部砖石砌筑;内部为夯土台体,含夯土层厚0.2米	矩形	梯形	底部边长7,顶部边长5,残高4.2米	无	无	保存较差。台体外部砖石无存	自然因素有风雨侵蚀、植物生长等;人为因素有拆毁砖石等

续表 281

名称	地点	高程	与其他遗存的位置关系	材质	建筑方式	平面形制	剖面形制	尺寸	附属设施	修缮情况	保存状况	损毁原因及存在病害
闻名山烽火台（彩图六一二）	南河种镇小石口村南 1.7 千米，闻名主峰西 0.85 千米的山梁上	1360 米	位于小石口长城南 0.61 千米	土	夯筑而成，含石英粒，夯层厚 0.16～0.28 米	矩形	梯形	底部东边长 12.05，南边长 11.28 米，顶部东边长 5.58，南边东边长 4.44 米，北侧残高 7.95 米	台体南角角登顶脚窝	无	保存较好。台体东、南壁有洞穴，东壁洞宽 1.7，高 3.42，进深 1.53，南壁洞穴宽 1.35，高 1.5，进深 1.6，距地面 1.9 米	自然因素主要有风雨侵蚀等；人为因素为人为挖掘洞穴等
狼峪 1 号烽火台	南河种镇狼峪村东	1433 米	位于狼峪长城 1 段沿线	砖	外部砖石砌筑；内部为夯土台体，夯层厚 0.2 米	矩形	梯形	底部边长 10，顶部边长 8，残高 6.2 米	无	无	保存一般。台体外部砖石无存	自然因素有风雨侵蚀，植物生长等；人为因素有拆毁砖石等
狼峪 2 号烽火台	南河种镇狼峪村东	1348 米	位于狼峪长城 1 段沿线	砖	外部砖石砌筑；内部为夯土台体，夯层厚 0.2 米	矩形	梯形	底部边长 7，顶部边长 3，残高 5.5 米	无	无	保存好。台体外部砖石无存	自然因素有风雨侵蚀，植物生长等；人为因素有拆毁砖石等
狼峪 3 号烽火台	南河种镇狼峪村东	1339 米	位于狼峪长城 1 段沿线	砖	外部砖石砌筑；内部为夯土台体，夯层厚 0.2 米	矩形	梯形	底部边长 12，顶部边长 6.2，残高 10.2 米	无	无	保存较好。台体外部砖石无存	自然因素有风雨侵蚀，植物生长等；人为因素有拆毁砖石等
狼峪 4 号烽火台	南河种镇狼峪村东	1280 米	位于狼峪长城 1 段沿线	砖	外部砖石砌筑；内部为夯土台体，夯层厚 0.1～0.2 米	矩形	梯形	底部边长 11.4，顶部边长 6.4，残高 7.8 米	无	无	保存一般。台体外部砖石无存	自然因素有风雨侵蚀，植物生长等；人为因素有拆毁砖石等
狼峪 5 号烽火台	南河种镇狼峪村东	1298 米	位于狼峪长城 1 段沿线	砖	外部砖石砌筑；内部为夯土台体，夯层厚 0.2 米	矩形	梯形	底部东西 8.2，南北 6.4 米，顶部东西 4.4 米，残高 8.2 米	无	无	保存一般。台体外部砖石无存	自然因素有风雨侵蚀，植物生长等；人为因素有拆毁砖石等
狼峪 6 号烽火台	南河种镇狼峪村东	1333 米	位于狼峪长城 1 段沿线	砖	外部砖石砌筑；内部为夯土台体，夯层厚 0.2 米	矩形	梯形	底部边长 10.8，顶部边长 8.2，残高 7.4 米	无	无	保存一般。台体外部砖石无存	自然因素有风雨侵蚀，植物生长等；人为因素有拆毁砖石等
狼峪 7 号烽火台	南河种镇狼峪村东	1368 米	位于狼峪长城 1 段沿线	砖	外部砖石砌筑；内部为夯土台体，夯层厚 0.2 米	矩形	梯形	底部边长 9，顶部边长 6，残高 9 米	无	无	保存一般。台体外部砖石无存	自然因素有风雨侵蚀，植物生长等；人为因素有拆毁砖石等
狼峪 8 号烽火台	南河种镇狼峪村东	1342 米	位于狼峪长城 1 段沿线	砖	外部砖石砌筑；内部为夯土台体，夯层厚 0.2～0.28 米	矩形	梯形	底部边长 9.8，顶部边长 5.5，残高 9.2 米	无	无	保存一般。台体外部砖石无存	自然因素有风雨侵蚀，植物生长等；人为因素有拆毁砖石等

续表281

名称	地点	高程	与其他遗存的位置关系	材质	建筑方式	平面形制	剖面形制	尺寸	附属设施	修缮情况	保存状况	损毁原因及存在病害
狼峪9号烽火台	南河种镇狼峪村东	1314米	位于狼峪长城1段沿线	砖	外部砖石砌筑；内部为夯土台体，夯层厚0.2~0.26米	矩形	梯形	底部边长9.5，顶部边长6.8，残高8.5米	无	无	保存一般。台体外部砖石无存	自然因素有风雨侵蚀，植物生长等；人为因素有拆毁砖石，农业生产活动破坏等
狼峪10号烽火台	南河种镇狼峪村东	1292米	位于狼峪长城1段沿线	砖	外部砖石砌筑；内部为夯土台体，夯层厚0.2~0.26米	矩形	梯形	底部边长14，顶部边长8.8，残高12.5米	无	无	保存较好。台体外部砖石无存	自然因素有风雨侵蚀，植物生长等；人为因素有拆毁砖石，农业生产活动破坏等
狼峪11号烽火台	南河种镇狼峪村东	1300米	位于狼峪长城1段沿线	砖	外部砖石砌筑；内部为夯土台体，夯层厚0.2~0.26米	矩形	梯形	底部边长10，顶部边长7.4，残高8.2米	无	无	保存一般。台体外部砖石无存	自然因素有风雨侵蚀，植物生长等；人为因素有拆毁砖石等
狼峪12号烽火台	南河种镇狼峪村东	1265米	位于狼峪长城2段沿线	砖	外部砖石砌筑；内部为夯土台体，夯层厚0.2~0.26米	矩形	梯形	底部边长14，顶部边长6，残高11.5米	无	无	保存较好。台体外部砖石无存	自然因素有风雨侵蚀，植物生长等；人为因素有拆毁砖石等
狼峪13号烽火台	南河种镇狼峪村东	1209米	位于狼峪长城2段沿线	砖	外部砖石砌筑；内部为夯土台体，夯层厚0.2~0.26米	矩形	梯形	底部边长12，顶部边长10，残高7.5米	无	无	保存一般。台体外部砖石无存	自然因素有风雨侵蚀，植物生长等；人为因素有拆毁砖石等
狼峪14号烽火台	南河种镇狼峪村西南	1206米	位于狼峪长城2段沿线	砖	外部砖石砌筑；内部为夯土台体，夯层厚0.1~0.22米	矩形	梯形	底部边长9.8，顶部边长7.2，残高8.2米	无	无	保存一般。台体外部砖石无存	自然因素有风雨侵蚀，植物生长等；人为因素有拆毁砖石，农业生产活动破坏等
长彦1号烽火台	南河种镇长彦村东北0.5千米	1354米	位于狼峪长城2段沿线	土	夯筑而成，夯层厚0.15~0.2米	矩形	梯形	底部东西边长12.54，南部东边长4.5，南边长3.73米，东侧残高8.98，南侧残高11.55米	无	无	保存一般。西南壁底部有取土形成的坑穴	自然因素有风雨侵蚀，植物生长等；人为因素取土挖损等
长彦2号烽火台（彩图六一三）	南河种镇长彦村东南0.6千米	1453米	位于狼峪长城2段沿线	土	夯筑而成，含砂砾，夯层厚0.14~0.25米	矩形	梯形	底部东西15.12，南北15.47米，顶部东西8.06，南北9.76米，东侧残高10.06米	无	无	保存较好。台体南壁西部有取洞穴	自然因素有风雨侵蚀，植物生长等；人为因素有挖掘洞穴，农业生产活动破坏等
长彦3号烽火台	南河种镇长彦村东南0.4千米的耕地中	1042米	位于狼峪长城2段沿线	土	夯筑而成，夯层厚0.18~0.28米	矩形	梯形	底部东西12.95，南北12.35米，顶部东西5.76米，南北6.04米，东侧残高11.1米	无	无	保存较好。台体北壁底部积土遭取土挖损	自然因素有风雨侵蚀，植物生长等；人为因素有取土挖损等

续表281

名称	地点	高程	与其他遗存的位置关系	材质	建筑方式	平面形制	剖面形制	尺寸	附属设施	修缮情况	保存状况	损毁原因及存在病害
小白滩1号烽火台	南河种镇小白滩村南0.55千米的山坡上	1560米	位于护驾岗长城沿线	土	夯筑而成，夯层厚0.11~017米	矩形	梯形	底部东西12.04，南北10.39米，顶部东西6.08，南北4.05米，南侧残高4.43，北侧残高9.2米	无	无	保存一般。台体东壁底部有取土形成的坑穴	自然因素有风雨侵蚀、植物生长等；人为因素有取土挖损等
小白滩2号烽火台	南河种镇小白滩村东南0.45千米	1543米	位于护驾岗长城沿线	土	夯筑而成，含少量砂砾，夯层厚0.2~0.25米，厚夹层，厚0.03米	矩形	梯形	底部东西6.34，南北8.43米，顶部东西2.1，南北2.7，南侧残高3.41，北侧残高7.39米	无	无	保存一般	自然因素有风雨侵蚀、植物生长等
小白滩3号烽火台（彩图六一四）	南河种镇小白滩村北0.5千米	1391米	位于护驾岗长城沿线	土	夯筑而成，夯层厚0.18~0.24米	矩形	梯形	底部东边10.07，南边10.18米，顶部东边3.77，南边4.76米，残高8.45米	无	无	保存一般	自然因素有风雨侵蚀、植物生长等
小白滩4号烽火台	南河种镇小白滩村北0.55千米	1387米	位于护驾岗长城沿线	土	夯筑而成，夯层厚0.19~0.22米	矩形	梯形	底部东西10.99，南北9.49米，顶部东边3.58，南边3.05，西和北边4.5米，残高7.97米	无	无	保存一般	自然因素有风雨侵蚀、植物生长等
小白滩5号烽火台	南河种镇小白滩村东北0.45千米	1438米	位于护驾岗长城沿线	土	夯筑而成，含砂砾，夯层厚0.15~0.18米	矩形	梯形	底部东西8.69，南北9.05米，顶部东边3.82，南北4.33，南边3.05，残高8.21米	无	无	保存一般	自然因素有风雨侵蚀、植物生长等
小白滩6号烽火台（彩图六一五）	南河种镇小白滩村东北0.45千米	1500米	位于护驾岗长城沿线	土	夯筑而成，含砂砾、石英粒，夯层厚0.17~0.26米	矩形	梯形	底部东边7.4，南边6.95米，顶部东长3.21，东边3.05，南边1.21米，残高6.35米	无	无	保存一般。台体东南壁有取土形成的坑穴	自然因素有风雨侵蚀、植物生长等；人为因素有取土挖损等
小白滩7号烽火台	南河种镇小白滩村东0.75千米的山顶上	1561米	位于护驾岗长城沿线	土	夯筑而成，含砂砾、石英粒，夯层厚0.1~0.17米	矩形	梯形	底部北边11.98米，南北3.5，顶部东西3.5，南北5.96米，北侧残高4.78~6.51米	无	无	保存一般	自然因素有风雨侵蚀、植物生长等

续表281

名称	地点	高程	与其他遗存的位置关系	材质	建筑方式	平面形制	剖面形制	尺寸	附属设施	修缮情况	保存状况	损毁原因及存在病害
小白滩8号烽火台	南河种镇小白滩村西1.5千米的山顶上	1585米	位于护驾岗长城沿线	土	夯筑而成，含砂砾，夯层厚0.13~0.17米	矩形	梯形	底部西边长9.6，顶部边长0.2~0.8，残高2.97米	无	无	保存较差	自然因素有风雨侵蚀、植物生长等
段树洼烽火台（彩图六六）	南河种镇段树洼村南0.2千米的山坡上	1379米	位于护驾岗一茹越口长城沿线	土	夯筑而成，夯层厚0.13~0.17米	矩形	梯形	底部东西9.09，南北7.71米，残高12.97米	无	无	保存一般。台体南壁中部有洞穴	自然因素有风雨侵蚀、植物生长等；人为因素有挖洞漏洞穴等
茹越口4号烽火台	南泉乡茹越口村北	1374米	位于护驾岗一茹越口长城沿线	砖	外部砖石砌筑；内部为夯土台体，夯层厚0.2~0.3米	矩形	梯形	底部东西7，南北8.2米，顶部东西3，南北2米，残高4米	无	无	保存较差。台体外部砖石无存	自然因素有风雨侵蚀、植物生长等；人为因素有拆毁砖石等
茹越口7号烽火台	南泉乡茹越口村北	1395米	位于护驾岗一茹越口长城沿线	砖	外部砖石砌筑；内部为夯土台体，夯层厚0.12~0.2米	矩形	梯形	底部东西8.2，南北7.4米，顶部东西4.6，南北4.6米，残高7.4米	无	无	保存一般。台体外部砖石无存	自然因素有风雨侵蚀、植物生长等；人为因素有拆毁砖石等
观口前烽火台（彩图六七）	南泉乡观口前村东南0.4千米的山顶上	1227米		土	夯筑而成，含砂砾，夯层厚0.17~0.18米	矩形	梯形	底部东边长8.6，南边长8.69，顶部东边长4.31，南边长3.71米，残高9.9米	台基平面呈矩形，南边长15.25，西边长18.4米，东侧残高2.84，西侧残高4.28米	无	保存较好。台体顶部有现代修建的凉亭	自然因素有风雨侵蚀、植物生长等；人为因素有在台体顶部修建凉亭等
茹越口1号烽火台	南泉乡茹越口村东南0.3千米	1234米	位于茹越口长城东南0.05千米	砖	外部砖石砌筑；内部为夯土台体，夯层厚0.2~0.26米	矩形	梯形	底部边长14，顶部边长8，残高6.5米	无	无	保存一般。台体外部砖石无存	自然因素有风雨侵蚀、植物生长等；人为因素有拆毁砖石等
茹越口2号烽火台	南泉乡茹越口村东南	1320米	位于茹越口长城东南0.11千米	砖	外部砖石砌筑；内部为夯土台体，夯层厚0.2~0.26米	矩形	梯形	底部东西14，南北12米，顶部东西9，南北8米，残高8.5米	台体西侧有壕沟，长3、宽1.5、深2.8米	无	保存一般。台体外部砖石无存	自然因素有风雨侵蚀、植物生长等；人为因素有拆毁砖石等
茹越口3号烽火台	南泉乡茹越口村东南	1341米	位于茹越口长城东南0.28千米	砖	外部砖石砌筑；内部为夯土台体，夯层厚0.2~0.26米	矩形	梯形	底部边长9，顶部边长3，残高11米	无	无	保存较好。台体外部砖石无存	自然因素有风雨侵蚀、植物生长等；人为因素有拆毁砖石等
孙家窑烽火台	南泉乡孙家窑村东南0.85千米的山顶上	1532米	位于茹越口长城东南2.5千米	土	夯筑而成，含红色花岗岩石块，夯层厚0.2米	矩形	梯形	底部东西6.99，南北8.04米	无	无	保存一般	自然因素有风雨侵蚀、植物生长等

续表281

名称	地点	高程	与其他遗存的位置关系	材质	建筑方式	平面形制	剖面形制	尺寸	附属设施	修缮情况	保存状况	损毁原因及存在病害
茹越口5号烽火台	南泉乡茹越口村西南	1375米	位于茹越口—马兰口长城沿线	砖	外部砖石砌筑;内部为夯土台体,夯层厚0.14~0.18米	矩形	梯形	底部边长10,顶部边长3,残高6.2米	无	无	保存一般。台体外部砖石无存	自然因素有风雨侵蚀、植物生长等;人为因素有拆毁砖石等
茹越口6号烽火台	南泉乡茹越口村西南	1290米	位于茹越口—马兰口长城沿线	砖	外部砖石砌筑;内部为夯土台体,夯层厚0.06~0.12米	矩形	梯形	底部边长13,顶部边长10,残高8.2米	台体东壁有登顶坡道,宽2.2,高5.2米	无	保存一般。台体外部砖石无存	自然因素有风雨侵蚀、植物生长等;人为因素有拆毁砖石等
茹越口8号烽火台	南泉乡茹越口村西北	1373米	位于茹越口—马兰口长城沿线	砖	外部砖石砌筑;内部为夯土台体	矩形	梯形	底部东西13,南北8米,顶部东西11,南北7米,残高9米	无	无	保存一般。台体外部砖石无存	自然因素有风雨侵蚀、植物生长等;人为因素有农业生产活动破坏等
茹越口9号烽火台	南泉乡茹越口村西南	1206米	位于茹越口—马兰口长城沿线	砖	外部砖石砌筑;内部为夯土台体,夯层厚0.2米	矩形	梯形	底部边长8,顶部边长3,残高6.8米	无	无	保存一般。台体外部砖石无存,东北角被修建道路破坏	自然因素有风雨侵蚀、植物生长等;人为因素有拆毁砖石、修建道路破坏等
南上寨烽火台	南泉乡南上寨村南0.2千米	1215米	位于茹越口—马兰口长城沿线	砖	外部砖石砌筑;内部为夯土台体,夯层厚0.2~0.22米	矩形	梯形	底部东西9.4,南北9.6米,顶部东西5.4,南北7.6米	无	无	保存一般。台体外部砖石无存	自然因素有风雨侵蚀、植物生长等;人为因素有拆毁砖石等
小山门1号烽火台	南泉乡小山门村东南2千米	1291米	位于茹越口—马兰口长城沿线	土	夯筑而成,夯层厚0.2~0.26米	矩形	梯形	底部边长8.6,顶部边长5.8,残高6.8米	无	无	保存一般	自然因素有风雨侵蚀、植物生长等
小山门2号烽火台	南泉乡小山门村南1.7千米	1204米	位于茹越口—马兰口长城沿线	土	夯筑而成,夯层厚0.2-0.26米	矩形	梯形	底部东西8.8,南北8.8米,顶部东西6.2,南北6.4米,残高7.2米	无	无	保存一般	自然因素有风雨侵蚀、植物生长等
小山门3号烽火台	南泉乡小山门村西南1.2千米的山梁上	1242米	位于茹越口—马兰口长城沿线	土	夯筑而成,夯层厚0.06~0.2米	矩形	梯形	底部边长9,顶部边长4.2,残高8.2米	无	无	保存一般	自然因素有风雨侵蚀、植物生长等
品泉沟1号烽火台	南泉乡品泉沟村东山梁上	1393米	位于茹越口—马兰口长城沿线	土	夯筑而成	矩形	梯形	底部东西8,南北7米,顶部东西6.2,南北5.4米,残高5.8米	无	无	保存一般	自然因素有风雨侵蚀、植物生长等

续表281

名称	地点	高程	与其他遗存的位置关系	材质	建筑方式	平面形制	剖面形制	尺寸	附属设施	修缮情况	保存状况	损毁原因及存在病害
品泉沟2号烽火台	南泉乡品泉沟村东0.6千米的山顶上	1366米	位于茹越口—马兰口长城沿线	土	夯筑而成，夯层厚0.1~0.2米	矩形	梯形	底部边长9.2，顶部边长6，东侧残高4，西侧残高8.2米	无	无	保存一般	自然因素有风雨侵蚀，植物生长等
品泉沟3号烽火台	南泉乡品泉沟村南的山梁上	1349米	位于茹越口—马兰口长城沿线	土	夯筑而成，夯层厚0.1~0.2米	矩形	梯形	底部东西8.2，南北5.8，顶部东西5.8，南北1米，残高6.2米	无	无	保存一般	自然因素有风雨侵蚀，植物生长等
品泉沟4号烽火台	南泉乡品泉沟村东南的山梁上	1401米	位于茹越口—马兰口长城沿线	土	夯筑而成，夯层厚0.1~0.2米	矩形	梯形	底部东西8.5，南北6，顶部东西5.4，南北4.6米，残高6.2米	无	无	保存一般	自然因素有风雨侵蚀，植物生长等
管子沟1号烽火台	南泉乡管子沟东南村的山梁上	1376米	位于茹越口—马兰口长城沿线	土	夯筑而成，夯层厚0.2~0.26米	矩形	梯形	底部东西5.8，南北8，顶部东西2.8，南北3米，残高6米	无	无	保存一般	自然因素有风雨侵蚀，植物生长等
管子沟2号烽火台	南泉乡管子沟西南村的山梁上	1355米	位于茹越口—马兰口长城沿线	土	夯筑而成，夯层厚0.2~0.26米	矩形	梯形	底部东西13，南北11，顶部东西7，南北6米，残高6.8米	无	无	保存一般	自然因素有风雨侵蚀，植物生长等
管子沟3号烽火台	南泉乡管子沟村西	1327米	位于茹越口—马兰口长城沿线	土	夯筑而成，夯层厚0.2~0.26米	矩形	梯形	底部东西4.4，顶部东西8.2米，南侧残高0.8、北侧残高6.5米	无	无	保存一般	自然因素有风雨侵蚀，植物生长等
管子沟4号烽火台	南泉乡管子沟村西	1319米	位于茹越口—马兰口长城沿线	土	夯筑而成，夯层厚0.2~0.26米	矩形	梯形	底部东西3.6，南北4.1，顶部东西1，南北1.2米，南侧残高1、北侧残高4.8米	无	无	保存较差	自然因素有风雨侵蚀，植物生长等
管子沟5号烽火台	南泉乡管子沟村西	1345米	位于茹越口—马兰口长城沿线	土	夯筑而成，夯层厚0.2米	矩形	梯形	底部边长6米，顶部东西2，南北1.5米，残高5.8米	无	无	保存一般	自然因素有风雨侵蚀，植物生长等
瓦窑沟1号烽火台	南泉乡瓦窑沟村南0.5千米的山梁上	1311米	位于茹越口—马兰口长城沿线	土	夯筑而成，夯层厚0.2~0.26米	矩形	梯形	底部边长6.5，顶部边长4.2，残高5.8米	无	无	保存一般	自然因素有风雨侵蚀，植物生长等
瓦窑沟2号烽火台	南泉乡瓦窑沟村南0.4千米的山梁上	1325米	位于茹越口—马兰口长城沿线	土	夯筑而成，夯层厚0.2~0.26米	矩形	梯形	底部东西7，南北4.6，顶部东西4，南北1米，南侧残高0.8、北侧残高3.6米	无	无	保存较差	自然因素有风雨侵蚀，植物生长等

续表281

名称	地点	高程	与其他遗存的位置关系	材质	建筑方式	平面形制	剖面形制	尺寸	附属设施	修缮情况	保存状况	损毁原因及存在病害
瓦窑沟3号烽火台	南泉乡瓦窑沟村南0.4千米的山梁上	1298米	位于茹越口—马兰口长城沿线	土	夯筑而成，含砂砾，夯层厚0.2~0.26米	矩形	梯形	底部东西6.2，南北4.2米,顶部边长5.2米	无	无	保存一般	自然因素有风雨侵蚀、植物生长等
瓦窑沟4号烽火台	南泉乡瓦窑沟村南0.25千米的山梁上	1248米	位于茹越口—马兰口长城沿线	土	夯筑而成，夯层厚0.2~0.3米	矩形	梯形	底部边长8，顶部边长6米,北侧城残高8米	无	无	保存一般	自然因素有风雨侵蚀、植物生长等
瓦窑沟5号烽火台	南泉乡瓦窑沟村西南	1199米	位于茹越口—马兰口长城沿线	砖	外部砖石砌筑；内部为夯土台体,夯层厚0.2~0.3米	矩形	梯形	底部东西11，南北10米,顶部东西9，南北8米，残高7.8米	无	无	保存一般。台体外部砖石无存	自然因素有风雨侵蚀、植物生长等；有拆毁砖石等
瓦窑沟6号烽火台	南泉乡瓦窑沟村西南0.7千米的山梁上	1338米	位于茹越口—马兰口长城沿线	土	夯筑而成，夯层厚0.2~0.22米	矩形	梯形	底部东西16，南北14米,顶部东西10，南北8米，残高9.8米	无	无	保存一般	自然因素有风雨侵蚀、植物生长等
瓦窑沟7号烽火台	南泉乡瓦窑沟村西南0.7千米的山梁上	1295米	位于茹越口—马兰口长城沿线	土	夯筑而成，夯层厚0.2~0.22米	矩形	梯形	底部边长6，顶部边长2,北侧城残高5米	无	无	保存一般	自然因素有风雨侵蚀、植物生长等
瓦窑沟8号烽火台	南泉乡瓦窑沟村西南1千米	1277米	位于茹越口—马兰口长城沿线	土	夯筑而成，夯层厚0.18~0.26米	矩形	梯形	底部边长8米，顶部东西3.1，南北3米,北侧城残高6.4米	无	无	保存一般	自然因素有风雨侵蚀、植物生长等
西贾庄1号烽火台	南泉乡西贾庄村南1.2千米	1214米	位于茹越口—马兰口长城沿线	土	夯筑而成，夯层厚0.18~0.26米	矩形	梯形	底部边长10米，顶部东西6，南北5米,北侧城残高8.5米	无	无	保存一般	自然因素有风雨侵蚀、植物生长等；有农业生产活动破坏等
西贾庄2号烽火台	南泉乡西贾庄村南	1331米	位于茹越口—马兰口长城沿线	土	夯筑而成，夯层厚0.2~0.26米	矩形	梯形	底部东西8.2，南北8.5米，顶部东西4.2，南北1.5、6.8米,南侧残高1.5,北侧残高4.8米	无	无	保存一般	自然因素有风雨侵蚀、植物生长等
西贾庄3号烽火台	南泉乡西贾庄村南	1338米	位于茹越口—马兰口长城沿线	土	夯筑而成，夯层厚0.2~0.26米	矩形	梯形	底部东西6.2，南北6.4米，顶部东西2.8，南北1.3米,南侧残高1.4,北侧残高4.6米	无	无	保存一般	自然因素有风雨侵蚀、植物生长等

续表281

名称	地点	高程	与其他遗存的位置关系	材质	建筑方式	平面形制	剖面形制	尺寸	附属设施	修缮情况	保存状况	损毁原因及存在病害
西贾庄4号烽火台	南泉乡西贾庄村南	1332米	位于茹越口—马兰口长城沿线	土	夯筑而成,含砂砾,夯层厚0.2~0.26米	矩形	梯形	底部东西4.2,南北4.3米,顶部东西3.2,南北2.8米,残高2.3米	无	无	保存较差	自然因素有风雨侵蚀、植物生长等
西贾庄5号烽火台	南泉乡西贾庄村南	1333米	位于茹越口—马兰口长城沿线	土	夯筑而成,夯层厚0.2~0.26米	矩形	梯形	底部东西8.2,南北7.8米,顶部东西5.8,南北5.5米,南侧残高2.5、北侧残高6.2米	无	无	保存一般	自然因素有风雨侵蚀、植物生长等
西贾庄6号烽火台	南泉乡西贾庄村南	1272米	位于茹越口—马兰口长城沿线	土	夯筑而成,碎石,夯层厚0.2~0.26米	矩形	梯形	底部边长6.8,顶部边长4.5米,南侧残高4.2、北侧残高5.7米	无	无	保存一般	自然因素有风雨侵蚀、植物生长等
西窑村1号烽火台	南泉乡西窑村西南0.3千米	1176米	位于茹越口—马兰口长城沿线	土	夯筑而成,夯层厚0.2~0.22米	矩形	梯形	底部东西8.1,南北9.2米,顶部东西4.2,南北4.6米,残高6.8米	台体南壁有登顶坡道,宽2米	无	保存一般	自然因素有风雨侵蚀、植物生长等
西窑村2号烽火台	南泉乡西窑村西南0.45千米	1208米	位于茹越口—马兰口长城沿线	土	夯筑而成,含砂砾,夯层厚0.2~0.22米	矩形	梯形	底部东西5.8,南北6.6米,顶部东西3.6,南北6.1米,残高6.8米	无	无	保存一般	自然因素有风雨侵蚀、植物生长等
西窑村3号烽火台	南泉乡西窑村西南0.5千米	1207米	位于茹越口—马兰口长城沿线	土	夯筑而成,含砂砾,夯层厚0.22米	矩形	梯形	底部东西6.2,南北5.6米,顶部东西4.1,南北4.2米,残高6.3米	无	无	保存一般	自然因素有风雨侵蚀、植物生长等
西窑村4号烽火台	南泉乡西窑村西南0.5千米	1199米	位于茹越口—马兰口长城沿线	土	夯筑而成,夯层厚0.2米	矩形	梯形	底部东西5.8,南北5.4米,顶部边长3.2米,残高5.6米	无	无	保存一般	自然因素有风雨侵蚀、植物生长等
马兰庄1号烽火台	下马峪乡马兰庄村东南1.1千米	1197米	位于茹越口—马兰口长城沿线	土	夯筑而成,夯层厚0.2米	矩形	梯形	底部东西7.2,南北8.1米,顶部东西3.2,南北5.3米,北侧残高5.3米	无	无	保存一般	自然因素有风雨侵蚀、植物生长等
马兰庄2号烽火台	下马峪乡马兰庄村东南0.9千米	1221米	位于茹越口—马兰口长城沿线	土	夯筑而成,夯层厚0.2米	矩形	梯形	底部东西7.1,南北5.6米,顶部东西2.3,南北3.6米,残高5.6米	无	无	保存一般	自然因素有风雨侵蚀、植物生长等
马兰庄3号烽火台	下马峪乡马兰庄村东南0.9千米	1164米	位于茹越口—马兰口长城沿线	土	夯筑而成,夯层厚0.2~0.26米	矩形	梯形	底部东西2.6,南北4.6米,顶部东西1.1,南北1.1米,残高4.2米	无	无	保存较差	自然因素有风雨侵蚀、植物生长等

续表 281

名称	地点	高程	与其他遗存的位置关系	材质	建筑方式	平面形制	剖面形制	尺寸	附属设施	修缮情况	保存状况	损毁原因及存在病害
马兰庄4号烽火台	下马峪乡马兰庄村东南0.9千米	1177米	位于茹越口—马兰口长城沿线	土	夯筑而成,夯层厚0.2~0.26米	矩形	梯形	底部东西10.2,南北14.5米,顶部东西10.2米,南北6.8,残高8.1米	无	无	保存一般	自然因素有风雨侵蚀、植物生长等
马兰庄5号烽火台	下马峪乡马兰庄村东南1.1千米	1194米	位于茹越口—马兰口长城沿线	土	夯筑而成,夯层厚0.2米	矩形	梯形	底部东西7.6,南北7.2米,顶部东西5.4,南北5.6米,残高5.1米	无	无	保存一般	自然因素有风雨侵蚀、植物生长等
马兰庄6号烽火台	下马峪乡马兰庄村东南0.4千米	1113米	位于茹越口—马兰口长城沿线	土	夯筑而成,夯层厚0.2~0.26米	矩形	梯形	底部东西9,南北11.6米,顶部东西3.8,南北3.6米,北侧残高7.6米	无	无	保存一般	自然因素有风雨侵蚀、植物生长等
马兰庄7号烽火台	下马峪乡马兰庄村东南	1161米	位于茹越口—马兰口长城沿线	土	夯筑而成,夯层厚0.2~0.22米	矩形	梯形	底部边长10,顶部边长8,残高9米	无	无	保存一般	自然因素有风雨侵蚀、植物生长等
马兰庄8号烽火台	下马峪乡马兰庄村南	1269米	位于茹越口—马兰口长城沿线	土	夯筑而成,夯层厚0.2~0.26米	矩形	梯形	底部边长10米,顶部东西8,南北7.8米,残高8.5米	无	无	保存一般	自然因素有风雨侵蚀、植物生长等
马兰庄9号烽火台	下马峪乡马兰庄村南	1280米	位于茹越口—马兰口长城沿线	土	夯筑而成,夯层厚0.2~0.26米	矩形	梯形	底部东西9.8,南北10米,顶部东西7,南北8.2米,残高8.2米	无	无	保存一般	自然因素有风雨侵蚀、植物生长等
马兰庄10号烽火台	下马峪乡马兰庄村南	1139米	位于茹越口—马兰口长城沿线	土	夯筑而成,夯层厚0.2~0.26米	矩形	梯形	底部边长10米,顶部东西7.6,南北8米,残高8米	无	无	保存一般	自然因素有风雨侵蚀、植物生长等
马兰口1号烽火台	下马峪乡马兰口村东北0.8千米	1134米	位于茹越口—马兰口长城沿线	土	夯筑而成,含砂砾,夯层厚0.18米	矩形	梯形	底部东西9.8,南北10.2米,顶部东西4.8,南北5.4米,残高9.8米	无	无	保存一般	自然因素有风雨侵蚀、植物生长等
马兰口2号烽火台	下马峪乡马兰口村东南0.7千米	1263米	位于茹越口—马兰口长城沿线	土	夯筑而成,含砂砾,夯层厚0.26米	矩形	梯形	底部东西8.2,南北6.6米,顶部东西6.4,南北5.4米,残高4.1米	无	无	保存较差	自然因素有风雨侵蚀、植物生长等
马兰口3号烽火台	下马峪乡马兰口村东南0.5千米	1254米	位于茹越口—马兰口长城沿线	土	夯筑而成,含砂砾,夯层厚0.22米	矩形	梯形	底部东西7.2,南北6.1米,顶部东西6.4,南北4.2米,北侧残高7.8米	无	无	保存一般	自然因素有风雨侵蚀、植物生长等

续表281

名称	地点	高程	与其他遗存的位置关系	材质	建筑方式	平面形制	剖面形制	尺寸	附属设施	修缮情况	保存状况	损毁原因及存在病害
马兰口4号烽火台	下马峪乡马兰口村东南0.3千米	1270米	位于茹越口—马兰口长城沿线	土	夯筑而成,含砂砾,夯层厚0.2~0.26米	矩形	梯形	底部东西13.6,南北7.2米,顶部东西10.2,南北6.4米,残高4.2米	无	无	保存较差	自然因素有风雨侵蚀、植物生长等
马兰口5号烽火台	下马峪乡马兰口村南0.3千米	1287米	位于马兰口长城南0.284千米	砖	外部砖石砌筑;内部为夯土台体,含砂砾,夯层厚0.2~0.26米	矩形	梯形	底部边长10.4,顶部边长6.8,残高7.8米	无	无	保存一般。外部砖石仍存	自然因素有风雨侵蚀、植物生长等;人为因素有拆毁砖石等
马兰口6号烽火台	下马峪乡马兰口村南0.13千米	1180米	位于马兰口长城南0.119千米	砖	外部砖石砌筑;内部为夯土台体,含砂砾,碎石,夯层厚0.2~0.26米	矩形	梯形	底部边长10.4,顶部边长6.6,残高8.6米	无	无	保存一般。外部砖石无存	自然因素有风雨侵蚀、植物生长等;人为因素有拆毁砖石等
马兰口7号烽火台	下马峪乡马兰口村西南0.6千米	1300米	位于东安岭长城沿线	土	夯筑而成,夯层厚0.2~0.26米	矩形	梯形	底部东西8.8,南北10米,顶部东西4,南北1米,残高8米	无	无	保存一般	自然因素有风雨侵蚀、植物生长等
水泉沟1号烽火台	下马峪乡水泉沟村南0.5千米的山梁上	1233米	位于东安岭长城沿线	砖	外部砖石砌筑;内部为夯土台体,夯层厚0.2~0.26米	矩形	梯形	底部边长14米,顶部东西12.1,南北13米,北侧残高5.8米	无	无	保存一般。外部砖石无存	自然因素有风雨侵蚀、植物生长等;人为因素有拆毁砖石等
水泉沟2号烽火台	下马峪乡水泉沟村西南侧0.3千米	1158米	位于东安岭长城沿线	砖	外部砖石砌筑;内部为夯土台体,夯层厚0.16~0.2米	矩形	梯形	底部边长4,顶部边长2.8,残高6.8米	无	无	保存一般。外部砖石无存	自然因素有风雨侵蚀、植物生长等;人为因素有拆毁砖石等
水泉沟3号烽火台	下马峪乡水泉沟村西南0.7千米	1262米	位于东安岭长城沿线	土	夯筑而成,夯层厚0.2米	矩形	梯形	底部东西6.4,南北3.6米,顶部东西3.4,南北3.8米	无	无	保存较差	自然因素有风雨侵蚀、植物生长等
水泉沟4号烽火台	下马峪乡水泉沟村西南0.7千米的山梁上	1264米	位于东安岭长城沿线	土	夯筑而成,夯层厚0.2~0.26米	矩形	梯形	底部东西10.4,顶部东西7.8,南北5.6,南侧残高1.8,北侧残高7.2米	无	无	保存一般	自然因素有风雨侵蚀、植物生长等
水泉沟5号烽火台	下马峪乡水泉沟村西南	1264米	位于东安岭长城沿线	土	夯筑而成,夯层厚0.2~0.26米	矩形	梯形	底部东西9.8,南北4.8米,顶部东西3.6,南北3.4米,残高6.4米	无	无	保存一般	自然因素有风雨侵蚀、植物生长等

续表 281

名称	地点	高程	与其他遗存的位置关系	材质	建筑方式	平面形制	剖面形制	尺寸	附属设施	修缮情况	保存状况	损毁原因及存在病害
水泉沟6号烽火台	下马峪乡水泉沟村西南	1133米	位于东安峪长城沿线	土	夯筑而成,夯层厚0.16~0.2米	矩形	梯形	底部东西9.2、南北10.1米,顶部东西6.8、南北6.8,残高10.2米	无	无	保存较好	自然因素有风雨侵蚀、植物生长等
刘海窑村1号烽火台	下马峪乡刘海窑村	1180米	位于东安峪长城沿线	土	夯筑而成,夯层厚0.2~0.26米	矩形	梯形	底部边长8.2,顶部边长6.2,南侧残高8.2米	无	无	保存一般	自然因素有风雨侵蚀、植物生长等
刘海窑村2号烽火台	下马峪乡刘海窑村	1370米	位于东安峪长城沿线	土	夯筑而成,夯层厚0.2~0.26米	矩形	梯形	底部边长8.8米,顶部东西2.8、南北2.8米,残高6.5米	无	无	保存一般	自然因素有风雨侵蚀、植物生长等
刘海窑村3号烽火台	下马峪乡刘海窑村	1364米	位于东安峪长城沿线	土	夯筑而成,夯层厚0.16~0.2米	矩形	梯形	底部东西6.2、南北4.8米,顶部东西4.1、南北2.4米,残高2.8米	无	无	保存较差	自然因素有风雨侵蚀、植物生长等
刘海窑村4号烽火台	下马峪乡刘海窑村	1364米	位于东安峪长城沿线	土	夯筑而成,夯层厚0.2~0.26米	矩形	梯形	底部边长4.8,顶部边长1.8,残高3.8米	无	无	保存较差	自然因素有风雨侵蚀、植物生长等
刘海窑村5号烽火台	下马峪乡刘海窑村	1189米	位于东安峪长城沿线	土	夯筑而成,夯层厚0.2~0.26米	矩形	梯形	底部东西9.2、南北8.8米,顶部东西4.8、南北4.6米,残高8.2米	无	无	保存一般	自然因素有风雨侵蚀、植物生长等
刘海窑村6号烽火台	下马峪乡刘海窑村	1257米	位于东安峪长城沿线	土	夯筑而成,夯层厚0.2~0.26米	矩形	梯形	底部东西7.6、南北7.8米,顶部东西4.2、南北4.8米,残高6.8米	无	无	保存一般	自然因素有风雨侵蚀、植物生长等
刘海窑村7号烽火台	下马峪乡刘海窑村	1211米	位于东安峪长城沿线	土	夯筑而成,夯层厚0.2~0.26米	矩形	梯形	底部东西13.6、南北11.5米,顶部东西10.1、南北4.6米,残高8.1米	无	无	保存一般	自然因素有风雨侵蚀、植物生长等
东安峪1号烽火台	下马峪乡东安峪村南	1188米	位于东安峪长城沿线	土	夯筑而成,夯层厚0.14~0.18米	矩形	梯形	底部边长14.2,顶部边长7.2,残高8.6米	无	无	保存一般	自然因素有风雨侵蚀、植物生长等
东安峪2号烽火台	下马峪乡东安峪村南	1290米	位于东安峪长城沿线	土	夯筑而成,夯层厚0.18~0.2米	矩形	梯形	底部边长13.1,顶部东边1,残高7.8米	无	无	保存一般	自然因素有风雨侵蚀、植物生长等

续表 281

名称	地点	高程	与其他遗存的位置关系	材质	建筑方式	平面形制	剖面形制	尺寸	附属设施	修缮情况	保存状况	损毁原因及存在病害
东安峪3号烽火台	下马峪乡东安峪村南	1319米	位于东安峪长城沿线	土	夯筑而成,含砂砾、碎石,夯层厚0.14~0.16米	矩形	梯形	底部东西5.3,南北9米,顶部东西3,南北7米,残高4.8米	无	无	保存较差	自然因素有风雨侵蚀、植物生长等
东安峪4号烽火台	下马峪乡东安峪村南	1360米	位于东安峪长城沿线	土	夯筑而成,含砂砾,夯层厚0.18~0.22米	矩形	梯形	底部东西8.8,南北7.6米,顶部东西6.2,南北4.5米,东侧残高1.5,西侧残高6.8米	无	无	保存一般	自然因素有风雨侵蚀、植物生长等
东安峪5号烽火台	下马峪乡东安峪村南	1377米	位于东安峪长城沿线	土	夯筑而成,含砂砾,夯层厚0.18~0.2米	矩形	梯形	底部东西3.6,南北5.4米,顶部东西2,南北3.2米,残高3.2米	无	无	保存较差	自然因素有风雨侵蚀、植物生长等
东安峪6号烽火台	下马峪乡东安峪村南	1246米	位于东安峪长城沿线	砖	外部砖石砌筑;内部为夯土台体,夯层厚0.2~0.3米	矩形	梯形	底部边长14,顶部边长13,残高8.2米	台体西壁有登顶坡道,宽3,高5.5米	无	保存一般。台体外部砖石无存	自然因素有风雨侵蚀、植物生长等;人为因素有拆毁砖石等
东安峪7号烽火台	下马峪乡东安峪村南	1351米	位于东安峪长城沿线	砖	内部夯土台体,夯层厚0.2~0.26米	矩形	梯形	底部东西8.2,南北4.2米,顶部东西6.2,南北2.2米,残高5.8米	无	无	保存一般。台体外部砖石无存	自然因素有风雨侵蚀、植物生长等;人为因素有拆毁砖石等

表282　应县腹里烽火台一览表

名称	地点	高程	与其他遗存的位置关系	材质	建筑方式	平面形制	剖面形制	尺寸	附属设施	修缮情况	保存状况	损毁原因及存在病害
上黑峪村烽火台	白马石乡上黑峪村东0.3千米的山顶上	1682米	西北距小石口长城7.2千米	土	夯筑而成，含砂砾、碎石，夯层厚0.2米	矩形	梯形	底部东西7.87，南北9.51米，残高4.46米	无	无	保存较差	自然因素有风雨侵蚀，植物生长等
白马石烽火台	白马石乡白马石村东南1千米	1724米	西北距上黑峪村烽火台4.8千米	土	夯筑而成，夯层厚0.12~0.22米	矩形	梯形	底部东西7.71，南北5.83米，残高10.2米	无	无	保存较好	自然因素有风雨侵蚀，植物生长等
化沟村烽火台（彩图六一八）	白马石乡化沟村北0.25千米的山顶上	1815米	北距白马石烽火台3.5千米	土	夯筑而成，含碎石，夯层厚0.2~0.26米	矩形	梯形	底部东西10.17，南北9.68米，顶部东西4.01，南北3.92米，残高4.17米	无	无	保存较差	自然因素有风雨侵蚀，植物生长等
双台梁烽火台	白马石乡刘庄村东北0.75千米	1782米	西北距化沟村烽火台4.2千米	土	夯筑而成，夯层厚0.14~0.2米	矩形	梯形	底部东西7.63，南北6.96米，顶部东西2.86，南北3.4米，残高8.2米	台体周围残存围墙，石砌而成，东墙残宽5.31，残高0.9米，南墙残长36.24米，西墙残长25.17米	无	保存一般。台体西北角底部积土形成的土坡栽取齐后种树，边缘砌石	自然因素有风雨侵蚀、植物生长等；人为因素有取土挖损等
北小寨村烽火台（彩图六一九）	大临河乡北小寨村西南1.6千米	1053米	位于北小寨堡北0.002千米	土	夯筑而成，夯层厚0.12~0.19米	矩形	梯形	底部东西8.48，南北7.7米，顶部东西2.1，南北1.9米，残高9.08米	台基平面呈矩形，东边长18.65，残高1.4米。台体西北角有登顶脚窝	无	保存一般	自然因素有风雨侵蚀，植物生长等
吕花瞳村烽火台（彩图六一○）	镇子梁乡吕花瞳村中	1024米	东北距北小寨村烽火台2.1千米	土	夯筑而成，夯层厚0.17~0.19米	矩形	梯形	底部东西5.48，南北5.99米，残高7.7米	无	无	保存一般	自然因素有风雨侵蚀，植物生长等
泉子头村烽火台（彩图六一一）	镇子梁乡泉子头村东北1千米东的山坡上	1053米	位于泉子头村堡东北1.3千米，东北距吕花瞳村烽火台1.6千米	土	夯筑而成，夯层厚0.2~0.24米	矩形	梯形	底部东西14.75，南北14.25米，顶部东西5.1，南北4.9米，残高9.71米	台体周围有围墙，夯筑而成，夯层厚0.21~0.26米，平面呈矩形，东西31.54，南北25.1米，东墙内高2，外高3.3米；西墙底宽0.44，顶宽2.8，外高2.1，内高3.8米；北墙宽3.8，内高0.21，内高3.8，外高4.13米。南墙中部设门	无	保存较好	自然因素有风雨侵蚀，植物生长等

续表 282

名称	地点	高程	与其他遗存的位置关系	材质	建筑方式	平面形制	剖面形制	尺寸	附属设施	修缮情况	保存状况	损毁原因及存在病害
镇子梁村烽火台	镇子梁乡镇子梁村中	992米	位于桑干头村堡西南3.3千米	土	夯筑而成,夯层厚0.2~0.24米	矩形	梯形	底部东西10.2,南北11.98米,顶部东西3.7,南北2.7米,残高10.3米	无	无	保存较好。台体北壁底部积土遭取土壁底部有挖损,西北壁底部有现代包砖	自然因素有风雨侵蚀,植物生长等;人为因素有取土挖损,不合理修缮等
魏庄烽火台(彩图六十二)	镇子梁乡魏庄村东南0.5千米	968米	位于应州城东5.8千米,东北距镇子梁村烽火台2.7千米	土	夯筑而成,含砂砾,夯层厚0.18~0.24米	矩形	梯形	底部南边长6.71,西边长5.2,北边长4.4米,顶部东西4.5,南北4.4米,残高10.09米	台基西边长6.79,北边长11.13,残高1.4米	无	保存一般	自然因素有风雨侵蚀,植物生长等
北曹山烽火台(彩图六十三)	南河种镇北曹山村中	1031米	位于门圐圙堡西南6千米,应州城南10.6千米	土	夯筑而成,含砂砾,夯层厚0.14~0.2米	矩形	梯形	底部东西12.5,南北11.53米,顶部东西4.91,南北5.73米,残高11.67米	无	无	保存较好	自然因素有风雨侵蚀,植物生长等
胡寨烽火台	金城镇胡寨村西北的耕地中	1001米	位于应州城西北5.1千米	土	夯筑而成,夯层厚0.29~0.35米	矩形	梯形	顶部东西22.42,南北23.6,残高6.82米	无	无	保存一般。台体东壁遭取土挖损	自然因素有风雨侵蚀,植物生长等;人为因素有取土挖损等
郑庄烽火台	大黄巍乡郑庄村中	1009米	位于安营堡东北5千米,大黄巍村堡东南4.3千米	土	夯筑而成	矩形	梯形	底部东西9.52,南北9.14米,顶部东西4.3,南北4.5米,残高7.37米	台基南边长25.95,西边残长11.8,残高0.6米	无	保存一般。台体顶部有矩形坑,周围有铲挖痕迹	自然因素有风雨侵蚀,植物生长等;人为因素有取土挖损等
梁亭村烽火台	大黄巍乡梁亭村中	1004米	位于北湛村堡西北2.9千米的耕地中	土	夯筑而成	矩形	梯形	底部东西23.86,南北24.4米,顶部东西6.56,南北1.6米,残高4.2米	无	无	保存较差	自然因素有风雨侵蚀,植物生长等
曹庄铺烽火台	大黄巍乡曹庄铺西0.025千米的耕地中	1005米	位于大黄巍村堡西北3.2千米	土	夯筑而成	矩形	梯形	底部东西13.5,南北10.6米,顶部东西1.3,南北1.6米,残高4.2米	无	无	保存较差。南、西壁有盗洞,南、西壁下部有取土形成的坑穴	自然因素有风雨侵蚀,植物生长等;人为因素有挖掘洞穴,取土挖损等
栗家坊烽火台	大黄巍乡栗家坊村东北0.65千米的耕地中	1006米	东距胡寨村烽火台4.7千米,西南距曹庄铺烽火台3.1千米	土	夯筑而成	圆形	梯形	底径11.31米,顶部东西0.9,南北1.6米,残高3米	无	无	保存较差。台体下方有盗洞	自然因素有风雨侵蚀,植物生长等;人为因素有挖掘洞穴等

续表282

名称	地点	高程	与其他遗存的位置关系	材质	建筑方式	平面形制	剖面形制	尺寸	附属设施	修缮情况	保存状况	损毁原因及存在病害
南柳会村烽火台	义井乡南柳会村西南1.05千米的耕地中	997米	位于三门城村堡东北2.3千米	土	夯筑而成，夯层厚0.21~0.28米	圆形	梯形	底径10.68，顶径5.9，残高8.64米	无	无	保存一般。台体东北壁有人为踩踏形成的胸窝，可登顶	自然因素有风雨侵蚀，植物生长等；人为因素有人为踩踏等
杨庄村1号烽火台	义井乡杨庄村北0.02千米的耕地中	991米	东北距杨庄村2号烽火台0.8千米	土	夯筑而成，夯层厚0.2米	矩形	梯形	底部东西11.39，南北9.61米，顶部南北3.7米，残高4.97米	无	无	保存一般	自然因素有风雨侵蚀，植物生长等
杨庄村2号烽火台（彩图六二四）	义井乡杨庄村北0.75千米的耕地中	971米	位于三门城村堡南5.2千米	土	夯筑而成，夯层厚0.25米	矩形	梯形	底部东西3.53，南北2.57，残高4.5米	无	无	保存较差	自然因素有风雨侵蚀，植物生长等
韩家坊村烽火台	臧寨乡韩家坊村北0.55千米的荒地中	990米	无	土	夯筑而成，夯层厚0.21米	矩形	梯形	残高1.4米	无	无	保存差	自然因素有风雨侵蚀，植物生长等
小清水河烽火台（彩图六二五）	臧寨乡小清水河村中	1001米	东南距韩家坊村烽火台3.1千米	土	夯筑而成，夯层厚0.15~0.19米	矩形	梯形	底部东边长11.38，南边长8.96，西边长5.67，北边长12.24米，顶部东西5.6，南北4.9米，残高8.59米	无	无	保存一般。台体南壁有窑洞，南壁砌筑有厚2米的泥墙；中部有门洞，宽0.9，高1.9米	自然因素有风雨侵蚀，植物生长等；人为因素有修建窑洞等
马庄村烽火台	臧寨乡马庄村西北0.75千米	1040米	位于薛家营1号堡西北4.1千米，东北距小清水河村烽火台6.8千米	土	夯筑而成，夯层厚0.21~0.28米	矩形	梯形	底部东西6.06，南北7.18米，顶部东西2.7，南北3.6米，残高6.1米	无	无	保存一般	自然因素有风雨侵蚀，植物生长等